elefante

o joio e o trigo

Conselho editorial
Bianca Oliveira
João Peres
Tadeu Breda

Edição
Tadeu Breda

Assistência de edição
Fabiana Medina

Preparação
Fábio Fujita

Revisão
Laila Guilherme
João Peres

Direção de arte
Bianca Oliveira

Capa
Túlio Cerquize

Diagramação
Victor Prado

A QUE CUSTO?

Tradução
Juliana Leite Arantes

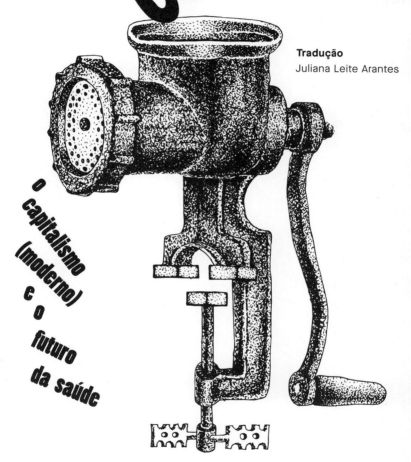

O capitalismo (moderno) e o futuro da saúde

NICHOLAS FREUDENBERG

Apresentação
A arte de transformar o impossível em inevitável 7
Paula Johns

Prefácio à edição brasileira 11
Ladislau Dowbor

Prefácio 23

Agradecimentos 537

Referências 541

Sobre o autor 573

Parte I
Introdução

1   A face em transformação do capitalismo
    nos Estados Unidos e no mundo   29

Parte II
Os pilares da saúde

2   **Alimentos**
    A prevalência dos produtos ultraprocessados na dieta global   89

3   **Educação**
    O capital privado vai à escola   155

4   **Sistema de saúde**
    A guerra da indústria de cuidados médicos contra o câncer   225

5   **Trabalho**
    O crescimento de trabalhos precários e de baixos salários   271

6   **O futuro da mobilidade**
    Uber e veículos autônomos ou transporte coletivo?   341

7   **Relações sociais**
    Lucrando com as interações humanas   393

Parte III
Conclusão

8   **Transições do capitalismo do século XXI**   449

9   **De agora em diante**
    Como construir um movimento rumo a outro mundo   493

Apresentação
A arte de transformar o impossível em inevitável

Paula Johns

Não importa para que direção se olhe, o diagnóstico é o mesmo: a sociedade capitalista moderna contemporânea está adoecida. A crise climática, o colapso da biodiversidade, o aumento das doenças crônicas não transmissíveis, os problemas de saúde mental, o surgimento da pandemia, o recrudescimento de racismos, violências e guerras pautam a realidade do mundo. A ação humana vem destruindo seu próprio hábitat. Tornamo-nos células cancerígenas que consomem o único planeta que temos e que nos sustenta — não há planeta B. Assim como precisamos ter cuidados com o nosso corpo, precisamos cuidar do nosso ambiente, já que os desafios ambientais e de saúde estão intrinsecamente interligados.

A ACT Promoção da Saúde é uma organização da sociedade civil dedicada a promover ambientes saudáveis que possibilitem escolhas saudáveis, através da articulação em redes e do *advocacy* por políticas públicas que melhorem as condições de saúde e bem-estar de todos, sem deixar ninguém para trás. Não podemos exigir comportamentos individuais, heroicos ou acessíveis a apenas uns poucos privilegiados, que estejam em rota de colisão com o ambiente onde vivemos. Estamos sabotando a viabilidade da nossa própria existência, não porque padeçamos com a falta de recursos ou de evidências para fazer escolhas justas, mas porque estamos privilegiando o lucro de poucos com enorme custo para muitos — e, no final das contas, afetando a todos.

Ainda que no seu trabalho cotidiano enfoque uma área específica — a saúde —, a ACT reconhece a importância fundamental da defesa e do fortalecimento da democracia e do enfrentamento das iniquidades como condições estruturantes das transformações que precisam ocorrer para se avançar na transição do capitalismo para um mundo menos prejudicial, mais saudável, mais sustentável e, portanto, mais feliz. Vislumbra a saúde e o bem-estar como tema unificador na construção de alianças e pontes em meio à rica diversidade de ativistas, organizações e outros atores sociais, que possa catalisar um movimento dentro dos movimentos, e que seja um ponto de partida para identificar os próximos passos na jornada de superação das nossas múltiplas crises.

Com base nessa visão, começamos nossa atuação focando um pedacinho desse quebra-cabeça mais amplo. A ACT nasce em 2006 inspirada pelo primeiro tratado global de saúde pública negociado sob os auspícios da Organização Mundial da Saúde (OMS), a Convenção-Quadro para o Controle do Tabaco (CQCT), estabelecida entre 1999 e 2003.

A CQCT funciona como uma espécie de lupa para um fenômeno que se repete por todos os lados: os impactos na saúde e no meio ambiente derivados da forma de produção e comercialização de um produto que se massifica, cria lucros astronômicos para seus fabricantes e adoece e mata precocemente metade de seus usuários regulares. Para lidar com esse desafio, percebeu-se que não se tratava de uma questão individual ou local, e sim de um problema global: o mundo precisa trabalhar conjuntamente para colocar limites a uma indústria comprovadamente antiética, que tem um conflito de interesses insuperável em relação aos interesses de saúde pública e do bem comum. A CQCT se torna, então, uma espécie de santo graal da saúde pública, em especial como modelo para lidar com os outros fatores de risco para as doenças crônicas não transmissíveis, ligados a padrões de consumo, como alimentação, álcool e atividade física.

E é a partir dessa visão que ampliamos o nosso escopo de trabalho para os fatores de risco que envolvem outras indústrias: bebidas alcoólicas e alimentos ultraprocessados, numa abordagem inicial, mais conservadora, e ainda com uma certa vergonha de falar sobre o sistema capitalista em si. No entanto, quinze anos se passaram e, à medida que avançamos na análise de contexto, seja a partir da Agenda 2030 dos Objetivos do Desenvolvimento Sustentável (ODS) ou de diálogos com organizações ambientalistas e de justiça social, racial e étnica, fica claro que não dá para deixar de fora as indústrias farmacêutica, petrolífera, automobilística, de agrotóxicos, comunicação, mineração, financeirização etc. Em última instância, não é possível seguir com as regras do jogo do capitalismo.

E é disso que este livro trata. *A que custo?* destrincha os impactos do capitalismo no futuro da saúde e oferece um mosaico de soluções e caminhos possíveis para fazermos outras escolhas. Trata-se de um livro extremamente inspirador para quem acredita que cada um de nós, individual e coletivamente, tem o poder de contribuir com outro mundo possível. Nesse sentido, o autoconhecimento é uma ferramenta essencial e poderosa que pode ligar a vida pessoal ao ativismo político. O autoconhecimento nos ajuda a desenvolver as habilidades necessárias para melhorar nossa escuta, procurar mais habilmente pontos em comum e encontrar vias alternativas para fazer concessões sem renunciar a valores fundamentais. Ao nos tornarmos seres humanos mais conscientes das nossas premissas e práticas, melhor poderemos contribuir para tornar inevitável aquilo que aparenta ser impossível.

Traduzir a excelente obra de Nicholas Freudenberg para o português, com prefácio de Ladislau Dowbor, que relaciona brilhantemente os temas do livro com a realidade brasileira, é parte da missão da ACT. *A que custo?* pretende — e consegue — contribuir para ampliar o debate público sobre as conversas estratégicas de que precisamos para a construção de um mundo em que a saúde, a justiça, a sustentabilidade, a ética, a equidade e os direitos humanos pautem as políticas públicas e garantam o bem-estar de todos.

Boa leitura!

Paula Johns é socióloga e diretora-geral da ACT Promoção da Saúde.

Prefácio à edição brasileira

Ladislau Dowbor

O capitalismo se tornou em grande parte disfuncional. Está com o crescimento estagnado, centrado mais nas movimentações financeiras do que na produção, gerando uma desigualdade explosiva, drenando os recursos naturais de maneira destrutiva, impotente em se reorganizar diante do aquecimento global, incapaz até hoje de se reinventar, preso à lógica da maximização de lucros corporativos a qualquer custo. *A que custo?* é precisamente a pergunta que nos traz Nicholas Freudenberg neste que é um dos livros mais lúcidos que já li sobre os nossos desafios e os nossos caminhos. As questões-chave que enfrentamos são sistematizadas de maneira clara, com linguagem descomplicada e exemplos práticos. O autor foge das simplificações ideológicas que têm frequentemente nos dividido. É o nosso futuro que é aqui colocado na mesa.

Ainda que os Estados Unidos estejam no centro da análise, como o capitalismo é hoje global, no quadro das corporações transnacionais que dominam o conjunto da dinâmica, o estudo abre perspectivas para todos nós. Depois de apresentar os principais eixos de transformação sistêmica do capitalismo, Freudenberg orienta a análise dos diferentes setores de atividade em função do que é importante para a humanidade: assegurar o bem-estar de todos, de forma sustentável. O pano de fundo é a busca de uma vida saudável, o que envolve o essencial do nosso cotidiano: a alimentação, a educação, o sistema de saúde, o trabalho, os transportes, as relações sociais. De certa forma, é o pão nosso de cada dia. A terceira parte se concentra nas transformações mais recentes e nas esperanças que se nutrem a partir delas, com uma visão de como a convergência de tensões do capitalismo abre espaço para os movimentos sociais, a educação, a ciência e a própria política.

Não resisto à tentação de apresentar neste prefácio o sonho que anima o autor, e que provavelmente nos anima a todos:

> Imagine, se puder, um mundo no qual o bem-estar das pessoas e do planeta seja a prioridade.
> Imagine um sistema alimentar que torne os alimentos saudáveis, cultivados de maneira sustentável e produzidos por trabalhadores dignamente remunerados, disponíveis e acessíveis a todos.
> Imagine escolas e universidades que forneçam a todos os alunos os conhecimentos e as habilidades de que necessitam para atingir seu pleno potencial e contribuir para com suas comunidades e o mundo, e usar a educação na busca por bem-estar e felicidade para si e para os outros.
> Imagine um sistema de saúde acessível a todos, que faça da prevenção de doenças e da melhoria da qualidade de vida seus maiores objetivos e ofereça cuidados que permitam aos pacientes minimizar a carga das doenças que eles enfrentam e a dor e o sofrimento por elas impostos.
> Imagine um emprego que pague aos trabalhadores o que eles precisam para uma vida decente; que garanta que o trabalho não adoeça nem prejudique os envolvidos; que contribua para um mundo melhor e mais sustentável; que ofereça caminhos para o progresso; e que permita que os trabalhadores se sindicalizem, cumpram suas funções e desfrutem da vida pessoal e familiar.
> Imagine um sistema de transporte que facilite a circulação de todas as pessoas em seus bairros e cidades; e que torne as ruas acolhedoras, o ar, seguro para respirar, e o planeta, apto para a vida.
> Imagine, finalmente, uma maneira de se relacionar com as pessoas — família, amigos, colegas, empresas, comunidades e o mundo — que não exija o sacrifício da saúde mental, da autoconfiança, da privacidade, da dignidade, da paz cívica ou do acesso comercial aos detalhes mais íntimos de nossa vida. (p. 454-5)

Um sonho? Nem tanto. Para já, temos amplamente os recursos financeiros necessários. Uma conta simples, mas perfeitamente realista, consiste em dividir o Produto Interno Bruto, valor da produção anual de bens e serviços, pela população. No mundo, o que hoje produzimos, noventa trilhões de dólares, dividido pela população, oito bilhões, nos dá o equivalente a vinte mil reais por mês a cada família de quatro pessoas. No caso do Brasil, são onze mil reais. Ou seja, o que hoje produzimos, em termos econômicos, permitiria assegurar a todos uma vida digna e confortável, bastando para isso uma muito moderada redução da desigualdade. Poderíamos utilizar a Renda Nacional Líquida em vez do Produto Interno Bruto, ou incluir o estoque de infraestruturas existentes e fazer outros exercícios contábeis, mas o essencial é que o que produzimos é suficiente para todos. O nosso problema não é econômico; é de organização política e social.

Temos também as tecnologias necessárias. No mundo conectado de hoje, e com o dinheiro virtual, fazer chegar o necessário a todas as famílias não constitui obstáculo, como vimos inclusive com o Bolsa Família no Brasil. Não é falta de tecnologia, e sim de definição adequada de a que e a quem ela deve servir. E temos a informação necessária sobre os problemas críticos: dispomos de estatísticas detalhadas sobre praticamente todo o planeta, inclusive dos rincões mais isolados. Temos, enfim, os caminhos traçados. Os dezessete Objetivos do Desenvolvimento Sustentável (ODS) detalham em 169 metas o que deve ser feito, inclusive os indicadores para o monitoramento dos avanços. Ou seja, temos os recursos financeiros, tecnológicos e de informação necessários, sabemos o que deve ser feito, mas estagnamos. Não é falta nem de meios nem de conhecimento, mas uma impotência institucional, o travamento do próprio processo decisório da sociedade.

Uma coisa é analisar as tragédias humanas e ambientais que assolam o planeta e se agravam rapidamente na dinâmica atual do capitalismo. Outra é pensar por que as tragédias se aprofundam e que processo decisório gera a impotência. A força do texto de Freudenberg reside em grande parte na capacidade de tomar cada um dos "sonhos" que compõem o bem-estar que buscamos, identificar a estrutura de poder que trava a transformação, a articulação de interesses cruzados que causa a impotência, e propor a partir daí os eixos de ação corretiva, bem como exemplos de iniciativas que têm dado certo. Pode parecer simplista, mas o trunfo deste livro é a riqueza das informações — o que demonstra um trabalho de pesquisa de primeira ordem. Não se trata de um receituário, e sim de uma visão estratégica bem informada. Como os argumentos em torno dos seis eixos do bem-estar estão muito bem sistematizados no texto de Freudenberg, comentaremos a seguir a sua dimensão brasileira.

A alimentação se apresenta de maneira particularmente crítica. Em 2021, dezenove milhões de pessoas passaram fome no Brasil, e 116 milhões estavam em insegurança alimentar — ou seja, ora têm, ora não têm o que comer. Cerca de um quarto dessa população é composto de crianças. O impacto da desnutrição pode ser para toda a vida. Mas o Brasil produz, só de grãos, mais de três quilos por pessoa por dia. Grande parte é soja, o que faz parte do problema, mas só o que se produz de arroz e de feijão seria amplamente suficiente. O problema é que a comercialização de alimentos é feita por grandes grupos financeiros, os *traders*, como BlackRock, Bunge e semelhantes, que veem o alimento como commodity cujo rendimento comercial deve ser maximizado. Há uma década, o dólar estava a 2,5 reais, ao passo que em 2022 chegou a 5,5 reais: ou seja, o equivalente de um dólar exportado rende o dobro, e os *traders* desviam o produto para os mercados internacionais. As corporações do agronegócio conseguiram, com a Lei Kandir, de 1995, que a produção para exportação seja isenta de impostos. O resultado é que um dos maiores produtores de alimentos do mundo tenha mais da metade de sua população com fome ou em situação de insegurança alimentar.

A carne e a soja dependem diretamente de grandes corporações cotadas no mercado internacional, como a JBS. A maximização dos dividendos para os acionistas, nacionais e internacionais, privilegia a exportação e leva à expansão da criação de gado e do plantio de soja, o que por sua vez gera impactos ambientais desastrosos, poucos empregos, pouco retorno para os cofres do Estado, e fome. Lembrando que, no Brasil, com 353 milhões de hectares de estabelecimentos agrícolas, 225 milhões de hectares de solo cultivável e apenas 63 milhões de hectares de uso para lavoura, temos cerca de 160 milhões de hectares de solo agrícola parado ou subutilizado com pecuária extensiva. No conjunto, é um sistema em que a prioridade das corporações financeiras nacionais e internacionais levou ao divórcio entre a produção, o uso racional do solo, o meio ambiente e a alimentação da população. Esse sistema fraturado ilustra perfeitamente o primeiro dos "pilares" a que se refere Freudenberg.

No plano da educação, as tendências no Brasil acompanham muito de perto as tendências que o autor apresenta no plano internacional e nos Estados Unidos: privatização, reorientação de conteúdos, venda de pacotes de gestão e de currículos, o que reduz a autonomia das escolas, dos municípios e dos professores. No plano financeiro, o endividamento dos alunos é menos grave do que nos Estados Unidos, mas a compra de escolas, colégios e universidades é muito acelerada, gerando uma educação centrada na maximização de lucros. A penetração de novas tecnologias, que poderia assegurar a gestão em rede, com a geração de um ambiente colaborativo e interativo de construção de conhecimento, tende, com a privatização e a internacionalização, a privilegiar a competição e a oligopolização pela compra de concorrentes.

Em termos sociais, o resultado é o aprofundamento do fosso entre a educação para pobres e a educação para ricos, refletindo a desigualdade de renda e de riqueza que predomina no Brasil, sétimo país mais desigual do mundo. Essa cristalização da desigualdade por meio da educação, atingindo assim a próxima geração, é catastrófica quando consideramos que o conjunto das atividades econômicas no mundo evolui rapidamente para uma maior densidade em conhecimento. Como o país não tem investido, nos últimos anos, em ciência e tecnologia, um efeito indireto é a perda de soberania sobre um conjunto de atividades de ponta. Também aqui a prioridade é o rendimento financeiro e a reprodução de elites, e não o avanço científico-tecnológico geral.

No quadro da saúde, Freudenberg utiliza o câncer — segunda causa de mortes no país atualmente — como vetor de análise do funcionamento do sistema sanitário nos Estados Unidos, mostrando de forma geral como sua apropriação por corporações financeiras criou políticas tecnologicamente avançadas, mas caríssimas e de acesso limitado. O autor menciona o fato de que 80% dos casos de câncer são relacionados com causas externas, em particular a contaminação química, o tabaco e outras, ligadas ao comportamento do agronegócio. Como ordem de grandeza, no Brasil a metade do financiamento da saúde vai para um quarto da população, os 47 milhões que pagam planos privados.

O SUS é de uma eficiência muito superior, em termos de custo/benefício, mas a sua ação é travada pela lei do teto de gastos, a Emenda Constitucional 95, que congelou praticamente todos os recursos até 2036, enquanto as próprias políticas governamentais, que priorizam a remuneração de grupos financeiros, reduziram as transferências do governo. Para se ter uma ideia do que estamos falando, o orçamento público de saúde em 2022 é de 160 bilhões de reais, enquanto o aumento dos lucros de 42 bilionários brasileiros, entre 18 de março e 12 de julho de 2020, já na pandemia, foi de 180 bilhões — para deixar claro: em quatro meses, fonte de intermediação financeira mais do que de produção, sem pagar impostos (desde 1995, lucros e dividendos distribuídos são isentos). Aqui, como nas outras áreas, vemos como a desigualdade estrutural tende a se cristalizar na divisão entre ricos e pobres, com forte e crescente participação de acionistas que buscam a maximização dos dividendos.

É importante mencionar que a privatização transforma esses grupos em sociedades com ações cotadas na bolsa, o que permite que sejam controlados por grupos internacionais. O sistema passa assim a responder aos interesses financeiros dos gestores de ativos, como a BlackRock, em vez de ser organizado em função das necessidades de qualidade de vida da população. Em busca de dinheiro, os serviços de saúde priorizam os interesses das elites. De certa forma, as elites se reforçam nas conexões financeiras e tecnológicas no exterior e se desresponsabilizam dos interesses da nação.

O trabalho, outra área analisada por Freudenberg, apresenta no Brasil condições particularmente absurdas. A orientação geral dos últimos governos é de que se deve deixar "os mercados" resolverem os desequilíbrios. Mas os dados são claros. Para uma população total de 213 milhões, o Brasil tem cerca de 150 milhões de pessoas em idade de trabalho (entre 16 e 64 anos, no critério da ONU) e 106 milhões na força de trabalho, pessoas que ou trabalham ou buscam emprego. Mas o país tem apenas 33 milhões de empregos formais privados. Acrescentando onze milhões de empregos públicos, são 44 milhões formalmente empregados. Por outro lado, quarenta milhões estão no setor informal, pessoas que simplesmente "se viram", sem direitos ou proteção social, e com um rendimento médio que é a metade do que se aufere no setor formal da economia. Aos quarenta milhões devemos acrescentar quinze milhões de desempregados e seis milhões de desalentados, que querem trabalhar mas desistiram de procurar.

No conjunto, a subutilização da força de trabalho é da ordem de sessenta milhões de pessoas, absurdo mal disfarçado com iniciativas como o microempreendedor individual, MEI, e participando do universo qualificado de "precariado". É interessante cruzar esse dado com a subutilização do solo agrícola: os 160 milhões de hectares mencionados acima representam cinco vezes o território da Itália. O país tem uma imensidão de coisas a fazer, terra parada, capitais empatados em rendimentos financeiros, inúmeras atividades intensivas em mão de obra, como saneamento básico, cinturões verdes em torno das cidades, pessoas desesperadas por fazer algo de útil — mas está esperando "os mercados". A exclusão produtiva generalizada impacta por sua vez e de forma dramática a qualidade de vida das pessoas, tanto pela renda insuficiente como pelo sentimento permanente de insegurança das famílias quanto ao futuro.

O quinto eixo analisado por Freudenberg, o dos transportes, é igualmente aplicável ao Brasil. O país, por pressão das corporações, optou pela composição intermodal mais cara e menos produtiva. Para o transporte de carga, a opção foi pela estrada e pelo caminhão, o que é incomparavelmente mais caro do que a ferrovia e a cabotagem, lembrando que os principais centros urbanos do país são portuários ou semiportuários, como no eixo São Paulo/ Santos. No caso da matriz de transporte de pessoas, a opção, por interesse das montadoras internacionais, foi privilegiar o transporte individual por automóvel, lucrando com as elites e a classe média que podiam comprar carros, fragilizando o transporte coletivo. No caso de São Paulo e outras cidades, inclusive, removeram-se os trilhos de bondes para reforçar a opção do transporte individual. Os bondes, transporte elétrico e coletivo, são amplamente utilizados em cidades ricas. A Rede Nossa São Paulo mostrou que o paulistano médio perde no transporte 2h43 minutos por dia útil, tempo em que não trabalha, não estuda, não está com a família.

O impacto na qualidade de vida é violento. Uma pessoa que mora em Cidade Tiradentes, periferia de São Paulo, levanta às 5h para estar às 8h nos bairros onde há empregos, volta para casa às 20h, adormece no sofá vendo bobagens na TV. Daqui a pouco são 5h novamente. Que vida de família pode haver nessas condições, que capacidade de recuperação de forças, que espaço para lazer e enriquecimento cultural? A questão dos transportes coloca assim tanto a opção pelo transporte individual como a organização do território urbano, a localização dos empregos e, evidentemente, o sistema de especulação imobiliária que grava nos espaços urbanos a desigualdade herdada. No conjunto, com as decisões sobre as opções de transporte dependentes das corporações interessadas, e no quadro da desigualdade, o resultado é uma profunda irracionalidade, custos mais elevados e muito sofrimento na base da sociedade. Lembrando que o carro que entulha nossas ruas e nos paralisa é usado apenas 5% do tempo, em média; em 95% do tempo apenas ocupa espaço.

O último eixo se refere às conexões sociais, área que se tornou crucial nos últimos tempos. Lembremos que nesta área estamos plenamente dependentes do GAFAM (Google, Amazon, Facebook, Apple e Microsoft), todas estadunidenses que apresentam lucros estratosféricos. O uso do Facebook, por exemplo, pode parecer gratuito, mas os seus gigantescos lucros são pagos por empresas de publicidade, cujos custos são repassados aos produtos que compramos. Não há almoço grátis, e quem paga esses gigantes somos nós. A eficiência dos grupos vem da comercialização de informações privadas, uma nova indústria tão bem descrita por Shoshana Zuboff em *A era do capitalismo de vigilância*. O monopólio planetário que se criou é compreensível: como se trata de comunicação, somos obrigados a utilizar o que os outros utilizam, gerando um monopólio de demanda. E, como não podemos dar um passo no computador ou no celular sem autorizar os *cookies* a acessar tudo o que fazemos, a manipulação comercial, financeira e política se generalizou.

Os perfis individualizados permitem aos algoritmos reforçar o consumismo; a informação da nossa situação financeira permite discriminação de preços; os perfis políticos, sociais e emocionais permitem a degradação da democracia. Gerou-se atomização social, fragmentação do convívio, sentimento de solidão e de insegurança. A tendência é agravada pela erosão do convívio familiar. Onde antes havia o clã familiar e a presença vibrante de avós, tios, netos, brigas e gargalhadas, hoje temos o domicílio médio com três pessoas no Brasil (duas pessoas na Europa), muitos solitários, grande parte com mães sós com os filhos. Essa desagregação da família ampla, tendência planetária, é mal compensada pelo celular e pelas conexões on-line. A erosão da família e das comunidades engendra outra realidade.

Os seis eixos que Freudenberg analisa permitem entender os desafios, os mecanismos e as oportunidades. A parte final do livro desenha as linhas de ação possíveis, mostrando que há inúmeras iniciativas, que raramente aparecem na mídia comercial dependente da publicidade das corporações, mas que apontam caminhos possíveis. Este é, essencialmente, um livro realista. Vivemos momentos críticos, ou, melhor dizendo, uma convergência de crises que se aprofundam e retroalimentam. A catástrofe ambiental resulta do aquecimento global, da perda de biodiversidade, do esgotamento de solos agrícolas por manejo predatório, da perda de cobertura florestal, da acidificação e elevação do nível dos oceanos, da poluição da água doce e do esgotamento dos aquíferos, dos plásticos e de outros resíduos que contaminam os mares e as diferentes formas de vida, dos antibióticos na carne que comemos, de resíduos de produtos farmacêuticos que hoje se encontram nas mais variadas fontes de água. Somos hoje oito bilhões de habitantes, oitenta milhões a mais a cada ano; os desastres ambientais aumentam, e nos sentimos impotentes.

Mas o mais importante é entender o papel das corporações e da organização social: como evitar o plástico se todo o sistema está baseado nele? Como reciclar o lixo se sabemos que a maior parte fica simplesmente misturada? Como evitar alimentos ultraprocessados se estão em todas as prateleiras e opções de fast-food? As empresas que colocam antibióticos na ração animal não conhecem os impactos? A Volkswagen não sabia dos impactos das emissões? Hoje temos as estatísticas, mas não o poder de mudá-las. A Organização Mundial da Saúde (OMS) apresenta em detalhe os oito milhões de mortes prematuras causadas pelo cigarro: sete milhões de fumantes e 1,2 milhão por exposição passiva. Morrem cerca de 4,2 milhões por poluição do ar, 3,6 milhões por poluição da água: total de 15,8 milhões por ano, com causas conhecidas e evitáveis. A obesidade, provocada em grande parte por alimentos industrializados, causa mais cinco milhões de mortes prematuras. O câncer, em boa parte provocado por produtos químicos, gera dez milhões de mortes anuais e hoje atinge até jovens e crianças. As empresas que causam essas mortes conhecem perfeitamente os números. Mas a prioridade é obter mais lucros e dividendos para os acionistas, grandes grupos financeiros. Todos eles assinam os princípios de ESG (governança ambiental, social e corporativa, na sigla em inglês).

Freudenberg deixa clara a responsabilidade central das deformações:

> [...] a globalização controlada pelas empresas, a financeirização, a desregulamentação, a concentração monopolista e a captura corporativa de novas tecnologias, características que definem o capitalismo do século XXI, são causas fundamentais de múltiplas e crescentes ameaças ao bem-estar. Essa uniformização justifica um forte enfoque sobre o sistema, que é a causa subjacente. (p. 465)

E deixa igualmente claros os caminhos, que passam pela articulação dos diversos movimentos sociais em torno dos nossos problemas críticos:

> Ao integrarem esforços para resolver os problemas que as pessoas enfrentam no dia a dia, com uma análise das realidades econômicas, sociais e políticas em transformação, aqueles que buscam um mundo diferente podem alcançar melhorias a curto prazo enquanto preparam o cenário para mudanças mais transformadoras no futuro. (p. 465-6)

O livro constitui uma excelente introdução ao mundo real. O autor sonha, sem dúvida — ou, como escreve, "imagina" —, mas é um realista de mão cheia, identifica os desafios, os mecanismos que geram os dramas, e aponta os caminhos. Trata-se do futuro de todos nós.

Ladislau Dowbor é professor de economia da Pontifícia Universidade Católica de São Paulo (PUC-SP), consultor de agências da ONU e gestor do site http://dowbor.org, pequena biblioteca científica com textos disponíveis gratuitamente. Seus livros mais recentes são *A era do capital improdutivo* (Autonomia Literária/Outras Palavras, 2017), *O capitalismo se desloca* (Sesc, 2020) e *O pão nosso de cada dia: opções econômicas para sair da crise* (Autonomia Literária/Outras Palavras, 2021). Contato: ldowbor@gmail.com.

Prefácio

O ano de 2020 foi emblemático para os espectadores do apocalipse. Incêndios colossais, frequentemente agravados por ondas de calor e seca, devastaram florestas e casas nos Estados Unidos, na Indonésia, no Brasil e na Austrália. Um recorde de trinta tempestades tropicais ou furacões atingiu estados na costa do Golfo e do Atlântico, bem como do Caribe, matando quase quatrocentas pessoas, destruindo comunidades e impondo prejuízos de mais de 33 bilhões de dólares. E, claro, houve a pandemia da covid-19, com estimativa de haver infectado, até o final de 2020, pelo menos sessenta milhões de pessoas em todo o mundo e levado à morte ao menos 1,5 milhão delas. Só nos Estados Unidos, a pandemia deixou trinta milhões de pessoas desempregadas de maneira temporária ou permanente, empurrando muitas delas para a fome e a insegurança alimentar, para a falta de moradia e a miséria.

Os apocalipses políticos também proliferaram. Em todo o mundo, governos autoritários, nacionalistas, antidemocráticos ou corruptos minaram a democracia no Brasil, na Turquia, na Polônia, na Arábia Saudita e nos Estados Unidos, levando a previsões de colapso da civilização liberal ocidental. A desigualdade racial e econômica, já em níveis recordes, se agravou ainda mais, precipitando as maiores manifestações populares da história dos Estados Unidos. A derrota eleitoral do presidente Donald Trump em novembro suscitou a esperança de uma restauração da democracia no país, mas os quase 74 milhões de votos em seu favor sinalizaram a existência de um grande apoio à sua corrente de negacionismo, desafiando normas de decência e de compaixão e protegendo os ultrarricos.

As catástrofes de 2020 amplificaram uma cascata de outras crises sanitárias e sociais bem antigas — as alterações climáticas induzidas pelo homem, a crise permanente de habitação, o peso crescente das doenças crônicas, o aumento de "mortes por desespero" via overdose de drogas, alcoolismo e suicídio em muitos países ricos, o aumento da vigilância e da interferência na vida privada das pessoas por meio de tecnologias digitais e um nível de polarização política e de desrespeito pela verdade que pôs em xeque o discurso racional como estratégia para a solução de problemas.

Enquanto os desastres grandiosos de 2020 atraíram a atenção do público e da mídia, menos notados foram os problemas diários que os norte-americanos comuns enfrentavam na busca por saúde, vida, liberdade e felicidade. Para os 34 milhões de norte-americanos com diabetes e os 88 milhões em risco de desenvolver a doença, cada refeição pode significar uma batalha para encontrar alimentos saborosos e saudáveis que sejam acessíveis ao bolso. Para cerca de dez milhões de norte-americanos, número estimado dos que perderam sua casa na Grande Recessão de 2008, ou para os quinhentos mil que agora dormem nas ruas todas as noites, a moradia segura e permanente continua a ser um objetivo inatingível. Para os 44 milhões de estadunidenses com dívidas pendentes de empréstimos estudantis totalizando mais de 1,7 trilhão de dólares, o sonho americano de sustentar uma família, comprar uma casa e ter uma vida melhor do que a dos pais parece, muitas vezes, inatingível. Cerca de dois em cada cinco trabalhadores norte-americanos — 53 milhões de homens e mulheres — ganham salários baixos, sem benefícios, proteção de saúde e segurança e direito à sindicalização. Os impactos sinérgicos dessas situações afetam desproporcionalmente negros, latinos, imigrantes recentes e mulheres. As lutas constantes dessas populações podem fazer do dia a dia uma provação e minar a autoestima, a dignidade e a esperança no futuro, bases fundamentais da saúde.

Será que os custos humanos e ambientais infligidos pelas catástrofes de 2020 e também pelas anteriores vão criar novas possibilidades para imaginar um mundo diferente e mais sustentável? Ou, como vimos na resposta interna dos Estados Unidos à crise financeira de 2008, o compromisso da nação com os modelos de negócios usuais prevalecerá a qualquer custo? Será que o poder concentrado nas mãos das empresas e dos mais ricos ao longo das últimas décadas lhes permitirá resistir novamente a mudanças significativas que melhorem o bem-estar da humanidade e do planeta? Essas são as questões que exploro em *A que custo?*.

Minhas investigações se baseiam em minhas experiências como pesquisador, profissional e ativista de saúde pública. Nas últimas quatro décadas, tenho estudado e ensinado como as forças sociais, econômicas e políticas moldam a saúde das comunidades e as oportunidades de melhoria da saúde e de redução das desigualdades. Em conjunto com organizações comunitárias, escolas, organizações juvenis, funcionários de governos locais, meus alunos e outros trabalhadores da saúde, contribuí para o planejamento, o lançamento e a avaliação de programas e políticas de saúde criados para reduzir problemas que ameaçam o bem-estar nos Estados Unidos e em outros lugares. Como ativista, tive o privilégio de participar e estudar muitos dos movimentos sociais que têm lutado para criar alternativas às políticas e às estruturas sociais que prejudicam a saúde. Os dois séculos de história da saúde pública me convenceram de que é a combinação entre a ciência, a prática da saúde pública e a mobilização social que conduz a melhorias na saúde das populações. Meu objetivo aqui é descobrir a composição mágica desses três elementos no tempo presente, que poderiam reverter os danos à saúde e o custo para a sociedade das recentes mudanças na política e na economia.

Durante muitos anos, aqueles de nós que atingiram a maioridade durante a Guerra Fria evitavam usar a palavra "capitalismo", receosos de sua ressonância antiquada ou do risco de precipitar uma retaliação macarthista. Muitos escolheram outros termos anódinos — livre-mercado, neoliberalismo, setor privado —, talvez esperando envolver, em vez de apartar, os defensores do *status quo*. Mais recentemente, no campo acadêmico de saúde pública, o termo "determinantes comerciais da saúde" tem sido utilizado para descrever como os mercados e a busca por lucros moldam a saúde e a doença; trata-se de um termo, porém, que pode obscurecer ainda mais as origens das ameaças globais à saúde.

Em *A que custo?*, escolho usar a palavra "capitalismo" com foco na variante que surgiu nas últimas décadas, que chamo de capitalismo moderno ou capitalismo do século XXI. Defendo que as recentes mudanças no capitalismo precipitaram ou agravaram tanto os apocalipses de 2020 como os desastres mais lentos dos últimos vinte anos. Nessa perspectiva, o capitalismo moderno se tornou influência fundamental na saúde e na doença individual e global, moldando a propagação de pandemias, o impacto das alterações climáticas induzidas pelo homem e o peso crescente de doenças crônicas, como condições cardiovasculares, diabetes e câncer. O capitalismo também cria as escolhas propriamente ditas com que pessoas comuns deparam na busca diária por aquilo que denomino de pilares da saúde: alimentação, educação, cuidados de saúde, trabalho, transportes e relacionamentos.

Por essas razões, passei a acreditar que compreender o sistema econômico chamado capitalismo, suas influências no bem-estar, variantes e alternativas, é tarefa essencial não só para pesquisadores, profissionais e ativistas de saúde pública, como também para cidadãos, reformadores e movimentos sociais envolvidos na agenda. Para aqueles que procuram melhorias na saúde global e individual, evitar a palavra e a ideia do capitalismo seria o equivalente a médicos evitarem falar sobre corpos por medo de constranger as pessoas. Ao descrever os caminhos pelos quais as recentes mudanças no capitalismo perturbaram ou complicaram a busca das pessoas por esses pilares essenciais da saúde, espero suscitar conversas, debates e estratégias sobre alternativas.

Em um sinal de esperança, pesquisas de opinião pública mostram que muitas pessoas, especialmente os jovens, questionam na atualidade se o capitalismo, tal como é praticado, pode salvaguardar o presente e o futuro, e uma nova geração de estudiosos vem submetendo o sistema a um escrutínio intensivo que pode sugerir caminhos alternativos.

Como discuto nos últimos capítulos do livro, traçar formas de reduzir os custos da atual configuração do capitalismo para a saúde humana e planetária não requer que os leitores concordem quanto às especificidades do que vem a seguir ou quanto a qual corrente será seguida entre as diversas possibilidades de capitalismo e de socialismo disponíveis hoje em todo o mundo.

Mas fazer progressos na resolução dos grandes desafios que se apresentam ao bem-estar global nas primeiras décadas do século XXI exige alguns novos compromissos — acima de tudo, a rejeição do dogma de que não há alternativas ao mundo tal como ele é. Requer também o compromisso de recolher e analisar as provas que documentem os verdadeiros custos e benefícios do sistema atual, e não uma adesão baseada na fé ao fundamentalismo de mercado, independentemente dos custos do capitalismo para as gerações atuais e futuras, assim como para o planeta. Exige que aqueles que buscam a mudança tanto incremental quanto transformadora e aqueles empenhados em justiça racial, justiça de gênero, justiça ambiental, alimentar e sanitária procurem uma base comum, agendas partilhadas e estratégias coletivas, em vez de perseguirem a pureza moral, objetivos isolados ou princípios de exclusão.

Ao longo do livro, traço o perfil de algumas entre muitas organizações e indivíduos que estão desbravando caminhos para criar essa unidade e apontar os obstáculos encontrados.

O que se tornou claro em 2020 é que nosso futuro poderá ser muito pior do que o presente. Mas os acontecimentos do ano também mostraram que, ao agirmos em conjunto, poderíamos reunir a visão, o poder e as estratégias para um mundo muito melhor. Como em todos os períodos anteriores da história humana, quando as crises perturbam a vida normal, elas também precipitam novas ondas sociais e políticas que, por sua vez, abrem possibilidades e esperanças. Em *A que custo?*, convido os leitores a definir um papel para si próprios na condução dessas ondas para um mundo melhor, mais saudável e mais sustentável.

Parte I
Introdução

1
A face em transformação do capitalismo nos Estados Unidos e no mundo

> Bem, o capitalismo é um grande problema, porque com o capitalismo só se vai continuar comprando e vendendo coisas até não haver mais nada para comprar e vender, o que significa devorar o planeta.
> — Alice Walker

Pessimismo em Davos

Apesar dos picos cobertos de neve, do ar puro da montanha e do vigor de Yo-Yo Ma em pessoa tocando a sexta suíte de violoncelo de Bach, um clima de desânimo e incerteza pairou sobre a reunião do Fórum Econômico Mundial de 2020 em Davos, na Suíça. Qual foi a razão do pessimismo entre aqueles que lideram as corporações e as instituições financeiras mais poderosas do mundo?

Uma razão talvez fosse o número significativo de pessoas no planeta que se perguntava mais uma vez se a forma de capitalismo vigente seria capaz de enfrentar os maiores desafios da atualidade — mudanças climáticas, desigualdades crescentes, nacionalismos e totalitarismos em ascensão, volatilidade financeira constante, epidemias de saúde mental, de doenças crônicas e infecciosas e crescentes mortes por desespero.

Seriam os questionamentos emergentes sobre o futuro do capitalismo uma ameaça real que poria em risco a ordem econômica e política global instaurada a partir dos anos 1970? Ou proporiam novas oportunidades para um futuro mais saudável e equitativo?

Afinal, em fins do século XIX, princípios do XX, após a Grande Depressão e novamente nos anos 1960 e 1970, reformadores e ativistas organizaram movimentos que abalaram a ordem estabelecida. A crítica que surge agora seria mais um episódio, como a crise financeira de 2008, um desastre que o capitalismo abordou reforçando o controle sobre a economia mundial?

Na reunião de Davos, alguns participantes, como Marc Benioff, presidente e co-CEO da Salesforce, empresa de tecnologia global com receita de mais de treze bilhões de dólares em 2019, disseram sem rodeios. "O capitalismo, tal como o conhecemos, está morto. Essa obsessão que temos por maximizar lucros apenas para acionistas levou a uma desigualdade espantosa e a uma emergência planetária" (Benioff, 2020).

Outros líderes empresariais tentaram dar uma aparência mais feliz à situação. Feike Sybesma, diretor-executivo e presidente da Royal DSM NV, empresa transnacional holandesa de alimentação e saúde, observou:

> Líderes empresariais têm agora uma oportunidade extraordinária. Ao darem um significado concreto ao capitalismo para todas as partes interessadas, eles podem ir além de suas obrigações legais e cumprir o seu dever para com a sociedade. Podem aproximar o mundo da realização de objetivos comuns, tais como os delineados no acordo climático de Paris e na Agenda das Nações Unidas para o Desenvolvimento Sustentável. Se querem realmente deixar a sua marca no mundo, não há alternativa. (Sybesma, 2020)

O capitalismo participativo, de acordo com o Manifesto Davos 2020, divulgado pouco antes do fórum, procurou envolver "todos os participantes na criação de valor partilhado e duradouro". Entre aqueles a serem incluídos como partes interessadas, estariam "empregados, clientes, fornecedores, comunidades locais e a sociedade em geral". Contudo, para manter todos os olhos bem centrados no fundamento da questão, o manifesto prosseguiu observando que "a melhor forma de compreender e harmonizar os interesses divergentes de todas as partes interessadas é o empenho compartilhado em políticas e decisões que reforcem a prosperidade a longo prazo das empresas" (Schwab, 2019).

Tim Wu, especialista em direito da Universidade Colúmbia que escreve sobre os perigos dos monopólios das empresas de tecnologia, observou que, "percorrendo os corredores [de Davos], pensei no início que havia me enganado e ido parar em um comício de Bernie Sanders: o capitalismo desenfreado foi longe demais; a ganância empresarial pôs em perigo o planeta; chegou o momento de uma mudança radical".[1]

Klaus Schwab, fundador e diretor-executivo de longa data do Fórum Econômico Mundial, acrescentou de forma otimista ao círculo de expressões felizes: "Se somarmos a nossa boa vontade e a nossa ação", disse aos participantes de Davos, "podemos dizer à próxima geração: 'Podem confiar em nós'".[2]

Ao menos uma integrante da nova geração, Greta Thunberg, a adolescente e ativista climática sueca que participava de seu segundo fórum em Davos, parecia não estar disposta a confiar em Schwab e em seus pares. "Fui avisada de que dizer às pessoas para entrarem em pânico em relação à crise climática é uma coisa muito perigosa", disse Thunberg aos participantes. "Mas não se preocupem, está tudo bem. Confiem em mim, já fiz isso antes e posso garantir a vocês: não adianta nada."[3]

Sob esforços concorrentes para estruturar um debate global, contudo, a reunião de Davos de 2020 cristalizou a incerteza entre muitos "interessados" sobre se a variante do capitalismo que surgiu no final do século XX poderia ou não resolver os problemas que o mundo enfrenta neste momento.

Uma pesquisa realizada com 1.581 CEOs de empresas globais pela PwC, multinacional de consultoria e auditoria, para o fórum, revelou que mais de um terço dos líderes empresariais estava "extre-

---

[1] WU, Tim. "The Revolution Comes to Davos" [A revolução chega a Davos], *The New York Times*, 26 jan. 2020.
[2] ZAK, Dan. "Will Davos Save the World, or Put It Out of Its Misery?" [Davos salvará o mundo, ou o livrará da miséria?], *The Washington Post*, 24 jan. 2020.
[3] *Idem*.

mamente preocupado" com o excesso de regulamentação, conflitos comerciais e crescimento econômico incerto.[4] Os CEOs dos Estados Unidos estavam mais pessimistas do que seus pares globais, com 62% deles projetando um declínio no ritmo de crescimento de seu negócio no próximo ano, em comparação com 53% para o total de CEOs. Nos Estados Unidos, 83% dos CEOs estavam planejando "eficiências operacionais", tais como cortes de pessoal, venda de empresas ou adiamento de investimentos para ajudar a impulsionar crescimento. Quais impactos terão essas eficiências nos trabalhadores, nos consumidores e no público em geral? E quais vozes vão participar na tomada dessas decisões? E, ainda, tais decisões não desmentiriam as declarações sobre a utilização da crise para melhorar o mundo?

As preocupações dos líderes empresariais com o futuro da economia são amplificadas por outras tendências econômicas. Embora a economia global tenha se expandido por anos, a produtividade quase não evoluiu, o que sugere que as relações anteriores entre crescimento e aumento da produtividade poderiam não ser válidas. Inválida seria também a relação a longo prazo entre uma economia em expansão e o aumento dos salários. Os mais ricos estão ganhando muito mais, mas a renda está estagnada ou em declínio para os 90% dos trabalhadores com salários mais baixos. Essas tendências tornam impossível seguir o modelo criado por Henry Ford no início do século XX, conforme o qual pagar mais aos trabalhadores permitiu a eles comprar o Modelo T que a Ford estava fabricando, alimentando, assim, o consumo e o crescimento econômico.

Finalmente os líderes empresariais estariam preocupados com a perspectiva de que os truques utilizados pelos governos no passado para combater as recessões econômicas pudessem ter atingido um limite. Entre 2008 e 2017, quatro bancos centrais injetaram dez trilhões de dólares na economia global, mas o crescimento da produtividade permaneceu estagnado (Schwab & Zahidi, 2019).

---

[4] "Navigating the Rising Tide of Uncertainty: Key Findings from PwC's Twenty-Third Annual CEO Survey" [Navegando na maré crescente da incerteza: principais descobertas da vigésima terceira pesquisa anual com CEOs da PwC], PwC, 2020.

Se o desempenho dos líderes empresariais no aumento da produtividade é fraco, o progresso em matéria de mudanças climáticas é ainda pior. É verdade que a proporção de CEOs extremamente preocupados com o tema aumentou mais de 25% desde a pesquisa de 2019. Em uma carta aos CEOs enviada pouco antes da reunião de Davos, o diretor-executivo da BlackRock, Larry Fink, mostrou que alguns executivos consideram atualmente que as alterações climáticas são uma ameaça real aos negócios. Isso constitui uma razão para agir em prol dos interesses da maior de todas as partes em comum, o próprio planeta. "As alterações climáticas se tornaram um fator determinante nas perspectivas de longo prazo das empresas", escreveu Fink, "mas a consciência está mudando rapidamente, e creio que estamos em vias de uma redefinição fundamental nas finanças." Ele se comprometeu a começar a realocar os quase sete trilhões de dólares de ativos que a BlackRock tinha em combustíveis fósseis.[5]

No entanto, em 2020, as alterações climáticas ocuparam apenas o décimo primeiro lugar na lista das quinze principais preocupações dos CEOs, apesar do aviso do Painel Intergovernamental sobre Mudanças Climáticas de que as mudanças são a mais grave ameaça existencial que o mundo enfrenta neste momento em termos de terra, oceanos, economia, saúde e coesão social (Intergovernmental Panel On Climate Change, 2019a; 2019b). Na verdade, um relatório do Greenpeace divulgado no fórum de Davos revelou que os bancos e os fundos de pensões cujos CEOs estavam presentes em Davos fizeram em conjunto empréstimos ou investimentos em empresas de combustíveis fósseis no valor de 1,4 trilhão de dólares (Greenpeace International, 2020). Ilustrando a falta de consenso entre as elites globais, o secretário do Tesouro dos Estados Unidos, Steven Mnuchin, utilizou a reunião de Davos para ridicularizar Greta Thunberg e seus apelos ao desinvestimento em combustíveis fósseis. "Não acreditamos que deva haver impostos de carbono", disse ele. "Queremos reduzir os impostos. Acreditamos que

---

5 MEREDITH, Sam. "BlackRock CEO Says the Climate Crisis Is about to Trigger 'a Fundamental Reshaping of Finance" [CEO da BlackRock diz que crise climática está prestes a desencadear uma reformulação decisiva das finanças], *CNBC*, 14 jan. 2020.

a indústria pode lidar sozinha com essa questão."⁶ Nem mesmo os perigos extremos para o futuro do planeta superaram as diferenças entre os líderes do capitalismo, o que compromete as perspectivas de uma ação significativa.

Outro relatório divulgado no fórum de Davos 2020, o da Oxfam International, concluiu que os 2.153 bilionários do mundo têm agora mais riqueza do que os 4,6 bilhões de pessoas que constituem 60% da população do planeta (Lawson *et al.*, 2020). Para enfrentar esse problema de crescente desigualdade de renda, os participantes de Davos teriam de fazer mudanças significativas nas políticas fiscais, comerciais, salariais, de educação, de cuidados de saúde, de gênero e de desenvolvimento econômico, um ímpeto que parecia faltar ao encontro na Suíça.

Alguns participantes em Davos manifestaram abertamente o apoio a um novo pensamento. Um dos destaques do evento foi a presença de will.i.am, apresentado como um inovador criativo, futurista, artista, investidor de tecnologia, fundador e diretor-executivo da I.AM+. Ele disse aos participantes de Davos: "É uma nova década, pessoal. Esta década vai definir o futuro dessa doideira que é a humanidade".⁷

Se os CEOs deixaram Davos com preocupações, seus receios explodiram apenas algumas semanas mais tarde, quando o vírus Sars-CoV-2 se disseminou entre as populações de todo o mundo. A covid-19 não só matou ou adoeceu milhões de pessoas em países de baixa, média e alta rendas, como também desencadeou uma crise econômica global que rivalizou com a Grande Depressão de 1929.

Nesse contexto, *A que custo?* analisa o papel que o capitalismo desempenha na formação do "futuro dessa doideira que é a humanidade". O livro examina como as transformações do capitalismo do século XXI mudaram a busca das pessoas por bem-estar e felicidade e pelas necessidades básicas de alimentação, cuidados de saúde, educação e trabalho. Longe do glamour de Davos, investigo as intera-

6 GELLES, Davis & SENGUPTA, Somini. "Big Business Vows to Fight Climate Change" [Grandes corporações prometem combater mudanças climáticas], *The New York Times*, 25 jan. 2020.
7 ZAK, Dan, *op. cit.*

ções de indivíduos comuns com as corporações à medida que seguem com suas tarefas diárias e procuram saúde e satisfação para si próprios, suas famílias e comunidades. Pergunto se, em meio ao cotidiano, aqueles que desejam um mundo mais saudável, mais justo e sustentável poderiam criar novas alianças capazes de, com o tempo, criar outro mundo no qual a necessidade humana tenha precedência sobre o lucro. Concentro-me nos Estados Unidos, o país que mais conheço. Porém, uma vez que as experiências diárias dos estadunidenses moldam as (e são moldadas pelas) experiências das pessoas em toda parte, minha perspectiva é inevitavelmente global.

Sinais de insatisfação

Não são apenas os CEOs reunidos em Davos que se preocupam com o futuro. As evidências demonstram que a maioria dos norte-americanos não é mais feliz, mais saudável ou goza de mais liberdade, nem está mais confiante quanto ao próprio futuro e ao futuro da família e dos amigos do que no passado. Quase 250 anos após a Declaração da Independência ter proclamado direitos inalienáveis à vida, à liberdade e à busca por felicidade, os três objetivos continuam a ser ilusórios nos Estados Unidos.

Pesquisas de opinião pública, reportagens nos meios de comunicação e pesquisas acadêmicas mostram que muitos estão insatisfeitos com o atual estado da nossa sociedade. Estudar as maneiras como as mudanças no capitalismo moderno contribuíram para essas dificuldades — um crescente sentimento de desconfiança, sonhos frustrados e exclusão social — pode preparar o terreno para a ponderação de alternativas. Uma dessas pesquisas de 2019 com mais de 34 mil pessoas em 28 países, conduzida pela Edelman, empresa global de comunicações, concluiu que apenas 43% da população dos Estados Unidos acreditava que teria uma vida melhor dentro de cinco anos, um declínio de 7% em apenas um ano. Mais da metade dos entrevistados norte-americanos receava que "pessoas como eu" perdessem "o respeito e a dignidade que já tive neste país". Cerca da metade dos norte-americanos temia perder o emprego em consequência de uma economia baseada em autônomos, da falta de formação ou de competências, da recessão iminente, da imigração ou da automatização, características que definem esse período.[8] Apenas alguns meses mais tarde, a pandemia de covid-19 transformou esses receios em realidade para milhões de pessoas.

A disposição dos norte-americanos em apoiar o capitalismo depende muito das crenças de longa data de que esse era o sistema que melhor lhes oferecia a oportunidade de realizar o sonho americano: uma vida melhor do que a dos pais e oportunidades para que os filhos conquistassem suas aspirações. No entanto, atualmente, 47% das pessoas da amostra entrevistada pela Edelman nos Estados Unidos concordaram com a afirmação de que o capitalismo, tal como existe hoje, faz mais mal do que bem ao mundo. Entre os jovens, o apoio ao capitalismo é ainda menor. Uma pesquisa da Universidade Harvard em 2016 revelou que 51% dos jovens norte-americanos, com idades entre 18 e 29 anos, já não apoiam o capitalismo. Apenas 42% disseram que o apoiavam; só 19% estavam dispostos a se autodenominarem "capitalistas".[9] À medida que o apoio dos norte-americanos ao capitalismo diminui, estariam eles mais dispostos a buscar por alternativas aos arranjos oferecidos pela ordem atual?

A confiança e a credibilidade das instituições sociais são também indicadores-chave do bem-estar social. As pesquisas de opinião pública anuais do Pew Research Center indicam que a proporção de residentes dos Estados Unidos que confiam no governo de Washington para fazer o que é certo "quase sempre" ou "na maioria das vezes" caiu de um máximo de 77% em 1964 para 17% em 2019.[10]

---

8 Edelman Trust Barometer 2020, 19 jan. 2020.
9 "Survey of Young Americans' Attitudes toward Politics and Public Service" [Pesquisa sobre as atitudes dos jovens americanos em relação à política e ao serviço público], Harvard University Institute of Politics, 18 mar.-3 abr. 2016.
10 "Public Trust in Government: 1958-2019" [Confiança da população no governo, 1958-2019], Pew Research Center, 11 abr. 2019.

Uma pesquisa da Edelman de 2018 revelou que as pessoas nos Estados Unidos tinham menos confiança nos meios de comunicação do que a população em catorze outros países, menos confiança nas empresas do que os entrevistados em quinze outros países, menos confiança em organizações não governamentais do que as pessoas ouvidas em dezenove outros países, e menos confiança no governo do que a amostragem em vinte outros países. E os baixos níveis de confiança nas principais instituições caíram ainda mais drasticamente entre 2017 e 2018. No conjunto, os Estados Unidos tiveram a maior queda de confiança entre as quatro instituições avaliadas pela Edelman, um declínio total de 37% na proporção em um ano.[11]

Muitos norte-americanos relatam que parte de suas preocupações com a ordem social surge do seu impacto sobre o bem-estar psicológico e físico. Uma recente pesquisa de opinião do instituto Gallup revelou que 55% dos norte-americanos se sentiram estressados em 2018. Foi um número recorde para os Estados Unidos, superior às médias globais no que diz respeito ao estresse e à preocupação. Os níveis de raiva são também altos — 22% dos norte-americanos disseram que sentiam raiva, quase 40% a mais do que apenas uma década antes (Ray, 2019).

O estresse e a raiva são fatores largamente comprovados de causa de distúrbios psicológicos mais graves. O aumento das taxas de problemas de saúde mental, tais como depressão, ansiedade e angústia, constitui outro indício de as coisas vão mal nos Estados Unidos. Um estudo realizado em 2018 pela Blue Cross Blue Shield revelou que os diagnósticos de depressão grave aumentaram 33% desde 2013. Essa taxa segue aumentando ainda mais rapidamente entre os millennials[12] (até 47%) e adolescentes (até 47% para meninos e 65% para meninas).[13] A pandemia de covid-19 e o assassinato de

---

11 Edelman Trust Barometer Global Report 2018, 21 jan. 2018.
12 Dentro da sociologia, denominação dada à geração nascida entre a década de 1980 e o início dos anos 2000, também conhecida como geração Y, caracterizada pela convivência, desde sempre, com os recursos da alta tecnologia. [N.E.]
13 "Major Depression: The Impact on Overall Health" [Depressão: o impacto na saúde global], Blue Cross Blue Shield, maio 2018.

George Floyd por um policial agravaram significativamente esses já elevados níveis de depressão e ansiedade.

Nos Estados Unidos, estudos comparativos de adultos em meados dos anos 1990 e início dos anos 2010 sinalizam que o sofrimento psicológico crescente e o declínio do bem-estar se concentram em indivíduos de baixo perfil socioeconômico de todas as idades, de jovens a idosos (Goldman, Glei & Weinstein, 2018). Outros levantamentos mostram que os problemas financeiros são a principal causa de sofrimento psicológico para a maioria dos estadunidenses e que a perda de moradia e emprego precipitada pela crise financeira de 2008 contribuiu para o aumento dessas ocorrências de saúde mental (Yilmazer, Babiarz & Liu, 2015).

O endividamento crescente também influencia o bem-estar. Cerca de três em cada quatro millennials nos Estados Unidos possuem alguma forma de dívida, de acordo com uma pesquisa da NBC News/GenForward, o que os levou a adiar etapas importantes da vida por não conseguirem saldar seus débitos. A forma mais comum de dívida é a do cartão de crédito, seguida pela de empréstimos universitários; 49% dos millennials afro-estadunidenses têm dívidas de financiamento estudantil — mais do que qualquer outro subgrupo racial.[14] Nos primeiros quatro meses da pandemia da covid-19, mais de vinte milhões de norte-americanos perderam o emprego, agravando ainda mais a dívida, especialmente entre aqueles com menos recursos.

Na década que se seguiu ao colapso do banco de investimento Lehman Brothers e ao declínio da economia que culminou na Grande Recessão, cerca de dez milhões de norte-americanos perderam a casa.[15] Em muitas cidades, as práticas financeiras que desencadearam a crise habitacional de 2008 levaram a um aumento gradativo do número de sem-teto. Em Los Angeles, por exemplo,

---

14 ARENGE, Andrew; PERRY, Stephanie & TALLEVI, Ashley. "Poll: Majority of Millennials Are in Debt, Hitting Pause on Major Life Events" [Pesquisa: maioria da geração de millennials está endividada, adiando principais eventos da vida], *NBC News*, 4 abr. 2018.

15 ANDRES, Tommy. "Divided Decade: How the Financial Crisis Changed Housing" [Década dividida: como a crise finaneira transformou a habitação], *Marketplace*, 17 dez. 2018.

a quantidade de desabrigados cresceu 75% em seis anos.[16] Por volta de 2013, o número de crianças desabrigadas nos Estados Unidos era três vezes maior do que em 1983, o pico anterior (Grant, Roy *et al.*, 2013). Esses aumentos do número de desabrigados e da instabilidade habitacional afetam desproporcionalmente as populações negras e latinas, piorando ainda mais as desigualdades de saúde.

Outros problemas nessa mesma seara estão igualmente agravados. Em uma influente série de estudos, Anne Case e Angus Deaton, pesquisadores da Universidade Princeton, documentam o aumento, desde o ano 2000, das taxas de mortalidade e de doença entre brancos não hispânicos de meia-idade sem diploma universitário. Eles chamam esse excesso de mortalidade de "mortes por desespero", atribuindo os aumentos, de certo modo, a overdoses, suicídios e doenças relacionadas ao álcool, mas ainda mais profundamente à insegurança econômica do capitalismo contemporâneo (Case & Deaton, 2017; 2020).

As mortes precoces e as doenças evitáveis relacionadas a condições crônicas, como as cardiovasculares, diabetes e câncer, constituem uma porção crescente da sobrecarga da saúde nos Estados Unidos e também contribuem para desigualdades persistentes de classe e de raça/étnicas na saúde, além de invalidez (Bauer *et al.*, 2014). A Organização Mundial da Saúde (OMS) identifica o consumo de tabaco e álcool, as dietas pouco saudáveis e a falta de atividade física como os principais causadores dessas condições crônicas (Alwan, 2011). Nos Estados Unidos, os fatores alimentares estão associados a uma proporção substancial e crescente de mortes por doenças cardíacas, AVC, diabetes tipo 2 (Micha *et al.*, 2017) e, agora, covid-19.

O capitalismo moderno contribui para essa sobrecarga por meio da comercialização agressiva de produtos nocivos, do encorajamento dos consumidores a suportarem o estresse e a ansiedade com o uso de tabaco, álcool, alimentos pouco saudáveis e drogas pres-

---

[16] HOLLAND, Gale. "L.A.'s Homelessness Surged 75 Percent in Six Years: Here Is Why the Crisis Has Been Decades in the Making" [Número de sem-teto de Los Angeles aumentou 75% em seis anos; eis por que a crise se estende por décadas], *Los Angeles Times*, 1 fev. 2018.

critas, e tornando acessíveis e baratos esses produtos pouco saudáveis. Dessa forma, o atual sistema econômico e político contradiz diretamente os conselhos de saúde pública de que as escolhas saudáveis deveriam ser mais acessíveis.

Nos últimos cinco anos, nos Estados Unidos e em outros países de renda elevada, pela primeira vez em décadas a expectativa de vida diminuiu, persistiram ou até aumentaram as grandes disparidades na saúde entre diferentes grupos sociais, a desigualdade de rendimentos disparou, e a poluição do ar nas áreas urbanas se agravou em muitas cidades. No entanto, no geral, o governo estadunidense tem sido incapaz ou relutante em adotar as medidas conhecidas para mitigar ou inverter essas tendências, uma incapacidade fortemente ilustrada pela inepta resposta federal à covid-19.

As pesquisas de opinião pública sugerem que essas mudanças na saúde influenciam o que os norte-americanos sentem sobre as suas escolhas mais básicas no cotidiano. Por exemplo, de acordo com uma pesquisa do instituto Gallup de 2019, apenas 26% dos entrevistados acreditavam seguir uma dieta muito saudável.[17] Uma pesquisa do Pew Research Center de 2018 indicou que 51% dos adultos diziam que o indivíduo médio estava exposto a aditivos nos alimentos consumidos diariamente que representam um sério risco à saúde (Funk, Kennedy & Hefferon, 2018). Outra pesquisa mostrou que muitos se sentem confusos em relação à informação sobre os alimentos que recebem dos anunciantes e dos meios de comunicação. Metade dos entrevistados diz que informações contraditórias os levam a duvidar de suas escolhas. Entre os millennials, 60% questionam suas escolhas alimentares (Sanders, 2017).

Dúvidas semelhantes atingem os consumidores dos serviços privados de saúde. Em 2018, segundo pesquisa do instituto Gallup, 48% dos adultos afirmaram que a sua visão global do setor de assistência médica estadunidense era um pouco ou muito negativa; apenas 34% relataram uma visão positiva. Quase quatro em cada cinco

---

[17] "Nutrition and Food" [Nutrição e alimentos], Gallup, 14-31 out. 2019.

afirmaram estar insatisfeitos no geral com o custo total dos cuidados com a saúde no país.[18]

Nas últimas duas décadas, estudiosos e legisladores se mostraram insatisfeitos com a utilização exclusiva de indicadores econômicos como o Produto Interno Bruto (PIB), o indicador-padrão de crescimento econômico. Em vez disso, propuseram novas medidas de bem-estar que incluem percepções subjetivas de felicidade, de propósito de vida, bem como avaliações cognitivas da condição de indivíduos em comparação com outros (MacCagnan *et al.*, 2019).

Um desses indicadores, o Índice Planeta Feliz, mede a forma como os países estão proporcionando vida longa, feliz e sustentável a seus habitantes. Ele compara a eficiência com que moradores de diferentes países utilizam os recursos naturais para viver bem, de maneira saudável e satisfatória.[19] Nesse índice, os Estados Unidos ocupam o 108º lugar de um total de 140 países, com uma expectativa de vida inferior à de trinta países, níveis mais elevados de desigualdade econômica do que 33 deles e um impacto ambiental mais prejudicial para o mundo do que 136 outras nações. Evidências de muitos estudos comparativos entre nações apontam que níveis mais elevados de felicidade conduzem a resultados melhores em termos sociais, de saúde e de educação (Lawrence, Rogers & Wadsworth, 2015). Embora qualquer indicador com base em um conceito tão subjetivo como a felicidade esteja sujeito a imprecisões, uma equipe de pesquisadores internacionalmente reconhecidos observa com pertinência que, na medição de resultados sociais chave, é "melhor estar aproximadamente certo do que precisamente errado" (Costanza *et al.*, 2014).

Se tantos estadunidenses estão insatisfeitos ou têm dificuldade para realizar as tarefas básicas da vida cotidiana — obter alimentação, cuidados de saúde e educação —, então os Estados Unidos têm a obrigação de considerar alternativas. Para além disso, dados comparativos sugerem que os atuais arranjos sociais e econômi-

---

18 "Healthcare System 2019" [Pesquisa sistema de saúde 2019], Gallup, 2019.

19 "Happy Planet Index 2016: Methods Paper" [Índice Planeta Feliz: método], New Economics Foundation, 2016.

cos tornam os estadunidenses menos felizes, saudáveis, instruídos e realizados no trabalho e nas relações do que pessoas de outros países de alta renda.

Em todas as épocas, pessoas enfrentam sérios desafios e se esforçam para melhorar as condições de vida. O que distingue o período atual é a crença prevalecente de que não existem alternativas consideráveis aos atuais arranjos econômicos e políticos e ao sistema do capitalismo moderno que emergiu a partir da Segunda Guerra Mundial. As alternativas antigas — a União Soviética e a China — colapsaram e renasceram com algumas das mesmas características capitalistas que hoje afligem os norte-americanos. As alternativas recentes — os governos autoritários, nacionalistas, por vezes populistas, frequentemente corruptos que surgiram no Brasil, na Rússia, na Turquia, na Índia, na Polônia, nas Filipinas, no Reino Unido e nos Estados Unidos — parecem igualmente aversivas.

A crise financeira de 2008 poderia ter sido um ponto de virada. Poderia ter levado o povo e o governo dos Estados Unidos a examinar de maneira mais detida se a crescente influência da economia de mercado na vida cotidiana precisava mudar. Mas não houve mudança. Em vez disso, durante a última década testemunhamos a deterioração da saúde de muitos estadunidenses, o endividamento crescente, a desigualdade sistemática, o aumento da mão de obra com baixos salários, a desconfiança da maioria das instituições sociais, conflitos políticos aparentemente irreconciliáveis e o agravamento do aquecimento global. Poderá o declínio econômico global desencadeado pela pandemia de covid-19 proporcionar outra oportunidade para construir alternativas significativas?

Para avaliar as perspectivas de mudança, é necessária uma análise mais profunda das transformações no capitalismo nos últimos cinquenta anos.

O papel das corporações no capitalismo moderno

Até há pouco tempo, falar de capitalismo nos Estados Unidos fazia com que a pessoa parecesse ingênua ou talvez datada, presa a uma ideologia antiquada do século XIX. Alguns líderes empresariais reivindicaram o título — a revista de negócios *Forbes* adotou orgulhosamente o slogan "a ferramenta capitalista". Porém, termos mais evasivos como "sistema de livre-mercado" acabaram sendo privilegiados por líderes empresariais, políticos, opinião pública, acadêmicos e meios de comunicação.

A crise financeira de 2008 trouxe a palavra de volta ao discurso dominante. O livro do economista Thomas Piketty *O capital no século XXI*, lançado em 2013, se transformou em um best-seller improvável. Nos anos seguintes, foram publicadas mais de três dúzias de novos livros e um número incalculável de artigos sobre o tema. Como aves raras na floresta tropical, foram identificadas e dissecadas novas espécies de capitalismo, incluindo o capitalismo de vigilância, o neoliberal, o de cassino, o de desastre, o carcerário, o supercapitalismo, o capitalismo de compadres, o predatório, o filantropo e mais (Zuboff, 2019 [2021]; Heller, 2011; Wright, 2019). Em 2020, a revista *Foreign Affairs*, voz do sistema de políticas econômicas e internacionais dos Estados Unidos, publicou uma série de artigos sobre "o futuro do capitalismo", muitos dos quais escritos por economistas ganhadores do Prêmio Nobel, além de uma avaliação sóbria das perspectivas (Rose, 2020). A pandemia de covid-19 suscitou outras questões quanto à compatibilidade entre capitalismo e bem-estar.

Este livro se centra na variante do capitalismo que surgiu nos Estados Unidos nas últimas décadas do século XX e durante o XXI. O capitalismo norte-americano, um sistema global que influencia todas as outras nações (e é influenciado por elas), é uma estrutura complexa que muda no tempo e no espaço. Como observou o economista político Fred Block, os defensores do capitalismo moderno afirmam frequentemente que ele é um arranjo natural que segue leis fixas, sendo, portanto, o inevitável sistema social e econômico global do século XXI (Block, 2018). Mas mesmo uma análise superficial da variação das formas capitalistas no século passado na Europa, nos Estados Unidos, na China, na Rússia e em países emergentes de renda mediana contradiz esse mito simplista.

Como pesquisador de saúde pública, minhas principais motivações para estudar o capitalismo moderno são compreender seu impacto no bem-estar humano e na saúde planetária, identificar as características que potencializam ou mitigam seus danos e descobrir estratégias que os reduzam.[20]

Por essas razões, estou especialmente interessado em compreender os agentes — indivíduos e organizações — cujos comportamentos, práticas e decisões influenciam o bem-estar. Portanto, as corporações são personagens centrais nessa história.

Por que o enfoque nas corporações? Indivíduos gananciosos ou sem escrúpulos não seriam a raiz isolada do problema — os maus atos de pessoas como Martin Shkreli, o fundador e antigo CEO da Turing Pharmaceuticals, que comprou a licença de um medicamento que salva vidas e depois aumentou o preço de 13,50 dólares para 750 dólares por comprimido, ou Elizabeth Holmes, CEO da Theranos, que angariou mais de setecentos milhões de dólares de capitalistas de risco e investidores privados com base em falsas alegações de que ela havia descoberto avanços nas tecnologias de análises sanguíneas? E outras instituições também não seriam responsáveis pelo declínio da satisfação com a vida dos norte-americanos — burocracias governamentais ineficientes ou corruptas; organizações religiosas mais preocupadas em proteger a própria ideologia ou em promover os próprios valores morais; ou pais que abdicaram da responsabilidade de criar crianças saudáveis e bem-comportadas?

É claro que muitos indivíduos e organizações partilham a responsabilidade pelos problemas mais graves do mundo. Mas, desde a Segunda Guerra Mundial, existe um amplo consenso de que as

---

[20] Em editorial publicado no periódico *The Lancet Planetary Health*, a saúde planetária foi definida como "a saúde da civilização humana e o estado dos sistemas naturais dos quais ela depende" ("The Bigger Picture of Planetary Health", *The Lancet Planetary Health*, v. 3, n. 1, jan. 2019).

corporações se tornaram a força econômica, política e social mais poderosa do planeta. Em 1959, refletindo as opiniões de executivos empresariais, o vice-presidente da Ford Company, William Gossett, escreveu que a empresa moderna é a instituição dominante em nossa sociedade (Gosset, 1968). Ao deixar o cargo, em 1961, o presidente Dwight Eisenhower alertou para a ascensão do complexo militar-industrial, uma aliança entre corporações de defesa e os militares norte-americanos que, na opinião dele, punha em risco nossas liberdades e os processos democráticos (Eisenhower, 1961).

Em 1977, John Kenneth Galbraith, o economista que estudou o poder corporativo, escreveu que a corporação moderna era

> a instituição que mais muda as nossas vidas e a que menos compreendemos ou, mais corretamente, procuramos tão fortemente não compreender. [...] Semana a semana, mês a mês, ano a ano, ela exerce uma influência maior em nosso meio de vida e em nossa maneira de viver do que sindicatos, universidades, políticos e governo. (Galbraith, 1977, p. 257)

Para compreender como o capitalismo moderno influencia o nosso "meio de vida e a maneira como vivemos", é necessário investigar não um sistema abstrato, mas as instituições específicas cujas decisões determinam o que as pessoas comem, como elas são instruídas, onde e como trabalham.

O poder crescente das corporações para moldar vidas é resultado da mudança do seu papel em nossa sociedade. Como consequência das tendências que moldaram o capitalismo moderno, nenhum outro tipo de organização moderna acumulou tanta tecnologia, capital e poder político. Nenhum tem a capacidade de penetrar em tantos aspectos da vida cotidiana de tantas pessoas. Nenhum tem o alcance global ou a capacidade de agir com tão poucas restrições estruturais. Ao contrário dos governos, que não têm como se deslocar para outro país se caírem em desgraça com os eleitores, as empresas podem deslocar capital, trabalhadores e mercados para outras nações quando os líderes políticos emergentes procuram restringir sua autonomia.

É claro que nem o capitalismo, nem as corporações são homogêneos. Nem sempre eles concordam entre si, e seus conflitos podem tanto promover o bem-estar como intensificar os danos que causam. Mas, em comparação com governos, eleitores ou grupos da sociedade civil, os valores e as práticas comuns das corporações têm muito em comum e permitem que as maiores empresas transnacionais falem de maneira bastante semelhante sobre muitas questões globais.

Para aqueles preocupados em aumentar o bem-estar global, as corporações constituem um foco de investigação particularmente pertinente. Em comparação com a mudança de comportamento dos 7,7 bilhões de pessoas do mundo, com os ambientes de centenas de milhares de comunidades ou com os milhares de culturas que influenciam as pessoas, mudar as práticas corporativas e políticas das duas mil corporações que dominam a economia mundial é conceitualmente, se não politicamente, simples.

Quão importantes são essas empresas líderes para a economia mundial? As duas mil maiores empresas de capital aberto da lista "Forbes Global 2000", de 2018, incluíam corporações de sessenta países que representam 39,1 trilhões de dólares em vendas, 3,2 trilhões de dólares em lucros e 189 trilhões de dólares em ativos. As 288 maiores empresas privadas da lista de 2019 acrescentaram a esse montante mais 1,7 trilhão de dólares em receitas.[21]

Entre 2003 — quando a *Forbes* compilou a primeira lista "Global 2000" — e 2018, o valor dos ativos dessas empresas quase duplicou em dólares corrigidos pela inflação.[22] Em 2011, as corporações representavam 5% de todos os negócios, mas ganhavam 62% das receitas anuais.[23] Das duzentas organizações do mundo

---

21 MURPHY, Andrea. "America's Largest Private Companies 2019" [Maiores companhias privadas americanas de 2019], *Forbes*, 17 dez. 2019.
22 O total de ativos em 2018 era de 189 trilhões de dólares (sem ajuste de inflação); o total foi de 65 trilhões de dólares em 2003.
23 LUNDEEN, Andrew & POMERLEAU, Kyle. "Corporations Make Up 5 Percent of Businesses but Earn 62 Percent of Revenues" [Corporações representam 5% dos negócios, mas ganham 62% das receitas], *Tax Foundation*, 25 nov. 2014.

com as maiores receitas anuais, 157 são corporações, e apenas 43 são governos.[24]

Desde a década de 1970, as mudanças no capitalismo operaram uma transformação nos Estados Unidos para uma economia e política de bem-estar orientadas para o consumo, algo que surgiu após a Segunda Guerra Mundial. Como resultado, as corporações globais, a face pública e os agentes executivos do capitalismo do século XXI interagem agora com governos, sociedade civil e movimentos sociais de novas maneiras. Hoje, as decisões de corporações, bancos e outras empresas moldam a forma como os indivíduos vivenciam os seis pilares da saúde — alimentação, educação, cuidados de saúde, trabalho, transportes e relações sociais. Por sua vez, as escolhas que as pessoas fazem entre as opções oferecidas pelas corporações determinam a saúde dos indivíduos, das famílias, das comunidades e do próprio planeta.

O capitalismo moderno tem trazido benefícios surpreendentes a muitas pessoas nos Estados Unidos e em todo o mundo. Sua criatividade e inovação dão a esperança de que os problemas que confrontaram a humanidade desde o seu início podem ser resolvidos. Grandes empresas globais empregam milhões de pessoas, pagam impostos, produzem bens vitais, como medicamentos e alimentos essenciais, além de produtos e serviços de entretenimento, permitem que as pessoas se comuniquem facilmente vencendo o que antes eram fronteiras e reduzem o trabalho pesado e monótono.

No século XX, o capitalismo mostrou sua notável capacidade de promover o crescimento econômico e de gerar riqueza, mesmo que tenha deixado a desigualdade, na maior parte das vezes, pelo caminho. No entanto, para centenas de milhões de norte-americanos e bilhões em outras partes do mundo, a forma como o capitalismo evoluiu mina a saúde, aumenta a desigualdade, agrava as alterações climáticas e corrói a democracia. Alimentação, educação, cuida-

---

24 "69 of the Richest 100 Entities on the Planet Are Corporations, Not Governments, Figures Show" [69 das 100 entidades mais ricas do planeta são corporações, não governos, indicam números], *Global Justice Now*, 17 out. 2018.

dos de saúde, trabalho, transportes e relações sociais constituem as necessidades mais básicas da vida. Convertê-las em mercadorias lucrativas aos fabricantes, quando deveriam ser disponibilizadas à sociedade, impõe um alto custo ao bem-estar humano e planetário. Dialogar sobre os benefícios e os custos do capitalismo contemporâneo pode preparar o terreno para uma reflexão mais profunda sobre ajustes e alternativas.

Na década de 1970, a marca do capitalismo que dominara os Estados Unidos desde o fim da Segunda Guerra — um acordo forjado em uma luta que refletia um compromisso entre corporações e alguns setores da população trabalhadora — entrou em desgaste. Mapear o panorama dinâmico das influências empresariais contemporâneas na vida cotidiana mostra como as corporações concebem agora estilos e condições de vida que permitem aos Estados Unidos alcançar os seus objetivos de aumentar as receitas, os lucros e o valor para os acionistas, mantendo sua influência, ao mesmo tempo, na política e na economia.

O aumento do consumo de massa

Após a Grande Depressão e a Segunda Guerra Mundial, os Estados Unidos criaram um sistema econômico e político que promoveu o consumo de massa como motor do crescimento econômico. A inovação de Henry Ford de pagar aos trabalhadores o suficiente para que pudessem comprar os automóveis que produziam criou um sistema de produção e consumo que estimulou o crescimento durante décadas. Levou também à criação de uma classe média que forneceu apoio político e moral para sustentar esse sistema. O movimento operário ganhou importantes concessões das elites dirigentes, que expandiram a participação dos trabalhadores nesse crescimento.

O desenvolvimento paralelo de um Estado de bem-estar social que, ao longo do tempo, forneceu previdência social, acesso à saúde, medicamentos, vale-alimentação, habitação pública e outros benefícios sociais protegeu as populações vulneráveis contra as oscilações do mercado e também conteve as divergências dos que ficaram de fora da economia em crescimento. Nas décadas de 1960 e 1970, novas regulamentações federais em termos de meio ambiente, saúde, proteção ao consumidor e normas empresariais forneceram proteção adicional contra os danos corporativos.

É claro que essa economia orientada ao consumo e protegida por um Estado de bem-estar social não se deu sem conflitos. Setores significativos da população — negros, imigrantes, pessoas pobres, mulheres, que em conjunto compunham uma maioria — ficaram inadequadamente protegidos ou desprotegidos. Os direitos civis, trabalhistas, ambientais, das mulheres e outros movimentos sociais desempenharam papel importante no reforço dessas proteções e no acompanhamento de sua implementação.

Na década de 1970, porém, a evolução social, econômica e política vigente em níveis local, nacional e global desafiou esse modelo de crescimento. Várias dessas tendências justificam maior atenção.

Nos últimos 75 anos, a economia de consumo nos Estados Unidos cresceu notavelmente. No fim da Segunda Guerra, os gastos dos consumidores ultrapassaram a produção de guerra para impulsionar o crescimento da economia norte-americana. Entre 1945 e 1949, os norte-americanos compraram vinte milhões de geladeiras, 21,4 milhões de carros e 5,5 milhões de fogões, uma tendência que perdurou na década de 1950.[25] Em 2016, os gastos dos consumidores representaram 68% do PIB, tornando-os a força motriz da economia.[26] Entre 1945 e 2017, os gastos anuais de consumo pes-

---

25 "Tupperware! The Rise of American Consumerism" [Tupperware! A ascensão do consumismo americano], *American Experience*, 4 fev. 2004.
26 US BUREAU OF ECONOMIC ANALYSIS. "Shares of Gross Domestic Product: Personal Consumption Expenditures" [Parcelas do Produto Interno Bruto: despesas de consumo pessoal], Federal Reserve Bank of St. Louis, 13 ago. 2020.

soal do norte-americano médio aumentaram quase cinquenta vezes (sem considerar o ajuste de inflação).[27]

À medida que mais norte-americanos compravam geladeiras, carros e televisores e, mais tarde, computadores e telefones celulares, os gastos de consumidores aumentavam sua participação na economia, e as grandes corporações se tornavam cada vez mais dependentes daquilo que os norte-americanos gastavam. Encontrar novas formas de fazer com que a população gastasse mais passou a ser o caminho preferencial tanto para CEOs quanto para líderes políticos. Para os CEOs, o aumento das despesas de consumo era a forma de continuar a aumentar as receitas e os lucros; para os políticos liberais e conservadores, a maneira de oferecer uma vida melhor aos eleitores. De certa forma, muitos consumidores também se beneficiaram do aumento do consumo, mas, desde os anos 1970, os custos de saúde, ambientais e de justiça social implicados nisso cresceram ainda mais rapidamente.

Dois fatores ameaçaram o crescimento ilimitado. Recessões econômicas, como a Grande Recessão de 2007 a 2009, quando o PIB diminuiu 5,1%, e suas predecessoras em 1929-1933, 1980-1982 e 1990-1991,[28] interromperam o consumo e fizeram do restabelecimento dos gastos dos consumidores a principal prioridade empresarial e política.

Para reduzir o impacto de tais retrações econômicas nos lucros, as empresas elaboraram várias medidas de reação. Entre elas, incluem-se redução dos custos de mão de obra, automatização ou deslocamento de fábricas para estados ou países com salários mais baixos, baixa de preços de alguns produtos e foco em mais vendas a consumidores de alta renda. Os cartões de crédito, introduzidos nos anos 1960, permitiram ainda mais gastos dos consumidores, ao mesmo tempo que aumentaram o endividamento, outra estra-

[27] US BUREAU OF ECONOMIC ANALYSIS. "Personal Consumption Expenditures Per Capita" [Despesas de consumo pessoal per capita]. Federal Reserve Bank of St. Louis [s.d.].
[28] NATIONAL BUREAU OF ECONOMIC RESEARCH (NBER). "US Business Cycle Expansions and Contractions" [Expansões e contrações do ciclo de negócios dos Estados Unidos], 20 set. 2010.

tégia-chave para promover o consumo. A ampliação do crédito hipotecário de casas no período que antecedeu o colapso da bolha imobiliária e a recente escalada das dívidas universitárias e de automóveis ilustram essa prática.

Uma ameaça mais constante é a superprodução, ou seja, produzir mais do que a capacidade de compra dos consumidores, levando ao excesso de estoques e à perda de lucros. Marxistas e capitalistas concordam que a rentabilidade requer o aumento da produtividade dos trabalhadores, mantendo os honorários baixos. Uma forma eficiente de reduzir os custos é diminuir os gastos de mão de obra, seja por meio da utilização de novas tecnologias de automação, seja mediante transferência de empregos para regiões nas quais os trabalhadores podem ser pagos com salários menores. Ambas as estratégias ameaçam o modelo fordista de aumentar o consumo pagando mais aos trabalhadores.

De 1920 a 1970, a produtividade das fábricas norte-americanas, medida pela produção por hora, cresceu numa velocidade bem superior com relação às décadas anteriores ou posteriores, um aumento que os economistas atribuem à rápida inovação e às mudança tecnológicas (Gordon, 2016, p. 13-8). No entanto, na década de 1970, as empresas norte-americanas produziam muito mais do que podiam vender. Para manter os lucros face ao declínio das vendas, as empresas decidiram reduzir os custos de mão de obra, um gatilho para terceirização, automação e campanhas empresariais contra a sindicalização. Essas estratégias, no entanto, levaram a décadas subsequentes de salários estagnados que reduziram o poder de compra dos trabalhadores e a mais declínios nas receitas das empresas — um círculo vicioso de queda. Outra estratégia para aumentar o consumo que se tornou cada vez mais importante foi desenvolver novos mercados em outras partes do mundo.

Em meados do século XX, o capitalismo norte-americano havia criado um sistema que satisfazia as necessidades de muitas pessoas, mas ameaçava cada vez mais o bem-estar humano e planetário a longo prazo. Nas últimas décadas, novas tendências econômicas e sociais tornaram esse sistema ainda mais tóxico.

Seis tendências que mudaram o capitalismo na transição dos séculos XX e XXI

GLOBALIZAÇÃO E COMÉRCIO GLOBAL

A globalização representa o movimento, de uma nação para outra, de capital, bens e serviços, ideias e pessoas. O capitalismo é, desde sempre, um sistema global. Nos séculos XVII e XVIII, seu crescimento foi alimentado pelo comércio de açúcar, tabaco e pessoas escravizadas entre muitas nações. Nos séculos XIX e XX, as nações ocidentais extraíram dos recursos naturais e do trabalho de suas colônias na África, na Ásia e na América Latina a riqueza que permitiu sua contínua expansão.

A globalização atual tornou a movimentação de capital, bens e serviços, pessoas e ideias mais rápida e fácil do que nunca. O Banco de Compensações Internacionais (BIS, do inglês Bank for International Settlements) estima que 220 bilhões de dólares sejam movimentados a cada hora através das fronteiras.

À medida que as despesas de consumo nacionais cresciam, a globalização trouxe novas oportunidades para as empresas. Em 1970, o comércio global representava 9% da economia estadunidense; em 2015, ele havia mais do que triplicado para 30% do PIB.[29] As corporações eram os motores e os principais beneficiários desse novo comércio, responsável por 80% do comércio global (Dobbs *et al.*, 2015).

Em 2017, o comércio global total de bens e serviços foi de cerca de 23 trilhões de dólares, quase o dobro dos 12,5 trilhões de dólares de 2005.[30] Esse crescimento do comércio global permite às empresas

---

[29] "What Is Globalization? And How Has the Global Economy Shaped the United States?" [O que é globalização? E como a economia global moldou os Estados Unidos?], Peterson Institute for International Economics (PIEE), 4 fev. 2019.

[30] *Key Statistics and Trends in International Trade* [Estatísticas-chave e tendência de comércio internacional], Genebra, United Nations Conference On Trade And Development, 2019.

transnacionais dos Estados Unidos deslocar capital, fábricas e lucros para locais em que o retorno do investimento seja mais elevado, os regulamentos, menos onerosos, e os salários e impostos, mais baixos. Pouco antes das isenções fiscais do presidente Donald Trump em 2017, as empresas norte-americanas, em 2015, transferiram seiscentos bilhões de dólares em lucros para paraísos fiscais, onde pagaram impostos baixos ou nulos (Tørsløv, Wier & Zucman, 2018).

A globalização também desloca pessoas. Segundo as Nações Unidas, o número de migrantes internacionais, definidos como aqueles que vivem fora da terra natal, atingiu 272 milhões em 2019, um aumento de 51 milhões desde 2010. Atualmente, os migrantes internacionais constituem 3,5% da população mundial, um aumento de 25% desde 2000.[31] Mais de um bilhão de pessoas viajam como turistas todos os anos, e muitas atravessam regularmente as fronteiras para trabalhar ou escapar da pobreza ou de perseguições. Esse mar de gente significa que ideias, alimentos, agentes patogênicos, tais como o coronavírus ou o ebola, e produtos ilícitos, como drogas e armas, podem circular pelo mundo a uma velocidade vertiginosa, desafiando reguladores, autocratas e funcionários da saúde pública. As políticas anti-imigração, a pandemia de covid-19 e o colapso econômico por ela precipitado reduziram por ora o fluxo de pessoas, mas tanto o crescimento econômico quanto uma maior retração disparam novas migrações.

Uma mudança marcante nesse período foi a mudança da responsabilidade pela definição das regras comerciais, dos governos para as corporações. Em 1947, os líderes empresariais tiveram uma influência bem-sucedida no Acordo Geral sobre Tarifas Aduaneiras e de Comércio (GATT, do inglês General Agreement on Tariffs and Trade), que estabeleceu os parâmetros para o comércio global. Na sequência, a Organização Mundial do Comércio (OMC), negociada entre 1986 e 1999, e o Acordo de Livre-Comércio da América

---

31 "The Number of International Migrants Reaches 272 Million, Continuing an Upward Trend in All World Regions, Says UN" [O número de imigrantes alcança 272 milhões, mantendo-se em tendência de aumento em todas as regiões do mundo], United Nations Department Of Economic And Social Affairs, 17 set. 2019.

do Norte (Nafta), tratado entre os governos de Canadá, México e Estados Unidos que entrou em vigor em 1994, redefiniram as negociações comerciais. Antes os governos nacionais tinham a voz mais forte para assegurar que as regras comerciais protegessem os interesses internos. Hoje as empresas dominam as negociações de tratados comerciais para proteger seus interesses. É como se a NBA atribuísse o controle e a aplicação das regras de jogo aos jogadores, e não aos árbitros.

A globalização do comércio também ajudou as corporações a encontrar novos mercados e a expandir as vendas de bens de consumo como alimentos, álcool e tabaco, até automóveis e contas em redes sociais. Como a saúde e outras preocupações levaram os norte-americanos e a população de alta renda de outros países a reduzir o consumo de produtos não saudáveis, tais como tabaco, álcool, refrigerantes, fast-food e automóveis poluentes ou inseguros, essas indústrias encontraram novos clientes em países de média e baixa rendas (Moodie *et al.*, 2013; Stuckler *et al.*, 2012). Na América Latina, por exemplo, o crescimento da comercialização de crédito permitiu que mais brasileiros e mexicanos comprassem automóveis, aumentando a procura por carros norte-americanos, bem como os níveis de endividamento e o número de mortes no trânsito nesses países.[32]

Os tratados comerciais globais negociados nas últimas décadas também influenciam a saúde e o meio ambiente com a proteção dos direitos de propriedade intelectual empresarial para medicamentos essenciais, os mecanismos criados para resolução de disputas entre países e corporações e as regras sobre normas trabalhistas e ambientais. Também estabelecem as regras para o comércio de produtos não saudáveis, como o tabaco ou os alimentos ultraprocessados (Labonté, Ruckert & Schram, 2018; Barlow *et al.*, 2017; Friel, Hattersley & Townsend, 2015).

Um exemplo ilustra tanto o poder das empresas para influenciar o comércio como a resistência dos governos e da sociedade civil.

---

32 "Latin America: The Fastest Growing Latin American Industries for 2013-2015" [América Latina: as indústrias de crescimento mais rápido para 2013-2015], Global Intelligence Alliance, 26 abr. 2012.

A Philip Morris International, líder mundial na produção de cigarros, utilizou o Centro Internacional para a Resolução de Conflitos de Investimento (Circi), um comitê de arbitragens do Banco Mundial, para instaurar processos contra os governos do Uruguai e da Austrália que propuseram novos rótulos de advertências de saúde em todos os maços de cigarro. Em 2010, a Philip Morris alegou que as leis de controle do tabaco do Uruguai violavam um tratado com a Suíça, país onde estava instalada a sede da Philip Morris. A lei exigia advertências gráficas de danos à saúde na frente e no verso dos maços, uma política explícita para reduzir o consumo de tabaco.

A Philip Morris pediu ao tribunal de comércio que ordenasse o Uruguai a pôr fim a essas medidas e a pagar à empresa 25 milhões de dólares.[33] Nesse caso, o tribunal manteve as regras nacionais do Uruguai e exigiu à Philip Morris que arcasse com as custas judiciais, uma importante vitória que reforçou a capacidade de os governos protegerem seus cidadãos do marketing agressivo da indústria do tabaco. Ameaças anteriores da Philip Morris de apresentar ações legais semelhantes contra o Canadá e a Austrália já haviam atrasado em duas décadas as medidas de advertência nesses países. A vitória do Uruguai foi possível, em parte, porque a Fundação Bloomberg contribuiu com milhões de dólares para as despesas legais do país na ação.[34]

Em teoria, os acordos comerciais também têm o potencial de proteger os direitos trabalhistas. No entanto, dos 580 casos de Solução de Controvérsias entre Investidores e Estados (ISDS, do inglês *investor-state dispute settlements*) sobre direitos de propriedade concluídos até meados de 2018, nem uma única resolução de litígio relativo a direitos de trabalho havia sido feita sob jugo de acordos comerciais (Drake, 2018).

33 "Philip Morris vs. Uruguay: Findings from the International Arbitration Tribunal" [Philip Morris contra Uruguai: conclusões do Tribunal Internacional de Arbitragem], Campaign for Tobacco Free Kids, jul. 2016.
34 CROSBIE, Eric & GLANTZ, Stanton. "Philip Morris Gets Its Ash Kicked in Uruguay, Where Will It Next Blow Smoke?" [Philip Morris descartou sua cinza no Uruguai; onde a empresa soprará a fumaça agora?], *AP News*, 31 jul. 2016.

Em termos mais gerais, o fracasso do Nafta e dos seus sucessores em exigir a aplicação das leis trabalhistas dos Estados Unidos, em proibir decisões de investimento que resultem em aumento da pobreza em todas as nações participantes ou em envolver trabalhadores no monitoramento da implementação significa que tais acordos frequentemente minam, em vez de favorecer, os direitos trabalhistas.[35]

Os acordos comerciais também explicitam as regras para os investidores aumentarem suas participações em empresas estrangeiras visando lucrar ou aumentar o valor para os acionistas. Investidores, muitas vezes de países de alta renda, aplicam em empresas de baixa ou média rendas. Os tratados comerciais e de investimento estabelecem as regras que regem esses negócios, muitas vezes limitando os direitos de os governos nacionais controlarem e supervisionarem a utilização e o impacto de tal investimento externo. No caso da alimentação, empresas transnacionais de países de alta renda nos setores de varejo alimentício, produção e agricultura têm investido em países de média e baixa rendas. Corinna Hawkes, que estuda o impacto dos acordos comerciais nos hábitos alimentares, chamou esses investimentos de "mecanismo-chave na formação do mercado global de alimentos ultraprocessados", que contribuiu para uma mudança rumo a uma dieta global menos saudável "ao permitir e promover o consumo desses alimentos em países em desenvolvimento" (Hawkes, 2005).

Essas regras de investimento estrangeiro podem interferir significativamente no "espaço político" dos países signatários, reduzindo sua liberdade de escolher e implementar políticas públicas para cumprir seus objetivos (Barlow *et al.*, 2017). No México, por exemplo, a combinação do aumento do comércio com os Estados Unidos e do aumento do investimento estrangeiro dos Estados Unidos e do Canadá na indústria alimentícia local alterou o padrão alimentar do país de maneiras que contribuíram para aumentar as taxas de diabetes e obesidade, dando origem a custos elevados de saúde para

---

35 BACON, David. "The New Nafta Won't Protect Workers' Rights" [Novo Nafta não protegerá direitos trabalhistas], *The Nation*, 8 nov. 2019.

o povo mexicano e para o sistema de saúde por várias gerações. Os acordos comerciais e de investimento incorporados no Nafta impediram o governo mexicano de agir eficazmente para reverter essas epidemias de doenças relacionadas à alimentação (Clark *et al.*, 2012).

Nos últimos cinco anos, as guerras comerciais do presidente Trump, a saída britânica da União Europeia e o ressurgimento global de nacionalismos desencadearam novos conflitos sobre o comércio global. Tanto nos Estados Unidos quanto no Reino Unido os governos e os defensores de indústrias com fortes raízes nacionais, como o setor do aço, apelaram para uma abordagem mais nacionalista em relação aos acordos comerciais, favorecendo os seus interesses em relação aos das empresas mais globalizadas. Embora esses novos conflitos possam ter mudado os setores empresariais que se beneficiam dos novos acordos comerciais, eles pouco fizeram para proteger o trabalho, a saúde ou o meio ambiente, ou para trazer vozes representativas desses interesses para as negociações comerciais.

A pandemia mostrou a lacuna entre a capacidade de as empresas privadas possibilitarem que clientes, bens e serviços — e vírus — viajassem ao redor do mundo com o mínimo de interferência e a capacidade de os governos tomarem medidas eficazes quando tais viagens globais ameaçam a saúde. Nesse caso, a reduzida capacidade das organizações internacionais foi exacerbada pela ineficácia da OMS em agir rapidamente, em parte como resultado de cortes de financiamento induzidos pela austeridade de governos e em parte devido à distorção da missão e das prioridades de governos de países ricos, como a China e os Estados Unidos, e de filantropos bilionários.[36]

Os protestos de 1999 em Seattle contra a OMC foram a oposição mais visível à globalização empresarial até aquele momento. Desde então, os defensores da globalização têm procurado caracterizar os opositores como ignorantes que tentam em vão resistir à inevitável maré (Orrange, 2020). Mas, como Jeremy Brecher

---

[36] PAGE, Jeremy & MCKAY, Betsy. "The World Health Organization Draws Flak for Coronavirus Response" [Organização Mundial da Saúde chama a atenção para a resposta ao coronavírus], *The Wall Street Journal*, 12 fev. 2020.

e seus colegas observaram já em 2000, a escolha não foi entre a globalização e a não globalização. A verdadeira opção é encontrar o equilíbrio entre a globalização a partir de baixo (movimentos de solidariedade entre trabalhadores, grupos de cidadãos e governos) e a globalização a partir de cima (liderada por elites empresariais e financeiras) (Brecher, Costello & Smith, 2000). Esse confronto vai continuar a moldar a próxima fase da globalização.

FINANCEIRIZAÇÃO

Como a superprodução e a queda da procura limitavam as oportunidades de lucro, os investidores procuraram novas formas de aumentar os rendimentos. A financeirização, definida como um "padrão de acumulação em que os lucros ocorrem cada vez mais por meio de canais financeiros e não através do comércio e da produção de mercadorias" (Krippner, 2005, p. 174), tornou-se uma grande influência sobre indivíduos e famílias, governos e empresas. O incentivo ao endividamento dos consumidores por meio de hipotecas, cartões de crédito e empréstimos começou como uma forma de estimular os gastos dos consumidores. Rapidamente, no entanto, lucrar com a especulação financeira se revelou um fim em si mesmo, um modo de aumentar o retorno do investimento e o valor para os acionistas.

A financeirização move o dinheiro que estava envolvido na produção e na venda de bens e serviços reais para uma economia especulativa em que os investidores lucram fazendo empréstimos, empacotando dívidas[37] ou negociando preços futuros de mercadorias como petróleo, grãos ou carne bovina. A financeirização afeta as taxas de juros, a dívida, o acesso aos mercados, a estabilidade financeira e os altos e baixos do ciclo econômico que têm piorado a vida de tantas pessoas em todo o mundo.

---

37 "Empacotar dívidas" é um termo do mercado financeiro que diz respeito à pratica de reunir todas as dívidas com determinada instituição ou órgão e quitá-las em um único plano de pagamento. [N.E.]

A proporção de todos os lucros empresariais provenientes da indústria financeira aumentou de 20% em 1980 para cerca de 40% em 2000 (Krippner, 2005, p. 173-208). A financeirização também beneficiou as empresas não financeiras ao proporcionar novas oportunidades de lucro por meio de transações, e não de produção e venda de produtos. Mas um relatório de 2015 do Fundo Monetário Internacional (FMI) alertou que o setor financeiro nos Estados Unidos, no Japão e em outras economias mais avançadas se tornou grande demais e a uma velocidade que os reguladores não conseguem acompanhar. Os autores do estudo escreveram: "A partir de um certo nível de desenvolvimento financeiro, o efeito positivo sobre o crescimento econômico começa a diminuir, enquanto os custos em termos de volatilidade econômica e financeira começam a aumentar".[38]

A financeirização virou uma estratégia importante por meio da qual os gestores das empresas podiam responder à crescente demanda dos investidores por gerar valor para os acionistas, que consiste na capacidade da gestão de potencializar as vendas, os lucros e o fluxo de caixa com o objetivo de aumentar dividendos e ganhos de capital para aqueles que possuem as ações. Se ganhar dinheiro fazendo produtos havia se tornado um desafio demasiadamente grande no novo ambiente econômico, então as empresas poderiam, em vez disso, ganhar dinheiro envolvendo-se nas muitas e engenhosas transações financeiras criadas desde os anos 1970.

Na opinião de Rana Foroohar, premiada jornalista de negócios, a financeirização e a ascensão do setor financeiro levaram à queda dos negócios norte-americanos, desviando o capital de usos mais produtivos, retardando o aumento da produtividade e recompensando o lobby por políticas que favoreceram seus interesses em detrimento de outros setores empresariais (Foroohar, 2016).

Cada uma dessas estratégias aumentou a agitação financeira e contribuiu para uma economia menos estável. As recompras de

---

[38] DONNAN, Shawn. "Financial Sector in Advanced Economies Is Too Big, Says IMF" [Setor financeiro em economias avançadas é muito grande, diz FMI], *Financial Times*, 12 maio 2015.

ações permitem aos investidores aumentar a própria participação nos lucros. Em 1982, a Comissão de Valores Mobiliários do presidente Ronald Reagan afrouxou as restrições à recompra de ações, regras originalmente estabelecidas para desencorajar que gestores manipulassem o preço das ações sem que melhorassem as operações ou os lucros (Brill, 2019, p. 71-2). Até 2016, o valor da recompra de ações e dividendos que as empresas listadas na S&P 500[39] devolviam aos acionistas era maior do que os seus lucros operacionais totais (Brill, 2019, p. 92). Após o corte de impostos de 2,3 bilhões de dólares, em 2017, as empresas norte-americanas reportaram recompras de ações que excederam um trilhão de dólares, um novo recorde.[40] Esse lucro inesperado poderia ter sido gasto, em vez disso, em pesquisa, aumento dos salários dos trabalhadores, construção de habitações mais acessíveis ou redução das emissões de carbono — atividades que poderiam também ter conduzido a retornos sobre o investimento, ainda que a uma taxa menor.

Outra consequência da financeirização foi o endividamento crescente. Emprestar dinheiro aos consumidores, depois empacotar e vender o fluxo de caixa das dívidas agrupadas como títulos a investidores terceiros, processo conhecido como securitização, se mostrou outra fonte de lucro. Uma vez que as empresas produziam mais do que podiam vender com facilidade, os empréstimos que levavam ao endividamento dos consumidores se tornaram uma estratégia importante para aumentar os mercados e as receitas. Desde 2000, a alta das dívidas de hipotecas de imóveis, empréstimos universitários, cartões de crédito, tratamentos médicos e compra de automóveis enriqueceu os investidores, mas conduziu milhões de estadunidenses a uma vida mais precária e estressante.

Muitas vezes, as formas como a financeirização beneficiou as empresas foram prejudiciais aos consumidores. A especulação de alimentos futuros nos mercados de commodities levou à escassez,

---

39 Standard & Poor's 500 é uma carteira das quinhentas ações mais representativas e negociadas na Bolsa de Nova York e na Nasdaq. [N.T.]
40 STEWART, Emily. "What the Republican Tax Bill Did — and Didn't — Do, One Year Later" [O que fez (e o que não fez) a Lei Tributária Republicana um ano depois], *Vox*, 22 dez. 2018.

ao aumento dos preços e talvez ao aumento da desnutrição (Pace, Seal & Costello, 2018). No ensino superior, a financeirização encorajou as empresas de serviços financeiros a conceder empréstimos a um número crescente de estudantes de baixa renda matriculados em faculdades e deixou milhões com dívidas que os sobrecarregaram durante décadas. Na assistência médica, o Carlyle Group, importante fundo de capital privado com mais de duzentos bilhões de dólares em ativos sob gestão, investiu na segunda maior cadeia de asilos do país, mas depois cortou pessoal para aumentar os lucros, levando ao desemprego, à deterioração dos cuidados, a mortes evitáveis de residentes e, em última análise, à falência da cadeia.[41] De acordo com uma investigação do *Washington Post*, o aumento das violações do código de saúde começou depois que o Carlyle e outros investidores concluíram em 2011 um acordo financeiro que extraiu 1,3 bilhão de dólares da empresa para os investidores, mas a sobrecarregou com o que se revelou serem obrigações financeiras irrealizáveis.

A financeirização e as elevadas taxas de retorno que ela proporcionou pressionaram os CEOs a alcançar rendimentos elevados similares também para o capital de seus investidores — ou correriam o risco de os perderem para os muitos esquemas financeiros que trouxeram taxas de lucro satisfatórias. Em 1997, a Declaração de Governança Corporativa da Business Roundtable, associação comercial de referência, afirmou sua posição de que

> o dever primordial da gestão e dos conselhos de administração é para com os acionistas da corporação; os interesses de outras partes interessadas são relevantes como um derivado do dever para com os acionistas. A noção de que o conselho deve, de alguma forma, equilibrar

---

[41] WHORISKEY, Peter & KEATING, Dan. "Overdoses, Bedsores, Broken Bones: What Happened When a Private-Equity Firm Sought to Care for Society's Most Vulnerable" [Overdoses, escaras, ossos quebrados: o que aconteceu quando uma empresa de capital privado procurou cuidar dos mais vulneráveis da sociedade], *The Washington Post*, 25 nov. 2018.

os interesses dos acionistas com os interesses de terceiros envolvidos interpreta fundamentalmente mal o papel dos diretores.[42]

Mais de vinte anos depois, a Business Roundtable mudou sua posição, lançando em 2019 uma nova Declaração de Propósito assinada por 181 CEOs que se comprometeram a liderar suas empresas em benefício de todas as partes interessadas — clientes, empregados, fornecedores, comunidades e acionistas.[43] O que essa revisão de conduta fez foi fechar a porta do estábulo quanto à primazia dos acionistas muito depois de os cavalos da responsabilidade corporativa já terem escapado.

Até que esse comportamento mude, o compromisso da Business Roundtable de dar mais ênfase ao valor das partes interessadas continua a ser, sobretudo, retórico. Essa realidade foi confirmada pelas decisões de muitos CEOs, outrora comprometidos com a Declaração de Propósito, de reagir à pandemia da covid-19 com demissões de funcionários ou licenças por prazo indeterminado, utilização de reservas de dinheiro para recomprar ações, atribuição de bônus a si próprios e obtenção de subsídios governamentais destinados a pequenas empresas.[44]

Com ênfase em especulação, lucros a curto prazo e maximização do retorno trimestral, a financeirização encorajou CEOs e outros gestores a se manterem atentos ao resultado final, mesmo que isso os tenha levado a desviar o olhar ou a encobrir as formas pelas quais os seus negócios prejudicam trabalhadores, consumidores, o público em geral ou o planeta.

---

[42] "Statement on Corporate Governance" [Declaração de governança corporativa], The Business Roundtable, set. 1997.
[43] "Statement on the Purpose of a Corporation" [Declaração de propósito corporativo], The Business Roundtable, 19 ago. 2019.
[44] GOODMAN, Peter S. "Big Business Pledged Gentler Capitalism: It's Not Happening in a Pandemic" [Capitalismo prometido por grandes empresas: não está sendo praticado na pandemia], *The New York Times*, 13 abr. 2020.

CONCENTRAÇÃO DE MERCADO E MONOPÓLIO

No início do século XXI, todos os grandes setores industriais da economia global eram controlados por não mais do que cinco empresas transnacionais. Em cerca de um terço desses setores, uma única empresa representava mais de 40% das vendas globais (Nolan, Sutherland & Zhang, 2002). A Coca-Cola, por exemplo, tinha 51% das vendas de bebidas gaseificadas; a Microsoft, 85% do mercado de sistemas operacionais para PC; enquanto a Merck vendia 40% das receitas mundiais de estatinas anticolesterol. Essas empresas globais estavam fortemente concentradas em países de alta renda e, embora as respectivas nações tenham apenas 16% da população mundial, respondiam por 95% da lista de empresas "Fortune 500" (Nolan, Sutherland & Zhang, 2002).

A concentração e a consolidação do mercado são simultaneamente causa e consequência do crescente poder político e econômico das maiores empresas do mundo. Enquanto os estudiosos definem de diversas maneiras (Hveem, 2019) a concentração e o monopólio (frequentemente utilizado para descrever quando uma única empresa controla mais de 50% do mercado), indústrias altamente concentradas têm grande influência na vida das pessoas.

Em geral, as indústrias concentradas podem cobrar preços mais elevados porque enfrentam menor concorrência. Uma vez que as empresas das indústrias concentradas têm lucros mais elevados e são maiores, elas podem dedicar mais recursos ao marketing, permitindo-lhes atingir maior porcentagem da população mundial. Quando os produtos que vendem são prejudiciais à saúde, isso contribui para o aumento global de mortes prematuras e doenças evitáveis. Pelas mesmas razões, essas empresas podem gastar mais em lobby, em contribuições para campanhas e em pesquisas patrocinadas, dando-lhes mais voz na definição de normas, políticas, rotina de trabalho e acordos comerciais do que para as empresas menores. A consolidação reduz a necessidade de as empresas inovarem para se manter competitivas. Num círculo descendente, indústrias com maior concentração podem dedicar mais recursos ao lobby para políticas públicas que reforcem ainda mais a concentração e asfixiem a inovação (Lindsey & Teles, 2017, p. 8).

À medida que um negócio se torna maior, começa a desfrutar de um tipo diferente de vantagem, tendo menos a ver com eficiência de operação e mais com a sua capacidade de exercer poder econômico e político, por si só ou em conjunto com outros. Em outras palavras, uma empresa pode não se tornar de fato mais eficiente à medida que se torna maior, mas pode se tornar melhor em aumentar os preços ou em manter de fora os seus concorrentes. (Wu, 2018, p. 71)

O que causou a recente concentração de indústrias globais em todos os setores? Peter Nolan, especialista em desenvolvimento econômico global, e seus colegas da Universidade de Cambridge identificaram várias causas: a liberalização do comércio e dos fluxos de capital nas décadas de 1980 e 1990, a privatização de muitos serviços anteriormente públicos, o colapso do comunismo, os avanços nas tecnologias de informação e de computadores e a migração (Nolan, Sutherland & Zhang, 2002). No mundo criado pelo capitalismo moderno, ser maior significa ser melhor, e as empresas que têm os recursos para crescer e prosperar geralmente ficam maiores, enquanto as que não os têm são compradas, ficam estagnadas ou fracassam.

Entre as indústrias que mostraram recentemente uma crescente consolidação nos Estados Unidos, encontram-se os setores de cuidados hospitalares, bancos, empresas farmacêuticas, transportes e agronegócio — aqueles cuja influência sobre a rotina diária dos estadunidenses é enorme. Entre 1985 e 2002, por exemplo, a participação de mercado das dez maiores empresas da indústria farmacêutica mais do que duplicou, passando de cerca de 20% das vendas globais para 48% (Danzon, Epstein & Nicholson, 2004). Não surpreende que a rentabilidade nesse setor altamente concentrado seja maior do que nos menos concentrados, com empresas farmacêuticas atingindo médias de margem de exploração (uma medida de rentabilidade) de cerca de 25%, em comparação com 15% ou menos para outros produtores de bens de consumo (Boldrin & Levine, 2008). E, como os estadunidenses aprenderam, lucros elevados para as empresas farmacêuticas significam grandes dívidas, falências ou tratamentos inexistentes para aqueles com doenças graves.

Outra consequência da consolidação é o aumento da desigualdade na renda e na riqueza. Ao permitir a um pequeno número de empresas e investidores capturar parcelas crescentes dos lucros, o processo contribui para a nova safra de bilionários que emergiu — em particular, da indústria tecnológica altamente concentrada. A concentração pode também desencorajar a inovação e o empreendedorismo. Se, por exemplo, uma cadeia hospitalar nacional com fins lucrativos tiver capturado o mercado numa região, será mais difícil para pequenas empresas ou organizações sem fins lucrativos atraírem o capital, os profissionais e os pacientes necessários. Segundo uma análise recente, cerca de 90% dos mercados hospitalares, 65% dos médicos especialistas e 63% dos mercados de seguros nos Estados Unidos estavam altamente concentrados em 2016 (Fulton, 2017) — razão pela qual os estadunidenses pagam mais por assistência médica do que em qualquer outro país.

A concentração pode trazer benefícios para os consumidores. A substituição de pequenas lojas de varejo por grandes cadeias nacionais e vendas on-line aumentou a possibilidade de escolha e ofereceu preços mais baixos (Lindsey & Teles, 2017, p. 20). Mas mesmo esses benefícios têm um lado negativo: essa consolidação também arruinou pequenos negócios e pequenos investidores, aumentou o número de trabalhadores com salários baixos e homogeneizou a paisagem do varejo em todo o país.

A oposição ao monopólio desafia três mitos capitalistas — o de que os mercados são "livres", o de que operam de forma justa para permitir a igualdade de concorrência e o de que conduzem necessariamente a maior eficiência. Conforme mais estadunidenses têm experiências que contradizem esses mitos, a oposição ao controle monopolista que irrompeu periodicamente ao longo da história norte-americana pode vir à tona outra vez. Resta saber se a decisão do Departamento de Justiça dos Estados Unidos de instaurar um processo antimonopólio contra o Google, no final de 2020, serve como demonstração de um começo ou como um esforço de cooptar tal desenvolvimento.

A AGENDA NEOLIBERAL: PRIVATIZAÇÃO, DESREGULAMENTAÇÃO, CORTES DE IMPOSTOS E AUSTERIDADE

Em resposta às ameaças econômicas e políticas ao capitalismo que surgiram nas décadas de 1960 e 1970, uma variedade de agentes, incluindo empresas, associações comerciais e empresariais, pesquisadores de direita e funcionários governamentais, desenvolveu novas abordagens para responsabilizar governos e mercado. O objetivo era criar uma alternativa coerente, fundamentada e atualizada para o modelo cada vez mais ameaçado conhecido como fordismo (Jessop, 2005) e o Estado de bem-estar capitalista descrito por John Maynard Keynes (2007 [2017]). Os acadêmicos passaram a usar o termo "neoliberalismo" para descrever o novo regime que emergiu para substituir o Estado de bem-estar (Chorev, 2010). Ele utiliza estratégias intersetoriais, incluindo privatização, desregulamentação, cortes fiscais e austeridade, para restaurar o poder dos mercados e do capital na orientação de decisões econômicas e políticas centrais. Essas estratégias têm ajudado a definir o capitalismo do século XXI.

Como observa o sociólogo Nitsan Chorev, o neoliberalismo é tanto um conjunto de ideias quanto uma prática (Chorev, 2010, p. 127). Nos Estados Unidos e no Reino Unido, Ronald Reagan e Margaret Thatcher foram pioneiros na prática do neoliberalismo. Nos últimos quarenta anos, esse legado tem sido fazer das quatro plataformas-chave do neoliberalismo a base da política social e econômica pública. Nos Estados Unidos, a ascensão do neoliberalismo foi um esforço para restaurar as prerrogativas da classe dominante, que esteve sob ataque dos movimentos sociais nas décadas anteriores (Harvey, 2007 [2008]).

A pandemia de covid-19 e o subsequente colapso da economia serão capazes de restaurar o papel do governo na definição de políticas públicas? A rápida aprovação, pelo Congresso e pela Presidência, de pacotes de estímulo multitrilionários, os maiores da história estadunidense e muito superiores ao dobro do montante originalmente solicitado pela Casa Branca; a decisão do Federal Reserve, apoiada pelo governo, de fazer compras ilimitadas de dívida para estabilizar os mercados financeiros; e a invocação pelo presidente Trump da Lei de Produção de Defesa para obrigar a General Motors, uma das maiores empresas do mundo, a fazer equipamento médico, levaram alguns observadores a antever a morte do neoliberalismo.[45] Resta saber se ele será substituído por uma verdadeira revitalização do setor público ou se simplesmente serão atribuídos novos poderes aos governos que já estão em posse dos mercados.

Privatização. A privatização constitui a mudança de propriedade e de controle de serviços e instalações do setor público para o privado. Reagan, Thatcher e outros proponentes afirmaram que a privatização era mais eficiente, menos dispendiosa e menos intrusiva na liberdade do que a manutenção de serviços e equipamentos no setor público (Savas, 2000). Entre as tarefas públicas transferidas para o setor privado estavam educação, policiamento e segurança, saneamento e assistência médica. Também foram transferidas a propriedade e a manutenção de pontes, autoestradas e outras infraestruturas.

Em 1986, o presidente Reagan disse que "as palavras mais aterradoras da língua inglesa são: 'sou do governo e estou aqui para ajudar'" (Reagan, 1986). No entanto, as pessoas continuavam a necessitar de escolaridade, cuidados de saúde e coleta de lixo, e, por si sós, as empresas não podiam prestar esses serviços a todos. Assim, o governo passou a ser o intermediário, contratando e ocasionalmente monitorando o desempenho de uma infinidade de grupos sem fins lucrativos, empresas comerciais, corporações e empresas de consultoria.

Cada uma dessas empresas criou novas oportunidades para lucros diretos e indiretos. As *charter schools*[46] eram frequentemente geridas por igrejas ou outras empresas sem fins lucrativos, mas contratavam

---

[45] SAAD-FILHO, Alfredo. "Coronavirus, Crisis, and the End of Neoliberalism" [Coronavírus, crise e o fim do neoliberalismo], *Monthly Review Online*, 18 abr. 2020.

[46] Em tradução literal, "escolas sob contrato"; na prática, são instituições de ensino independentes, muitas vezes criadas por associações de moradores, grupos comunitários ou coletivos de professores, que não cobram mensalidade dos alunos porque recebem recursos públicos para a sua manutenção. [N.E.]

serviços com fins lucrativos conhecidos, como empresas de gestão educacional, para alugar ou arrendar propriedade, comprar material e tecnologia e fornecer recursos humanos e apoio jurídico às escolas, cada uma delas uma fonte de receitas que, anteriormente, permaneciam no setor público. Do mesmo modo, a privatização de presídios e penitenciárias proporcionou oportunidades de lucro com a gestão de estabelecimentos prisionais, a prestação de serviços de saúde e de alimentação e ainda a realização de chamadas telefônicas a cobrar e de longa distância (Hartney & Glesmann, 2012).

Embora alguns estudos confirmem que a privatização é capaz de reduzir os custos governamentais e melhorar a eficiência, há poucas provas de que ela melhore a qualidade dos cuidados ou reduza o custo para os consumidores. Na prática, um aumento no acesso parece ser acompanhado por aumentos no preço, negando qualquer potencial benefício para o aumento da equidade (Hodge, 2018). Além disso, a privatização, frequentemente, torna os serviços mais disponíveis ou convenientes para os privilegiados que para os pobres, contribuindo, assim, para lacunas no acesso a assistência médica, serviços sociais, educação, saneamento, água potável e outros recursos essenciais. Uma vez que o governo já não é totalmente responsável pelos serviços privatizados, a responsabilização é enfraquecida, e a democracia, comprometida.

A privatização também pode reduzir salários, benefícios e direitos à sindicalização e piorar as condições laborais de trabalhadores que se deslocam do setor público para o privado. Mais uma vez, essa deterioração atinge mais os trabalhadores já vulneráveis — aqueles com registros de subemprego ou desemprego, mulheres, pessoas de cor[47] e imigrantes recentes.

Nos setores de tecnologia e mídia, a privatização dos meios de comunicação digitais e de massa elimina a proteção pública do cyberbullying, da manipulação política ou da neutralidade da rede que um setor público mais robusto poderia oferecer (Calabrese, 2008). Nas

---

47 Nos Estados Unidos, o termo "pessoas de cor" (*people of color*) é atualmente uma expressão sem cunho pejorativo, que engloba negros, marrons, latino-americanos, indígenas, muçulmanos etc. [N.E.]

últimas décadas, a privatização crescente dos meios de comunicação de massa e digitais e da indústria das telecomunicações entregou em mãos privadas o espaço público essencial para a democracia.

Um dos efeitos mais perniciosos da privatização é que ela desloca o foco do governo de assegurar acesso, qualidade, equidade e eficiência na administração dos serviços públicos para um gestor empresarial, que deve garantir que os fornecedores cumpram à letra os contratos e permaneçam satisfeitos para que continuem a prestação de serviços (Michaels, 2017, p. 1-10). Ao ofuscar as linhas entre o governo e os mercados e tornar a satisfação das necessidades dos "interessados", tais como os fornecedores, uma prioridade que compete com a prestação de contas ao público, a privatização mina a principal responsabilidade do governo, que é proteger o público. No âmbito da saúde pública e dos serviços ambientais, a privatização delega a mãos privadas funções como preparação de vacinas, atendimento médico primário ou descarte de material tóxico, deixando a saúde pública vulnerável a influências comerciais (Gollust & Jacobson, 2006).

Desregulamentação. Sendo um elemento essencial da construção neoliberal, a desregulamentação contempla a retirada, o afrouxamento ou a não aplicação da regulamentação governamental nos mercados de capitais e instituições financeiras, bem como nas proteções da saúde pública, dos consumidores, ambientais e ocupacionais (Cooper, 2009). A desregulamentação também promove a agenda ideológica dos neoliberais. Em *The War Against Regulation* [A guerra contra a regulamentação], Philip Cooper descreveu como as corporações e seus apoiadores políticos fazem lobby para cortar os orçamentos das agências reguladoras, acusando-as depois de serem ineficazes (Cooper, 2009).

A desregulamentação dos serviços financeiros (bem como as reduções fiscais para os ricos), sobretudo a realizada pelo presidente Bill Clinton, contribuiu para o aumento da desigualdade de renda, um mal amplificado pelo relaxamento das regras que protegiam o direito dos trabalhadores à sindicalização (Jacobs, 2014).

"Neorregulação", termo proposto por Gerardo Otero, pesquisador da indústria global de alimentos, descreve as regulamentações que surgem de parcerias entre empresas e governos (Otero, 2018, p. 39-43). Ele observa que o neoliberalismo não só desregula como também muda o foco da supervisão governamental, de proteger os consumidores para proteger as empresas. A neorregulação protege os direitos de propriedade intelectual das indústrias agrícolas e farmacêuticas e defende as parcerias voluntárias público-privadas como um substituto para as regulamentações governamentais obrigatórias. Segundo Otero, a neorregulação apoia a cooperação crescente entre governos nacionais e empresas que caracteriza o neoliberalismo.

A presidência de Trump fez da desregulamentação uma prioridade máxima. Em três anos, revogou mais de cem regras ambientais.[48] A administração nomeou funcionários da indústria para liderar o desmantelamento das agências reguladoras e cortar o financiamento para a fiscalização, além de ter entregado à indústria a responsabilidade de elaborar uma nova regulamentação.[49] Mesmo depois de Trump ter deixado o cargo, essas ações permanecerão por longo período como uma sombra de deterioração na saúde e no meio ambiente, resultante das exposições tóxicas e das práticas comerciais maléficas possibilitadas por tal desregulamentação.

Juntas, a privatização e a desregulamentação diminuem a dimensão e o alcance do governo, facilitando a redução de sua influência. Como o lobista Grover Norquist disse de forma memorável em 2001: "Não quero abolir o governo. Quero simplesmente reduzi-lo a um tamanho que me permita arrastá-lo para o banheiro e afogá-lo na banheira".[50] Enquanto os presidentes Reagan, George H. W. Bush e George W. Bush apoiaram retoricamente essa estratégia, conhecida como "matar a besta de fome", o governo continuou a crescer durante suas gestões.

[48] POPOVICH, Nadja; ALBECK-RIPKA, Livia & PIERRE-LOUIS, Kendra. "The Trump Administration Is Reversing 100 Environmental Rules" [Administração Trump vem revertendo cem regras ambientais], *The New York Times*, 15 out. 2020.
[49] "Tracking Deregulation in the Trump Era" [Rastreando a desregulamentação na era Trump], The Brookings Institution, 6 ago. 2020.
[50] NORQUIST, Grover. "Conservative Advocate" [Defensor conservador], entrevista a Mara Liasson, *NPR Morning Edition*, 25 maio 2001.

Reduções fiscais. Se a privatização e a regulamentação limitaram o alcance da autoridade governamental, as reduções de impostos serviram para diminuir os recursos disponíveis para as operações do governo, especialmente as menos essenciais para empresas e grupos conservadores. Como resultado dos recentes sucessos na modificação da democracia e da administração, as empresas e as elites alteraram dramaticamente as regras relativas a impostos e regulação, de maneiras que prejudicaram o bem público. A política fiscal neoliberal reduziu as taxas de impostos para as empresas e para os ricos e transferiu maior carga fiscal para os pobres e a classe média por meio de impostos sobre vendas, propriedade e outras taxas regressivas. Para Reagan e seus partidários, a "economia do lado da oferta" justificava cortes maciços de impostos para os ricos, uma política que, segundo eles, conduziria ao crescimento econômico para todos (Prasad, 2018).

Hoje em dia, as empresas e os ricos pagam uma porcentagem menor dos seus rendimentos em impostos do que em qualquer outro momento da história recente. Em 1979, os impostos sobre as empresas constituíam 2,6% do PIB; em 2018, esse índice tinha caído para 1%, um declínio de mais de 60% (Gardner, Roque & Wamhoff, 2019). Cada presidente, de Ronald Reagan a Donald Trump, ofereceu algumas reduções fiscais para os ricos e as empresas, além de novas regras e práticas de aplicação que permitiram deduções mais elevadas e amortizações mais fáceis. A aplicação pouco rigorosa das leis de impostos, especialmente para os ricos, permitiu mais subdeclarações e evasões fiscais.

Um relatório do Instituto de Tributação e Política Econômica dos Estados Unidos concluiu que, no primeiro ano após a redução fiscal em 2018, as 379 grandes empresas observadas haviam pagado uma taxa média de imposto de 11,3% sobre os seus rendimentos no país, pouco mais da metade do que se supõe ser a taxa estatutária de imposto federal de 21% (Gardner, Roque & Wamhoff, 2019). Muitas empresas pagaram bem menos, incluindo 91 que não haviam pagado nada no ano anterior. Outro relatório concluiu que as empresas norte-americanas detêm 2,1 trilhões de dólares em lucros fora dos Estados Unidos — grande parte disso em paraísos fiscais — a fim de evitar tributação interna (Phillips, Wamhoff & Smith, 2014).

Como as reduções fiscais no passado recente influenciaram no bem-estar, na saúde planetária, na equidade e na democracia? A política fiscal proporciona receitas para serviços públicos que promovem o bem-estar e protegem a saúde e o meio ambiente. A tributação progressiva redistribui as receitas dos mais ricos para os menos favorecidos, contribuindo, assim, para uma sociedade mais equitativa. Alguns impostos encorajam comportamentos mais saudáveis e desencorajam práticas pouco saudáveis, por parte tanto das empresas quanto dos indivíduos. Os agricultores que cultivam alimentos orgânicos podem obter reduções fiscais, e os produtores ou consumidores pagam impostos adicionais sobre tabaco, álcool, alimentos ultraprocessados, armas de fogo e outros produtos que prejudicam a saúde. Por último, um sistema fiscal justo aumenta a credibilidade, a confiança e a responsabilização do governo, promovendo, assim, a democracia (McCoy, Chigudu & Tillmann, 2017).

Como William Wiist salienta, receitas fiscais insuficientes prejudicam a saúde pública de duas maneiras (Wiist, 2018). Primeiro, privam os governos municipais, estaduais e nacionais das receitas necessárias para proteger plenamente a saúde pública, em especial numa época em que as corporações minam ativamente as regulamentações sanitárias e ambientais e as evadem quando podem. Em segundo lugar, o financiamento inadequado da saúde pública incentiva as secretarias de saúde e os cientistas da área a recorrer às corporações para estabelecer parcerias que possam substituir os cortes governamentais. Mas, como observa Wiist, "o principal objetivo das empresas é o lucro, e o seu dever fiduciário é para com os proprietários, acionistas e credores, e não para proteger e promover a saúde pública".

Austeridade. Um último elemento da agenda neoliberal é a austeridade, políticas que visam reduzir as despesas governamentais por meio de cortes nos serviços e nos impostos. Nos últimos cinquenta anos, os governos neoliberais têm utilizado a austeridade tanto como instrumento financeiro para reduzir despesas quanto como alavanca ideológica para desencorajar cidadãos a esperar muito de governos. As recorrentes crises fiscais do capitalismo moderno fornecem uma justificativa oportuna para a imposição de medidas de austeridade, uma tática que Naomi Klein chamou de "doutrina do choque", o uso de desastres naturais ou econômicos para decretar novas políticas enquanto as pessoas são oprimidas por condições degradadas de vida e sistemas de apoio deficientes (Klein, 2007 [2008]).

Uma pesquisa de campo preliminar sobre austeridade ocorreu na cidade de Nova York em resposta à crise fiscal de 1975. O aumento dos custos dos serviços públicos, a decisão dos bancos de interromper os empréstimos à cidade a fim de obter retornos mais elevados em outros lugares e o desejo da nova coalizão da direita republicana de ensinar uma lição aos liberais formuladores de políticas urbanas prepararam o terreno para esse experimento (Tabb, 1982). Numa avaliação retrospectiva do impacto das decisões tomadas durante a crise fiscal, meus colegas e eu estimamos que os cortes, em níveis federal, estaduais e municipais, reduziram em cerca de dez bilhões de dólares os gastos públicos em saúde, policiamento e outros serviços sociais na cidade. Mas, nas duas décadas seguintes, apenas três dos problemas que se agravaram significativamente como resultado desses cortes — a rápida propagação da infecção por HIV, o aumento dos homicídios e da violência e o surgimento de uma epidemia de tuberculose — levaram a custos de cinquenta bilhões de dólares para contenção e reversão (Freudenberg *et al.*, 2006).

Essas conclusões sugerem que não só as políticas de austeridade impõem sofrimento às populações envolvidas, como são também um exemplo clássico das estratégias tolas e mesquinhas de políticos míopes eleitos sob a pressão da comunidade empresarial.

Mais recentemente, pesquisadores no Reino Unido, na Europa e nos Estados Unidos avaliaram as consequências sanitárias e sociais das medidas de austeridade impostas após a crise financeira global de 2008 (Karanikolos *et al.*, 2013; McGahey, 2013). Stuckler e Basu (2013) observam que a austeridade é capaz de prejudicar a saúde por dois caminhos. Essas políticas podem aumentar o desemprego, a pobreza e o número de desabrigados e agravar outros fatores de risco social, ao mesmo tempo que reduzem as medidas eficazes de proteção social que mitigam os riscos para a saúde. Além disso, os projetos de austeridade podem reduzir o acesso ou a qualidade dos serviços de saúde, comprometendo, assim, a possibilidade dos indivíduos de obter ajuda para os problemas desencadeados pelo agravamento das condições de vida. Outro impacto pouco estudado da austeridade é o que alguns têm chamado de "angústia moral", uma prevalência crescente de angústia psicossocial, depressão, ansiedade e medo do futuro, consequências involuntárias do capitalismo do século XXI que fazem com que muitos se preocupem com a perda do emprego, do lar ou da saúde (Morley, Yves & Bradbury-Jones, 2019).

O neoliberalismo também tem servido para reforçar o racismo sistêmico que há muito caracteriza os Estados Unidos. A privatização eliminou serviços públicos oferecidos a comunidades de pessoas de cor e serviu, muitas vezes, para reforçar a segregação. A desregulamentação acabou com as garantias ambientais, ocupacionais e de proteção ao consumidor que mais beneficiavam as comunidades afro-americanas e latinas. Os cortes fiscais exacerbaram as fortes desigualdades de renda e riqueza entre negros e brancos, e os cortes de austeridade nos serviços públicos prejudicaram, sobretudo, as pessoas de cor (Hohle, 2017). Sob tal cenário, o neoliberalismo alargou as diferenças raciais nos Estados Unidos e criou um espaço no qual as elites empresariais e os nacionalistas brancos puderam encontrar um terreno comum.

Juntas, a privatização, a desregulamentação, as reduções fiscais e a austeridade — características que definem o neoliberalismo — alteraram fundamentalmente as relações entre governos, mercados e pessoas e agravaram as condições de vida da maioria do povo estadunidense.

DESCOBERTAS NA CIÊNCIA E NA TECNOLOGIA

No século XX, descobertas científicas, sobretudo nas ciências biológicas, revolucionaram o potencial do mundo para resolver problemas anteriormente insuperáveis (Dutfield, 2017). A descoberta da penicilina e de outros antibióticos permitiu à medicina e à saúde pública consolidar os avanços na redução de mortes por doenças infecciosas, até então a principal causa da mortalidade global. Mais tarde, descobertas na biologia celular e na genética expandiram a abordagem da medicina ao tratamento do câncer — e, em alguns casos, prolongaram a vida daqueles que tinham a doença (Cantor, 2008). Os avanços tecnológicos levaram a milhares de novos dispositivos médicos, muitos dos quais prolongaram a vida ou reduziram os efeitos do envelhecimento (Timmermann & Anderson, 2006).

Nas décadas de 1950 e 1960, a chamada Revolução Verde prometeu acabar com a fome e a desnutrição. Novas descobertas em biologia, agricultura, química e engenharia, apoiadas pelas fundações Rockefeller e Ford, levaram ao desenvolvimento de variedades de cereais de alta produtividade, infraestruturas de irrigação e colheita mecanizadas, técnicas de gestão agrícola modernizadas e maior distribuição de sementes híbridas, fertilizantes sintéticos e pesticidas aos agricultores para aumentar a produção alimentar (Basu & Scholten, 2012).

Admiradores da Revolução Verde afirmam que Norman Borlaug, seu pai científico, salvou um bilhão de pessoas da fome.[51] Os críticos, contudo, apontam danos ambientais generalizados, uso excessivo e inadequado de fertilizantes e pesticidas, aumento da poluição da água, envenenamento de trabalhadores rurais e eliminação de insetos benéficos e outros animais selvagens. Em conjunto, essas práticas conduziram ao eventual abandono de algumas das melhores terras agrícolas do mundo. A forte dependência de algumas das principais variedades de cereais levou à perda da biodiversidade nas fazendas (Hazell, 2002).

Assim como em outros setores, esses impactos adversos não são consequências inevitáveis de uma tecnologia ou uma prática específicas. Na verdade, à medida que as empresas transnacionais de abastecimento alimentar, químico e agrícola ganhavam o controle das tecnologias da Revolução Verde, elas faziam do seu objetivo prioritário

---

[51] MACARAY, David. "The Man Who Saved a Billion Lives" [O homem que salvou um bilhão de vidas], *The Huffington Post*, 15 out. 2013.

a maximização dos lucros em vez da melhora nas dietas ou na proteção do meio ambiente, perdendo, assim, a oportunidade de modificar práticas prejudiciais com base na experiência do mundo real.

As descobertas nas ciências da computação e na engenharia da automação permitiram aumentos dramáticos na velocidade das comunicações e na capacidade de análise de dados complexos, reduzindo a necessidade de trabalho perigoso, fastidioso e degradante (Noble, 2017). Essas inovações também aumentaram a produtividade industrial. Cientistas, universidades, governos e empresas colaboram e competem, por vezes, para criar conhecimento, traduzir pesquisas em prática — e reivindicar os benefícios de sua aplicação. Como o historiador David Noble observou, a ciência e as tecnologias que emergiram nos séculos XIX e XX foram moldadas e indissociavelmente ligadas à variante do capitalismo empresarial do período (Noble, 1979). Cientistas e engenheiros podem ter concebido e realizado uma pesquisa, mas foram as empresas e os seus aliados que apresentaram as questões e obtiveram as respostas, trazendo os novos produtos e serviços resultantes para o mercado e embolsando a maior parte do lucro.

Os defensores da ciência como propriedade pública apontam os recursos dos contribuintes que lhe deram suporte. Em *Science, The Endless Frontier* [Ciência, a fronteira infinita], um influente relatório de 1945 sobre a política científica dos Estados Unidos, Vannevar Bush defendeu que os grandes investimentos em pesquisa eram vitais para os interesses nacionais a longo prazo (Bush, 1945). Esse apoio, ele escreveu, acelera o ritmo da inovação e contribui para a segurança nacional, os avanços médicos, o crescimento econômico e a melhoria da qualidade de vida. Bush argumentou que, em cooperação mútua, o governo, a indústria e o meio acadêmico poderiam conseguir mais do que trabalhando isoladamente. Com a criação da Fundação Nacional da Ciência, em 1950, a expansão dos Institutos Nacionais de Saúde e o estabelecimento de programas de pesquisa no Departamento de Defesa, no Departamento de Agricultura e em outras agências, o governo federal traduziu o relatório de Bush em bilhões de dólares de apoio anual à pesquisa e ao desenvolvimento.

Nos anos 1970, e ainda mais nas duas últimas décadas, as empresas transnacionais responderam ao aumento de novas ciências e tecnologias intensificando seus esforços para captar as recompensas econômicas dessas descobertas para si próprias. Elas patrocinaram pesquisadores universitários, mas exigiram que mantivessem em segredo as descobertas de seus estudos, que ocultassem provas que lançassem dúvidas sobre seus produtos ou limitassem seus trabalhos a questões que pudessem beneficiá-las (Krimsky, 2019). Ao utilizarem a ciência de formas que promoviam seus objetivos comerciais — mesmo que a consequência fosse um prejuízo público —, tais empresas desafiaram a afirmação do Iluminismo de que o conhecimento pertence à humanidade.

Os recentes conflitos sobre a propriedade e a utilização da ciência ilustram a tendência de aumento do controle corporativo. Um debate questiona quem detém a propriedade intelectual desenvolvida pelos cientistas. Outro pergunta qual papel desempenham as empresas, o governo e os cientistas no financiamento da ciência e no estabelecimento das regras para a integridade científica.

Os direitos de propriedade intelectual protegem os direitos dos criadores de patentes e de marcas registradas da apropriação por terceiros. Nos Estados Unidos, a própria Constituição estabeleceu e definiu esses direitos. O artigo 1º, seção 8, autoriza o Congresso a "promover o progresso da ciência e das artes úteis, assegurando aos autores e inventores, por tempos limitados, o direito exclusivo a suas respectivas escritas e descobertas". Essa afirmação de que tanto as ideias quanto os bens tangíveis poderiam ser propriedade protegida por lei foi alargada para incluir conflitos em torno de conceitos, desenhos e projetos. Os conflitos anteriores tinham sido limitados a disputas sobre a propriedade de bens tangíveis, tais como terra, escravos (então vergonhosamente considerados propriedade) e máquinas.

Os direitos de propriedade intelectual são estabelecidos e protegidos pelos governos, mas as empresas têm reivindicado o direito de moldar as regras. No século passado, o aparecimento de uma estrutura global para negociar acordos comerciais — primeiro como Acordo Geral sobre Comércio e Tarifas, assinado em 1947, depois o sucedendo como Organização Mundial do Comércio, criada em 1995 —

ofereceu às empresas uma plataforma útil para injetar os direitos de propriedade intelectual nos tratados comerciais. Os países de alta renda da Europa, bem como o Japão, o Canadá e, especialmente, os Estados Unidos, queriam ter a certeza de que suas empresas transnacionais poderiam proteger sua propriedade intelectual em mercados emergentes de países de baixa e média rendas, que tinham menor proteção de patentes e de direitos autorais. A partir dos anos 1980, à medida que os mercados mundiais em desenvolvimento se tornaram mais importantes, várias empresas norte-americanas, incluindo Pfizer, IBM e DuPont, desempenharam papéis importantes na elaboração de novas regras globais de propriedade intelectual que protegiam seus interesses (Braithwaite & Drahos, 2000, p. 69).

No início dos anos 1990, membros da OMC negociaram um acordo sobre aspectos dos direitos de propriedade intelectual relacionados ao comércio, conhecido como Trips (Trade-related Aspects of Intellectual Property Rights [Aspectos dos direitos de propriedade intelectual relacionados ao comércio]). Esse acordo trouxe o direito de propriedade intelectual para o sistema comercial multilateral, reforçando o poder das empresas para estabelecer as regras e reduzindo a influência dos governos. Os maiores beneficiários do Acordo Trips foram as empresas transnacionais norte-americanas que ajudaram a redigir o seu conteúdo (Braithwaite & Drahos, 2000, p. 62-3).

O Acordo Trips estabelece normas mínimas nas regras internacionais que regem as patentes, incluindo as relativas aos medicamentos. Os 150 países que pertencem à OMC concordaram com certas normas comuns na forma como aprovam e implementam suas leis de patentes. Essas normas exigem que as patentes sejam concedidas por um mínimo de vinte anos, que possam ser dadas tanto para produtos quanto para processos e que os dados dos testes farmacêuticos possam ser protegidos contra "utilização comercial desleal".[52] Em 2001, os países de baixa e média rendas insistiram em esclarecimentos sobre o Acordo Trips que resultaram na Declaração de Doha. Essa declaração afirmava que o Acordo

---

52 "Spotlight on: Trips, Trips Plus, and Doha" [Em evidência: Trips, Trips Plus e Doha], The Access Campaign — Médecins sans Frontières, 2017.

Trips deveria ser utilizado, por exemplo, "para promover o acesso de todos aos medicamentos", reafirmando, assim, a primazia da saúde sobre os interesses comerciais.

Em resposta ao apelo da indústria farmacêutica nacional e das associações comerciais, os países de alta renda começaram a introduzir novas restrições à propriedade intelectual, um processo conhecido como Trips Plus. Tais disposições incluíam a prorrogação do prazo de validade de uma patente por mais de vinte anos, limitando a utilização de licenças obrigatórias, restringindo a concorrência dos genéricos e impondo "exclusividade de dados", uma regra que permitia às empresas farmacêuticas manter a confidencialidade dos dados sobre a segurança e a eficácia de um medicamento durante cinco ou dez anos.[53] Um relatório de 2012 da OMS e de outras organizações internacionais concluiu que as disposições do Trips Plus aumentaram os custos dos medicamentos em dezenas de milhões de dólares, deixando medicamentos essenciais fora do alcance de muitos doentes de baixa renda em todo o mundo.[54] Assim, o Trips Plus beneficiou as empresas farmacêuticas, ao mesmo tempo que reduziu a capacidade dos governos de proteger o acesso a medicamentos a preços acessíveis (Boldrin & Levine, 2008).

A indústria farmacêutica não é o único setor empresarial em que os direitos de propriedade intelectual entram comumente em conflito com os direitos humanos reconhecidos. As 169 nações que ratificaram o Pacto Internacional sobre os Direitos Econômicos, Sociais e Culturais, tratado da ONU aprovado em 1966 e promulgado em 1976, "reconhecem o direito" de qualquer um de usufruir tanto "dos benefícios do progresso científico e das suas aplicações" quanto "da proteção dos interesses morais e materiais resultantes de qualquer produção científica, literária ou artística da qual seja

---

53 "Spotlight on: Trips, Trips Plus, and Doha", *op. cit.*
54 *Promoting Access to Medical Technologies and Innovation: Intersections between Public Health, Intellectual Property and Trade* [Promoção do acesso a tecnologias médicas e inovação: interseções entre saúde pública, propriedade intelectual e comércio], Organização Mundial da Saúde; World Intellectual Property Organization (Wipo) & Organização Mundial do Comércio, 2012.

autor".[55] Embora tenham assinado, os Estados Unidos não ratificaram esse acordo.

No século XXI, os principais beneficiários dos direitos de propriedade intelectual não são os intelectuais que criam a propriedade, mas as empresas detentoras do poder político e econômico de levar as ideias ao mercado. O regime atual de propriedade intelectual, orientado às empresas, permitiu a elas se beneficiar, reduzindo ao mesmo tempo o acesso à medicina essencial, tornando os pequenos agricultores mais dependentes do agronegócio global e permitindo às empresas transnacionais de "economia solidária", como Uber e Airbnb, utilizar a tecnologia para eliminar empregos, reduzir salários e benefícios e ainda controlar os horários do contingente de sua força de trabalho.

A agenda governamental e corporativa partilhada sobre direitos de propriedade intelectual, especialmente nos Estados Unidos, mas também na Europa, mostra como os governos, em vez de regulamentarem as empresas, as habilitam. Em vez de abandonarem um papel regulador nos direitos de propriedade intelectual ou em outros domínios, os governos mudam aquilo que regulamentam, visando, muitas vezes, proteger as corporações dos concorrentes globais e assegurar a capacidade de utilizar a ciência em seu benefício.

As empresas também procuram limitar os danos que a ciência independente é capaz de provocar em suas atividades. Para as corporações, a ciência pode ser uma faca de dois gumes, tanto revelando novas oportunidades de crescimento quanto chamando a atenção para os danos que os negócios impõem. O papel dos cientistas na descoberta da responsabilidade exorbitante da indústria do tabaco sobre mortes prematuras e doenças evitáveis em escala mundial ilustra o perigo potencial que a ciência representa para os lucros das empresas — e também a cartilha que a indústria do tabaco criou para contrariar as provas (Brandt, 2009).

---

55 "International Covenant on Economic, Social and Cultural Rights, Article 15.1. (b) and (c)" [Pacto Internacional sobre os Direitos Econômicos, Sociais e Culturais], Assembleia Geral das Nações Unidas, 1966.

De fato, ao longo das últimas décadas, as corporações desenvolveram estratégias comuns para diminuir a probabilidade de que provas científicas ou cientistas pusessem em risco seus objetivos comerciais ou políticos. Em primeiro lugar, descobriram que, ao estabelecer parcerias com pesquisadores acadêmicos ou ao criar as próprias equipes de pesquisa, ganham maior controle sobre a forma como as descobertas são apresentadas e utilizadas. Embora o governo dos Estados Unidos tenha arcado com os custos substanciais da criação de uma infraestrutura de pesquisa científica e desenvolvimento no pós-guerra, mais recentemente as próprias empresas pagaram diretamente por pesquisas. Em 2010, de acordo com um estudo sobre a ciência patrocinada por empresas, o setor com fins lucrativos realizou ou custeou aproximadamente 70% de toda pesquisa e desenvolvimento dos Estados Unidos. Além disso, cerca de 20% da "pesquisa básica" estadunidense é conduzida e financiada pela indústria privada (Penders, Verbakel & Nelis, 2009).

Uma segunda estratégia visa suscitar dúvidas sobre a validade das descobertas científicas. Em 1969, um executivo da indústria do tabaco escreveu um memorando afirmando que "a dúvida é o nosso produto, uma vez que se trata do melhor meio de competir com o 'conjunto de provas' que existe na mente do público em geral. É também o meio de estabelecer controvérsia" (Michaels, 2008). As empresas de energia dominaram essa estratégia respaldando cientistas na refutação ao consenso científico de que o consumo humano de energia era a principal causa do aquecimento global e ajudaram a criar um movimento que negava as alterações climáticas ou o papel dessas corporações (Oreskes & Conway, 2011).

A intensificação da retórica da dúvida sobre evidências científicas que desafiem os interesses corporativos foi reforçada e ampliada pela prática de rotular qualquer cobertura crítica ao presidente Trump e a seus aliados como fake news. Juntas, essas tendências e a sua amplificação pelos meios de comunicação e pela mídia de direita e corporativa levaram a crítica Michiko Kakutani a proclamar a "morte da verdade". "Sem um acordo comum sobre fatos", ela escreve, "não pode haver um debate racional sobre políticas, nenhum meio substantivo de avaliar os candidatos a cargos políticos e nenhuma forma de responsabilizar os representantes eleitos perante o povo. [...] Sem a verdade, a democracia é manca" (Kakutani, 2018, p. 171).

Utilizando tais estratégias, as corporações se apropriaram dos frutos das descobertas científicas e tecnológicas para atingir seus objetivos comerciais, mesmo quando tal desvio da ciência prejudica a saúde, polui o planeta, mina a democracia e exacerba as desigualdades.

NOVAS ESTRATÉGIAS PARA ANGARIAR APOIO IDEOLÓGICO

O capitalismo sempre precisou produzir e vender ideias, assim como bens e serviços. No século XX, governos autoritários, marqueteiros corporativos e meios de comunicação, com a ajuda de parceiros acadêmicos, criaram novas formas de conseguir apoio público para suas agendas políticas, sociais e econômicas. Reconhecendo que, como observou o teórico político Steven Lukes, "o poder é mais eficaz quando menos observável" (Lukes, 2005, p. 64), grandes instituições encontraram formas de persuadir, em vez de coagir, as pessoas a querer o que as elites governantes pretendem que elas queiram. Ao fabricar a concordância e inventar a credibilidade, elas fazem com que a sua visão de mundo pareça inevitável (Herman & Chomsky, 1988 [2003]; Penders & Nelis, 2011).

Em 1947, Edward Bernays, criador de propaganda política e relações públicas, observou:

> A tremenda expansão das comunicações nos Estados Unidos deu a esse país o aparelho mais incisivo e eficaz do mundo para a transmissão de ideias. Todos os habitantes estão constantemente expostos ao impacto da nossa vasta rede de comunicações, que chega a todos os cantos do país, por mais remotos ou isolados que sejam. As palavras são continuamente marteladas nos olhos e ouvidos dos Estados Unidos. O país se transformou numa pequena sala em que um único sussurro é ampliado milhares de vezes. (Bernays, 1947)

No início do século XXI, o barulho das palavras de Bernays sobre martelar nos olhos e ouvidos dos estadunidenses se tornou uma orquestra cacofônica com Facebook, Twitter, Google, Netflix e Amazon competindo com os meios de comunicação tradicionais e digitais, candidatos políticos, grupos de reflexão e bilionários independentes para entrar não só nos olhos e ouvidos, mas também na consciência de cada pessoa, do nascimento até a morte.

As próprias corporações desempenharam um papel importante no avanço de suas ideias e em sua firme incorporação nas crenças norte-americanas. Em 1971, Lewis Powell, advogado corporativo que, mais tarde, se tornaria juiz da Suprema Corte, escreveu um memorando ao diretor da Câmara de Comércio dos Estados Unidos exortando os líderes empresariais a responder de forma mais agressiva ao que ele via como um "ataque ao sistema empresarial" por parte dos liberais e dos movimentos sociais dos anos 1960 (Powell Jr., 1971). Powell apelou por mais lobby e contribuições de campanha, organizações empresariais mais fortes e críticas mais enérgicas a pessoas como Ralph Nader, o defensor do consumidor, que, na opinião de Powell, era "o antagonista mais eficaz dos negócios americanos".

O apelo de Powell, apoiado por outros líderes empresariais, levou a mudanças rápidas. A Câmara de Comércio dos Estados Unidos "duplicou os membros, triplicou o orçamento e intensificou os esforços lobistas" em Washington, onde se tornou a voz corporativa dominante.[56] Em 1971, a Associação Nacional de Fabricantes, a voz dos produtores corporativos, se mudou de Cincinnati para a capital, Washington, onde também desempenhou um papel crescente nas políticas públicas. Em 1971, 175 empresas haviam registado lobistas na capital; em 1982, o número tinha aumentado para quase 2.500. Entre 1976 e meados dos anos 1980, o número de comitês de ação política corporativa (PACs, do inglês *political action committees*) aumentou de trezentos para mais de 1.200.

Para o ciclo de dezoito meses das eleições do Congresso de 2018, 8.086 PACs federais tinham sido registrados na Comissão Eleitoral Federal, reportando receitas totais de 2,6 bilhões de dóla-

---

56 MOYERS, Bill. "How Wall Street Occupied America" [Como Wall Street ocupou os Estados Unidos], *The Nation*, 21 nov. 2011.

res e desembolsos de 2,2 bilhões.[57] Muitos outros atores contribuíram com *dark money*[58] não reportado, para influenciar a opinião pública, a legislação e as eleições (Mayer, 2016). Nenhum outro grupo de aprendizagem tem maior despesa per capita em "educação" do que os funcionários federais eleitos e nomeados que os lobistas procuram influenciar, e nenhuma outra organização gasta mais em educação per capita do que as corporações e os seus aliados para persuadir os funcionários públicos a agir em seu interesse.

Nas últimas décadas, as empresas e os líderes empresariais conceberam novas formas de influenciar a opinião pública e as crenças pessoais dos norte-americanos comuns sobre o que era e o que não era possível mudar. A crescente consolidação da propriedade corporativa da maioria dos meios de comunicação deu a essas lideranças um controle quase absoluto sobre as mensagens que a maioria dos cidadãos viu e ouviu. Em 1983, 90% dos meios de comunicação norte-americanos eram controlados por cinquenta empresas; em 2012, essa mesma porcentagem estava nas mãos de apenas seis: Comcast, NewsCorp, Disney, Viacom, Time Warner e CBS.[59] Nos anos seguintes, fusões e aquisições concentraram ainda mais a propriedade, e gigantes tecnológicos, como Amazon, Facebook e Google, desempenharam um papel cada vez mais importante na determinação das notícias e das ideias que entram no cérebro do povo norte-americano.

Uma tendência perturbadora foi o declínio da cobertura de notícias locais, forçada pela falência dos pequenos meios de comunicação, em alguns casos como resultado da perda de receitas publicitárias para Facebook ou Amazon ou de sua incorporação por gigantes

---

[57] "Statistical Summary of 18-Month Campaign Activity of the 2017-2018 Election Cycle" [Resumo estatístico da atividade de campanha por dezoito meses, no ciclo eleitoral de 2017-2018], Federal Election Comission, 30 ago. 2018.
[58] *Dark money* faz alusão a gastos políticos por organizações sem fins lucrativos que não têm a obrigação de divulgar os doadores e, portanto, podem agir usando recursos de empresas ou indivíduos poderosos. [N.E.]
[59] LUTZ, Ashley. "These 6 Corporations Control 90 Percent of the Media in America" [Estas seis empresas controlam 90% da mídia nos Estados Unidos], *Business Insider*, 14 jun. 2012.

dos meios de comunicação corporativos.⁶⁰ De acordo com o Pew Research Center, a circulação de jornais nos Estados Unidos se encontra agora no patamar mais baixo desde 1940, mesmo com a população nacional tendo crescido de 132 milhões para quase 330 milhões. Desde 2004, um em cada quatro jornais nos Estados Unidos foi fechado. Isso prejudica o público ao criar "desertos de notícias" em locais mais afastados das concentrações dos meios de comunicação, tirando a atenção das corporações e do governo, facilitando que tenham comportamentos pouco éticos ou ilegais e aumentando a dependência do público em relação às histórias preparadas pelos gigantes da mídia corporativa.

The Press Sentinel, pequeno jornal independente do sudeste da Geórgia, ilustra o poder potencial dessa voz norte-americana ameaçada. O veículo descobriu que a Republic Services, empresa sediada no Arizona e apoiada por investidores ricos, entre eles Bill Gates, havia solicitado o descarte de aproximadamente cinco toneladas de cinzas de carvão por dia na área. O *Sentinel* publicou mais de setenta artigos e editoriais sobre o plano, levando a uma audiência pública e a um atraso em sua concretização.⁶¹

Outra forma de influenciar as crenças públicas foi a criação de grupos de reflexão e institutos de pesquisa favoráveis aos negócios. Ao longo do século passado, bilionários como os irmãos Koch, Sheldon Adelson, Robert e Rebekah Mercer, Richard Mellon Scaife e John M. Olin criaram a Heritage Foundation, o Cato Institute, o American Enterprise Institute e o Heartland Institute, organizações dedicadas a apoiar políticas e valores conservadores e amigáveis aos negócios (Phillips-Fein, 2009). Esses grupos desempenharam um papel poderoso, muitas vezes oculto, na formação de políticas municipais, estatais e nacionais e na criação de apoio público ao interesse privado de seus fundadores (Mayer, 2016). Bilionários liberais, como George Soros, Michael Bloomberg, Pierre Omidyar e Warren Buffett, tam-

---

60 TEMPLE, John. "The Worst Thing That Could Happen to Local News — And the Best" [A pior coisa que poderia acontecer ao noticiário local — E a melhor], *The Atlantic*, 15 ago. 2019.

61 KANG, Cecilia. "Antitrust Bill May Help Newspapers" [Projeto de lei antitruste pode ajudar a salvar os jornais], *The New York Times*, 13 jan. 2020.

bém criaram fundações para influenciar a opinião pública, e, atualmente, os bilionários tecnológicos Mark Zuckerberg, Bill Gates e Jeff Bezos também utilizaram sua riqueza para influenciar a política social e o papel da tecnologia na sociedade (Callahan, 2017). Embora esses capitalistas filantropos discordem quanto à melhor maneira de reformar a sociedade, compartilham a crença de que os ultrarricos têm o direito inalienável de usar sua riqueza para orientar a democracia e moldar a política pública.[62]

Nas últimas décadas, as corporações encontraram formas de aproveitar as tendências que descrevi para aumentar seu poder e sua influência. Ao mesmo tempo, outros setores da sociedade, que, no passado, tinham representado um contrapeso ao domínio ideológico das corporações, perderam influência. A partir da década de 1960, famílias, igrejas, sindicatos, governos, comunidades e organizações comunitárias perderam a capacidade de moldar a vida cotidiana e de desafiar ou oferecer alternativas às mensagens corporativas, gerando um espaço vazio no qual as corporações ansiavam por entrar.

No início do século XXI, essas tendências mudaram a forma como os norte-americanos vivenciam o cotidiano. Tais mudanças foram acompanhadas por crescentes sinais de descontentamento, que também surgiram na transição entre os séculos XX e XXI.

Hoje, duas visões do mundo, ambas visíveis no Fórum Econômico Mundial de 2020 em Davos, competem pela atenção da população dos Estados Unidos. A primeira, dominante, afirma que a economia e a política da nação e do mundo são moldadas pela lógica inevitável dos mercados e que o melhor futuro resultará do alinhamento das aspirações e dos objetivos individuais e coletivos a essa lógica. Para esses verdadeiros crédulos, cada crise, das mudanças climáticas à pandemia de covid-19, incluindo o racismo estrutural, prova a inexorabilidade e a resistência do capitalismo. Alguns defensores desse ponto de vista reconhecem que há custos para as escolhas impostas pelos mercados, mas afirmam que os ônus são modestos em comparação

---

[62] MATTHEWS, Dylan. "The Case against Billionaire Philanthropy" [O caso contra a filantropia bilionária], *Vox*, 17 dez. 2018; Kapoor (2016).

com os benefícios. Além disso, segundo eles, a experiência dos últimos cinquenta anos prova que não existe alternativa viável.

Mas uma aliança crescente entre movimentos sociais, cidadãos desiludidos, jovens e acadêmicos fomenta uma visão alternativa. Eles afirmam que a continuação dessa abordagem dominante põe em perigo, acima de tudo, o bem-estar e mesmo a sobrevivência da humanidade. Salientam que as atuais dificuldades globais são resultado de decisões tomadas por corporações, governos, comunidades e indivíduos. Insistem que numerosos arranjos alternativos — cooperativas de trabalhadores e consumidores, iniciativas ampliadas de alimentação, cuidados de saúde e habitação oferecidas pelo setor público, desenvolvimento econômico centrado na comunidade, mobilizações para desmantelar estruturas que perpetuam o racismo e parcerias globais de baixo para cima — estão, agora mesmo, sendo testados em todo o mundo. Portanto, nenhuma configuração política e econômica é inevitável. Agora, como no futuro, indivíduos e organizações tomarão as decisões econômicas, políticas e sociais que determinarão as oportunidades vindouras de bem-estar, felicidade e sobrevivência planetária.

Parte II
Os pilares da saúde

2
Alimentos
A prevalência dos produtos
ultraprocessados na dieta global

> Primeiro nós comemos,
> depois fazemos todo o resto.
> — M. F. K. Fisher

O surgimento dos alimentos ultraprocessados

Embora o sistema alimentar global do século XXI produza mais alimentos do que nunca e tenha reduzido a grave desnutrição, deixou o mundo com quatro problemas essenciais. Primeiro, quase um bilhão de pessoas acordam sem saber se naquele dia conseguirá alimentar a si mesma e aos filhos. Segundo, todos os dias, cerca de dois bilhões de pessoas — os 30% da população mundial de obesos ou com sobrepeso e as centenas de milhões de portadoras de doenças relacionadas com a alimentação — se arriscam consumindo alimentos ou bebidas que aumentam ainda mais as chances de morte prematura ou de doenças evitáveis. Em terceiro lugar, o sistema alimentar global contribui hoje com cerca de um terço dos gases de efeito estufa produzidos pelo homem, a maior contribuição individual para o aquecimento global entre todos os setores (Vermeulen, Campbell & Ingram, 2012). Finalmente, pagando salários baixos e oferecendo benefícios mínimos e sem estabilidade de emprego, as empresas globais de alimentos baixaram o preço dos produtos processados, mas pioraram a vida de milhões de pessoas que trabalham cultivando, processando, vendendo e servindo alimentos, o que agrava ainda mais a desigualdade e a pobreza. Como o sistema alimentar, que, supostamente, deve sustentar e nutrir as pessoas, transformou-se numa ameaça tão grande para o ser humano e sua sobrevivência?

Nas décadas que marcaram a transição para o século XXI, duas tendências do pós-guerra transformaram a alimentação humana e a forma como os cientistas compreendem o impacto da dieta na saúde. Primeiro, uma proporção crescente da dieta dos norte-americanos e de outras pessoas em todo o mundo era proveniente de calorias de alimentos e carnes ultraprocessados, com menos produtos frescos e grãos não processados. Em segundo lugar, pesquisadores de nutrição e saúde pública começaram a descobrir que essas mudanças na dieta estavam associadas a uma carga crescente de mortes prematuras e enfermidades evitáveis, tais como diabetes, doenças cardíacas, hipertensão arterial, certos tipos de câncer e, mais recentemente, doenças infecciosas como a covid-19. Atualmente, dietas pouco saudáveis contribuem mais para o fardo global de doenças do que o sexo sem proteção e o consumo combinado de álcool, tabaco e drogas (Willett *et al.*, 2019).

Certamente houve algum progresso. De acordo com o Fundo das Nações Unidas para a Infância (Unicef), a prevalência de déficit de crescimento infantil, uma forma grave de desnutrição, tem diminuído desde 2000. No entanto, essas taxas subiram novamente a partir de 2015, e quase 149 milhões de crianças, uma em cada quatro com menos de cinco anos, registraram um crescimento atrofiado em 2018. Mais de 49 milhões sofreram de definhamento, a forma mais terrível de subnutrição, que leva à morte precoce.[63]

De 2006 a 2016, de acordo com a Associação Americana do Coração (American Heart Association), a taxa de mortalidade anual atribuível a doenças coronárias nos Estados Unidos diminuiu 32%, e o número real de mortes baixou quase 15%, um feito digno de nota. Mas o peso global das doenças ligadas à dieta per-

---

[63] "Malnutrition Prevalence Remains Alarming: Stunting Is Declining Too Slowly While Wasting Still Impacts the Lives of Far Too Many Young Children" [A prevalência de desnutrição continua alarmante: o nanismo está diminuindo muito lentamente, enquanto o desperdício ainda afeta a vida de muitas crianças], Unicef, mar. 2020.

manece elevado e ainda é a principal causa de morte entre grupos etários e entre países.[64]

Por que, enquanto os cientistas descobriam e documentavam as consequências nocivas da alimentação moderna, as maiores empresas alimentícias e agrícolas do mundo transformavam essa dieta na escolha-padrão para uma grande parcela da população mundial? E como as mudanças no capitalismo moderno encorajaram as indústrias alimentícias e agrícolas globais a optar por esse caminho?

Um ponto de partida para responder a essas questões vem de um estudo realizado por pesquisadores do Instituto Nacional do Câncer, que examinou as mudanças no abastecimento alimentar dos Estados Unidos entre 1970 e 2007. Eles utilizaram uma medida comum de qualidade alimentar — o Healthy Eating Index [Índice de alimentação saudável] — para avaliar a saúde do abastecimento alimentar dos Estados Unidos, tal como relatado pelo Departamento de Agricultura (USDA, do inglês United States Department of Agriculture) (Kreebs-Smith, Reedy & Bosire, 2010). Eles descobriram que, em muitos indicadores-chave, o abastecimento alimentar não cumpriu as orientações dietéticas ou piorou ao longo do tempo:

- As calorias de gordura sólida, bebidas alcoólicas e açúcares adicionados, tríade de produtos nocivos à saúde, permaneceram elevadas e relativamente constantes ao longo dos anos, apesar do consenso científico de que tais calorias contribuem significativamente para o aumento de doenças relacionadas à dieta e de uma ampla publicidade sobre a importância de reduzir esse consumo. Os pesquisadores estimaram que as calorias provenientes dessas fontes teriam de diminuir em 61% para se conseguir um abastecimento alimentar que pudesse satisfazer as recomendações dietéticas dos especialistas.
- A energia per capita (medida em calorias) disponível na alimentação dos Estados Unidos aumentou em cerca de quinhentas calorias por

---

64 "Heart Disease and Stroke Statistics-2019 At-a-Glance" [Panorama das estatísticas de doenças do coração e acidente vascular encefálico 2019], American Heart Association, 2019.

dia.[65] Outros pesquisadores estimaram que aumentos de 350 calorias por dia para crianças e de quinhentas para adultos foram uma causa primária para a duplicação das taxas de obesidade nessas décadas (Sacks, Swinburn & Ravussin, 2009).

- O sal no preparo dos alimentos, um importante fator para hipertensão arterial e doenças cardiovasculares, teria de diminuir em mais da metade para atingir os padrões recomendados.
- A quantidade de frutas e legumes disponíveis foi inferior ao necessário durante todo o período, o que demandaria duplicar o fornecimento de frutas e aumentar o fornecimento de legumes em 70% para cumprir as orientações alimentares.

Enquanto nutricionistas continuam debatendo as funções específicas de vários nutrientes na saúde e nas doenças, as mensagens básicas para dietas saudáveis permaneceram essencialmente as mesmas durante mais de quatro décadas: comer mais frutas, vegetais e alimentos integrais e consumir menos alimentos ultraprocessados, ricos em açúcar, gordura saturada e sal, além de diminuir a carne. Ao longo desse período, a alimentação do povo norte-americano pouco evoluiu, e muitas das lacunas nutricionais socioeconômicas e raciais/étnicas se alargaram.

Por que o sistema alimentar desenvolvido nos Estados Unidos está se tornando rapidamente o modelo de produção, distribuição e consumo de alimentos em todo o mundo?

Uma resposta vem da análise de como e por que os alimentos ultraprocessados viraram o produto dominante da indústria de alimentação global e como a dinâmica do capitalismo moderno favoreceu o aumento do consumo de ultraprocessados em detrimento de outros. No fascinante livro *The Way We Eat Now* [A maneira como nos alimentamos hoje], Bee Wilson, escritora e historiadora de alimentos britânica, explica como os ultraprocessados passaram a dominar a dieta global (Wilson, 2019).

[65] "Prevalence of Overweight and Obesity among Adults: United States, 2003-2004" [Prevalência de sobrepeso e obesidade entre adultos: Estados Unidos, 2003-2004], Centers for Disease Control and Prevention (CDC), 6 nov. 2015.

Um dos primeiros pesquisadores a chamar a atenção para os riscos dos ultraprocessados foi o epidemiologista brasileiro Carlos Monteiro. Ele e seus colegas desenvolveram um esquema de classificação alimentar que chamam de NOVA. A classificação NOVA propõe quatro categorias alimentares: alimentos não processados e minimamente processados; ingredientes culinários, tais como sal ou óleo vegetal; alimentos processados; e ultraprocessados. Com base em evidências nutricionais, esses pesquisadores chegaram a três mensagens notavelmente simples para os consumidores mundiais: comer mais alimentos não processados e minimamente processados, comer menos alimentos processados e evitar produtos ultraprocessados.[66]

Os procedimentos que convertem alimentos e outros produtos em ultraprocessados incluem "o fracionamento de alimentos integrais em substâncias, modificações químicas dessas substâncias, a conjugação de substâncias alimentares não modificadas e modificadas, a utilização frequente de aditivos cosméticos e embalagens sofisticadas" (Monteiro *et al.*, 2019).

Monteiro e seus colegas oferecem algumas orientações para ajudar os consumidores a identificar os ultraprocessados. "Verifiquem se a lista de ingredientes contém pelo menos uma substância alimentar nunca ou raramente utilizada em cozinhas ou classes de aditivos cuja função é tornar o produto final palatável ou mais atraente", escrevem os pesquisadores. "Exemplos comuns", explicam, "são açúcar invertido, maltodextrina, dextrose, lactose, fibra solúvel ou insolúvel, óleo hidrogenado ou interestratificado". Os aditivos frequentemente utilizados incluem "intensificadores de sabor, corantes, emulsificantes, sais emulsificantes, edulcorantes, espessantes

---

66 A classificação NOVA foi uma das bases para o desenvolvimento da edição de 2014 do Guia Alimentar para a População Brasileira, do Ministério da Saúde. A diretriz oficial do governo brasileiro foi acolhida como uma grande inovação em termos de comunicação com a população. Entre os pontos destacados está a mensagem expressa de evitar ultraprocessados, em comparação com mensagens bem menos explicitadas adotadas por outros guias, a exemplo do documento oficial dos Estados Unidos, que costuma dar orientações quanto a nutrientes, e não alimentos. [N.E.]

e antiespumantes, agentes de volume, espumas carbonatadas, agentes gelificantes e de brilho" (Monteiro *et al.*, 2019).

Em todo o mundo, os ultraprocessados estão rapidamente substituindo os alimentos não processados e minimamente processados como a base da dieta global (Monteiro *et al.*, 2013; Zobel *et al.*, 2016; Popkin, 2014). Eles são criados para ser altamente rentáveis, dada a conveniência de estar prontos para o consumo. Os fabricantes utilizam ingredientes de baixo custo, elaboram produtos de vida útil longa, utilizam uma marca atraente e apelativa, fazem frequentemente alegações de saúde enganosas e desenvolvem produtos hiperpalatáveis, tão saborosos que os consumidores têm dificuldade de comer apenas um (Geahardt *et al.*, 2011).

Ao que parece, ultraprocessados jogam com os pontos fortes do sistema alimentar mundial de hoje. As plantações básicas das quais dependem — milho, soja, trigo, arroz e açúcar — podem ser cultivadas em enormes extensões de terra, requerem pouca mão de obra e servem de base para milhares de produtos, características que favorecem as forças comparativas das maiores corporações alimentícias do planeta. São fáceis de transportar pelo mundo inteiro e comercializados para todos os países e populações; ficam expostos nas prateleiras de supermercados gigantes sem que deteriorem; utilizam produtos agrícolas rentáveis, como óleo de palma, soja, açúcar e milho; atraem clientes fiéis e vitalícios, que acham irresistíveis as altas doses de gordura saturada, açúcar e sal; e trazem lucros rápidos e estáveis aos fabricantes e investidores.

Estudos apontam que, em 2010, produtos ultraprocessados constituíam quase 60% do consumo de calorias na dieta dos estadunidenses (Steele *et al.*, 2018). Isso marcou o ápice da transição secular de uma dieta em que a maioria dos alimentos consumidos eram produtos não processados ou minimamente processados, para uma em que os ultraprocessados dominam. Em 2016, os Estados Unidos tiveram a maior ingestão per capita de calorias provenientes de alimentos e bebidas ultraprocessados entre os oitenta países cuja ingestão calórica foi documentada pela Euromonitor, empresa de monitoramento de mercado. Embora o consumo global per capita de alimentos e bebidas ultraprocessados tenha diminuído nos Estados Unidos entre 2002 e 2016, o nível em 2016 foi 33% mais alto do que o do próximo país no ranking, o Canadá (Vandevijvere *et al.*, 2019). Além disso, o consumo foi mais alto entre as pessoas mais jovens, aquelas com rendimentos mais baixos, brancas ou negras (em comparação com hispânicos e outros grupos raciais/étnicos) e aquelas com menos instrução, mostrando que pessoas com menor renda e poder estavam mais expostas a ultraprocessados (Baraldi *et al.*, 2018).

Dois terços das calorias que os norte-americanos consumiam a partir de alimentos embalados provinham de produtos práticos e prontos para consumo (Poti *et al.*, 2015). Outros estudos mostram que ultraprocessados têm mais calorias, açúcar, gorduras nocivas e sal do que alimentos não processados ou minimamente processados, e menos fibras, proteínas, vitaminas e minerais essenciais para a saúde (Monteiro *et al.*, 2019).

Consequências dos ultraprocessados para a saúde e o meio ambiente

Particularmente preocupante é a constatação de que ultraprocessados têm contribuído para processos biológicos patogênicos que levam a doenças relacionadas à alimentação. Estudos evidenciam que esses produtos têm um baixo potencial de "saciedade", o que significa que não fazem com que os consumidores se sintam satisfeitos, estimulando-os, pelo contrário, a comer mais. Ultraprocessados provocam uma resposta glicêmica alta, ou seja, dizem ao organismo para inserir açúcar na corrente sanguínea, elevando, assim, o risco de diabetes e outras doenças metabólicas (Fardet, 2016). Também criam um ambiente intestinal que, nas palavras de uma equipe de pesquisa, é um "terreno de seleção progressivamente especial para micróbios que podem promover diversas formas de doenças inflamatórias" (Zinöcker & Lindseth, 2018).

De um lado, pesquisadores vêm descobrindo como o microbioma intestinal — a totalidade de microrganismos, bactérias, vírus, protozoários e fungos — e seu material genético coletivo encontrado no trato gastrointestinal influenciam a saúde e o desenvolvimento de doenças. De outro, a indústria de alimentação vem criando produtos que comprometem os efeitos protetores do microbioma e amplificam seus efeitos nocivos (Zinöcker & Lindseth, 2018).

Esses processos biológicos, agravados pela formulação de produtos concebidos para maximizar a palatabilidade, com marketing agressivo, disponibilidade generalizada e preços atraentes, expuseram bilhões de indivíduos a quantidades crescentes desses produtos. Como resultado, as taxas de obesidade, hipertensão, doenças cardiovasculares, síndrome metabólica, perturbações gastrointestinais, câncer de mama e de outros tipos, além de depressão, têm aumentado em diversos lugares (Juul *et al.*, 2018; Srour *et al.*, 2018; Lavigne-Robichaud *et al.*, 2018; Schnabel *et al.*, 2018; Fiolet *et al.*, 2018; Askari *et al.*, 2020).

Desde os anos 1990, o consórcio Global Burden of Disease [Carga global de morbidade], rede com 3.600 pesquisadores em mais de 145 países, tem recolhido dados sobre morte prematura e incapacidades provenientes de mais de 350 doenças e lesões em 195 países, por idade e sexo. Essa abordagem permite a pesquisadores e funcionários públicos estabelecer comparações ao longo do tempo entre grupos etários e populações sobre as modificações nas causas de morte.

Em 2019, o periódico *The Lancet* publicou um relatório da Global Burden of Disease sobre os efeitos dos riscos alimentares na saúde de 195 países entre 1990 e 2017. O consórcio concluiu que as dietas "abaixo do ideal" haviam se tornado a principal causa global de mortes prematuras e incapacidades (Afshin *et al.*, 2019). Em 2017, essas dietas foram responsáveis por onze milhões de mortes e setenta milhões de anos de vida ajustados por incapacidades (DALYs, do inglês *disability-adjusted life years*), uma medida do número de anos de vida perdidos em decorrência de doenças, incapacidades ou mortes prematuras. As principais causas dessas mortes foram doenças cardiovasculares, seguidas por câncer e diabetes tipo 2. Os pesquisadores identificaram quinze fatores de risco para doenças relacionadas com a alimentação e concluíram que a ingestão de quase todos os grupos alimentares adequados estava abaixo do ideal em 2017.

Além disso, concluíram que três fatores — excesso de sal, deficiência de grãos integrais não processados e de vegetais e frutas — foram responsáveis por mais da metade das mortes relacionadas com a alimentação e dois terços dos DALYs. Entre 1990, quando o estudo começou, e 2017, as mortes relacionadas à dieta aumentaram 37%, de oito milhões por ano para onze milhões.

Os ingredientes essenciais dos ultraprocessados, como dissemos, são soja e grãos, tais como trigo, milho e arroz, e altos níveis de sal, açúcar, gorduras saturadas e trans. Ultraprocessados contêm poucas frutas e vegetais. Quando contêm, são também artificiais, como o "morango" em biscoitos recheados.

O consumo excessivo de alimentos e bebidas com elevado teor de açúcares adicionados (substâncias adicionadas pela indústria que se somam aos açúcares naturais dos alimentos) contribui para o aumento do risco de diabetes tipo 2, doenças cardiovasculares e alguns tipos de câncer, bem como para o acúmulo de gordura no fígado, cáries dentárias e obesidade. Os açúcares adicionados também podem aumentar o risco de deterioração mental, como na doença de Alzheimer (Breda, Jewell & Keller, 2019).

Entre 1950 e 2000, o consumo anual de açúcar nos Estados Unidos aumentou quase 40%, passando de cerca de 36 quilos por pessoa por ano para cerca de cinquenta quilos (Institute of Medicine & National Research Council, 2013, p. 145). Após o ano 2000, o consumo anual diminuiu durante uma década e depois se estabilizou em cerca de 45 quilos por ano. Atualmente, nos Estados Unidos, uma pessoa comum consome em média novecentos gramas de açúcar por semana, o equivalente a pouco mais de três latas de Coca-Cola por dia, o dobro do nível recomendado pela OMS.[67] Cerca da metade do açúcar que os norte-americanos consomem tem origem em bebidas açucaradas, tais como refrigerantes e sucos adoçados. Um estudo realizado por pesquisadores da Universidade da Carolina do Norte revelou que 60%

---

67 FERDMAN, Roberto A. "Where People around the World Eat the Most Sugar and Fat" [Onde as pessoas ao redor do mundo consomem mais açúcar e gordura], *The Washington Post*, 5 fev. 2015.

dos alimentos embalados vendidos nos supermercados continham açúcar adicionado (Popkin & Hawkes, 2016).

O sal, também um ingrediente-chave nos ultraprocessados, é um dos principais agentes de risco de hipertensão arterial e doenças cardiovasculares, a principal causa de morte em nível global (Bhat *et al.*, 2020). Mais de dois terços dos produtos industrializados nas prateleiras dos supermercados contêm sal adicionado, e cerca de 70% do sal que os norte-americanos consomem é proveniente desses produtos, e não do saleiro de mesa, dando aos supermercados e aos fornecedores um papel dominante na decisão da quantidade de açúcar e sal que a população consome (Harnack *et al.*, 2017). Mais da metade dos produtos nas prateleiras dos supermercados excedeu as normas de sódio por porção para poder ser considerado um "alimento saudável", revelou uma equipe de pesquisa do Centro de Controle de Doenças dos Estados Unidos (United States Centers for Disease Control) (Greer *et al.*, 2014).

A carne processada, outro componente da nova dieta da indústria alimentícia, inclui salsicha, presunto, bacon, linguiça e alguns embutidos, produtos que passaram por métodos de conservação ou adição de sabor, utilizando processos que incluem salgar, curar e defumar. A Agência Internacional de Pesquisa do Câncer (IARC, do inglês International Agency for Research on Cancer), o braço oncológico da OMS, classificou a carne processada como um produto que causa câncer, e a carne vermelha como um ingrediente que provavelmente causa câncer (Bouvard *et al.*, 2015). A indústria da carne atacou essas designações e contratou pesquisadores para lançar dúvidas sobre a correlação, deixando os consumidores e os políticos confusos (Wilde *et al.*, 2019).

Apesar das crescentes preocupações de saúde pública relacionadas à carne processada, os adultos norte-americanos não reduziram o consumo desses produtos desde 2000, embora tenham reduzido o consumo de carne bovina e aumentado a quantidade de frango (Zeng *et al.*, 2019). Enquanto a população estadunidense é a que mais consome carne no mundo, o consumo de carne vermelha e de carne processada vem crescendo mais rapidamente nos países de baixa e média rendas, contribuindo para o aumento de doenças relacionadas com a dieta nessas nações (Clonan, Roberts & Holdsworth, 2016). A carne processada também aumenta o risco de morte por doenças cardiovasculares. Um estudo publicado no periódico *Journal of the American Medical Association* (*JAMA*) apresentou que o consumo de carne processada estava ligado a 57.766 mortes por doenças cardiometabólicas nos Estados Unidos em 2012 (Micha *et al.*, 2017).

Um estudo clínico suscitou mais alertas sobre o papel dos ultraprocessados nas dietas norte-americanas. Kevin Hall e seus colegas do Instituto Nacional de Diabetes e Doenças Digestivas e Renais dos Estados Unidos recrutaram vinte homens e mulheres para serem observados na clínica da instituição durante quatro semanas. Durante duas semanas, receberam dieta com altos índices de ultraprocessados, enquanto nas outras duas ingeriram, sobretudo, alimentos não processados. As refeições eram equivalentes em calorias, e os participantes eram instruídos a comer tanto quanto quisessem. Após medições cuidadosas da ingestão depois de cada intervalo, Hall e sua equipe concluíram que, na dieta ultraprocessada, os participantes comiam quinhentas calorias a mais por dia, patamar acima do que é suficiente para ganho de peso ao longo do tempo. Os níveis de hormônios que aumentam a fome permaneceram elevados na dieta ultraprocessada em comparação com a não processada, uma confirmação de que a ingestão elevada de ultraprocessados pode levar a ganho de peso (Hall *et al.*, 2019).

Os ultraprocessados também agravam as desigualdades raciais/étnicas no que diz respeito às doenças relacionadas à alimentação, em parte porque a indústria alimentícia os tornou mais baratos e mais prontamente disponíveis do que os alimentos mais saudáveis. Nos Estados Unidos e em outros países ricos, as populações de baixa renda, negras e latinas, assim como outros grupos mais vulneráveis, consomem maiores proporções de alimentos processados do que suas contrapartes que vivem em melhores condições, tornando o baixo custo e a disponibilidade imediata de ultraprocessados uma importante causa de taxas mais elevadas de diabetes, doenças cardiovasculares e hipertensão entre pessoas negras e de baixa renda (Otero *et al.*, 2015). Essas mudanças levaram alguns pesquisadores a propor o conceito de apartheid alimentar, um sistema que torna acessíveis alimentos menos caros e pouco saudáveis a grupos socioeconômicos mais baixos, especialmente negros, latinos e comunidades rurais, e alimentos mais saudáveis e mais caros disponíveis para as populações mais abastadas, concentradas em áreas urbanas e suburbanas (Reese, 2019).

Entre 1973 e 2014, a proporção da despesa doméstica dedicada a frutas e legumes frescos diminuiu para os quatro grupos com salários mais baixos nos Estados Unidos, mas aumentou para o quintil mais rico. Em contrapartida, as despesas com produtos de panificação para o quintil de salários mais baixos da população aumentaram durante esse intervalo. Curiosamente, as despesas totais em todas as categorias alimentares, saudáveis e não saudáveis, aumentaram para o quintil mais rico ao longo desses quarenta anos, sugerindo que as pessoas consumiram alimentos mais saudáveis, mas também mais produtos ultraprocessados (Otero, 2018, p. 93-8).

Gerardo Otero, o sociólogo que realizou tais análises utilizando dados do Departamento de Agricultura dos Estados Unidos, concluiu que, nesse período, os norte-americanos de baixa e média rendas enfrentaram maior exposição a alimentos pouco saudáveis, enquanto os cidadãos de renda alta comiam mais de todos os alimentos (Otero, 2018, p. 99). Isso sugere que a metáfora do apartheid alimentar[68] é apenas parcialmente verdadeira. Vários tipos de alimentos processados se tornaram norma para todos os grupos da população, ainda que os indivíduos mais ricos tenham melhor acesso a frutas frescas, vegetais e outros alimentos minimamente industrializados que podem contrabalançar alguns dos efeitos nocivos dos ultraprocessados.

Na prática, em todos os segmentos da população as doenças relacionadas com a alimentação figuram como a principal causa de morte e adoecimento, ainda que as taxas aumentem significativamente para populações de baixa renda e comunidades não brancas.

---

68 BRONES, Anna. "Food Apartheid: The Root of the Problem with America's Groceries" [Apartheid alimentar: a raiz dos problemas com os mantimentos americanos], *The Guardian*, 15 maio 2018.

Em resumo, o aumento da renda e do status social protege quanto aos riscos sanitários e sociais da dieta moderna, mas não os elimina. Todos os grupos da sociedade obteriam benefícios para a saúde com uma dieta mais saudável.

Para as populações com maior risco de doenças relacionadas com a alimentação, a promoção de dietas pouco saudáveis torna as escolhas alimentares diárias mais difíceis. Um homem idoso com diabetes residente na região dos Apalaches, nos Estados Unidos, descreveu aos pesquisadores sua visão sobre as escolhas alimentares:

> Fico um pouco ofendido com toda essa publicidade que nos ataca continuamente dizendo: "Isso é bom; é conveniente; é tão simples de comer; basta uma mordida para se sentir bem". Tive que mudar minha escolha porque sou diabético. Não posso ser seduzido por isso. Preciso estar disposto a moderar o desejo pela comida, sabendo que há certas consequências que vêm daí. Então, como é que um diabético resiste a tudo isso e tenta controlar sua doença? Nós ficamos numa gangorra. Quando olhamos à nossa volta, podemos ver que muitas pessoas são seduzidas. [...] Há coisas que me seduzem, e eu caio do cavalo. E eu como coisas que não deveria, provavelmente só porque elas são muito saborosas. (Beverly *et al.*, 2018)

Essa observação mostra também o quanto os consumidores internalizam a responsabilidade pelas escolhas que a indústria alimentícia oferece. Todos os dias, ela instiga as pessoas a saírem do caminho dos alimentos saudáveis e, mesmo assim, na maioria das vezes, insiste que o seu objetivo é simplesmente oferecer escolhas individuais.

A evidência crescente de que ultraprocessados estão contribuindo para uma parte significativa da ingestão calórica mundial e para os problemas de saúde relacionados com a alimentação tem incitado a indústria a gerar mensagens para refutar essa evidência. Os argumentos passam pela ideia de que as correlações observadas entre consumo de ultraprocessados e problemas de saúde não são causais; que o processamento pode tornar os alimentos mais saudáveis; que a definição de ultraprocessado é fictícia, não baseada na ciência e na tecnologia alimentar, nem na realidade do mercado;

e que os movimentos radicais tentam influenciar a sociedade a rejeitar os alimentos processados rotulando-os arbitrariamente como não saudáveis, com base em critérios não científicos. Uma análise da influência da indústria alimentícia na discussão pública e científica sobre ultraprocessados revelou que 33 dos 38 autores de documentos, relatórios ou outros materiais que criticam a classificação NOVA tinham filiações com empresas de alimentos ultraprocessados (Mialon, Sêrodio & Scagliusi, 2018).

A produção de ultraprocessados também acarreta consequências ambientais. Os setores alimentar e agrícola — incluindo o transporte de alimentos, fertilizantes e outras indústrias — contribuem com quase 30% das emissões de carbono feitas pelo homem (Vermeulen, Campbell & Ingram, 2012). Várias características do sistema agrícola agravam os efeitos climáticos desse regime alimentar. Em primeiro lugar, como já vimos, ultraprocessados dependem de monoculturas. Por sua vez, esse sistema agrícola depende do uso intensivo de fertilizantes, pesticidas, tratores e outros equipamentos que queimam combustíveis fósseis, cada um deles com sua própria pegada de carbono. Também incentiva o desmatamento e o empobrecimento do solo.

Em segundo lugar, uma das vantagens dos ultraprocessados para os fabricantes de alimentos, como já pontuamos, é que podem ser produzidos em um local, despachados e comercializados em outros lugares do mundo, além de apresentar capacidade de armazenamento em depósitos ou prateleiras de supermercados por períodos prolongados. Essas características demandam transporte extensivo por via aérea, marítima, ferroviária e, especialmente, por caminhões, cada um contribuindo com emissões adicionais. Embora nem tudo possa ser cultivado local ou regionalmente, a demanda global de alimentos que dependem de cadeias de abastecimento mundiais para fabricar itens embalados assegura que as distâncias maiores são uma qualidade do sistema, não uma falha.

Em terceiro lugar, a dieta promovida pela indústria alimentícia mundial inclui carne, tanto bovina como suína e de frango. A criação de gado demanda cerca de 27 quilos de dióxido de carbono para cada quilograma de carne consumida; a de frango, menos de sete quilos de carbono; e as lentilhas, menos de um quilo (Hamerschlag, 2011). Um estudo da revista *Science* de 2018 revelou que o consumo global total de carnes tinha aumentado de cerca de cinquenta milhões de toneladas por ano em 1960 para trezentos milhões de toneladas em 2010, um incremento de seis vezes. Embora muitos fatores tenham contribuído para isso, como os autores do estudo da *Science* observam de maneira expressa, a indústria da carne

> tem influência política considerável e destina grandes quantidades de dinheiro à publicidade e ao marketing. O lobby da indústria da carne foi intenso durante a formulação dos Guias Alimentares dos Estados Unidos, e as organizações da sociedade civil afirmaram que isso influenciou eventuais recomendações. (Godfray *et al.*, 2018)

A redução do consumo de carne é uma das estratégias mais eficazes para desacelerar as mudanças climáticas e um dos objetivos mais ardentemente combatidos pelos muitos setores das indústrias alimentícia e agrícola que lucram com alimentos.

Como corporações transnacionais criaram a nova dieta mundial

Ao longo do século XX, a dieta alimentar cultivada, sobretudo, em escalas nacional e regional, vendida relativamente sem processamento em uma variedade de pequenas mercearias e mercados, preparada e consumida particularmente em casa, mudou — primeiro nos Estados Unidos, depois em todo o mundo. Para revelar as múltiplas causas dessa transformação, examino quatro setores da economia alimentar: supermercados e varejo de alimentos, serviços de fast-food e restaurantes, indústria e produção agrícola. Para cada setor, uma história ilustra a ascensão da dieta ultraprocessada: o domínio do Walmart no quesito vendas em supermercados, as novas estratégias das empresas de fast-food para aumentar a participação no mercado, a criação de fórmulas para crianças e o estabelecimento do óleo de palma como um alimento básico global.

SUPERMERCADOS E VAREJO DE ALIMENTOS

O supermercado local é um bom lugar para começar uma análise de como o capitalismo moderno tem facilitado o crescimento da dieta ultraprocessada. Os mais de 38 mil supermercados dos Estados Unidos constituem um caldeirão no qual as empresas transnacionais do agronegócio e da alimentação, os proprietários e operadores de lojas, a fiscalização governamental e os consumidores interagem para fazer escolhas que determinam a dieta e a saúde nutricional da população.

Quase dois terços das calorias consumidas nos Estados Unidos são provenientes de supermercados (Drewnowski & Rehm, 2013). Entre 1975 e 2008, o número de produtos à venda em um supermercado norte-americano médio aumentou mais de cinco vezes (Consumer Reports, 2014).[69] Em 2017, existiam entre quarenta mil e cinquenta mil produtos disponíveis nos hipermercados.[70]

Hoje em dia, os supermercados são concebidos mais como cassinos do que como as mercearias do início do século XX. Cada elemento encoraja os consumidores a permanecer um pouco mais de tempo, a encher o carrinho de compras cada vez mais e a pagar uma conta mais alta no caixa. Do ponto de vista da indústria alimentícia, os supermercados existem para vender a maior quantidade possível de produtos e gerar a maior taxa de rendimentos. Para alcançar esse objetivo, os supermercados posicionam os produtos lácteos no fundo das lojas para que os clientes tenham de cruzar com todos os outros itens no caminho, apanhando artigos por impulso; oferecem

---

[69] "What to Do When There Are Too Many Product Choices on the Store Shelves?" [O que fazer quando há muitas opções de produtos nas prateleiras das lojas?], *Consumer Reports*, jan. 2014.

[70] MALITO, Alessandra. "Grocery Stores Carry 40,000 More Items than They Did in the 1990s" [Mercados têm quarenta mil itens a mais do que na década de 1990], *Market Watch*, 17 jun. 2017.

carrinhos com tamanho extra, cientes de que os compradores que utilizam carrinhos maiores gastam 40% a mais na loja;[71] posicionam os produtos mais rentáveis e apelativos ao nível dos olhos e os menos rentáveis no alto ou na parte de baixo, onde são mais difíceis de ver; dispõem produtos saudáveis ao lado de produtos pouco saudáveis, como maçãs frescas e calda de caramelo, para encorajar os compradores a recompensarem uma escolha saudável com outra mais pecaminosa; e espalham cheiro de frango assado, café ou pão fresco para que as glândulas salivares dos clientes sejam estimuladas, encorajando compras por impulso.[72]

Novas tecnologias, como a digitalização de caixas, que fornece à rede de supermercados dados em tempo real sobre as vendas para facilitar a reposição instantânea, e métodos de vigilância que permitem às lojas utilizar os celulares dos clientes para rastrear sua circulação nos corredores e enviar anúncios dos produtos que estão por perto, contribuem para aumentos nas vendas.

No século XXI, os comerciantes de produtos alimentícios substituem os produtores como o componente mais poderoso do mercado de alimentação global. Para compreender melhor como e por que essa mudança se deu — e as suas implicações para a ascensão dos ultraprocessados —, analiso mais profundamente o Walmart.

O Walmart é o varejista global com as maiores receitas anuais entre todas as empresas da lista "Forbes Global 2000". Como muitas das grandes corporações globais de alimentação, o Walmart vende mais do que alimentos. Oferece também serviços financeiros e ordens de pagamento, cartões pré-pagos, transferências bancárias, saques de cheques, pagamento de contas e serviços especializados, como a compra de automóveis, farmácia e lojas de pneus e baterias,

---

[71] MATHISEN, Tyler. "Supermarkets Wage War for Your Dollars" [Supermercados travam guerra por seus dólares], *NBC Today*, 27 jan. 2011.
[72] MORRIS, Meagan. "40 Ways Grocery Stores Are Scamming You!" [Quarenta maneiras como os mercados enganam você!], *Eat This, Not That!*, 6 ago. 2018.

todos concebidos para atrair mais clientes para as lojas. Em 2018, a comida representava 56% das receitas anuais do Walmart.[73]

O poder do Walmart de influenciar as escolhas alimentares vem, em parte, de seu alcance territorial. Com 4.700 lojas nos Estados Unidos e quase seiscentas unidades do Sam's Club, marca adjunta do Walmart que vende a preços de atacado, a empresa tem um estabelecimento num raio de dezesseis quilômetros para 90% da população estadunidense.[74] No geral, a participação de 23% da rede no mercado de mantimentos aumentou na última década, apesar da crescente concorrência.[75] Globalmente, o Walmart opera mais de 11.700 pontos de venda de varejo em 28 países.[76]

Ao oferecer preços baixos e descontos por volume, o Walmart atrai clientes à procura de pechinchas e lhes oferece descontos substanciais em produtos suficientes para mantê-los sempre fiéis. Como resultado, outras lojas locais que não podem competir acabam por sair do mercado, aumentando ainda mais as vendas do Walmart, mas também reduzindo a pressão para manter os preços mais baixos.

Desde a sua fundação, em Rogers, no Arkansas, em 1962, o Walmart desenvolveu uma estratégia empresarial que lhe permitiu dominar mercados nos quais a concorrência era limitada. Suas primeiras lojas se localizavam em comunidades rurais que tinham poucas alternativas de compras. Em 2016, o Walmart anunciou ter aberto, desde 2012, 392 unidades nos chamados desertos alimentares (Horst, Raj & Brinkley, 2016). Ao longo de sua história,

---

73 BOSE, Nandita. "Walmart CEO Points to New Company Culture, Cuts Profit Forecast" [CEO do Walmart indica nova cultura institucional, com corte da previsão de lucro], *Reuters*, 16 out. 2018.

74 LADD, Britain. "Playing to Its Strengths: Why Walmart Must Focus on Its Stores and Logistics" [Jogando com seus pontos fortes: por que o Walmart deve se concentrar em suas lojas e em sua logística], *Forbes*, 9 set. 2018.

75 HSU, Tiffany. "Walmart Is Finding Success in the Grocery Aisle" [Walmart é bem-sucedido nos corredores de mantimentos], *The New York Times*, 16 ago. 2018.

76 A marca Walmart foi descontinuada no Brasil em 2019. Ver "Walmart vira Big: por que os americanos fracassaram no Brasil", *Gazeta do Povo*, 12 ago. 2019. [N.E.]

o Walmart cresceu ao encontrar mercados mal abastecidos, usando depois sua dimensão e seu poder mercadológicos para cortar custos e forçar os concorrentes a abandonar os negócios, uma prática predatória que define o capitalismo moderno.

O Walmart também liderou o segmento na utilização de tecnologia e de *Big Data* para assegurar que sua logística de distribuição e entrega maximizasse as oportunidades de vendas. Nos anos 1990, o Walmart já usava satélites para trocar dados, voz e mensagens de vídeo entre a sede corporativa e os pontos de venda. Mais tarde, desenvolveu a capacidade de utilizar esses dados para atingir clientes de forma mais precisa. Por exemplo, em 2004, quando a rede soube que o furacão Ivan se dirigia para a Flórida, os algoritmos previram que os clientes iriam procurar por mais itens embalados para café da manhã, de forma a compensar as interrupções de energia. A direção enviou imediatamente cargas extras de biscoito recheado para a Flórida, e as vendas explodiram (Patel, 2007, p. 239).

As lojas do Walmart nos Estados Unidos armazenam um total de 46,1 milhões de produtos, embora cada unidade decida quais itens colocar à disposição nas prateleiras ou on-line. A empresa armazena 2,5 milhões de salgadinhos e doces, 2,3 milhões de bebidas, um milhão de pães e produtos de confeitaria, seiscentas mil frutas e vegetais e trezentos mil itens para atender a necessidades dietéticas especiais.[77] Embora o Walmart tenha feito esforços recentes para expandir o número de produtos saudáveis e produzidos localmente, a maioria dos itens que comercializa e as receitas que gera provêm de ultraprocessados e embalados.

Nos últimos anos, o Walmart competiu ferozmente com a Amazon em busca de formas de manter a vantagem de preço enquanto também construía presença on-line e capacidade de satisfazer os clientes.[78] À medida que a concorrência da Amazon aumentava, o Walmart expandiu o sistema de "clique e retire", pelo qual os

---

[77] "How Many Products Does Walmart Grocery Sell?" [Quantos produtos o mercado do Walmart comercializa?], *ScrapeHero*, jul. 2018.

[78] MORGAN, Blake. "7 Ways Amazon and Walmart Compete: A Look at the Numbers" [Sete maneiras como Amazon e Walmart competem: um olhar para os números], *Forbes*, 21 ago. 2019.

clientes podiam encomendar on-line e depois buscar a encomenda em uma loja próxima. Um analista de negócios estimou que as vendas de produtos alimentícios do Walmart nessa categoria aumentariam 154% a cada ano entre 2017 e 2021.[79]

Em 2019, o Walmart oferecia serviços de retirada de compras no estacionamento em 1.800 unidades, alcançando 40% da população dos Estados Unidos.[80] Esse serviço permitiu que as vendas crescessem mesmo durante a pandemia. Para acelerar o processo de retirada dessas encomendas, o Walmart vem testando carrinhos automatizados que percorrem as lojas recolhendo artigos, um processo que poupa tempo e custos de mão de obra.

O Walmart quer que cada visita dos clientes seja uma experiência satisfatória, mas uma análise em seu site do serviço ao consumidor mostra, não de forma inesperada, reações variadas:[81]

> Estou muito satisfeito com todo o processo de encomenda e entrega. O Walmart proporciona uma compra fácil, com resolução de problemas e um sistema de entrega rápida. Encomendo para três endereços diferentes e escolho sempre o Walmart! Estou tão contente por não ter que escolher outras empresas menos eficientes e desonestas. *A., de San Diego, CA*

> Questões de pagamento no autoatendimento do Walmart são quase sempre um problema. [...] A visita de hoje me tomou pelo menos 20-25 minutos para finalizar o pagamento com três itens. Um gerente teve de ser chamado para cancelar algo no pedido, e dezoito minutos depois ele não apareceu. [...] Nenhum pedido de desculpas ou reconhecimento do gerente até eu o confrontar e ele responder com um pretexto em vez de um verdadeiro pedido de desculpas. *Linda, de Barrington, IL*

---

79 SCHMIDT, Sarah. "Walmart's Competitive Advantage: 3 Key Success Factors" [Vantagem competitiva do Walmart: três fatores-chave do sucesso], *MarketResearch.com*, 13 ago. 2018.
80 HSU, Tiffany, *op. cit.*
81 "Wal-Mart Consumer Reviews" [Resenhas dos consumidores do Walmart], *Consumer Affairs*, 19 mar. 2019.

> O Walmart não treina bem os funcionários. Eles não são amigáveis e não estão nada dispostos a me ajudar a encontrar um produto. Isso se conseguir encontrar um funcionário. Eles se escondem em algum lugar. Os preços não são assim tão bons. Posso encontrar o mesmo ou melhor em outras lojas perto da minha casa. Em resumo, não vou mais lá. *Pat, de Edgewater, FL*

O Walmart promete aos clientes "poupar dinheiro" e "viver melhor". Os comentários sugerem que alguns acreditam que a logística do Walmart, a cultura empresarial e os preços baixos entregam essa promessa, enquanto outros acham que a empresa não cumpre os compromissos assumidos. Os clientes esperam tanto preços mais baixos quanto economia de tempo, exigindo que o Walmart equilibre o esforço para fornecer as mercadorias desejadas em relação aos lucros. De acordo com um analista de negócios, em qualquer período de três meses, 59% dos frequentadores de supermercados dos Estados Unidos terão comprado produtos no Walmart, dando à loja um lugar em milhões de lares.[82] Globalmente, 275 milhões de pessoas visitam alguma unidade todas as semanas, o equivalente a mais pessoas do que as que vivem em todos os países do mundo se descontarmos as quatro nações mais populosas.[83]

O Walmart também criou alianças com grandes e pequenas empresas em todo o mundo, o que lhe permitiu competir com a Amazon e outras marcas. Juntou-se ao Google, para compras on-line; à Microsoft, para a aquisição do Flipkart, serviço de comércio eletrônico indiano; e à Uber, para fazer entregas em domicílio.[84] Tal como outras corporações gigantes em resposta às pressões do capitalismo moderno, o Walmart cria tais parcerias para ampliar o poder de criar um ambiente em que possa perseguir melhor seus objetivos comerciais.

---

82 SCHMIDT, Sarah, *op. cit.*
83 "Walmart — Statistics and Facts" [Walmart: estatísticas e fatos], Statista, 2018.
84 CORKERY, Michael. "How Walmart, the Big Seller, Is Shopping for a Fight with Amazon" [Como o Walmart, grande vendedor, está comprando briga com a Amazon], *The New York Times*, 9 maio 2018.

Os preços baixos são parte dos atrativos da marca para os consumidores de baixa renda. Entre os clientes, 52% têm renda familiar inferior a cinquenta mil dólares.[85] Dois fatores contribuem para a capacidade do Walmart de oferecer preços baixos. Primeiro, a enorme dimensão lhe possibilita negociar com produtores e fabricantes de alimentos de todo o mundo. Na verdade, o Walmart adquiriu uma voz tão dominante no sistema alimentar do país que pode forçar outras grandes empresas a aceitar suas exigências. Por exemplo, a insistência do Walmart para que a Kraft Foods baixasse os preços levou esta, segundo um analista, a "fechar 39 fábricas, dispensar 13.500 trabalhadores e eliminar um quarto dos seus produtos",[86] porque ela já não era capaz de competir. Para os agricultores e trabalhadores do setor, o poder de negociação do Walmart significa valores mais baixos para os seus produtos e salários menores.

De que forma as decisões do Walmart influenciam o seu papel como fornecedor de ultraprocessados? Um estudo descobriu que o aumento da presença de lojas da rede estava associado a um menor número de adultos que ingeriam a dose recomendada de frutas e legumes (Bonnano & Goetz, 2012); outra pesquisa descobriu que um aumento de 1% na participação de mercado dos supercentros do Walmart se atrelava a uma pequena, mas estatisticamente significativa, diminuição nas compras de alimentos saudáveis nessas regiões (Volpe, Okrent & Leibtag, 2013). Há ainda evidências que sugerem que os clientes de baixa renda e afro-americanos são mais propensos a comprar no Walmart (Hausman & Leibtag, 2007), e aqueles que compram produtos em embalagens extragrandes preferem os preços baixos que o Walmart oferece em vez dos alimentos mais saudáveis, porém mais caros (Bell & Lattin, 1998). Quer as escolhas do Walmart convertam os consumidores mais sau-

---

85 "Share of Walmart and Walmart Supercenter Customers in the United States as of 2016, by Income" [Participação de clientes Walmart e Walmart Supercenter nos Estados Unidos a partir de 2016, por renda], Statista, 2018.

86 LYNN, Barry C. "Breaking the Chain: The Antitrust Case against Walmart" [Quebrando a corrente: o caso antitruste contra o Walmart], *Harper's Magazine*, 31 jul. 2006.

dáveis em menos saudáveis, quer simplesmente atraiam aqueles que já estão interessados em produtos menos caros e menos saudáveis, isso põe os alimentos de baixo custo, em sua maioria pouco saudáveis, ao alcance de milhões de consumidores.

Em 2012, para aumentar as vendas de alimentos saudáveis e responder à pressão do público e dos consumidores para torná-los mais disponíveis, o Walmart anunciou uma parceria com a Humana Vitality, um programa de recompensas afiliado à seguradora de saúde Humana. O objetivo da parceria era permitir que os mais de um milhão de clientes da seguradora que fazem compras no Walmart fossem elegíveis para um desconto de 5% em frutas frescas, vegetais e produtos lácteos com baixo teor de gordura.[87]

Mas o Walmart promove produtos com apelo para todas as idades e grupos populacionais. Aproveitando a onda de promoção e marketing intensivo por parte dos fabricantes de fórmulas para crianças e outros alimentos prontos para bebês, o Walmart acrescentou trinta mil novos itens para essa faixa etária ao sistema de encomendas on-line.[88] Os pais que visitam o site podem escolher entre 72 fórmulas infantis e "bebidas para bebês", disponíveis em pó ou prontos para consumo, com variedades sem lactose, à base de leite, à base de soja ou *kosher*.

A Partnership for Healthier America [Parceria para os Estados Unidos mais saudáveis] é uma aliança entre fundações privadas e grandes corporações de alimentos criada em 2010 para estabelecer parcerias com o setor privado, de forma a "assegurar a saúde da juventude da nossa nação, resolvendo a crise da obesidade infantil", conforme anuncia em seu site oficial. A coalizão trabalhou em estreita colaboração com a iniciativa Let's Move, de Michelle Obama. Em 2012, o Walmart assumiu o compromisso de tomar medidas para melhorar a qualidade nutricional dos alimentos que

---

87 "Walmart and HumanaVitality Partner for First-of-Its-Kind Healthier Food Program Designed to Incentivize Wellness in America" [Walmart e HumanaVitality fazem parceria para o primeiro programa de alimentação saudável desenvolvido para incentivar o bem-estar nos Estados Unidos], Walmart, 19 set. 2012.

88 HSU, Tiffany, *op. cit.*

vendia. Três anos mais tarde, reportou à Partnership for Healthier America a reformulação dos alimentos embalados a fim de atingir 18% menos sódio, 10% menos açúcares adicionados e 6% de produtos sem gorduras trans elaboradas industrialmente. A empresa também informou haver reduzido os preços dos alimentos tidos como "melhores para você" e poupado aos clientes mais de um bilhão de dólares por ano em frutas e vegetais frescos, fazendo com que, segundo a empresa, os alimentos mais saudáveis ficassem mais disponíveis e mais acessíveis. O Walmart relatou também ter investido quase quinze milhões de dólares em programas de nutrição que orientam os consumidores a fazer escolhas mais adequadas.[89]

Uma avaliação independente dessas iniciativas do Walmart, realizada por uma equipe liderada por Barry Popkin, pesquisador da Universidade da Carolina do Norte, encontrou algum fundamento nas alegações da empresa, mas também forneceu um contexto que põe em dúvida o significado de suas realizações. Os pesquisadores avaliaram se a qualidade nutricional dos alimentos embalados adquiridos na rede tinha mudado entre 2000 e 2013. Durante esse intervalo, eles encontraram diminuições nas calorias totais e nas calorias provenientes de açúcar, além de uma redução no sódio — em resumo, mudanças com potencial para melhorar a nutrição. Encontraram também uma diminuição no volume de compras de doces e salgadinhos e pequenos aumentos no consumo de frutas e vegetais.

Com base nesse estudo, concluíram que o perfil nutricional das compras do Walmart havia melhorado ao longo do tempo, assemelhando-se agora aos alimentos embalados vendidos em outras cadeias do comércio (Taillie, Ng & Popkin, 2016, p. 171). Contudo, também concluíram que essas melhorias eram semelhantes ou menores do que o que teria sido observado se as tendências verificadas antes da iniciativa tivessem prosseguido (Smith, Ng & Popkin, 2015, p. 1.869). Em outras palavras, o Walmart parecia estar surfan-

---

[89] "In It for Good: 2015 Annual Progress Report, Executive Brief" [Pelo bem de todos: relatório anual de progresso de 2015, resumo executivo], Partnership for Healthier America, 2015.

do uma onda nacional de tendências alimentares em que as pessoas escolhiam alimentos mais saudáveis, em vez de serem propriamente os agentes da mudança.

Os autores concluíram que "as iniciativas de alimentação saudável realizadas no ponto de venda podem não ser suficientes para melhorar o perfil nutricional das compras de alimentos". Embora o Walmart tenha expandido a oferta de produtos frescos, também estocou novos itens processados, incluindo direitos exclusivos de venda de guloseimas, tais como os cereais Oreo O's e Jelly Donut Oreos.[90] Além disso, ao afirmar ser um fornecedor de alimentos mais saudáveis, o Walmart desviou a atenção do seu principal papel nutricional — o maior fornecedor do país de produtos ultraprocessados de baixo custo, os quais ofereciam lucros elevados aos fabricantes de alimentos, mas impunham fardos adicionais de doenças aos clientes.

Outras análises independentes do Walmart e da Partnership for Healthier America trouxeram críticas adicionais. O próprio conceito de deserto alimentar sugere que apenas os supermercados podem resolver o problema do acesso aos alimentos nas comunidades de baixa renda (Ken, 2014, p. 13). LaDonna Redmond, defensora de longa data da justiça alimentar, argumentou que "o Walmart está usando o termo 'deserto alimentar' como um cavalo de Troia para entrar em nossas comunidades e exercer maior controle corporativo sobre o nosso sistema alimentar".[91]

---

90 BHATTARAI, Abbha. "Americans Are Buying More Food at Walmart" [Americanos estão comprando mais alimentos no Walmart], *The Washington Post*, 17 ago. 2017.

91 HUBER, Bridget. "Walmart's Fresh Food Makeover: Can the Retailer Known for Its Poverty Wages Solve the Problem of Urban 'Food Deserts'?" [A transformação de alimentos frescos do Walmart: o varejista conhecido por seus salários baixos pode resolver o problema dos "desertos alimentares" urbanos?], *The Nation*, 14 set. 2011.

Depois dos supermercados, as cadeias de fast-food fornecem a maior fonte de calorias da dieta norte-americana, representando cerca de 15% do consumo calórico no país, mais do que o dobro da proporção de calorias consumidas em restaurantes de serviço completo (Drewnowski & Rehm, 2013). Graças a essas redes, a maioria dos norte-americanos tem agora acesso permanente a produtos ultraprocessados fora de casa. Em todos os Estados Unidos, quase 250 mil estabelecimentos vendem fast-food, metade dos quais sendo franquias, como McDonald's, Subway ou Kentucky Fried Chicken (KFC).[92] Entre 2004 e 2018, o número de estabelecimentos aumentou 23%, o que os tornou um dos setores de crescimento mais acelerado da economia norte-americana. De acordo com o Centro de Controle e Prevenção de Doenças dos Estados Unidos, entre 2013 e 2016, 37% dos adultos do país comeram fast-food todos os dias (Fryar *et al.*, 2018).

E, assim como os supermercados, os pontos de venda de fast-food oferecem escolhas suficientes para garantir que o cliente "encontre o que prefere", como promete o Burger King. Entre 2007 e 2013, o menu do McDonald's aumentou de 85 escolhas para 145.[93] Num esforço para atrair ou reter consumidores millennials mais conscientes sobre questões de saúde e jovens mães dispostas a consumir algum petisco enquanto os filhos engoliam Big Macs, as cadeias de fast-food acrescentaram saladas e maçãs aos cardápios. No entanto, os itens mais vendidos e mais rentáveis continuaram a ser ricas em calorias e sal, batatas fritas carregadas de gordura e unidades de Big Mac e McLanche Feliz.[94]

---

92 "Number of Establishments in the United States Fast Food Industry from 2004 to 2018" [Número de estabelecimentos na indústria de fast-food dos Estados Unidos de 2004 a 2018], Statista, 15 maio 2013.
93 HARTMAN, M. "Does McDonald's Have Too Many Items on the Menu?" [O McDonald's tem muitos itens no menu?], *Marketplace*, 23 maio 2013.
94 BRELSFORD, Erin. "McDonald's 10 Most Popular Menu Items May Surprise You" [Os dez itens mais populares do cardápio do McDonald's podem surpreender você], *One Country*, 10 jan. 2017.

O rápido crescimento recente dos estabelecimentos de fast--food foi precipitado, em parte, por um afluxo de capital de investidores à procura de lucros mais garantidos após o colapso inicial das empresas pontocom e, mais tarde, a recessão de 2008. Nos primeiros anos do novo milênio, bancos, empresas de capital privado e outras instituições financeiras tinham investido bilhões de dólares em fast-food. Mas a concorrência aumentava na mesma medida do número de pontos de venda. "Todo mundo pensa que a sua marca tem o que é preciso para ter sucesso no mercado", disse Victor Fernandez, analista dessa indústria, a um repórter do *New York Times*. "Você encontra uma localização que parece boa, mas todos os demais concorrentes também são atraídos para a mesma região e se instalam ali, de modo que o resultado é a saturação excessiva."[95]

À medida que a concorrência aumenta, as cadeias maiores e mais bem-sucedidas compram as menores ou as eliminam do mercado. Em 2018, por exemplo, o Inspire Brands, que também é proprietário do Arby's e do Buffalo Wild Wings, adquiriu a rede Sonic, com 3.600 lojas.[96] Em 2012, as quatro maiores cadeias de fast-food controlavam 43% do mercado (Howard, 2016). A concentração e a concorrência crescentes permitiram às maiores empresas gastar mais em publicidade e design de produto, levando-as a baixar os preços para eliminar os concorrentes remanescentes e conquistar novos mercados. Há alguns anos, por exemplo, McDonald's e Taco Bell identificaram um novo segmento, os "noturnívoros", homens jovens e, muitas vezes, embriagados que queriam comer depois de uma noite bebendo. O período da meia-noite às cinco da manhã

---

[95] ABRAMS, Rachel & GEBELOFF, Robert. "Thanks to Wall St., There May Be Too Many Restaurants" [Graças a Wall Street, é possível haver tantos restaurantes], *The New York Times*, 31 out. 2017.

[96] TEIXEIRA, Ed. "Franchise Fast-Food Industry Continues Consolidation as Sonic Drive-In Chain Is Acquired" [Franchising da indústria de fast-food segue em consolidação com aquisição da rede Sonic Drive-In], *Forbes*, 26 set. 2018.

se tornou o segmento de crescimento mais rápido para lojas do McDonald's dos Estados Unidos.[97]

Entre 1986 e 2016, as empresas de fast-food aumentaram a quantidade de produtos disponíveis, o tamanho das porções de entradas e sobremesas, o número de calorias e a quantidade de sal e açúcar na maioria dos alimentos (McCrory *et al.*, 2019). Enquanto a sociedade se mostrava mais preocupada com os custos das doenças relacionadas com a alimentação para os indivíduos e a nação, as corporações optavam por dobrar a aposta em sua principal estratégia comercial. Ofereceram mais opções que contribuíam tanto para as taxas crescentes de obesidade, diabetes e hipertensão arterial quanto para a diferença crescente nas taxas dessas doenças entre as populações de baixa renda, negras e latinas e as camadas mais abastadas.

Após a Grande Recessão de 2008, as despesas de consumo despencaram e as vendas de fast-food diminuíram, aumentando a concorrência e levando à consolidação da indústria. Mais recentemente, as despesas com fast-food voltaram a subir, mas as redes estão lutando por um mercado estagnado. E, na maioria dos casos, essa luta tem sido vencida por empresas maiores. Em 2018, as dez maiores cadeias de fast-food — McDonald's, Starbucks, Subway, Taco Bell, Chick-fil-A, Burger King, Wendy's, Dunkin', Domino's e Pizza Hut — representavam juntas 90% do crescimento do setor.[98] Os anos iniciais da pandemia de covid-19 tiveram um efeito devastador sobre o segmento, levando muitos pontos de venda a fechar durante meses.

Duas práticas da indústria de fast-food ilustram como as corporações respondem à redução da procura por produtos pouco saudáveis, porém lucrativos. O marketing predatório é voltado à comercialização desses itens para populações vulneráveis, utilizando técnicas agressivas e onipresentes, que apelam às emoções e são

---

[97] CHAPIN, Angelina. "McDonald's Seeks 'Nocturnivores' for Midnight Breakfast" [McDonald's busca "noturnívoros" para o café da manhã], *MacLeans*, 22 ago. 2012.

[98] MAZE, Jonathan. "Among QSRS, the Big Get Bigger" [Entre as cadeias de restaurantes de serviço rápido, os grandes se tornam maiores], *Restaurant Business*, 2 maio 2019.

enganadoras (Roberts *et al.*, 2019). Um estudo realizado por pesquisadores do Rudd Center for Food Policy and Obesity [Centro Rudd para monitoramento da alimentação e da obesidade] concluiu que a publicidade televisiva das empresas de fast-food mirava, de forma desproporcional, em crianças e jovens negros e latinos, e a maioria desses anúncios promovia produtos pobres em termos nutricionais (Harris *et al.*, 2019). Em geral, o ramo de alimentos, bebidas e restaurantes gasta quase 14 bilhões de dólares por ano em publicidade nos Estados Unidos, da qual mais de 80% promove fast-food, refrigerantes e afins, doces e guloseimas pouco saudáveis.

A segunda estratégia para enfrentar a queda rápida das vendas de fast-food no mercado norte-americano é a expansão global. De acordo com a publicação especializada *Restaurant Dive*, esse setor está próximo de atingir a saturação nos Estados Unidos, de forma que, para crescer, muitas cadeias têm expandido a presença internacional.[99] A Taco Bell planeja abrir seiscentos restaurantes na Índia durante os próximos dez anos. A empresa canadense Restaurant Brands International também planeja ampliar a presença de Burger King, Tim Hortons e Popeyes no exterior. Nos Estados Unidos, as taxas médias de crescimento anual são de cerca de 2%, enquanto a taxa de crescimento global esperada para o período de 2017 a 2021 representava mais do que o dobro da estadunidense.

PRODUÇÃO DE ALIMENTOS

Um terceiro ramo da indústria alimentícia — as empresas produtoras de alimentos, como Unilever, Kellogg's e Nestlé — também influencia aquilo que comemos. Um exame mais atento de um produto em especial, a fórmula infantil, que introduz alimentos ultraprocessados a bebês e crianças, mostra como as mudanças na globalização, as pressões financeiras para maiores lucros e a capa-

---

[99] LITTMAN, Julie. "Global Fast Food Market to Surpass $690B by 2022" [Mercado global de fast-food vai ultrapassar 690 bilhões de dólares até 2022], *Restaurant Dive*, 15 jul. 2019.

cidade reguladora enfraquecida do governo contribuem para a expansão de dietas pouco saudáveis.

A fórmula infantil foi criada para crianças de um a três anos, em situações em que o aleitamento materno é interrompido ou insuficiente. Nenhuma explicação científica do campo nutricional ou do desenvolvimento infantil justifica a necessidade de tais produtos. No entanto, as fórmulas infantis servem ao propósito de ajudar Nestlé, Abbott, Mead Johnson (comprada em 2017 pelo conglomerado global Reckitt Benckiser) e Danone, as quatro multinacionais que representam 50% das vendas globais no setor, a recuperar as vendas perdidas pelo aumento do aleitamento materno. Convenientemente, a decisão de criar novos produtos prepara também crianças para uma dieta vitalícia de alimentos ultraprocessados.

Curiosamente, a criação da fórmula infantil resultou de uma história de sucesso na saúde pública — a promoção do aleitamento materno. No último meio século, a proporção de novas mães que optaram por amamentar os bebês aumentou significativamente. No final dos anos 1940, apenas 25% das mulheres nos Estados Unidos amamentavam. Em 2010, o índice de novas mães amamentando era de 77%. Globalmente, entre 1995 e 2011, segundo o Unicef, a proporção de bebês que foram amamentados exclusivamente no peito durante os primeiros seis meses aumentou de 34% para 43%.[100] O impacto potencial de práticas adequadas de amamentação é especialmente importante em países de baixa e média rendas, com um elevado índice de doenças e acesso limitado a água potável e saneamento.[101]

Nos últimos cinquenta anos, o boicote à Nestlé por seu papel na promoção das fórmulas infantis e a crescente compreensão pública dos benefícios do aleitamento materno para a saúde e para a economia contribuíram para esse aumento. A maior empresa mundial de fórmulas infantis entrou na mira pela promoção agressiva e enga-

---

100 TIMMONS, Heather. "Breastfeeding Is Winning! So Companies Are Pushing 'Toddler Milk' to Neurotic Parents" [Amamentação está vencendo! Por isso, muitas empresas estão empurrando "fórmula infantil" para pais neuróticos], *Quartz*, 10 fev. 2014.
101 "Breastfeeding" [Amamentação], Unicef, 29 jul. 2015.

nosa do produto em países em desenvolvimento. A empresa deturpou os benefícios das fórmulas, promoveu sua utilização em comunidades nas quais não havia água potável e enganosamente levou os clientes a acreditar que os seus agentes de vendas eram profissionais de saúde (Jelliffe & Jelliffe, 1977). Em 1981, a Assembleia Mundial de Saúde aprovou um novo tratado global, o Código Internacional de Comercialização de Substitutos do Leite Materno, que restringia a comercialização de fórmulas para crianças. Desde então, foram promulgadas, em 84 países, legislações que implementam o código e suas subsequentes emendas.

Para as empresas de fórmulas infantis, no entanto, o sucesso na saúde representou um problema comercial. Com mais mães amamentando no peito, menos fórmulas para bebês são compradas. Para as quatro grandes empresas do setor, as vendas caíram. Para resolverem esse problema, desenvolveram fórmulas para "crianças de 1 a 3 anos", ou compostos lácteos, substitutos embalados do leite materno e uma variedade de outros alimentos processados para bebês que misturam grãos, frutas, vegetais e outros ingredientes, elaborados para atrair as crianças e seus pais. Com elevados níveis de processamento, múltiplos ingredientes, publicidade agressiva e, muitas vezes, enganosa, esses novos produtos correspondem à definição de ultraprocessados.

Para comercializá-los, os fabricantes fazem duas alegações. Primeiro, a de que os compostos promovem a saúde. Os prebióticos acrescentados, dizem, ajudariam na digestão, e os probióticos melhorariam as funções cerebrais e cognitivas. Outros aditivos, como os ácidos graxos ômega-3 e ômega-6, são referidos como promotores do desenvolvimento saudável da criança e responsáveis pela prevenção de doenças crônicas. A Enfamil, por exemplo, proclamou que a linha de fórmulas NeuroPro fornecia "nutrição para o desenvolvimento cerebral inspirada no leite materno".[102] Anúncios de outro produto, o S-26, afirmam que se trata de uma

---

102 "Baby Food in the US: Analysis" [Alimentação infantil nos Estados Unidos: análise], Euromonitor International, set. 2018.

"mistura perfeita de ciência e amor".[103] Entre 2011 e 2015, os gastos globais dos Estados Unidos com publicidade de fórmulas infantis aumentaram 73% (Harris *et al.*, 2017).

Em segundo lugar, essas empresas propalam a conveniência de seus produtos, uma característica que o Walmart e as cadeias de fast-food também reivindicam. Para mães com muito trabalho e tarefas, porções individuais e embalagens descartáveis tornaram mais rápida e fácil a alimentação de seus filhos, e os alimentos processados e embalados para bebês simplificaram o preparo de refeições.

Algumas empresas miraram os pais ricos. A Nestlé criou a BabyNes, uma adaptação do sistema Nespresso para café, a partir da qual o consumidor adquire uma máquina que prepara porções individuais descartáveis de várias misturas de fórmulas. Uma resenha do BabyNes pela City Dads Group, uma entidade de apoio a pais, apontou:

> As cápsulas de fórmulas infantis BabyNes vêm em fases etárias que "evoluem", assim como faz o leite materno, com alterações nos níveis de calorias, gordura e ingredientes-chave para satisfazer as necessidades específicas da fase de desenvolvimento do seu filho. Isso é feito através da produção de sete tipos diferentes de fórmulas, mais do que qualquer marca no mercado. [...] Cada cápsula é livre de BPA [bisfenol A], sendo hermeticamente selada, e contém um filtro integrado para reter as impurezas da água. [...] A máquina BabyNes tem wi-fi integrado que se conecta a um app no seu computador ou celular.[104]

A comercialização agressiva desses produtos trouxe maiores receitas aos fabricantes de alimentos para bebês e crianças. Entre 2011 e 2015, o leite para crianças de um a três anos foi a categoria de crescimento mais acelerado no ramo de alimentação infantil. No mercado-chave da Ásia, esse tipo de leite representava mais de 50% das

---

103 BROWNE, Kate. "Do Toddlers Need Their Own Milk?" [As crianças precisam de um leite só para elas?], *Choice*, 7 jul. 2014.
104 MCKEEVER, Kevin. "Perfecting Infant Formula with BabyNes" [Aperfeiçoando a fórmula infantil com BabyNes], City Dads Group, 9 mar. 2016.

receitas de fórmulas.[105] Para o período entre 2015 e 2020, os analistas da indústria previam que o crescimento global do valor do leite para crianças de um a três anos em mercados desenvolvidos como os Estados Unidos e a Europa seria de 20%, cinco vezes mais rápido do que as fórmulas-padrão para bebês.[106]

Então, qual é a questão? Não será simplesmente um exemplo clássico de livre-mercado que leva as empresas a passar de um produto cuja demanda está em queda para outro cuja procura pode aumentar? Várias consequências involuntárias do crescimento dos leites e compostos para crianças e dos alimentos processados ilustram os dilemas que as empresas, os governos e o público enfrentam quando a voz das corporações se torna dominante na decisão do que vai para o mercado e na educação dos consumidores acerca desses produtos.

Em primeiro lugar, a maioria das alegações referentes a saúde que os fabricantes de fórmulas fazem não é ancorada em provas científicas. Vários estudos não conseguiram demonstrar os benefícios dos prebióticos, probióticos e outros aditivos das fórmulas para a saúde de bebês e crianças.[107] Em 2015, o *British Medical Journal* retirou do ar um artigo de 1989 financiado pela Nestlé que trazia falsas alegações sobre as fórmulas para crianças (White, 2015).

Em segundo, as campanhas publicitárias dessas empresas confundem o público, induzindo-o a escolhas menos informadas e talvez mais arriscadas. Diante do fato de as empresas utilizarem nomes de marcas e logotipos semelhantes em fórmulas para bebês e crianças, algumas mães acreditam que o composto lácteo, mais barato, é o mesmo que a fórmula para bebês, mais cara, e então alimentam os filhos com um produto inadequado (Pomeranz, Romo-Palafox

---

105 "Best Performance Coming from Toddler Milk Formula" [Melhor desempenho de uma fórmula infantil para crianças de um a três anos], Euromonitor International, 2018.
106 "Toddler Milk Formula Performs Well in Saturated Developed Markets" [Fórmula para crianças de um a três anos tem melhor desempenho em mercados desenvolvidos saturados], Euromonitor International, 2018.
107 Ver, por exemplo, Granheim *et al.* (2017), Jasani *et al.* (2017) e Boyle *et al.* (2016).

& Harris, 2018). Assim como outras indústrias, essas empresas estabeleceram grupos de representantes para divulgar sua mensagem (Granheim *et al.*, 2017). Algumas empresas pagaram "mamães blogueiras", que se comunicam com uma audiência de centenas ou milhares, para vender seus produtos sem revelar se tratar de uma relação comercial.[108]

Em terceiro lugar, alimentar as crianças com tais produtos contradiz a evidência nutricional de que uma alimentação saudável constitui a melhor e mais sadia forma de fazer a transição do aleitamento materno para a alimentação sólida. Escolher ingredientes seguros e fáceis de mastigar e de engolir permite aos pais introduzir aos filhos frutas, vegetais e outros componentes de uma dieta equilibrada e manter o controle do que seus bebês comem. Estabelece o precedente de famílias que fazem refeições juntas e contraria o desejo da indústria de criar nichos de mercado específicos para crianças.

Aos produtos para crianças são adicionados também açúcar ou sal suficientes para estimulá-las a comer mais. Tal como a versão de Walt Disney para Mary Poppins, que usava uma colher cheia de açúcar para ajudar a engolir um remédio, os fabricantes de fórmulas infantis aprenderam que adoçar em abundância mantém os clientes leais, e os pais descobriram que as crianças já condicionadas a alimentos doces teriam menos problemas se aceitassem esse sabor. Um relatório recente do Centro de Controle e Prevenção de Doenças dos Estados Unidos descobriu que os alimentos embalados para crianças excediam os padrões recomendados de sódio, açúcar e gordura (Maalouf *et al.*, 2017).

A primeira infância, como bem sabem os pediatras e os fabricantes de fórmulas infantis, é uma fase de desenvolvimento fundamental para a aquisição das preferências alimentares. Nela, as crianças desenvolvem o apreço por açúcar, sal e gordura, tornando-se consumidores vitalícios de elevados níveis desses ingredientes. Alimentos

---

[108] No Brasil, o influenciador digital que não sinalizar que determinado conteúdo se trata de publicidade fere as diretrizes do Conar (Conselho Nacional de Autorregulação Publicitária) e pode ser denunciado por infração ao Código de Defesa do Consumidor. [N.E.]

ultraprocessados para esse público são fáceis de mastigar e engolir, por causa da textura líquida ou em gel, normalizando a ingestão sem mastigação, o que desencoraja algumas crianças a aceitar alimentos mais frescos e menos processados à medida que crescem.

Além disso, evidências sugerem que doenças crônicas relacionadas com a alimentação começam muito mais cedo do que anteriormente se reconhecia. A inflamação metabólica induzida pela obesidade começa na primeira infância e eleva os riscos para o desenvolvimento de diabetes tipo 2 e outras doenças metabólicas (Singer & Lumeng, 2017). A esteatose hepática não alcoólica é uma doença crônica resultante da acumulação excessiva de gordura. Essa enfermidade costumava ser vista principalmente em adultos, mas agora se transformou na doença hepática mais comum em crianças nos Estados Unidos. Na última década, passou a ser uma das principais indicações para o transplante de fígado em adultos (Vos *et al.*, 2017, p. 319). Ao induzirem a introdução alimentar de crianças e bebês numa dieta que permite o aparecimento precoce de doenças crônicas, os fabricantes agravam o principal problema de saúde do mundo.

Do ponto de vista da saúde pública, a questão não é quais ingredientes as empresas devem acrescentar ou remover de um produto processado; a pergunta mais significativa é: "Quais tipos de dieta e de abastecimento alimentar vão proteger o bem-estar das crianças?". Essa é uma questão que a indústria alimentícia mundial quer evitar.

Outra contribuição dos fabricantes de alimentos para bebês e crianças para o crescimento de ultraprocessados é a caracterização bem-sucedida da conveniência como um elemento determinante na escolha alimentar. Em contextos em que dois adultos têm de trabalhar em tempo integral para sustentar a maioria das famílias, os cuidados infantis públicos e as licenças-paternidade são escassos, e os papéis de gênero rígidos impedem a maioria dos pais de assumir a mesma responsabilidade pela alimentação dos filhos pequenos, qual mãe não desejaria formas mais convenientes de alimentá-los? Quando o tempo livre é valioso, o consumo e as marcas definem a identidade e o valor próprio, e as antigas culturas e costumes alimentares foram abandonados, a conveniência de uma dieta se revela primordial.

Diante desse quadro, os fabricantes de fórmulas mercantilizaram a conveniência visando aumentar os lucros. Nesse sentido, tais empresas se juntaram ao Walmart, ao McDonald's e a outras do ramo alimentício ao fazer dos ultraprocessados a maneira mais fácil de se alimentar. Para pais com agenda atribulada e vida estressante, optar por gastar mais tempo e dinheiro para dar aos filhos uma dieta mais saudável requer uma coragem e uma determinação que podem ser difíceis de reunir dia após dia.

Para os legisladores, a implementação de políticas de cuidados infantis, salários, licença parental, impostos e outras medidas que dão às famílias recursos e tempo para comprar e preparar alimentos saudáveis parece ser uma tarefa colossal, especialmente quando eles reconhecem que o mundo empresarial se oporá a essas medidas. Por isso fica mais fácil atribuir às famílias maior responsabilidade nas escolhas alimentares e talvez impor algumas informações adicionais nos rótulos das embalagens de alimentos, deixando a indústria ainda no comando da dieta do país.

PRODUÇÃO AGRÍCOLA

O comércio, os serviços e a indústria alimentícia dependem, cada um, de um quarto setor: os produtores de alimentos — a base do sistema de alimentação mundial. Enquanto centenas de milhões de agricultores em todo o mundo cultivam hortifrútis, um conjunto de empresas controla a transformação do solo, da água, das sementes, dos animais, dos fertilizantes e dos pesticidas em grande parte dos alimentos que as pessoas consomem.

Algumas empresas globais desse setor ilustram os laços com outros ramos de negócios e as rápidas mudanças na propriedade e no controle. A Bayer, multinacional alemã, é uma das gigantes farmacêuticas do mundo cujo objetivo é criar "produtos para a saúde de seres humanos, animais e plantas", conforme a apresentação institucional no site da marca. Em 2018, adquiriu a Monsanto, empresa norte-americana de agroquímica e biotecnologia agrícola, que desenvolveu o Roundup nos anos 1970, herbicida à base de glifosato, e se tornou uma grande produtora de sementes geneticamente modificadas. Pouco depois da aquisição, juízes começaram a conceder grandes indenizações a requerentes que acusavam o Roundup de lhes ter causado câncer. Esses veredictos iniciais contribuíram para que as ações da Bayer perdessem 40% do valor, enquanto onze mil outros casos tramitavam em tribunais.[109] Tais perdas levaram o *Wall Street Journal* a chamar a compra da Bayer de um dos piores negócios empresariais dos últimos tempos.[110]

A Basf, também sediada na Alemanha, é a maior indústria química do mundo. Na agricultura, diz a empresa no artigo "Precision Agriculture in the Digital Era" [Agricultura de precisão na era digital], disponível em seu site internacional, seu objetivo é criar "soluções inovadoras para os produtores, apoiando-os na tarefa de alimentar um planeta com fome". Ela opera em mais de oitenta países e gere quase quatrocentas unidades de produção na Europa, na Ásia, na Austrália, nas Américas e na África.

Assim como outros setores do sistema alimentar, as empresas do ramo têm desempenhado papel fundamental no aumento da dieta ultraprocessada global. O uso crescente de óleo de palma nas últimas décadas ilustra como as empresas de produção agrícola podem tirar proveito e contribuir para a ascensão dos ultraprocessados.

O óleo de palma pode ser encontrado em cerca da metade dos produtos que os consumidores utilizam diariamente — desde biscoito e massa de pizza até chocolate, pão e sorvete, produtos de higiene, como pasta de dente e detergente, e biocombustíveis —, e a indústria alimentícia é responsável por 72% de sua utilização. Estima-se que três bilhões de pessoas em 150 países consumam esses produtos.

---

109 MEYER, David. "As Bayer's Roundup Cancer Costs Accumulate, Questions Linger about the Wisdom of Its Monsanto Merger" [Conforme se acumulam despesas com casos de câncer decorrentes do agrotóxico Roundup, ficam questionamentos sobre sensatez da fusão com a Monsanto], *Fortune*, 30 mar. 2019.

110 BENDER, Ruth. "How Bayer-Monsanto Became One of the Worst Corporate Deals — in 12 Charts" [Como o acordo Bayer-Monsanto se tornou uma das piores fusões corporativas — em doze gráficos], *The Wall Street Journal*, 28 ago. 2019.

É o tipo de commodity que as corporações globais adoram. A planta é perene e persistente, permitindo uma produção ao longo de todo o ano. É um fotossintetizador notavelmente eficiente, cresce em solo não adequado a outras culturas e dá maiores rendimentos do que outras oleaginosas.[111] É mais barato e mais versátil do que outros óleos vegetais, o que faz dele um ingrediente desejável para a indústria global de alimentos processados. É cultivado principalmente na Malásia e na Indonésia, bem como em outros países nos quais a terra e a mão de obra são baratas e os governos são facilmente persuadidos a promover políticas que favoreçam o investimento e a exploração de recursos. Se as circunstâncias obrigarem os produtores de óleo de palma a migrar ou expandir para outro continente, isso é viável.

Pode ser utilizado em frituras sob altas temperaturas e também é facilmente misturável a outros óleos. Ele melhora a temperatura de derretimento do sorvete, preserva alimentos ultraprocessados, prolongando a vida útil, e fornece o agente formador de espuma (surfactante) utilizado na maioria dos xampus, sabonetes líquidos e detergentes. Entre 1995 e 2015, a produção anual de óleo de palma quadruplicou, e a previsão é que quadruplique novamente até 2050. O mercado global deve atingir 88 bilhões de dólares em 2022.[112]

Parte da pressão para expandir a produção de óleo de palma veio originalmente das recomendações dos defensores da saúde pública e do meio ambiente para substituir a gordura trans em alimentos e os combustíveis fósseis em automóveis. Em 2006, a Administração de Alimentos e Medicamentos dos Estados Unidos (FDA, do inglês Food & Drug Administration) exigiu que a indústria alimentícia mencionasse abertamente na tabela de informações nutricionais a quantidade de gordura trans ou óleos parcialmente hidrogenados presentes nos alimentos. Em 2013, a FDA fez

---

111 TULLIS, Paul. "How the World Got Hooked on Palm Oil" [Como o mundo se viciou em óleo de palma], *The Guardian*, 19 fev. 2019.
112 "Palm Oil Market Is Anticipated to Grow to $88 Billion by 2022: New Report by Grand View Research, Inc." [Previsão de que o mercado de óleo de palma vai chegar a 88 bilhões até 2022 segundo relatório da Grand View Research], *Globe News Wire*, 27 jul. 2015.

uma "determinação preliminar" de que as gorduras trans não são reconhecidas como seguras. Em 2018, proibiu oficialmente a utilização de óleos vegetais parcialmente hidrogenados, que constituíam uma importante fonte de gorduras trans nos alimentos vendidos em restaurantes e supermercados norte-americanos.[113]

Doze anos antes, o Departamento de Saúde da cidade de Nova York tinha limitado o uso de gordura trans artificial nos alimentos servidos em restaurantes porque eles contribuíam para ocorrências de ataques cardíacos e AVC. A isso se seguiu uma cascata de restrições locais e estaduais à gordura trans, que forneceu a fundamentação científica e política para que a FDA tomasse medidas nacionais. Um estudo publicado dez anos depois de a proibição ter entrado em vigor indicou que os condados de Nova York que tinham proibido as gorduras trans apresentavam um declínio 6,2% maior nas admissões hospitalares por enfarte do miocárdio e AVC do que os residentes dos condados sem restrições à gordura trans (Brandt *et al.*, 2017).

Mas o declínio da gordura trans ajudou a preparar o terreno para o aumento do uso de óleo de palma. O óleo de palma tem algumas das propriedades comerciais úteis das gorduras trans e é mais barato do que outros substitutos mais saudáveis, como o azeite de oliva e o óleo de canola. Assim, o óleo de palma ajuda a manter os ultraprocessados que o utilizam mais baratos e abundantes.

Uma análise de 2015 de estudos sobre os efeitos do óleo de palma na saúde concluiu que o aumento do consumo estava associado ao incremento dos índices de diabetes e obesidade, mas não a doenças cardiovasculares ou câncer (Mancini *et al.*, 2015). Outra análise recente feita por cientistas da Malásia concluiu que havia "provas insuficientes para sugerir o impacto do consumo de óleo de palma nas alterações de peso ou de IMC [índice de massa corporal]" (Muhamad *et al.*, 2018, p. 915).

De uma perspectiva de saúde pública, no entanto, a "insuficiência de provas" sobre os efeitos do óleo de palma na saúde mere-

---

[113] "Final Determination Regarding Partially Hydrogenated Oils (Removing Trans Fat)" [Determinação final sobre óleos parcialmente hidrogenados (remoção da gordura trans)], Food and Drug Administration, 18 maio 2018.

ce cautela. Antes de expor bilhões de pessoas em todo o mundo a quantidades crescentes de óleo de palma, as autoridades de saúde pública deveriam ter certeza de que as consequências a longo prazo dessa crescente exposição ao produto trariam menos danos do que as alternativas e em menores taxas do que a opção anterior das gorduras trans. As gorduras trans produzidas industrialmente causavam cerca de 540 mil mortes por ano em todo o mundo (Wang *et al.*, 2016). Com dezenas de milhares de produtos químicos em uso na indústria de alimentos processados, uma regulamentação limitada sobre substituições e as frequentes reformulações guiadas por considerações financeiras e de marketing, a substituição de um produto de risco por outro de risco potencial ainda não testado é uma probabilidade crescente (Scrinis & Monteiro, 2018).

Mas, para o agronegócio que opera na economia de hoje, tal prudência é inaceitável. As empresas de óleo de palma perderiam participação no mercado para produtores de outros óleos, os investidores levariam o capital para outro lugar e as empresas de alimentos globais que compram o produto encontrariam cadeias de abastecimento alternativas. Assim aconteceu quando ficou claro que as gorduras trans estavam de saída; grandes empresas de alimentos, como a Unilever, migraram para o óleo de palma, assegurando que suas cadeias de abastecimento estariam em funcionamento quando as proibições entrassem em vigor. Ao mesmo tempo, empresas mundiais e nacionais de fast-food em rápida expansão na China, na Índia e na Indonésia também aumentaram as compras de óleo de palma, substituindo frequentemente o óleo de soja. Em 2019, esses três países representavam 40% do consumo mundial de óleo de palma.[114]

Uma vez que um produto tenha sido introduzido na economia global, passa a ser difícil substituí-lo. Caso a exposição mundial maciça ao óleo de palma venha a ter graves consequências para a saúde, como agora parece possível, não seria simples reduzir o seu já profundo impacto. A oposição da indústria de alimentos à eliminação da gordura trans atrasou essa decisão por duas décadas. Gestoras de investimento, como BlackRock, Vanguard Group,

---

[114] TULLIS, Paul, *op. cit.*

J. P. Morgan e Fidelity Investments, já despenderam quase treze bilhões de dólares em explorações de óleo de palma, o que as torna relutantes a expor esses investimentos a risco.[115] Produtores como a Wilmar, conglomerado de Singapura que controla quase metade do comércio mundial de óleo de palma, e a Conagra, grande produtora de alimentos estadunidense, precisariam encontrar substitutos e criar novas cadeias de abastecimento, ambas tarefas operacionalmente difíceis.

Os supermercados e os fabricantes de alimentos teriam de responder às preocupações dos consumidores, o que demandaria novos rótulos ou campanhas públicas custosas para tranquilizar os clientes quanto aos produtos lançados depois do aumento das preocupações com alimentos geneticamente modificados. Mesmo que os fornecedores de produtos substitutos acabassem por encontrar formas de lucrar com uma mercadoria menos prejudicial, os atrasos na mudança das práticas de produção desencadeados pela oposição da indústria continuariam a expor centenas de milhões de pessoas. Para ser claro, o problema não é simplesmente o óleo de palma, mas a falta de processos de verificação rigorosos antes de introduzir um produto no abastecimento mundial de alimentos.

Em vez disso, essa constelação de empresas usa o poder e a influência para minimizar as preocupações com o óleo de palma, com afirmações enganosas sobre sua segurança e fazendo lobby para derrubar quaisquer medidas de controle propostas. E, mesmo que algumas das maiores empresas decidissem tomar outro caminho e reduzir ou eliminar o uso do óleo de palma, os fornecedores procurariam negociá-lo para outras companhias, talvez a preços mais baixos, permitindo a esses concorrentes vender fast-food, lanches e produtos de panificação a preços melhores — mais uma ameaça à participação no mercado e à rentabilidade. Outra possibilidade, vista em reformulações de produtos, seria as empresas desenvolverem produtos premium "sem óleo de palma" para vendê-los aos consumidores de

---

115 MILMAN, Oliver. "US Investors Ploughing Billions into Palm Oil, Claims Report" [Investidores americanos investem bilhões em óleo de palma, relatório de reivindicações], *The Guardian*, 26 jul. 2016.

alto padrão ou aos socialmente preocupados, enquanto continuam a utilizar óleo de palma nos itens mais baratos.

Embora o aumento da utilização de óleo de palma em alimentos, cosméticos e produtos de limpeza tenha sido a principal causa da expansão da produção, sua utilização em biocombustíveis aumentou a pressão para expandir ainda mais o escopo. De forma a reduzir o aquecimento global, em 1997 a Comissão Europeia apelou pelo aumento do consumo de energia proveniente de fontes renováveis.[116] Uma década mais tarde, os Estados Unidos também estabeleceram o objetivo de substituir os combustíveis fósseis por biocombustíveis. Em seu discurso nacional de 2007, o presidente George W. Bush propôs aumentar a "independência energética" da nação preterindo o petróleo em prol de biocombustíveis — etanol e biodiesel —, substituindo assim, no prazo de dez anos, 35 bilhões de galões de petróleo e enfrentando o "sério desafio das mudanças climáticas globais". Entre 2006 e 2017, a produção de biodiesel nos Estados Unidos aumentou de 250 milhões para 1,5 bilhão de galões. As importações de biodiesel também dispararam.

Não por coincidência, a proposta também satisfez a indústria agrícola do país, que, durante anos, tinha feito lobby para mais pesquisas sobre biocombustíveis.[117] No entanto, uma vez que não havia terras agrícolas suplementares não utilizadas disponíveis nos Estados Unidos, e desviar terras para biocombustíveis poderia aumentar o preço dos alimentos — um resultado politicamente desagradável —, grande parte da terra necessária para satisfazer a crescente procura por biocombustíveis na Europa e nos Estados

---

116 "Energy for the Future: Renewable Sources of Energy" [Energia para o futuro: fontes renováveis], livro verde, estratégia comunitária e plano de ação, European Comission, 26 nov. 1997. [Um livro verde (*green paper*) é um documento ou relatório governamental que estabelece propostas sobre algum tema sem o compromisso de efetivá-las, ao contrário do livro branco (*white paper*), que caracteriza compromissos públicos formais — N.E.]

117 LUSTGARTEN, Abrahm. "Palm Oil Was Supposed to Help Save the Plant. Instead It Unleashed a Catastrophe" [Expectativa era a de que o óleo de palma ajudasse a salvar a planta. Em vez disso, produziu uma catástrofe], *The New York Times Sunday Magazine*, 20 nov. 2018, p. 42.

Unidos provinha do óleo de palma, 85% do qual vindo da Malásia e da Indonésia. Também contribuiu o fato de o óleo de palma ser consideravelmente mais barato de produzir do que outros biocombustíveis, tais como os óleos de soja, de canola e de girassol.[118] Como afirmou Kalyana Sundram, CEO do Conselho de Óleo de Palma da Malásia: "Seu custo de produção é muito inferior ao de qualquer outra gordura vegetal ou animal comparável. A indústria está simplesmente aproveitando os benefícios para o consumidor".[119] Serra Leoa, Equador e Colômbia, entre outros países, também procuram desenvolver capacidade de exportar óleo de palma.

Outros aliados da expansão da produção de óleo de palma foram o Banco Mundial e o FMI, que encorajaram os países asiáticos a aumentar a produção para pagar suas dívidas. O óleo de palma representa agora 13,7% das receitas nacionais brutas da Malásia e é o principal produto de exportação da Indonésia — o país prometeu converter treze milhões de acres de floresta em produção industrializada de palma,[120] deslocando pequenos agricultores e pondo em perigo tigres, orangotangos e outros animais selvagens.

Dessa forma, a expansão da produção de óleo de palma — e outros insumos essenciais para os ultraprocessados — ganhou o apoio daqueles que promovem agendas nacionalistas de desenvolvimento econômico, um aliado útil para as empresas globais que lucram com esse crescimento. A ministra das Indústrias Primárias da Malásia, Teresa Kok, disse à Conferência Europeia de Óleo de Palma que "o óleo de palma é sinônimo de erradicação da pobreza", fazendo disso o tipo de proposta aparentemente vencedora que atrai investidores estrangeiros, governos e residentes rurais subempregados.[121]

Mas a expansão da produção de óleo de palma também trouxe perdas, sobretudo para entidades com menos voz na economia global. O perdedor mais espetacular foi o clima da Terra. Para expandir a produção na Malásia e na Indonésia, foi necessário abrir clarei-

118 TULLIS, Paul, *op. cit.*
119 *Idem.*
120 LUSTGARTEN, Abrahm, *op. cit.*
121 TULLIS, Paul, *op. cit.*

ras nas florestas tropicais. Globalmente, as florestas retêm até 45% do carbono do planeta que é armazenado nos solos, muito mais do que as culturas de oleaginosas que substituem as florestas destruídas. Quando essas árvores são derrubadas, a maior parte desse carbono é liberado, agravando o aquecimento global.[122] Na Indonésia, a expansão da produção de óleo de palma requer a queima de florestas de turfa que crescem em solo com plantas em decomposição, ricas em carbono. Os incêndios maciços utilizados para limpar turfeiras deixam seus próprios prejuízos. Pesquisadores das universidades Harvard e Colúmbia estimaram que a névoa dos incêndios na Indonésia em 2015 resultou em 100.300 mortes em todo o país, também na Malásia e em Singapura (Koplitz *et al.*, 2016).

Também foram deslocados muitos grupos indígenas que viviam nas regiões em que as plantações de óleo de palma substituíram a floresta tropical. Na Indonésia, por exemplo, milhares de comunidades vivem ali coletando frutas, óleos, lenha, plantas medicinais e animais. Para essas comunidades, a floresta onde vivem há gerações é sagrada. Para que sejam instaladas plantações de óleo de palma, essas pessoas devem ser desalojadas.[123]

O impulso para expandir a produção de óleo de palma também levou à apropriação de terras, prática pela qual investidores ricos compram áreas para cultivar plantações para o mercado global ou para vendê-las e obter lucro. Em algumas partes da África, as terras comunitárias são um alvo central da expansão dessas plantações. Entre 2000 e 2015, foram assinados mais de 65 acordos em grande escala para plantações de óleo de palma na África, abrangendo mais de 4,7 milhões de hectares.[124] Parcerias de empresas multinacionais, elites locais e bancos de desenvolvimento lançaram um ataque em larga escala contra comunidades de Serra Leoa, na África Ocidental,

---

122 LUSTGARTEN, Abrahm, *op. cit.*
123 BALATON-CHRIMES, Samantha. "Sustainable Palm Oil Must Consider People Too" [Óleo de palma sustentável também deve considerar as pessoas], *The Conversation*, 21 nov. 2013.
124 "The Global Farmland Grab in 2016: How Big, How Bad?" [A apropriação global de terras agrícolas em 2016: quão grande, quão ruim?], *Grain*, 14 jun. 2016.

até a República Democrática do Congo, na África Central, tomando-lhes as terras para plantações de óleo de palma.[125]

Em um sistema econômico diferente, empresas, governos, cientistas e eleitores teriam levantado alguns questionamentos antes de mergulhar no óleo de palma. Quais são os custos e os benefícios a curto prazo das alternativas ao óleo de palma? Quais são as consequências a longo prazo de um produto que permite ao sistema alimentar global continuar a expandir a produção de ultraprocessados que conduz a epidemias de doenças relacionadas com a alimentação e encoraja os sistemas de transporte a manter a dependência de combustíveis com alta pegada de carbono? Quais são as políticas que poderiam encorajar os produtores de óleo de palma a reduzir as consequências para a saúde e o meio ambiente, em vez de externalizar seus custos para contribuintes, governos e consumidores? A aliança informal, mas poderosa, entre produtores agrícolas, fabricantes de produtos alimentícios, investidores, governos nacionais dependentes dessas indústrias e financiadores internacionais, como o Banco Mundial e o FMI, foi uma garantia de que essas questões fossem invisibilizadas, um fracasso cujos custos ainda terão de ser contabilizados. Agora o óleo de palma se encontra tão profundamente enraizado na economia global que só mudanças radicais podem reduzir ou eliminar a sua utilização.

---

125 "Communities in Africa Fight Back against the Land Grab for Palm Oil" [Comunidades na África lutam contra a apropriação de terras pelo óleo de palma], *Grain*, 19 set. 2019.

Como as mudanças no capitalismo do século XXI transformaram o setor de alimentação

Atualmente, as matérias-primas dos ultraprocessados são cultivadas e transportadas por todo o mundo e com frequência consumidas fora de casa. Nessa transformação, cada setor da indústria alimentícia se alterou em resposta às mudanças no capitalismo. Essa cascata de alterações, por sua vez, mexeu nos arranjos econômicos e políticos de produção de alimentos.

Das 93 maiores empresas globais que desempenham papéis-chave no sistema alimentar internacional — empresas que, em 2018, tinham receita de mais de dez bilhões de dólares cada uma —, varejistas como Walmart, Amazon e Kroger representavam quase 60% do setor. Os produtores de alimentos e bebidas (como Cargill, Nestlé e Unilever) e distribuidores (como PepsiCo, Anheuser-Busch InBev e Coca-Cola) vêm na sequência, com 25% e quase 9% das receitas anuais, respectivamente. Os produtores agrícolas e químicos (como DuPont, Basf e Bayer) representam 6% das receitas de 2018, e restaurantes e cadeias de fast-food, como Compass, Starbucks e McDonald's, representam pouco mais de 2%.

Várias dessas empresas atuam em muitos outros setores além do de alimentação — por exemplo, o Walmart e a Amazon vendem muito mais do que alimentos, e a DuPont fabrica produtos químicos para empresas de eletrônicos e de transporte, bem como para a agricultura. A interseção entre as empresas do setor de alimentação e os setores energético, químico, varejista, farmacêutico e outros confere às transnacionais de alimentos ainda mais poder econômico e político.

O domínio dos varejistas sobre a economia global do setor de alimentação ajuda a explicar o papel determinante que esse segmento desempenha na formação das escolhas alimentares da população e das práticas empresariais de outras áreas do ramo. Em cada setor, as empresas-líderes em receitas estão firmemente enraizadas na produção, na distribuição e nas vendas de ultraprocessados, sendo tanto uma causa como uma consequência da ascensão desses alimentos nas últimas décadas.

Diversas dimensões da transformação se atrelam às recentes mudanças do capitalismo. A ascensão do setor varejista de alimentos, primeiro nos países desenvolvidos e depois nos países em desenvolvimento, descrita em detalhes pelo economista agrícola Thomas Reardon (Reardon *et al.*, 2003), segue a dominância crescente do consumo como a fonte do capital e do crescimento. Nos últimos cinquenta anos, cadeias varejistas como o Walmart e agora a Amazon demonstraram habilidade em vender cada vez mais produtos, gerando as receitas que mantêm o sistema de alimentação em crescimento e os lucros fluindo. Dada a sua participação nas receitas e nos lucros, não é surpreendente que os varejistas de alimentos tenham se tornado a influência central da indústria na configuração das escolhas alimentares dos indivíduos e das práticas de outros ramos do comércio de alimentação.

À medida que o sistema de produção de alimentos se globalizou, as empresas que dispunham dos recursos e alcançavam lucros nesse novo ambiente cresceram, e as menos amparadas faliram, foram compradas ou desenvolveram nichos de mercado. Das 93 maiores empresas do setor de alimentação, 31 têm sede nos Estados Unidos. Apenas cinco das nações mais ricas do mundo (Estados Unidos, Japão, Canadá, Holanda e Reino Unido) concentram cinco ou mais grandes empresas globais de alimentação, evidenciando o papel crucial que esses países e suas políticas estatais desempenham nas decisões sobre produção, distribuição e vendas de alimentos em todo o mundo.

Em 1973, Earl Butz, executivo da indústria alimentícia nomeado pelo presidente Richard Nixon como secretário da Agricultura dos Estados Unidos, aconselhou os agricultores a "crescer ou dar o fora"[126] e desenvolveu políticas de subsídios e de exportação que encorajaram essa tendência. O consequente crescimento das grandes explorações agrícolas dedicadas a produtos primários contribuiu para o excesso de milho, soja e outras matérias-primas essenciais dos ultraprocessados, e também para o imperativo da indústria de encontrar mercados para os novos produtos nos Estados Unidos

---

126 CARLSON, Michael. "Obituary of Earl Butz" [Obituário de Earl Butz], *The Guardian*, 4 fev. 2008.

e no mundo. Para os fabricantes de alimentos e bebidas, ofertas mais baratas, como xarope de milho com alto teor de frutose, utilizado para adoçar refrigerantes e muitos outros produtos, também encorajaram o desenvolvimento de novos mercados e itens, os quais depois contribuíram para o aumento da obesidade e doenças relacionadas com a alimentação (Popkin, Bray e Hu, 2014).

Outra tendência que favoreceu a dieta ultraprocessada foi o aumento da concentração de mercado na maioria dos setores da indústria. Por exemplo, em 2012, as quatro maiores empresas controlavam 82% do mercado de carne bovina embalada, 85% da soja processada, 63% da carne suína embalada e 53% do processamento de frangos.[127] No varejo, segundo o Departamento de Agricultura dos Estados Unidos, a proporção de vendas de mantimentos pelas vinte maiores companhias aumentou 60% entre 1996 e 2016.[128]

A concentração monopolista permite que as empresas evitem a concorrência nos preços; libera recursos para mais marketing e desenvolvimento de produtos; expulsa empresas e agricultores menores e talvez mais inovadores; e dificulta para o governo regulamentar os gigantes que restam. No setor de alimentação, as empresas maiores com mercados mais globais são atraídas por produtos com maior prazo de validade que podem ser expedidos para todo o mundo e armazenados durante o tempo necessário, todas características que favorecem ultraprocessados em detrimento de frutas e vegetais frescos e grãos integrais pouco processados.

Um estudo recente das mudanças nos sistemas de alimentação na Ásia, onde as vendas de alimentos crescem rapidamente, ilustra essa cascata de mudanças. Os pesquisadores de saúde pública Phillip Baker e Sharon Friel concluem:

> As vendas de ultraprocessados aumentaram rapidamente na maioria dos países de renda média (na Ásia). Os refrigerantes eram a principal categoria de produtos, em que a Coca-Cola e a PepsiCo tinham um

---

[127] "The Economic Cost of Food Monopolies" [O custo econômico dos monopólios da alimentação], Food and Water Watch, 2012.
[128] "Retail Trends" [Tendências de varejo], US Department of Agriculture Economic Research Service, 2017.

oligopólio regional. Supermercados, hipermercados e lojas de conveniência estavam se tornando cada vez mais dominantes como canais de distribuição de alimentos embalados em toda a região. A concentração do mercado aumentava no setor varejista de mercearias em todos os países. As vendas de serviços de alimentação crescem em todos os países, lideradas por McDonald's e Yum! Brands. (Baker & Friel, 2016, p. 80)

A financeirização também contribuiu para as recentes mudanças no sistema de alimentação mundial. Primeiro, a ascensão de um mercado futuro de produtos agrícolas atraiu capital especulativo, substituindo as necessidades humanas e os fatores ambientais como motores da volatilidade dos preços dos alimentos. Neste século, as mercadorias agrícolas se tornaram parte de uma carteira diversificada de investidores financeiros. De acordo com a Barclay Hedge, empresa que fornece dados a investidores institucionais, os ativos de commodities sob gestão aumentaram de 41,3 bilhões de dólares em 2001 para 330 bilhões de dólares em 2013.[129] Na tentativa de maximizar os retornos, investidores retêm commodities do mercado, especulam sobre quebras de safra e inundam ofertas para fazer baixar os valores, fatores que aumentam a volatilidade dos preços dos alimentos e expulsam os pequenos agricultores de suas terras. Essas alterações nos preços dos alimentos contribuem, por sua vez, para a infranutrição (quando muitas pessoas não podem comprar alimentos mais caros) e para uma ultranutrição (quando as famílias substituem os produtos mais baratos e facilmente disponíveis — muitas vezes calóricos e ultraprocessados — por alimentos mais saudáveis e mais caros) (Kalkuhl, Braun & Torero, 2016).

Outra dimensão da financeirização é a transformação de recursos agrícolas, em sua maioria terras, mas também patentes da composição genética de sementes ou de animais, em ativos financeiros que, posteriormente, são vendidos e revendidos nos mercados, mais uma vez moldando as decisões de produção de alimentos de forma alheia à necessidade humana (Prato *et al.*, 2018). A já citada

---

[129] "Commodity Markets Outlook" [Perspectivas do mercado de commodities], Washington, Banco Mundial, 2015.

apropriação de terras para expandir a produção de óleo de palma na Ásia, na África e na América Latina ilustra esse fenômeno.

Forças disruptivas

As histórias de crescimento do Walmart, dos pontos de venda de fast-food, da fórmula infantil e do óleo de palma mostram como as recentes mudanças na indústria da alimentação tornaram a rotina alimentar mais prejudicial para a sua saúde e para o planeta. Enquanto essas inovações se espalham pelo mundo, despontam novas forças disruptivas que vão mudar ainda mais o que e como as pessoas comem nas próximas décadas. Essas mudanças também moldarão os confrontos entre uma indústria que quer maximizar rendimentos e lucros e os consumidores, cidadãos e trabalhadores do setor que querem dietas mais saudáveis, mais acessíveis, melhores condições salariais e de trabalho e sistemas alimentares mais compatíveis com o bem-estar do planeta.

Cinco mudanças demandam atenção. A primeira é a rápida transformação na maneira como as pessoas compram alimentos. Mais pessoas estão adquirindo mais mercadorias em supermercados, tanto de maneira presencial quanto on-line, e também têm consumido mais calorias ao fazer refeições fora de casa em redes de fast-food e outros estabelecimentos. Em todo o mundo, algumas cadeias gigantes de supermercados estão rapidamente consolidando seu domínio no segmento, o qual, ao mesmo tempo, vem sendo afetado pela compra on-line, por kits de refeições e entregas em domicílio.

Em muitos países, locais que vendem alimentos baratos, em sua maioria pouco saudáveis, crescem de maneira acelerada. As "lojas de um dólar" que surgiram nos Estados Unidos na década de 1950 comercializam uma grande variedade de artigos, incluindo alimentos, por um dólar ou menos. Após a crise econômica de 2008, essas lojas cresceram rapidamente nas áreas com maiores dificuldades econômicas do país, os condados em grande parte rurais com poucas opções de comércio. Atualmente, duas cadeias principais, a Dollar General e a Dollar, operam mais de trinta mil unidades em nível nacional e planejam a abertura de outras milhares, ultrapassando largamente o Walmart e outros varejistas.[130] A Dollar General, a empresa com a maior cadeia e incluída na lista "Fortune 500", teve receitas de 28,6 bilhões de dólares em 2018.

Nas comunidades rurais, as lojas de um dólar vêm causando o fechamento das mercearias locais. Ao saturarem comunidades com múltiplos pontos de venda, essas redes dificultam o crescimento de pequenos negócios e, ao comercializaram grandes quantidades de ultraprocessados a preços muito baixos, tornam os alimentos mais saudáveis menos disponíveis.[131] "Essencialmente, as lojas de um dólar, em grande medida, apostam que teremos uma subclasse permanente nos Estados Unidos", disse Garrick Brown, pesquisador imobiliário, à *Bloomberg News*.[132]

Ao mesmo tempo, em algumas cidades, outro setor do sistema de alimentação está surgindo nos segmentos públicos e sem fins lucrativos dos Estados Unidos, do Reino Unido e de vários países de renda média. Mercados de compra direta com os produtores, centros comerciais regionais e comunitários, projetos agrícolas com apoio da comunidade, cooperativas e programas institucionais e "supermercados sociais" geridos pela comunidade desafiam o setor com fins lucrativos ao fazer dos alimentos saudáveis artigos baratos e mais disponíveis em

---

130 SIEGEL, Rachel. "As Dollar Stores Move into Cities, Residents See a Steep Downside" [Conforme as lojas de um dólar se mudam para as cidades, moradores veem uma grande desvantagem], *The Washington Post*, 15 fev. 2019.

131 MITCHELL, Stacey & DONAHUE, Marie. "Dollar Stores Are Targeting Struggling Urban Neighborhoods and Small Towns. One Community Is Showing How to Fight Back" [Lojas de um dólar miram bairros urbanos e pequenas cidades. Uma comunidade tem mostrado como reagir], Institute for Local Self-Reliance, 6 dez. 2018.

132 FRAZIER, Mia. "Dollar General Hits a Gold Mine in Rural America" [Rede Dollar General atinge mina de ouro na região rural dos Estados Unidos], *Bloomberg News*, 11 out. 2017.

vizinhanças de baixa renda, de negros, latinos e imigrantes.[133] Se essas iniciativas podem eventualmente competir com o grande mercado — ou fornecer uma opção viável para alguns moradores —, isso dependerá da capacidade de envolver a comunidade e os governos locais na criação de alternativas sustentáveis.

Daqui a uma década, a maneira como indivíduos e famílias em todo o mundo comprarão alimentos poderá parecer bastante diferente. Será que aqueles que procuram transformar o sistema alimentar conseguirão utilizar essas mudanças para tornar as dietas mais saudáveis e mais acessíveis? Poderá a política pública inteligente alavancar essas forças transformadoras do mercado para alcançar o bem público? Ou a indústria optará por inovações mais saudáveis e orientadas à comunidade, de forma a manter seu lugar dominante?

Outra das cinco mudanças, a forma como os alimentos são cultivados está em transformação. Os cientistas do solo testam a terra para conceber o ambiente químico e físico ideal para cada cultivo. Os agricultores utilizam telefones celulares para controlar as doses precisas de água, fertilizante e pesticida que cada planta recebe todos os dias. Geneticistas concebem espécies capazes de resistir a pragas e à seca e de concentrar micronutrientes. Atualmente, essas tecnologias são, sobretudo, controladas por grandes empresas e utilizadas para fazer avançar os seus interesses comerciais. Poderá um sistema diferente de controle, como uma biotecnologia mais *open-source* (por exemplo, agricultores que partilham sementes ou criam plantas ou animais híbridos mais saudáveis, sem recorrer a patentes), contribuir para mudanças transformadoras na saúde e nas consequências ambientais resultantes da forma como os alimentos são agora cultivados?

A terceira mudança diz respeito à forma como os países negociam acordos comerciais. O consenso neoliberal, construído no final do século XX e no início do XXI, está sob questionamento, como ilustrado pelo debate do Brexit e pelos esforços do presidente

---

133 RAYNER, Jay. "The Rise of Social Supermarkets: 'It's Not about Selling Cheap Food, but Building Strong Communities'" [A ascensão dos supermercados sociais: "Não se trata de vender comida barata, mas de construir comunidades fortes"], *The Guardian*, 19 maio 2019. Ver também Schupp (2017) e Freudenberg (2016).

Trump para renegociar as relações comerciais com China, México, Canadá e muitas outras nações. Em todo o mundo, alguns partidos políticos, governos e indústrias questionam se o regime comercial gerido pelas corporações serve a seus interesses. Os críticos de longa data voltam a levantar objeções ao regime de comércio dominante. Até hoje, nenhuma força política global teve o poder de promover políticas comerciais que incentivem a melhoria das dietas alimentares, da saúde, das condições de trabalho dos profissionais da alimentação e do meio ambiente global — mas poderá o novo debate criar uma abertura para tal força, levando ao surgimento de novas alianças comerciais de baixo para cima?

Sobre a quarta mudança, cientistas e profissionais de saúde estão desenvolvendo novos conhecimentos sobre a complexa relação entre dieta e saúde. Alguns médicos e nutricionistas argumentam que alimentação é medicina e que os profissionais de saúde devem dominar o poder que a dieta tem de melhorar a saúde. Os avanços na medicina personalizada — uma prática em que o sequenciamento genético é utilizado para conceber medicamentos para um indivíduo específico — levaram alguns a argumentar a favor de uma "nutrição personalizada". Os médicos utilizam dispositivos de monitoramento, dados de biomarcadores, além de genética e histórico de saúde para recomendar os nutrientes exatos de que um indivíduo necessita para curar ou prevenir uma doença específica (Ordovas *et al.*, 2018). Quem vai possuir e controlar essas novas tecnologias? O que será necessário para converter esses conceitos, que mais parecem ficção científica, em estratégias práticas para melhorar a saúde? Como a indústria alimentícia tentará fazer uso desse potencial para consolidar seu poder e controle? E quais abordagens podem assegurar que essas novas tecnologias contribuirão para diminuir, em vez de aumentar, as grandes disparidades na saúde nutricional entre os mais ricos e os mais pobres?

Por último, cada vez mais pessoas em todo o mundo querem uma alimentação mais saudável e segura. O crescimento dos orgânicos, a presença crescente de alegações de saúde na propaganda e a atenção dos meios de comunicação aos alimentos saudáveis atestam a existência de um maior interesse em uma dieta adequada à saúde.

Poderá essa procura ser traduzida em poder de mercado que realmente altere o que as pessoas comem? Qual é a base comum entre indivíduos que almejam se nutrir e empresas determinadas a prosperar por meio da venda de alimentos? Serão as novas indústrias que trabalham no desenvolvimento de carnes de origem vegetal uma solução para as pressões ambientais sobre a carne — ou simplesmente a adição de mais um ultraprocessado à dieta mundial? Na prática, as maiores empresas de alimentos têm sido bastante bem-sucedidas na cooptação da visão sobre alimentos orgânicos e locais, transformando-a numa estratégia de marketing (Guthman, 2014) que os produtores de carne de origem vegetal poderão tentar replicar.

A boa notícia é que essas transformações tornam provável que, nas próximas décadas, o sistema de alimentação mundial seja dramaticamente diferente do sistema atual, que prioriza ultraprocessados. Mas se os bilhões de agricultores, trabalhadores do setor e consumidores que se beneficiariam de tal transformação serão capazes de desafiar com sucesso os interesses empresariais e financeiros que agora controlam o sistema de alimentação mundial, essa será a questão mais preocupante de todas. Avaliar as perspectivas do resultado desse confronto requer uma análise mais detida dos êxitos e dos fracassos da resistência ao esforço empresarial para universalizar a dieta global baseada em ultraprocessados.

Resistência e alternativas

Ao longo dos últimos cinquenta anos, cidadãos, consumidores, trabalhadores do ramo de alimentação, governos e movimentos sociais têm desafiado o poder crescente das corporações transnacionais de moldar o impacto global de doenças e mudanças climáticas. Por vezes, essas batalhas fracassaram, mas, em outros casos, as forças que se opõem à indústria de alimentação global obtiveram ganhos que levaram a melhorias na dieta e na saúde e nos direitos dos trabalhadores, além da revisão de práticas ambientais nocivas. Um exame de alguns desses êxitos e fracassos complexifica uma narrativa simplista de crescimento incontestável ou inevitável do poder empresarial e sugere alternativas a uma dieta global dependente de ultraprocessados.

Walmart. O maior vendedor mundial de produtos alimentícios encontra resistência em múltiplos níveis. As comunidades têm resistido aos avanços do Walmart, alegando que a sua entrada impôs o fechamento de pequenos estabelecimentos, baixou os salários e ampliou a oferta de opções pouco nutritivas. A cidade de Nova York, por exemplo, proibiu a rede de abrir lojas de grande porte dentro de suas fronteiras. Em 2014, apesar de mais de três décadas de crescimento, doze milhões de pessoas em sete das maiores cidades do país não tinham acesso a lojas do Walmart, graças à combinação de oposição trabalhista, política e comunitária.[134]

Em 2018, o Walmart adquiriu uma nova empresa de entregas em domicílio, a Jet, que começou a fazer entregas na cidade de Nova York. Mas Stuart Appelbaum, presidente do Sindicato das Lojas de Varejo, Atacado e Departamento, um grupo que liderou ações bem-sucedidas na proibição da abertura das lojas em Nova York, observou: "O fato de o Walmart ter adquirido outra empresa para poder operar em Nova York é uma consequência dos nossos esforços para mantê-los de fora".[135] Em 2020, o Walmart foi forçado a fechar a Jet. Para enfrentar essa resistência, o Walmart segue expandindo seu comércio eletrônico. Mas fracassou seu esforço anterior de criar lojas express de menor dimensão em bairros urbanos mais densos, levando-o a fechar todos os 102 pontos de venda de pequeno porte até 2016[136] e, subsequentemente, a reduzir os seus *neighborhood mar-*

---

[134] AUSICK, Paul. "Eight Largest Cities without Walmart" [As oito maiores cidades sem Walmart], *24/7 Wall Street*, 16 jun. 2014.

[135] CORKERY, Michael. "Walmart Finally Makes It to the Big Apple" [Walmart, enfim, chega à Big Apple], *The New York Times*, 16 set. 2018, p. B1.

[136] HALZACK, Sarah. "Walmart Is Ending Its Express Concept and Closing 269 Stores" [Walmart está encerrando o modelo expresso e fechando 269 unidades], *The Washington Post*, 15 jan. 2016.

kets [mercados de bairro].[137] Os desafios que o Walmart enfrentou ao se expandir nas cidades mostram os limites de seu poder e o potencial de alianças entre residentes urbanos, funcionários públicos e proprietários de pequenos estabelecimentos.

Portland, no Oregon, que não proíbe as lojas do Walmart, decidiu, em 2014, retirar as ações da empresa de sua carteira de investimentos, uma tarefa concluída em 2016. Nos debates sobre a política de desinvestimento, os vereadores da cidade observaram que o Walmart "exerce uma pressão considerável sobre os salários"; "reduziu significativamente os benefícios do seguro-saúde para os empregados contratados de meio período", alterando as normas de elegibilidade; [e] "se concentrou na produção rápida e de baixo custo em detrimento de medidas básicas de segurança para os empregados". O responsável por liderar o movimento para inserir o Walmart na lista de indesejáveis escreveu: "É preciso começar por algum lado — e mais vale começar por uma empresa que é aberta, notória e extravagantemente prejudicial até a última gota".[138] Ao se recusarem a assumir os custos resultantes dos baixos salários do Walmart, que exigiam que muitos dos funcionários se inscrevessem nos programas Medicaid (auxílio-saúde) e SNAP (vale-alimentação), financiados pelo governo, essas jurisdições aumentaram a pressão sobre a empresa para interromper a terceirização desses custos a contribuintes e trabalhadores.

Os trabalhadores do campo e grupos trabalhistas também exigiram mudanças no Walmart, obtendo diferentes graus de sucesso. Em 2011, a Coalizão de Trabalhadores Immokalee, uma organização trabalhista norteada pelos direitos humanos, lançou a campanha Fair Food [Comida justa], uma parceria entre trabalhadores agrícolas, produtores de tomate da Flórida e compradores varejistas participantes, conforme consta no site do grupo . A campanha convenceu o Walmart — assim como McDonald's, Burger King

---

137 DUMONT, Jessica. "Walmart to Close 8 Neighborhood Markets" [Walmart fecha oito mercados de bairro], *Grocery Dive*, 26 mar. 2019.
138 MERRICK, Amy. "The Walmart-Free City" [A cidade sem Walmart], *The New Yorker*, 27 maio 2014.

e outras grandes empresas de alimentação — a pagar um centavo a mais a cada quilo de tomate, um aumento que os produtores da Flórida reverteram em reajuste no salário dos colhedores. Essas empresas também concordaram em assegurar a adoção de um código de conduta destinado a proteger os direitos desses trabalhadores agrícolas (Bowen, Brenton & Elliott, 2019, p. 228).

Por fim, em 2018 o senador Bernie Sanders, de Vermont, e o deputado Ro Khanna, da Califórnia, introduziram no Congresso a Lei Stop Walmart [Pare o Walmart], que proibiria grandes empregadores de comprar ações de recompra para acionistas, a menos que cumprissem critérios básicos de práticas justas de emprego, tais como salário inicial de quinze dólares por hora para todos os empregados, garantia de licença médica remunerada de até sete dias para todos os empregados e limitação do pagamento do CEO a não mais do que 150 vezes o salário médio de todos os empregados.[139]

Embora diante da baixa probabilidade de aprovação da Lei Stop Walmart pelo Congresso, a legislação incluiu a questão na agenda política nacional, permitindo a discussão na campanha presidencial de 2020 e nas eleições subsequentes e proporcionando uma plataforma para campanhas locais e nacionais de educação e organização.

Fórmulas para crianças. O desenvolvimento de compostos lácteos, como já referido, é, por si só, a resposta impulsionada pelo mercado a uma campanha de saúde pública bem-sucedida para restringir a promoção agressiva da Nestlé e de outras empresas de fórmulas a partir dos anos 1970. As alianças organizacionais, as provas científicas e a estruturação da mensagem de base da Campanha de Boicote à Nestlé também sustentaram a resistência à promoção de fórmulas infantis. Em 2017, a crescente preocupação com a saúde pública levou a OMS a publicar um guia direcionado a ministérios da Saúde sobre o fim da promoção inadequada de alimentos para bebês e crianças.[140] O guia identificou produtos que eram comer-

---

139 LUHBY, Tami. "Bernie Sanders Unveils Stop Walmart Act" [Bernie Sanders desvenda a Lei Pare o Walmart], *CNN Business*, 15 nov. 2018.
140 "Guidance on Ending the Inappropriate Promotion of Foods for Infants and Young Children: Implementation Manual" [Orientação

cializados de forma inadequada, sugeriu estratégias para reduzir os conflitos de interesses entre fabricantes de fórmulas e agências de saúde e recomendou regulamentos para limitar promoção enganosa ou inverídica.

Pesquisadores e grupos sem fins lucrativos também contribuíram. A Changing Markets Foundation, organização holandesa sem fins lucrativos que trabalha em parceria com ONGs, outras fundações e centros de pesquisa, cria e apoia campanhas para mudar a participação de mercado de produtos e empresas insustentáveis rumo a soluções ambiental e socialmente benéficas. Quando concluiu que as quatro maiores fabricantes de fórmulas eram movidas principalmente por marketing, e não por considerações científicas e nutricionais, a fundação decidiu pressionar ainda mais a Nestlé.[141]

O relatório de 2018 apelava à corporação suíça para mostrar liderança, implementando uma revisão independente da sua linha de produtos em escala global e assegurando que a comercialização se alinhasse com o Código de Marketing da OMS, incluindo a eliminação de quaisquer comparações com o leite materno.[142] A campanha levou a Nestlé a se comprometer com essa reformulação para estar de acordo com algumas das recomendações do grupo, particularmente as relacionadas com a eliminação gradual de ingredientes nocivos, tais como sacarose e aromatizantes.[143] Campanhas anteriores levaram os organizadores a concluir que a empresa nem sempre mantém seus compromissos, mas que as promessas, uma vez publicadas, podem servir como pon-

sobre como acabar com a promoção inadequada de alimentos para bebês e crianças pequenas: manual de implementação], Genebra, Organização Mundial da Saúde, 2017.

141 "Milking It: How Milk Formula Companies Are Putting Profits before Science" [Sugando o leite: como as empresas de fórmulas lácteas estão colocando os lucros antes da ciência], Changing Markets Foundation, out. 2017.

142 "Busting the Myth of Science-Based Formula: An Investigation into Nestlé Infant Milk Products and Claims" [Destruindo o mito da fórmula baseada na ciência: uma investigação dos produtos lácteos infantis da Nestlé], Changing Markets Foundation, fev. 2018.

143 "Annual Report 2018" [Relatório anual 2018], Changing Markets Foundation, abr. 2019.

tos de referência que abrem portas para mais ativismo. Ao trabalhar com cientistas independentes e contestar as alegações de saúde e de marketing da Nestlé, a fundação desafiou a afirmação da empresa de que era uma organização orientada à ciência que trazia benefícios do conhecimento nutricional aos clientes.

Embora esses e outros esforços para desafiar a promoção agressiva e as afirmações enganosas sobre a fórmula infantil tenham levado a uma crescente compreensão profissional e talvez a algum entendimento dos riscos para a saúde representados por esses produtos, até agora as campanhas não conseguiram a atenção do público nem os êxitos políticos das primeiras ondas de boicote à Nestlé. Esse sucesso limitado atesta os imensos recursos que os fabricantes podem mover para a defesa de seus produtos e a dificuldade dos profissionais de saúde e de grupos da sociedade civil em manter a pressão sobre determinada empresa ou setor ao longo das décadas.

Óleo de palma. O confronto mais eficaz contra a expansão da produção do óleo de palma veio dos que se preocupam com o seu impacto ambiental. O Greenpeace desempenhou um papel de liderança na pressão sobre essa indústria para mudar suas práticas. Demonstrando a versatilidade que os ativistas ambientais têm utilizado para enfrentar práticas empresariais nocivas, o Greenpeace utilizou táticas cooperativas e de confronto para alcançar seus objetivos.

Ao trabalhar com empresas de óleo de palma, o Greenpeace desenvolveu um "kit de ferramentas" para deter o desmatamento, um guia destinado a ajudar as empresas na integração do cultivo da palma à conservação. Segundo Jennifer Lucey, a ecologista de áreas tropicais da Universidade de Oxford que elaborou o kit, ele ajudou a conservar meio milhão de hectares de floresta em vários países.[144] O Greenpeace também contribuiu para desenvolver normas de certificação para a extração sustentável, fornecendo a produtores, grupos da sociedade civil e governos os critérios para o monitoramento das práticas da indústria.

---

144 LUCEY, Jennifer. "To Save the Rainforest, We Need to Work with the Palm Oil Industry" [Para salvarmos a floresta tropical, precisamos trabalhar com a indústria do óleo de palma], *The Guardian*, 15 jan. 2019.

O Greenpeace também utilizou táticas mais combativas. Em 2018, seis de seus ativistas foram presos no Golfo de Cádiz, perto da Espanha, enquanto tentavam embarcar em um navio-tanque que transportava óleo de palma extraído de plantações em florestas tropicais devastadas. O óleo foi distribuído pela Wilmar International, um dos maiores fabricantes de alimentos do mundo e um dos líderes em fornecimento de óleo de palma para a Mondelez, que está entre os maiores produtores mundiais de guloseimas ultraprocessadas, incluindo os biscoitos Oreo, Chips Ahoy! e Ritz Crackers. A missão da Mondelez é "empoderar pessoas a comer bem", conforme propaga em seu site internacional.

Waya Maweru, que está entre os ativistas do Greenpeace detidos, explicou a ação.

> Eu sou da Indonésia. Testemunhei o impacto devastador do desmatamento causado para a produção do óleo de palma e as cidades asfixiadas pela nuvem de fumaça em consequência dos incêndios florestais. Estou aqui para enviar uma mensagem à Mondelez de que o óleo de palma sujo da Wilmar está destruindo a nossa casa, e não queremos isso nos nossos supermercados.[145]

As cadeias comerciais de alimentos se juntaram também ao esforço para reduzir a utilização do óleo de palma. Em 2018, a Iceland, empresa varejista de alimentos do Reino Unido que vende produtos congelados, se comprometeu a remover o óleo de palma de todos as mercadorias da marca própria, um movimento que a empresa esperava que abrandasse a destruição em curso das florestas tropicais do Sudeste Asiático. Contudo, dada a penetração do óleo de palma no abastecimento alimentar global, a Iceland não conseguiu cumprir seu compromisso e, em vez disso, retirou a assinatura da marca dos alimentos que o continham na composição em lugar de efetiva-

---

145 "Six Greenpeace Activists Arrested on Board a Ship Loaded with Palm Oil Heading to Europe" [Seis ativistas do Greenpeace foram presos a bordo de um navio repleto de óleo de palma a caminho da Europa], Greenpeace, 17 nov. 2018.

mente remover o ingrediente da produção, uma estratégia menos eficiente para reduzir o consumo.[146]

Pesquisadores de saúde pública também contribuíram com provas para orientar as políticas sobre o óleo de palma. Embora o produto tenha sido associado a taxas mais elevadas de problemas cardíacos e outras doenças, ele é menos prejudicial do que as gorduras trans e mais barato do que outros substitutos das gorduras trans, levando alguns cientistas a apoiar sua utilização. Mas uma recente revisão das evidências científicas sobre o óleo de palma no Boletim da OMS instou a comunidade de saúde pública a se dedicar mais plenamente à pesquisa sobre as suas consequências para a saúde e o meio ambiente e a avaliar o seu papel na expansão da indústria de ultraprocessados (Kadandale, Marten & Smith, 2019, p. 118). Essa perspectiva mais ampla pode contribuir para decisões políticas mais fundamentadas em um sistema de alimentação complexo.

Adversários do desmatamento tropical também agiram na frente política. Em 2019, oito senadores dos Estados Unidos, membros do Grupo de Trabalho de Ação Climática do Senado, escreveram cartas às maiores empresas de gestão de ativos do país apelando para que usassem a influência financeira no sentido de deter o desmatamento tropical. Trabalhando com o grupo ambientalista Friends of the Earth, os senadores lembraram às empresas de investimento que "abordar os riscos do desmatamento está em linha com a sua responsabilidade fiduciária" e pediram que lhes respondessem sobre a maneira como gerem esses riscos.[147] Ao avisarem os investidores que os acionistas poderiam responsabilizá-los, os senadores esperavam desencadear o desinvestimento na produção insustentável do óleo de palma e aumentar a pressão para que empresas como Wilmar e Cargill melhorassem suas práticas.

---

146 GLENDAY, John. "Iceland Wriggles Out of Self-Imposed Palm Oil Ban by Removing Own Brand Labels" [Iceland se esquiva do veto autoimposto do óleo de palma removendo rótulos das próprias marcas]. *The Drum*, 25 jan. 2019.

147 "Senators Push Financial Firms to Address Global Deforestation" [Senadores pressionam empresas financeiras a combater o desmatamento global], Friends of the Earth, 6 fev. 2019.

Qual tem sido o impacto cumulativo desses desafios para a indústria do óleo de palma? Pelo lado positivo, governos, ambientalistas, acadêmicos e investidores agora sabem mais sobre as consequências nocivas da produção do óleo de palma e sobre algumas medidas que podem minimizar esses danos. Emergiu uma aliança mais ampla de círculos eleitorais que são prejudicados pelas atuais práticas de produção do óleo de palma e tem potencial para se tornar uma voz mais poderosa na formação de uma política para a produção do óleo de palma.

Mas, tal como no conflito mais vasto sobre o aquecimento global, o ritmo acelerado da destruição e o poder avassalador daqueles que se beneficiam do óleo de palma comprometem o otimismo. Essa história mostra como o domínio dos ultraprocessados depende da interseção de sistemas complexos e poderosos. O desmantelamento desses sistemas para abrir novos caminhos para dietas alternativas globais continua a ser uma tarefa prática, política e econômica assustadora. Alianças emergentes para combater o desmatamento promovido pelas indústrias pecuária e madeireira e para proteger os povos indígenas cujas terras e meios de subsistência estão sendo destruídos aumentam a perspectiva de um movimento global para práticas agrícolas mais saudáveis e para o respeito pelos direitos humanos.

Agroecologia. Por último, a base para a ascensão dos ultraprocessados é o sistema industrial de produção de alimentos que surgiu no século XX e se globalizou completamente nas últimas décadas. A criação de uma alternativa à dieta ultraprocessada exigirá a transformação dessa abordagem da produção agrícola. A alternativa mais desenvolvida e testada é um corpo emergente de prática e ciência conhecido como agroecologia. Mais recentemente, alguns grupos têm utilizado o termo "agricultura regenerativa" para descrever um sistema de princípios e práticas agrícolas que aumenta a biodiversidade, enriquece os solos, melhora as bacias hidrográficas e também os serviços do ecossistema (Rhodes, 2017). Ao contrário dos casos anteriores, em que grupos da sociedade civil, governos e movimentos sociais desafiaram empresas de alimentos, o movimento agroecológico é exemplo de um esforço para demonstrar uma alternativa às práticas das corporações agrícolas transnacionais.

A agroecologia descreve as práticas agrícolas, antigas e novas, que pequenos agricultores no México, em Cuba, na Índia, no Brasil e em outros países utilizam para cultivar frutas e vegetais e criar animais, moderar o uso de pesticidas e fertilizantes químicos, utilizar a água de forma mais eficiente e reduzir o desperdício por meio da reutilização de subprodutos agrícolas. Também envolve as políticas que algumas cidades brasileiras seguem, pelas quais as escolas são incumbidas de incluir frutas e vegetais cultivados por agricultores locais na merenda escolar, tanto para melhorar a saúde nutricional das crianças quanto para construir mercados sustentáveis para os camponeses.

Os defensores da agroecologia incluem organizações globais como a Via Campesina, uma rede de mais de duzentos milhões de pequenos e médios agricultores de 182 organizações em 81 países que se reúnem para compartilhar práticas agrícolas e desenvolver estratégias políticas voltadas a desafiar a agricultura industrial. Outros proponentes incluem um corpo crescente de cientistas interdisciplinares da agronomia, da ciência do solo, da botânica, da entomologia, da ciência climática, da ciência de sistemas e da nutrição. Juntos, esses pesquisadores produzem provas que podem ajudar os agricultores e as sociedades a adotar práticas agrícolas mais saudáveis, mais sustentáveis e mais equitativas.

Embora não haja uma única definição aceita de agroecologia, uma caracterização útil a denomina de "ecologia dos sistemas de alimentação" (Francis *et al.*, 2003). A agroecologia é, ao mesmo tempo, uma ciência, um movimento social e uma prática (Wezel *et al.*, 2009). Cada uma dessas três descrições a distingue da agricultura industrial, para a qual ela fornece uma alternativa.

Como ciência, a agroecologia enfatiza as interações entre as diferentes escalas e níveis de produção de alimentos; a importância das causas e consequências biológicas, ambientais, econômicas e sociais da produção; e a influência de agricultores e comunidades agrícolas na escolha de como cultivar alimentos. Procura aplicar os métodos da ciência moderna para compreender e divulgar as práticas que os agricultores utilizam em diferentes contextos e sob diferentes condições.

Como movimento social, a agroecologia deseja mobilizar o poder para substituir a agricultura industrial como o principal método de produção de alimentos. Busca identificar, promover e implementar políticas e programas públicos que apoiem os pequenos agricultores e uma produção de alimentos mais sustentável, bem como nivelar o campo de ação em que os os maiores produtores de alimentos são dominantes e dar aos pequenos agricultores, às comunidades desassistidas e àqueles que sofrem de fome e de doenças relacionadas com a alimentação uma voz mais equitativa na formação dos sistemas agrícolas e de alimentação. Até este momento, a agroecologia dá enfoque a pequenos agricultores, práticas de produção e ao impacto ambiental de vários regimes de cultivo de alimentos, e não à força de trabalho do setor de alimentação como um todo ou às práticas publicitárias das corporações transnacionais de alimentos.

Por fim, como prática agrícola, a agroecologia procura dar a pequenos e médios agricultores os conhecimentos, as competências e os recursos de que necessitam para ganhar a vida com o cultivo de alimentos que apoiem o bem-estar dos seres humanos e do planeta.

Para fazer mais avanços, o movimento agroecológico terá de considerar várias questões. Como a ciência, o movimento e a prática da agroecologia têm desafiado o sistema global que produz ultraprocessados? Como os agricultores convencionais podem fazer a transição para a agroecologia? Quais são os obstáculos que bloqueiam um maior avanço? De que maneiras as corporações procurarão cooptar a agroecologia, e como os seus promotores poderão resistir a tais esforços? E quais seriam um plano e um calendário realistas para desenvolver um sistema de alimentação baseado nos princípios da agroecologia?

A agroecologia apresenta desafios intelectuais, organizacionais e políticos ao agronegócio. Os agroecologistas contestam o conhecimento convencional que afirma que a Revolução Verde, uma abordagem à agricultura desenvolvida por cientistas e agrônomos que depende fortemente da monocultura e do uso intensivo de pesticidas e fertilizantes, poderia resolver os problemas da alimentação mundial. As provas e a prática que os atuantes na agroecologia têm acumulado contestam as conquistas da Revolução Verde; salientam suas limitações ambientais, econômicas e sociais; e demonstram que, de fato, existem alternativas.

No Simpósio Internacional de Agroecologia de 2018, realizado em Roma, o então diretor-geral da ONU para a Alimentação e a Agricultura, José Graziano da Silva, apelou para a "mudança transformadora para uma agricultura sustentável e para sistemas de alimentação baseados na agroecologia",[148] um sinal de que a agroecologia vinha abrindo caminho perante a corrente dominante.

No México, o presidente Andrés Manuel López Obrador se comprometeu a fazer da agroecologia a força condutora para o futuro agrícola do país. Antes de sua eleição, mais de uma centena de organizações de agricultores mexicanos desenvolveram o Plan de Ayala 21, que propunha reforma agrária, novos métodos de produção agrícola e melhorias na saúde pública e ambiental com base nos direitos de agricultores, trabalhadores agrícolas, mulheres, povos indígenas e jovens. Ao endossar esse plano, Obrador abraçou o objetivo da soberania alimentar, conceito pelo qual a agricultura deve servir primeiro às comunidades locais, com base em tomadas de decisão também locais. "Em suma", declararam os grupos do Plan de Ayala, "precisamos que a soberania alimentar e nutricional seja uma política pública, baseada principalmente na produção agrícola de pequena e média escalas, com planejamento estratégico, e desenvolvida com plena participação tanto dos produtores quanto dos consumidores, sendo guiada por critérios agroecológicos" (Hansen-Kuhn, 2019).

Nos Estados Unidos e em outros países de alta renda, a agroecologia continua a enfrentar o ceticismo. Os representantes do agronegócio acreditam que as novas tecnologias, e não as práticas agrícolas testadas ao longo dos séculos, mantêm a promessa de um aumento da produção de alimentos e que as soluções técnicas, e não sociais e políticas, podem reduzir as consequências climáticas adversas da agricultura industrial.

Recentemente, os formuladores do Green New Deal — a proposta para integrar as alterações climáticas, o desenvolvimento comunitário e as estratégias de força de trabalho em níveis comunitário e nacional — iniciaram alianças entre movimentos atrelados a mudanças climáticas, justiça alimentar, agroecologia e outros,

---

[148] MOSS, Daniel & BITTMAN, Mark. "Bringing Farming Back to Nature" [Trazendo a agricultura de volta à natureza], *The New York Times*, 26 jun. 2018.

uma evolução promissora que poderia unir os esforços e o poder de vários movimentos que atualmente se encontram separados.[149]

Alguns observadores defendem a combinação do melhor da agricultura de larga escala com a agroecologia para obter os benefícios de ambas as abordagens. Mas os agroecologistas em geral rejeitam essa perspectiva. Um relatório recente da ONG Friends of the Earth concluiu que "a agroecologia e a agricultura industrial não são conceitos nem práticas permutáveis e não podem coexistir. Elas representam duas visões fundamentalmente diferentes de desenvolvimento e bem-estar" (Ortega-Espés, 2018).

Até o momento, a agroecologia tem reconhecido, mas não enfatizado, os benefícios que é capaz de trazer em termos de saúde e nutrição. Ao destacar e conectar os custos de saúde e ambientais do sistema de alimentação corporativo que faz dos ultraprocessados a prioridade, um movimento de justiça alimentar pode criar uma nova base para promover a saúde nutricional, reduzir a fome e a insegurança alimentar e proteger o planeta.

Para alguns ativistas, a pandemia de covid-19 oferecia uma oportunidade de criar alternativas às vulneráveis cadeias de alimentação globalizadas, em parte responsáveis pela destruição da soberania alimentar baseada em agriculturas local e regional, aspectos consistentes para a agroecologia.

A pandemia também destacou o fracasso do sistema de alimentação mundial em pôr fim à fome e à insegurança alimentar. Em julho de 2021, a ONU divulgou o relatório "Estado de segurança alimentar e nutrição no mundo", estimando que a fome pode ter atingido até 811 milhões de pessoas globalmente.

Com o tempo, produtores, trabalhadores e consumidores começaram a criar alternativas ao atual sistema alimentar capitalista. Para dar escala a essas alternativas e torná-las uma força viável no cotidiano das pessoas, serão necessários movimentos alimentares, ambientais e laborais mais unificados e fundamentados do que os atuais.

---

149 "The Need for a Food and Agriculture Platform in the Green New Deal" [A necessidade de uma plataforma de alimentação e agricultura no Green New Deal], Agroecology Research-Action Collective, 2019.

3
Educação
O capital privado vai à escola

> A educação é a arma mais poderosa que se pode usar para mudar o mundo.
> — Nelson Mandela

Ao longo da vida, nada promove melhor a saúde do que a educação. Em todas as fases, mais educação leva a uma saúde melhor. O contrário também é verdade: ao longo da vida, pessoas mais saudáveis alcançam maior sucesso acadêmico e aprendem com mais facilidade. Se as empresas farmacêuticas pudessem engarrafar e vender educação, enriqueceriam com base nos argumentos de venda mais extravagantes. O incrível elixir da educação prolonga a vida, previne as hospitalizações, melhora a qualidade de vida, aumenta a renda, promove um comportamento mais saudável e faz as pessoas mais felizes.

Há mais de um século, pessoas de todas as classes e grupos raciais/étnicos nos Estados Unidos buscam a educação. Escravizados libertos, imigrantes recentes, famílias na pobreza, residentes de zonas rurais, aspirantes à ascensão para as classes média e alta — todos viram na educação um ingresso individual para transmitir esperança aos filhos ou netos.

Mas há outra história para contar sobre a educação. Ela é também uma ferramenta utilizada pelos poderosos e endinheirados para manter privilégios, impedir outros de conquistar uma vida melhor e manter as pessoas em lugares que conservam o *status quo* injusto e insalubre. Ataques violentos às escolas negras e dessegregadas após a Reconstrução; a criação de centros vocacionais que desviavam mulheres, negros e imigrantes de uma formação mais acadêmica para outra voltada ao trabalho nas fábricas; os internatos para crianças indígenas norte-americanas apartadas de suas famílias; o caminho escola-prisão para crianças negras; e o financiamento desigual das escolas negras e brancas são exemplos de uma educação que mantém e amplia, em vez de atenuar, as oportunidades desiguais de vida, perpetuando o racismo sistêmico que tem caracterizado os Estados Unidos (Nasaw, 1981) — e outros países.

Ao longo dos séculos XIX e XX, a maioria da população chegou a um consenso de que a educação era, sobretudo, uma responsabilidade do governo e do setor público. Um sistema educacional forte apoiava tanto o bem privado quanto o público, por isso era justo e inteligente utilizar o dinheiro dos contribuintes para a gestão do sistema de educação pública. Sim, existiam escolas primárias e secundárias privadas e religiosas, e muitas faculdades eram instituições privadas sem fins lucrativos, mas as empresas tinham um papel limitado e pouco apoio político e público para reivindicar uma voz na formação do sistema educacional.

Nas últimas décadas, no entanto, o muro entre o público e o privado se tornou poroso, e, ainda mais recentemente, o setor privado e as grandes empresas reivindicaram maior participação na definição de políticas, gastos e práticas de educação. Este capítulo explora essa tendência, avaliando como as mudanças do capitalismo moderno afetaram o papel dos mercados na educação, como influenciaram a função da educação na promoção do bem-estar e em que medida pais, estudantes e comunidades resistiram a essas transformações. A questão fundamental é: a presença crescente de capital privado na educação infantil e nas escolas de ensino fundamental, médio e superior nos Estados Unidos reduziu o impacto positivo da escolarização no bem-estar, na equidade e na democracia?

Em 2017, o mercado de produtos e serviços educacionais nos Estados Unidos — nos ensinos fundamental, médio e superior e na formação corporativa — movimentava mais de 1,75 trilhão de dólares e estava em crescimento (Bryant & Sarakatsannis, 2016). Creches privadas, editoras de livros didáticos, *charter schools*, prestadores de serviços educacionais on-line, empresas de tecnologia e de testes, financeiras que concedem empréstimos universitários e universidades com fins lucrativos — todos encorajam escolas, pais e estudantes a tomar decisões que aumentem os retornos trimestrais de suas empresas, muitas vezes com pouca consideração pelo impacto educacional e social dessas escolhas.

Em 2011, o CEO da News Corp, Rupert Murdoch, mostrou o interesse do setor privado por essa nova oportunidade, observando que, "quando se trata do ensino fundamental e do médio, vemos um setor de quinhentos bilhões de dólares, apenas nos Estados Unidos, que está desesperadamente à espera de ser transformado por grandes inovações".[150] Em 2019, a capitalização de mercado das empresas de ensino cotadas em bolsa no mundo era de cerca de 190 bilhões de dólares, sendo a maioria das empresas da China e dos Estados Unidos.[151]

Como as mudanças no capitalismo moderno influenciam a educação

Os capitalistas sempre se interessaram pela educação. Eles procuram nas escolas trabalhadores com as competências de que necessitam, consumidores com o desejo de comprar seus produtos e cidadãos que respeitam a crença de que o capitalismo é o melhor sistema possível. Também precisam de escolas para formar os gestores que administrem seus negócios e para educar seus filhos.

Várias tendências do capitalismo moderno explicam por que empresas, instituições financeiras e outros negócios encontraram oportunidades atraentes dentro do sistema educacional. Em primeiro lugar, o crescimento mais lento da indústria e da produção

---

150 MENCIMER, Stephanie. "Fox in the Schoolhouse: Rupert Murdoch Wants to Teach Your Kids!" [Raposa na escola: Rupert Murdoch quer ensinar seus filhos!], *Mother Jones*, 23 set. 2011.
151 "Private Education" [Educação privada], *The Economist*, 13 abr. 2019, p. 3-9.

de bens levou os investidores a procurar lugares novos e mais rentáveis para movimentar seus dólares. O setor de serviços oferece um campo amplo, promissor e crescente para investimento. Na longa expansão econômica que se seguiu à Segunda Guerra Mundial, as indústrias atingiram a saturação de seus mercados, limitando as oportunidades de manutenção do ritmo de crescimento. Além disso, a eficiência, em função de novas tecnologias e mão de obra mais barata, reduziu, em países de baixa renda, a necessidade de novos capitais. Por isso, os investidores se voltaram para o setor de serviços para encontrar taxas de retorno mais elevadas. Uma análise de 2017 realizada pela Sageworks, empresa de informação financeira, descobriu que, em comparação com as indústrias, as prestadoras de serviços, desde assistência médica até educação e cuidados domiciliares, tinham maiores retornos de investimento.[152]

A educação era um ramo atraente para novos investimentos porque os contribuintes já pagaram pelas infraestruturas e estavam empenhados em financiar as despesas do dia a dia de funcionamento desse sistema, pelo menos no ensino fundamental e no médio. Ao assumirem algumas partes desse sistema público, os investidores podiam encontrar novas formas de extrair lucros de um fluxo de receitas públicas.

Os defensores da privatização também introduzem outra lógica para a transferência de serviços para a economia de mercado. Nessa perspectiva, os serviços públicos, que têm sido minados por austeridade e desinvestimento — escolas e hospitais públicos, por exemplo —, podem ser oferecidos com maior eficiência pelo setor privado. As *charter schools* e as clínicas privadas podem oferecer alternativas mais baratas do que o setor público.

Outra medida da crescente importância do setor de serviços vem da mudança dos padrões de emprego. Entre 1939 e 2015, o emprego privado não agrícola nas indústrias aumentou 8%, enquanto o emprego no ramos de serviços aumentou 76%, e no setor gover-

---

152 BIERY, Mary Ellen. "These Types of Businesses Have the Highest Returns" [Esses perfis de negócio têm os maiores retornos], *Forbes*, 5 nov. 2017.

namental, 20% (Ghanbari & McCall, 2016). Nos últimos quarenta anos, o número de trabalhadores estadunidenses empregados na indústria diminuiu de 19,6 milhões para 12,5 milhões.[153] Como as empresas na Europa e na Ásia desafiaram os fabricantes norte-americanos de automóveis, alimentos, eletrônicos e outros produtos, tais empresas automatizaram os empregos nos Estados Unidos e deslocaram fábricas para o exterior — e obtiveram rendimentos mais baixos. Para muitos investidores, foi um movimento lógico investir seu capital no setor dos serviços em rápida expansão em vez de se manter com indústrias estagnadas.

Além disso, à medida que mais pessoas chegavam à classe média nos Estados Unidos e em outros países de rendas alta e média, elas queriam mais educação, assistência médica, serviços financeiros, alimentares e hoteleiros, criando novas oportunidades de crescimento econômico e de lucro nos serviços. O setor da educação é um excelente exemplo. Em 1980, a despesa total do governo com educação era de 152 bilhões de dólares; em 2018, atingiu 1,1 trilhão de dólares, um aumento superior a 700%.[154] Tal como abelhas para o mel, esse novo aporte público em educação atraiu os investidores privados. Muitas vezes, esses financiadores pediram emprestados a responsabilidade e os argumentos da justiça racial dos ativistas para embasar seus investimentos na educação, apesar da falta de provas de que a privatização das escolas tenha contribuído para qualquer um desses objetivos.

O crescimento da economia do conhecimento estabelece novas exigências aos empregadores. Nessa economia, a produção de bens e serviços se baseia em atividades intensivas de conhecimento que contribuem para um ritmo acelerado de avanços técnicos e científicos, bem como para uma rápida obsolescência (Powell & Snellman, 2004). Os gestores veem os estudantes, os produtos do sistema educacional, como um insumo decisivo que influenciará na renta-

---

[153] UCHITELLE, Louis. "To Add Jobs, Look Past Manufacturing" [Para criar empregos, olhe para a manufatura], *The New York Times*, 5 maio 2019.

[154] Despesas do governo dos Estados Unidos em educação em: https://www.usgovernmentspending.com/spending_chart_1980_2020USb_20s2li011lcn_20t.

bilidade. Para assegurarem que as escolas venham a ser os produtos necessários nessa nova era, essas empresas procuram uma expressão maior e mais direta na política educacional.

Após a recessão econômica global do fim dos anos 1970 e além, a privatização atraiu a atenção dos conservadores, de alguns economistas e de alguns governantes eleitos que promoveram a venda a investidores voltados para as áreas de assistência médica, transportes, habitação, telecomunicações e outros serviços. A primeira-ministra Margaret Thatcher, no Reino Unido, e o presidente Ronald Reagan, nos Estados Unidos, afirmaram que a privatização era mais eficiente, menos dispendiosa e menos intrusiva à liberdade do que a manutenção desses serviços no setor público (Savas, 2000).

Em ambos os países, numerosas agências governamentais locais, estatais e nacionais convidaram empresas privadas e organizações sem fins lucrativos a assumir a responsabilidade pelos serviços educacionais que, no passado, tinham sido totalmente públicos (Hursh, 2005). Os privatizadores argumentaram que a criação de *charter schools* de alta tecnologia, por exemplo, permitiria aumentar o número de crianças matriculadas, melhorar a qualidade da educação e, simultaneamente, criar oportunidades de lucro para as empresas que vendiam essas tecnologias.

A austeridade, outra resposta política à retração econômica, proporcionou mais incentivos para a privatização. Em 1978, na Califórnia, por exemplo, quase dois terços dos eleitores aprovaram a Proposta 13, um referendo eleitoral que reduziu as alíquotas de imposto em 57% sobre a propriedade de casas, empresas e fazendas e limitou aumentos futuros a não mais de 2%. Em pouco tempo, condados e estados de todo o país também reduziriam impostos e receitas públicas, acrescentando um novo ímpeto ao investimento privado.

O ex-governador da Califórnia Ronald Reagan descreveu a Proposta 13 como uma rebelião contra "um governo oneroso e avassalador" e instou os republicanos a usá-la como sua mensagem central na corrida presidencial de 1980 (Martin, 2008, p. 126). Em 1977, a Califórnia gastou cerca de 7.400 dólares por aluno, em torno de mil dólares acima da média nacional. Em 1983, a despesa californiana ajustada à inflação por aluno tinha caído para 6.700 dólares, patamar inferior à média nacional, no qual, via de regra, se manteve.[155] Essas medidas de austeridade fizeram com que pais, distritos escolares e funcionários públicos recorressem ao setor privado para solicitar ajuda, levando ao crescimento de escolas e universidades particulares e de serviços de apoio educacional privatizados.

A privatização ofereceu novos fluxos de financiamento que poderiam mitigar o impacto da austeridade. Mas a substituição de fundos públicos por privados ameaçava ampliar as lacunas na qualidade do ensino disponível para as comunidades de baixa renda em comparação com as mais ricas. Como Michael Fabricant e Stephen Brier perguntam em *Austerity Blues* [A melancolia da austeridade], obra sobre a privatização do ensino superior público: "Pode esse sistema privatizado oferecer a mesma promessa de qualidade aos estudantes pobres ou da classe trabalhadora que ele oferece aos ricos que têm acesso prioritário a [...] formas aperfeiçoadas de serviço?" (Fabricant & Brier, 2016, p. 36). A privatização influenciou cada etapa de ensino, desde o infantil e o fundamental até o superior, mas a lógica e o impacto diferiram em cada nível.

Juntas, a privatização e a austeridade contribuíram para aumentar a segregação racial em todos os níveis de ensino, alargaram o financiamento injusto entre escolas negras e brancas e diminuíram o conceito de que a escolarização é uma função pública que deve ser utilizada para alcançar valores nacionais comuns. A combinação dos efeitos adversos da austeridade e da privatização na educação, com a ascensão de um nacionalismo branco que justifica o racismo ostensivo e é apoiado pelos principais agentes políticos, tem atrasado o progresso da nação rumo a um sistema educacional mais equitativo, alcançado pelo movimento de direitos civis de meados do século XX. Mais uma vez, a busca concentrada nos próprios interesses por parte das empresas utiliza divisões raciais para encontrar novos fluxos de receitas, lançando os discursos da privatização e da responsabilização por meio de testes dos estudantes.

---

155 RANCAÑO, Vanessa. "How Proposition 13 Transformed Neighborhood Public Schools throughout California", *KQED News*, 25 out. 2018.

A crescente financeirização dos Estados Unidos e das economias globais é uma terceira tendência que se estende a outros serviços sob responsabilidade do setor público. À medida que as transações econômicas se financeirizam, a obtenção de lucros se dá, cada vez mais, através de canais financeiros, e não por meio de produção de bens e serviços (Raynes & Rutledge, 2003). No setor da educação, entre os fluxos de financiamento que podem ser utilizados para trazer retornos financeiros aos investidores, estão as mensalidades e as taxas provenientes de educação infantil, ensino fundamental, médio e universitário; aluguéis de espaços arrendados; e juros de empréstimos bancários ou de patrimônios privados a estudantes universitários, redes de *charter schools* ou universidades.

Nos Estados Unidos e em todo o mundo, escolas em todos os níveis têm utilizado cada vez mais esses mecanismos para obter novos recursos para sustentar as operações ou expandir, substituindo recursos reduzidos por privatizações ou austeridade. As escolas investem suas receitas no mercado financeiro para aumentar o apoio no momento, mas, ao fazê-lo, incorrem em dívidas e dão aos investidores uma voz na definição de suas políticas e práticas. O que costumava ser um modesto fluxo de capital privado para o sistema educacional se transformou agora em uma inundação que procura influenciar o modelo de educação em todos os níveis e criar novos centros de lucro que permitam aos investidores extrair dinheiro público para bolsos privados.

Nos cuidados da primeira infância, por exemplo, fundos de impacto social têm sido utilizados para financiar a expansão de programas em, pelo menos, vinte cidades, condados e estados estadunidenses. Tais fundos fornecem financiamento privado para programas públicos com a expectativa de que os fluxos de receitas da educação infantil — e economias públicas provenientes desses programas — sejam utilizados para remunerar investidores (Fraser et al., 2018). Enquanto os fundos de impacto social aumentam o financiamento para a expansão da educação infantil, um analista observou que "a monetização de objetivos políticos [...] transforma resultados sociais substanciais do que seriam fins em si mesmos em um meio de reduzir despesas governamentais e produzir um retorno financeiro para os investidores" (Lake, 2016, p. 57).

Um estudo dos fundos de impacto social para a expansão da educação infantil em Salt Lake City (Utah), Chicago (Illinois), e Greenville (Carolina do Sul) concluiu que, nas duas primeiras cidades, o mecanismo levou ao pagamento excessivo de investidores e à extração de recursos dos próprios programas de educação que os fundos foram concebidos para apoiar; e, na Carolina do Sul e em Utah, os fundos também contribuíram para o apoio político a um financiamento público mais amplo. Os autores sugerem que as cidades que procuram novas fontes de financiamento para os cuidados da primeira infância devem atentar à estrutura de marketing dos fundos, pois eles podem minar os objetivos sociais por conta de suas métricas de financiamento (Tse & Warner, 2020).

No ensino fundamental e no médio, investimentos de fundações privadas ajudaram a lançar fundos para angariar recursos públicos a fim de expandir *charter schools*. Em 2009, a Fundação Gates forneceu garantias para ajudar a assegurar trezentos milhões de dólares em títulos isentos de impostos para ampliar o número de escolas desse tipo em Houston, Texas, dando aos investidores privados uma maneira de lucrar emprestando dinheiro para tal expansão (Lipman, 2015). De acordo com um relatório de 2016, cerca de 40% das crianças em Detroit e na cidade de Washington estudam em *charter schools*, e 100% das crianças em Nova Orleans frequentam escolas com esse perfil, algumas das quais com fins lucrativos e outras não, escolas com supervisão limitada ou sem nenhuma supervisão e responsabilidade pública (Baker, 2016). Em cada um desses sistemas, as crianças negras constituem a maioria dos estudantes e são, portanto, os objetos dessa experiência de privatização e financeirização da educação.

A financeirização tem sido mais bem estudada em nível universitário. Uma análise estimou que, entre 2003 e 2012, os investimentos em fundos universitários aumentaram de dezesseis bilhões de dólares para vinte bilhões de dólares, e os custos de financiamento das mensalidades universitárias aumentaram de 21 bilhões de dólares para 48 bilhões de dólares. Os primeiros beneficiaram, sobretudo, as faculdades ricas, enquanto os segundos deixaram os estudantes de faculdades menos abastadas com níveis de endividamento muito mais elevados (Eaton *et al.*, 2016). As faculdades privadas, outro espaço de financeirização da educação, cresceram rapidamente entre 1997 e 2012, depois diminuíram como resultado de falências e acusações criminais; contudo, mais recentemente, retomaram o crescimento à medida que a secretária de Educação dos Estados Unidos no governo Trump, Betsy DeVos, revogou muitos dos regulamentos da era Obama voltados para faculdades com fins lucrativos.

Em seu auge, em 2011, as faculdades com fins lucrativos, das quais a Goldman Sachs era a proprietária majoritária, receberam matrículas de mais de 150 mil estudantes, captaram 486 milhões de dólares em bolsas federais Pell (subsídio do governo norte-americano para estudantes) e obtiveram um lucro operacional líquido de mais de 501 milhões de dólares, conforme relatório anual da Education Management Corporation. Tal como no caso das *charter schools*, os cortes estatais no financiamento do ensino superior em Wisconsin, Califórnia, Alasca e em outros locais prepararam o terreno para a invasão do capital privado. Representantes conservadores eleitos justificaram esses cortes com argumentos de austeridade, ignorando frequentemente o fato de que foram os cortes nos impostos federais e estatais para os ricos que conduziram a déficits orçamentários. Também excluída da narrativa pública foi a nova oportunidade de lucro no ensino superior privatizado, uma abertura que mereceu atenção renovada por parte dos meios de comunicação quando a secretária DeVos procurou desmantelar o sistema federal de regulamentação e fiscalização das faculdades com fins lucrativos.[156]

A pandemia de covid-19 pode dar uma nova vida ao ensino superior com fins lucrativos. Como os estudantes lutam contra o aumento das mensalidades, aulas on-line mal organizadas e cortes orçamentários nas universidades públicas, as faculdades com fins lucrativos têm as táticas de marketing e o capital para atingir

---

156 MECKLER, Laura. "Betsy DeVos Reinstates Controversial Gatekeeper of For-Profit Colleges" [Betsy DeVos restabelece uma agência controversa de credenciamento de faculdades com fins lucrativos]. *The Washington Post*, 21 nov. 2018.

esse novo mercado. "Faculdades com fins lucrativos predatórios prosperam na vulnerabilidade econômica e no desemprego que tantas pessoas enfrentam devido à pandemia", disse Toby Merrill, diretor do Project on Predatory Student Lending [Projeto investigativo sobre empréstimos predatórios para estudantes]. "Essas escolas se aproveitam de pessoas que procuram melhorar as suas oportunidades de carreira ao utilizar publicidade agressiva e falsa, informação enganosa e promessas vazias".[157] Expandindo a missão da secretária DeVos de subsidiar as faculdades com fins lucrativos utilizando recursos públicos, o programa federal de ajuda humanitária diante da covid-19 injetou mais de 32 milhões de dólares em assistência financeira direta a dez das maiores universidades com fins lucrativos do país.[158]

Quarta tendência, a globalização da economia criou oportunidades para exportar modelos educacionais, bens, serviços e financiamento dos Estados Unidos para outros países. A Pearson, empresa global de testes estudantis e livros didáticos sediada no Reino Unido, com receitas de 5,2 bilhões de dólares em 2018 e mais de 24 mil funcionários em quase sessenta países, corresponde à procura global originada nos Estados Unidos e no Reino Unido.[159] Chris Whittle, fundador do Channel One, empresa que criou uma rede de televisão para orientar a publicidade para crianças em escolas e um dos fundadores da Edison Schools, que esperava capturar o mercado de *charter schools*, dedica-se a uma nova companhia para abrir escolas particulares em cidades ricas de todo o mundo, começando por Estados Unidos e China. Ao atrair pais que podem pagar mensalidades de quarenta mil dólares por ano, Whittle espera arrecadar investimentos ini-

---

[157] "'Covid College Cons' Series Exposes Predatory For-Profit Colleges Targeting Students during Covid-19 Crisis" [Série de artigos "Covid College Cons" expõe faculdades predatórias com fins lucrativos em busca de estudantes durante a crise do covid-19], 15 abr. 2020.

[158] WAKAMO, Brian. "Instead of Bailing Out For-Profit Colleges, Congress Should Cancel Student Debt" [Em vez de resgatar faculdades com fins lucrativos, o Congresso deve cancelar a dívida estudantil], *Inequality.org*, 15 jun. 2020.

[159] REINGOLD, Jennifer. "Everybody Hates Pearson" [Todo mundo odeia a Pearson], *Fortune*, 21 jan. 2015.

ciais de empresas de capital privado na China para uma operação global. "Este é um investimento a longo prazo", disse um dos sócios de Whittle na China. "Ao fim, levaremos a empresa a abrir capital."[160]

A globalização também proporciona às universidades novos mercados para estudantes e empresas de consultoria, como Bain and Company e McKinsey & Company. Nos últimos cinco anos, a McKinsey destacou 175 consultores para atuar em seiscentos projetos educacionais em cinquenta países. Essas oportunidades ajudam a difundir as práticas dos Estados Unidos relativas ao envolvimento do setor privado na educação, estabelecendo parcerias universidades/empresas e assegurando que as escolas satisfaçam as necessidades de mão de obra das corporações globais.

A captação de novas descobertas científicas e tecnológicas para apoiar os objetivos empresariais constitui um dos grandes êxitos do capitalismo empresarial moderno. Na educação, essa tendência tem contribuído tanto para a inovação quanto para a ruptura com as práticas estabelecidas. Novas descobertas das ciências cognitivas e das neurociências, por exemplo, levaram os pesquisadores da educação a estudar as origens do desenvolvimento atípico, os processos biológicos envolvidos na aprendizagem de competências relevantes na escola e as previsões de resultados que podem ser testados em pesquisas da área (Smedt, 2018).

Os resultados dessa pesquisa contribuíram para a criação de sistemas de aprendizagem personalizados, que, assim como a medicina de precisão e a nutrição personalizada, prometem ajuda para alguns indivíduos, mas também criam oportunidades de lucro. Além disso, em muitos casos, a implementação corporativa da aprendizagem personalizada mina as escolas no papel de comunidades e os educadores no papel de produtores de conhecimento. Esses sistemas podem relegar as crianças de baixa renda, negras e latinas a ambientes ainda mais segregados e subfinanciados, particularmente aquelas com problemas de aprendizado, enquanto as crianças de pais ricos se

---

[160] TANENHAUS, Sam. "Can Chris Whittle Launch a Truly Global Academy?" [Chris Whittle pode lançar uma escola verdadeiramente global?], *Town & Country*, 10 jul. 2018.

servem de ambientes de aprendizagem personalizados e de tutoria privada (Boninger, Molnar & Saldaña, 2019). Os maiores desafios que se apresentam às famílias de baixa renda em todos os níveis de educação e foram experimentados como resultado da expansão do ensino on-line durante a pandemia de covid-19 ilustraram ainda mais o provável impacto adverso de equidade dessas tecnologias.

Líderes do setor de aprendizagem personalizada na McGraw Hill, corporação global que distribui produtos digitais e outros materiais educacionais em mais de cem países, explicam o atrativo da modalidade:

> Os professores sempre souberam que ensinar para a média dos alunos satisfaz as necessidades de poucos deles. O problema é que é difícil personalizar em escala. Mas agora, com o apoio da tecnologia e acessibilidade mais generalizada, ficou mais viável do que nunca satisfazer as necessidades dos estudantes. (Pittock & Corbin-Thaddies, 2017)

As descobertas em cálculo computacional e inteligência artificial contribuíram para o desenvolvimento de hardware, software e plataformas em rede que têm o potencial de tornar todos os níveis de aprendizagem mais eficientes e adaptados às necessidades individuais — e gerar lucros para empresas tecnológicas como IBM, Google, Microsoft e outras (Spohrer & Banavar, 2015). Como observou Kirill Pyshkin, do Credit Suisse, empresa global de serviços financeiros:

> Até agora, apenas 2% a 3% dos cinco trilhões de dólares gastos globalmente na educação são digitais. Tal fato, combinado com o súbito papel vital da tecnologia educacional durante a covid-19 e as diferenças significativas observadas até agora na geografia dos seus investimentos, intensifica as oportunidades de crescimento global não exploradas até então.[161]

---

161 "The Growing Demand for EdTech during Coronavirus Lockdown" [A crescente demanda por tecnologia durante o lockdown do coronavírus], Credit Suisse, 8 abr. 2020.

Para as escolas secundárias e universidades, os sistemas de aprendizagem on-line permitem matricular mais alunos, encaixar os estudos em uma rotina concorrida e, em alguns casos, reduzir custos de mão de obra. Embora o histórico de instituições que ganham dinheiro com o ensino a distância seja variável, a *Forbes* estimou que o mercado global da aprendizagem on-line atingirá 325 bilhões de dólares até 2025, contra 107 bilhões de dólares em 2015.[162]

Como a implantação dessas tecnologias influencia a educação? Ben Williamson, pesquisador de educação no Reino Unido que estuda o papel das empresas de tecnologia na reforma educacional, observa que o

> discurso do Vale do Silício sobre inovação, empreendedorismo, cultura das startups, espaços de *makers*, soluções *crowdsourced*, plataformas e capital filantrópico está se tornando uma nova linguagem de ensino. Essas escolas são produtos prototípicos da filantropia de empreendedorismo, coerentes com a crescente centralidade dos conceitos empresariais para descrever as reformas e políticas educativas. (Williamson, 2018)

Williamson prossegue observando que o envolvimento empresarial encoraja uma "mentalidade tecnocrática que valoriza a ideia de que a competência técnica livre de valores é preferível ao conflito político — nas instituições de ensino".

Por fim, mudanças demográficas e socioeconômicas têm alterado os mercados globais de educação. As taxas de natalidade em declínio, especialmente em países de alta renda, sinalizam que as universidades devem competir por estudantes que possuem mais escolhas e também encontrar formas de atrair e satisfazer as necessidades dos mercados emergentes, incluindo estudantes que estão retomando os estudos, mais velhos e que não falam inglês. Muitas empresas definiram novos nichos de mercado, ajudando as uni-

---

[162] MCCUE, T. J. "E-Learning Climbing to $325 Billion by 2025" [Educação on-line chegará a 325 bilhões de dólares em 2025], *Forbes*, 31 jul. 2018.

versidades públicas e privadas a construir e mobiliar dormitórios, refeitórios e centros desportivos de luxo, indispensáveis para atrair mais estudantes dispostos a pagar mais. Essa lucrativa "corrida às armas da comodidade" aumenta os custos, que são repassados aos estudantes, alargando ainda mais as disparidades em termos de preços e reduzindo o número de pessoas com renda mais baixa que podem pagar por um curso superior (McClure, 2019).

À medida que o número de postos de trabalho na indústria diminui, mais trabalhadores necessitam de requalificação. Para as empresas, é preocupação-chave assegurar que seus próprios programas de desenvolvimento de mão de obra e aqueles que elas apoiam por meio da filantropia e dos impostos lhes forneçam o capital humano de que necessitam para competir eficientemente na economia global. Os vencedores da corrida por desenvolvimento da força de trabalho se beneficiam da mão de obra instruída e disponível, e os perdedores acabam ficando com trabalhadores de salários mais altos e formação inadequada, o que sobrecarrega seus resultados. Não surpreende que os empresários queiram ter maior influência na concepção do sistema de desenvolvimento da força de trabalho, o que determina seu destino nessa loteria.

Mudanças na economia também influenciam decisões educacionais, desde a creche até a universidade. À medida que mais mulheres regressam ao trabalho após o parto, os berçários e as creches se mostram importantes para famílias da classe trabalhadora e seus empregadores. É claro que a maioria das mulheres negras, latinas e imigrantes sempre teve de trabalhar depois de parir, e a falta de assistência à primeira infância com financiamento público impõe ônus adicionais e aumenta as disparidades de renda e bem-estar. Se as recessões econômicas levarem as cidades e os estados a reduzir os orçamentos escolares, mais pais que podem pagar por escolas privadas vão recorrer a isso, diminuindo ainda mais o apoio público a escolas públicas subfinanciadas. As melhorias na economia tornam mais atraente para algumas pessoas o trabalho no lugar do estudo, e as recessões econômicas mandam os desempregados de volta à faculdade. Os pais e os estudantes respondem a essas condições em transformação da economia com base em circunstâncias pessoais, mas suas escolhas são sempre condicionadas pelas estratificações por raça/etnia, classe, gênero e status de imigrante que caracterizam o capitalismo moderno. Dessa maneira, as escolhas que as corporações educacionais oferecem acabam por aumentar as lacunas no acesso e na qualidade da educação.

Por fim, a ideologia capitalista influencia ainda mais as mudanças na educação. A longo prazo, a economia do conhecimento, termo popularizado nos anos 1970, retrata a educação como base para o sucesso econômico individual e nacional. Os países competem para criar sistemas educacionais que conduzem à prosperidade, e as empresas de testes vendem a eles produtos que lhes permitirão avaliar seu sucesso. Todas as empresas que vendem produtos educacionais, desde brinquedos para bebês a certificados universitários e diplomas para jovens e adultos, podem contar com a crença de seus clientes de que mais conhecimento os conduzirá a uma vida melhor. Apesar do intenso debate acadêmico sobre as complexas interações entre educação e sucesso econômico (Wolf, 2002), essa crença predominante simplifica a tarefa de convencimento dos vendedores, exigindo-lhes que argumentem para pais, estudantes e outros consumidores de que só o seu produto, e não o dos concorrentes, garante maior êxito na economia do conhecimento.

Vários princípios-chave do capitalismo moderno contribuem para essas mudanças de opinião sobre a educação. As ideias de que competição é útil, de que o mercado resolve os problemas sociais com maior eficiência que os governos e de que os indivíduos estão mais bem preparados para tomar decisões que moldam seus destinos têm influenciado profundamente a prática da escolarização em todos os níveis. Outro princípio capitalista determinante é que os sindicatos são ruins e muitos dos problemas do sistema educacional de hoje são causados por sindicatos burocráticos e autossuficientes, em especial os de professores. A campanha do ex-governador Scott Walker para cortar o financiamento e privatizar o ensino público em Wisconsin dependia da retórica de demonização dos sindicatos gananciosos e incompetentes (Stein & Marley, 2013).

Na educação, como em outros setores, as tendências aqui descritas não são acontecimentos distintos e separáveis. Pelo contrário, em conjunto elas definem a face do capitalismo do século XXI. A privatização apoia a financeirização, a globalização permite a disseminação mundial de novas tecnologias, e a ideologia capitalista faz com que todos esses desdobramentos pareçam naturais e inevitáveis. Juntas, essas mudanças transformaram a maneira como pais, crianças e jovens tomam decisões sobre a educação.

Essas mudanças em nosso sistema econômico e político também transformaram o papel das corporações, dos investidores, dos empreendedores imobiliários e das editoras na definição da política educacional. Empresas tecnológicas, as de capital privado, instituições financeiras, filantropia de risco, editores de livros didáticos e de testes, entre outras, requisitaram lugares às mesas nas quais as políticas educacionais são definidas. Como observou o antigo CEO do Google Eric Schmidt, no livro em coautoria com Jared Cohen, *A nova era digital*:

> As plataformas tecnológicas modernas, tais como Google, Facebook, Amazon e Apple, são ainda mais poderosas do que supõe a maioria das pessoas, e o nosso mundo no futuro será profundamente alterado pela sua adesão e [...] pela velocidade do seu desenvolvimento. Quase nada além de um vírus biológico pode se espalhar tão rapidamente, eficientemente ou agressivamente como essas plataformas tecnológicas, e isso torna as pessoas que as constroem, controlam e utilizam também poderosas. (Schmidt & Cohen, 2013, p. 9-10)

Nas últimas décadas, investidores de capital privado e de capital de risco; instituições financeiras; filantropos ricos (pessoa física ou jurídica); organizações empresariais; gestores de escolas com fins lucrativos; e empresas de gestão educacional, livros didáticos e testes uniram-se para constituir um novo setor educacional. Como o ativista de educação Howard Ryan observou, esse setor tece várias vertentes de influência, cada uma com prioridades distintas (Ryan, 2017).

A primeira vertente é a *edubusiness* (Ball, 2012), empresas que procuram lucrar com a privatização de instituições ou serviços educacionais outrora públicos ou sem fins lucrativos. A segunda vertente, a filantropia de risco, demonstra que reduzir a influência das empresas para conquistar mais retorno simplifica demasiadamente uma história mais complexa. Essa vertente, que a estudiosa de educação Diane Ravitch chama de "O clube dos meninos bilionários", inclui Bill Gates, Jeff Bezos e sua ex-esposa, MacKenzie Bezos, a Fundação Walton e a Fundação Eli e Edythe Broad. Seu objetivo é refazer o sistema educacional norte-americano para que ele seja mais eficiente, mais competitivo e mais orientado ao mercado (Ravitch, 2010, p. 195-222). Eles defendem mais testes, responsabilização, concorrência e padrões mensuráveis. Veem frequentemente os professores, e em particular os sindicatos de professores, como um obstáculo para a melhoria da educação. As empresas em que fizeram fortuna também podem se beneficiar financeiramente das políticas educacionais propostas por esse modelo, mas os seus objetivos são apresentados com termos mais sofisticados.

As empresas e as associações comerciais (por exemplo, a Business Roundtable e a Câmara de Comércio dos Estados Unidos, ambas fortes defensoras da Lei No Child Left Behind [Nenhuma criança deixada para trás]) constituem a terceira vertente, o setor empresarial da educação.[163] Seus objetivos incluem assegurar que as empresas dos Estados Unidos obtenham a força de trabalho de que necessitam tanto para novos empregos tecnológicos quanto para o número crescente de empregos menos qualificados e com baixos salários. Essa vertente também procura financiar a educação de formas que não sobrecarreguem excessivamente os contribuintes empresariais.

Por fim, a quarta vertente heterogênea — os cristãos conservadores, os ativistas abastados de direita e as organizações supremacistas brancas — procura preservar ou restaurar um sistema educacional que mantenha a estratificação de classe, a segregação racial e os valores conservadores acerca de sexualidade, gênero e mercados. Grupos como a Fundação para os Valores Tradicionais, que procura romper a separação entre Igreja e Estado, a Home School

---

[163] SCHWARTZ, Robert B. & GANDALL, Matthew. "Higher Standards, Stronger Tests: There's No Turning Back" [Padrões mais elevados, testes mais fortes: não há mais volta], *Education Week*, 19 jan. 2000.

Legal Defense Association [Associação de defesa legal do ensino domiciliar], que defende a educação doméstica, a American Federation for Children [Federação americana das crianças], uma organização de defesa da escolha escolar, e outros trabalham com republicanos e cristãos conservadores para conectar a reforma educacional a outros movimentos de direita e nacionalistas.[164]

Embora essas diferentes vertentes de reformas educacionais parceiras do mercado não concordem em tudo, juntas consolidaram uma voz poderosa para o debate em curso nos Estados Unidos sobre o papel adequado do governo e dos mercados na educação. Esses reformadores são democratas e republicanos, urbanos e rurais, negros e brancos. Não são homogêneos, e algumas vertentes (por exemplo, alguns proponentes de *charter schools*) definem seus objetivos com a mesma linguagem da justiça racial e da equidade.

Muitas vozes participam no discurso nacional sobre a reforma da educação, mas nenhum partido tem mais recursos, ligações mais profundas nos corredores do poder ou mais afinidades partilhadas em termos de visão do mundo do que os líderes das corporações desse setor e os bilionários que dominam a filantropia educacional. Para compreender as recentes mudanças na educação, é necessário captar os objetivos e os métodos desses grupos. Requer também o entendimento das infraestruturas que esses reformadores articularam para fazer avançar seus objetivos. Por exemplo, a State Policy Network [Rede de políticas estaduais], aliança entre 66 "fábricas de ideias" de direita que abrangem todos os estados da nação, utilizou o seu tesouro de guerra de oitenta milhões de dólares — financiado pelos irmãos Koch e pela Fundação Família Walton — para criar um "guia de mensagens" capaz de facilitar a coordenação da estratégia conservadora em todo o país.[165] Outras alianças educa-

---

164 VOGEL, Pam. "Here Are the Corporations and Right-Wing Funders Backing the Education Reform Movement" [Estes são as corporações e os financiadores de direita que apoiam o movimento de reforma educacional], *Media Matters*, 27 abr. 2016.

165 PILKINGTON, Ed. "Revealed: Secret Rightwing Strategy to Discredit Teacher Strikes" [Revelado: estratégia secreta da direita para desacreditar greves de professores], *The Guardian*, 12 abr. 2018.

cionais, como as apoiadas pela Fundação Bill & Melinda Gates, se alinham mais com causas e grupos democratas, mas partilham do compromisso das reformas educacionais que protegem os valores do mercado.[166]

Em seu livro sobre a resistência à privatização, a estudiosa de educação Diane Ravitch resume a ideologia do que ela chama de "movimento de ruptura". O movimento, ela escreve, se baseia em dois dogmas:

> primeiro, os benefícios da padronização e, segundo, o poder dos mercados, em escala, para impulsionar a inovação e os resultados. A sua adesão desenfreada a esses princípios tem sido desastrosa para a educação. Esses princípios não funcionam nas escolas pelas mesmas razões que não funcionam para famílias, igrejas e outras instituições que operam, principalmente, com base nas interações humanas, e não em perdas e lucros. (Ravitch, 2020, p. 117)

Passo agora a explorar a maneira como esses agentes disruptivos exercem sua influência, como lucram, e o impacto na forma como os alunos e suas famílias experimentam a paisagem alterada em três níveis diferentes do sistema educacional.

Cuidados da primeira infância

Se a educação é o medicamento milagroso que previne ou reduz o impacto de múltiplos problemas de saúde ao longo da vida, então a educação na primeira infância é esse medicamento turbinado. Um conjunto crescente de evidências mostra que as crianças que recebem cuidados de alta qualidade nos primeiros anos de vida, em

---

[166] GREENE, Jay P. & HESS, Frederick. "Education Reform's Deep Blue Hue" [O rio de águas profundas da reforma educacional], *Education Next*, 11 mar. 2019.

comparação com as que não os recebem ou com as que têm cuidados de menor qualidade, alcançam os seguintes benefícios:

- melhor saúde mental durante toda a infância (Anderson *et al.*, 2003);
- menos mortes até os 21 anos; melhor saúde autorrelatada; menores taxas de consumo abusivo de álcool e tabaco e de uso de drogas ilegais; melhor saúde mental (Muennig *et al.*, 2011);
- na casa dos trinta anos, menor risco de doenças cardíacas e fatores associados, incluindo obesidade, hipertensão arterial, açúcar elevado no sangue e colesterol elevado (Muennig *et al.*, 2011);
- melhores resultados escolares a curto e longo prazos, um benefício de saúde vitalício em si mesmo, e taxas de criminalidade reduzidas entre os assistidos em comparação com os não assistidos (Magnuson & Waldfogel, 2005).

Os serviços para crianças incluem duas categorias relacionadas, porém distintas: cuidados infantis e educação pré-escolar. A primeira, um conceito mais amplo, enfatiza os objetivos de permitir aos pais trabalhar enquanto mantêm as crianças seguras e felizes; a segunda inclui também educação e experiências que preparam as crianças para o sucesso na escola e na vida.

Cuidados infantis e educação pré-escolar de qualidade trazem benefícios às famílias e às comunidades, permitindo a mães e pais trabalhar mais, o que aumenta a renda familiar, e reduzindo o estresse parental, ao mesmo tempo que promove o desenvolvimento saudável e ensina novas habilidades às crianças.

Embora os custos de uma educação abrangente na primeira infância sejam elevados, a taxa de retorno sugere que se trata de um bom investimento. Em 2014, o custo do ABC/Care, um modelo de serviço bem estudado, foi equivalente a cerca da metade do preço médio dos cuidados infantis básicos nos Estados Unidos, que varia entre 9.589 e 23.354 dólares, com poucas evidências de que cuidados mais caros sejam necessariamente cuidados melhores. Para crianças desfavorecidas, esse modelo abrangente produz um retorno anual de 13% do investimento (Schulte & Durana, 2016). Alguns estudos estimam que, a cada dólar gasto em educação pré-escolar de alta qualidade, até dez dólares são poupados em custos de outros serviços governamentais ao longo da vida da criança.[167] Os atendimentos de cuidadores, frequentemente no ambiente domiciliar, são menos dispendiosos, mas proporcionam menos benefícios sociais a longo prazo.

Além disso, o não fornecimento de cuidados infantis a preços acessíveis gera os seus próprios custos. As empresas norte-americanas perdem anualmente 12,7 bilhões de dólares por causa dos desafios enfrentados pelos funcionários nesse aspecto; em nível nacional, os custos da perda de rendimentos, produtividade e receitas decorrentes de cuidados infantis inadequados alcançam um total estimado de 57 bilhões de dólares por ano (Bishop-Josef *et al.*, 2019).

Mais: o acesso desigual a cuidados de qualidade na primeira infância contribui para disparidades persistentes de classe, raça/etnia e outras desigualdades na saúde e na educação e para patamares mais elevados de envolvimento da justiça criminal (García & Weiss, 2015). Em 28 estados, um ano de creche custa, em média, mais do que um ano de educação universitária pública.[168] Felizmente, os dados sugerem que os grupos desfavorecidos são os que mais se beneficiam de uma educação infantil abrangente, o que reforça ainda mais a necessidade de apoio adicional (Hahn *et al.*, 2016). Tal apoio poderia ajudar a reduzir o grande e crescente desnível de êxito escolar que diferencia as crianças oriundas de famílias e comunidades negras de baixa renda de seus pares com melhores condições de vida (Thomason *et al.*, 2018).

Apesar desses benefícios expressivos, os pais enfrentam obstáculos extraordinários na procura de cuidados infantis de alta qualidade a preços acessíveis. Em 2017, dois terços das crianças menores de seis anos viviam em domicílios em que todos os tutores dispo-

---

167 MEAD, Rebecca. "The Lessons of Mayor Bill de Blasio's Universal Pre-K Initiative" [As lições do prefeito Bill de Blasio com a iniciativa Universal Pre-K], *The New Yorker*, 7 set. 2017.

168 "See How Much More Expensive Childcare Is Than Getting a Higher Education" [Veja quão mais caro é custear cuidados infantis do que educação superior], *HowMuch*, 2018.

níveis (mãe e pai ou mãe/pai solo) estavam na força de trabalho.[169] Uma em cada três famílias gasta 20% ou mais de sua renda em cuidados infantis, quase três vezes mais do que o máximo recomendado de 7% do rendimento. Para um indivíduo que ganhasse um salário mínimo, o custo médio anual de cuidados infantis em tempo integral exigiria 64% do seu rendimento.[170]

Metade das famílias que procuraram por cuidados infantis em 2016 relatou dificuldades em encontrá-los, e quase um milhão de famílias nunca encontrou o programa ideal. Os principais obstáculos relatados foram os custos elevados, a baixa qualidade ou a ausência de vagas.[171] Só em 2016, estima-se que dois milhões de tutores, em sua maioria mulheres, tenham feito sacrifícios de carreira devido a dificuldades com os cuidados infantis (Schochet & Malik, 2017).

Mesmo as famílias que se consideram de classe média entendem que pagar por cuidados infantis é uma luta. Patricia Bauer, que vive em San Diego com o marido e dois filhos pequenos, relatou a dificuldade a uma repórter da *NPR*.[172] O salário inteiro de Bauer, 2.400 dólares mensais, é direcionado para arcar com creche para os dois filhos. "Sentimos que trabalhamos tanto", explicou Bauer, "mas que, a qualquer minuto, podemos perder tudo — se houver alguma emergência, não temos poupança." Ela considerou deixar o emprego para ficar em casa cuidando dos filhos, mas, depois de descobrir o que teria de pagar para substituir o seguro-saúde ofere-

---

169 "Children under Age 6 with All Available Parents in the Labor Force in the United States" [Crianças menores de seis anos com todos os pais disponíveis na força de trabalho nos Estados Unidos], *Kids Count Data Center*, 2018.

170 "Big Ideas, Little Learners: Early Childhood Trends Report 2019" [Grandes ideias, pequenos aprendizes: relatório de tendências da primeira infância 2019], Omidyar Network, 2019.

171 "2016 National Household Education Survey: Early Childhood Program Participation Survey" [Pesquisa nacional de educação domiciliar 2016: participação no programa da primeira infância], National Center for Education Statistics, 2016.

172 NEIGHMOND, Patti. "Poll: Cost of Child Care Causes Financial Stress for Many Families" [Enquete: Custo de cuidar de crianças causa estresse financeiro para muitas famílias], *NPR Morning Edition*, 26 out. 2016.

cido pelo empregador, mudou de ideia: "Essa é outra despesa enorme que não podemos pagar". "Brincamos que, assim que os nossos meninos estiverem na escola pública, ficaremos ricos", diz Bauer, salientando o valor da educação financiada com recursos públicos.

Outro problema enfrentado pelo setor é o baixo salário dos funcionários e professores. Os docentes na educação infantil ganham em média 29 mil dólares anuais, menos da metade do que os profissionais do jardim de infância nas escolas públicas. Em todos os estados, o salário médio anual de um trabalhador de cuidados infantis é tão baixo que o qualifica para receber benefícios como o Medicaid (auxílio-saúde) e o SNAP (vale-alimentação), um indicador de como o nosso atual sistema depende da rede de assistência pública criada para os desempregados e para a força de trabalho de baixos salários. O baixo salário dos trabalhadores do segmento cria uma alta rotatividade, realidade que atrapalha a rotina das crianças, angustia os pais e prejudica o planejamento e o bem-estar dos próprios trabalhadores.

A diferença entre os ganhos que os cuidados infantis precoces poderiam oferecer às famílias e às comunidades e a real disponibilidade desses serviços convenceu recentemente alguns representantes eleitos, filantropos e empregadores a defender a expansão e a melhoria dos programas com essa finalidade. Cidades como Nova York criaram novos programas para crianças em idade pré-escolar. Globalmente, entre 2016 e 2019, o financiamento público para assistência à primeira infância aumentou 17%, um ganho impressionante em uma época em que muitos programas públicos enfrentavam cortes.

Mas, dados o modesto financiamento público para a educação infantil e a resistência contínua de muitos representantes eleitos em níveis municipal, estadual e nacional em aprovar mais gastos em serviços, especialmente os que beneficiam pessoas de baixa renda, parece improvável que a lacuna entre a oferta e a procura venha a ser preenchida a curto prazo. Ainda menos provável é a perspectiva de que o financiamento público se torne disponível para reduzir a diferença de qualidade — a diferença de custos entre creches completas e cuidadores não profissionais. Tais melhorias exigiriam investimentos substanciais para aumento dos salários e para formação dos professores, expansão e melhoria das instalações e inclusão dos serviços de nutrição, saúde e outros que constituem componentes essenciais de cuidados de qualidade.

Se o capitalismo moderno nos Estados Unidos não consegue resolver os problemas do setor público, ele se volta para os negócios privados, solução que examino aqui. Os perfis de algumas empresas, empreendedores, investidores e filantropos que estão moldando a ampliação do papel exercido pelo setor privado na educação da primeira infância destacam o potencial e as limitações dessa estratégia.

KinderCare. A KinderCare Education é a maior prestadora de serviços de educação infantil com fins lucrativos nos Estados Unidos. Opera mais de 1.380 unidades de aprendizagem e mais de 560 programas de atividades extracurriculares nas escolas primárias. Também administra programas e benefícios de cuidados infantis para mais de quatrocentas empresas. Educa 185 mil crianças por dia, emprega 32 mil pessoas, das quais cerca de trinta mil são professores. Em 2019, suas receitas anuais foram de 968 milhões de dólares, conforme dados divulgados pela agência de pesquisa de mercado Dun & Bradstreet.

A KinderCare foi fundada como uma empresa pública em 1969. Expandiu-se rapidamente ao contrair dívidas para adquirir novas unidades, mas, após a crise financeira de 2007, quando o desemprego mais elevado do que o habitual levou a um declínio do número de crianças que necessitavam de cuidados fora de casa, o crescimento e as receitas foram interrompidos. Depois de a empresa não ter tido nenhum trimestre rentável em três anos, ela recorreu ao capital privado — fundos e investidores dedicados diretamente a empresas privadas para financiamento incremental. Fechou unidades de baixo desempenho e subutilizadas e desenvolveu uma estratégia agressiva de aquisição de novos centros em mercados promissores.[173] Um dos seus primeiros investidores foi Betsy DeVos, a empresária republicana que viria a se tornar secretária de

---

[173] WYATT, Tom. "Two Sides of the Private Equity Coin" [Dois lados da moeda de capital privado], *PE Hub Network*, 26 fev. 2019.

Educação de Donald Trump. Na análise ética antes da confirmação de seu nome, DeVos relatou seu investimento na KinderCare, entre quinhentos mil e um milhão de dólares, como um dos 102 potenciais conflitos de interesse que foi obrigada a reconhecer.[174]

Em 2015, a KinderCare foi adquirida pela empresa de capital privado Partners Group, gestora suíça de investimentos em mercados privados com 83 bilhões de dólares em ativos sob gestão e que serve mais de 850 investidores institucionais. Para fazer essa aquisição, a Private Partners obteve financiamento de Credit Suisse, Barclays e Banco de Montreal. Entre 2014 e 2017, segundo a *Bloomberg News*, o Partners Group superou líderes da indústria, como o Blackstone Group, o Carlyle Group e a KKR & Company. No total, seu rendimento aumentou dez vezes desde 2005. O Partners Group, de acordo com o presidente-executivo, Steffen Meister, investiu em empresas que fossem adequadas ao crescimento a longo prazo, líderes de categoria com uma participação de mercado significativa em seu nicho e um potencial de crescimento contínuo no futuro.[175] Ao fazer da KinderCare uma empresa privada, o Partners Group contribuiu para a tendência nacional de menos empresas públicas e mais corporações privadas.

Tom Wyatt, que seguiu como CEO da KinderCare após a aquisição, observou que o Partners Group "reconheceu como a sua experiência e o seu conhecimento com relação a empresas convencionais e unidades múltiplas de negócios poderiam se traduzir no crescente setor de capital privado da educação".[176] Ademais, ele disse, o Partners Group "direcionou a abordagem de refinanciamento de dívidas para manter recursos, investir e negociar uma taxa de investimento atrativa".

O capital do Partners Group também permitiu à KinderCare procurar por novas oportunidades de investimento. Em 2018, conforme

---

174 STRATFORD, Michael. "DeVos Review Identifies 102 Financial Interests with Potential Conflicts" [Levantamento de Betsy DeVos identifica 102 interesses financeiros com potenciais conflitos], *Politico*, 20 jan. 2017.
175 MITCHENALL, Toby. "How Partners Group Plans to Build a 21st Century Returns Factory" [Como o Partners Group resgata a estética industrial em pleno século XXI], *Private Equity International*, 5 fev. 2019.
176 WYATT, Tom, *op. cit.*

divulgado em seu site institucional, a KinderCare adquiriu a Rainbow Child Care Center, empresa que possuía 140 unidades em dezesseis estados, e para isso contraiu um empréstimo de 205 milhões de dólares, que a agência de classificação Moody's chamou de crédito negativo, com base no impacto adverso na rentabilidade da empresa, embora tenha salientado que a dívida acrescida não alterava a classificação de crédito ou as perspectivas da empresa.

Em 2019, a KinderCare relatou 22 trimestres consecutivos de crescimento. O regresso à rentabilidade dependeu das estratégias testadas no setor varejista pelos líderes da KinderCare e do financiamento de capital privado do Partners Group. Antes de ingressar na empresa, Wyatt, o CEO, tinha sido presidente de uma divisão da Gap Inc., a Old Navy. Em 2012, a KinderCare contratou Wei-Li Chong, que trabalhara durante uma década com a varejista de moda Ann Taylor, chegando a presidente em 2017. Usando análise de dados e uma pesquisa com os funcionários, Chong criou perfis dos melhores professores da KinderCare e redesenhou a entrevista de contratação para selecionar as pessoas certas.

"No varejo", disse Chong, "eles estão obcecados pela ligação emocional do cérebro. Nunca houve essa abordagem na aprendizagem infantil. [...] Mas, se você considera esse aspecto, coisas incríveis acontecem com seus filhos". Os novos algoritmos de contratação orientados por dados da KinderCare buscavam professores que pudessem se conectar com os pais e as crianças, em vez daqueles com maior formação ou experiência na educação infantil, uma lição emprestada por gestores com experiência no funcionamento do varejo em múltiplos pontos de venda. Chong atribuiu maior retenção de pessoal ao processo de contratação redesenhado e, em parte, também creditou aos funcionários com capacidades de conexão emocional o regresso da KinderCare à rentabilidade. Ao concluir a remodelação do processo de contratação, observou: "Estamos experimentando um crescimento sem precedentes neste momento".[177]

---

177 MARUM, Anna. "KinderCare Uses Big Data to Turn Company Profitable" [KinderCare usa Big Data para tornar a empresa rentável], *The Oregonian*, 12 ago. 2017.

Como as raízes profundas da KinderCare no setor privado influenciam a experiência das crianças, dos pais e dos funcionários? Em uma organização tão grande e complexa, com tantos níveis de gestão (ou seja, centros de aprendizagem, regionais e a corporação como um todo), não existe uma resposta simples ou homogênea.

Mas vários websites oferecem oportunidades aos pais para descrever e classificar suas experiências na KinderCare. Alguns comentários ilustram a variedade de opiniões e também os desafios que os pais enfrentam para encontrar o lugar certo para cuidar de suas crianças:

> A creche para onde vão os meus filhos (de idades de quatro anos e oito semanas) foi comprada pela KinderCare, e eu absolutamente adoro esse serviço. Sim, é caro, mas eles fazem muito pelas crianças. Trabalham realmente na educação com as crianças e sempre se certificam de que elas se divirtam enquanto aprendem. *Casey*

> Mando a minha bebê para um centro KinderCare que é oferecido pelo meu trabalho como um benefício. Só posso falar pelo berçário, mas digo [...] que os seus dois principais professores são de primeira categoria. São muito amorosos e dão verdadeiramente o seu melhor. No entanto, estão extremamente sobrecarregados, e há, obviamente, muita pressão sobre eles para que façam mais com menos. [...] Eu ando pelo berçário, e todos choram, e há dois professores cuidando de oito crianças sem qualquer apoio adicional. Pelo menos um dia por semana, quando vou buscar minha bebê, ela está chorando [...] ou literalmente perdida olhando para o teto como se tivesse sido deixada sozinha para sempre, enquanto os professores tomam conta de outras crianças. [...] Estou à procura de um centro que queira ir além disso. Como mencionei, essa creche é um benefício da empresa. Não sinto que mandá-la para lá beneficie a mim ou à minha bebê de forma alguma. [...] Estou, neste momento, tentando reconsiderar os meus sentimentos para ver se devo continuar trazendo-a aqui. *Julia*[178]

---

[178] Depoimentos de "What Are Your Views on the Kindercare Daycare Chain?" [O que vocês pensam sobre a rede KinderCare?], *Winnie*, 6 mar. 2018.

Estudos nacionais apontam que apenas cerca de 10% das creches e berçários prestam "cuidados de alta qualidade", e a maioria oferece serviços razoáveis ou deficientes.[179] Marcy Whitebook, diretora do Centro para Estudo do Emprego em Cuidados Infantis da Universidade da Califórnia em Berkeley, disse a um repórter: "Temos décadas de pesquisa, e isso sugere que os cuidados infantis e a educação infantil neste país são, na melhor das hipóteses, medíocres".[180] Um relatório de 2015 do Departamento de Educação dos Estados Unidos concluiu que as crianças de famílias de baixa renda têm menos probabilidades de serem matriculadas na pré-escola do que os seus pares mais abastados, e que crianças de baixa renda que conseguem matrícula têm menos probabilidades de estar em programas de alta qualidade.[181]

A KinderCare reivindica "excelência educacional em todas e cada uma de suas marcas" e cita o estatuto de credenciamento de suas unidades de aprendizagem — quase todas são validadas pela Associação Nacional de Educação Infantil, entidade nacional que representa cerca de dez mil programas de cuidados infantis. Seu currículo exclusivo é utilizado em todas as unidades, e a KinderCare assegura que a abordagem faz com que as crianças matriculadas estejam, em média, quatro meses à frente de seus pares na preparação para o jardim de infância. No site institucional, a empresa postula que, "quanto mais tempo as crianças ficarem matriculadas, mais podem progredir". Mas os dados que citam não fornecem provas significativas que sustentem essa tese, e não há relatórios independentes ou revisados por especialistas renomados que documentem o histórico da KinderCare. Nesse e em outros centros

---

179 "The NICHD Study of Early Child Care and Youth Development (SECCYD): Findings for Children up to Age 4½ Years (Reference Only)" [Estudo acerca dos cuidados na primeira infância e desenvolvimento da juventude: resultados para crianças de até quatro anos e meio (somente referência)], National Institute Of Child Health And Human Development, US Government Printing Office, jan. 2006.
180 COHN, Jonathan. "The Hell of American Day Care" [O inferno da creche americana], *The New Republic*, 15 abr. 2013.
181 "A Matter of Equity: Preschool in America" [Uma questão de equidade: pré-escola nos Estados Unidos], US Department of Education, abr. 2015.

de cuidados infantis, os pais que procuram avaliar a qualidade carecem de orientação de confiança prontamente disponível.

Mas eles podem encontrar ajuda on-line. Tal como os varejistas que pagam aos influenciadores para promover produtos, a KinderCare patrocina clientes satisfeitos para publicar testemunhos. Alguns trechos de um desses comentários, de Rachel P., descrevem, em seu blog, por que ela escolheu matricular o filho e a filha na KinderCare:

> Para mim, é reconfortante saber que a KinderCare é uma rede ampla e de confiança, com uma reputação incrível em todo o país. [...] Eles estão empenhados em construir [...] criando confiança nas crianças. Instigando um amor-próprio inabalável. Imprimindo uma convicção que as crianças carregam consigo enquanto dão os primeiros passos [...], cada passo em direção à conquista do mundo. Eles se erguem para que então possam brilhar. Eles são a KinderCare. Um lugar incrível onde se pode aprender e brincar, rir e chorar, crescer e amadurecer. Criando confiança para a vida.[182]

Uma empresa de cuidados infantis que responde aos investidores e cuja sobrevivência depende da satisfação de suas expectativas tem de assegurar que o fluxo de receitas primárias — mensalidades e taxas — seja estável. Na KinderCare, embora o custo varie de acordo com o local e a idade, um ano completo de cuidados para um bebê ou criança de até três anos custa pouco menos de vinte mil dólares por ano, e, para uma criança em idade pré-escolar, cerca de dezessete mil dólares por ano.

O que acontece quando os pais já não podem pagar por essas mensalidades? Duas histórias de Houston — uma triste, a outra trágica — ilustram as possibilidades. Shauna matriculou a filha Hadley na KinderCare no dia em que regressou ao trabalho após a licença-maternidade:

---

[182] "The Smart and Easy Choice for Childcare & Preschool: KinderCare Learning Centers" [A escolha inteligente e fácil para o cuidado de crianças e pré-escola: centros de aprendizagem KinderCare], *RachelPitzel.com*, 7 fev. 2018.

A nossa filha esteve lá desde os três meses até cerca de um ano. Infelizmente, fui demitida, e já não podemos mantê-la . No entanto, desejo quase todos os dias que pudesse fazer isso! Não porque não queira passar tempo com a minha filha, mas porque foi uma experiência maravilhosa para ela. Ela se beneficiou da excelente educação, dos professores maravilhosos e da socialização. Aprendeu a ser independente em relação a mim e a estar à vontade com as pessoas fora de casa. Adorei a estrutura, a diversão e a criatividade, e sei que ela também adorou. Recomendo vivamente levar o seu filho para lá! [depoimento no Yelp, aplicativo de avaliação de estabelecimentos comerciais]

Os especialistas em desenvolvimento infantil concordam que, para as crianças, a estabilidade proporciona uma base fundamental para o crescimento saudável. A combinação da precariedade do trabalho dos pais, forçando-os a mudar os arranjos de cuidados à medida que o emprego e as finanças mudam, com a instabilidade das creches devido a cortes no financiamento ou desinvestimento pode minar essa fundação. Em comparação com as crianças inscritas em programas com financiamento público estável, os alunos do setor com fins lucrativos sofrem quando a KinderCare ou outras empresas similares ajustam os planos de expansão e contração para alcançar novas oportunidades.

O jornalista da *New Republic* Jonathan Cohn contou a história de Kenya Mire, trabalhadora de baixa renda, e sua filha Kendyll.[183] Depois de matricular a filha em algumas creches domiciliares e ter de desistir por ter perdido o emprego, Mire juntou dinheiro suficiente para matriculá-la em um centro KinderCare localizado em Houston. Mas o seu expediente de meio período a dez dólares por hora como recepcionista numa churrascaria não foi suficiente para arcar com os pagamentos; por isso, a KinderCare pediu a Mire para desmatricular a filha. Mais tarde, quando a situação melhorou com o ingresso em um novo emprego em uma companhia petrolífera, ela tentou novamente a KinderCare, mas eles não aceitariam

---

183 COHN, Jonathan, *op. cit.*

Kendyll de volta até Mire pagar a dívida. Quando ela finalmente conseguiu saldar o que devia, não havia vagas disponíveis.

Pouco tempo depois, porém, Mire encontrou uma vaga em um centro local de cuidados infantis domiciliares, gerido por uma mulher que parecia experiente, acolhedora com as crianças e que cobrou um preço que Mire podia pagar. Tudo corria bem até que, um dia, a proprietária deixou as crianças dormindo sem vigilância para ir fazer compras. Houve um incêndio, e Kendyll e outras três crianças morreram. A proprietária foi condenada a uma longa pena de prisão, mas a história realça os riscos tanto da simplicidade envolvida nos cuidados infantis domiciliares quanto da sofisticação de redes com fins lucrativos como a KinderCare. Embora as mortes em creches sejam raras, um estudo descobriu que a taxa de mortalidade de crianças em ambientes de cuidados infantis domésticos era sete vezes superior à dos centros (Wrigley & Dreby, 2005). Se tivessem sido disponibilizados cuidados infantis com financiamento público ou se as políticas da KinderCare fossem definidas para beneficiar tanto as famílias quanto os investidores, essas mortes poderiam ter sido evitadas.

Acelero. Outra abordagem do envolvimento corporativo nos cuidados infantis é a privatização de serviços outrora públicos. A Acelero Learning é uma empresa privada com cerca de 85 milhões de dólares em receitas anuais que opera os centros Head Start, anteriormente de gestão pública, servindo cinco mil crianças em quatro estados e vendendo serviços de gestão à Head Start, que serve trinta mil crianças em todo o país. Em depoimento no site institucional, Kim Syman, sócia-gerente da New Profit, investidora da Acelero, observou que a empresa tem "o potencial de estilhaçar um sistema Head Start estagnado de dez bilhões de dólares e de estabelecer padrões mais elevados em todo o segmento".

A Acelero procura causar "impacto sistêmico por meio do aproveitamento da tecnologia e do desenvolvimento de uma base de dados própria para ajudar outros prestadores a alcançar melhores resultados". E cita estudos de avaliação terceirizados que indicam que as crianças atendidas em seus estabelecimentos atingem aproximadamente o dobro das conquistas de qualquer outro centro Head

Start médio — mais elevado do que qualquer outro fornecedor no ramo. Um relatório de uma empresa independente de consultoria educacional identifica as melhores práticas de dados da Acelero Learning e de outros programas Head Start,[184] mas, tal como com a KinderCare, as evidências a respeito das quais a Acelero faz suas alegações de eficiência ou os relatórios públicos sobre tais alegações não estão prontamente disponíveis para consulta.

KinderCare, Acelero e muitas outras grandes e pequenas empresas que trabalham com cuidados infantis ajudaram a criar novas formas de expandir o número de vagas na área, a trazer a ciência dos dados para tornar mais eficientes o funcionamento e a gestão de múltiplos programas e a aplicar lições de outros setores, tais como do comércio varejista e dos serviços da economia do compartilhamento, para a tarefa urgente de expansão dos cuidados infantis. Elas também atraíram — e foram atraídas por — novos parceiros poderosos: o capital privado, o capital de risco e investidores de impacto social; empresas tecnológicas; grandes filantropos; empresas de consultoria educacional; e políticos com aspirações nacionais.

Os cuidados infantis têm o potencial de trazer enormes benefícios às crianças, às famílias, às comunidades e à sociedade como um todo. A atual oferta de creches e berçários é terrivelmente inadequada, a qualidade, em geral, é baixa, e as famílias que mais poderiam se beneficiar de bons cuidados enfrentam barreiras imensas de acessibilidade econômica.

Seria interessante ratificar a solução dos capitalistas do século XXI para todos os problemas sociais: a inclusão do setor privado. Usar o seu know-how, o capital e a capacidade de conduzir políticas para expandir e melhorar os cuidados infantis, especialmente no momento em que a pressão da oposição política por maior financiamento público parece quase inconciliável.

Antes de enveredarmos por esse caminho, porém, evidências sobre o envolvimento do setor privado nos cuidados infantis suge-

---

184 LIBETTI, Ashley. "Leading by Exemplar Data Utilization Practices in Head Start Programs" [Liderar por meio de práticas exemplares de utilização de dados em programas Head Start], Bellwether Education Partners, 2019.

rem várias ressalvas. Em primeiro lugar, o que torna esse segmento atraente para os investidores — rápida expansão, elevado retorno do investimento e economia de custos — mina três elementos essenciais para que ele seja eficaz: programas de alta qualidade e abrangentes, elevada proporção funcionários/crianças e acessibilidade econômica mesmo para famílias de baixa renda. As pequenas e médias empresas privadas de cuidados infantis têm somente duas estratégias para fazer frente às despesas: matricular mais crianças ou cobrar mensalidades mais elevadas, e ambas comprometem a qualidade e o acesso. Grandes empresas como a KinderCare podem responder melhor a esses desafios alcançando economias de escala, sacrificando os lucros correntes para aumentar a participação no mercado e expulsar os concorrentes menores do negócio, ou comprando concorrentes.

Em segundo lugar, o investimento privado é sempre vulnerável à mudança das circunstâncias econômicas. Uma recessão econômica, uma pandemia ou outra oportunidade de investimento com retornos mais elevados poderiam levar os investidores a abandonar o setor dos cuidados infantis, comprometendo as infraestruturas já criadas e prejudicando ainda mais a vida das crianças e das famílias atendidas pelos programas em que investiram.

Finalmente, um sistema educacional totalmente integrado, concebido para permitir que as crianças passem da creche ao ensino primário, ao fundamental e ao médio, e depois para as universidades ou as escolas técnicas, oferece a melhor esperança de ajudar todas as crianças a desenvolver, a longo prazo, o seu potencial cognitivo, social e de saúde. A construção de um sistema de cuidados infantis que responda aos investidores privados e não ao setor público parece minar essa visão.

A questão de fundo a que o povo tem de responder é se os benefícios dos cuidados e da educação infantil de alta qualidade para todas as crianças prevalecem sobre as consequências da imposição de tributos mais elevados às empresas e aos ricos, a fim de custear esses serviços, e da restrição dos direitos das empresas de lucrar com os cuidados infantis. Os Estados Unidos estão sozinhos entre os países ricos, dada sua opção por não criar um sistema público de berçários, creches e pré-escolas.

Ensino fundamental e médio

Nos cuidados infantis, as perspectivas de lucro residem na expansão de um setor pequeno e subdesenvolvido para satisfazer a procura crescente dos pais por mais vagas. No ensino fundamental e no médio, no entanto, a oportunidade exige a captação de um montante maior do que os mais de 670 bilhões de dólares pagos anualmente pelos contribuintes pela educação pública.[185] Para melhor compreender esse potencial, descrevo algumas das empresas que encontraram maneiras de explorar esse lucrativo fluxo de receitas.

K12 Inc. Empresa de educação tecnológica que, com suas subsidiárias, fornece cursos on-line e software para escolas e sistemas educacionais a fim de promover a aprendizagem personalizada para estudantes do ensino fundamental e médio nos Estados Unidos e internacionalmente. A K12 vende os seus serviços a, entre outros, escolas públicas e privadas, *charter schools* e programas para a primeira infância, empregando 4.600 pessoas. Suas receitas em 2020 foram de um pouco mais de um bilhão de dólares.

O CEO e presidente da K12 é Nathaniel Alonzo Davis, que anteriormente ocupou a mesma posição na XM Satellite Radio Holdings. Sua remuneração na K12 em 2019 foi de 2,2 milhões de dólares, com um bônus de 4,2 milhões de dólares. Os membros do conselho incluem John M. Engler, presidente da Business Roundtable e ex-governador do Michigan; Steven B. Fink, CEO da Lawrence Investments e fundador da KinderCare; Eliza McFadden, presidente e CEO da Fundação Barbara Bush para a Alfabetização das Famílias; e Elanna Yalow, diretora acadêmica da KinderCare.

Em 2016, a então procuradora-geral da Califórnia, Kamala Harris, anunciou que o Departamento de Justiça da Califórnia tinha chegado a um acordo com a K12 sobre alegadas violações por falsas

---

185 "School Spending per Pupil Increased by 3.2 Percent, U.S. Census Bureau Reports" [Gastos escolares por aluno aumentaram 3,2%], United States Census Bureau, 21 maio 2018.

afirmações da empresa, propaganda enganosa e infrações a leis de concorrência desleal. A acusação de Harris era que

> a K12 e suas escolas enganaram os pais e o estado da Califórnia ao usarem dólares dos contribuintes para comprovar uma frequência questionável dos alunos, falsificar o sucesso dos alunos e a satisfação dos pais e sobrecarregar, com dívidas, instituições de caridade sem fins lucrativos. [...] Esse acordo assegura que a K12 e suas escolas sejam responsabilizadas e façam as correções absolutamente indispensáveis.[186]

A K12 cumpriu um acordo de 2,5 milhões de dólares e reembolsou à Procuradoria-Geral da República outros seis milhões de dólares para cobrir a investigação. No entanto, quando Harris revelou que a empresa também concordara em expurgar a dívida de 160 milhões de dólares que havia imposto aos clientes das *charter schools* na Califórnia, a K12 contra-atacou dizendo que a reivindicação de Harris era "vergonhosa e categoricamente incorreta".[187] A disputa evidencia as relações complexas e financializadas entre empresas com fins lucrativos como a K12 e *charter schools* sem fins lucrativos. Uma vez que a Califórnia proíbe as empresas privadas de operar *charter schools*, a K12 trabalha como "prestadora de serviços" para escolas sem fins lucrativos que transferem partes substanciais de suas receitas para a empresa. A empresa cobra das *charter schools* uma taxa fixa única pelos serviços (por exemplo, locação de espaço, compra de material, recursos humanos), depois ajusta a conta de acordo com o que o Estado paga efetivamente às escolas, uma abordagem incomum de "pague quanto puder". Os 160 milhões de dólares foram a

---

186 "Attorney General Kamala D. Harris Announces $168.5 Million Settlement with K12 Inc., a For-Profit Online Charter School Operator" [A procuradora-geral Kamala D. Harris anuncia um acordo de 168,5 milhões de dólares com a K12 Inc., operadora on-line de *charter schools* com fins lucrativos], State of California Department of Justice, 8 jul. 2016.

187 HENSLEY-CLANCY, Molly. "Charter School Company Blasts 'Shameless' California Attorney General" [Empresa de *charter school* ataca a "sem-vergonha" procuradora-geral da Califórnia], *Buzz Feed News*, 12 jul. 2016.

diferença entre as contas da K12 e o que as *charter schools* efetivamente pagaram. Embora esses encargos não tenham aparecido nos balanços das escolas ou da K12, seus contratos exigem que haja reembolso se a escola tiver um excedente ou se encerrar o acordo com a K12, o que levou Harris a reivindicar as economias previstas.

Em 2019, a K12 teve um conflito com o estado da Geórgia que ilustra algumas das formas como seus objetivos de buscar lucros e educar crianças podem concorrer entre si. Durante anos, a K12 dirigiu a Georgia Cyber Academy, instituição pública totalmente on-line que era a maior escola do estado, com dez mil alunos matriculados em 2018. Contudo, sob gestão da K12, a instituição teve desempenho acadêmico fraco, o que fez o governo cortar a relação com a empresa.[188] Assim, a K12 propôs uma nova escola na Geórgia, a Destination Career Academy, e solicitou aprovação para matricular oito mil estudantes e receber até 160 milhões de dólares em apoio dos contribuintes por uma autonomia de cinco anos. No entanto, a comissão estadual de *charter schools* rejeitou esse pedido. Seu presidente, Tom Lewis, afirmou: "Nunca vi uma candidatura tão ruim e mal preparada como esta". E, ao desligar-se da Cyber Academy, a K12 cortou temporariamente a utilização dos computadores dos alunos, de forma que a escola perdeu o acesso aos e-mails e históricos deles.

Pearson Education. Com um valor de mercado de 8,6 bilhões de dólares em 2019, vendas anuais de cerca de 5,5 bilhões de dólares e quase dezessete mil funcionários, a Pearson PLC, com sede em Londres, é a maior empresa de serviços educacionais do mundo.[189] Suas linhas de produtos incluem uma cadeia de *charter schools* on-line, a Connections Academy, que agrega mais de setenta mil estudantes matriculados em 28 estados norte-americanos; editoras de livros; marcas de mídia educacional, incluindo Addison-Wesley, Peachpit, Prentice Hall e eCollege; e serviços tecnológicos para aprendizagem digital em universidades.

---

188 TAGAMI, Ty. "Petition for New Online Charter School with K12 Inc. Denied" [Petição para nova *charter school* on-line com K12 Inc. é negada], *The Atlanta Journal-Constitution*, 28 ago. 2019.
189 "Forbes 2019 Annual Global 2000 List", *Forbes*, 2019.

O produto mais conhecido da Pearson são os testes. A criança estadunidense aluna-padrão de uma escola pública faz atualmente 113 testes padronizados até concluir o ensino médio — por vezes, até vinte por ano —,[190] e muitos desses testes, além dos livros didáticos e programas digitais que ajudam professores e alunos a se prepararem para eles, são vendidos pela Pearson. Em 2015, segundo a *Fortune*, a Pearson controlava 60% do mercado de testes dos Estados Unidos.[191]

Como a Pearson capturou esse fluxo lucrativo de financiamento público? E como os imperativos do capitalismo moderno contribuíram para o crescimento surpreendente do que os críticos chamam de "testes de alto risco", em que uma única pontuação pode determinar o avanço ou o fracasso de um estudante, o financiamento público para o sistema escolar e os salários dos professores?

Em seu terceiro dia no cargo, em 2001, o presidente George W. Bush anunciou a No Child Left Behind [Nenhuma criança deixada para trás], uma lei federal de educação baseada na premissa de que, para superar as supostas deficiências das escolas, que punham a "nação em risco",[192] o país precisava estabelecer padrões elevados e objetivos mensuráveis para melhorar os resultados individuais. A lei obrigou os estados a elaborar avaliações em competências básicas e condicionou o financiamento das escolas federais à implementação de testes e à revelação de seus resultados. Em um comunicado aos analistas de investimento de Wall Street um mês depois de Bush ter assinado a lei, o diretor-executivo da Pearson à época observou que a exigência da No Child Left Behind de testes anuais e boletins escolares "parece o nosso plano de negócios".[193]

190 KAMENETZ, Anya. "Testing: How Much Is Too Much?" [Teste: quanto é exagerado?], *NPR*, 17 nov. 2014.
191 REINGOLD, Jennifer, *op. cit.*
192 NATIONAL COMISSION ON EXCELLENCE IN EDUCATION. "A Nation at Risk: The Imperative for Educational Reform" [Uma nação em risco: o imperativo para a reforma educacional], *The Elementary School Journal*, v. 84, n. 2, 1983, p. 113-30.
193 DAVIS, Owen. "No Test Left Behind: How Pearson Made a Killing on the US Testing Craze" [Nenhum teste preterido: como a Pearson fez sucesso na onda da testagem nos Estados Unidos], *TPM*, 19 dez. 2016.

Embora educadores, pais e alguns representantes eleitos tenham criticado a implementação da No Child Left Behind, oito anos mais tarde o presidente Barack Obama criou a Race to the Top [Corrida para o topo], uma abordagem educacional que exigia avaliações baseadas em desempenho para professores e diretores com base em múltiplas medidas de eficiência dos educadores, de padrões em comum, contemplando políticas que não proibiam a expansão de *charter schools* de alta qualidade nem a criação e a utilização de sistemas de dados para completar essas avaliações. Ao abrigo do Decreto Americano de Recuperação e Reinvestimento de 2009, a Race to the Top recebeu 4,35 bilhões de dólares, que o Departamento de Educação dos Estados Unidos repassou competitivamente aos sistemas escolares estaduais e municipais para que alcançassem seus objetivos.

Esse consenso entre republicanos e democratas de que a verba federal deveria apoiar a expansão dos testes criou a oportunidade de negócio que a Pearson não desperdiçou, facilitada talvez pelos oito milhões de dólares que a empresa gastou em lobby de 2009 a 2014.[194] Os argumentos a favor de resultados claros e de uma avaliação objetiva dos resultados são convincentes. Ao deixar o cargo, em 2009, o presidente Bush explicou a No Child Left Behind:

> As escolas municipais permanecem sob controle municipal. Em troca de verbas federais, no entanto, esperamos resultados. Estamos gastando dinheiro em escolas e não deveríamos determinar se o dinheiro investido está ou não dando os resultados que a sociedade espera? Assim, os estados estabelecem padrões. [...] E nós responsabilizamos as escolas pelo cumprimento desses padrões. [...] A chave para avaliação é testar. [...] Os testes são importantes para resolver problemas. Não é possível resolvê-los, a menos que, antes de tudo, o problema seja diagnosticado. O teste é importante para garantir que as crianças não fiquem muito para trás. [...] A medição dos resultados

---

[194] STRAUSS, Valerie. "Report: Big Education Firms Spend Millions Lobbying for Pro-Testing Policies" [Relatório: Grandes empresas de educação gastam milhões fazendo lobby por políticas pró-testes], *The Washington Post*, 30 mar. 2015.

nos permite concentrar recursos nas crianças que precisam de ajuda extra. E a avaliação dá aos pais algo para poder comparar as escolas. [...] Nada chamará mais a atenção de um pai do que ver que a escola que o filho frequenta não tem um desempenho tão bom quanto o da escola vizinha.[195]

A Race to the Top alterou algumas das regras — passou a responsabilidade dos testes para os governos estaduais e acrescentou testes por sala de aula e por professor, além dos individuais dos alunos. Mas não renunciou à importância dos testes padronizados como caminho para o aperfeiçoamento educacional. Entre 2001 e 2014, a despesa pública com testes e seus contratos triplicou de 882 milhões de dólares para 2,5 bilhões.[196] Como o vice-presidente executivo da Pearson, Steve Dowling, disse aos investidores em 2006: "Uma das grandes vantagens desses contratos é que você entra, e, à medida que os contratos mudam, e eles mudam bastante, surge a oportunidade de aumentar a abrangência e também as margens".[197]

No mundo real, o objetivo razoável de avaliar o progresso educacional esbarrou em algumas verdades duras. Primeiro, nem o governo federal, nem os governos estaduais tinham vontade ou experiência para desenvolver testes nacionais; por isso, a tarefa coube a esse solucionador-padrão de qualquer problema social: o setor privado. Alguns especialistas em educação propuseram que as escolas municipais apresentassem as próprias maneiras de documentar suas notas no cumprimento das normas federais, utilizando os padrões de desempenho e as avaliações dos professores. Mas os defensores do fortalecimento do setor privado contestaram: por que "dar dinheiro ao governo" para os testes quando é exatamente isso que a indústria faz de melhor?

---

195 "President Bush Discusses No Child Left Behind" [Presidente Bush fala sobre a lei No Child Left Behind], site da Casa Branca, 8 jan. 2009.
196 CAVANAGH, Sean. "Assessing the State of the K-12 Testing Market, as Dynamics Shift" [Avaliando o estado do mercado de testes K12, como mudança dinâmica], *EdWeek Market Brief*, 10 ago. 2015.
197 DAVIS, Owen, *op. cit.*

Quais representantes eleitos gostariam de assumir a responsabilidade de investir os bilhões de dólares em fundos de contribuintes necessários para desenvolver e realizar testes de campo, classificar avaliações nacionais e formar professores para preparar alunos para esses testes? Uma via mais segura seria conceder anualmente verbas mais modestas aos estados e sistemas escolares para lhes permitir tomar tais decisões. E, em parte como resultado dessa tomada de decisão descentralizada, quem, senão uma corporação global, poderia acumular o capital para desenvolver testes, pressionar legisladores e funcionários públicos a utilizá-los e patrocinar pesquisadores para corroborar sua relevância? Assim, algumas das preocupações genuínas sobre equidade e responsabilidade foram desviadas para um esquema que acabou por beneficiar as grandes corporações. Esse exemplo ilustra um problema mais amplo — quando o setor público é incapaz de responder às preocupações do povo sobre um problema social, como a responsabilização das escolas públicas, e então alguma organização comercial (no caso, as empresas de testes) intervém com a promessa de responder às necessidades não atendidas, embora, na realidade, esteja à procura de novos fluxos de receitas.

E a Pearson lucrou de verdade. O enfoque renovado da empresa no desenvolvimento de testes fez parte de uma reestruturação mais ampla que John Fallon, que se tornou CEO da Pearson em 2013, instituiu para recuperar a rentabilidade, então abalada. Ele encerrou uma unidade não lucrativa de educação de adultos no Reino Unido, uma instituição que proporcionava formação para realocar adultos no mercado de trabalho;[198] cortou quatro mil postos de trabalho, poupando 215 milhões de dólares; e adquiriu a cadeia de escolas de língua inglesa Wizard, do Grupo Multi, do Brasil, por 721 milhões de dólares. Fallon comparou o empurrão da Pearson para a educação orientada por dados com a mudança bem-sucedida da IBM, de hardwares para serviços, que a *Fortune* classificou como "uma estratégia inteligente".[199] Em 2019, a Pearson vendeu seu negócio de

---

[198] SPANIER, G. "John Fallon Takes Pearson Helm and Axes Adult Education" [John Fallon assume Pearson e corta educação de adultos], *Evening Standard*, 7 jan. 2013.
[199] REINGOLD, Jennifer, *op. cit.*

materiais escolares nos Estados Unidos ao grupo de capital privado Nexus Capital Management, consolidando a mudança dos livros para aquilo que Fallon chama de "primeira estratégia digital que irá impulsionar o nosso crescimento futuro".[200] Devido ao sucesso de Fallon nessa estratégia, a Pearson deu ao CEO um aumento de 70% em 2018, fazendo com que seu salário total de 1,7 milhão passasse para 3,1 milhões de dólares, o primeiro bônus após cinco anos de anúncios de lucro durante o processo de reestruturação.[201]

Para ganhar o mercado de testes, a Pearson teve de enfrentar outras empresas, incluindo a McGraw Hill, a Educational Testing Service e a Questar. Mas os maiores fornecedores geralmente se saem melhor na obtenção de contratos para testes padronizados.[202] Em 2014, um concorrente sem fins lucrativos processou a Pearson por causa das táticas para ganhar um contrato no valor de até um bilhão de dólares para o desenvolvimento de programas de testes para um consórcio de estados. Um juiz indeferiu a queixa, decidindo que a organização sem fins lucrativos não tinha legitimidade para se interpor ao contrato.[203] Em 2015, a McGraw Hill, um dos principais concorrentes, decidiu abandonar o ramo de testes, ajudando a Pearson a consolidar seu domínio.[204] Tal como em outros setores, à medida que o negócio de testes se concentra, os sistemas escolares e os representantes públicos têm menos poder para negociar

---

200 POOLEY, Cat Rutter. "Pearson Agrees to Sale of US School Textbook Business" [Pearson concorda com venda do negócio de livros escolares nos Estados Unidos], *Financial Times*, 18 fev. 2019.
201 NILSSON, Patricia. "Pearson Chief Executive's £1.5m Bonus Pushes Up Pay 70%" [Bônus de 1,5 milhão de libras do CEO da Pearson eleva pagamento em 70%], *Financial Times*, 25 mar. 2019.
202 CAVANAGH, Sean. "Common-Core Testing Contracts Favor Big Vendors" [Contratos de teste de núcleo comum favorecem grandes fornecedores], *Education Week*, 30 set. 2014.
203 QUINTANA, Chris & NOTT, Robert. "Judge Tosses Challenge to Vendor's Contract for Statewide Student Tests" [Juiz desafia contrato do fornecedor para testes de estudantes em todo o estado], *The New Mexican*, 15 jul. 2015.
204 CAVANAGH, Sean. "Assessing the State of the K-12 Testing Market, as Dynamics Shift", *op. cit.*

com empresas multinacionais. Em vez de adaptarem seus serviços aos clientes individuais do sistema escolar, essas empresas preferem padronizar as práticas para poupar custos. Na década que se seguiu à aprovação da No Child Left Behind, os lucros da Pearson Education aumentaram 175% e, entre 2000 e 2006, as vendas de testes quintuplicaram. Na ocasião, 60% das crianças em idade escolar nos Estados Unidos viviam em estados que aplicavam testes da Pearson.[205]

Mas as práticas da corporação provocaram uma infinidade de queixas. No Texas, uma coalizão de opositores ao sistema de testes revelou que a Pearson vinha anunciando na *Craigslist* (site de classificados dos Estados Unidos) para selecionar e contratar os corretores do seu exame estadual, procurando graduandos, "qualquer formação é bem-vinda", a quem pagaria doze dólares por hora para corrigir e atribuir notas. "Antes de vermos esse anúncio", escreveram os críticos, "ouvimos preocupações de todo o estado sobre o sistema de testes padronizado, a rigidez do sistema de responsabilização do Estado, a qualidade das pessoas que se classificam na parte escrita do teste no estado e a consistência dos resultados. Agora temos uma ideia melhor do porquê".[206]

Os testes não se limitavam aos estudantes. Foram também contratadas empresas privadas para atribuir notas aos professores e para a elegibilidade e o credenciamento de novos docentes. Em Chicago, a combinação de poucas matrículas e "resultados ruins nos testes" levou ao fechamento de cinquenta escolas em bairros negros de baixa renda e à demissão de um percentual significativo de professores e diretores negros.

A Pearson também procurou envolver o meio acadêmico na construção de apoio para o seu negócio de testes. Contratou *sir* Michael Barber, ex-professor de educação da Universidade de Londres, como seu principal conselheiro. Barber tinha trabalhado também como conselheiro central de educação do primeiro-ministro britânico Tony Blair e para empresas de consultoria global, como a McKinsey

---

205 DAVIS, Owen, *op. cit.*
206 STRAUSS, Valerie. "Pearson Criticized for Finding Test Essay Scorers on Craigslist" [Pearson criticada por recrutar pontuadores de ensaio de teste na Craigslist], *The Washington Post*, 16 jan. 2013.

& Company e o Boston Consulting Group. A *Fortune* o chamou de "o educador mais influente da face da Terra".[207]

Como outras empresas privadas de educação, a Pearson contrata pesquisadores para demonstrar a superioridade de seus produtos. Depois da publicação de um relatório em que acadêmicos da Universidade Stanford documentam elevados níveis de insucesso nas *charter schools* on-line (Woodworth *et al.*, 2015), a Pearson encomendou vários estudos sobre a Connections Academy, que é a segunda maior fornecedora do ramo, atrás apenas da K12 Inc. Esses relatórios foram revisados não por pesquisadores, mas por empresas de auditoria que trabalham para corporações globais. Nesses e em outros casos, a pesquisa que orienta a política é comprada pela empresa, e os dados e as conclusões não são examinados por peritos independentes.

A Pearson afirmou que seus estudos demonstraram que a Connections Academy igualou o desempenho das escolas tradicionais e se saiu significativamente melhor do que outras escolas on-line no ensino da leitura. No entanto, especialistas externos pontuaram que o método da empresa de comparar escolas, em vez de estudantes individuais, enfraqueceu o argumento. "Não se pode fazer essas declarações de eficiência com dados em nível institucional. Ponto-final", asseverou Ruth Curran Neild, diretora do Consórcio de Pesquisa em Educação da Filadélfia, uma parceria entre escolas públicas, *charter schools* e universidades da cidade.[208] Para ilustrar, os resultados das *charter schools* com alto desempenho são impressionantes se os pesquisadores se limitarem a olhar para o percentual de alunos de último ano do ensino médio que vão para a faculdade, em vez de observar a proporção de alunos de nono ano que de fato concluem toda a formação e ao fim se matriculam em uma faculdade. Ao desenvolver políticas que encorajam os alunos do nono ano com dificuldades acadêmicas a desistirem dos estudos, uma escola pode formar, ano após ano, apenas aqueles com maiores chances de ingressar na universidade.

207 REINGOLD, Jennifer, *op. cit.*
208 HEROLD, Benjamin. "Pearson Studies Seek to Shine Light on Cyber Charter Student Mobility" [Estudos da Pearson visam esclarecer mobilidade cibernética de alunos], *Education Week*, 20 jul. 2018.

Por fim, a Pearson utilizou um lobby agressivo para ganhar contratos e persuadir os governos estaduais e o Departamento de Educação dos Estados Unidos a definir políticas que favorecessem seus interesses comerciais. Entre 2002 e 2019, a Pearson informou ter gasto 8,6 milhões de dólares em lobby federal.[209] No Alabama, depois de a Pearson ter obtido um contrato de seis anos no valor de 22 milhões de dólares sem licitação para fornecer um currículo digital ao distrito escolar de Huntsville, a *Politico* (publicação de jornalismo político investigativo) informou que a empresa fez do superintendente escolar de Huntsville, Casey Wardynski, um de seus porta-vozes, e de Huntsville, a vitrine. Wardynski foi incluído na lista da equipe de especialistas da Pearson e deu palestras a educadores visitantes de outros estados.[210] A Pearson também contratou pessoal de agências estatais para ajudar em seus esforços de captação de novos negócios. No Texas, por exemplo, onze funcionários deixaram a Secretaria Estadual de Educação para trabalhar para a empresa.[211]

Até que ponto os sistemas escolares utilizaram bem as tecnologias comercializadas pela Pearson e outras empresas de tecnologia educacional? Um estudo fascinante da Glimpse K12, empresa de tecnologia que analisa as despesas escolares, fornece algumas respostas perturbadoras. A empresa analisou a utilização de dois bilhões de dólares em gastos totais em 275 escolas de ensino fundamental e médio dos Estados Unidos. Em seguida, rastreou a utilização real por parte de alunos e professores das licenças de software que essas escolas tinham adquirido. O estudo descobriu que, em média, 67% das licenças haviam ficado sem uso, sugerindo que foram compradas sem que tenham sido aproveitadas. Com base nessa descoberta, a Glimpse K12 estimou que 5,6 bilhões dos 8,4 bilhões de dólares que as escolas norte-americanas gastam em soft-

---

209 "Pearson PLC, Annual Lobbying Contributions, 1998-2020" [Gastos anuais da Pearson com lobby, 1998-2000], *Open Secrets*, 2020.
210 SIMON, Stephanie. "No Profit Left Behind" [Nenhum lucro deixado para trás], *Politico*, 10 fev. 2015.
211 DAVIS, Owen, *op. cit.*

wares educativos podem ser desperdiçados todos os anos.[212] O estudo não avaliou o papel do marketing agressivo, de administradores pouco acostumados à tecnologia ou outros fatores que podem levar a esse desperdício de dinheiro. Contudo, as expectativas irrealistas em relação à tecnologia beneficiam claramente as empresas tecnológicas, e não necessariamente os alunos, um ponto realçado pelas limitações e falhas das tecnologias que as escolas compraram de Amazon, Google, Zoom e outras *Big Techs* após a covid-19 ter fechado as salas de aula.

Educação universitária

Um dos grandes sucessos das políticas nos Estados Unidos nas últimas décadas foi o aumento do número de matrículas na graduação, incluindo grupos anteriormente bastante excluídos do ensino superior. Entre 1990 e 2009, o crescimento foi de 148%. Em 2010, pela primeira vez na história do país, mais da metade dos jovens de dezoito e dezenove anos foram matriculados no ensino superior. Nos últimos 35 anos, o número de negros, latinos e outras minorias raciais/étnicas que frequentam a faculdade mais do que duplicou, e cerca de um terço de toda a população adulta está inscrita em faculdades.[213] Por volta de 2016, 39% dos estudantes universitários eram provenientes de famílias com rendimentos iguais ou inferiores a 130% da linha de pobreza federal, um aumento de

---

212 "Glimpse K12 Analysis of School Spending Shows That Two-Thirds of Software License Purchases Go Unused" [Análise de gastos com escolas feita pela Glimpse K12 revela que dois terços das compras de licenças de software não são utilizadas], *Glimpse K12*, 15 maio 2019.
213 "Postsecondary Education" [Educação superior]. *In: Digest of Education Statistics, 2011* [Síntese das estatísticas de educação, 2011]. Washington: US Department of Education, 2012, p. 279-412; "Digest of Education Statistics, 2008" [Síntese das estatísticas de educação, 2008], Washington: US Department of Education, 2009; Frey & Parker (2012).

28% em relação a 1996.[214] Uma vez que um diploma universitário oferece benefícios de saúde, sociais e econômicos para toda a vida (Oreopoulos & Petronijevic, 2013), esse aumento constitui uma vitória importante para a melhoria da saúde e da democracia e para a redução das desigualdades em saúde, educação e renda.

Mas dois desenvolvimentos paralelos, cada um associado à face em mutação do capitalismo, reduziram esse impacto sobre a equidade. Primeiro, a faculdade se tornou muito mais cara, dificultando a permanência e a conclusão para os estudantes de famílias com renda mais baixa. Entre 1989 e 2016, o preço de uma graduação de quatro anos duplicou, mesmo considerando a inflação. Entre 2005 e 2016, os valores da graduação em instituições públicas aumentaram 34%, e em instituições privadas sem fins lucrativos, 26%, depois de ajustados à inflação.[215]

Os fatores que contribuíram para o aumento nos custos incluem um crescimento significativo na proporção entre funcionários administrativos e professores; novas construções, sobretudo de comodidades como centros desportivos e dormitórios elegantes, concebidos para ajudar a ganhar as comparações entre instituições; aumento dos custos para recrutar e atrair estudantes desejáveis (isto é, pagantes); e aumento dos custos legais para proteger contra a responsabilidade civil por assédio sexual e discriminação por sexo ou deficiência. Em conjunto, essas mudanças constituem uma transformação corporativa do ensino superior, com maior atenção prestada a metas financeiras do que acadêmicas (Bok, 2004). O financiamento estatal para o ensino superior diminuiu 25% por estudante nos últimos trinta anos, e os estados cortaram nove bilhões de dólares do ensino superior só nos últimos dez anos.

---

214 "National Postsecondary Student Aid Study" [Estudo nacional de auxílio ao estudante universitário], Washington: US Department of Education, 1995/1996; "2015-2016 National Postsecondary Student Aid Study" [2015-2016, Estudo nacional de auxílio ao estudante universitário], Washington: US Department of Education, 2015/2016.
215 "Tuition Costs of Colleges and Universities" [Custo de matricula de faculdades e universidades], National Center for Education Statistics.

Em segundo lugar, o auxílio federal aos estudantes, que havia aumentado nas décadas de 1960 e 1970, foi essencialmente congelado, vítima da austeridade em escalas estadual e nacional, e das reduções fiscais para os ricos e as empresas, que tiveram início nos anos 1980. Em 1972, as bolsas Pell Grant, o principal subsídio federal para estudantes universitários de baixa renda, cobriam mais de quatro quintos do custo de frequentar uma universidade pública comum em quatro anos. Em 2018, cobriam menos de um terço dos custos. A Pell Grant original cobria todos os custos da típica universidade comunitária; hoje em dia, cobre cerca de apenas 60%, tornando especialmente difícil para os seis milhões de estudantes, em sua maioria provenientes de famílias de baixa renda, se manterem matriculados (Goldrick-Rab, 2016). Essas reduções no auxílio aos estudantes contribuíram para o aumento da dívida estudantil.

Para resolverem o problema da acessibilidade de preços das faculdades públicas e privadas, os responsáveis pelas políticas públicas se voltaram para o setor privado para que fizessem os investimentos que eles mesmos não estavam dispostos a assumir. E, dado o crescente número de matrículas no ensino superior, o custo crescente dos diplomas universitários e a diminuição da ajuda aos estudantes também ofereciam grandes oportunidades para as instituições financeiras, para outros financiadores e para as faculdades com fins lucrativos, os *edubusiness* emergentes ficaram felizes em dar uma mão, por vezes em conjunto com outros setores do ramo educacional empresarial.

Graças a mudanças nas regras de empréstimos nacionais na década de 1990 e nos primeiros anos do novo milênio, os empréstimo estudantis se tornaram um novo e lucrativo núcleo de negócios. Em 2018, 45 milhões de universitários estadunidenses deviam mais de 1,6 trilhão de dólares, mais do que a combinação das dívidas de cartão de crédito e de financiamento de automóveis do país. A cada ano, um milhão de estudantes com empréstimos ficam inadimplentes, e até 2023 a estimativa é que 40% deles não consigam arcar com as dívidas.[216] Em 2017, cerca de 120 bilhões de dólares

---

216 THRUSH, Glenn. "After Scaling Back Student Loan Regulations, Administration Tries to Stop State Efforts" [Após reduzir regulações

(10%) da dívida de empréstimo estudantil federal se encontrava em situação de inadimplência.[217] Alguns analistas preveem que a dívida de empréstimo estudantil pode desencadear outro colapso financeiro, tal como o colapso operado pela bolha de empréstimos imobiliários em 2008.

Uma empresa que desempenha um papel fundamental nos empréstimos estudantis é a Navient, criada em 2014 como a derivação privada de outro desdobramento de empresa pública. Sua história ilustra a maneira como o governo e as *edubusiness* confundem a linha entre público e privado. A Navient nascera em 1972 como parte de uma entidade governamental conhecida como Sallie Mae, agência encarregada de supervisionar os empréstimos federais a estudantes. A Sallie Mae se transformou em empresa privada em 2004 e, em 2014, deu origem à Navient Corporation como uma empresa de capital aberto que prestava serviços e cobrava empréstimos de estudantes. Em 2017, a Navient concedeu mais de trezentos bilhões de dólares em empréstimos estudantis federais e privados para mais de doze milhões de mutuários.[218]

Qual impacto os empréstimos estudantis têm sobre o bem-estar dos estudantes universitários, dos desistentes e dos graduados? Estudos indicam que a dívida dos estudantes contribui para insegurança alimentar, instabilidade habitacional, adiamento nos cuidados com a saúde, depressão e ansiedade, aumento das taxas de evasão escolar, menor crédito e maior probabilidade de regresso à casa dos pais (Bemel *et al.*, 2016; Walsemann, Gee & Gentile, 2015; Houle & Warner, 2017). Estudantes de baixa renda, imigrantes, negros e latinos experimentam esses problemas relacionados

---

de empréstimos a estudantes, administração tenta frear esforços do Estado], *The New York Times*, 7 set. 2018.

217 "Federal Student Loans Actions Needed to Improve Oversight of Schools' Default Rates" [Ações federais de empréstimos estudantis necessárias para melhorar a supervisão das taxas de inadimplência das escolas], US Government Accountability Office, abr. 2018.

218 COWLEY, Stacy. "California Will be Fourth State to Sue Student Loan Servicer" [Califórnia será o quarto estado a processar agente de empréstimos estudantis], *The New York Times*, 29 jun. 2018.

com a dívida de maneira mais expressiva do que estudantes brancos e com melhores condições financeiras.

Relatos de estudantes que contraíram empréstimos com a Student Debt Crisis, organização sem fins lucrativos dedicada à reforma da dívida estudantil e das políticas de empréstimos ao ensino superior, ilustram algumas dessas consequências:

> Vivo em San Diego e tenho uma filha de três anos. Para conseguir nos sustentar, tive de voltar à faculdade para adiar o pagamento do meu empréstimo estudantil, de mais de setenta mil dólares (pagamento mensal de mais de quinhentos dólares) [...] até ganhar mais dinheiro. Por isso, agora eu trabalho em tempo integral e vou para a escola em tempo integral. Mal vejo a minha filha. [...] Enquanto isso, meus empréstimos estudantis atuais seguirão acumulando juros. Sem mencionar que estou no "programa de pagamento estendido de graduação", o que significa que, de dois em dois anos, meus pagamentos aumentam 20%, e eu tenho 25 anos para liquidá-los. *Estudante da Califórnia*

> Sou uma mãe que não pode trabalhar porque não tem dinheiro para pagar pelos serviços de creche se o meu marido e eu trabalharmos ao mesmo tempo. Meus empréstimos estudantis me fizeram ficar estagnada e sempre rezando para que não aumentem. Dependo do plano de pagamento estabelecido por nível de renda e rezo para que a taxa não aumente, porque mal posso pagar quando ela está a zero. Saber que tenho uma dívida tão grande sem nada que eu possa fazer é a pior sensação de todas. *Estudante de Tacoma, WA*

> Tenho uma dívida de empréstimo estudantil de 48 mil dólares desde 2011 e não posso ser contratado na área da minha graduação. Nunca serei capaz de pagar enquanto ganhar quase nada num trabalho de atendimento ao cliente. *Estudante de São Petersburgo, FL*

Talvez ainda mais pungente seja que, para milhões de jovens, as práticas correntes de empréstimo estudantil ponham em questão os princípios mais básicos do sonho americano — que um diploma universitário é um caminho seguro para o sucesso ao longo da vida; que, com trabalho árduo, um diploma universitário seria alcançável para a maioria dos que concluíram do ensino médio; e que, depois da universidade, comprar uma casa ou um carro e ter filhos são aspirações razoáveis. Mais uma vez, a voz de um devedor conta a história:

> Voltei à escola de engenharia quando estava nos meus vinte e poucos anos. Sinto-me sortudo por ter escolhido uma carreira que me permite pagar a minha dívida. No entanto, senti o peso desse endividamento. Adiei a compra de uma casa, a contribuição para a aposentadoria, e a vontade de ter filhos para cumprir a minha promessa de pagar o que me foi emprestado. *Scott, da Califórnia*

Educação e saúde: círculo virtuoso ou vicioso?

Uma verdade fundamental na saúde pública é que melhor educação leva a melhor saúde, melhor saúde leva a melhor desempenho acadêmico, e melhor desempenho acadêmico leva a maior sucesso na vida. Os Estados Unidos e outros países do mundo não poderiam encontrar melhor objetivo político e melhor alvo para investimentos adicionais do que construir esse ciclo virtuoso entre educação, saúde e sucesso pessoal e comunitário.

Mas, em todos os níveis do sistema educacional do país, o papel crescente do capital privado acelerou, em vez disso, um círculo vicioso. As oportunidades educacionais não oferecidas contribuem para o aumento de problemas sociais e de saúde evitáveis. O acesso desigual à educação pré-escolar, ao ensino fundamental e médio e à universidade de qualidade alarga as diferenças de classe e raciais/étnicas em termos de renda, riqueza, sucesso e saúde. O capitalismo do século XXI privatizou as escolas, impôs orçamentos de austeridade, custeou a educação financiando mensalidades e taxas e impediu os professores de organizar sindicatos que fossem mais bem capacitados para obter salários, condições de trabalho e benefícios de saúde que fazem do ensino uma carreira respeitada e satisfatória. Em conjunto, essas medidas minaram a capacidade de o sistema educacional do país atingir seus objetivos de saúde, acadêmicos e democráticos.

Cuidados infantis inacessíveis, escolas privadas e universidades com fins lucrativos empurram as crianças e as famílias para alternativas de menor qualidade, para o endividamento ou para a angústia psicológica, todos fatores prejudiciais ao bem-estar mental e físico. Essas pressões alargam as já profundas estratificações, tornando o nosso país mais segregado e injusto e comprometendo a capacidade da educação de reunir as pessoas para, juntas, alcançar objetivos sociais.

Nos próximos anos, o povo terá de decidir se deve mudar de rumo, para fazer do ciclo virtuoso de educação e bem-estar a força motriz na educação e na política social. O padrão é o modelo já estabelecido, dando ao capital privado uma voz sempre crescente na configuração da educação infantil, do ensino fundamental e médio e dos sistemas educativos universitários, permitindo, assim, que o círculo vicioso de oportunidades perdidas e de desigualdades crescentes na saúde e na escolaridade se expanda. As recentes batalhas sobre o futuro da educação fornecem algumas ideias sobre a maneira como essa disputa pode acontecer.

Resistência e alternativas

Em cada nível do sistema educacional, as corporações têm usado sua riqueza e seu poder para ganhar dinheiro dos estudantes e de suas famílias, bem como dos contribuintes e dos governos. Conquistaram uma voz mais forte na formulação de políticas e de instituições educacionais e a usaram para fazer avançar sua agenda econômica, política e ideológica.

Em alguns casos, contudo, os objetivos do segmento — mudar as práticas escolares para aumentar as receitas, captar financiamento público, modificar currículos e textos e estabelecer políticas públicas — entraram em conflito com as aspirações de estudantes, famílias, comunidades, contribuintes e funcionários públicos. Algumas histórias de resistência e busca por alternativas — o impulso para expandir o financiamento público da educação infantil, as greves e a organização de professores, as batalhas sobre as *charter schools* e os testes de alta complexidade, e os esforços para fiscalizar os empréstimos dos estudantes universitários — ilustram as realizações e as limitações das recentes batalhas voltadas ao papel adequado dos mercados na educação.

Expandir a educação pública na primeira infância. Os argumentos morais e de saúde para aumentar o investimento público em cuidados infantis e educação para a primeira infância são convincentes. Os trabalhadores de cuidados infantis mais bem remunerados têm taxas de rotatividade mais baixas e fornecem serviços de qualidade e regularidade superiores, os quais, por sua vez, melhoram a saúde e o êxito educacional e vital das crianças. A expansão dos cuidados infantis também ajuda as mulheres a progredir na carreira, encontrar empregos com salários mais altos, candidatar-se a uma promoção, poder dedicar mais horas ao trabalho ou, antes de tudo, conseguir uma ocupação (Schochet, 2019).

Proporções significativas de eleitores norte-americanos apoiam o aumento do financiamento público para os cuidados da primeira infância, de acordo com uma pesquisa de opinião pública realizada em 2018 pelo Center for American Progress. Cerca de oito em cada dez eleitores apoiam o aumento do financiamento para programas de qualidade e a preços acessíveis, e cerca de sete em cada dez eleitores consideram que estariam "mais propensos" a votar em um candidato que apoiasse o aumento do financiamento. A maioria dos eleitores de todos os partidos — 70% dos republicanos e independentes e 90% dos democratas — apoia um financiamento mais alto para os cuidados infantis.[219]

---

[219] "New Poll Finds Overwhelming Support for Increasing Investments in Quality, Affordable Child Care" [Nova pesquisa identifica apoio esmagador para aumentar os investimentos em cuidados infantis de qualidade e acessíveis], Center for American Progress, 13 set. 2018.

Esse apoio tinha ajudado a situar o investimento em cuidados infantis no topo da agenda política nacional. Nas eleições de 2018, dezoito bem-sucedidos candidatos a governador falaram sobre educação infantil em suas campanhas,[220] assim como cada candidato democrata tinha propostas relacionadas ao tema nas primárias de 2020 para a presidência.[221] Muitas dessas propostas também fizeram, pela primeira vez, com que os cuidados infantis deixassem de ser apenas uma questão exclusivamente feminina para se tornar uma questão ligada à melhoria da educação, ao reforço da economia e à redução das desigualdades.

Outra voz para melhorar a qualidade e a disponibilidade dos cuidados infantis vem dos sindicatos e grupos de trabalhadores. Na Califórnia, há a União dos Provedores de Cuidados Infantis (CCPU, do inglês Child Care Providers United), coligação entre dois sindicatos nacionais de trabalhadores, a União Internacional de Empregados de Serviços e a Federação Americana de Empregados Estatais, de Condados e Municípios, formada em 1998 para organizar os trabalhadores de cuidados infantis em unidades e creches familiares, um cenário em que os salários eram mais baixos, a carga horária mais longa e os benefícios menores. A missão da CCPU, de acordo com o site da instituição, é oferecer aos prestadores de cuidados infantis "uma participação relevante na luta para melhorar os nossos meios de subsistência e os serviços que prestamos às famílias trabalhadoras, sejam elas brancas, negras, asiáticas ou pardas. Estamos trabalhando para ter cuidados infantis e sindicatos para todos".

Em 2019, o governador da Califórnia, Gavin Newsom, assinou uma lei que permite aos trabalhadores das creches familiares negociar coletivamente, marcando uma grande vitória, em espe-

---

220 LOEWENBERG, Aaron. "Newly Elected Governors Make Early Education a Priority" [Governadores recém-eleitos fazem da educação prioridade], *New America*, 12 nov. 2018.
221 COVERT, Bryce. "Here's Where Every Democratic Candidate Stands on Child Care and Family Leave" [Aqui é onde todo candidato democrata toma partido em relação a cuidados de crianças e licença familiar], *The Nation*, 13 jan. 2020.

cial para as mulheres negras, que estavam à frente dessa reinvidicação. A lei fora vetada pelos cinco predecessores de Newsom. Na Califórnia, os operadores privados de cuidados infantis domiciliares são pagos diretamente pelo Estado como parte do sistema de subsídios em cuidados infantis para famílias de baixa renda. Os trabalhadores recém-organizados da categoria negociam diretamente com o governo estadual um novo acordo que garante algum nível de proteção pública aos trabalhadores independentes.[222] No âmbito da nova lei, os 27 mil cuidadores licenciados da Califórnia podem negociar aumentos de salário, melhores benefícios, seguro-saúde e mais oportunidades de capacitação. Alguns desses benefícios também estarão disponíveis para as treze mil pessoas que cuidam de crianças mesmo sem licenças específicas, tais como familiares, amigos ou vizinhos.

No condado de Los Angeles, onde as pressões financeiras fecharam 1.600 creches familiares com quinze mil vagas ao longo de cinco anos, defensores esperam que a nova lei retarde essa perda e encoraje a abertura de novos programas com base familiar. Outros onze estados permitem agora que trabalhadores de cuidados infantis familiares assinem acordos de negociação coletiva.

A cidade de Nova York expandiu os cuidados infantis e a educação da primeira infância de outra maneira. Na candidatura a prefeito, em 2013, Bill de Blasio, eleito com o apoio de sindicatos, afro-americanos e progressistas, prometeu oferecer pré-escola para todas as crianças de quatro anos cujas famílias assim o desejassem. Essa medida efetivamente duplicou o número de vagas públicas e gratuitas para esse grupo etário e eliminou as barreiras financeiras e os labirintos burocráticos que os pais das setenta mil crianças encontravam ao buscar cuidados infantis. O prefeito queria financiar o programa com um novo imposto sobre aqueles cuja renda era de mais de meio milhão de dólares ao ano, mas o governador, avesso a impostos, foi contra. Por fim, após pressão política, o governador

---

[222] FERNANDES, Deepa. "Child Care Providers Celebrate New Law Allowing Them to Unionize" [Provedores de cuidados infantis celebram nova lei que permite sindicalização], *KCRW*, 30 set. 2019.

propôs, em vez disso, pagar o custo adicional a partir das receitas fiscais estaduais. Assim, foi estabelecido um financiamento público universal para a pré-escola, e a maioria dos observadores concorda que o programa foi implementado de forma rápida e eficaz.

Em 2017, a cidade começou a implementar, como projeto para alguns anos, a educação pública universal a todas as crianças de três anos, começando nos bairros mais desassistidos. No outono de 2018, cerca de cinco mil estudantes nessa idade estavam matriculados em seis distritos comunitários, e a cidade pretendia expandir a medida para uma dúzia de distritos até o outono de 2021, um passo que pode ter sido retardado por cortes de orçamento em resposta à recessão da covid-19.[223] Os cuidados com crianças até três anos demandam algumas atividades diferentes e se revelaram mais desafiadores do que os oferecidos para as de quatro anos, uma vez que o espaço para novas salas de aula se esgotou. Assim, alguns dos novos programas foram inicialmente operados por profissionais comunitários com experiência em cuidados infantis, e não pelas escolas. Com o tempo, todos esses programas acabaram transferidos para o Departamento de Educação da cidade, e os professores de jardim de infância e pré-escola receberam os mesmos salários que os professores regulares das escolas públicas e tiveram acesso aos mesmos direitos de sindicalização.

O atendimento a crianças de três e quatro anos também abriu portas para outras reformas. Em 2019, Jessica Ramos, senadora eleita na votação dos democratas de 2018 no estado de Nova York e ativista dos trabalhadores oriunda de uma família de imigrantes, introduziu uma legislação para incluir um imposto sobre a folha de pagamento em grandes empresas a fim de expandir os programas para crianças de três anos e aumentar o salário dos professores dedicados a essa faixa etária, o que permitiu que um candidato às eleições para prefeito em 2021 fizesse a proposta de tri-

---

[223] VEIGA, Christina. "The Difference a Year Makes: As New York City Expands Pre-K for 3-Year-Olds, Schools Adapt" [A diferença que um ano faz: à medida que Nova York expande pré-escola para crianças de três anos, as escolas se adaptam], *Chalkbeat*, 28 nov. 2018.

plicar as vagas oferecidas para crianças até três anos.[224] Uma ampla coalizão de organizações comunitárias e trabalhistas (Center for Children's Initiatives, Alliance for Quality Education, Citizen Action of New York, Schuyler Center for Analysis and Advocacy) criticou o ritmo lento dos investimentos estaduais na educação da primeira infância.[225]

Para as dezenas de milhares de pais que não tinham mais de pagar um mínimo de dez mil dólares por ano em instituições privadas, para os milhares de professores assistentes e professores que agora ganhavam mais vinte mil dólares por ano e para as crianças de três e quatro anos de Nova York que agora tinham lugares seguros para passar o dia, professores qualificados para ajudá-las a aprender e um programa educacional que as preparava para as séries vindouras, as iniciativas foram muito bem recebidas. Como observou um jornalista: "Em um momento em que as organizações democráticas do país, desde os tribunais até a imprensa livre, estavam sob ataque, o objetivo igualitário da pré-escola para todos — de *qualquer coisa* para todos — se torna ainda mais valioso e ainda mais digno de ser estimado".[226]

Os diversos círculos eleitorais que apoiam a expansão dos cuidados infantis — grupos empresariais, filantropos, sindicatos de professores, grupos de pais e promotores — concordam em vários objetivos, incluindo a necessidade de maior financiamento público, salários mais altos, mais e melhores benefícios e formação para professores e outros funcionários, além de um direcionamento preciso para a qualidade dos cuidados. Sobre as questões mais básicas, no entanto, não há muito debate ou consenso. Os cuidados infantis e a educação pré-escolar são uma caridade para os neces-

---

224 CAMPANILE, Carl. "State Senator Proposes NYC Payroll Tax to Expand Child Care" [Senador propõe imposto sobre folha de pagamento de Nova York para expandir cuidados infantis], *New York Post*, 16 set. 2019.

225 "The State of Early Learning in New York: Too Many Young Learners Still Left Out" [O estado da educação infantil em Nova York: muitas crianças de um a três anos ainda deixadas de fora], 29 jan. 2019.

226 MEAD, Rebecca, *op. cit.*

sitados, como cestas básicas ou clínicas gratuitas, ou são um direito universal em qualquer sociedade civilizada? E qual é o papel do governo e das empresas? Os países devem confiar no setor privado para desenvolver modelos inovadores de cuidados infantis, aceitando o seu direito de lucrar em troca de uma suposta excelência, mesmo que essas atividades lucrativas excluam os mais necessitados ou agravem as desigualdades no desempenho educacional?

Para aqueles que assumem algum papel público na educação infantil, dois modelos bastante diferentes se apresentam. O primeiro se baseia na visão de meados do século XX das escolas públicas, em que essas instituições recebem financiamento público, estão disponíveis a todos, não são uma arena apropriada para a obtenção de lucros e têm a missão social de promover objetivos nacionais relacionados com a democracia, a integração racial, a equidade e o compromisso cívico.

O segundo modelo é mais parecido com o sistema de saúde atual. Após o enorme investimento público de dinheiro federal que se seguiu à criação do Medicare e do Medicaid, em 1965, e do Affordable Care Act [Lei de cuidados acessíveis], em 2010, que proporcionou novas garantias de acesso, o sistema de saúde estadunidense se ampliou, fornecendo algum nível de serviços a um maior número de pessoas. Mas é um sistema totalmente moldado pela indústria de seguros, farmacêutica, dispositivos médicos e hospitais do setor privado. A posição dominante garante que as desigualdades no padrão de saúde continuem a aumentar, extraindo recursos significativos do sistema para a gestão e o lucro e controlando os custos por meio do pagamento de salários baixos e da não oferta de cuidados aos mais necessitados.

Após muitas décadas de negócios e de marketing conservador sobre as ideias de privatização, desregulamentação, austeridade, cortes fiscais e responsabilidade individual, e não social, pelo sucesso, poucos agentes com poder, no atual clima político, estão dispostos a propor os investimentos públicos necessários para um modelo de escola pública adequado à educação infantil. Isso transforma em cenário-padrão o modelo do sistema de saúde, incluindo subsídios, incentivos fiscais, incentivos aos empregadores e outros mecanismos de mercado como alavancas para mudança. Para concretizar os lucros que exige uma parceria público-privada para a expansão dos cuidados infantis, essa abordagem requer reduzir custos, sacrificando a qualidade, mantendo os salários baixos ou cobrando mais dos pais. Infelizmente, essas mesmas medidas tornam improvável que a educação na primeira infância cumpra o seu potencial para melhorar a saúde, a educação e a equidade.

Organização e greves de professores. Em 2018, os professores abriram outra frente na luta contra a educação empresarial. As greves em nível estadual começaram na Virgínia Ocidental, onde salários, estabilidade no emprego e os benefícios para muitos professores caíram à medida que a educação se contraía. A classe reivindicava melhores salários, melhores benefícios e novas restrições à expansão das *charter schools*.[227] Embora os professores da Virgínia Ocidental, como os de muitos estados, não tenham o direito legal de negociar coletivamente ou de fazer greve (Andrias, 2019), vinte mil professores em todos os 55 condados se ausentaram do trabalho durante mais de uma semana, a primeira paralisação de professores no estado em trinta anos. Em muitas cidades, essas greves foram apoiadas por estudantes e pais.

No final, o sindicato conquistou um aumento salarial de 5%, não só para os professores, mas para todos os trabalhadores do estado. Um ano mais tarde, os professores da Virgínia Ocidental ameaçaram outra greve se os legisladores continuassem a implementar medidas de remanejamento escolar dos estudantes por decisões institucionais, e não dos pais.[228] Os professores de outras cidades e estados, incluindo Los Angeles, Oakland, Oklahoma, Arizona e Kentucky, também entraram em greve, ganhando tanto aumentos salariais quanto novas verbas para turmas menores, enfermarias

---

227 STEWART, E. "All of West Virginia's Teachers Have Been on Strike for Over a Week" [Professores da Virgínia Ocidental estão em greve há mais de uma semana], *Vox*, 4 mar. 2018.
228 WILL, Madeline. "How Teachers Strikes Are Changing" [Como as greves de professores estão se transformando], *Education Week*, 5 mar. 2019.

nas escolas, apoio jurídico para estudantes imigrantes e limites para as *charter schools* e para os salários por desempenho.

Em Los Angeles, o sindicato de professores aliou-se a grupos de pais e à comunidade. Como explicou Alex Caputo-Pearl, o líder do sindicato de professores de Los Angeles, "lutamos para mostrar que estamos dispostos a tentar uma nova abordagem, deixando claro que desejamos trabalhar com os pais e a comunidade e partilhar o comando com eles. Isso prefigura o que o movimento trabalhista precisa fazer para avançar".[229] Em outras ações inovadoras, professores de *charter schools* em Los Angeles e Chicago se organizaram e ameaçaram instaurar greves, obtendo acordos que incluíam aumentos salariais, proteções extras para estudantes sem visto e outras concessões.

Enquanto os aumentos salariais e a melhoria das condições de trabalho eram metas-chave dos professores grevistas, outros objetivos incluíam a reversão da privatização das escolas públicas, limites à expansão das *charter schools* e uma dependência menor dos testes de alto risco.[230] Os professores e os sindicatos da categoria desempenharam papel crucial em ajudar os democratas a retomar a Câmara dos Deputados nas eleições de 2018, criando novas oportunidades de oposição aos esforços da secretária de Educação, Betsy DeVos, e da administração Trump para privatizar a educação e desregulamentar o *edubusiness*.[231] Dessa forma, os professores ajudaram a preparar o terreno para uma discussão nacional mais profunda sobre o futuro da escolarização e as alternativas à privatização, à austeridade e ao papel dos testes. As greves e a mobilização coletiva também estabeleceram novos modelos de organização para a justiça social e novas formas de alinhar os interesses trabalhistas dos professores, os desejos dos pais e das comunidades por

---

229 STRAUSS, Valerie. "Where Else Teachers Are Primed to Strike in 2019 — and Why" [Onde mais os professores estão preparados para entrar em greve em 2019 — e por quê], *The Washington Post*, 28 jan. 2019.

230 WILL, Madeline, *op. cit.*

231 KLEIN, Alyson & UJIFUSA, Andrew. "Buckle Up, Betsy DeVos: House Democrats Take the Helm" [Aperte o cinto, Betsy DeVos: os democratas da Câmara assumem o controle], *Education Week*, 13 nov. 2018.

melhores escolas, e as lutas das comunidades negras para diminuir o impacto pernicioso do racismo.

Mais importante ainda talvez seja o novo foco de organização de professores, que ajudou a transformar docentes descontentes em um movimento social estável. "Em 2012, os professores de Chicago entraram em greve e introduziram uma nova frase à sua luta", explicou Rebecca Tarlu, estudiosa da organização de professores:

> Eles disseram: "Estamos lutando pelas escolas que os estudantes de Chicago merecem". Durante essa greve, o sindicato dos professores de Chicago e a rede Teachers 4 Social Justice [Professores pela justiça social] juntaram forças para unir educação e justiça racial. Havia comunidades negras onde as escolas estavam sendo fechadas, e o sindicato ajudou a lutar contra isso.[232]

Desse movimento, surgiu uma ampla coalizão que passou a pressionar Rahm Emanuel, o prefeito privatizador e apoiador de *charter schools*, a retirar a candidatura para um terceiro mandato em 2019, elegendo Lori Lightfoot, progressista e a primeira prefeita afro-americana de Chicago. Assim, a união dos professores mostrou como a organização do trabalho pode abrir novos caminhos para uma transformação mais ampla, superando o sindicalismo das décadas anteriores, mais limitado a trocas.

Limitação das charter schools. Outro gatilho para o ativismo escolar tem sido o encerramento de escolas públicas e a transferência de fundos para as *charter schools*, frequentemente operadas ou geridas por corporações privadas. Em Chicago, a proposta de 2004 do prefeito Richard Daley de fechar e depois privatizar as escolas públicas desencadeou um movimento de oposição popular (Lipman, 2017). Movimentos semelhantes surgiram na Filadélfia e em Newark, bem como em Nova Orleans, depois de os reformis-

---

[232] BUTERBAUGH, Jessica. "Teachers' Strikes a New Social Movement, Researcher Says" [Professores iniciam novo movimento social, afirma pesquisadora], *Penn State News*, 10 maio 2019.

tas corporativos terem utilizado o furacão Katrina para privatizar quase todas as escolas da cidade. Como observaram os estudiosos da educação Julia Sass Rubin, Ryan Good e Michelle Fine, essas lutas para manter as escolas públicas abertas e resistir ao aumento das privatizações aconteceram, muitas vezes, em níveis comunitário, municipal e estadual; reuniram grupos de pais, organizações de direitos civis, sindicatos de professores e representantes progressistas eleitos; formaram alianças com a Associação Nacional para o Progresso de Pessoas de Cor (NAACP, do inglês National Association for the Advancement of Colored People), o movimento Black Lives Matter e outras organizações nacionais; e trabalharam para eleger novos representantes para diretorias escolares, conselhos municipais e gabinetes da prefeitura (Rubin, Good & Fine, 2020). Dessa forma, a resistência comunitária à privatização serve de modelo para a construção de movimentos sociais bem-sucedidos em vários níveis que podem lutar por alternativas à invasão corporativa na vida cotidiana das pessoas.

O fim dos testes de alto risco. A Sociedade para Avaliação da Aptidão para a Faculdade e Carreiras (PARCC, do inglês Partnership for Assessment of Readiness for College and Careers) foi criada em 2010 como um consórcio de 24 estados mais o distrito federal para cumprir os requisitos de testes da lei Race to the Top, criada pelo presidente Obama. Em 2014, a Pearson foi contratada para elaborar os exames que os sistemas escolares PARCC iriam utilizar para avaliar o cumprimento das normas no Common Core [base nacional comum curricular].[233]

No fim de 2019, apenas cinco dos 24 estados participantes da PARCC ainda utilizavam o teste da Pearson, uma demonstração do poder do movimento para resistir à intrusão empresarial nos assuntos escolares. O fim da PARCC também sinalizou o potencial para as organizações locais, estaduais e nacional de escolas, com testes

---

[233] ASSOCIATED PRESS. "New Mexico High School Students Walk Out in Protest of New Standardized Test" [Estudantes secundaristas do Novo México esvaziam salas em protesto contra novo teste padronizado], *The Guardian*, 2 mar. 2015.

de alto risco servindo como ponto de partida para envolver jovens, pais, professores e comunidades na reivindicação de uma voz na criação das escolas que eles desejavam. Denota também o potencial de contestação de quem consegue recolher, utilizar e interpretar os dados necessários para monitorar o progresso social.[234] Autoridades educacionais do estado, bem como grupos de pais e jovens que desistiram dos testes, além de escolas, desafiaram os direitos da Pearson e de outras empresas de determinar quais marcadores de progresso educacional são levados em conta, quem consegue interpretar seus resultados e quem lucra com essas políticas.

Regulamentação de empréstimos a universitários. Nos últimos dias da administração Obama, no início de 2017, o Conselho de Proteção Financeira do Consumidor, junto com os procuradores-gerais de Illinois, da Pensilvânia e do estado de Washington, apresentou uma queixa em tribunal federal alegando que a Navient, a organização gestora dos empréstimos estudantis universitários, havia violado a Lei de Informação de Crédito Justo e a Lei de Cobrança Justa de Dívidas. A Califórnia e o Mississippi também processaram a Navient. Os processos acusaram a Navient de "sistemática e ilegalmente ter prejudicado os mutuários em todas as fases de refinanciamento" com "encargos de juros abusivos, prejudicando militares veteranos deficientes ao fazer relatórios imprecisos sobre eles às empresas de crédito e ao tornar os reembolsos mais difíceis do que o necessário".[235] De acordo com o processo judicial,

> a Navient falhou no desempenho de suas principais funções no serviço de empréstimos a estudantes ao violar as leis financeiras federais de consumo [...] e forneceu informações incorretas às agências de informação do consumidor sobre milhares de mutuários que eram

---

234 "Nava to Lead Learning Alliance New Mexico" [Cindy Nava vai liderar a Learning Alliance do Novo México], *UNM Newsroom*, 23 out. 2017.
235 DOUGLAS-GABRIEL, Danielle. "Navient's Student Loan Practices 'Failed Borrowers at Every Stage of Repayment', Consumer Bureau Says" ["Navient prejudica estudantes que tomaram empréstimo", diz o Consumer Bureau), *The Washington Post*, 18 jan. 2017.

total e permanentemente deficientes, inclusive veteranos cuja incapacidade estava ligada ao serviço militar.[236]

Um relatório subsequente de 2019 do inspetor-geral do Departamento de Educação constatou que o departamento não conseguiu fornecer uma supervisão adequada da Navient e de outros serviços de empréstimos, e que essas empresas não informaram devidamente aos mutuários estudantes sobre as opções de refinanciamento. Do mesmo modo, um relatório do Gabinete de Responsabilização do Governo concluiu que a Navient encorajou os mutuários a utilizar um método de refinanciamento de empréstimos denominado "tolerância", um processo pelo qual os estudantes podem adiar qualquer pagamento durante vários anos, mas, ainda assim, incorrer em encargos de juros, uma escolha que beneficia a Navient, ao aumentar o montante total, e a faculdade, que não é penalizada pelos estudantes "em tolerância" como o é para aqueles que apresentam inadimplência. Para os alunos, no entanto, a escolha significa uma dívida incremental vitalícia.

Nos primeiros dois anos da administração Trump, o presidente e o Congresso propuseram novas regras, mais brandas, para a Navient e outros financiadores; nomearam um antigo funcionário de uma universidade com fins lucrativos para o cargo principal no Departamento de Educação dos Estados Unidos, responsável pela supervisão dos empréstimos estudantis, e enfraqueceram o Conselho de Controle Financeiro do Consumidor. A fiscalização federal diminuiu drasticamente. A secretária de Educação, Betsy DeVos, alegou que a lei federal impede os estados de processar financeiras como a Navient, mas um juiz indeferiu a sua objeção enquanto o inspetor-geral do Departamento de Educação e os relatórios do Gabinete de Responsabilização do Governo forne-

---

[236] "Complaint against Navient Corporation, Navient Solutions, Inc., Pioneer Credit Recovery, Inc., Filed by Consumer Financial Protection Bureau" [Queixa contra Navient Corporation, Navient Solutions, Inc., Pioneer Credit Recovery, Inc., apresentada pelo Consumer Financial Protection Bureau], 18 jan. 2017.

ciam provas independentes das reivindicações dos procuradores-gerais estaduais.[237]

Em 2020, a Navient fez um acordo em outra ação judicial movida por professores, apoiados pela Federação Americana de Professores, cujo pedido de perdão de empréstimos com base em seu serviço público havia sido rejeitado. A Navient havia criado um labirinto de regras complexas que desqualificava todos os candidatos, à exceção de 3.200 entre os 146 mil que haviam se candidatado ao perdão. O acordo exigia que a Navient mudasse as práticas de avaliação, reconfigurasse a equipe e pagasse 1,75 milhão de dólares para financiar uma organização nova e independente que orientasse os mutuários em postos de serviço público.[238]

Esse histórico de vários anos de envolvimento federal no monitoramento da indústria de empréstimos a estudantes universitários ilustra tanto o potencial quanto a limitação da regulamentação e do litígio para contrariar os esforços empresariais de lucrar, neste caso, a partir das necessidades de financiamento estudantil para cursar o ensino superior. O crescente endividamento dos estudantes, o foco dos meios de comunicação no impacto desigual dos abusos do sistema de crédito em termos raciais e de classe e a crescente consciência da insatisfação do público com o elevado custo do ensino superior trouxeram a questão à atenção nacional.

Nas primárias presidenciais de 2020, os candidatos democratas e o presidente Trump lançaram planos solicitando a vários novos programas que reduzissem ou aliviassem a dívida estudantil.[239] E a ideia de que a universidade deve ser gratuita da mesma forma como o são o ensino fundamental e o médio entrou no discurso

237 KROLL, Andy. "The Government's Trillion-Dollar Student Loan Office is a Train Wreck" [O órgão estatal de empréstimos para estudantes de um trilhão de dólares é um desastre], *Rolling Stone*, 22 fev. 2019.
238 COWLEY, Stacy. "Navient Agrees to Settle Teachers' Loan Forgiveness Lawsuit" [Navient concorda com o processo de perdão do empréstimo de professores], *The New York Times*, 5 maio 2020.
239 CAMERA, Lauren. "Where the 2020 Candidates Stand on Free College and Student Debt" [Onde os candidatos de 2020 se posicionam quanto ao perdão da dívida de estudantes e faculdades], *US News and World Report*, 12 set. 2019.

nacional, preparando o terreno para um contínuo ativismo visando alcançar esse objetivo.

Os próprios estudantes se tornaram ativistas contra práticas abusivas de empréstimo. O Debt Collective [Coletivo da dívida] reúne pessoas implicadas em dívidas de diversas naturezas, conforme anuncia em seu site:

> Hoje em dia, a maioria de nós está endividada. Por mais que trabalhemos ou por mais que tentemos avançar, mal conseguimos sobreviver. Estamos lutando para sair da dívida estudantil, da dívida de assistência médica, dos empréstimos no contracheque, da dívida habitacional, da dívida da Justiça criminal, da dívida do cartão de crédito e muito mais. Há muito tempo temos enfrentado essas dívidas com medo e em isolamento, enquanto outros enriquecem com os nossos pagamentos mensais. O Collective Debt está aqui para dizer chega!

O grupo conduz ações diretas e campanhas de não cooperação com a indústria financeira, almejando o amplo cancelamento de dívidas, enquanto luta por políticas para acabar com o endividamento em massa, como o ensino superior público gratuito, assistência médica universal, empresas de propriedade dos trabalhadores, salários justos para todos e desencarceramento e reparações por justiça racial. Em 2015, o coletivo ajudou os estudantes da faculdade privada Corinthian College a entrar em greve, retendo o pagamento de empréstimos. Com ajuda do Departamento de Educação da gestão Obama, obtiveram o perdão de 480 milhões de dólares em dívidas. Esse protesto popularizou novos planos de perdão de empréstimos que estão agora em consideração.[240] Outros grupos de estudantes que lutam contra a dívida incluem a rede Strike Debt, que mobilizou mutuários a entrar em inadimplência para impor a reforma do empréstimo estudantil, enquanto outro grupo, Rolling Jubilee,

---

[240] COLEMAN, Aaron Ross. "How a Group of Student Debtors Took on Their Banks — and Won" [Como um grupo de estudantes devedores assumiu seus bancos — e venceu], *GQ*, 8 out. 2019.

usou setecentos mil dólares em doações para comprar e cancelar quase 32 milhões de dólares de dívida de empréstimo estudantil.[241]

Vários estados também processaram a Navient por comercialização e processamento enganosos das opções de refinanciamento de empréstimos de estudantes universitários. Esses e outros casos ganharam compensações de corporações educativas e indenizaram as vítimas. Igualmente importantes, como os acordos legais com a indústria do tabaco, os processos judiciais revelaram as práticas obscuras dos *edubusiness* e talvez tenham contribuído para desnaturalizar a obtenção de lucros à custa de empurrar os estudantes universitários de baixa e média renda para a dívida.

Qual a direção para a educação pública?

No rescaldo da crise fiscal de 2008, a educação se transformou em um campo de batalha decisivo para visões concorrentes de futuro. Por um lado, pais, crianças, professores, sindicatos, universitários e comunidades exigem escolas que se envolvam, eduquem e abram novas portas a uma ordem social baseada na necessidade humana, na melhoria do bem-estar, em empregos decentes e em acesso equitativo a caminhos para o sucesso. Por outro, as elites procuram manter e expandir o controle do setor educacional e encontrar oportunidades adicionais de investimento e lucro. Em muitos casos, atraíram pais, estudantes e decisores políticos insatisfeitos com o *status quo* injusto, mas céticos quanto à viabilidade de mudanças mais transformadoras.

Mais de uma década após o fim oficial da crise fiscal de 2008, aqueles que procuram uma alternativa ao domínio da educação pelo mercado podem reivindicar algumas vitórias — e reconhecer

---

241 PETEROUS, Siona. "How Activists Are Moving the Dial on Student Loan Deb" [Como ativistas estão transformando o controle sobre a dívida de empréstimos estudantis], *Inequality.org*, 21 dez. 2018.

algumas derrotas. Ativistas dos cuidados infantis têm estabelecido a educação universal, da creche à universidade, no topo da agenda nacional, ganhando o apoio de sindicatos, grupos de professores, organizações de direitos das mulheres e alguns representantes eleitos. Cidades como Nova York, Washington e Filadélfia trabalham para tornar a educação infantil gratuita universalmente disponível, e alguns candidatos nas eleições primárias presidenciais de 2020 levantaram essa bandeira. Portanto, os modelos para a educação da primeira infância, total ou majoritariamente no setor público, continuarão a evoluir.

Sindicatos de professores obtiveram importantes vitórias em Nevada, Virgínia Ocidental, Chicago, Los Angeles e outros lugares, e levaram para a população a ideia de que pagar mais aos professores e tratá-los com respeito melhora as escolas para as crianças. Enquanto as *charter schools* continuam a crescer, mais representantes eleitos e comunidades questionam essa abordagem, especialmente o papel das corporações e das instituições financeiras.

Em 2016, a NAACP, entidade afro-americana de direitos civis que tinha apoiado as *charter schools*, militou por moratória contra a expansão até que essas escolas fossem sujeitas à mesma regulamentação que as escolas públicas tradicionais e desenvolvessem um sistema de financiamento que não prejudicasse outras instituições. A NAACP almejava que as *charter schools* acabassem com as duras práticas disciplinares que excluem estudantes e segregam as crianças cujo desempenho é alto "daqueles cujas aspirações podem ser elevadas, mas cujos talentos ainda não são tão óbvios". A resolução apela para que, em vez de darem aos estudantes acesso às *charter schools* através de uma decisão institucional (e não dos pais), os decisores políticos aumentem seu apoio para melhorar a qualidade das escolas públicas tradicionais.[242]

Em nível universitário, a educação gratuita passou a ser um objetivo político popular, e tanto os políticos liberais quanto os

---

242 KLEIN, Rebecca. "The NAACP Takes a Major Stand against the Growth of Charter Schools" [NAACP tem posicionamento importante contra crescimento das *charter schools*], *HuffPost*, 16 out. 2016.

conservadores buscam formas de reduzir a dívida dos estudantes que recorrem a financiamentos. Além disso, procuradores-gerais de Estado, defensores públicos e jornalistas investigativos centraram a atenção nos conflitos de interesse que envolvem o presidente Trump, Betsy DeVos e suas famílias, bem como em lobistas e membros da indústria nomeados para altos cargos no Departamento de Educação, e nos investimentos privados em empreendimentos educacionais e seus papéis públicos.[243] As violações éticas e legais já reveladas reforçaram a determinação de alguns agentes públicos em controlar e limitar tais conflitos.

Esses avanços têm contribuído para expor a visão, por vezes ainda incompleta, de um sistema educacional diferente, mais público, democrático e equitativo. Essa visão serviu como ponto de encontro para uma aliança de forças ainda frequentemente segregada e heterogênea que trabalha para transformar a educação.

Mas também tem havido derrotas. O movimento de capitalização da educação segue em ritmo acelerado; em todos os níveis, o financiamento da educação varia muito por estado, cidade e, especialmente, classe e raça, mantendo vigentes as estruturas de ensino que produzem desigualdade. Na maioria dos lugares, a segregação racial das escolas em todos os níveis ainda tem de ser revertida. À medida que o Black Lives Matter, suas organizações irmãs e apoiadores brancos expandem o foco para o racismo sistêmico enraizado na educação pública, eles alcançam o potencial de endereçar tal desafio.

Embora os envolvidos no projeto educacional empresarial tenham divergências, concordam em duas crenças fundamentais: a de que as soluções de mercado são sempre melhores do que as soluções públicas e a de que eles têm o direito de usar sua riqueza e poder para moldar o sistema educacional dos Estados Unidos como acharem melhor. Essas crenças contradizem as tradições

---

[243] EAGAN, Eleanor & HAUSER, Jeff. "Oversight Targets Abound in Betsy DeVos' Education Department" [Os numerosos alvos de investigação no Departamento de Educação de Betsy DeVos], Center for Economic and Policy Research (CEPR), 11 jun. 2019.

democráticas norte-americanas e aceleram a transformação da educação de um bem social para um bem individualmente adquirível.

Enquanto movimentos emergem para resistir à agenda de privatização, financeirização e globalização do setor educacional corporativo, terão de encontrar novas formas de unir o seu apoio em torno da pré-escola, do ensino fundamental e do médio e da universidade. Juntos, esses movimentos terão de reunir as vozes e o poder coletivo de crianças, jovens, feministas, ativistas da justiça racial e social, membros de sindicatos, pais, professores, reformadores educacionais e funcionários públicos que estão à procura de alternativas para a educação dominada pelas empresas.

4
Sistema de saúde
A guerra da indústria de cuidados médicos contra o câncer

> De todas as formas de desigualdade, a injustiça na saúde é a mais chocante e a mais desumana, porque resulta frequentemente em morte real.
> — Martin Luther King

Em 2020, havia a estimativa de que o câncer atingisse mais de 1,8 milhão de norte-americanos e matasse mais de seiscentos mil (Siegel, Miller & Jemal, 2019). Atualmente, nos Estados Unidos, o risco de um homem desenvolver um câncer invasivo ao longo da vida é de quase um para dois, e o de uma mulher, de cerca de um para três.[244] Em termos gerais, é a segunda principal causa de morte nos Estados Unidos, mas lidera em mortes de mulheres entre 40 e 79 anos, e de homens entre 60 e 79 anos (Siegel, Miller & Jemal, 2019). Mais de 15,5 milhões de norte-americanos vivos têm histórico de câncer, e 40% deles podem esperar um diagnóstico desse tipo ao longo da vida.[245] As doenças cardíacas matam mais pessoas, porém diminuíram significativamente ao longo das últimas décadas. Embora os novos casos de câncer tenham caído na totalidade, em grande parte devido ao sucesso das campanhas de saúde pública para reduzir o tabagismo, o declínio tem sido

---

244 "Lifetime Risk of Developing or Dying from Cancer" [Risco ao longo da vida de desenvolver ou morrer de câncer], American Cancer Society, 2020.
245 "Facts and Figures" [Fatos e números], American Cancer Society, 2018.

mais lento do que no caso das doenças cardíacas. O câncer de fígado, o melanoma e o câncer de útero continuam aumentando em incidência, e as taxas de sobrevivência a cânceres de pulmão, esôfago, fígado e pâncreas são inferiores a 20%.

O câncer é também um importante vetor de desigualdades na saúde. Um estudo recente estimou que um terço das mortes por câncer entre residentes nos Estados Unidos na faixa etária de 25 a 74 anos poderia ser evitado com a eliminação das disparidades socioeconômicas (Siegel *et al.*, 2018). Embora as disparidades raciais no tratamento do câncer estejam diminuindo, a Sociedade Americana do Câncer descobriu que a probabilidade dos homens negros de morrer de câncer ainda era o dobro da dos homens asiáticos/das ilhas do Pacífico e era 20% maior do que a dos homens brancos (Siegel, Miller & Jemal, 2019).

Do lado emocional, apesar dos avanços no tratamento, o câncer continua a causar dores e sofrimentos avassaladores tanto nos pacientes quanto em familiares e amigos. Pesquisadores dedicados à questão do medo de ter câncer descobriram que as pessoas veem a doença como "um inimigo", não apenas uma doença, como uma persona sensível com traços como malícia, imprevisibilidade e indestrutibilidade. As pessoas descreveram o câncer como algo que se esconde dentro de você, espalhando-se sorrateiramente e de forma inescapável. Um entrevistado disse que "o câncer é um traidor. [...] Você pode ser examinado a toda hora [...] e nada aparece; depois, quando descobre que tem câncer, já é tarde demais" (Vrinten *et al.*, 2017). Em 2020, o início da pandemia causou estragos na saúde do mundo todo, elevando drasticamente os níveis de medo e ansiedade e sobrecarregando o sistema de saúde; mas o câncer causou muito mais mortes no passado e continuará a fazê-lo em um futuro previsível.

Globalmente, o número de casos de câncer subiu 28% entre 2006 e 2016, com os maiores aumentos em países de baixa e média rendas (Fitzmaurice *et al.*, 2019). O acesso limitado ao tratamento e sistemas de saúde menos desenvolvidos também conduziram a taxas mais elevadas de morte por câncer nesses países, agravando a disparidade de bem-estar entre as nações. Em muitos países mais pobres, o câncer impõe um fardo contínuo e crescente sobre a saúde, os custos médicos e a produtividade.

Pesquisadores estimam que mais de 70% dos casos de câncer possam ser prevenidos (Islami *et al.*, 2018), mas que apenas metade dos que desenvolvem a doença pode ser curada com as terapias existentes; a outra metade morrerá em decorrência dela (Jaffee *et al.*, 2017). Embora os cientistas tenham feito progressos notáveis na compreensão do câncer, até o momento esses novos conhecimentos têm sido lentos em trazer reduções na incidência de casos ou na longevidade.

Na verdade, apesar das alegações da indústria farmacêutica sobre enormes avanços no tratamento do câncer, a maioria das descobertas dos estudos laboratoriais não tem impacto clínico imediato. Como escreve Azra Raza, oncologista da Universidade Colúmbia:

> A taxa de fracasso dos medicamentos introduzidos em ensaios clínicos utilizando tais plataformas de testes pré-clínicos de medicamentos é de 95%. Os 5% de medicamentos que chegam à aprovação podem também ter falhado, uma vez que prolongam a sobrevida por não mais do que alguns meses, na melhor das hipóteses. Desde 2005, 70% dos fármacos aprovados mostraram uma progressão nula nas taxas de sobrevida, enquanto até 70% deles se mostraram de fato prejudiciais para os pacientes. (Raza, 2019, p. 11)

Apesar de contribuir para as desigualdades na saúde, o câncer parece muito distante das instituições sociais e econômicas. É uma calamidade que se revela do nada. Por alguma razão geralmente desconhecida, as células do nosso corpo começam a se proliferar malignamente e com alta frequência, e, apesar dos melhores esforços da ciência e da medicina modernas, essa explosão de divisão celular é fatal para as vítimas.

Mas cada fase do câncer, desde a primeira divisão anormal de células, passando por quem recebe determinado tipo de cuidado e chegando até o modo como as famílias pagam pelas últimas fases do tratamento, é profundamente influenciada por nosso sistema social e econômico. Neste capítulo, utilizo o exemplo do câncer para examinar como as mudanças no capitalismo moderno influenciaram nossa experiência dos processos biológicos básicos. Mostro como a financeirização, a privatização, a captura corporativa da ciência, a globalização e o reducionismo biomédico moldaram a resposta do nosso sistema de saúde ao câncer — bem como a outras ameaças graves à saúde. Levo em conta os recentes desenvolvimentos no tratamento da doença — o crescimento da medicina de precisão, o investimento do capital privado em clínicas oncológicas comunitárias, a proteção de patentes para tratamentos de câncer e o custo galopante dos cuidados oncológicos — para explorar como indivíduos, famílias e comunidades experimentam o câncer em um mundo capitalista no século XXI. Concentro-me nele porque ensina lições profundas sobre o impacto do atual sistema social e econômico em torno de quem recebe qual tipo de atendimento, mas percepções semelhantes emergiriam de um tratamento de covid-19, diabetes, depressão ou demência.

Sucessos no controle do câncer

É certo que a ciência e a medicina modernas, alimentadas em parte pelo capital do setor privado, têm contribuído para importantes avanços no controle do câncer. Em comparação com meados do século XX, mais tipos são tratáveis, o tempo de sobrevida a muitos deles foi alargado, assim como foram desenvolvidas opções de tratamento utilizando a genômica (ciência que estuda as interações dos genes de uma pessoa entre si e com o meio ambiente), a radiação dirigida e as imunoterapias. Essas abordagens fornecem aos médicos alternativas à cirurgia e à radioterapia, os pilares anteriores tantas vezes caracterizados por efeitos colaterais graves, por qualidade de vida prejudicada e eficácia incerta. Os seguros de saúde, especialmente após o Affordable Care Act de 2010, proporcionaram uma cobertura nova ou adicional a muitas pessoas com câncer. No relatório de 2020, a Sociedade Americana do Câncer anunciou que a taxa de mortalidade por câncer nos Estados Unidos tinha caído 2,2% entre 2016 e 2017 — o maior declínio reportado até então. Desde 1991, a taxa caiu 29%, o que significa aproximadamente 2,9 milhões de mortes por câncer a menos do que teriam ocorrido se a taxa de mortalidade tivesse permanecido constante (Siegel, Miller & Jemal, 2020).

Mas os maiores avanços no controle do câncer vieram de campanhas de saúde pública baseadas em décadas de pesquisa e de uma mobilização conjunta de cidadãos, representantes eleitos e profissionais de saúde. Esses movimentos conduziram a reduções dramáticas no tabagismo e a subsequentes declínios no câncer de pulmão e em outros relacionados com o tabaco. Pesquisadores estimam que os programas e as políticas de controle do tabaco no século XX foram responsáveis pela prevenção de mais de 795 mil mortes por câncer de pulmão nos Estados Unidos de 1975 a 2000 (Moolgavkar *et al.*, 2012). Uma das realizações mais impressionantes tem sido a queda de algumas disparidades entre as taxas de mortalidade por câncer entre negros e brancos: de um pico de 33% em 1993 passou a 14% em 2016. Essa conquista se deve, em grande parte, à diminuição das taxas de tabagismo entre adolescentes negros (Nelson *et al.*, 2008), reveladora da promessa de estratégias públicas para reduzir as desigualdades no cuidado com a saúde em comparação com o insucesso na redução das lacunas no acesso e na qualidade do tratamento do câncer para negros (DeLancey *et al.*, 2008). Avanços nos programas públicos de rastreio e diagnóstico precoce do câncer de mama e de próstata também contribuíram de alguma forma para melhorar a taxa de sobrevivência — mas não para reduzir a incidência. Na prática, a incapacidade de tornar os novos programas de rastreio e tratamento do câncer de mama acessíveis a afro-estadunidenses pode ter aumentado as desigualdades raciais para esse tipo de câncer (Richardson *et al.*, 2016).

Como revelam os êxitos no controle do tabaco, o caminho mais seguro para reduzir a incidência e a mortalidade por câncer é diminuir ou eliminar a exposição a substâncias cancerígenas. As principais causas do aumento do número de casos em todo o mundo, segundo a OMS, são a elevação da exposição ao tabaco, a alimentos calóricos e gordurosos, ao álcool e ao sedentarismo. Outras pesquisas apontam a influência da poluição atmosférica e de outras exposições ambientais e ocupacionais tóxicas.

Em 1946, Wilhelm Carl Hueper, pioneiro no campo da medicina ocupacional e primeiro diretor do Departamento de Câncer Ambiental do Instituto Nacional do Câncer, escreveu que

> a ocorrência contínua de cânceres ocupacionais [...] representa um desafio não só para a inteligência, mas também para a consciência social da sociedade humana, porque os cânceres industriais são passíveis de ser comparados a uma bomba biológica com um fusível temporal retardado, que pode ser inserido no corpo da vítima sem o seu conhecimento e consciência e revelar seu efeito mortal muitos anos mais tarde, quando as condições ligadas ao começo são frequentemente esquecidas. (Hueper, 1946)

Setenta e cinco anos e milhões de mortes por câncer ocupacional e ambiental depois, o mundo ainda precisa enfrentar as ponderações de Hueper, o que, em si, é um indicador de sucesso do amianto, dos químicos, do tabaco e de outras indústrias que fabricam produtos cancerígenos em frustrar tanto a inteligência quanto a consciência social da humanidade.

Esses fatos sugerem que o êxito global no controle do câncer exigirá medidas de prevenção. Expandir a implementação eficaz de estratégias que limitam as práticas de propaganda e precificação da indústria do tabaco em países de baixa e média rendas, bem como em países de alta renda, é um caminho óbvio e comprovado. Também crucial para o sucesso será a redução das práticas de marketing predatórias das indústrias mundiais de alimentos ultraprocessados, álcool e produtos químicos que contribuem para o câncer e para outras doenças crônicas. Mas, ao contrário da venda de medicamentos e tratamentos caros para o câncer, a prevenção a partir da limitação de práticas cancerígenas das indústrias não é rentável. E o sucesso dessas indústrias em moldar o nosso sistema político e em bloquear iniciativas que põem em risco os lucros fez da prevenção ao câncer uma estratégia menos fácil do que a expansão do tratamento.

Entre os milhões de pacientes, no entanto, é a indústria da saúde que molda a experiência com a doença, e essas experiências são o foco aqui. Tal como os nossos sistemas alimentares e educacionais, a privatização, a globalização e a financeirização do capitalismo moderno mudaram o sistema de saúde nos Estados Unidos e em todo o mundo. Essas alterações influenciam quem recebe qual tipo de cuidado oncológico e a que custo, e como os custos e os benefícios desses tratamentos são distribuídos. Como já dito, nos países de alta renda e, cada vez mais, nos países de média e baixa rendas, dinâmicas semelhantes influenciam o tratamento de outras grandes causas de morte prematura e de doenças evitáveis (Jakovljevic & Milovanovic, 2015).

Medicina de precisão

A medicina de precisão, por vezes também chamada de medicina personalizada, aplica um novo entendimento científico do papel do genoma humano no desenvolvimento e na progressão de doenças para identificar e formular medicamentos direcionados à forma específica da patologia que acomete o paciente. No caso do câncer, a medicina de precisão contribuiu para melhorias dramáticas na sobrevivência ao melanoma, o tipo mais grave de câncer de pele, e em algumas outras formas, mas, até agora, o impacto sobre o fardo do câncer tem sido modesto. Um estudo concluiu que apenas 9% dos doentes com câncer metastático serão elegíveis para medicamentos de precisão com base no genoma, e apenas 5% se beneficiarão efetivamente. E muitos desses pacientes que se beneficiam da terapia veem a doença recidivar após dois anos (Marquart, Chen & Prasad, 2018).

No entanto, a medicina de precisão tem atraído o interesse do capital de risco e das grandes empresas farmacêuticas. O que tornou esse avanço particular tão sedutor para o capitalismo e quais são algumas das consequências do crescimento da medicina de precisão para as perspectivas de controle do câncer? De certa forma, essa modalidade é um sonho dos marqueteiros que se transformou em realidade. Ela permite — e até exige — a criação de milhares de nichos de mercado voltados para pacientes com câncer, cujos tumores têm um perfil genético distinto, gerados pelo poder analítico de grandes bases de dados. Uma vez que o desenvolvimento de cada nicho requer investimentos substanciais, a medicina de precisão cria múltiplas oportunidades para capturar um mercado de vítimas de câncer dispostas e capazes de pagar preços elevados por aquilo que esperam ser um tratamento definitivo.

A medicina de precisão também cria apoio para uma variedade de outras tecnologias que têm o próprio potencial de lucro: ensaios multigenes para testar as características tumorais, fabricação de uma série de drogas e medicamentos biológicos identificados como tendo potencial para tratamento e expansão dos prontuários eletrônicos que podem agregar dados sobre tratamentos de medicina de precisão e seu impacto. Dada a forte proteção dos direitos de propriedade intelectual para a indústria farmacêutica, incluindo para os medicamentos biológicos de precisão, o descobridor da fórmula exata para combater determinado tumor gozará de um monopólio durante muitos anos, uma proteção legal que assegura preços elevados e lucros rápidos.

Nas décadas anteriores, as empresas farmacêuticas procuraram medicamentos de sucesso em massa, produtos que pudessem gerar um bilhão de dólares ou mais em lucros, porque as condições visadas por elas afetavam milhões de pessoas e exigiam tratamento vitalício. Tagamet, um tratamento para azia e acidez gástrica; Lipitor, que trata colesterol alto; Advair, um tratamento para a asma; e Nexium, que trata a doença de refluxo gastroesofágico, são exemplos disso (Li, 2014).

Outra estratégia foi criar e comercializar doenças para gerar vendas, um processo rotulado como "propagação de doenças" (Moynihan, Heath & Henry, 2002). Drogas para distúrbios de ansiedade social, calvície-padrão masculina e alguns problemas de sexualidade feminina são exemplos dessa abordagem. Esses medicamentos, quando produzem efeitos colaterais, reforçam desnecessariamente a ansiedade sobre essas condições comuns ou desviam o capital de ameaças mais graves à saúde pública, aumentando os custos que a indústria farmacêutica impõe à sociedade.

Mas, como muitos novos medicamentos protegidos por patentes para condições comuns foram introduzidos no mercado, o potencial para novos sucessos de massa diminuiu. E, à medida que as patentes sobre os originais se esgotavam, pondo fim aos direitos de monopólio, as empresas farmacêuticas precisavam de uma nova forma de ganhar dinheiro.

Os sucessos de nicho — medicamentos que poderiam capturar completamente um mercado menor e prometer melhorias dramáticas nas taxas de cura ou longevidade — ofereciam uma nova forma de restaurar os lucros perdidos pelo enfraquecimento dos sucessos de massa. "A economia é muito mais atraente para as doenças raras do que era no passado", explicou Usama Malik, chefe de inovação empresarial da Pfizer (Dolgin, 2010). Empresas farmacêuticas podem cobrar preços mais elevados por esses produtos para ajudar a recuperar os custos de desenvolvimento de um pequeno mercado, razão pela qual os medicamentos de nicho contribuem cada vez mais para os lucros das empresas farmacêuticas.

Como efeito imprevisto, a contribuição da medicina de precisão para o desenvolvimento de sucessos de nicho no tratamento de doenças mais raras também ajuda a indústria farmacêutica a superar percepções públicas cada vez mais negativas. Bernard Munos, ex-consultor de estratégia corporativa para a Eli Lilly, observou que, com poucas entidades farmacêuticas novas emergindo no terreno da indústria, e mais de seis mil doenças que afetam cerca de 25 milhões de norte-americanos ainda sem opção de tratamento, "a sociedade está se afastando de nós e dizendo 'esse é um acordo injusto; não é o pacto com o qual concordamos'". "Em última análise", diz Munos, "o teste crucial de sucesso para a indústria é o nosso impacto na saúde pública" (Dolgin, 2010).

Os medicamentos de precisão oferecem benefícios àqueles poucos cujo tipo de câncer responde a essas medicações — uma ajuda que qualquer pessoa desejaria para si ou para um ente querido que estivesse nessa situação. Mas a razão pela qual os medicamentos de precisão atraíram capital financeiro e investimento público substancial do Instituto Nacional do Câncer teve mais a ver com o seu potencial para aumentar o retorno do investimento do que para melhorar a saúde pública.

Como frequentemente é o caso do capitalismo moderno, a capacidade de atrair capital para uma inovação que rende dinheiro sempre implica riscos de perder oportunidades para outros investimentos que contribuiriam mais para o bem-estar humano, embora sem oferecer o mesmo retorno financeiro. Como as tomadas de decisão em matéria de saúde passam de médicos, diretores de hospitais e agências de saúde pública para executivos dos seguros de saúde, das farmacêuticas, das empresas de equipamentos médicos, das redes hospitalares e das empresas de capital privado, o objetivo não é o paciente ou a saúde da comunidade, mas a saúde financeira dessas empresas e seus investidores.

Práticas oncológicas

A maior penetração empresarial no sistema de saúde altera não só os tratamentos e medicamentos disponíveis, mas também quem presta os cuidados, o contexto e o custo. Na última década, a organização de clínicas voltadas para tratamento de câncer mudou significativamente, de uma administração encabeçada por médicos e comunidades de oncologia para hospitais e fundos de capital privado. Para aqueles que cresceram recebendo cuidados de médicos da família, o pensamento de que os médicos responderiam, perante uma empresa de capital privado, pelo número de pacientes que atendem e pelos tratamentos de câncer que prescrevem é compreensivelmente estranho.

Em 2018, a organização profissional de centros oncológicos comunitários informou que, durante a última década, 1.653 estabelecimentos desse tipo tinham sido fechados, adquiridos por hospitais, submetidos a fusões corporativas ou se encontravam em dificuldades financeiras. No total, desde 2008, todos os meses cerca de catorze consultórios tiveram esse destino.[246] "Em todo o país, ouço de oncologistas comunitários que já não há meios de manter os consultórios abertos e continuar a tratar os pacientes", disse Mark Thompson, presidente da Community Oncology Alliance [Aliança oncológica comunitária].[247]

Embora as forças do mercado ponham em risco essas práticas, resultados de pesquisas indicam que proporcionam cuidados mais acessíveis, centrados no paciente, mais abrangentes e mais bem integrados aos cuidados paliativos para pacientes terminais do que os programas instalados em hospitais (Blackhall *et al.*, 2016; Cohn *et al.*, 2017). Qualquer pessoa que tenha amparado um paciente com câncer ao longo de um tratamento pode imaginar o transtorno que resulta de um oncologista ter de abandonar o consultório ou aumentar os honorários porque o proprietário do fundo de capital privado encerrou o financiamento do centro oncológico.

Vários fatores precipitaram essas mudanças. Primeiro, à medida que os custos de equipamento, tratamento e especialização necessários para os cuidados oncológicos aumentavam, menos consultórios médicos podiam, por si sós, gerar o capital necessário para se manter atualizados. Dois provedores de capital interessados intervieram. Em primeiro lugar, hospitais e redes hospitalares compraram consultórios oncológicos esperando captar mercados mais amplos, recolher os reembolsos mais elevados possíveis em comparação com consultórios não hospitalares e utilizar o aumento do número de pacientes para negociar mais eficazmente com as seguradoras por mais reembolsos.

As empresas de capital privado também adquiriram clínicas oncológicas (bem como de dermatologia, radiologia e outras especialidades de alto rendimento). Essas empresas vêm comprando entre 60%

---

246 "2018 Community Oncology Practice Impact Report" [Clínica comunitária oncológica: relatório de impacto], Community Oncology Alliance, 1 abr. 2018.
247 "Cancer Clinic Closings and Consolidation: Ongoing Cuts to Care and Increasing Treatment Costs" [Fechamento e consolidação de clínicas de câncer: cortes contínuos nos cuidados e aumento dos custos de tratamento], Community Oncology Alliance, 25 jun. 2013.

e 80% de propriedade em clínicas, pagando entre um milhão e dois milhões de dólares por médico, deixando o restante do negócio com médicos proprietários para que eles também tenham interesse em gerar maiores receitas. Anualmente, os retornos sobre o capital aplicado foram de 20% ou mais (Casalino *et al.*, 2019).

Para investidores, as clínicas oncológicas eram atraentes, como escreveu um analista empresarial, porque a elevada procura por serviços dessa especialidade em função do envelhecimento da população e do número crescente de pessoas acometidas pela doença significava que os fornecedores podiam contar com "fluxos financeiros estáveis para as práticas oncológicas durante muitos anos". Outra vantagem, de acordo com a VMG, a principal empresa de avaliação de cuidados de saúde do país, foi

> o ambiente de baixa concorrência. Enquanto os investidores lotaram outras subespecialidades (como dermatologia, oftalmologia e ortopedia), consolidações e fusões significativas ainda não chegaram em ondas à oncologia. As empresas de capital privado, que são as primeiras a se mover nesse espaço, terão a oportunidade de adquirir os melhores ativos e as avaliações mais atraentes, com menor concorrência de outros compradores. (Kickirillo, 2019)

E como os proprietários majoritários (os investidores de capital) e os médicos proprietários/gestores modificaram suas práticas dentro desse novo acordo? Para aumentarem as receitas, as empresas compravam centros de atendimento menores; contratavam novos médicos que geravam receitas mais elevadas e substituíam os que geravam menos receitas por médicos assistentes ou outros profissionais; e incentivavam a utilização de equipamentos, procedimentos e tratamentos que aumentavam as receitas. Em outras palavras, as decisões sobre quem contratar, quais tratamentos oferecer e qual equipamento adquirir não eram ditadas por diretrizes de melhor atendimento, mas ponderadas em relação ao que era melhor para a saúde financeira da empresa.

As empresas de capital privado afirmaram que forneciam o dinheiro necessário, mais autonomia do que um hospital proporcionaria e a oportunidade de lucrar com a venda futura de tratamentos. Esses novos proprietários geralmente visam vender as clínicas dentro de três a sete anos após adquiri-las, um processo que denominam de "evento de liquidez", oportunidade de levantar seus ganhos para fazer investimentos mais rentáveis em outra parte (Casalino *et al.*, 2019). Na verdade, para alguns investidores, o interesse em clínicas médicas substituiu investimentos anteriores em hospitais com fins lucrativos, que se revelaram menos rentáveis do que o previsto.[248] Para médicos e pacientes, "eventos de liquidez" equivalem a encontrar um novo emprego ou um novo oncologista.

Como essas mudanças de proprietário afetam os cuidados de saúde? Um estudo descobriu que urologistas que tratam câncer de próstata em clínicas maiores, associadas a hospitais ou investidores, cobravam preços mais elevados pelo tratamento em comparação com aqueles que trabalhavam em pequenas clínicas de grupos multidisciplinares. Além disso, urologistas de clínicas que possuíam o próprio equipamento de radioterapia de intensidade modulada (IMRT, do inglês *intensity-modulated radiation therapy*) — dispositivo que emite altas doses de radiação no local do câncer — cobravam mais do que aqueles de clínicas que utilizavam equipamento pertencente a terceiros (Modi *et al.*, 2019). Outros estudos mostraram que o IMRT, que custa cerca de quinze mil a vinte mil dólares a mais por curso de tratamento na comparação com as opções cirúrgicas ou outras radioterapias, não resulta consistentemente em melhores resultados do que as soluções mais antigas e mais bem estudadas e pode levar a tratamentos insuficientes, levantando preocupações sobre malignidades secundárias (Jacobs *et al.*, 2012). Esses estudos sugerem que as empresas proprietárias contribuem para custos mais elevados de tratamento do câncer, mas não necessariamente para melhores resultados.

Além disso, essa rotatividade na propriedade das clínicas oncológicas, combinada com as mudanças organizacionais precipitadas por fusões e aquisições hospitalares e afiliações flutuantes com companhias de seguros e gestores de benefícios farmacêuticos, cria

---

[248] "Private Equity Fleeing Hospitals" [Hospitais escapam do patrimônio privado], *Health Leaders*, 5 nov. 2018.

uma instabilidade dos cuidados tanto para os pacientes quanto para os prestadores. Um dos indicadores mais confiáveis de bons cuidados médicos é a consistência das relações prestador/paciente, uma qualidade prejudicada quando se busca regularmente transferir o capital para empreendimentos mais lucrativos, mesmo que isso signifique interromper os cuidados oncológicos de alguém.

Mudanças no acesso ao atendimento médico e a seguro-saúde

Quem recebe o seguro-saúde, quanto paga por ele e quais benefícios estão inclusos são aspectos que afetam o resultado dos tratamentos de uma pessoa com câncer tanto quanto a taxa de multiplicação das células. Nos Estados Unidos, os debates políticos sobre cuidados de saúde captaram a atenção da população, do governo e dos principais agentes empresariais. Nos últimos vinte anos, cerca de 40% dos cidadãos afirmaram estar muito ou um pouco preocupados com a impossibilidade de pagar os custos dos cuidados de saúde regulares. Desde 1992, as políticas públicas relativas a saúde e seus custos têm sido questões importantes em todas as eleições presidenciais e legislativas.

A maioria dos esforços para melhorar a qualidade e o acesso aos cuidados de saúde e reduzir os custos — objetivos muitas vezes contraditórios — deu ênfase à necessidade de uma gestão mais eficiente. Infelizmente, evidências científicas substanciais indicam que esses esforços ainda não conduziram a melhorias significativas na qualidade ou a reduções nos custos (Burns & Pauly, 2018). Vale a pena notar que, apesar das diferenças nas propostas dos presidentes Clinton, Bush, Obama e Trump, nenhum deles mostrou disposição, ou capacidade, de fazer mudanças que ameaçassem o poder ou o controle fundamental do mercado hospitalar e de planos de saúde e da indústria farmacêutica. Com mudanças mais transformadoras fora da discussão, um novo sistema se desenvolveu através de uma série de modelos mais modestos. Cada um deles deve passar pelo confronto com interesses específicos — organizações de médicos, seguradoras, redes hospitalares, fabricantes de insumos, investidores de capital — que trabalham para assegurar que a implementação não ponha em risco sua rentabilidade ou seu controle.

As batalhas entre clínicas de oncologia, fundos de capital privado e hospitais pelo controle dos cuidados clínicos e de suas receitas ilustram esse processo. Os conflitos permanentes sobre a cobertura de medicamentos contra o câncer entre seguradoras, hospitais, médicos, pacientes e gestores de benefícios farmacêuticos (a intermediação entre empresas que negociam com as farmacêuticas sobre quais medicamentos os planos vão cobrir e a que preço) fornecem outro exemplo.

Custos do câncer

O elevado custo dos cuidados oncológicos impede que muitos que deles necessitam os obtenham. Os custos médicos diretos do câncer nos Estados Unidos excedem oitenta bilhões de dólares por ano, enquanto os custos de doenças prematuras e morte por câncer superam 130 bilhões de dólares. Em 2017, o custo dos medicamentos contra o câncer, só nos Estados Unidos, era de cinquenta bilhões de dólares, um valor que deverá duplicar, indo a cem bilhões de dólares, até 2022.[249]

Como resultado, mais da metade das pessoas com câncer padece com perda de imóveis domiciliares, falência, privação da independência financeira ou ruptura de relações familiares (Gilligan *et al.*, 2018). Alguns dos tratamentos mais recentes custam mais de sessenta mil dólares por mês, e, durante a última década, o custo médio mensal por paciente mais do que dobrou.[250]

---

[249] "Global Oncology Trends 2018" [Tendências na oncologia global 2018], IQVIA Institute, 24 maio 2018.
[250] MOORE, Peter. "The High Cost of Cancer Treatment" [O alto custo do tratamento de câncer], *AARP Magazine*, 1 jun. 2018.

Um estudo recente com 9,5 milhões de pessoas com câncer recém-diagnosticado revelou que, dois anos depois, 42% tinham esgotado o patrimônio de toda a vida; e que, após quatro anos, 38% estavam financeiramente falidas. Outro estudo, concluído antes da implementação do Affordable Care Act, apontou que mais de dois milhões de sobreviventes de câncer não recebiam os serviços médicos necessários porque não podiam pagar por esses cuidados (Weaver *et al.*, 2010). Uma assistente social do grupo de apoio CancerCare contou a uma repórter que dois comentários que ela ouve regularmente das pessoas que telefonam para a linha de apoio do grupo são "Não quero falir minha família" e "Não tenho dinheiro para viver".[251]

Outra consequência dos custos elevados é que os pacientes de câncer retardam ou desistem dos cuidados de que necessitam. Um estudo revelou que um terço dos doentes sob cuidados do Medicare que precisavam usar o Gleevec — o medicamento para a leucemia que salva vidas e custa até 146 mil dólares por ano — não cumpria as prescrições no prazo de seis meses após o diagnóstico, reduzindo as chances de tratamento bem-sucedido (Winn, Keating & Dusetzina, 2016, p. 4.323). John Krahne, um californiano de 65 anos, vinha lutando para combater tumores cerebrais havia uma década e recebeu do médico más notícias. Embora os tumores cerebrais estivessem estáveis, os tumores pulmonares tinham crescido, conforme relatou a uma repórter da *NPR*. O médico lhe prescreveu Alecensa, um medicamento que custa 159 mil dólares por ano. O Medicare cobrou de Krahne 3.200 dólares pelo primeiro copagamento, com um segundo pagamento de 3.200 dólares a ser feito um mês depois, quando um novo ano de cobertura entraria em vigor. Pela primeira vez desde que fora diagnosticado, Krahne atrasou o uso da medicação, torcendo para que o câncer não crescesse tão rápido enquanto ele esperava pelo novo período de cobertura. "Esperamos que não prejudique a chance de me curar", disse Krahne. "Foi um risco consciente que assumimos não sem medo." Por fim, a Genentech, fabricante da Alecensa, concordou em pagar

---

251 MOORE, Peter, *op. cit.*

por alguns dos custos imediatos de Krahne, mas esses custos poderiam ultrapassar dez mil dólares por ano.[252]

Em alguns casos, esses novos tratamentos, caríssimos, levaram a aumentos sensíveis na sobrevida. Em outros, nem tanto. A Bristol-Myers Squibb fixou o preço de um medicamento para melanoma recentemente aprovado, o Yervoy, em 120 mil dólares para um ciclo de terapia. Estudos atrelavam o medicamento a um aumento da expectativa de vida em quatro meses (Howard *et al.*, 2015). Quem deve decidir se um acréscimo de quatro meses vale 120 mil dólares? Não há uma resposta fácil a essa pergunta, mas agora são as empresas farmacêuticas que definem quais medicamentos desenvolver e quais deixar de lado — decisões baseadas, principalmente, nos possíveis lucros.

Por que os cuidados oncológicos são tão caros? Em primeiro lugar, a ênfase em intervenções agressivas e tratamentos tardios utilizando novas tecnologias, como a medicina de precisão, a IMRT e a imunoterapia, contribui para custos elevados. Cada um desses tratamentos tem defensores ferrenhos de uma utilização ampliada, muitos dos quais lucram com essa expansão. Com mais de setecentos medicamentos contra o câncer agora em fase de desenvolvimento avançado — 60% a mais do que há uma década —, a expectativa é a de que os custos de tratamento do câncer continuem a subir consideravelmente.[253]

Em segundo lugar, as leis dos direitos de propriedade intelectual aumentam o custo dos medicamentos contra o câncer. A alteração de 1995 às regras da OMC relativas aos direitos de propriedade intelectual (Acordo Trips, ver p. 78-9) permitiu às empresas farmacêuticas dos Estados Unidos globalizar a proteção das patentes (Banerjee & Sargent, 2018). Em 2001, em reunião em Doha, a OMC reafirmou a flexibilidade dos Estados-membros do Trips para contornar os direitos de patente a fim de oferecer melhor aces-

---

[252] SZABO, Liz. "As Drug Costs Soar, People Delay or Skip Cancer Treatments" [Conforme disparam os custos de medicamentos, as pessoas adiam ou abandonam os tratamentos contra o câncer], *NPR*, 15 mar. 2017.

[253] "Global Oncology Trends 2018", IQVIA Institute, 24 maio 2018.

so a medicamentos essenciais. Mas, hoje em dia, cerca da metade dos medicamentos contra o câncer da Lista de Medicamentos Essenciais da OMS ainda tem proteção de patentes, o que os torna inacessíveis em muitas partes do mundo.

A recente renegociação de tratados comerciais iniciada pelos governos nos Estados Unidos, no Reino Unido e em outros países procura enfatizar os direitos nacionais das indústrias farmacêuticas acima do direito universal de ter acesso a medicamentos essenciais. Nessas negociações, funcionários governamentais e representantes da indústria recorrem ao Trips Plus (ver p. 79), que reduz a margem de ação governamental e estende a proteção de patentes. Organizações de defesa da saúde pública apontam a falta de garantias no comércio internacional para proteger o acesso sustentável aos medicamentos (Baxi et al., 2019). No entanto, no acordo comercial entre Canadá, México e Estados Unidos aprovado em 2020, a medida que o presidente Trump havia proposto, de estender a exclusividade de patentes para medicamentos, foi rejeitada em favor de regras de proteção um pouco menos abrangentes, uma medida defendida por aqueles preocupados com os preços elevados dos medicamentos.[254]

A história do Gleevec, um tratamento para leucemia mieloide crônica (LMC), ilustra como essas proteções de patentes mantêm elevados os custos dos medicamentos contra o câncer em países de alta, média e baixa rendas e como as corporações multinacionais de medicamentos usam seu poder global para manter esses preços (Ecks, 2008). Em 1993, a Novartis, fabricante suíça de medicamentos, patenteou o Gleevec, que logo se transformou no produto mais rentável da empresa. Em 1997, vários fabricantes de medicamentos indianos começaram a vender versões genéricas do Gleevec. Em 2004, as empresas indianas vendiam Gleevec a cerca de 4.230 dólares por ano, enquanto a Novartis cobrava 55 mil dólares por ano.

Em 2007, a Novartis recorreu aos tribunais indianos com uma nova interpretação da lei de patentes, alegando que a modificação

---

254 "How the North American Trade Deal Will Affect Autos, Digital Trade, Drugs" [Como o acordo comercial norte-americano afetará veículos, transações digitais e medicamentos], *Reuters*, 29 jan. 2020.

feita por ela no Gleevec, patenteada na Suíça em 2001, havia "renovado" todas as patentes anteriores, o que, portanto, tornava as versões genéricas indianas uma violação dos direitos de propriedade intelectual. A Novartis perdeu nos tribunais indianos, mas muitos outros sistemas nacionais de saúde deixaram de comprar os genéricos da Índia receosos de uma ação legal. Nesses países, os doentes de câncer foram privados do acesso a tratamentos acessíveis para a LMC. Isso abriu um precedente para as nações ricas e reforçou o controle global das *Big Pharma* [grandes farmacêuticas] sobre o preço dos medicamentos. Em uma carta publicada na *Blood*, a revista da Sociedade Americana de Hematologia, mais de uma centena de hematologistas e oncologistas de todo o mundo protestaram contra o alto custo do Gleevec, denunciando que os preços da Novartis prejudicavam seus pacientes e exigindo novas regras sobre preços de genéricos e limites à proteção dos direitos de propriedade intelectual que regulem o lucro das empresas farmacêuticas (VV.AA., 2013).

No final de 2017, quase dois anos após a extinção de sua patente, o preço do Gleevec original ficava em torno de nove mil dólares por mês, enquanto a versão genérica custava mil a menos por mês. O fracasso em reduzir mais significativamente o preço desse medicamento de eficácia notável, escreveu um analista da indústria na *Forbes*, ilustra a complexidade do mercado de medicamentos e a habilidade das grandes empresas farmacêuticas em regrar o sistema. Elas fazem isso desencorajando os concorrentes, criando programas de benefícios aos pacientes para desviar a pressão política por uma contenção de custos mais eficaz e persuadindo os médicos a continuar prescrevendo a versão patenteada e mais cara.[255]

Em uma análise do impacto dos regimes comerciais globais sobre o preço dos medicamentos contra o câncer, pesquisadores concluíram que a verdadeira razão da relutância das empresas farmacêuticas multinacionais em baixar os valores em países de renda média não era o lucro, mas a "estratégia farmacêutica global mais ampla", ou seja, a proteção dos preços em países de renda alta. Esses

---

[255] COHEN, Joshua. "The Curious Case of Gleevec Pricing" [O curioso caso da precificação do Gleevec], *Forbes*, 12 set. 2018.

preços, escreveram Dwaipayan Banerjee e James Sargent, dois proeminentes pesquisadores da indústria dos medicamentos contra o câncer, "parecem ter escapado às limitações tanto da regulamentação estatal quanto das formas de controle de custos estabelecidas pelo mercado" (Banerjee & Sargent, 2018).

Em 2017, depois de todas as disputas legais, a Novartis ainda faturou 4,7 bilhões de dólares com o Gleevec.[256] Em resumo, para proteger os mercados de medicamentos oncológicos caros e altamente rentáveis nos Estados Unidos e na Europa, essas empresas adotam agressivamente estratégias de preços que deixam os medicamentos fora do alcance dos sistemas de saúde e dos doentes nos países de baixa e média rendas, justamente os que apresentam o crescimento mais rápido dos fardos oncológicos.

A Myriad Genetics, empresa multinacional que produz e comercializa testes de diagnóstico molecular, fornece outro exemplo. Em 1997, a Myriad registrou uma patente para os genes BRCA1 e BRCA2, mutações naturais que aumentam o risco de certas formas de câncer de mama e de ovário. Estabeleceu o preço de três mil dólares por teste, e houve a preocupação, entre ativistas, de que uma patente pudesse desencorajar outras empresas a desenvolver testes mais baratos e melhores (McHenry, 2015). Nesse caso, contudo, a União Americana das Liberdades Civis e outros grupos entraram com um processo judicial questionando o direito da Myriad de patentear genes humanos.

Por fim, em 2013, a Suprema Corte dos Estados Unidos concluiu que segmentos de DNA espontâneos são "produto da natureza e não elegíveis para patente". No entanto, o tribunal decidiu que os genes ou os fragmentos de genes criados por empresas são, enquanto invenção humana, patenteáveis. Isso levou ao patenteamento de uma série de novos tratamentos biológicos de câncer, muitos dos quais a um preço superior a cem mil dólares por ano.

As farmacêuticas argumentam que as patentes de proteção prolongada e os preços elevados são incentivos justos e justificáveis em

---

[256] STONE, K. "What Are the Top Selling Cancer Drugs?" [Quais são os medicamentos anticâncer mais vendidos?], The Balance, 16 dez. 2018.

função de seus investimentos substanciais em pesquisa e desenvolvimento. Contudo, analistas independentes têm demonstrado que grande parte da pesquisa original depende do financiamento federal, e não do investimento empresarial, e que parcela significativa do que as empresas farmacêuticas chamam de despesas de "pesquisa" é, na realidade, marketing e promoção (Light & Warburton, 2011). Isso inclui os custos de criação de medicamentos alternativos com diferenças mínimas em relação ao original, os chamados "medicamentos *me-too*", que prolongam a proteção de patentes e do monopólio, e os gastos em "treinamento" dos médicos para prescrever seus produtos.

Uma análise constatou que os "verdadeiros" custos de pesquisa e desenvolvimento para um medicamento ficam, em média, em torno de 43 milhões de dólares, em vez dos 802 milhões de dólares estimados pela indústria (Light & Warburton, 2011, p. 47). Além disso, muitas das provas que apoiam a narrativa de recompensas justas por assumir riscos científicos foram produzidas por economistas financiados pela própria indústria, cujas metodologias não podem sustentar afirmações imparciais. Outro estudo baseado na análise dos arquivos da Comissão de Valores Mobiliários dos Estados Unidos (SEC, do inglês US Securities and Exchange Comission) para dez medicamentos contra o câncer constatou que essas empresas superestimaram os custos de desenvolvimento e subestimaram as receitas geradas, sugerindo que pelo menos algumas das evidências patrocinadas pela indústria para justificar os elevados custos são enganosas ou forjadas (Prasad & Mailankody, 2017).

Tal utilização enganosa de provas é problemática em si mesma. Ainda mais grave é a alegação farmacêutica de que suas pesquisas promovem avanços no tratamento do câncer, assim justificando o que Light e Warburton, dois estudiosos da política do câncer, descrevem como "estruturas de pesquisa empresarial perdulárias e ineficientes". Esses programas de pesquisa desenvolvem, sobretudo, "novos medicamentos de poucos benefícios que competem por cota de mercado a preços elevados". Esses novos itens se tornam, então, "medicamentos que o resto do mundo quer, porque os ricos têm acesso a eles e, presumivelmente, se beneficiam disso" (Light & Warburton, 2011).

As empresas farmacêuticas também mantêm os preços elevados com o apoio de amplos lobbies e contribuições de campanha ao Congresso a fim de manter as leis que impedem o Medicare de negociar os preços dos medicamentos. O sucesso das empresas farmacêuticas em persuadir os legisladores a proibir a negociação através da Lei de Modernização do Medicare de 2003 e do Affordable Care Act de 2010 equivale ao Congresso impedir o McDonald's de negociar o preço da carne bovina. Recentemente, tanto os democratas quanto os republicanos propuseram nova legislação para limitar os preços dos medicamentos, desencadeando o habitual alvoroço do lobby farmacêutico.

A Associação de Gestão da Indústria Farmacêutica, coalizão que inclui grandes fabricantes, como Pfizer e Johnson & Johnson, bem como grandes sindicatos da indústria da construção civil cujos membros ajudam a projetar unidades de produção de farmacêuticas e laboratórios de pesquisa, gastou 660 mil dólares em 2019 para comprar anúncios no Facebook e distribuir panfletos em reuniões sindicais, defendendo que o projeto de lei para limitar o aumento do preço dos medicamentos "ameaça milhares de empregos bem remunerados e restringe o acesso a medicamentos que salvam vidas".[257]

Inversamente, os sistemas de saúde na maioria dos outros países negociam e, por consequência, oferecem medicamentos, incluindo aqueles contra o câncer, a preços substancialmente mais baixos. O Medicare é o maior financiador de cuidados oncológicos nos Estados Unidos. Para ilustrar as inconsistências da política federal, o programa Medicaid, que custeia o atendimento médico para pessoas de baixa renda, também não pode barganhar preços, mas obtém reduções legais nos medicamentos e paga por eles valores bem mais baixos do que o Medicare.

Uma das formas pelas quais as empresas farmacêuticas responderam às críticas de preços altos foi a expansão dos programas filantrópicos, que fornecem medicamentos gratuitos ou subsidia-

---

[257] THOMAS, Katie. "Labor Unions Team Up with Drug Makers to Defeat Drug-Price Proposals" [Sindicatos se unem à indústria farmacêutica para derrotar propostas de preços de medicamentos], *The New York Times*, 4 dez. 2019.

dos a certas populações nos Estados Unidos e em países de baixa e média rendas. Ilustrando os esforços determinados da indústria farmacêutica para manter os resultados trimestrais, mesmo em seus programas de assistência a doentes, diversos fabricantes, tais como Johnson & Johnson, Biogen e Celgene, fizeram acordos relativos às acusações do Departamento de Justiça de que tinham incorrido em propinas ilegais sob o disfarce de contribuições para instituições de assistência a doentes.[258] As propinas haviam sido concedidas para assegurar que os programas de assistência financiassem o pagamento apenas do medicamento que as empresas fabricavam, e não dos concorrentes, mesmo que as alternativas fossem menos dispendiosas. A Actelion Pharmaceuticals, da Johnson & Johnson, fez acordo de pagamento de 360 milhões de dólares; a United Therapeutics, de 210 milhões; e a Pfizer, de 24 milhões de dólares.

A indústria farmacêutica também tem utilizado seus braços filantrópicos para apoiar grupos de defesa das pessoas com câncer. À primeira vista, essa parece ser uma iniciativa digna — as farmacêuticas utilizarem os enormes lucros para financiar organizações que esclarecem as pessoas sobre o câncer e as ajudam a encontrar tratamento. Mas um exame mais profundo sugere que as empresas usam tais grupos para defender mais recursos públicos para pesquisas sobre o câncer, programas de assistência de medicamentos e outros tipos de apoio concebidos para beneficiar os próprios objetivos.

Na medida em que a reputação pública da indústria farmacêutica desmoronou, as empresas descobriram que os representantes dos grupos de doentes são mensageiros mais confiáveis para representar a indústria nos meios de comunicação e perante os funcionários públicos. Muitas vezes, esse apoio financeiro é camuflado, deixando a população sem saber que recebe informação patrocinada pela indústria. Pesquisadores da Universidade Colúmbia estudaram os sites de 161 organizações com subsídios da Eli Lilly. Descobriram que apenas 25% das organizações de defesa da saúde que recebe-

---

[258] THOMAS, Katie. "Drug Maker Pays $360 Million to Settle Investigation into Charity Kickbacks" [Indústria farmacêutica paga 360 milhões de dólares para encerrar investigação sobre propinas para caridade], *The New York Times*, 6 dez. 2018.

ram patrocínio da empresa tornaram públicas essas contribuições, e apenas 10% reconheceram a Lilly como patrocinadora de um evento (Rothman *et al.*, 2011).

Outro fator que contribui para o aumento dos custos é a entrada de muitos novos agentes empresariais no tratamento do câncer, cada um procurando ganhar novas receitas em um mercado em expansão. A Amazon financia o Grail, um plano de novecentos milhões de dólares para detectar precocemente o câncer através do monitoramento do DNA do tumor que circula na corrente sanguínea. O Grail oferece à Amazon acesso a dados de genoma e ferramentas de análise complexas que ela espera utilizar para conquistar mais clientes.[259] A Google Ventures, agora conhecida como GV, investiu na Flatiron Health, uma startup que organiza dados oncológicos para ajudar pacientes com câncer e médicos, um compromisso que a Flatiron utilizou para angariar 130 milhões de dólares de outros investidores.[260] Com o apoio do Google, a Flatiron adquiriu a Altos Solutions, uma empresa de arquivos médicos eletrônicos. Essas compras e vendas vertiginosas oferecem mais riscos de comprometer os dados confidenciais dos pacientes e reduzem a probabilidade de melhorias sustentáveis na obtenção de dados para os profissionais que deles necessitam. Mas, na prática, todos esses empreendimentos criam novas oportunidades de fazer dinheiro.

Pacientes com câncer e suas famílias utilizam cada vez mais a internet como fonte de informação. Isso pode tanto ajudar os doentes a encontrar apoio, informação e possíveis fontes de cuidados, como aumentar a ansiedade, a confusão e a incerteza sobre a confiabilidade da informação, espalhando desinformação e enco-

---

259 "Amazon in Health Care: The E-Commerce Giant's Strategy for a $3 Trillion Market" [Amazon na área de cuidados de saúde: a estratégia da gigante do e-commerce para um mercado de três trilhões de dólares], *CB Insights*, 5 set. 2018.
260 HAY, Timothy. "Google Ventures Leads $130M Round for Big Data Medical Software Company Flatiron Health" [Google Ventures lidera empreitada de 130 milhões de dólares para software médico de Big Data da Flatiron Health], *The Wall Street Journal*, 7 maio 2014.

rajando a utilização de remédios caros, mas não testados (Peterson *et al.*, 2017). Um estudo de 2013 encontrou 77 aplicativos de smartphones relacionados com cuidados do câncer na plataforma da Apple, dos quais apenas 56% citaram dados científicos relevantes em suas bases (Pandey *et al.*, 2013).

As novas fontes de informação que esses investimentos financiam podem ajudar alguns pacientes oncológicos, mas, de modo geral, os levam a gastar mais em terapias não testadas. Também fornecem um excesso de informação que pode sobrecarregar os pacientes e suas famílias com alegações contraditórias e injustificadas de novos tratamentos e mover o capital público e privado de intervenções eficazes, porém não rentáveis (por exemplo, encorajando as pessoas a parar de fumar ou a consumir menos alimentos ultraprocessados), para intervenções menos eficazes, mas mais rentáveis.

Cada nova tecnologia tem o potencial de ajudar os pacientes — e de trazer lucros para as indústrias que a comercializam. Quem controla a implantação da tecnologia determina quem se beneficia e quem paga os custos. O caso dos registros eletrônicos de saúde (RES) e o da medicina de precisão para o câncer ilustram esse processo. Em seu discurso anual no Congresso, em 2015, o presidente Obama declarou: "Esta noite, estou lançando uma iniciativa de medicina de precisão para nos aproximarmos da cura de doenças como o câncer e a diabetes — e para dar a todos nós acesso à informação personalizada quanto ao que precisamos para nos manter e a nossas famílias mais saudáveis" (Obama *apud* Collins & Varmus, 2015).

Como explicaram Frances Collins e Harold Varmus, os líderes da nova iniciativa, entre os objetivos estava a utilização de RES de pacientes com câncer para recolher dados dos registros médicos sobre resistência não explicada aos medicamentos, heterogeneidade genômica dos tumores, meios insuficientes para monitorar respostas e recorrência de tumores e conhecimento sobre o impacto das combinações de medicamentos para acumular dados que poderiam conduzir mais rapidamente a melhorias nos tratamentos.

A utilização de RES aumentou rapidamente porque o Affordable Care Act exigiu — e financiou — a expansão e porque essa despesa pública atraiu capital privado interessado em lucros. Os RES ajudam os hospitais e as seguradoras a controlar mais de perto as receitas. Até 2018, o governo federal tinha gastado 38 bilhões de dólares, exigindo que médicos e hospitais instalassem sistemas de registros eletrônicos de saúde através do Medicare e do Medicaid.[261] As despesas de saúde em RES foram de mais de seis bilhões de dólares por ano. Com a entrada de empresas tecnológicas nesse ramo e sua consolidação através da compra de pequenas empresas, é de esperar que os custos aumentem ainda mais — outro exemplo de subsídios federais para o setor privado.

Embora os gastos com RES tenham aumentado substancialmente na última década, ainda há poucas provas de que, na prática, melhorem as decisões de tratamento, os cuidados com o paciente ou sua satisfação. Um estudo concluiu que os relatórios de biópsias de câncer nos RES, uma informação crítica para as decisões de tratamento, não puderam ser confirmados como totalmente precisos ou imprecisos em 66% dos registros (Diaz-Garelli *et al.*, 2019, p. 325).

Os RES, no entanto, sobrecarregam o trabalho dos prestadores de cuidados na saúde. Um estudo com quase 1.800 médicos em Rhode Island descobriu que 70% deles relataram um aumento do estresse relacionado à tecnologia, e 26%, um esgotamento total por esse motivo (Gardner *et al.*, 2018). Alguns médicos informaram gastar mais tempo inserindo dados nos RES do que falando com seus pacientes, um problema exacerbado por regras hospitalares geradoras de receitas que obrigam o atendimento de muitos pacientes por hora.

Embora as novas tecnologias possam beneficiar alguns pacientes, os investidores apoiarão e as empresas desenvolverão apenas as opções que tenham potencial para gerar lucros, ignorando os custos de oportunidade de saúde pública em alternativas menos rentáveis, desviando recursos para empreendimentos de risco e contribuindo para o crescente acesso desigual ao tratamento do câncer para famílias de baixa renda e pessoas negras.

---

261 MONICA, Kate. "EHR Use, High Administrative Burden Driving Healthcare Spending" [Uso de RES, alta carga administrativa impulsionando gastos com saúde], *EHR Intelligence*, 1 ago. 2018.

Na batalha em curso para conter o custo dos cuidados médicos sem comprometer indevidamente a qualidade, as seguradoras públicas e privadas empregam várias estratégias. A transferência dos riscos financeiros para o custo dos cuidados de saúde é um método preferencial de economia. As seguradoras transferem o risco para os clínicos, sobretudo delegando a eles a responsabilidade por pacientes de alto custo e também os remunerando por um "valor" dos cuidados que prestam e dos resultados, em vez de honorários. Transferem também o risco para os pacientes por meio da imposição de franquias elevadas e de copagamentos.

Muitos pacientes com câncer relatam que essas franquias aceleram a entrada no endividamento ou na falência. V. J., uma agente imobiliária que sobreviveu a dois casos de câncer de mama, o primeiro aos trinta anos e o segundo aos cinquenta, disse a uma repórter que o primeiro tratamento custou quarenta mil dólares e a levou à falência, enquanto o segundo custou 120 mil dólares. Embora tivesse uma boa cobertura de seguro para a recidiva, o copagamento e as taxas totalizaram 25 mil dólares, o que lhe causou uma dívida justo no momento em que o tratamento a impedia de trabalhar.[262]

A complexidade das regras que determinam o reembolso do seguro faz com que poucos pacientes ou clínicos compreendam seu funcionamento. Assim, eles se tornam, muitas vezes, incapazes de dissociar suas escolhas dos incentivos financeiros ou penalizações que as seguradoras elaboram. Além disso, essas regras misteriosas dão poder adicional à indústria farmacêutica e ao mercado hospitalar e de seguros, que podem contratar pessoal que domine as regras e faça lobby e contribuições de campanha para moldar as apólices que estabelecem tais regras.

Para aqueles pacientes que sobrevivem ao câncer por tempo suficiente para se endividar, o capitalismo moderno concebeu algumas formas engenhosas para que consigam dinheiro — gerando lucro aos investidores no caminho. A Coventry First é uma companhia de seguros que descreve a si mesma como "líder e criadora" da indústria do "acordo de vida". Os investidores compram

---

[262] MOORE, Peter, *op. cit.*

apólices de seguro de vida de pessoas com câncer ou outras doenças, cobrem os prêmios até a morte do indivíduo e depois recolhem o benefício. Para pacientes desesperados, o montante pago lhes permite, frequentemente, iniciar o tratamento da doença, mas deixa as famílias sem nada quando morrem.

Para alguém com um seguro de vida de um milhão de dólares, um investidor terceiro pode pagar 250 mil dólares pela apólice, consideravelmente mais do que os cem mil dólares do valor de resgate da apólice. O investidor assume os pagamentos de prêmios subsequentes, mas, se a sua aposta em uma morte rápida se concretizar — naturalmente uma probabilidade maior para alguém com câncer —, então o investidor vai receber um milhão de dólares na morte do paciente, um retorno considerável de investimento. À medida que a especulação de hipotecas imobiliárias entrou em colapso após a crise financeira de 2008, o investimento em acordos de vida pareceu um refúgio mais seguro. Alguns analistas previram que o mercado poderia atingir quinhentos bilhões de dólares.[263] Esse esquema financeiro surgiu durante a epidemia da aids e tem se expandido desde então.

O GoFundMe, site de financiamentos coletivos, oferece outra opção, talvez mais palatável para quem tem dívidas decorrentes do câncer. Como uma empresa privada com fins lucrativos, o GoFundMe já levantou mais de cinco bilhões de dólares de cinquenta milhões de doadores em todo o mundo. Mais de um terço de seus financiamentos diz respeito a contribuições para despesas médicas. A obtenção de lucro tirando proveito dos impulsos de caridade das pessoas é um exemplo do espírito do capitalismo do século XXI. Será que isso ajuda realmente pacientes com câncer?

Analisando o site, dezenas de pedidos de apoio de pessoas com câncer, geralmente procurando arrecadar entre 25 mil e 250 mil dólares para tratamentos, podem ser encontrados. Stefanie, por exemplo, é uma mulher de 33 anos com uma filha de um ano que,

---

[263] ANDERSON, Jenny. "Wall Street Pursues Profit in Bundles of Life Insurance" [Wall Street mira lucro em pacotes de seguro de vida], *The New York Times*, 5 set. 2009.

após vários tratamentos, se encontra agora na fase três de um câncer cervical metastático. A única esperança de prolongar significativamente sua vida é uma cirurgia experimental caríssima. Mais de 2.100 pessoas leram sua história, e em dois meses 719 pessoas contribuíram com 93.180 dólares de uma meta total de cem mil dólares, permitindo a Stephanie fazer a cirurgia em um centro de tratamento de câncer muito bem avaliado.

Ainda que o GoFundMe tenha sido um recurso essencial para alguns sobreviverem à doença, estudiosos têm notado problemas. Dois pesquisadores da Universidade Simon Fraser, no Canadá, analisaram 220 campanhas de pacientes com câncer nos Estados Unidos, no Canadá e em outros países cujos recursos foram usados para pagar por terapias complementares ou alternativas. Essas campanhas pediram, em média, 26 mil dólares e, no total, receberam 24% do que pediram. Pelo menos 28% dos doentes já tinham morrido quando os pesquisadores completaram a análise. O estudo concluiu que 38% dos indivíduos que utilizavam o GoFundMe recorriam tanto a tratamentos alternativos quanto aos tradicionais, 29% utilizavam tais alternativas como substituto da terapia tradicional devido ao medo dos efeitos ou ao ceticismo quanto à efetividade, e 31% procuravam alternativas por razões financeiras ou médicas (Snyder & Caufield, 2019).

Estudos anteriores apontam que cerca de metade dos doentes com câncer utiliza medicamentos complementares ou alternativos (Horneber *et al.*, 2012), tendo menos chances de sobrevivência do que aqueles que não utilizam (Johnson *et al.*, 2018). Claro que algumas pessoas recorrem a esses tratamentos depois de ter esgotado outras opções, mas a preocupação dos autores do estudo era com o fato de o GoFundMe ter contribuído para bombardear o público-alvo (doentes e seus familiares) com alegações não verificáveis, tornando-os vulneráveis a vendedores que divulgam tratamentos ineficazes ou prejudiciais (Snyder & Caufield, 2019), uma acusação que, para ser justo, também tem sido levantada contra oncologistas e hospitais especializados.

Em um sistema de saúde que se volta cada vez mais à mentalidade da "responsabilidade do consumidor" e permitiu que charlatães florescessem antes do estabelecimento da FDA, em 1906, pessoas com câncer e suas famílias têm de descobrir o caminho em meio a um labirinto de alegações conflituosas e autopromotoras, tornando a experiência da doença ainda mais estressante.

Dois outros grandes agentes empresariais merecem uma análise mais aprofundada: a indústria de equipamentos médicos e os hospitais. Os encargos hospitalares são, de longe, o maior custo na área, 3,5 trilhões de dólares por ano nos Estados Unidos, representando 44% das despesas pessoais daqueles que possuem seguros privados. Entre 2007 e 2014, as tarifas hospitalares aumentaram 42% para os cuidados de internação e 25% para os cuidados de ambulatório, muito mais elevados do que os aumentos dos custos de consultas com médicos.[264] Esses aumentos ocorreram em hospitais com e sem fins lucrativos. Tal como observou Elizabeth Rosenthal, chefe de redação do *KaiserHealth News*, hospitais com fins lucrativos utilizam os ganhos mais elevados para aumentar os lucros dos investidores, e sistemas com e sem fins lucrativos utilizam o maior fluxo de caixa para comprar clínicas oncológicas, melhorar os serviços alimentares e outras comodidades para atrair pacientes de alta renda, investindo em tecnologias que aumentam os ganhos, mas não necessariamente melhoram os cuidados, além de pagar salários exorbitantes aos CEOs.

Ambos os sistemas ainda utilizam suas receitas crescentes para pressionar o Congresso a aumentar os pagamentos governamentais. Um estudo realizado por um economista de saúde da Universidade Yale revelou que hospitais dos distritos cujo representante do Congresso tinha votado a favor da aprovação de uma medida patrocinada pela indústria cobravam mais dinheiro do governo do que hospitais de outros distritos. Verificaram também que esses congressistas receberam um aumento de 22% nas contribuições totais de campanha e um acréscimo de 65% nas contribuições de indivíduos que trabalham no ramo da saúde em seus domicílios eleitorais (Cooper *et al.*, 2017). Perturbadoramente, como obser-

---

[264] ROSENTHAL, Elisabeth. "Time to Rein in Hospital Excesses" [Hora de controlar os excessos hospitalares], *The New York Times*, 25 set. 2019.

va Rosenthal, uma elevação de despesas hospitalares não conduz a melhores resultados.

Por fim, a indústria de equipamentos médicos contribui para o aumento dos custos dos tratamentos de câncer. Em 2017, a OMS identificou centenas de equipamentos médicos prioritários que podem ser utilizados para monitoramento do câncer e descreveu especificamente os aparelhos e os equipamentos para seis tipos deles: de mama, cervical, colorretal, leucemia, de pulmão e de próstata.[265] Esses dispositivos desempenham um papel importante no rastreio, no tratamento e na gestão da doença. Contudo, tal como no caso dos medicamentos, o governo dos Estados Unidos não regulamenta os custos desses aparelhos nem utiliza seu enorme poder de negociação para reduzi-los. Assim, permite a fixação de preços, independentemente do que o mercado norte-americano venha a sofrer (Dufour, 2019). Não há nenhuma exigência de que os novos medicamentos ou dispositivos sejam mais eficazes ou menos dispendiosos do que os regimes aprovados já existentes. Os administradores que pagam por isso, como o Medicare, adotaram essas novas tecnologias sem considerar a relação custo/benefício ou comparar sua eficácia.

Embora os equipamentos constituam uma pequena parte dos custos médicos totais, a Comissão Consultiva de Pagamento do Medicare estima que as despesas com dispositivos podem crescer o dobro da taxa anual das despesas com medicamentos.[266] Além disso, as margens de lucro para grandes fabricantes estão na faixa dos 20% a 30%, muito mais elevadas do que para outros setores médicos (Donahoe, 2018). Essas tendências sugerem que uma maior expansão do setor é provável.

---

265 "WHO List of Priority Medical Devices for Cancer Management" [Lista de equipamentos médicos prioritários para monitoramento do câncer], Organização Mundial da Saúde, 2017.
266 "Medical Devices: Worrying Parallels to Our Nation's Prescription Drug Concerns?" [Dispositivos médicos: paralelos preocupantes com as questões nacionais com medicamentos de prescrição?], Altarum Healthcare Value Hub, relatório de pesquisa n. 33, fev. 2019.

Em 2019, a FDA pediu à Allergan, um distribuidor mundial de medicamentos e equipamentos, que fizesse o recall dos implantes mamários texturizados. Esses implantes foram utilizados durante cirurgias reconstrutivas após mastectomia por câncer de mama. O recall foi baseado em dados de que 481 implantes da Allergan, de 573 casos reportados em todo o mundo, estavam associados a uma forma rara de câncer, com o saldo de 33 mortes.[267] Outros relatórios de reações adversas à saúde e defeitos nos implantes mamários apontam os custos elevados que uma indústria de insumos mal regulamentada pode impor tanto às pessoas que lutam contra o câncer quanto à saúde pública.[268]

A guerra contra o câncer e a "corrida da Lua"

Em 1971, o presidente Richard Nixon declarou guerra ao câncer, dizendo que "chegou o momento nos Estados Unidos em que o mesmo tipo de esforço concentrado que dividiu o átomo e levou o homem à Lua deveria ser voltado para a superação dessa terrível doença. Estabeleçamos um total compromisso nacional para alcançar esse objetivo". Quando assinou a Lei Nacional do Câncer, naquele ano, Nixon disse: "Espero que nos próximos anos olhemos para esse movimento de hoje como a ação mais significativa tomada durante a minha administração".[269]

---

267 GRADY, Denise. "Allergan Breast Implants Linked to a Rare Cancer Face Full F.D.A Recall" [Implantes mamários da Allergan associados a um tipo raro de câncer dominam recalls da FDA], *The New York Times*, 25 jul. 2019.

268 CHAVKIN, Sasha. "Breast Implant Injuries Kept Hidden as New Health Threats Surface" [Lesões de implante de mama mantidas ocultas emergem como novas ameaças à saúde], International Consortium of Investigative Journalists, 26 nov. 2018.

269 "Surveillance, Epidemiology, and End Results Program" [Programa de vigilância, epidemiologia e resultados finais], National Cancer Institute, 2002.

Dezessete anos depois, o vice-presidente Al Gore anunciou: "Queremos ser a primeira geração a finalmente vencer a guerra contra o câncer". Ele disse que a ciência estava à beira de um grande progresso e propôs um aumento de 65% no financiamento federal para a pesquisa relacionada ao longo de cinco anos. "Pela primeira vez, o inimigo é superado."[270]

Em 2002, durante uma reunião na Casa Branca com pesquisadores e sobreviventes de câncer, o presidente George W. Bush afirmou que "a luta contra o câncer tem obtido grandes vitórias e está à beira de grandes avanços. [...] A ciência médica vem ajudando vítimas de câncer a sobreviver e os sobreviventes a levar uma vida melhor". Também anunciou que seu orçamento para 2003 "aumentaria o financiamento de pesquisa sobre o câncer em 629 milhões de dólares, para um investimento total de pesquisa em todos os institutos nacionais de saúde de mais de cinco bilhões de dólares. Para vencermos a guerra contra o câncer, precisamos financiar essa guerra contra a doença".

Em 2016, 45 anos após a declaração de guerra de Nixon contra o câncer, o presidente Barack Obama pôs seu então vice, o atual presidente dos Estados Unidos, Joe Biden, à frente do "Cancer Moonshot",[271] anunciando "um novo esforço nacional para resolver a questão [...], para os entes queridos que todos perdemos, para as famílias que ainda podemos salvar; vamos fazer dos Estados Unidos o país que cura o câncer de uma vez por todas".[272]

Na campanha presidencial de 2020, Trump, Joe Biden e outros candidatos prometeram continuar a guerra contra o câncer, evidenciando a crença, tanto de republicanos quanto de democratas, de que o assunto é boa estratégia, boa política e boa ciência.

---

270 "Clinton Budget Offers Salvo in War on Cancer" [Orçamento de Clinton oferece artilharia na guerra contra o câncer], *Toledo Blade*, 30 jan. 1998.

271 A expressão vincula à batalha contra o câncer o mesmo poder que a ciência teve ao conseguir levar o homem à Lua. [N.T.]

272 RASCOE, Ayesha. "Obama Launches Mission to Cure Cancer 'Once and for All'" [Obama lança missão para curar câncer "de uma vez por todas"], *Reuters*, 12 jan. 2016.

Desde os tempos de Nixon, contudo, alguns cientistas e ativistas têm questionado as premissas básicas dessa posição. Nessa perspectiva, o próprio enquadramento de uma "guerra contra o câncer" reflete os valores do capitalismo moderno e, na realidade, atrasou o progresso para diminuir o fardo sanitário e econômico da doença.

O conceito de guerras contra problemas científicos tem origem no esforço bem-sucedido de construir uma bomba atômica durante a Segunda Guerra Mundial e de ganhar a corrida espacial levando o homem à Lua em 1969. Ambos os esforços mobilizaram o financiamento governamental e a experiência empresarial para criar soluções específicas para os obstáculos técnicos e logísticos a fim de alcançar um único objetivo.

Mas a aplicação dessa abordagem ao câncer ignora o fato de que a patologia não abarca uma só condição, mas duzentas doenças, cada uma com suas próprias vias e causas distintas. Ela superestima o grau de compreensão científica atual do câncer (em comparação com a física atômica ou o lançamento de foguetes, ou viagens espaciais) e subestima a complexidade das forças biológicas, ambientais e outras que influenciam a história natural dos tumores. Como observou Sol Spiegelman, pesquisador do câncer na Universidade Colúmbia, no início da guerra de Nixon contra o câncer: "Um esforço geral [para encontrar uma cura para o câncer] na época seria como tentar levar um homem à Lua sem conhecer as leis da gravidade de Newton" (Coleman, 2013). Embora haja mais conhecimento hoje em dia, muitos pesquisadores continuam enfatizando que a ciência só agora começa a compreender como vários tipos de câncer nascem, crescem e matam — conhecimentos essenciais para o desenvolvimento de tratamentos eficazes.

A guerra contra o câncer pressupõe que, com esforço suficiente, os pesquisadores podem encontrar uma única ou poucas curas para uma condição isolada. Isso reflete o paradigma reducionista da ciência biomédica ocidental, ela própria fortemente influenciada por interesses corporativos. Esse reducionismo postula que a redução de problemas biológicos ou médicos complexos à soma de suas muitas partes leva à compreensão de uma única causa e à descoberta de uma cura. Na pesquisa do câncer, isso significou financiar uma "guerra" para caçar os genes específicos ou processos subcelulares que iniciam a carcinogênese, e depois conceber um medicamento ou uma tecnologia para interromper esse processo. Esta última tarefa é atribuída a organizações privadas — sobretudo empresas farmacêuticas — que podem reunir o capital para desenvolver, produzir e comercializar essas supostas varinhas mágicas, traduzindo o conhecimento adquirido por meio de financiamento público em produtos ou serviços com potencial para ser bem-sucedidos no mercado, dando retornos aos fabricantes.

A declaração de guerra a células, genes e processos subcelulares que contribuem para o câncer também facilita ignorar os processos sociais e políticos que moldam a doença e, em vez disso, concentrar-se nas causas biológicas e individuais. É como tentar compreender a música através da análise das ondas sonoras ou a literatura contando a frequência de uso das palavras.

Em 1989, Samuel Broder, então diretor do Instituto Nacional do Câncer, reconheceu que a "pobreza era cancerígena" (Broder, 1991), mas, ao longo das décadas, as guerras contra o câncer nunca visaram à pobreza ou aos fabricantes de produtos cancerígenos como tabaco, alimentos ultraprocessados, álcool, amianto ou pesticidas (embora, para ser justo, George W. Bush, ao anunciar sua guerra contra o câncer, tenha prometido, em tom de brincadeira, que comeria mais brócolis, apesar de sua conhecida aversão ao legume). Concentrar-se na prevenção ou mirar indústrias cancerígenas poderia comprometer o apoio das elites, um pré-requisito para o financiamento público e privado contínuo de pesquisa, para contribuições filantrópicas e cobertura midiática favorável, algo essencial para o apoio público de qualquer guerra.

Em vez disso, os membros do painel especial Cancer Moonshot Blue Ribbon, do então vice-presidente Biden, incluíam pesquisadores biomédicos, mas também líderes da Pfizer e da Amazon, além de Patrick Soon-Shiong, médico-empresário que inventou a droga de sucesso contra o câncer de pâncreas, o Abraxane, e fundou várias startups de biotecnologia e saúde. Segundo a *Forbes*, seu patrimônio líquido é de cerca de sete bilhões de dólares.[273] Em 2018, ele comprou o jornal *The Los Angeles Times*.

Como muitos dos que fizeram fortuna na área de tratamento do câncer, Soon-Shiong tem enfrentado alguns problemas jurídicos. Em 2019, a Sorrento, pequena empresa que fabricava um medicamento contra o câncer concorrente do Abraxane, acusou Soon-Shiong de comprar a droga que ela esperava comercializar como alternativa mais barata. A alternativa, alegou a Sorrento, poderia poupar ao sistema de saúde dos Estados Unidos mais de um bilhão de dólares.[274] Soon-Shiong comprou os direitos do novo medicamento e, em seguida, o retirou do mercado. A Sorrento pedia um bilhão de dólares por meio de uma queixa de arbitragem, e 90,5 milhões de dólares em processo civil.[275] As farmacêuticas utilizam o processo conhecido como "comprar e matar" para manter os direitos de monopólio sobre medicamentos patenteados, uma estratégia que pode ser considerada uma violação das leis antimonopólio — raramente aplicadas.[276]

No painel Moonshot, Soon-Shiong defendeu a criação de uma gigantesca base de dados de potenciais fatores genéticos que poderiam ser utilizados para criar medicamentos contra o câncer por meio da realização do sequenciamento genômico de cem mil pacientes. Como era de esperar, o painel incluiu apenas uma

273 TINDERA, Michela. "Billionaire Los Angeles Times Owner Patrick Soon-Shiong Accused Of 'Catch-And-Kill' Scheme — With A Cancer Drug" [Proprietário do *Los Angeles Times*, bilionário Patrick Soon-Shiong é acusado de esquema "pega e mata" — com um medicamento anticâncer], *Forbes*, 3 abr. 2019.
274 SILVERMAN, Ed. "A Small Drug Maker Accuses Soon-Shiong of Masterminding a 'Catch-and-Kill' Scheme'" [Pequeno fabricante de drogas acusa Soon-Shiong de ser mentor de esquema "pegar e matar"], *STAT*, 3 abr. 2019.
275 FREEMAN, Mike. "Sorrento Therapeutics Get $7 per Share Buyout Offer from Unnamed Suitor; Stock Gains 40 percent" [Sorrento recebe sete dólares por oferta de compra de ações de interessado anônimo; ações alcançam 40%], *The San Diego Union-Tribune*, 10 jan. 2020.
276 EDERER, Florian. "Three Questions: Prof. Florian Ederer on 'Killer Acquisitions'" [Três questões: professor Florian Ederer sobre "comprar e matar"], *Yale Insights*, 8 abr. 2019.

recomendação preventiva — focar o comportamento individual e o acesso aos cuidados de saúde —, sem nenhuma recomendação que pusesse em risco as indústrias que produzem os carcinogêneos que permeiam o cotidiano das pessoas em todo o mundo.

A metáfora da guerra também encorajou cientistas, decisores políticos, apoiadores e empresas que pressionaram fundos públicos e privados de apoio a superestimar os seus êxitos e a afirmar prematuramente terem vislumbrado a famosa luz no fim do túnel. Desenvolvedores e fabricantes de medicamentos de precisão, por exemplo, prometeram que suas descobertas iriam mudar drasticamente o curso do câncer. Os defensores do rastreio precoce da doença, tais como Susan G. Komen, argumentaram que isso salvou vidas. No entanto, como o pesquisador Gilbert Welch observou, um programa de rastreio exageradamente amplo, que diz a todas as pessoas com células anormais que elas têm câncer, inevitavelmente leva a um diagnóstico aumentado e a taxas de sobrevivência vertiginosas,[277] mas não a melhorias na saúde da população.

Conforme observou Sol Spiegelman, a retórica da guerra contra o câncer criou "expectativas públicas de avanços imediatos [...] a partir da sugestão de que o câncer poderia ser 'vencido' em questão de anos". Em vez disso, ele escreveu, o enquadramento como guerra "contribuiu para o crescente ceticismo para com a ciência biomédica moderna entre norte-americanos, que havia muito acreditavam em seu progresso inevitável" (Coleman, 2013).

Enquanto corporações, populistas de direita, negacionistas das mudanças climáticas, a classe média antivacina e outros atacam a capacidade da ciência de fornecer provas objetivas para orientar as políticas e melhorar o bem-estar humano e planetário, as distorções da ciência do câncer por parte dos partidários da guerra diminuem ainda mais a credibilidade dos cientistas, dos prestadores de cuidados de saúde e dos profissionais de saúde pública. Ao desperdiçarem o bem mais precioso da comunidade científica, aqueles que

---

[277] WELCH, H. Gilbert. "Cancer Survivor or Victim of Overdiagnosis?" [Sobrevivente do câncer ou vítima de sobrediagnóstico?], *The New York Times*, 21 nov. 2012.

deturpam as provas sobre o sucesso limitado da guerra contra o câncer põem em risco a capacidade da comunidade científica de contribuir para a resolução de outros problemas médicos e ambientais. Falsas alegações sobre sucessos também reforçam a percepção, por vezes acertada, de que cientistas e clínicos forjam alianças secretas com corporações à custa do bem-estar de seus pacientes. Em 2018, por exemplo, uma equipe de investigação do *ProPublica* e do *New York Times* descobriu que Jos Baselga, o médico-chefe do internacionalmente reconhecido Memorial Sloan Kettering Cancer Center, não tinha revelado milhões de dólares em pagamentos de empresas de saúde para dezenas de seus artigos de pesquisa, violando as regras de hospitais e publicações médicas.[278] Baselga foi forçado a se demitir, mas os danos à reputação do hospital como um centro de excelência para tratamento e pesquisa do câncer serão mais difíceis de ser reparados.

Em resposta à rápida propagação da covid-19 e ao seu impacto devastador na saúde pública e na economia, políticos e líderes empresariais convocaram a uma guerra contra o coronavírus, recorrendo mais uma vez à metáfora preferida para defender políticas que transferem recursos públicos para empresas privadas. Mais uma vez, essa metáfora ameaçou distorcer a ciência, escondendo a corrupção e o lucro e mascarando as causas subjacentes à rápida propagação da pandemia, como a pobreza, o racismo, a falta de moradia acessível, a falta de proteções de segurança para trabalhadores, um sistema de saúde pública desregulamentado e marcado pela austeridade, bem como casas de repouso com fins lucrativos sem pessoal suficiente e sem regulamentação.[279]

---

[278] THOMAS, Katie & ORNSETIN, Charles. "Top Sloan Kettering Cancer Doctor Resigns after Failing to Disclose Industry Ties" [Especialista em câncer, médico Sloan Kettering pede demissão depois de não revelar laços com a indústria], *The New York Times*, 13 set. 2018.

[279] DAALDER, Ivo. "No, We're Not at War: The Dangers of How We Talk about the covid-19 Pandemic" [Não, não estamos em guerra: os perigos de como conversamos sobre a pandemia de covid-19], *Bangor Daily News*, 10 maio 2020.

Oposição ao controle corporativo no tratamento do câncer

À medida que as indústrias farmacêutica, de seguros e hospitalar consolidavam o controle do sistema de saúde, pacientes com câncer e suas famílias, prestadores de cuidados de saúde e alguns representantes eleitos resistiram a essas incursões. Uma análise mais profunda dos êxitos e fracassos dessas disputas permite compreender a forma como as corporações respondem aos desafios impostos pelo governo, pelos profissionais de saúde e pelos ativistas.

Ativismo de pacientes. A partir do início da década de 1970, inspiradas pelos movimentos feministas e antiguerra do Vietnã, pessoas com câncer começaram a procurar alternativas às narrativas médicas/empresariais sobre a doença. Algumas mulheres com câncer de mama passaram a rejeitar a ortodoxia da mastectomia radical como rotina e a opinião de que os médicos deviam ter a responsabilidade exclusiva de tomar decisões sobre o tratamento. Rose Kushner, jornalista e ativista diagnosticada com câncer de mama, criou o Centro de Assessoria ao Câncer de Mama, que orientou e mobilizou mulheres a exigir mais financiamento para a pesquisa sobre o câncer de mama e maior voz para as pacientes nas decisões de tratamento. Kushner disse: "Penso que o que eu fiz foi o nível mais elevado de libertação das mulheres. Eu disse 'não' a um grupo de médicos que me diziam 'você precisa assinar esse papel e não precisa ter conhecimento de tudo a que ele se refere'" (Lerner, 2002, p. 225). Essa pronta resposta ativista ao domínio médico foi, mais tarde, reforçada pela feroz resistência de pessoas com HIV, que desafiaram empresas farmacêuticas e seguradoras, políticas governamentais e instituições de pesquisa que decidiam quais opções de tratamento deveriam ser levadas adiante.

O sucesso dos ativistas do câncer de mama e do HIV em reivindicar uma voz para pacientes na definição das direções de pesquisa, questionando práticas médicas e insistindo que as necessidades de pacientes vinham em primeiro lugar, ajudou a mudar a discussão nacional sobre quem estabelece a agenda da pesquisa médica.

Os ativistas criaram novas plataformas nas quais podiam desafiar — ou apoiar — reivindicações e perspectivas dos pesquisadores e representantes da indústria. Entre elas, incluíam-se os comitês de análises dos institutos nacionais de saúde, que passaram a convidar representantes de pacientes e novos grupos de ativistas como a ACT UP, a Breast Cancer Action na área da baía de São Francisco e a Long Island Breast Cancer Coalition, um grupo que abordou as causas ambientais do câncer de mama (Osuch *et al.*, 2012). O ativismo também atraiu a atenção dos meios de comunicação e dos responsáveis pela elaboração de políticas públicas, ampliando ainda mais o seu impacto.

O papel dos pacientes na mudança da política de combate ao câncer continua. Tal como o Consórcio Internacional de Jornalistas Investigativos relatou na reportagem sobre implantes para câncer de mama, mais de cinquenta mil mulheres em todo o mundo se reuniram num grupo do Facebook, cujo número de membros disparou com a atenção dos novos meios de comunicação sobre o tema dos implantes.[280] A razão do aumento, diz a fundadora do grupo, Nicole Daruda, é que ninguém mais levava a sério as doenças dessas mulheres. "Elas tinham todos esses problemas e, quando iam ao médico, ouviam que não havia nada de errado com seus implantes", explicou Daruda. Em 2019 essas ativistas, juntamente com jornalistas investigativos e defensores da saúde, forçaram vários governos em todo o mundo a alterar a regulamentação sobre implantes mamários e a controlar mais de perto os defeitos dos produtos.[281]

Reforma da assistência à saúde. Durante mais de cinquenta anos, médicos progressistas e reformadores de base dos movimentos tra-

---

[280] CHAVKIN, Sasha. "Investigative Reporting: Shoe-Leather, Data and Empathy" [Reportagem investigativa: couro de sapato, dados e empatia], International Consortium of Investigative Journalists, 10 dez. 2018.
[281] CHAVKIN, Sasha. "The Implant Files Sparked Reform around the World. Here's Why We're Still Reporting" [Série de matérias sobre implantes provocou reformas em todo o mundo. Entenda por que seguimos reportando], International Consortium of Investigative Journalists, 27 fev. 2019.

balhistas, ativistas dos direitos civis, feministas e ativistas ligados à aids têm feito campanha por um sistema nacional de saúde que torne os cuidados de saúde acessíveis e de qualidade para todos os residentes dos Estados Unidos. Como observou a historiadora Beatrice Hoffman, essas campanhas "continham as sementes de uma crítica mais ampla do sistema de saúde norte-americano, levando alguns movimentos a abraçar os apelos a uma cobertura universal" e ao acesso aos cuidados de saúde como um direito humano fundamental. Fazer do acesso aos cuidados de saúde um direito, em vez de considerá-lo como mais uma mercadoria a ser distribuída pelas forças do mercado, constituiu uma crítica fundamental ao capitalismo do século XXI (Hoffman, 2008). A profunda divisão entre esses dois pontos de vista talvez ajude a explicar por que a luta pelos cuidados de saúde tem sido tão cansativa para os estadunidenses há mais de cinquenta anos.

A aprovação do Affordable Care Act em 2010 foi uma conquista importante, embora limitada, desse movimento. Vinte milhões de pessoas ganharam cobertura de seguro, e acabaram práticas discriminatórias como a recusa de assegurar pessoas com problemas de saúde prévios, uma grande vitória para pacientes com câncer. Apesar das reivindicações dos opositores, após o Affordable Care Act, nem o tempo de espera, nem os custos globais ou a insatisfação dos pacientes com os cuidados de saúde aumentaram de forma significativa. Os doentes com câncer tiveram alguns ganhos específicos: as taxas de pessoas sem plano de saúde entre os sobreviventes da doença diminuíram de 12,4% para 7,7%, e a taxa de pessoas entre os sobreviventes de câncer diminuiu ainda mais para aqueles que vivem em estados que optaram por expandir a cobertura do Medicaid (Davidoff *et al.*, 2018, p. 220).

Mas a legislação também mostra os limites desses movimentos em desafiar o capitalismo moderno. Os defensores da saúde, o presidente Obama e o Congresso não conseguiram (ou não quiseram) conquistar a aprovação de uma lei que incluísse uma opção pública — o direito do governo federal de negociar os preços dos medicamentos — nem houve esforços significativos para reduzir os custos administrativos dos cuidados de saúde conduzidos pelo mercado. E, como demonstrou a campanha presidencial de 2020, o apelo a um sistema de saúde de pagamento único continuou a suscitar forte oposição da indústria da saúde, da maioria dos conservadores e de alguns liberais, mas também o apoio de muitos eleitores.

De acordo com os historiadores Kevin Young e Michael Schwartz, as indústrias ligadas à saúde gastaram generosamente em várias frentes para conseguir moldar as leis em vigor (Young & Schwartz, 2014). No financiamento de campanhas, os principais agentes na criação do Affordable Care Act eram dependentes das empresas do ramo da saúde para eleições e reeleições. Em 2008, o setor foi a terceira mais importante fonte de doações corporativos para Barack Obama, com aportes 32 vezes superiores a todas as contribuições dos sindicatos. Os 23 membros da Comissão de Finanças do Senado receberam de empresas ligadas à saúde quase dezesseis milhões de dólares em 2008 e vinte milhões de dólares em 2010. A oposição dos membros da comissão a uma "opção pública" que competiria com seguradoras privadas está correlacionada com doações da indústria da saúde nas últimas duas décadas. Durante os debates sobre o Affordable Care Act, o setor gastou mais dinheiro em lobby do que qualquer outro, quase um milhão de dólares por dia. Muitos elementos da legislação foram escritos diretamente pelos lobistas.[282] De acordo com um relatório de 2009, quase trinta importantes legisladores envolvidos na elaboração da legislação "têm participações financeiras na indústria, totalizando algo próximo de onze milhões de dólares de investimentos pessoais".[283]

Os membros da Comissão de Finanças do Senado são a epítome da "porta giratória" entre governo e indústria. Elizabeth Fowler, conselheira sênior da comissão, foi uma arquiteta-chave da legisla-

---

[282] EATON, Joe & PELL, M. B. "Lobbyists Swarm Capitol to Influence Health Reform" [Lobistas povoam Capitólio para influenciar reforma da saúde], The Center for Public Integrity, 24 fev. 2010.
[283] KANE, Paul. "Lawmakers Reveal Health-Care Investments: Key Players Have Stakes in Industry" [Legisladores revelam investimentos em saúde: principais atores têm participação na indústria], The Washington Post, 13 jun. 2009.

ção do lado do governo.[284] O arquivo do projeto de lei original indica que ele foi escrito em seu computador. Fowler tinha sido vice-presidente na WellPoint, uma das maiores operadoras de planos de saúde do país. Após a reforma ter se tornado lei, Fowler foi nomeada pelo presidente Obama para supervisionar a implementação. Fowler e outras pessoas-chave transitaram lado a lado entre serviços governamentais e a indústria da saúde (Young & Schwartz, 2014).

Na década após a aprovação da lei, o presidente Trump e um Congresso republicano tentaram revogar ou extinguir o chamado Obamacare, embora tenham conseguido manter a incerteza sobre o seu futuro, o que pode ser muito assustador para aqueles que vivem com câncer. Mesmo depois de milhões de norte-americanos terem perdido o emprego — e, consequentemente, o seguro-saúde fornecido pelos empregadores — em decorrência da pandemia de covid-19, os republicanos continuaram tentando desfazer o Affordable Care Act. Nas primárias de 2020 e nas eleições nacionais, diversos candidatos democratas à presidência e ao Congresso defenderam planos de saúde com pagamento único ou o "Medicare para todos", acreditando, evidentemente, que tais propostas universais os ajudariam a ganhar votos.

Os defensores do interesse público também têm desafiado as indústrias que dominam os cuidados oncológicos. A bem-sucedida ação judicial da União Americana das Liberdades Civis contra a Myriad Genetics, mencionada no início deste capítulo, pôs fim ao esforço da empresa para patentear os genes BRCA1 e BRCA2 que aumentam o risco de certas formas de câncer de mama e de ovário. Da mesma forma, as decisões dos tribunais indianos em 2007 e 2013 de permitir que as empresas locais produzissem e comercializassem uma versão genérica do Gleevec, um tratamento para a leucemia mieloide crônica, permitiu a pacientes com LMC na Índia receber tratamento mesmo quando os preços que a Novartis cobrava pelo Gleevec nos Estados Unidos continuavam a subir (Banerjee & Sargent, 2018).

---

284 GREENWALD, Glenn. "Obamacare Architect Leaves White House for Pharmaceutical Industry Job" [Mentora do Obamacare troca Casa Branca por atuação na indústria farmacêutica], *The Guardian*, 5 dez. 2012.

O poder da indústria limitou cada uma dessas vitórias legais: a Suprema Corte dos Estados Unidos autorizou o patenteamento de genes ou fragmentos de genes criados por empresas, permitindo à indústria modificar, patentear e vender a preços elevados materiais biológicos naturais que poderiam tratar o câncer. A Novartis conseguiu usar o seu poder nos círculos internacionais para impedir que outros países seguissem a liderança da Índia em tornar os genéricos mais disponíveis. Mas essas vitórias legais abriram portas para governos, defensores e movimentos sociais contestarem o uso da lei da propriedade intelectual para impedir tratamentos contra o câncer, forçaram as empresas farmacêuticas a tomar medidas para tentar restaurar a credibilidade prejudicada e destacaram as diferenças entre o que é bom para as empresas e o que é bom para proteger a saúde, uma distinção que as corporações procuram ocultar.

Os cuidados contra o câncer e o capitalismo

A história do tratamento do câncer nos Estados Unidos, desde mastectomias radicais, radioterapia de intensidade modulada, terapias com megadoses de medicamentos e transplantes de medula óssea até a medicina de precisão, muitas vezes passou de uma moda promissora para outra. É compreensível que uma doença tão terrível tenha encorajado médicos e cientistas a dar mais valor à esperança do que à evidência. Mas a escolha de inovações dependia fortemente de novos investimentos de indivíduos abastados e empresas que esperavam lucrar. À medida que o empreendimento científico e o sistema de saúde se tornaram instituições cativas prontas para mudar de direção com base nos caprichos dos investidores, os Estados Unidos perderam oportunidades-chave de reduzir o fardo do câncer. Ao dar às empresas uma voz poderosa na definição da ciência e da política médica, o país sacrificou uma abordagem racional baseada em evidências por uma mentalidade de cassino pela qual a promessa do lucro decide quais vias médicas serão seguidas e quais serão ignoradas.

O poder da indústria farmacêutica, das operadoras de planos de saúde e dos conglomerados hospitalares de explorar as mudanças nos Estados Unidos e nas economias globais em seu próprio benefício tem, frequentemente, minado as reformas do sistema que poderiam melhorar o acesso a cuidados de qualidade a preços acessíveis. Por exemplo, após a crise econômica de 2008, do Affordable Care Act de 2010 e do debate público permanente sobre os elevados preços dos medicamentos, as pequenas empresas de biotecnologia continuaram a ter rentabilidade dada a criação de subgrupos de medicamentos biológicos de nicho, de reprodução complexa, com foco em populações privilegiadas, tais como segurados ou pacientes terminais endinheirados. Além disso, as grandes companhias farmacêuticas começaram a comprar empresas de biotecnologia com a perspectiva de se transformar em novas potências de nicho. Se a indústria farmacêutica tivesse apoiado políticas que permitissem ao Medicare negociar os preços dos medicamentos, poderia ter poupado aos cidadãos bilhões de dólares em custos de saúde e ajudado a melhorar o acesso a medicamentos essenciais. Dado que agora é impensável para as indústrias sacrificarem os ganhos privados para o bem público, elas escolheram, em vez disso, o caminho que acreditavam poder proporcionar retornos mais rápidos e mais elevados aos seus investidores.

Na economia de hoje, como observou um analista, "a estrutura do dinheiro não oferece incentivos financeiros para encontrar uma cura para o câncer" (Pollock, 2011). As empresas farmacêuticas lucram vendendo medicamentos excepcionalmente caros aos poucos indivíduos que podem pagar por um ou dois ciclos de tratamento. Apesar do fato de 80% dos tumores serem aparentemente causados por fatores externos (Wu *et al.*, 2016, p. 43), há, relativamente, pouca pesquisa incidindo sobre intervenções biológicas, sociais ou políticas que poderiam reduzir tais exposições, em parte porque tais estratégias oferecem oportunidades limitadas de lucro e ameaçam a rentabilidade das muitas indústrias que vendem produtos carcinogênicos ou os criam em seus processos de produção.

Em vez disso, governo e indústria investem bilhões de dólares em guerras mal concebidas contra o câncer. Pesquisadores e institutos nacionais de saúde endossam várias *Big Ideas* [grandes ideias ou conceitos], tais como a de que doenças comuns serão em grande parte explicadas por algumas variantes de DNA e a de que esse conhecimento levará a melhores diagnóstico e tratamento. De fato, como três destacados médicos-pesquisadores observaram no *Journal of the American Medical Association*, em sua maioria essas ideias não conduziram a progressos significativos na saúde ou em cuidados de saúde nas últimas duas décadas (Joyner, Paneth & Ioannidis, 2016).

Os custos do aumento do controle corporativo nos cuidados oncológicos são altos. Ao procurar por opções de prevenção e tratamento que sejam as mais rentáveis, e não as mais eficazes para o maior número de doentes, o empresariado médico perde oportunidades de fazer progressos. Embora os vários planos de batalha para a guerra contra o câncer mencionem o objetivo de reduzir as lacunas no acesso e na qualidade dos cuidados oncológicos, o progresso tem sido lento e limitado. Como resultado, afro-estadunidenses, cidadãos de baixa renda e mulheres continuam a experimentar as piores taxas de sobrevivência, menos acesso aos tratamentos mais eficazes e mais testes inadequados para rastreio do câncer. De fato, muitos dos recentes avanços reais nos cuidados oncológicos alargaram essas lacunas em vez de suprimi-las.

Em um sistema racional e humano, o governo, a medicina e a ciência teriam a voz dominante no estabelecimento de políticas nacionais de controle do câncer — que levassem a estratégias mais eficazes e equitativas para reduzir o peso da doença. No entanto, o capitalismo moderno delegou essa voz aos setores empresariais que lucram com o tratamento do câncer, assegurando que suas prioridades distorçam e comprometam essa tarefa crucial.

5
Trabalho
O crescimento de trabalhos precários e de baixos salários

> O trabalho dá a você um sentido; o propósito e a vida se esvaziam sem ele.
> — Stephen Hawking

O trabalho dá às pessoas dignidade, renda, identidade, apoio de seus pares e um caminho para reivindicar uma voz política. O trabalho também pode expor as pessoas a risco de morte prematura, ou a doenças, ou a ferimentos evitáveis, ameaçando a autossuficiência, a dignidade ou a independência, ou consumindo tanto tempo e energia que pouco sobra para as outras esferas da vida. A forma como uma pessoa vivencia o trabalho influencia profundamente o bem-estar, a felicidade e o sucesso ao longo da existência. O modo como uma sociedade organiza as oportunidades de trabalho molda a saúde pública, o crescimento econômico, a justiça e a democracia.

Ao longo da história humana, o impacto do trabalho no bem-estar tem variado, com cada época e grupo populacional experimentando um padrão distinto e dinâmico de experiências de trabalho, de saúde e de doença ocupacional enraizado nos arranjos econômicos e políticos da época e do lugar.

No decorrer do extenso século XX, os Estados Unidos desenvolveram uma abordagem à saúde e à segurança dos trabalhadores que foi moldada tanto pelos princípios fordistas de produção e consumo em massa[285] quanto pelas políticas econômicas e sociais keynesianas

---

285 O "fordismo" descreve o sistema de produção e consumo em massa introduzido no início do século XX por Henry Ford, resultando

de bem-estar.[286] Essa abordagem levou a melhorias significativas na qualidade de vida dos trabalhadores, mas também deixou grandes lacunas para algumas populações. Uma breve análise desses avanços e desigualdades estabelece o cenário para examinar como o capitalismo do século XXI mudou três características-chave do trabalho: organização, incluindo remuneração, benefícios e voz no local de trabalho; exposição dos trabalhadores a ambientes sociais e físicos tóxicos; e a forma como equilibram o trabalho e as responsabilidades familiares. Em conjunto, essas características são determinantes primários do bem-estar dos trabalhadores e de suas famílias.

A imigração, a industrialização e a urbanização forjaram tanto a organização laboral quanto seus problemas de segurança e saúde no século XX; a modificação desses processos levou a melhorias dramáticas no bem-estar dos trabalhadores (Rosner & Markowitz, 1987). Ao longo do século XX, mais trabalhadores vieram exercer atividades em grandes empresas ou empresas menores que eram fornecedoras das grandes. Diversos desses funcionários tinham horários de trabalho fixos, remuneração regular e, com o tempo, benefícios sociais crescentes, tais como seguro-saúde e pensão, características que passaram a ser consideradas "disposições-padrão de trabalho". Muitos aderiram a sindicatos. É claro que alguns grandes grupos — negros e latinos, mulheres, imigrantes recentes e outros — não tinham alguns ou todos esses arranjos-padrão, levando a uma força de trabalho altamente estratificada e a fardos díspares de lesões e doenças relacionadas.

Durante esse período, lesões e mortes ocupacionais na mineração e em outras indústrias de alto risco caíram significativamente,[287] levando os Centros de Controle e Prevenção de Doenças dos

> no modo de crescimento econômico do pós-guerra e em sua ordem política e social associada no capitalismo avançado. Ver Watson (2018).
> 286 As políticas sociais keynesianas, tais como descritas pelo economista John Maynard Keynes, propunham que os governos aumentassem a demanda dos consumidores para impulsionar o crescimento por meio do aumento das despesas governamentais em infraestruturas, subsídios de desemprego e educação. Ver Aspromourgos (2019).
> 287 "Improvements in Workplace Safety — United States, 1900-1999" [Melhorias na segurança do trabalho — Estados Unidos, 1900-1999], *Morbidity and Mortality Weekly Report*, v. 48, n. 22, 1999, p. 461-9.

Estados Unidos a considerar essas melhorias como um dos dez grandes triunfos da saúde pública do século XX. Um estudo do Conselho Nacional de Segurança revelou que, entre 1933 e 1997, as mortes por lesões não intencionais relacionadas ao trabalho diminuíram 90%, de 37 por cem mil trabalhadores para quatro por cem mil.[288]

As melhorias na saúde dos trabalhadores foram resultado de uma série de leis e regulamentações aprovadas ao longo do século como fruto de uma vigorosa defesa e mobilização de sindicatos, reformadores, profissionais de saúde e políticos progressistas. As Leis de Responsabilidade dos Empregadores de 1906 e de 1908, por exemplo, reduziram a responsabilidade dos trabalhadores por seus ferimentos através do que os empregadores chamaram de "negligência contributiva", a alegada falha de um trabalhador ferido em agir com prudência. A indenização dos trabalhadores é um seguro que proporciona benefícios em dinheiro e cuidados médicos aos que são feridos ou adoecem como resultado direto do trabalho.

Em 1911, Nova York foi o primeiro estado a aprovar uma lei de indenização aos trabalhadores, mas, em 24 de março daquele ano, o Tribunal de Recurso do Estado a declarou inconstitucional. No dia seguinte, 146 trabalhadores foram mortos num incêndio na fábrica Triangle Shirtwaist em Nova York, muitos dos quais por saltar do nono ou décimo andares para a rua, tentando escapar das chamas e contornar as saídas trancadas. Dois anos mais tarde, Nova York aprovou uma lei de indenização dos trabalhadores que que, desta vez, passou pelo crivo do tribunal. Em 1949, todos os estados tinham aprovado um programa de compensação aos trabalhadores.[289] Essas leis reconheciam a responsabilidade financeira dos empregadores por lesões relacionadas com o trabalho, mas dificultavam a obtenção de benefícios e proibiam os trabalhadores

---

[288] *National Safety Council, Accident Facts, 1998 Edition* [Conselho Nacional de Segurança, estatísticas de acidentes, edição de 1998], National Safety Council, 1998.

[289] BOGGS, Christopher J. "Workers' Compensation History: The Great Tradeoff!" [História de compensação dos trabalhadores: a grande troca!], *Insurance Journal*, 19 mar. 2015.

de processar seus empregadores. Para estes, isso cria um sistema "inimputável" que mantém os custos previsíveis.

A Lei sobre Normas Justas de Trabalho, de 1938, estabelece os salários mínimos, exige o pagamento de horas extras e inclui a proteção contra o trabalho infantil. A Lei de Segurança e Saúde no Trabalho, de 1970, deu ao governo federal poderes ampliados para proteger a saúde e a segurança dos trabalhadores. Aprovadas devido à mobilização trabalhista, essas leis estabeleceram a capacidade e o direito de os governos federais e, em alguns casos limitados, estaduais melhorarem as condições de trabalho, limitarem as horas de serviço, fixarem os salários, protegerem os direitos à sindicalização e ao trabalho em contextos seguros e saudáveis.

Os direitos trabalhistas emergiram das respostas populares à industrialização e à urbanização e refletiram as estratificações profundas dos Estados Unidos do século XX. Alguns grupos, tais como agricultores e trabalhadores domésticos, foram excluídos dessas proteções. Uma análise do impacto da política nas disparidades em matéria de saúde ocupacional concluiu que "os legados históricos de racismo e discriminação nos Estados Unidos contribuíram para a exclusão de certos trabalhadores das proteções proporcionadas pelas leis e pelas políticas trabalhistas, econômicas e sociais e para a concentração de trabalhadores das minorias nas ocupações mais perigosas" (Siqueira *et al.*, 2014). Ao longo da história dos Estados Unidos, o racismo sistêmico conduziu a políticas públicas e a práticas empresariais que expuseram trabalhadores negros a maior risco de doença profissional e de morte.

As mulheres, os camponeses, os imigrantes recentes e os trabalhadores de serviços e ambientes domésticos também estiveram, muitas vezes, inadequadamente protegidos dos perigos que caracterizavam seus locais de trabalho (Steege *et al.*, 2014). Dos anos 1960 em diante, essas populações lutaram para obter a proteção das leis que, a princípio, se voltavam particularmente a homens brancos.

Em resposta aos êxitos, começando nas duas últimas décadas do século XX e perdurando até hoje, as empresas lançaram uma contraofensiva procurando reduzir as proteções conquistadas pelos trabalhadores, contrariando os avanços dos movimentos trabalhistas, feministas, ambientais e de direitos civis. Em 1995, a Fundação Heritage, um grupo de pensamento de direita financiado em parte por Joseph Coors, do império da cerveja Coors, e Richard Mellon Scaife, herdeiro da fortuna industrial e bancária do conglomerado Mellon, recomendaram o encerramento do Departamento do Trabalho. A Heritage, uma das articuladoras das campanhas de desregulamentação da era Reagan, chamou o Departamento do Trabalho de "uma das agências reguladoras mais invasivas do governo federal", que apresenta "uma barreira à fundação de empresas e à capacidade de criar empregos" (Wilson, 1995).

Além disso, em 1995, o Congresso pôs fim a um conflito orçamentário que havia desencadeado a primeira de uma série de encerramentos de iniciativas do governo federal. O orçamento aprovado encerrou a Agência de Minas e transferiu algumas de suas funções para outras agências federais. As despesas federais com a segurança das minas foram reduzidas em quase cem milhões de dólares, ou 66%, e mil funcionários foram dispensados. Alguns programas de saúde e segurança foram transferidos para o Departamento de Energia, mas sem financiamento adequado.[290]

Em 2017, com a posse de Donald Trump e de um Congresso republicano, o esforço para desregulamentar a saúde e a segurança no local de trabalho ganhou força total. Trump nomeou ex-executivos do mundo corporativo com antecedentes pró-mercado, e vários cargos ficaram vagos durante anos, como o de encarregado da Administração da Segurança e Saúde no Trabalho. Quando Trump teve de substituir seu secretário do Trabalho, Alex Acosta, em 2019, nomeou Eugene Scalia (filho do falecido juiz da Suprema Corte), que tinha sido advogado do Walmart e de outras empresas em seus confrontos contra os sindicatos.

Ao final do primeiro ano de mandato, em dezembro de 2017, Trump anunciou ter "cancelado ou atrasado mais de 1.500 medidas regulamentares programadas — de longe, muito mais do que qualquer presidente anterior" e, "em vez de eliminarmos duas regu-

---

290 BARR, Stephen. "Bureau of Mines Feeling Shafted" [Agência de Minas em prejuízo], *The Washington Post*, 4 dez. 1995.

lamentações antigas, para cada nova regulamentação, eliminamos 22. [...] O nosso objetivo era duas para uma, e em 2017 atingimos 22 para uma", conforme publicação no site da Casa Branca. Esse desmantelamento das proteções federais de saúde e segurança põe os trabalhadores em risco e elimina a pressão sobre os empregadores.

Aspectos da mudança do trabalho em três perfis

Para explicar como as recentes mudanças no capitalismo têm transformado a vida profissional, descrevo brevemente três empresas que exemplificam os padrões de trabalho emergentes. O Walmart, descrito pelo papel na mudança da alimentação norte-americana no Capítulo 2, estabeleceu o padrão de baixos salários para empregos no setor varejista e um vigoroso antissindicalismo. A KinderCare, abordada no Capítulo 3, ilustra como as profundas mudanças em alguns setores podem perturbar a vida dos trabalhadores por meio da privatização de postos de trabalho na crescente "economia de cuidados", vagas que antes pertenciam ao setor público ou sem fins lucrativos. A Uber diz aos seus trabalhadores "Dirija conosco e ganhe fazendo seus horários" e evidencia os benefícios e os custos de trabalhar na economia de plataforma.

WALMART

O Walmart é o maior empregador privado dos Estados Unidos, com 1,5 milhão de trabalhadores no país e um total de 2,2 milhões em todo o mundo. Em solo estadunidense, o Walmart emprega um em cada dez trabalhadores do varejo. Suas receitas anuais em 2019 foram de 514 bilhões de dólares. Apesar da dimensão, a rede enfrenta muitas das mesmas pressões de outros varejistas gigantes. À medida que surgiram novos concorrentes, as receitas anuais nas lojas de preços promocionais do Walmart caíram de 122,5 bilhões de dólares em 2009 para 98 bilhões de dólares em 2018, levando ao encerramento de 2.214 desses pontos de venda. No mesmo período, no entanto, abriu ainda mais supercentros, lojas maiores que vendem alimentos e diversos outros artigos.[291] Embora o rápido crescimento da Amazon tenha tirado oportunidades da maioria dos varejistas, os baixos preços do Walmart lhe permitiram manter o domínio do mercado varejista de alimentos nos Estados Unidos.

A empresa chama seus trabalhadores de "associados", um termo com múltiplas conotações. O fundador Sam Walton o utilizou para evocar a camaradagem que sentia nas equipes esportivas quando era criança. "Associado" também insinua que esses trabalhadores são parceiros em negócios multinacionais globais, capazes de partilhar de seus lucros e sucessos. Na verdade, o termo revela que esses trabalhadores não são empregados no sentido tradicional: não têm contrato, não têm estabilidade no emprego nem são protegidos por muitas das leis trabalhistas decretadas em prol dos operários e de seus sindicatos em épocas anteriores. Segundo a comunicação corporativa da rede, 43% dos "associados" nos Estados Unidos são pessoas negras, e 55%, mulheres. Em contraste, apenas 21% dos dirigentes em posições seniores são pessoas de cor, e 30%, mulheres.

Nos últimos anos, o Walmart transferiu muitos dos seus trabalhadores para o regime de tempo parcial. Em 2005, 80% faziam expediente integral; em 2018, cerca de 50% trabalhavam em período parcial.[292] Em uma nota interna naquele ano, uma executiva observou que "aumentar o percentual de associados em tempo parcial nas lojas" é uma "grande oportunidade de economia de custos" (Susan Chambers *apud* Human Rights Watch, 2007). Agora, mais de quinhentos mil trabalhadores do Walmart atuam em regime de tempo parcial, muitas vezes com turnos e horários flexíveis para satisfazer os vários perfis de clientes da empresa. Um estudo de

---

291 HANNA, Julia. "Unpacking Walmart's Workforce of the Future" [Desvendando a força de trabalho do futuro do Walmart], *Forbes*, 2 ago. 2019.

292 "Trapped in Part-Time: Walmart's Phantom Ladder of Opportunity" [Aprisionado em meio período: a escada fantasma da oportunidade do Walmart], Center for Popular Democracy, jun. 2018.

2018 com 6.176 "associados" apontou que 69% preferiam trabalhar em tempo integral, o que sugere que a forte dependência do trabalho em tempo parcial é uma escolha da empresa, e não uma escolha do trabalhador.[293]

Walmartismo. No século XX, Henry Ford foi pioneiro em uma abordagem do capitalismo que combinava eficiência tecnológica e de gestão da produção com salários e benefícios que permitiam aos trabalhadores comprar o que eles mesmos fabricavam. Ao promover tanto a produção em massa quanto o consumo em massa, o fordismo, como ficou conhecido, serviu de base para o crescimento econômico e o aumento dos padrões de vida do século passado (Watson, 2018).

Neste século, o walmartismo substituiu o fordismo — é o que propõem Adam Reich e Peter Bearman, dois sociólogos da Universidade Colúmbia que estudam o Walmart. Os elementos-chave do walmartismo são "autoridade arbitrária dos gestores aliada a um sistema arrojado de medição, observação e feedback", salários baixos e benefícios modestos, "especialização flexível", pela qual os trabalhadores são designados para uma única tarefa, mas com a expectativa de que preencham muitas outras conforme necessário, e horários de trabalho instáveis que são frequentemente alterados para corresponder aos fluxos variáveis de procura dos consumidores. O walmartismo também pede aos clientes que monitorem e classifiquem o comportamento dos trabalhadores, cria o éthos de uma comunidade de trabalho e desencoraja vigorosamente os sindicatos — três elementos, por vezes, contraditórios na cultura de trabalho do Walmart (Reich & Bearman, 2018).

Em muitos aspectos, o walmartismo encarna a face mutável dos empregos atípicos e de baixos salários, sobretudo porque se manifesta em empresas multinacionais que dominam o crescente setor varejista dos Estados Unidos e das economias globais. Perturbadoramente, como observou um estudioso, através da

---

[293] "Trapped in Part-Time: Walmart's Phantom Ladder of Opportunity", *op. cit.*

vigilância dos trabalhadores, dos sistemas de recompensas e sanções e da oposição aos sindicatos, o walmartismo "serve para minar o poder estrutural dos trabalhadores de desafiar essas condições desfavoráveis por meio de ações coletivas", tornando-o um grande obstáculo à melhoria das condições de trabalho da era presente (Harrison, 2019).

As expectativas dos investidores de que os retornos trimestrais permaneçam elevados e as economias sejam investidas na recompra de ações, e não em melhores salários e benefícios para os trabalhadores, exigem que o Walmart e outros empregadores do setor de serviços imponham uma pressão constante sobre os trabalhadores, com a ameaça de que, na economia atual, eles sempre podem ser substituídos por mãos mais dispostas — ou por robôs — se tais expectativas não forem cumpridas.

Reich e Bearman chamaram o walmartismo de "fordismo às avessas". Para satisfazer a demanda dos consumidores, em vez de pagar aos trabalhadores o suficiente para comprarem o carro que produzem, o Walmart os remunera tão pouco que eles são coagidos a comprar lá (Reich & Bearman, 2018, loc. 1603). Além disso, como outros estudiosos notaram, o Walmart baixa os padrões trabalhistas "não apenas para os seus trabalhadores, mas para os trabalhadores de todos os concorrentes e potenciais concorrentes" (Bonacich & Khaleelah, 2006). Por sua dimensão e sua participação de mercado, o Walmart estabelece o padrão de como lucrar na economia atual, oferecendo, todos os dias, preços baixos sustentados por salários baixos.

Tal como o fordismo, o walmartismo também tem um perfil de consumidor. O objetivo do Walmart é contratar o mínimo de pessoal para maximizar o lucro, vendendo o máximo possível de produtos com o mínimo de mão de obra. Embora serviços precários possam dissuadir alguns clientes, o modelo de negócios do Walmart depende não da qualidade do serviço, mas dos baixos custos da mercadoria. A empresa aprendeu que, nessa economia, a maioria dos clientes está disposta a suportar longas filas de espera no caixa, lojas ocasionalmente sujas e serviços limitados desde que consigam poupar algum dinheiro (Reich & Bearman, 2018, loc. 2317). E os trabalhadores do Walmart sabem que, com seus baixos salários, o único lugar onde podem comprar mantimentos é o próprio Walmart.

Como os trabalhadores avaliam o Walmart

O Walmart é bem-sucedido porque, em parte, muitos clientes e muitos trabalhadores gostam do que tem para oferecer. Só compreendendo o que torna a empresa atraente na economia de hoje é que os críticos podem sugerir alternativas às práticas empresariais e políticas que definem o walmartismo. Para as mulheres que procuram escapar de um parceiro abusivo, para os aposentados que querem uma renda e um contato social, para as pessoas que saem da prisão e não conseguem encontrar emprego em outro lugar, para os jovens que fazem malabarismos entre a faculdade e o trabalho, para os trabalhadores que perderam empregos sindicalizados bem remunerados no setor fabril e para outros que têm uma ocupação eventual ou subemprego, o Walmart oferece um caminho para a sobrevivência.

> Para muitas pessoas, o Walmart é um novo lar, um lugar onde podem encontrar amigos e construir comunidade. Para eles, a família que encontraram no Walmart estava, como todas as famílias, cheia de problemas. Mas, para vários deles, os problemas no Walmart eram menos prejudiciais, psicológica e fisicamente, do que os problemas que tinham deixado para trás. [...] Quando a escolha foi entre trabalhar no Walmart e ganhar uns trocados, ou sentar-se na varanda para ver nada acontecer, o Walmart pareceu algo bom. (Reich & Bearman, 2018, loc. 4493)

Um antigo funcionário entrevistado por Reich e Bearman comparou o empregador a um cônjuge abusivo que você sabe que precisa abandonar, "mas não consegue encontrar uma saída". Ele disse que "jamais recomendaria o Walmart a ninguém", a não ser àqueles que não tivessem outras opções. Por isso, ele havia sugerido a uma prima que desistira dos estudos, à ex-namorada e a um amigo com antecedentes criminais que procurassem trabalho na empresa (Reich & Bearman, 2018, loc. 242). Como a economista Joan Robinson observou, "a miséria de ser explorado pelos capitalistas não é nada em comparação com a miséria de não ser explorado de modo algum" (Robinson, 2006, p. 45).

Mas os benefícios comparativos que o Walmart oferece têm um custo. Guiado por um extenso corpo de pesquisas acadêmicas e jornalísticas, um exame mais aprofundado da forma como os trabalhadores vivenciam a rotina no Walmart revela alguns dos custos do emprego a baixos salários e atípico.

Compensação. Em 2019, o Walmart informou que os salários iniciais tinham aumentado mais de 50% nos últimos três anos. Uma pesquisa realizada em 2018 junto aos funcionários revelou que 55% deles viviam em insegurança alimentar. Apenas 14% dos "associados" em tempo parcial declararam que seus ganhos eram suficientes para sustentar a si próprios e a suas famílias. Em 2005, 46% dos filhos de 1,33 milhão de trabalhadores do Walmart nos Estados Unidos não tinham seguro-saúde ou estavam no Medicaid.[294] O modelo de negócios da rede varejista é construído com base em salários baixos. Sua vantagem competitiva é o preço, e, enquanto o poder de mercado e as cadeias de abastecimento integradas ajudam, os baixos salários e a capacidade de contratar e despedir trabalhadores à medida que a procura varia são o que permite à rede oferecer os preços que mantêm os clientes nas lojas.

Em parte em resposta às críticas às políticas de baixos salários, e em parte por necessidade de atrair trabalhadores conforme a economia melhorava quando a crise econômica de 2008 abrandou, o Walmart começou a aumentar os salários de muitos dos funcionários de regime integral. Em 2015, Doug McMillon, CEO

---

294 GREENHOUSE, Steven & BARBARO, Michael. "Wal-Mart Memo Suggests Ways to Cut Employee Benefit Costs" [Memorando do Walmart sugere maneiras de cortar custos com benefícios para funcionários], *The New York Times*, 26 out. 2005.

do Walmart, disse em uma reunião de trabalhadores da empresa: "Está claro para mim que uma das maiores prioridades hoje deve ser o investimento em vocês, nossos associados" (Reich & Bearman, 2018, loc. 3818). O Walmart aumentou o salário médio semanal inicial para nove dólares por hora em 2015, dez dólares em 2016 e onze dólares em 2018. Exemplificando as preferências dos investidores por baixos salários, o aumento de 2015 levou a uma queda de 10% no preço da ação do Walmart no dia seguinte, e esperava-se que os ganhos por ação caíssem de 6% a 12%.[295] Mais ou menos ao mesmo tempo que a empresa elevou os salários, também cortou os aumentos por mérito e lançou um programa de treinamento que poderia manter a remuneração por hora dos trabalhadores em nove dólares durante até dezoito meses.[296]

Os aumentos na remuneração tiveram de fato um impacto positivo na vida dos trabalhadores de tempo integral. Mas, se o Walmart tivesse optado por investir nos salários os vinte bilhões de dólares adicionais que entregaram aos acionistas após as reduções fiscais de Trump, em 2017, o aumento poderia ter acrescido 5,66 dólares por hora, o que levaria muito mais trabalhadores para acima da linha nacional de pobreza.[297]

Para reduzir ainda mais a folha de pagamentos após os aumentos salariais, o Walmart realocou muitos trabalhadores do regime integral para o parcial. Em uma pesquisa de 2018, 59% dos funcionários relataram que suas horas diminuíram depois dos aumentos salariais. Quando as horas trabalhadas diminuem, o benefício líquido de um aumento salarial é, evidentemente, perdido.

---

295 HANNA, Julia, *op. cit.*
296 ABRAMS, Rachel. "Walmart Is Accused of Punishing Workers for Sick Days" [Walmart é acusado de punir funcionários que faltam por problemas de saúde], *The New York Times*, 2 jun. 2017.
297 STEWART, Emily. "Walmart Is Paying $20 Billion to Shareholders. With That Money, It Could Boost Hourly Wages to Over $15" [Walmart está pagando vinte bilhões de dólares aos acionistas. Montante poderia aumentar o valor do salário por hora para mais de quinze dólares], *Vox*, 30 maio 2018.

Em 2019, o Walmart informou que os salários iniciais tinham aumentado mais de 50% nos últimos três anos. A remuneração média por hora dos "associados" era de 14,26 dólares por hora, o que, na configuração de 34 horas semanais para período integral, renderia um salário anual de 25.200 dólares, valor abaixo da linha nacional de pobreza para uma família de quatro pessoas.[298] Os trabalhadores de regime parcial recebem muito menos que isso. Apenas 14% dos "associados" de regime parcial afirmam que seus ganhos são suficientes para sustentar a si próprios e a suas famílias.

Enquanto os baixos salários caracterizam o emprego no Walmart, Reich e Bearman, ao analisar milhares de entrevistas e queixas on-line de funcionários da rede, observam que a falta de dignidade e respeito pelos "associados" da empresa é um problema mais evidente do que os baixos salários. "Ficar chateado com o Walmart por causa dos baixos salários quando os baixos salários estão por toda parte é como ficar chateado com a chuva", escrevem (Reich & Bearman, 2018, loc. 1995). Além disso, como disse um trabalhador do Walmart em Chicago, "as pessoas estão tão desesperadas por um emprego que vão trabalhar em qualquer lugar só para ter comida na mesa" (Reich & Bearman, 2018, loc. 1937). As políticas salariais do Walmart refletem uma tendência mais ampla em todo o setor varejista. Entre 1987 e 2014, a produtividade da mão de obra em todo o setor duplicou, mas os salários reais médios permaneceram estáveis, indicando que as empresas, e não os trabalhadores, recebiam as recompensas do aumento de produtividade (Reich & Bearman, 2018, loc. 1997).

Supervisão e horários. Nos anos 1980 e 1990, o Walmart foi pioneiro na utilização de tecnologias de informação para otimizar as cadeias de abastecimento e sistemas de distribuição e operações de varejo a fim de maximizar receitas e lucros (Lichtenstein, 2009). Mais re-

---

[298] BHATTARAI, Abha. "Walmart Store Managers Average $175,000 a Year. Many Employees Still Earn Below the Poverty Line" [Salário de gerentes de loja do Walmart é de 175 mil dólares por ano. Muitos funcionários ainda ganham abaixo da linha da pobreza], *The Washington Post*, 9 maio 2019.

centemente, adotou essas tecnologias para monitorar o desempenho dos trabalhadores, dando à empresa, aos gestores e aos funcionários as provas necessárias para conceber incentivos e penalidades de modo a forçar o comportamento desejado. Os trabalhadores são vigiados por câmeras, scanners, supervisores e clientes.

Uma funcionária na Califórnia contou suas experiências. No início, ela gostava do trabalho, mas logo os gestores passaram a criticá-la por não conseguir falar espanhol com os clientes hispânicos e por ser muito lenta ao operar o caixa. "Eles realmente me humilharam e sempre me fizeram sentir que eu não era digna. [...] Sempre." Ela logo percebeu que os gestores faziam com que todos os trabalhadores se sentissem mal, criticando aqueles de língua espanhola pelo inglês ruim, ao mesmo tempo que a repreendiam por seu espanhol ruim (Reich & Bearman, 2018, loc. 3093).

Para fazer cumprir as regras, o Walmart atribui pontos disciplinares para ausências injustificadas e outras infrações. Os trabalhadores ganham um ponto para cada ausência; ausência sem aviso gera quatro pontos; atraso superior a dez minutos gera meio ponto. Se os "associados" empregados há mais de seis meses acumularem mais de nove pontos em um período de meio ano, são demitidos. Os novos empregados podem perder a vaga se acumularem quatro pontos nos primeiros seis meses.[299]

Embora esse sistema proporcione uma transparência ostensiva, na realidade os muitos níveis de supervisão, desde o gestor da empresa, passando pelo gestor da loja até o supervisor de linha, resultam frequentemente em confusão. Uma funcionária de Dayton, Ohio, explicou:

> Tem o seu gestor imediato, que te diz uma coisa e você faz o que ele disse. Depois, outro gerente vê você fazendo algo [...] e, pensando que você não está ocupado, te dá outra tarefa para fazer. E o seu gestor imediato fica tipo "Onde é que você está? Por onde andou?". [...] A sensação é que você está sendo empurrado em dezoito direções

---

[299] ABRAMS, Rachel, *op. cit.*

diferentes e não pode se queixar porque você faz o que o gestor de mais alto nível te diz para fazer. (Reich & Bearman, 2018, loc. 2412)

As políticas de saúde dos trabalhadores do Walmart também têm suscitado críticas. Com base em uma pesquisa com mais de mil trabalhadores, um relatório de 2017 do grupo A Better Balance, defensor de políticas justas entre trabalho e família, descobriu que o Walmart se recusa rotineiramente a aceitar atestados médicos, penaliza os trabalhadores que precisam cuidar de um parente doente e pune os empregados por ausências legais.[300] O grupo acusou o Walmart de violar a lei dos portadores de deficiência e a lei da licença familiar e médica.

"O Walmart deve cumprir integralmente a lei para que ninguém seja punido de modo ilegal por uma ausência relacionada com uma incapacidade ou por cuidar de si próprio ou de um ente querido com uma condição médica grave", disse Dina Bakst, presidente do A Better Balance.[301] Essas práticas de supervisão humilhantes e punitivas tornam o trabalho mais estressante, e os trabalhadores, mais insatisfeitos, contribuindo para as elevadas taxas de rotatividade da empresa.

Formação. O Walmart assumiu uma série de compromissos em relação à formação dos trabalhadores. Em 2018, lançou o programa chamado Live Better U [Viva o seu melhor], que ofereceu a oportunidade de se inscrever em cursos de graduação on-line em negócios, tecnologia e gestão de cadeias de abastecimento. Disponível primeiro em três universidades com opções extras de graduações, em seguida em mais seis, o programa custa aos trabalhadores participantes um dólar por dia.[302] O Walmart cobre os custos adicionais — além da ajuda financeira — de mensalidades, taxas e livros.

---

300 "Pointing Out: How Walmart Unlawfully Punishes Workers for Medical Absences" [Apontando: como o Walmart pune ilegalmente os trabalhadores por faltas médicas], A Better Balance, jun. 2017.
301 ABRAMS, Rachel, *op. cit.*
302 FRIEDMAN, Zack. "Walmart Expands College for $1 a Day" [Walmart expande faculdade por um dólar ao dia], *Forbes*, 12 jun. 2019.

No primeiro ano, a empresa informou que 7.500 funcionários se inscreveram. Os dados ainda não estão disponíveis sobre o número de pessoas que o concluíram, um objetivo que os cursos de graduação à distância frequentemente lutam para alcançar.

O programa Live Better U e outros como ele oferecem novas oportunidades para continuar a escolarização. Mas, como Matthew Yglesias observou à *Vox*:

> Ao contrário dos salários mais elevados (que, claro, podem ser utilizados para as mensalidades de uma faculdade EAD, bem como para aluguel, gasolina, ingresso de cinema, despesas médicas etc.), é provável que o benefício da mensalidade seja desproporcionalmente atraente para pessoas que estão no ponto mais extremo da cadeia. É um esforço, em outras palavras, para tornar o Walmart mais atrativo especificamente para o conjunto mais interessante de potenciais trabalhadores, uma estratégia que outras empresas têm seguido nos últimos anos.[303]

Yglesias observou também que, à medida que o mercado de trabalho se fortalece, os empregadores procuram novas formas de recrutar e reter empregados. Mas o cenário corporativo dos Estados Unidos continua resistindo de maneira geral ao aumento dos salários acima do nível de pobreza, preferindo a isso recrutar e reter mais trabalhadores úteis para seu propósito, deixando sem solução as diferenças de classe e raciais/étnicas no acesso ao ensino superior, aos cuidados de saúde, à alimentação e à habitação que suas políticas salariais têm exacerbado.

Discriminação. Ao longo dos anos, as queixas de discriminação em vários níveis são volumosas. Os trabalhadores de jornada parcial relatam que as políticas da empresa favorecem os funcionários de tempo integral e colocam obstáculos aos que querem trabalhar mais

---

[303] YGLESIAS, Matthew. "Walmart's Too-Good-to-Be-True '$1 a day' College Tuition Plan, Explained" [Muito bom para ser verdade, plano de "um dólar por dia" é explicado], *Vox*, 1 jun. 2018.

para obter as horas de que necessitam para o sustento. Isso contribui para uma taxa de rotatividade de cerca de 40% por ano, uma realidade que pressiona a empresa a melhorar os salários e as condições de trabalho para reduzir os custos de substituição e treinamento dos "associados" que deixam a empresa, sobretudo quando as taxas de desemprego estão baixas. Dessa forma, uma economia em crescimento dá aos trabalhadores maior poder de negociação, embora sem um sindicato seja difícil reunir o poder necessário para superar a oposição da empresa ao que costumava ser um direito-padrão.

Aos trabalhadores negros e latinos há maior probabilidade de ser atribuída jornada parcial involuntariamente, e, portanto, eles são privados de benefícios e oportunidades disponíveis apenas para jornada em tempo integral. Em 2009, 4.500 caminhoneiros negros que se candidataram a vagas no Walmart nos oito anos anteriores entraram com uma ação judicial coletiva por discriminação. Disseram que a varejista os recusou em número desproporcional. A empresa negou qualquer ato impróprio, mas concordou em pagar 17,5 milhões de dólares no acordo.[304] Segundo o processo, um diretor de recursos humanos disse a um dos envolvidos que ele seria contratado em um cargo de salário mais baixo, não como caminhoneiro, por causa do seu "pressentimento" de que o candidato havia falsificado seus registros de crédito e histórico de motorista.

Mulheres que trabalham no Walmart relatam vários problemas. A exigência de que os trabalhadores estejam à disposição para mudar de turno exclui frequentemente mães que precisam conciliar trabalho e cuidados infantis. O sistema de pontos para demissão automática pode tornar esse equilíbrio difícil. Uma funcionária latina de Fort Worth, Texas, explicou:

> O Walmart exigiu que eu tivesse "disponibilidade total", ou seja, que estivesse pronta para trabalhar 24 horas por dia, sete dias por semana, a fim de me qualificar para horas em tempo integral. Eu dependia dos meus filhos mais velhos para cuidar dos mais novos quando

---

[304] "Walmart Settles Lawsuit on Hiring" [Walmart define processo de contratação], *The New York Times*, 20 fev. 2009.

trabalhava no turno da noite. Em uma tarde no trabalho, minha filha me telefonou dizendo que o irmão de dez anos não tinha chegado em casa depois da escola. Como o Walmart não me deixava sair sem um "ponto" automático no meu registro (e chegar aos nove "pontos" resultaria em demissão imediata), esperei até terminar o expediente para procurar por ele. Depois de a polícia encontrar meu filho e levá-lo para casa, naquela noite eu soube que teria de restringir a minha disponibilidade no Walmart a fim de estar mais presente para meu filho — mesmo que isso significasse perder horas e renda para sustentar minha família. Meu supervisor me puniu reduzindo as minhas horas a uma média de quinze por semana... Vivo atualmente de vales-alimentação e faço faxina no tempo livre para ganhar um dinheiro extra. No Walmart, você trabalha até o limite e é sempre a mesma coisa. [...] Trabalha e trabalha, mas não consegue chegar a lugar algum.[305]

Em 2018, a Comissão de Igualdade de Oportunidades de Emprego dos Estados Unidos (EEOC, do inglês Equal Employment Opportunity Commission) entrou com uma ação judicial coletiva alegando que o Walmart violou a lei ao se recusar a acomodar os pedidos das trabalhadoras grávidas para uma carga horária mais leve, uma acusação negada pelo Walmart.[306] A empresa tinha enfrentado processos anteriores relacionados à discriminação de gestantes em 2014 e 2017.

Em parte como resultado desses padrões de discriminação, Reich e Bearman relatam que os trabalhadores negros e latinos e os das comunidades mais pobres usufruem menos dos benefícios de trabalhar no Walmart do que seus pares com melhores condições. Relatam ter menos amigos no trabalho, menos diálogo com os gestores, e solicitam menos ajuda quando têm problemas (Reich & Bearman, 2018, loc. 1923).

---

305 "Trapped in Part-Time: Walmart's Phantom Ladder of Opportunity", *op. cit.*
306 MEYERSOHN, Nathaniel. "Walmart Discriminated against Pregnant workers, Federal Agency Says" [Walmart discriminou trabalhadoras grávidas, afirma agência federal], *CNN Business News*, 21 set. 2018.

Antissindicalização. Tal como outras empresas gigantes que controlam a economia, o Walmart se opõe vigorosamente à sindicalização. Como Lee Scott disse quando era CEO do Walmart: "Gostamos de conduzir o carro e não daremos o volante a ninguém a não ser a nós mesmos" (Scott *apud* Greenhouse, 2019, p. 154). Quando os açougueiros de um supercentro do Walmart no Texas ganharam uma eleição para o Conselho Nacional de Relações Trabalhistas, em 2000, o Walmart anunciou planos, duas semanas mais tarde, de utilizar carne pré-embalada e eliminar açougueiros naquela loja e em outras 179.[307] Em 2015, o Walmart anunciou abruptamente que fecharia durante seis meses a loja em Pico Rivera, Califórnia, em função de "questões recorrentes de encanamento". Essa loja tinha o núcleo mais militante do grupo Unidos por Respeito no Walmart (OUR Walmart, do inglês Organization United for Respect at Walmart) que procurou organizar os trabalhadores e convocara uma ocupação e vários outros protestos.[308] Quando a loja reabriu, nenhum dos ativistas foi recontratado.

O Walmart também demite "associados" se eles forem vistos como simpatizantes do movimento trabalhista. Utilizando o sistema interno de vídeo de loja, os gestores afirmam ter provas de violações sem qualquer necessidade de revelar ao acusado o que eles "encontraram" (Reich & Bearman, 2018, loc. 3492).

A maioria dos funcionários não tem experiência com sindicatos e pode ter dificuldade em reconhecer o direito a benefícios. Em contrapartida, uma mulher que havia trabalhado por vinte dólares a hora em uma fábrica de aço e agora ganha nove dólares por hora no Walmart contou a Reich e Bearman como a posição no trabalho atual é diferente da de seu emprego anterior. Na fábrica de aço, "há contratos sindicais, regras sindicais, representantes sindicais. Coisas que tanto os trabalhadores quanto os patrões tinham

---

[307] ZIMMERMAN, Ann. "Pro-Union Butchers at Wal-Mart Win a Battle, but Lose the War" [Açougueiros sindicalizados do Walmart vencem uma batalha, mas perdem a guerra], *The Wall Street Journal*, 11 abr. 2000.
[308] GREENHOUSE, Steven. "How Walmart Persuades Its Workers Not to Unionize" [Como o Walmart convence os funcionários a não se sindicalizarem], *The Atlantic*, 8 jun. 2015.

de levar em consideração". No Walmart, no entanto, "os gestores sentem que podem pisar em quem quiserem. [...] Podem obrigar você a fazer tudo o que eles quiserem. Podem obrigar você a fazer vinte tarefas por nove dólares"(Reich & Bearman, 2018, loc. 2007).

O Walmart ajudou a escrever o livro de regras do antissindicalismo que caracteriza o walmartismo, mas não é o único a implementar essa estratégia. Um estudo de 2009 sobre mais de mil campanhas eleitorais sindicais revelou que os empregadores demitem regularmente defensores dos sindicatos (em 34% das campanhas eleitorais sindicais), ameaçam encerrar a empresa (57%) e reduzir os salários e benefícios (47%), utilizam reuniões obrigatórias individuais com os empregados para interrogá-los sobre o sindicato (63%) e ameaçam os sindicalizados com ações disciplinares (54%) (Bronfenbrenner, 2009). Essas práticas revelam que, no século XXI, os ganhos trabalhistas do século XX estão sob ataque. O virulento antissindicalismo é tanto causa quanto consequência das baixas taxas de sindicalização. No passado, muitos empregadores também se opuseram à organização dos trabalhadores, mas o que parece novo é que muitos legisladores, sobretudo os eleitos nas ondas conservadoras das últimas três décadas, vêm mudando a lei para revogar direitos trabalhistas que haviam se tornado padrão.

Falta de respeito. Para muitos trabalhadores do Walmart, o impacto cumulativo das interações com a empresa, gestores de lojas, supervisores de unidades e clientes traz um sentimento de desrespeito. Dois testemunhos de trabalhadores são ilustrativos. Uma funcionária de Ohio teve as suas horas cortadas de forma tão drástica que a vida normal desabou. "Tive de sobrecarregar os meus pais e pedir ajuda", contou ela. "Eu me senti bem diminuída. Senti que não podia dar conta de mim mesma. Inferiorizada como pessoa" (Reich & Bearman, 2018, loc. 1954). Outro relato vindo da Califórnia tem uma tônica semelhante:

> Ouvi dizer que a empresa era um bom lugar para trabalhar. Em vez disso, fui recebido com desrespeito, diferenças de tratamento e falta de empatia. [...] Passei de uma jornada de mais de quarenta horas

por semana a onze dólares por hora para apenas dezesseis a 24 horas por semana. Vejo frequentemente outros empregados terem prioridade sobre mim. O Walmart cortou as minhas horas durante um único período de pagamento, e isso foi suficiente para eu me endividar. Neste momento, simplesmente não consigo pagar as contas.[309]

O desrespeito que esses trabalhadores experimentaram não foi simplesmente resultado de uma cultura organizacional específica ou da personalidade autoritária de executivos, gestores e supervisores. Na verdade, reflete as características essenciais de muitos tipos de trabalho da economia de baixos salários, estruturada pelos imperativos do capitalismo do século XXI. Como mostro a seguir, essa percepção de desrespeito, de ser vítima de discriminação e de ter muitos caminhos fechados ao procurar por uma vida melhor tem efeitos profundos no bem-estar do trabalhador, das famílias e da comunidade.

KINDERCARE

Trabalhar na KinderCare evidencia algumas das características distintas do emprego na economia do cuidado, ou seja, tarefas que requerem atenção às necessidades físicas, psicológicas, emocionais e de desenvolvimento de outras pessoas. Trabalhadores de cuidados infantis em estabelecimentos ou atendimento domiciliar, auxiliares de enfermagem, babás — essas e outras ocupações integram um setor amplamente feminino, desproporcionalmente negro, latino ou de trabalhadores imigrantes em postos de baixos salários, muitas vezes precários.

Ao contrário dos trabalhadores do Walmart e da Uber, cujas experiências têm sido estudadas e documentadas por acadêmicos, jornalistas e ativistas, há poucos relatos disponíveis dos trabalhadores da comparativamente pequena KinderCare. Para compreender o que eles valorizam ou não gostam em seu trabalho, analisei mais

[309] "Trapped in Part-Time: Walmart's Phantom Ladder of Opportunity" *op. cit.*

de 4.200 classificações de funcionários publicadas em cinco plataformas on-line de avaliações de empregadores.[310] Um exame dessas publicações aponta um caleidoscópio de reações ao trabalho na KinderCare, uma gama que também espelha algumas das opiniões dos trabalhadores do Walmart.

Tive a melhor experiência da minha vida trabalhando aqui. [...] Adoro vir trabalhar todas as manhãs. Tenho uma ótima relação com os meus colegas e supervisores diretos. A diretora da unidade sempre se certifica de que estamos felizes e é rápida em resolver quaisquer problemas que surjam. As famílias são muito gratas pelo trabalho que fazemos por seus filhos e são genuinamente simpáticas com os professores. É um ambiente cheio de profissionalismo, respeito, integridade e honestidade. *Um trabalhador sênior*

A KinderCare é um lugar horrível para trabalhar. Eles não pagam praticamente nada e esperam que você dê o sangue por todo mundo lá. A administração é péssima, eles não se importam com você nem com as famílias que vão para lá. *Ex-professor assistente, Wisconsin*

Na minha opinião, a KinderCare é um ótimo empregador, especialmente para uma mãe que tenta voltar à vida profissional depois de ter um filho. Eles dão a oportunidade de trazer seu filho para o centro onde você trabalha por uma fração da mensalidade. São muito empenhados em formar os funcionários e em dar segundas chances. *Diretora atual de uma unidade*

Trabalhar nessa empresa foi um dos piores momentos da minha vida. Os gestores nunca aliviavam a pressão. Era um lugar muito negativo, e como eu passava quarenta horas ou mais por semana lá, já não conseguia trabalhar sem ir para casa chorando, com raiva e ou paralisada emocionalmente. [...] Essas "portas abertas" não passam de

---

310 As fontes consultadas incluem o site Indeed, com 2.900 avaliações feitas por funcionários da KinderCare; a GlassDoor, com 1.300 avaliações; a Niche, com 28 avaliações; a Career Bliss, com 24 avaliações; e a Winnie, com cinco avaliações de funcionários.

uma grande corrida pelo dinheiro, pelo negócio. [...] Por favor, saibam que os miseráveis funcionários da KinderCare adoram trabalhar com crianças, mas não recebem o apreço ou o dinheiro que merecem.
Ex-professora de Connecticut

Embora qualquer local de trabalho com centenas de unidades e dezenas de milhares de funcionários receba avaliações mistas, o que poderá explicar reações tão discrepantes? Tal como o Walmart, as condições de trabalho na KinderCare são produto da cultura empresarial; das personalidades e competências dos gestores das unidades e dos supervisores da linha de frente; e da composição de classe, raça e gênero dos funcionários da unidade. Assim, a experiência de trabalho varia consideravelmente. Além disso, as experiências se diversificam ao longo do tempo. Enquanto a KinderCare se esforçava por responder à recessão de 2008, quando a procura por cuidados infantis caiu, mas não as expectativas dos investidores por retornos regulares, a empresa fechou unidades, demitiu parte da equipe e alterou salários e regimes de trabalho. Mais tarde, com a entrada de capital privado, foi capaz de expandir novamente.

Apesar dessas variações, certas reações dos trabalhadores pareciam mais constantes. Muito mais entrevistados se queixavam dos salários baixos do que elogiavam salários generosos. "Benefícios e aumentos são prometidos, mas nunca concedidos", alegou um ex-professor assistente em Connecticut. "Independentemente de quanto amo o que faço, isso não paga as minhas contas", escreveu uma professora atual. "Não consigo pagar o aluguel, muito menos a hipoteca, fazendo menos de catorze dólares por hora. Isso é ridículo."

De acordo com o Indeed, site de avaliação de empregos, com base em relatórios de 1.735 funcionários da KinderCare, o salário médio por hora para professores era de 12,24 dólares, e de 11,89 dólares para professores assistentes, cerca de vinte mil dólares por ano para trabalhadores de período integral e bem abaixo da linha nacional de pobreza para uma família de quatro pessoas. Os diretores de unidades ganhavam em média 45.670 dólares por ano. Os especialistas em atendimento ao cliente, encarregados de matricular e atender pais e clientes comerciais, ganhavam em média trinta dólares por hora, mais que o dobro dos professores, talvez refletindo as raízes da KinderCare no setor varejista e as crenças de seus líderes de que estabelecer ligações emocionais com os clientes é tão importante para preservá-los quanto a qualidade do ensino e da aprendizagem em sala de aula.

Outra questão recorrente para os trabalhadores da KinderCare era a qualidade da supervisão e da gestão do local. Longas jornadas ou horários irregulares também foram uma queixa comum: "Esperam que você trabalhe turnos absurdos, mas se, de repente, isso se aproximar de horas extras, eles te dão um longo intervalo ou cortam horas para que você não receba pagamento extra", escreveu um professor.

Assim como no Walmart, trabalhadores da KinderCare enxergavam falta de respeito por parte do empregador. Um ex-professor de Maryland declarou: "Se você não se curvasse à gestão, não recebia o mínimo de respeito".

Apesar dessas queixas, muitos escreveram sobre o que apreciavam no trabalho. Algumas amostras ilustram como o emprego na KinderCare podia ser gratificante: "Adoro a diversidade da equipe e das famílias"; "Os colegas são a única coisa que ajuda a nos manter sãos"; "Por vezes, fica muito caótico, mas, quando percebemos que estamos moldando o futuro [das crianças], isso nos dá uma sensação maravilhosa".

Digno de nota é que não houve um único trabalhador, dos 4.200 que publicaram comentários, que tenha mencionado que os trabalhadores da KinderCare não eram sindicalizados e não dispunham de um canal de ouvidoria na gestão corporativa. A KinderCare tem uma longa história de oposição à sindicalização. Quando os sindicatos do setor de serviços, tais como a SEIU [do inglês Service Employees International Union], convenceram o Legislativo de Washington e de outros estados a permitir que os trabalhadores do setor de serviços com baixos salários se sindicalizassem, em 2008, a KinderCare pressionou com sucesso os parlamentares locais a isentar dessa lei os trabalhadores de cuidados infantis.[311]

---

311 THOMAS, R. "Unions' Win Streak in Legislature Is Broken" [Série de vitórias dos sindicatos é quebrada no Legislativo], *Seattle Times*, 10 mar. 2008.

Em 2016, um braço da SEIU conseguiu organizar funcionários de uma unidade gerenciada pela KinderCare na Universidade do Sul da Califórnia. Um mês depois, ela foi fechada.[312] Um porta-voz da SEIU local deu uma visão mais pessimista: "Os funcionários arriscaram-se a fazer frente ao empregador para trazer, com urgência, as melhorias necessárias para as crianças e as famílias. Disseram repetidamente que a luta para formar um sindicato nunca foi para ganhar mais dinheiro. Era para ter uma voz".[313] Mas dar voz aos trabalhadores é precisamente o que a maioria dos patrões não quer. Tal movimento poderia ameaçar sua capacidade de controlar os principais custos — os trabalhadores —, em particular em uma economia volátil, em mercados altamente competitivos e em setores de privatização.

A KinderCare e outros empregadores da economia do cuidado também usam os laços emocionais que os trabalhadores estabelecem com os clientes para cobrar lealdade e desencorajar ações que ponham em risco o controle da empresa. O professor que observou que os "funcionários mais miseráveis adoram trabalhar com as crianças" reconheceu a ameaça implícita que a KinderCare lhes apresentava ao afirmar que, se realmente se preocupavam com o futuro dos alunos, não deveriam desafiar a forma de a empresa administrar os negócios. Cuidadores e enfermeiros domiciliares, babás e trabalhadores de hospital vão se identificar com essa ameaça extremamente comum na economia de baixos salários. Ao explorarem as conexões dos trabalhadores com aqueles de quem cuidam, as empresas deslocam os cálculos de custo-benefício da resistência para os funcionários, incluindo nas variáveis os benefícios para alunos ou pacientes, mesmo que sob encargos crescentes para a saúde física e mental dos trabalhadores.

---

312 CHEN, Angela. "Child Care Center Ends Services at USC" [Provedor de cuidados infantis encerra serviço na Universidade do Sul da Califórnia], *Daily Trojan*, 12 ago. 2016.
313 Idem.

A Uber é a maior empresa de transportes em rede do mundo, caracterizada pelo uso de aplicativos para celular a fim de permitir que pessoas consigam viagens de carro seguras com condutores que utilizam os próprios veículos e o GPS do smartphone para identificar locais de embarque e informar os clientes sobre a hora precisa em que o carro chegará. Em 2017, a Uber operava em 64 países e 630 cidades em todo o mundo e tinha concluído cinco bilhões de viagens com passageiros. No início de 2018, tinha três milhões de condutores ativos em todo o mundo, mais de quinhentos mil nos Estados Unidos (Rosenblat, 2018, loc. 537). Em 2019, relatou receitas globais de 14,1 bilhões de dólares, índice 28% maior do que o do ano anterior, mas ainda operava no vermelho. A ideia original da Uber surge em uma noite fria de inverno em Paris quando Travis Kalanick e Garrett Camp, os fundadores, não conseguiam arranjar um táxi.

A Uber, também conhecida como uma empresa de compartilhamento de viagens, diz que sua missão é "despertar oportunidades pondo o mundo em movimento". Ela utiliza os quatro componentes-chave das empresas de economia compartilhada (também chamada de *gig economy* ou economia de plataforma): plataformas on-line ou aplicativos móveis para facilitar transações entre empresa, trabalhadores e clientes; sistema de avaliação baseado no usuário; flexibilidade para os trabalhadores na escolha dos horários; e expectativa de que os trabalhadores forneçam as ferramentas ou os recursos necessários para dar conta do trabalho — no caso, o veículo (Smith, 2016).

Duas grandes tendências estão por trás da ascensão de empresas como a Uber. Primeiro, o desenvolvimento e a disseminação de tecnologias digitais e de celulares permitiram ao aplicativo criar uma plataforma para uma comunicação rápida e simples entre clientes, trabalhadores e empresas. Segundo, a Grande Recessão pôs muitas pessoas no desemprego ou cortou suas receitas, fazendo com que a oferta imediata de mão de obra se tornasse disponível. Empresas de economia compartilhada, como a Airbnb e a Uber, ofereceram o benefício de permitir que aqueles com rendas muito baixas pudessem monetizar os recursos que tinham sido capazes de adquirir — casa e carro.

Assim como outros trabalhadores, condutores da Uber relatam tanto características positivas quanto negativas das condições de trabalho. Entre as primeiras, incluem-se:

> Sou basicamente o meu próprio patrão. E as pessoas gostam disso. Adoram essa sensação. Poder trabalhar quando você quiser, não há nada melhor do que isso.
>
> Dirijo cerca de trinta horas por semana, não propriamente em tempo integral. Também não chega a ser tempo parcial. Eu escolho quando quero. Isso é bom.
>
> Tenho um negócio que administro durante o dia, e isso aqui é apenas uma renda extra. Normalmente, só dirijo à noite e durante algumas horas. [...] Então, só estou tentando complementar minha renda.
> (Baiyere, Islam & Mäntymäki, 2019)

Para outros motoristas, as interações sociais com clientes ofereceram um antídoto para a solidão ou o tédio, uma forma fácil de ter um contato humano de baixo risco e fazer passar o tempo no trabalho.

Mas a autonomia, a flexibilidade e o controle que a Uber oferece aos motoristas têm certos custos, alguns inerentes à economia dos bicos, outros como consequência das estratégias de maximização de lucros. Novamente, alguns depoimentos dos motoristas ilustram essas preocupações:

> Eles têm suas próprias políticas e, por vezes, mudam essas políticas. O ano passado foi muito bom... Mas, este ano, baixaram as taxas e aumentaram algumas outras despesas. [...] Não importa o que aconteça, eles [Uber] recebem o seu percentual.
>
> Tentei a Uber porque, na época, era fácil, num fim de semana, ganhar trezentos ou quatrocentos dólares. Hoje em dia, são altos e baixos, não é algo em que se possa confiar. Se você quiser ganhar dinheiro com

UberX [uma versão com desconto do serviço], tem de fazer oitenta horas de trabalho e, mesmo assim, mal consegue o equivalente a um táxi. É demais.

Eles têm esse critério da classificação que algumas pessoas podem não compreender. Já vi muitas pessoas com carros novos não conseguirem progredir. Se a classificação for muito baixa, eles podem ser suspensos por um tempo. Imagina, desativam a conta da pessoa, mas ela tem um carro novo pelo qual precisa pagar! (Baiyere, Islam & Mäntymäki, 2019)

O que explica essas diferentes percepções? Um elemento fundamental é a heterogeneidade da experiência de trabalho dos motoristas. Segundo um estudo de 2015, 51% dos motoristas trabalham quinze horas por semana ou menos, 30% trabalham entre 16 e 34 horas, 12% trabalham entre 35 e 40 horas por semana e 7% trabalham 50 horas ou mais (Hall & Krueger, 2016). Espantosamente, mais da metade desistiu do trabalho no período de um ano (Farrel & Greig, 2016), trazendo à tona para a vida dos motoristas todo o estresse imposto ao largar um emprego e procurar por outro.

Quanto ganham os condutores da Uber? Uma pesquisa da BuzzFeed em 2016 descobriu que, em média, recebem 10,87 dólares por hora. Com quarenta horas de trabalho por semana, isso se traduz em um salário anual inferior a 23 mil dólares.[314] Em 2017, a Comissão Federal do Comércio multou a Uber em vinte milhões de dólares por propaganda enganosa, com base em anúncios que afirmavam que os motoristas poderiam ganhar noventa mil dólares anuais.[315]

---

[314] O'DONOVAN, Caroline & SINGER-VINE, Jeremy. "How Much Uber Drivers Actually Make per Hour" [Quanto os motoristas da Uber realmente ganham por hora], *BuzzFeed News*, 22 jun. 2016.

[315] "Uber Agrees to Pay $20 Million to Settle FTC Charges That It Recruited Prospective Drivers with Exaggerated Earnings Claims" [Uber concorda em pagar vinte milhões de dólares para liquidar cobranças da FTC por ter recrutado motoristas em potencial com promessas exageradas de ganhos], US Federal Trade Comission, 19 jan. 2017.

Alguns motoristas usam a Uber como uma transição de carreira após perder um emprego ou se mudar para um novo local. Mas a maioria daqueles em período integral depende da Uber para o sustento. E são esses os motoristas mais explorados pelos algoritmos da empresa. Assim, a economia dos bicos perdura e até exacerba as estratificações de classe e raciais/étnicas da economia em geral. Além disso, os motoristas que trabalham mais horas se expõem a maior risco de roubo, agressão sexual ou outros crimes, uma experiência ocasional, mas recorrente entre os motoristas da Uber (Ravenelle, 2019, loc. 2013-6).

No marketing para recrutar motoristas, a companhia mascara a complexidade dessas experiências. Para seu livro sobre a Uber, Alex Rosenblat entrevistou 125 motoristas, fez quatrocentas viagens ela mesma e analisou fóruns de debate on-line utilizados pelos motoristas da empresa. Ela observa que a Uber "promete aos motoristas liberdade, flexibilidade e independência", mas, "para fins legais, classifica-os como fornecedores independentes, o que significa que eles ficam, em grande parte, excluídos das proteções da lei trabalhista e do emprego" (Rosenblat, 2018, loc. 163). Em um processo judicial de 2015 na Califórnia, o advogado da Uber explicou: "Fundamentalmente, na relação comercial entre os motoristas provedores de transporte e a Uber, eles são nossos clientes, nós licenciamos a eles o software e recebemos uma taxa por isso" (Robert Jon Hendricks *apud* Rosenblat, 2018, loc. 176). Ao nomear seus condutores como clientes, a Uber contorna as obrigações legais e morais de um empregador.

Rosenblat observa também que a Uber substitui os chefes humanos por algoritmos que servem de "gestores virtuais automatizados" (Rosenblat, 2018, loc. 176). Embora os algoritmos possam ser menos desagradáveis ou mandões do que os humanos, são ainda mais implacáveis em assegurar que a Uber maximize as receitas que obtém com os motoristas e mantenha o controle das partes principais da experiência de trabalho. Um motorista de Raleigh, na Carolina do Norte, disse a Rosenblat: "Eles estão sempre às voltas com as tarifas e as diferentes condições de serviço. Você tem de fazer login, e de repente há novos termos e condições; e, se você não concordar, não pode conduzir" (Rosenblat, 2018, loc. 1648). Em geral, a Uber toma para si de 20% a 28% das receitas dos motoristas, mas a constante mudança das regras e tarifas dificulta aos trabalhadores prever seus rendimentos.

Rosenblat perguntou aos motoristas se eles aconselhariam um amigo a deixar o emprego para trabalhar para a Uber. Um motorista de Nova York afirmou: "Eu não recomendaria mais a ninguém. Costumava ser muito bom. Agora você se mata. Precisa trabalhar treze, catorze horas".

Walmart, KinderCare e Uber ilustram as condições de trabalho em transformação que caracterizam a força laboral do século XXI. Embora sejam diferentes em aspectos importantes, também partilham características em comum. Os três pagam baixos salários e oferecem poucos benefícios a muitos dos funcionários. Utilizam o estatuto de colaborador independente ou subcontratado para manter baixos os custos de mão de obra. As condições e a qualidade de trabalho são definidas por interações complexas entre trabalhadores, gestores locais e líderes empresariais, exigindo que os trabalhadores lidem constantemente com demandas concorrentes. No lado varejista dessas três empresas, as interações com os clientes dão aos trabalhadores algum desejado convívio humano, mas também proporcionam aos empregadores uma ferramenta adicional para gerir e controlar. Nos três, sistemas invasivos e cambiantes de supervisão desindividualizam os trabalhadores e causam considerável estresse. Os três empregadores contrariam agressivamente quaisquer esforços de sindicalização, mas, em cada um deles, os trabalhadores procuram criar outras formas de organização coletiva que possam proteger e fazer avançar seus direitos. As taxas de rotatividade são elevadas, uma característica que prejudica profundamente a saúde física e mental, tanto individual quanto familiar.

Como as mudanças no capitalismo levaram a mudanças no trabalho

Esses perfis de empresas revelam algumas das maneiras pelas quais as mudanças no capitalismo moderno afetaram a influência exercida pelo trabalho no bem-estar dos trabalhadores e de suas famílias e comunidades. Mais uma vez, a globalização, a financeirização, a desregulamentação, a privatização e as novas tecnologias são os motores dessas alterações.

Como resultado da globalização, se um país alterar as regras de salário, benefícios ou proteção do trabalhador, o Walmart e outras empresas transnacionais podem deslocar as operações para um clima mais favorável ou, melhor ainda, usar o poder econômico para persuadir esse país a rever ou eliminar as mudanças problemáticas. Enquanto o capital e a mão de obra circulam pelo mundo de forma muito mais rápida e fácil do que há um século, o dinheiro que procura novos lucros encontra menos obstáculos nas viagens do que os trabalhadores que visam melhores empregos. As elites empresariais e políticas globais promulgaram políticas comerciais, migratórias e trabalhistas que as põem no controle de quem pode se deslocar, quando e para onde, escolhendo abordagens que lhes dão os trabalhadores de que necessitam a um preço que podem pagar.

Quer as empresas norte-americanas necessitem de operadores de telemarketing na Índia, metalúrgicos no México ou no Vietnã, enfermeiros da Coreia do Sul ou da Irlanda, ou engenheiros nascidos no estrangeiro para startups de tecnologia no Vale do Silício ou em Seattle, elas os procuram pelo mundo e desenvolvem práticas de emprego que lhes permitam contratar tais pessoas. As empresas norte-americanas sempre dependeram de mão de obra estrangeira; o que a globalização mudou foi o âmbito do alcance e a facilidade com que podem mudar tanto o trabalho como os trabalhadores para melhor satisfazer suas necessidades de emprego ao menor custo possível. Como resultado, qualquer fidelidade nacional que as empresas sentiram pelo país de origem diminuiu, tornando-as prontas para deslocar fábricas, empregos, capital e responsabilidades fiscais para qualquer local que ajude a aumentar o retorno sobre o investimento.

Embora a dinâmica específica varie por indústria, a economia mundial tem agora cadeias de fornecimento globais, forças de trabalho globais, regras de comércio globais e um sistema bancário global. Para os trabalhadores, essa realidade exige que as aspirações a melhores salários, benefícios ou condições de trabalho sejam sempre equilibradas, com o receio de que tais exigências levem o empregador para outro país mais condescendente, uma dinâmica que tem sido chamada de *race to the bottom* [ocorre quando a competição entre países resulta no desmantelamento cada vez maior das regulamentações e garantias trabalhistas existentes] (Mehmet, 2006).

À medida que a manufatura decresce, os lucros da especulação excedem os da produção. Conforme o setor financeiro cresce em importância e poder, os investidores transferem capital para empreendimentos financeiros. Uma vez que o principal objetivo é obter retornos mais altos, a pressão para cortar custos é elevada, contribuindo para salários mais baixos para os trabalhadores, que são frequentemente vistos como uma despesa ajustável, e não como um ativo digno de investimento com salários mais altos, benefícios ou treinamento. Quanto aos gestores, a pressão é para aumentar os lucros, o que dá a eles salários mais elevados ou bônus de incentivo. Em conjunto, essas tendências aumentam a desigualdade de renda.

Em seu processo junto à Comissão de Valores Mobiliários dos Estados Unidos para se tornar uma empresa de capital aberto, a Uber disse aos investidores: "Como o nosso objetivo é reduzir os incentivos aos motoristas para melhorar o nosso desempenho financeiro, esperamos que a insatisfação dos motoristas aumente de um modo geral", o que levou a corporação a expandir o investimento em tecnologias de veículos sem condutor, uma maneira central de reduzir os custos de mão de obra e contrariar as exigências dos motoristas em termos de aumentos salariais. Motoristas nos Estados Unidos, na Austrália, na Grã-Bretanha, na França, na Nigéria, no Quênia, no Chile, no Brasil e em outros países organizaram um protesto global antes da oferta pública inicial da Uber,[316] destacando, talvez, mais um fator que contribuiu para o ceticismo dos investidores que levou à decepcionante procura pelas ações da empresa.[317]

Como se relacionam a financeirização e a globalização? Já que os investidores são capazes de encontrar oportunidades em todo o mundo, eles movem o capital para onde os rendimentos são mais altos. Uma métrica capta a importância relativa das transações financeiras na economia global. De acordo com o Banco de Compensações Internacionais, em 2016 o comércio de divisas — transações financeiras — totalizou 5,1 trilhões de dólares por dia em comparação com apenas oitenta bilhões de dólares por dia no comércio de bens e serviços, uma proporção de mais de sessenta para um.[318] Em geral, movimentar dinheiro é mais rentável do que fazer bens ou prestar serviços. À medida que os lucros da movimentação de dinheiro aumentavam, os investimentos que criavam empregos diminuíam, e muitos dos empregos criados eram vagas atípicas com baixos salários.

A combinação da financeirização e da globalização também torna a economia mundial mais instável. A explosão da bolha da especulação imobiliária em 2008 provocou crises financeiras em todo o mundo, levando à perda de empregos e à insegurança financeira. Para o trabalhador individual, como o presidente Harry Truman observou certa vez, "recessão é quando o seu vizinho perde o emprego; depressão é quando você perde o seu".

O Walmart participa da financeirização da economia de várias formas. Apesar de não oferecer previdência aos "associados", oferece a eles a oportunidade de poupar para a aposentadoria em um fundo

---

316 "Uber and Lyft Drivers Conduct International Strike" [Motoristas de Uber e Lyft conduzem greve internacional], *World Socialist Web Site*, 9 maio 2019.

317 ISAAC, Mike. "Uber's Rocky Ride to Its I.P.O. Ends in Stock Hitting the Skids" [Oferta pública inicial da Uber termina com o preço das ações em rápido declínio], *The New York Times*, 11 maio 2019.

318 "Global FX Trading Averages $5.1 Trillion a Day in April 2016; Spot Trading Falls While FX Swaps Rise" [Mercado global atinge média de 5,1 trilhões de dólares por dia em abril de 2016; negociação de ativos cai enquanto swap cambial aumenta], 1 set. 2016.

organizado pela empresa, no qual investe a poupança de mais de 1,2 milhão de empregados sob gestão da Merrill, uma subsidiária do Bank of America. Essa opção oferece ao Walmart mais uma oportunidade para extrair receitas adicionais e transferir do empregador de volta para os próprios trabalhadores o risco de perder suas economias.

A corporação também utiliza os mercados financeiros para outras operações comerciais. Por exemplo, a empresa criou a própria linha de cartões de crédito, cartões de débito pré-pagos, transferências bancárias, serviços de compensação de cheques e outros produtos financeiros de baixo custo, a fim de assegurar que os clientes, incluindo os próprios funcionários, possam comprar tudo o que precisam no Walmart sem receio de ficar sem dinheiro. Dessa e de outras formas, o Walmart sinaliza que mesmo uma empresa que produz e vende produtos tangíveis se atrela ao setor financeiro e usa seu alcance para encontrar maneiras adicionais de fazer dinheiro e transferir riscos (Haiven, 2013).

Para os investidores, as alterações da economia e da inovação podem criar novas oportunidades de lucro. Para os trabalhadores, contudo, essas alterações podem pôr em risco um lar, um emprego, uma aposentadoria, o acesso à assistência médica ou a segurança alimentar, mais uma forma de os custos e benefícios do capitalismo moderno serem distribuídos de forma desigual. Na KinderCare, aumentos e declínios nos investimentos em participações privadas, assim como mudanças na economia, levaram a empresa a abrir e fechar suas unidades, criando e encerrando empregos. Na década de 1980, vendeu milhões de dólares em títulos *junk bond* [de alto grau especulativo] para diversificar a atuação para outros campos que não o das creches.[319] Quando a crise financeira de 2008 levou esses empreendimentos especulativos ao fracasso, a KinderCare foi forçada a fechar as unidades menos rentáveis. A insegurança no emprego contribuiu para uma taxa de rotatividade de pessoal de 48% ao ano,

---

[319] BARLETT, Donald L. & STEELE, James B. "How Special-Interest Groups Have Their Way with Congress" [Como grupos de interesses especiais atuam no Congresso], *The Philadelphia Inquirer*, 28 out. 1991.

uma medida quantitativa das vidas afetadas, tanto crianças nas salas de aula quanto professores.

A desregulamentação também altera o status dos trabalhadores. Por exemplo, o desmonte das regras antimonopólio facilita a concentração, o que reduz o poder de negociação. Tanto o Walmart quanto a Uber utilizam o poder de mercado de suas participações dominantes em seus segmentos para resistir aos esforços dos trabalhadores no sentido de aumentar os salários e benefícios e de melhorar as condições laborais. A desregulamentação põe em risco os ganhos de saúde e segurança das décadas anteriores e compromete a capacidade das agências governamentais de enfrentar ameaças emergentes ou identificar populações expostas a danos trabalhistas.

A privatização de funções que haviam sido principalmente públicas e a crescente invasão dos mecanismos e da filosofia de mercado em espaços outrora públicos também contribuíram para mudanças no trabalho. Para os trabalhadores dos setores de cuidados de saúde, educação, saneamento e segurança pública, a privatização levou ao enfraquecimento dos sindicatos, à erosão de salários, benefícios e estabilidade e a maior desemprego (Olsson & Tåg, 2018). Enquanto os professores nas escolas públicas e pré-escolas costumam ter sindicatos fortes, empresas privadas como a KinderCare ou aquelas que operam *charter schools* raramente toleram essa organização.

Em locais em que transportes, serviços públicos, serviços de telefonia ou abastecimento de água foram privatizados, os trabalhadores perderam remuneração e a voz participativa no local de trabalho. Quando a pessoa sentada do outro lado da mesa de negociações trabalhistas é o representante de uma empresa global, e não um funcionário público, questões como salário e equidade de gênero, equilíbrio entre trabalho e família ou pagamentos dignos saem frequentemente da agenda.

Defensores da privatização argumentam que ela maximiza a eficiência, mesmo que possa reduzir a equidade. Uma vez que a prestação mais eficiente de serviços de educação, de saúde, de eletricidade ou de água reduzisse, em tese, os custos e melhorasse a qualidade, os trabalhadores de baixa e média rendas poderiam ser beneficiados enquanto consumidores. Na prática, contudo, a ampliação do acesso parece ser acompanhada por aumentos no preço, negando qualquer potencial benefício para a equidade (Hodge, 2018). Nos serviços humanos, tais como os cuidados infantis prestados pela KinderCare, a privatização parece contribuir para agravar as dificuldades de acesso (Abramovitz & Zelnick, 2016).

Os avanços nas tecnologias da informação, em inteligência artificial e robótica também têm levado a mudanças dramáticas no trabalho, algo recorrente na história: no século passado, a mecanização e a informatização reduziram drasticamente o número de pessoas que plantavam alimentos, produziam automóveis e trabalhavam como assistentes. Hoje, o ritmo de mudança é ainda mais acelerado. O McKinsey Global Institute previu que, até 2030, a automatização vai destruir mais de 37 milhões de empregos nos Estados Unidos e 375 milhões em todo o mundo (Manyika *et al.*, 2017). Com base em um exercício de produção de modelos, pesquisadores da Universidade Oxford estimaram que a aprendizagem de máquinas, a inteligência artificial e a robótica deixariam 47% dos empregos nos Estados Unidos em 2010 em "alto risco" de automatização nos próximos anos (Frey & Osborne, 2017).

No século XX, fritar hambúrgueres em uma rede de fast-food simbolizava trabalho de baixo salário, mas, no século XXI, essa é uma das centenas de tarefas que têm sido alvo de automatização. Andrew Puzder, ex-CEO das cadeias de fast-food Hardee's e Carl's Jr., a princípio escolhido pelo presidente Trump como secretário do Trabalho, explicou a lógica de um empregador para substituir os funcionários por robôs: "Eles são sempre educados, sempre atuam bem, nunca tiram férias, nunca chegam atrasados, nunca apresentam um deslize nem incorrem em algum caso de discriminação por idade, sexo ou raça".[320] No Walmart, os robôs estão substituindo os trabalhadores para armazenar e codificar os alimentos, recolher produtos para entrega em domicílio e gerir os corredores de caixas.

---

[320] TAYLOR, Kate. "Fast-Food CEO Says He's Investing in Machines Because the Government Is Making It Difficult to Afford Employees" [CEO do segmento de fast-food diz investir em máquinas porque o governo dificulta pagar funcionários], *Business Insider*, 16 mar. 2016.

Outra mudança recente no trabalho tem sido o crescimento de empregos no setor de serviços. Isso decorre de três tendências: tecnologias que reduzem a procura de mão de obra no setor de manufatura; superprodução de bens de consumo que levou à diminuição dos lucros no setor de produção; e procura por novos centros de lucro por parte do capital. Os trabalhadores desse setor prestam um serviço em vez de fabricar um produto, incluindo empregos no varejo, em bancos, hotéis, no segmento imobiliário, de educação ou de saúde, em serviços sociais, serviços de informática e outros segmentos. Entre 1980 e 2005, a quantidade de horas de trabalho em profissões de serviços nos Estados Unidos cresceu 30%, depois de ter se mantido estável ou decrescente nas três décadas anteriores (Autor & Dorn, 2013). Os empregos de serviços pagam salários mais baixos do que os da indústria. Como os empregos do setor público nos cuidados de saúde, educação, serviços sociais e outras funções municipais foram privatizados a partir da década de 1980, os salários desses empregos transferidos também caíram, e muitos trabalhadores, anteriormente servidores públicos, perderam a proteção dos sindicatos. Dessa e de outras formas, a privatização contribui para o aumento da desigualdade.[321]

Novos tipos de trabalho

Alterações na dinâmica do capitalismo levaram ao surgimento de uma série de tipos de trabalho. Em conjunto, essas alterações exacerbaram alguns velhos problemas de saúde ocupacional e criaram novas ameaças. Compreender as causas sociais e econômicas comuns dessas mudanças e o impacto na saúde e na equidade é um primeiro passo essencial para reverter as consequências adversas no bem-estar dos trabalhadores.

[321] "How Privatization Increases Inequality" [Como a privatização aumenta a desigualdade], *In the Public Interest*, 28 set. 2016.

A denominação *empregos precários* define ocupações de duração determinada com proteção limitada contra as incertezas do mercado, tratamento frequentemente opressivo e controle limitado sobre salários, benefícios e condições laborais (Rodgers, 1989, p. 3). Essa modalidade floresceu à medida que os empregadores procuravam flexibilidade salarial, menos restrições na contratação e na demissão e políticas de proteção de emprego mais flexíveis (Benach *et al.*, 2014) e alegavam precisar dessa liberdade para responder à concorrência crescente dos mercados globalizados e desregulamentados. Os empregos precários geralmente não oferecem os salários mais elevados, os benefícios mais generosos, a estabilidade e a sindicalização que alguns postos do setor de manufatura em países de alta renda proporcionavam em meados do século XX. Tanto a globalização quanto a automatização contribuíram para o aumento de empregos precários. O trabalho em tempo parcial no Walmart ou na Uber é um exemplo de emprego precário.

Embora a precarização sempre tenha feito parte do capitalismo, o economista Guy Standing ressaltou o surgimento de uma nova classe a que chama de *precariado*. Ele explica que o crescente número de trabalhadores precários não tem "identidade profissional segura; [...] aceita muitas atividades não remuneradas; precisa se reciclar constantemente, trabalhar em rede, candidatar-se a novos empregos e preencher formulários de todos os tipos". Observa também que o precariado é "a primeira classe trabalhadora da história de quem, como norma, se espera que tenha um nível de educação superior ao trabalho que efetivamente realize ou que obtenha [...], uma fonte de intensa frustração de status" (Standing, 2014).

Trabalho contingencial, segundo definição do Departamento do Trabalho dos Estados Unidos, abrange trabalhadores que não esperam que seus empregos sejam longevos ou já são informados de que suas ocupações são temporárias. Não possuem nenhum contrato implícito ou explícito para um emprego contínuo. Em 2017, a Agência de Estatísticas do Trabalho estimou que 3,8% dos trabalhadores — 5,9 milhões de pessoas em 2017 — eram contingentes, um decréscimo em relação a 2005.[322] Essa categoria inclui consultores, fornecedores independentes, trabalhadores ocasionais e aqueles recrutados por empresas subcontratadas. Estudos apontam que trabalhadores contingenciais ganham menos, têm maior probabilidade de viver na pobreza, recebem menos benefícios e em geral são jovens ou hispânicos, recorte que aparece menos em regime normal (Tran & Sokas, 2017). As pressões que levam os empregadores a contratar trabalhadores contingenciais são semelhantes às que encorajam a mão de obra precária, mas aqueles compreendem uma gama mais vasta de cargos, incluindo consultores altamente remunerados ou trabalhadores por contrato. O trabalho contingencial dá aos empregadores a flexibilidade de responder rapidamente às novas exigências da financeirização — livrar-se de mil trabalhadores contingenciais para aumentar os retornos trimestrais é uma tarefa muito mais simples do que desligar mil funcionários permanentes. Para Walmart e Uber, uma das vantagens de ter "associados" ou "parceiros" como força de trabalho é que esses trabalhadores pontuais podem ser contratados, demitidos ou recontratados à medida que a demanda surja. Em 2020, o início da pandemia de covid-19 e suas consequências econômicas reforçaram o valor dos trabalhadores contingenciais para os empregadores — e os custos do lado dos trabalhadores.

Uma forma de as grandes corporações controlarem os custos de mão de obra é terceirizar tarefas que podem ser feitas de forma menos dispendiosa ou mais eficiente por trabalhadores mais baratos. Uma lista de algumas das tarefas terceirizadas parece um anúncio dos trabalhos do século XXI: recursos humanos, pesquisa e desenvolvimento, serviços de construção, reciclagem, regulamentação e *compliance*, contabilidade, cobrança de cartões de crédito, telemarketing, administração de hipotecas e cheques, tecnologia da informação e processamento de dados, logística e transporte, manutenção de máquinas, instalação de cabos, serviços alimentícios e de processamento de alimentos, fabricação e montagem de peças,

---

[322] "Contingent and Alternative Employment Arrangements — May, 2017" [Situações de trabalho contingente e alternativo, maio de 2017], US Department of Labor, 7 jun. 2018.

lavanderia, limpeza de casas, laboratórios de diagnóstico e ressonância magnética e testes de pesquisa clínica (Bernhardt *et al*., 2016).

A economia compartilhada descreve o trabalho contingencial que é desenvolvido dentro da economia digital. Alguns dos maiores empregadores desse espectro nos Estados Unidos são Uber e Lyft, serviços de transporte; TaskRabbit, plataforma que conecta trabalhadores autônomos a clientes que necessitam de ajuda em tarefas cotidianas, tais como faxina, mudança, entregas e tarefas manuais; e a Care.com, que fornece cuidadores para crianças, adultos, idosos e animais de estimação. Outros serviços como o Airbnb permitem aos indivíduos alugar suas casas. Em 2016, 24% dos estadunidenses declararam ganhar algum dinheiro com a economia compartilhada, embora ela tenha servido como a principal fonte de renda para apenas 2% da força de trabalho. Enquanto oferece maior autonomia em termos de jornada de trabalho, os empregadores podem simplesmente dispensar os trabalhadores desativando-os da plataforma. Um analista observou que, para a mão de obra da economia compartilhada, "a incerteza e a insegurança são o preço pela extrema flexibilidade" (Aloisi, 2016, p. 38).

Empresas on-line mais antigas, como Craigslist e eBay, prepararam o terreno, mas foi a introdução posterior de novas tecnologias digitais que permitiu as interações entre pares que agora caracterizam a "economia do compartilhamento". Ao contrário de outras formas de emprego atípico, ela atrai trabalhadores mais jovens e mais instruídos; a maioria entre 18 e 34 anos, muitos com formação universitária. Em 2009, a jornalista Tina Brown escreveu: "Para as pessoas que conheço nas faixas de renda mais baixas, que vivem de salário a salário, a economia compartilhada não é novidade há anos. O que é novo é a forma como ela atingiu a demografia que costumava assumir que um diploma universitário de uma escola de elite era o passaporte para a estabilidade no emprego".[323] Como o crescimento dos empregos de média e alta rendas seguiu

---

323 BROWN, Tina. "The Gig Economy" [A economia compartilhada], *The Daily Beast*, 12 jan. 2009.

estagnado após a recuperação da Grande Recessão de 2008, a economia compartilhada serve, por vezes, como uma rede de segurança social para trabalhadores com elevada volatilidade de renda ou lacunas entre empregos (Rosenblat, 2018, loc. 618).

O conceito envolve motoristas autônomos, cooperativas de trabalhadores e hospedagens domiciliares que são apresentados como alternativas ao capitalismo. Mas, na realidade, para muitos trabalhadores, a experiência do compartilhamento é semelhante aos primeiros tempos da industrialização, quando não havia lei que estabelecesse limites para as jornadas de trabalho, critérios de pagamento de horas extras ou benefícios. Assim, os magnatas da tecnologia que promovem a economia do compartilhamento fizeram mais para mudar a forma como as pessoas pensam o trabalho do que para alterar as condições ocupacionais das pessoas que empregam. Ao tornarem a necessidade de trabalho extra uma experiência normal, ocultaram a realidade de que passou a ser cada vez mais difícil para um trabalhador que tem um único emprego ganhar o suficiente para sustentar uma vida razoável.

Trabalho com baixos salários, outra categoria ampla, é o setor de emprego em mais rápido crescimento nos Estados Unidos, responsável pela maioria dos novos postos criados desde a recessão de 2008. De acordo com um relatório recente da Brookings Institution:

> Mais de 53 milhões de pessoas, ou 44% de todos os trabalhadores com idade entre 18 e 64 anos nos Estados Unidos, ganham baixos salários por hora. Mais da metade (56%) se encontra em seus melhores anos de trabalho, de 25 a 50 anos, grupo etário que é também o mais propenso a ter filhos (43%). Eles se concentram em um número relativamente reduzido de ocupações, e muitos enfrentam dificuldades econômicas e caminhos difíceis para empregos mais bem remunerados. Pouco mais da metade compõe-se dos únicos provedores na família ou responsáveis pela maior parcela da renda familiar. Quase um terço vive abaixo da linha de pobreza federal (cerca de 36 mil dólares para uma família de quatro pessoas), e quase metade tem um diploma do ensino secundário ou menos. (Ross & Bateman, 2019)

Os trabalhadores com baixos salários se concentram nos setores de serviços alimentares, cuidados domiciliares, serviços de limpeza e agricultura. Muitos cumprem involuntariamente regime de tempo parcial, sobretudo, de maneira desproporcional, mulheres, negros e latinos. Essa parcela da mão de obra luta frequentemente com jornadas imprevisíveis e instáveis, desestabilizando famílias e finanças. Em 2017, 78% dos trabalhadores com salários muito baixos careciam de cuidados de saúde fornecidos pelo emprego.[324] Alguns deles estão na economia compartilhada, e outros, mas não todos, têm empregos precários.

A economia informal é considerada "uma economia marginal não diretamente ligada à economia formal, proporcionando renda ou uma rede de segurança aos pobres", tal como definida em 1972 pela Organização Internacional do Trabalho.[325] Outra definição descreve os trabalhadores da economia informal como aqueles que se dedicam a atividades produtivas que não são tributadas ou registradas pelo governo (Nightingale & Wandner, 2011). O setor informal inclui alguns trabalhadores de cuidados, tais como babás e empregadas domésticas, da construção civil e outros que atuam "fora dos registros" e em empregos claramente ilegais, caso daqueles da indústria do sexo ou da venda de drogas e armas.

No século passado, a maioria dos estudiosos considerava a economia informal como um fenômeno de países de baixa e média rendas. Mais recentemente, contudo, alguns têm enfatizado as ligações entre empregos da economia formal e informal também em países de alta renda (Chen, 2005; Williams & Windebank, 2001). A fronteira entre as economias formal e informal se torna difusa à medida que empresas globais de vestuário sediadas em nações ricas contratam costureiras que trabalham de casa, traficantes de droga comercializam nas ruas analgésicos opioides excedentes fabricados pelas

---

[324] "The Struggles of Low-Wage Work" [Os desafios do trabalho mal--remunerado], Center for Law and Social Policy, 2018.

[325] "Resolution Concerning Decent Work and the Informal Economy" [Resolução sobre trabalho digno e economia informal], General Conference of the International Labour Organization, 2002, Genebra: International Labour Office Publications, 2002.

principais empresas farmacêuticas, e vendedores de rua na África do Sul compram embalagens de alimentos por atacado no supermercado internacional mais próximo para repassá-los com desconto em pacotes menores em suas cidades.

Uma vez que os Estados Unidos e a Europa Ocidental tornaram mais rigorosas as políticas de imigração e de redes de segurança, a economia informal passa a ser a escolha de emprego-padrão para muitos imigrantes, especialmente no caso daqueles que não têm documentos. Há a estimativa de que 75% dos trabalhadores diaristas nos Estados Unidos sejam imigrantes sem documentos, despachados para a economia informal em função disso e, portanto, desprotegidos contra salários não pagos, riscos de segurança ou salários baixos (Valenzuela Jr. *et al.*, 2006). Para os trabalhadores desencorajados e subempregados, a economia informal oferece oportunidades de obter algum rendimento. Embora seja complexo enumerar a dimensão da economia informal — por vezes chamada de economia das sombras —, um estudo comparando a sua dimensão em 143 países entre 1996 e 2014 estimou que nos Estados Unidos, no período, a economia informal representava pouco mais de 8% do Produto Interno Bruto (Medina & Schneider, 2017). Um estudo de 2015 revelou que cerca de 20% dos adultos economicamente ativos nos Estados Unidos geraram alguma renda de maneira informal naquele ano (Bracha & Burke, 2016).

Quantos trabalhadores estão empregados nesses setores eventualmente sobrepostos? Embora as diferenças nas definições impeçam uma resposta definitiva, um relatório de 2018 da Agência de Estatísticas do Trabalho, do Departamento do Trabalho dos Estados Unidos, estimou que 15,5 milhões de trabalhadores do país — cerca de 10% do total do contingente nacional — têm "arranjos alternativos" ao emprego de base, incluindo fornecedores independentes, trabalhadores por demanda, temporários e aqueles recrutados por empresas subcontratadas. Notavelmente, essa contagem não inclui trabalhadores que têm um emprego principal tradicional, mas se dedicam ainda a algum trabalho alternativo (por exemplo, um motorista que trabalha em um emprego regular nos dias úteis e ocasionalmente aos fins de semana fica disponível nos aplicativos de transporte).[326]

Em 2015, 42% dos trabalhadores norte-americanos — mais de 33 milhões — recebiam salários inferiores a quinze dólares por hora; esse grupo de trabalhadores de baixos salários era mais propenso a ser composto por mulheres, negros ou latinos e a estar no setor de serviços.[327] Hoje quem ganha salário mínimo (7,25 dólares em nível federal) recebe 25% menos do que ganhava em 1968, corrigido pela inflação.

O Projeto Nacional de Direitos do Trabalho calcula que, até 2024, os trabalhadores em todos os cinquenta estados norte-americanos precisarão de pelo menos quinze dólares por hora para pagar as necessidades básicas de alimentação, educação e abrigo (Pinto, 2017). Outros defendem que mesmo quinze dólares por hora já dificultam a sobrevivência em muitos lugares nos Estados Unidos. Além disso, seis das dez maiores ocupações com salários médios inferiores a quinze dólares estão também entre os empregos de maior crescimento previsto até 2022, incluindo vendedores varejistas, trabalhadores de serviços alimentares, porteiros e pessoas da área de limpeza, assistentes de enfermagem e trabalhadores do cuidado, sugerindo que, nessa economia, os empregos de baixos salários continuarão a crescer mais rapidamente do que as posições mais bem remuneradas.

Pesquisadores da história e das relações trabalhistas lutam diligentemente para caracterizar com precisão a complexa ecologia da mão de obra do século XXI e enumerar seus constituintes. Mas essas categorias, por vezes sobrepostas, podem obscurecer as características e causas comuns para o crescimento de empregos atípicos, contingenciais, bicos, de baixos salários e informais. O trabalho influencia a saúde por três vias — acordos de trabalho, tais como remuneração, benefícios e direito de sindicalização; exposição a condições físicas e sociais tóxicas no local de trabalho; e a capacidade dos

---

[326] "Contingent and Alternative Employment Arrangements — May, 2017", *op. cit.*

[327] ZILLMAN, Claire. "Who Makes Less Than $15 per Hour? An Explainer in 3 Charts" [Quem ganha menos de quinze dólares por hora? Um elucidativo em três gráficos], *Fortune*, 13 abr. 2015.

trabalhadores de equilibrar as responsabilidades domésticas e laborais. A análise de como cada um desses percursos influencia o bem-estar dos trabalhadores e de suas famílias pode dar uma visão sobre as mudanças necessárias para melhorar a saúde dessas pessoas.

Mudanças nas ameaças ao bem-estar

Na segunda metade do século XX nos Estados Unidos, em comparação com o passado e o futuro, os trabalhadores do setor manufatureiro e, cada vez mais, do setor de serviços tinham mais oportunidades de sindicalização, de permanecer em um único emprego durante muitos anos e de usufruir dos benefícios das regras de saúde e segurança regularmente aplicadas e de outras políticas de proteção dos trabalhadores. As mulheres, os imigrantes recentes e os trabalhadores negros e latinos eram menos propensos a receber esses benefícios, tornando as condições e os acordos de trabalho uma causa importante de desigualdades de gênero e raça e de outros desníveis no acesso à saúde.

Saúde e organização do trabalho

Neste século, em decorrência do crescimento dos empregos precários, contingenciais, de baixos salários e informais, mais trabalhadores nos Estados Unidos acabam por ter rendimentos inferiores ao necessário para sustentar a si próprios e a suas famílias; menos benefícios sociais, tais como assistência médica, previdência e licenças por doença; menor oportunidade de adesão a sindicatos e de se beneficiar deles; e participação atenuada nas decisões sobre o cotidiano do local de trabalho. Cada um desses pontos traz consequências para a saúde dos indivíduos.

Baixos salários. A baixa remuneração ameaça a saúde de formas óbvias — e de outras nem tão óbvias. A insuficiência de rendimentos dificulta a concretização das necessidades básicas, tais como habitação adequada, alimentação saudável e cuidados médicos. Os trabalhadores com baixos salários atuam em ambientes mais precários e, portanto, sofrem mais lesões e estresse e têm menor acesso a recursos capazes de restabelecer a saúde ou evitar sua deterioração, uma lacuna que os deixa em desvantagem. Como observou Samuel Broder, antigo diretor do Instituto Nacional do Câncer, a pobreza demonstrou ser cancerígena (Broder, 1991), elevando, assim, os riscos de câncer entre os trabalhadores mal-remunerados que não podem garantir proteção contra muitos agentes cancerígenos, tais como poluição, alimentos ultraprocessados ou contato com amianto nas tarefas laborais. Os salários baixos obrigam os pais a trabalhar para garantir sustento ou a aceitar um segundo ou mesmo um terceiro emprego. Essas obrigações acumuladas reduzem o tempo de sono, atividade essencial para o bem-estar, e tira dos pais tempo para passar com os filhos e recursos para protegê-los, pondo em risco a saúde física e mental das crianças.

As longas jornadas de trabalho, as tarefas de cuidado da casa e dos filhos e o tempo necessário para alocar recursos limitados para assegurar a sobrevivência do ambiente familiar impõem, muitas vezes, um sentimento de urgência temporal aos trabalhadores mal-remunerados, uma sensação associada a problemas de saúde mental e física (Gärling, 2016). Tanto os ricos quanto os pobres experimentam a escassez de tempo, mas os ricos podem comprar tempo de volta no mercado. Podem, por exemplo, pagar empregadas domésticas para limpar a casa, babás para cuidar dos filhos e contadores para elaborar a declaração de impostos. Para os trabalhadores mal-pagos, o fardo adicional da escassez de tempo esgota ainda mais a capacidade de proteger a saúde. Assim, os baixos salários contribuem para os custos adicionais de saúde através dos três caminhos aqui discutidos.

Saúde mental. A maioria dos adultos empregados passa mais tempo no trabalho do que em qualquer outro lugar, o que faz dos locais de trabalho uma poderosa variável para o bem-estar mental e psicológico. Na era industrial, os pesquisadores de saúde ocupacional concentraram a atenção no impacto do trabalho na saúde física em relação a exposição a substâncias tóxicas, lesões laborais e riscos cardiovasculares. É claro que esses riscos ainda existem e continuam a deixar os trabalhadores em perigo. Mas as mudanças nas características do trabalho e os novos conhecimentos sobre as relações complexas e íntimas entre a saúde física e mental têm centrado a atenção recente no impacto psicológico do trabalho.

O trabalho afeta diretamente o bem-estar psicológico, provocando respostas biológicas, neurológicas e emocionais que podem desencadear ou exacerbar depressão, ansiedade e outros distúrbios psicológicos comuns. A organização do trabalho também influencia indiretamente o bem-estar psicológico, criando conflitos entre o emprego e as exigências familiares, encorajando comportamentos pouco saudáveis, como consumo de tabaco, álcool e drogas, ou expondo os trabalhadores a discriminações sucessivas de gênero, raça ou outras formas preconceituosas e hostis por parte de supervisores, colegas de trabalho e clientes. Mais profundamente, as condições de trabalho podem minar o sentido de dignidade e respeito próprio de um indivíduo, fundamentos essenciais para a saúde física e mental (Jacobson, 2007).

A depressão e a ansiedade são um fardo crescente para a saúde individual e pública. As perturbações mentais e causadas por uso de substâncias são consistentemente as principais razões para a incapacitação funcional em todo o mundo e também contribuem para a mortalidade prematura (Hay et al., 2017). A depressão é uma das principais causas de suicídio, que é responsável por oitocentas mil mortes em todo o mundo anualmente. As taxas de depressão e ansiedade parecem estar aumentando, e as de depressão são agravadas por pobreza, desemprego, luto por morte de amigos e familiares ou pela ruptura de uma relação, doenças físicas e problemas causados pelo consumo de álcool e drogas.[328] Globalmente, o núme-

---

[328] "Depression and Other Common Mental Disorders: Global Health Estimates" [Depressão e outros transtornos mentais comuns:

ro de pessoas com distúrbios de ansiedade, caracterizados por sentimentos de ansiedade e medo, aumentou 15% entre 2005 e 2015, sobretudo devido ao crescimento e ao envelhecimento da população.

O suicídio está associado a uma variedade de questões trabalhistas, como baixos salários, desemprego, horários irregulares e exposição a estresse.[329] Um estudo comparando as taxas de suicídio em estados norte-americanos com diferentes faixas de salário mínimo constatou que um aumento real de um dólar no salário mínimo se associava, em média, a uma diminuição de 1,9% na taxa anual de suicídio. Os autores concluíram que o aumento de um dólar no salário mínimo por hora em nível nacional evitaria cerca de oito mil mortes por suicídio por ano (Gertner, Rotter & Shafer, 2019).

Diferentemente da maioria das condições de saúde, que segue um gradiente social regular pelo qual as pessoas com posições socioeconômicas mais baixas e em mais desvantagens experimentam taxas mais elevadas de doenças, as perturbações depressivas e de ansiedade apresentam um quadro mais complexo. Para essas condições, os indivíduos nos estratos sociais médios parecem ter taxas mais elevadas do que os que se encontram em posições mais baixas ou mais altas (Muntaner *et al.*, 1998). A compreensão das causas dessa discrepância pode ajudar a esclarecer como as recentes mudanças na organização do local de trabalho influenciam o bem-estar psicológico dos trabalhadores.

Uma explicação para o padrão incomum de depressão e ansiedade é que os trabalhadores que experimentam "locais de classe contraditórios" (Wright, 1985), definidos como papéis de trabalho em que pessoas não são trabalhadores totalmente assalariados nem proprietários completos dos meios de produção, estão sujeitos a pressões e conflitos únicos. Seth Prins, um epidemiologista psiquiátrico, e seus colegas da Universidade Colúmbia e da Universidade de Toronto analisaram dados de um estudo nacional de 21.859 indivíduos e descobriram que, em comparação com traba-

estimativas de saúde global], Organização Mundial da Saúde, 2017.
329 "Preventing Suicide: A Global Imperative" [Prevenção do suicídio: um imperativo global], Organização Mundial da Saúde, 17 ago. 2014.

lhadores e proprietários, gestores e supervisores tinham taxas significativamente mais elevadas de distúrbios depressivos e de ansiedade. Eles concluíram que "locais de classe contraditórios podem implicar uma maior exposição a fatores externos", tais como a responsabilidade por falhas no trabalho, ser alvo de queixas tanto dos funcionários quanto dos patrões e ter conflitos crônicos com quem está acima e abaixo deles na hierarquia (Prins *et al.*, 2015).

Enquanto estudos anteriores sobre "posições de classe contraditórias" se concentraram, sobretudo, em formas de trabalho-padrão e categorias bem definidas, tais como operário, supervisor, gestor e proprietário, novas formas de ocupação no capitalismo do século XXI extrapolam tais categorias. No Walmart, na KinderCare e na Uber, como em outras corporações, as complexas interações entre os diferentes níveis de supervisores, funcionários e clientes e a delegação, por vezes arbitrária, de autoridade e responsabilidade inserem muitos colaboradores nesses lugares contraditórios. Os fornecedores independentes podem trabalhar para muitos empregadores, dando a aparência de autonomia. Mas suas tarefas são definidas por quem demandou o serviço, fazendo com que alguns dependam dos caprichos eventualmente oscilantes dos empregadores, o que provoca experiências emocionais associadas à depressão e à ansiedade.

Embora seja necessário realizar novas pesquisas empíricas, formas não padronizadas de trabalho criadas pelo capitalismo moderno podem estar expondo, com maior frequência, milhões de trabalhadores a experiências psicológicas que contribuem para a depressão e a ansiedade. Emoções como solidão, isolamento, alienação, raiva induzida pelo conflito no trabalho ou em casa, medo de perder o emprego e baixa autoestima por não satisfazer as exigências dos colegas, dos supervisores e da família — e como as pessoas lidam com essas emoções — podem desencadear ou exacerbar perturbações depressivas e de ansiedade.

A alternância de estresse e tédio, uma experiência comum em locais de trabalho como Walmart e Uber, é uma consequência direta de práticas de contratação que equilibram um contingente mínimo de funcionários com o máximo serviço ao cliente. E também pode ser uma receita para agravar a depressão e a ansiedade, as duas queixas psicológicas mais comuns nos Estados Unidos atualmente.

A psiquiatria reagiu de algumas maneiras às evidências sobre o papel do trabalho na saúde mental. No contexto laboral, a prescrição de praxe é recomendar acompanhamento psicológico, que, com frequência, é difícil de encontrar, oneroso, ou de duração tão curta que só alcança um impacto limitado (Ivandic et al., 2017). Do lado clínico, a psiquiatria moderna vê a doença mental como um desequilíbrio bioquímico e recomenda medicamentos para corrigir esses desequilíbrios. Em alguns casos, tais medicamentos proporcionam alívio significativo para alguns pacientes com distúrbios depressivos ou de ansiedade, mas o benefício pode ter curta duração ou trazer efeitos colaterais. Outra resposta tem sido enfatizar o valor da aceitação de emoções negativas e empregar estratégias cognitivas e comportamentais para lidar com elas (Sin & Lyubomirsky, 2009). Nenhuma dessas abordagens altera as condições de trabalho subjacentes que provocam o estresse.

A prevenção raramente é considerada. Uma solução para o aumento de emoções negativas e prejudiciais e culturas organizacionais que desencadeiam ansiedade ou depressão é reorganizar os locais de trabalho para minimizar tais experiências e ambientes. Mas reorganizar as relações e as estruturas de trabalho que emergiram das recentes mudanças no capitalismo é uma tarefa tão atraente para a maioria dos proprietários de empresas como rolar sobre urtiga. No Capítulo 8, descrevo as cooperativas de trabalhadores, um esforço que procura transformar a organização laboral.

Como os distúrbios de saúde mental afetam a vida dos trabalhadores? Em primeiro lugar, a influência se estende por décadas. "Diferentemente de outras condições crônicas que normalmente não se manifestam nos trabalhadores até os quarenta, cinquenta ou mesmo sessenta anos", explica L. Casey Chosewood, diretor do Departamento de Saúde Total do Trabalhador do Instituto Nacional de Segurança e Saúde Ocupacional, "as preocupações de saúde mental normalmente se apresentam aos vinte ou trinta anos de idade de um trabalhador e podem durar por quase toda a carreira profissional" (Vargas, 2018). A depressão e a ansiedade podem levar ao desemprego, à perda de renda e à redução da produtividade dos empregadores.

Nesse sentido, o uso de substâncias pode ser tanto a causa como a consequência desses distúrbios. Muitos trabalhadores recorrem a tabaco, álcool ou outras drogas legais ou ilegais para lidar com seus problemas de saúde mental. Um estudo revelou que o estresse laboral contribui para o consumo de álcool e drogas ilícitas antes do início do turno, durante e depois (Frone, 2008, p. 199), sugerindo que os problemas relacionados ao trabalho têm repercussões na vida doméstica e vice-versa.

A jornada por turnos, uma característica de muitos empregos mal remunerados e fora do padrão, contribui para a insônia, que é tanto um desencadeador quanto uma consequência de depressão e ansiedade (Vedaa *et al.*, 2016), bem como para doenças crônicas, acidentes, níveis mais elevados de uso de substâncias e padrões alimentares pouco saudáveis (Kecklund & Axelsson, 2016), afetando o bem-estar geral. Na economia global dinâmica e do lucro maximizado, alguns estabelecimentos permanecem abertos 24 horas por dia, enquanto outros mudam os turnos em resposta a recessões ou expansões.

Eventos externos, tais como a pandemia ou o assassinato de George Floyd, também podem desencadear ansiedade e depressão, exacerbando ainda mais as influências do local de trabalho e contribuindo para a sensação de perda de controle.

Doenças cardíacas. As doenças cardiovasculares são a principal causa de morte prematura e de doenças evitáveis globalmente. São responsáveis por cerca de 30% das mortes em todo o mundo e, nos Estados Unidos, encurtam a expectativa de vida, em média, em sete anos (Schnall, Dobson & Landsbergis, 2016). Diabetes, hipertensão, AVC, doença arterial coronariana e obesidade são causas ou consequências de enfermidades cardiovasculares, ou ambas, evidenciando sua sombra gigantesca sobre a saúde global.

As campanhas de saúde pública contra o tabagismo, a alimentação inadequada e o sedentarismo — causas principais — contribuíram para a redução das mortes nos Estados Unidos e em outros países de alta renda. As mudanças nas práticas clínicas também tiveram peso. No entanto, o potencial de modificação dos locais de trabalho para reduzir a incidência de doenças cardiovasculares tem sido menos reconhecido e menos abordado. Um painel de especialistas em saúde cardiovascular e ocupacional concluiu, em 2013, que entre 10% e 20% de todas as mortes por essas enfermidades nas populações em idade produtiva podem ser atribuídas a exposições ocupacionais, sugerindo potenciais benefícios para a saúde pública da reformulação do trabalho.[330]

Pesquisas recentes indicam que diversas características ocupacionais podem elevar o risco de doenças cardiovasculares. Empregos que pressionam os trabalhadores limitando a flexibilidade quanto aos processos e às rotinas, que minimizam a segurança laboral e as oportunidades de crescimento e requerem um elevado grau de alerta para evitar acidentes ou ferimentos desencadeiam processos biológicos que contribuem para as doenças cardiovasculares (Schnall, Dobson & Landsbergis, 2016).

Será que essas descobertas apontam uma maneira de reduzir o impacto da maior causa de morte mundial? Por um lado, uma nova compreensão das características laborais que levam a essas doenças poderia orientar a reestruturação dos empregos a fim de reduzir as exposições que prejudicam o coração humano. Por outro, no século XXI, os setores de crescimento mais rápido são aqueles atípicos que reduzem o controle dos trabalhadores e a estabilidade, exigem elevados graus de vigilância e enfraquecem culturas, leis e valores que, no passado, ofereciam alguma proteção à saúde.

---

[330] "The Tokyo Declaration on Prevention and Management of Work-Related Cardiovascular Disorders, Adopted by the Plenary of the Sixth ICOH International Conference on Work Environment and Cardiovascular Diseases under the Auspices of the ICOH Scientific Committee on Cardiology in Occupational Health" [Declaração de Tóquio sobre prevenção e gerenciamento de distúrbios cardiovasculares relacionados ao Trabalho, adotada pela plenária da Sexta Conferência Internacional da Comissão Internacional de Saúde Ocupacional sobre ambiente de trabalho e doenças cardiovasculares sob os auspícios da divisão de cardiologia do Comitê Científico da Comissão Internacional de Saúde Laboral], 30 mar. 2013.

É claro que os empregos anteriores também apresentavam riscos, mas, no século XX, o movimento trabalhista e os especialistas em saúde ocupacional procuraram (com diferentes níveis de sucesso) aplicar novas descobertas científicas sobre doenças ocupacionais para melhorar essas condições. Neste século, apesar de um conjunto crescente de evidências sobre os perigos dos empregos precários e mal-remunerados, assim como das formas atípicas de trabalho, as atuais políticas sociais e econômicas estão aumentando as configurações que põem as pessoas em risco.

Até hoje, a maioria dos clínicos e especialistas em saúde pública tem sido incapaz ou relutante em admitir as características patogênicas dos ambientes de trabalho existentes. Parte dessa relutância pode ser explicada por falta de formação na área; outra, pela mentalidade biomédica de que mudar as regras do capitalismo não é tarefa dos profissionais de saúde, ou, como descrevi anteriormente, pela crença de que não há alternativa aos arranjos atuais.

A saúde e as condições laborais

Cada um dos setores de trabalho em expansão nas últimas décadas expõe os trabalhadores a ambientes com padrões de saúde e doença distintos. Com frequência, essas exposições são diferentes das experimentadas pelos trabalhadores da indústria de manufatura na última metade do século XX, quando mais trabalhadores eram sindicalizados, os empregos eram mais seguros, e as regulamentações de saúde e segurança, mais frequentemente aplicadas.

Apesar das diferenças setoriais, os trabalhadores atípicos, incluindo os precários, contingenciais, da economia compartilhada, de baixos salários e do setor informal, enfrentam algumas exposições semelhantes. Alguns grupos, como os trabalhadores imigrantes sem documentos, os da economia informal sem proteção legal e aqueles com salários muito baixos que não podem correr o risco de perder um emprego, são forçados a aceitar os trabalhos que pessoas mais bem remuneradas rejeitam devido aos baixos salários ou aos riscos de segurança.

Para os mais jovens, a instabilidade, os baixos salários e outras características dos empregos atípicos, combinados com os preços elevados da habitação e da universidade, levaram também a níveis mais altos de estresse e ao aumento da procura por álcool, opioides e outras drogas, mais uma vez com um impacto negativo sobre mortes prematuras e doenças evitáveis.

Por raramente serem sindicalizados, os trabalhadores atípicos carecem de proteções que essas organizações oferecem em saúde, segurança e outras frentes. Esses fatores também os tornam menos propensos a se queixar ou a buscar soluções quando seus direitos são violados. Uma vez que muitos locais de trabalho atípicos são privatizados, desregulamentados ou estão fora da economia formal, os protocolos de saúde e segurança profissional e de salários não existem ou passam a não ser aplicados. Além disso, muitos trabalhadores atípicos têm dois ou mais empregos, agravando a exposição ao risco. Finalmente, imigrantes sem documentos, mulheres, negros e latinos, mão de obra frequente nessas situações, são duas ou três vezes mais vulneráveis ao fardo de exposições perigosas, ao assédio sexual, ao racismo e à xenofobia.

Exposições físicas. Os trabalhadores atípicos e de baixos salários se concentram em indústrias de maior risco: construção, serviços alimentares, agricultura e transportes, setores com taxas de acidentes e lesões mais elevadas do que a média. Os empregos baseados na economia informal, tais como o trabalho por diária na construção civil, carecem frequentemente de proteção formal de saúde e segurança ou de acesso garantido à indenização, um sistema de seguro que proporciona benefícios médicos e licença remunerada (Azaroff *et al.*, 2013).

Uma mulher latina de 46 anos, que trabalhou durante cinco anos em uma fábrica através de uma agência de empregos temporários, contou aos pesquisadores sua experiência:

Muitas injustiças aconteceram aqui. A Administração da Segurança e Saúde no Trabalho [OSHA, do inglês Occupational Safety and Health Administration] deveria vir e resolver as coisas pelo menos uma vez. [...] Lesionei a coluna carregando 45 quilos de doces. Eles me fizeram esperar de quatro a cinco horas para me levar ao pronto-socorro porque eu estava trabalhando no turno da noite. O escritório principal me orientou a dizer que eu tinha me ferido por ter levantado algo de mau jeito; eu deveria dizer isso no hospital. (Topete *et al.*, 2018, p. 193)

Os trabalhadores agrícolas frequentemente são expostos a pesticidas ou herbicidas, algo que tem sido ligado ao câncer, a problemas reprodutivos, doenças renais e outras (Kim, Kabir & Jahan, 2017). Uma análise recente revelou que a exposição crônica ocupacional a pesticidas organofosforados se associa a problemas neuropsicológicos, tais como dificuldades em funções motoras, velocidade de resposta motora, habilidades verbais, memória, atenção, velocidade de processamento e coordenação (Muñoz-Quezada *et al.*, 2016). Esses produtos tóxicos ficam impregnados nas roupas, assim os trabalhadores os levam para casa, e os camponeses e suas famílias vivem perto de campos pulverizados (Hyland & Laribi, 2017). À medida que a produção de alimentos se tornou industrializada e que os ultraprocessados passaram a ser a principal subsistência da dieta global, os produtores agrícolas mundiais têm confiado cada vez mais nos pesticidas e herbicidas para aumentar a produção, reduzir os custos de mão de obra e aumentar os lucros, pondo, assim, os trabalhadores do campo ainda mais em risco.

Enquanto Walmart, KinderCare e Uber podem ser locais mais seguros do que as minas de carvão ou as fábricas de roupas, os novos ambientes em que dezenas de milhões de norte-americanos desempenham suas funções contribuem para os problemas de saúde mais graves, dispendiosos e penosos que afligem os Estados Unidos e o mundo.

Conflito trabalho-família

Os trabalhadores sempre lutaram para equilibrar as exigências profissionais com a vida familiar, mas o crescimento dos empregos de baixos salários e atípicos amplificou esses conflitos, acirrando a intensidade e a diversidade das demandas concorrentes. Outras mudanças no capitalismo moderno — a erosão das redes de segurança, a privatização dos serviços públicos e a estagnação dos salários — agravaram o problema. Os conflitos familiares com o trabalho afetam pessoas de todas as classes e rendas, mas, tal como outras condições de saúde ocupacional nos Estados Unidos, o fardo recai mais fortemente sobre aqueles alocados em empregos de baixo salário e atípicos — mulheres, negros, latinos e imigrantes recentes.

O desequilíbrio entre vida profissional e demandas familiares desestabiliza o bem-estar psicológico de várias formas. Na maioria das famílias, todos os adultos da casa trabalham,[331] portanto, quando há filhos, isso exige que os pais — em geral as mães — encontrem creches a preços acessíveis, levem os filhos para a escola a tempo de chegar ao trabalho e pensem em outras soluções quando um filho está doente ou a escola está fechada. Muitos pais que trabalham sem estabilidade ou licença remunerada por doença familiar devem escolher entre mandar os filhos doentes à escola ou deixá-los sozinhos em casa para não se arriscar a perder o emprego.

O problema em questão também contribui para a disparidade salarial entre homens e mulheres. De acordo com o Pew Research Center, em 2018 as mulheres ganhavam o equivalente a 85% do que ganhavam os homens. Enquanto o movimento feminista ajudou a reduzir a diferença, que era de 64% dos salários dos homens

---

[331] "Employment Status of the Population by Sex, Marital Status, and Presence and Age of Own Children under 18, 2014-2015 Annual Averages" [Situação profissional da população por sexo e estado civil e existência ou não de filhos menores de dezoito anos, médias anuais 2014-2015], Bureau of Labor Statistics, 22 abr. 2016.

em 1980, a discriminação de gênero persiste. As pesquisas apontam que 42% das mulheres trabalhadoras relatam discriminação de gênero no trabalho, e 25% delas dizem ganhar menos do que um homem fazendo o mesmo trabalho (Geiger & Parker, 2018).

A segregação de gênero também contribui para disparidades. As mulheres, e em particular as negras, estão excessivamente envolvidas em empregos de serviços mal-remunerados, mas em rápido crescimento, tais como cuidados infantis, cuidados de saúde domiciliares e serviços de alimentação. O fracasso do país em estabelecer políticas de licenças remuneradas e parentais — em grande parte devido à oposição dos empregadores a tais políticas — prejudica ainda mais as mulheres. Cerca de quatro em cada dez mães relatam tirar um tempo significativo de licença ou reduzir as horas de trabalho para se ocupar de responsabilidades domésticas. Essas decisões conduzem frequentemente a salários mais baixos ou à perda de oportunidades de promoção.

O assédio e a violência sexual fazem parte há bastante tempo da cultura de muitos locais de trabalho, cujo impacto adverso na saúde física e mental das mulheres tem sido amplamente documentado (Yeung, 2020). O movimento #MeToo chamou a atenção para o problema, mas só recentemente as organizações trabalhistas e feministas começaram a documentar e agir a respeito da violência sexual contra as mulheres em empregos precários e de baixos salários.

A relutância do empregador em assumir a responsabilidade pelos encargos que os arranjos de trabalho impõem às mulheres reforça papéis de gênero ultrapassados — as mulheres passam mais tempo cuidando das crianças, preparando alimentos e fazendo o trabalho doméstico. Essas responsabilidades contribuem para o estresse, a pressão do tempo e os conflitos familiares que exacerbam a depressão, a ansiedade e outros problemas psicológicos. Muitas empresas possuem políticas que reforçam experiências de trabalho injustas. O Walmart, por exemplo, oferece licenças remuneradas apenas às trabalhadoras assalariadas, e não àquelas sob o regime por hora.[332] Além disso, a desigualdade de gênero e a falta de benefícios equitativos levam algumas mulheres a adiar a gravidez para não ficar para trás no trabalho, uma decisão que eleva o risco de resultados adversos associados a uma gestação tardia (Schummers *et al.*, 2018, p. 379).

De novo, os Estados Unidos são um ponto fora da curva entre as economias de mercado de alta renda ao não estabelecerem políticas nacionais que ajudem os trabalhadores a equilibrar vida familiar e profissional. Na Finlândia, por exemplo, pais e mães cujos filhos acabaram de nascer recebem um ano completo de licença parental remunerada para ser partilhada entre eles. Como explicou um casal que se mudou dos Estados Unidos para o país nórdico:

> Há mais de um ano vivemos na Finlândia. A diferença entre a nossa vida aqui e nos Estados Unidos tem sido tremenda, mas talvez não da forma que muitos possam imaginar. O que temos experimentado é um aumento da liberdade pessoal. A nossa vida é simplesmente muito mais fácil de gerir, apesar de nossos dias ainda estarem cheios de desafios — criar uma criança, ajudar pais idosos, fazer malabarismos com as exigências da logística do dia a dia e do trabalho.[333]

Embora uma variedade de fatores históricos e culturais contribua para a baixa classificação dos Estados Unidos nesse ponto, a oposição obstinada dos grupos empresariais e seu poder no sistema político são causas importantes (Kamerman & Waldfogel, 2013). A ampla evidência de que as políticas favoráveis aos trabalhadores e às famílias contribuem para melhorar a saúde individual e comunitária faz da superação dessa oposição uma necessidade prioritária (Burtle & Bezruchka, 2016).

---

332 "Forging Ahead or Falling Behind? Paid Family Leave at America's Top Companies" [Avançando ou ficando para trás? Licença familiar remunerada nas principais empresas dos Estados Unidos], Paid Leave for The United States, 2016.

333 PARTANEN, Anu & CORSON, Trevor. "Finland Is Our Capitalist Paradise" [Finlândia é o nosso paraíso capitalista], *The New York Times*, 8 dez. 2019.

Mortes por desespero: um novo risco ocupacional?

Em 2015, Anne Case e Angus Deato defenderam que o aumento da mortalidade entre os norte-americanos brancos de meia-idade no período de 2000 a 2014 é resultado de desequilíbrios acumulados ao longo de décadas. Eles atribuem essas mortes — causadas em grande parte por overdose, suicídio e doenças hepáticas — à deterioração das condições econômicas e sociais e deram a elas o nome de "mortes por desespero" (Case & Deaton, 2015).

De certa forma, esse novo padrão de doenças e mortes é o outro lado da carga crescente de trabalhos atípicos e de baixos salários. Os mais atingidos pelas chamadas mortes por desespero são os homens brancos da classe trabalhadora que mais se beneficiaram da economia do século XX. Eles perderam muitos desses benefícios — melhores salários, trabalho regular, proteção sindical —, ficando vulneráveis ao abuso de drogas, álcool, ao suicídio e a outras condições. Para essa população, a perda dos privilégios anteriores foi o custo pago como resultado das mudanças operadas pelo capitalismo no século XXI.

Em 2017, mais de 152 mil norte-americanos morreram ou se suicidaram por fatores relacionados a álcool e drogas, o número mais alto já registrado e mais que o dobro em relação a 1999.[334] Nos quinze anos entre 2000 e 2014, a mortalidade branca não hispânica aumentou em 34 mortes para cada mil. Em contrapartida, no mesmo período, as taxas de mortalidade de negros e hispânicos diminuíram substancialmente (Case & Deaton, 2015).

Em estudos subsequentes, Case e Deaton relataram que a taxa de mortalidade para homens entre 50 e 54 anos com grau de instrução inferior à graduação aumentou 14%, enquanto a taxa para homens com graduação ou pós-graduação caiu 30% (Case & Deaton, 2017).

---

[334] "Pain in the Nation Update: While Deaths from Alcohol, Drugs, and Suicide Slowed Slightly in 2017, Rates Are Still at Historic Highs" [Efeitos do sofrimento na nação: embora as mortes por álcool, drogas e suicídio tenham diminuído ligeiramente em 2017, as taxas ainda estão em máximas históricas], Trust for America's Health, mar. 2019.

Outra análise revelou que, entre 2007 e 2017, as mortes relacionadas a drogas aumentaram 108% entre os adultos de todas as raças com idades compreendidas entre 18 e 34 anos, 69% para as mortes relacionadas com o álcool e 35% para os suicídios.[335]

E o que tudo isso tem a ver com o trabalho? É claro que muitos fatores contribuem para as chamadas mortes por desespero. O marketing agressivo de medicamentos como OxyContin e outros opioides produzidos pela Purdue Pharma, da família Sackler, bem como de outras empresas, desempenhou um papel importante em mais de setecentas mil mortes por overdose de drogas relatadas nos Estados Unidos entre 1999 e 2017.[336] Mas as mudanças no trabalho desencadeadas pelo capitalismo do século XXI são um fator-chave. Para brancos mais velhos das zonas rurais, especialmente homens sem formação superior, a perda de empregos de manufatura com salários decentes e o peso das lesões musculoesqueléticas que persistem mesmo em períodos sem atividade levaram ao aumento do consumo de álcool, tabaco e opioides. Essas respostas comportamentais à perda e à dor, por sua vez, levaram a taxas mais elevadas de suicídio, overdose, doenças hepáticas e doenças relacionadas com o tabaco.

Os recentes declínios nas taxas de mortalidade de negros e latinos são, em parte, resultado de campanhas de saúde pública bem-sucedidas contra a infecção pelo HIV, homicídios e doenças relacionadas ao tabagismo. Outra razão menos positiva para a diminuição da diferença é o aumento das taxas de mortalidade dos brancos por overdose, suicídio e álcool. Por uma cruel ironia, em uma economia movida pelo lucro e não pela necessidade humana, a estratégia involuntária para reduzir as disparidades raciais e de classe na saúde é aumentar as taxas de mortalidade de grupos que vivem em melhores condições.

Alguns estudiosos advertiram, com razão, que o foco das "mortes por desespero" nos trabalhadores brancos ignora as taxas de

---

[335] "Pain in the Nation Update", *op. cit.*
[336] "Opioid Overdose, Understanding the Epidemic" [Overdose de opioides: entendendo a epidemia], Center for Disease Control, 2018.

morte e doença persistentemente mais elevadas entre negros e latinos. Esses trabalhadores têm registrado há muito tempo taxas mais altas de mortes pela maioria das causas, incluindo doenças e lesões laborais, muitas vezes resultado de políticas sociais e econômicas e de práticas de aplicação da lei que reforçam a desigualdade racial (Siqueira *et al.*, 2014). Mas, diante do fardo crescente de saúde precária atribuível ao aumento do trabalho mal-remunerado e atípico e do aumento de "mortes por desespero" como resultado da perda dos melhores empregos, esses dois fenômenos são consequência das mudanças no trabalho no capitalismo moderno.

A pandemia de covid-19 trouxe mais uma ameaça para os trabalhadores com baixos salários e um novo fracasso das políticas de proteção existentes. Trabalhadores de setores tão diversos como casas de repouso, cuidados de saúde, processamento de carnes, centros de expedição e atividades agrícolas enfrentaram taxas de infecção e morte por coronavírus mais elevadas do que a média. Para esse grupo que vive na pobreza, com frequência em habitações densamente habitadas, com cobertura limitada de seguro-saúde, sem acesso a licença por doença e não sindicalizado, combinado com o fracasso das indústrias em cumprir as regras de saúde e segurança, foi criada uma cascata de riscos.

Resistência e alternativas

No século XX, os trabalhadores ganharam novos direitos de organização e estabelecimento de normas legais sobre remuneração, horas extras, trabalho infantil, saúde e segurança. Enquanto essas vitórias foram parciais e, muitas vezes, falharam na proteção das pessoas em situação de maior risco — mulheres, imigrantes recentes, negros, latinos e os da economia informal —, os trabalhadores reivindicaram participação no estabelecimento de condições laborais e se empenharam em batalhas contínuas para proteger e expandir essa voz.

A partir dos anos 1970, e especialmente nas últimas duas décadas, os líderes empresariais e seus aliados no governo buscaram desmontar esses avanços. A recente diminuição nos índices de sindicalização, arrocho salarial, benefícios decrescentes, desregulamentação das regras de saúde e segurança e novas interpretações da legislação trabalhista favoráveis às empresas ilustram o quanto os trabalhadores perderam.

Mas, mesmo diante do retrocesso, os trabalhadores foram encontrando novas formas de se organizar e de conquistar concessões das corporações. Ao examinar vitórias totais e parciais, procuro identificar a maneira como as empresas respondem a tais campanhas e as estratégias capazes de proteger os trabalhadores, agora e no futuro.

Quando açougueiros de um supercentro do Walmart no Texas organizaram um sindicato, a empresa mudou seus produtos para carnes pré-embaladas e demitiu os trabalhadores. Quando o Sindicato Internacional de Empregados de Serviço organizou os trabalhadores de cuidados infantis de um centro da KinderCare na Universidade do Sul da Califórnia, a rede fechou a unidade um mês mais tarde. A Uber escolheu uma rota diferente: formou uma parceria com uma filial regional de Nova York da Associação Internacional de Maquinistas e Trabalhadores Aeroespaciais para financiar e criar o Independent Drivers Guild [Associação de motoristas independentes]. O grupo ganhou algumas concessões da Uber, mas muitos motoristas da empresa e alguns estudiosos do trabalho consideraram que se trata de um sindicato empresarial, um esforço para dissuadir uma organização que representasse genuinamente os trabalhadores.[337]

Os funcionários que não podiam ou não queriam fazer greve encontraram outras formas de agir. No Walmart, atuais e antigos "associados" organizaram um grande grupo de discussão on-line. O grupo cresceu exponencialmente nos primeiros quatro anos, atingindo quase cinquenta mil membros até 2018. Reich e Bearman descreveram a comunidade como "uma colmeia de atividades,

---

[337] SCHEIBER, Noam. "Uber Has a Union. Sort of..." [Uber tem sindicato. Um tipo de...], *The New York Times*, 14 maio 2017.

vibrante a ponto de ser esmagadora. [...] O grupo dá uma noção do que pode acontecer on-line, de bom e de ruim".

O desafio para uma comunidade virtual e desse tipo, os pesquisadores observam, é "canalizar um sentimento de propósito partilhado o suficiente para criar poder coletivo" (Reich & Bearman, 2018, loc. 3986). Na Uber, motoristas acessam uma plataforma on-line para monitorar a aplicação de suas muitas regras e partilhar notícias sobre como a corporação utiliza seus algoritmos para alterar a remuneração. Em Cleveland, os condutores da Lyft e da Uber criaram a própria estação de rádio para proporcionar uma alternativa de troca de informações e prestar apoio uns aos outros.

Em 2017, o taxista Douglas Schifter publicou uma nota de suicídio no Facebook, acusando a Uber de ter destruído seu emprego. A acusação logo viralizou. O apelo desolador de Schifter foi parcialmente respondido em 2019. Após seis suicídios de profissionais da categoria, a Câmara Municipal de Nova York e a Assembleia Legislativa do Estado tomaram medidas para dar aos motoristas, incluindo os de Uber e Lyft, proteções adicionais.

Outra resposta ao declínio da sindicalização e das organizações sindicais foi a criação de centros de trabalhadores e organizações independentes. Muitas ocupações mal-remuneradas carecem tradicionalmente de sindicatos — como diaristas, camponeses, trabalhadores de serviços alimentares, de lavanderia, de limpeza e outros. Para ajudar tais trabalhadores marginalizados a conquistar uma voz, ativistas, grupos de direitos civis e organizações comunitárias, por vezes com o apoio dos principais sindicatos, criaram associações que os orientam e os organizam, oferecendo-lhes representação legal, multirões de contratação, oficinas de saúde e segurança e programas de formação de mão de obra (Livengood, 2013, p. 325).

Um estudo de 2006 encontrou 139 centros de trabalhadores nos Estados Unidos (Fine, 2006). Até 2018, havia 260.[338] Muitos receberam apoio financeiro significativo de fundações. Em 2017,

---

338 GUNN, Dwyer. "What Workers Gain at Worker Centers" [O que os trabalhadores ganham nos centros de trabalho], *Pacific Standard*, 27 abr. 2018.

a Câmara de Comércio dos Estados Unidos informou que 68 centros de trabalhadores tinham recebido apoio filantrópico entre 2013 e 2016, totalizando 50,8 milhões de dólares, com subsídios que variaram entre cinco mil e 14,3 milhões de dólares no período (Manheim, 2017).

O Centro Humanitário, entidade de trabalhadores localizada em um bairro gentrificado em Denver, Colorado, ilustra essa abordagem.[339] Uma faixa frontal indica a disponibilidade de balcão de contratação, que oferece aos diaristas um local seguro para a obtenção de uma vaga que pague o salário mínimo e, para os empregadores, uma oportunidade de obter candidatos selecionados para os postos. O centro oferece aulas de inglês para estrangeiros, de informática, treinamentos de liderança e palestras sobre direitos trabalhistas. Tem ajudado a criar coletivos segmentados por categoria. Os membros (que contribuem com quinze dólares anualmente) recebem um cartão de identidade com foto, a única forma de identificação que alguns possuem. O centro aluga escaninhos para que os associados possam guardar seus pertences.

Em 2014, o Centro Humanitário ajudou a conquistar a aprovação da Lei de Proteção Salarial no Colorado, que procura evitar roubo de salários [quando os empregadores não pagam ao trabalhador o mínimo acordado por lei ou o devido]. Também encaminha as vítimas de roubo de salários para os advogados de Denver, que se ocupam desses casos. Em conjunto com um professor local, o centro completou um estudo sobre as condições laborais dos trabalhadores domésticos da região. A instituição também faz parte da Rede Nacional de Organização dos Trabalhadores Diaristas e da Associação Nacional dos Trabalhadores Domésticos (NDWA, do inglês National Domestic Workers Association), revelando como os centros de trabalhadores podem operar tanto a nível local como nacional.

A NDWA trabalha por respeito, reconhecimento e inclusão de trabalhadores domésticos nas proteções laborais, a maioria deles imigrantes e mulheres negras. Conta com mais de sessenta organizações afiliadas e comitês locais e milhares de membros. Os trabalhadores

---

[339] GUNN, Dwyer, *op. cit.*

domésticos em todos os cinquenta estados podem aderir à NDWA e ter acesso aos benefícios e à conexão com outros trabalhadores, bem como oportunidades de se envolver no movimento. A NDWA mostra como as organizações podem começar a instituir novas categorias de trabalhadores de baixos salários e precários que os sindicatos tradicionais, por vezes, são incapazes ou reticentes em integrar.

Em 2019, a organização trabalhou com a senadora Kamala Harris e a deputada Pramila Jayapal para introduzir no Congresso a Lei dos Direitos dos Trabalhadores Domésticos, que determinava que os empregadores fornecessem um acordo por escrito que explicitasse o salário, o escopo da atividade, os horários e as políticas de férias. Também assegurava que os empregadores utilizassem práticas justas de horários para que os trabalhadores não perdessem o salário devido a alterações de última hora nas agendas. Como explicou Ai-jen Poo, fundadora da NDWA: "Faz sentido que os trabalhadores domésticos, que muitas vezes trabalham sozinhos e sem departamentos de recursos humanos, abram o caminho para políticas que podem beneficiar outros trabalhadores que, de outra forma, passariam despercebidos".[340]

O Centro Humanitário, a NDWA e outras organizações têm ajudado trabalhadores com baixos salários a melhorar suas condições e a ganhar poder, mas lutam entre duas tensões. Por um lado, procuram abordar as condições diárias de trabalho e de vida de seus membros, uma tarefa demorada que pode parecer um poço sem fundo. Por outro, esses grupos querem alterar as condições estruturais e as políticas que ameaçam as categorias contempladas, outra tarefa aparentemente intransponível. Enquanto alguns observadores encorajam os centros de trabalhadores a escolher um só desses objetivos como prioridade, o sucesso parece vir da mistura dos dois, ajudando os indivíduos a melhorar a situação trabalhista e a vida pessoal, assumindo o poder de construção e desafiando o controle corporativo.

---

340 POO, Ai-jen. "Nannies Deserve Rights" [Babás merecem direitos], *The New York Times*, 15 jul. 2019.

Um segundo dilema é encontrar o equilíbrio adequado entre tornar-se uma presença nacional com voz em Washington e nas relações com os empregadores *versus* ser uma voz autêntica entre os próprios trabalhadores. Alguns observadores acadêmicos, por exemplo, têm criticado as organizações nacionais de trabalhadores por abraçar abordagens baseadas no mercado e assumir a "lógica das finanças, substituindo campanhas de organização por projetos baseados no mercado" (Frantz & Fernandes, 2018). Essas organizações respondem que a mudança política é uma forma mais eficaz de proteger mais trabalhadores, e, se quiserem ter influência, o lobby legislativo em Washington seria o nome do jogo.

Trazer vozes autênticas dos trabalhadores para a discussão nacional sobre disposições e políticas laborais é um objetivo-chave. Para isso, será necessário integrar a organização de base com a atuação nas altas esferas, destinada a alcançar líderes de opinião e representantes políticos (Fuld, 2017).

Embora os objetivos centrais dos sindicatos tenham sido tradicionalmente obter convenções que melhorassem os salários e as condições laborais e representar os trabalhadores em suas queixas contra os empregadores, sempre tiveram metas políticas e estratégicas. À medida que a proporção de trabalhadores representados pelos sindicatos diminuiu, as organizações formaram novas alianças e testaram novas estratégias para obter vitórias legislativas e políticas. Em alguns casos, os sindicatos apoiaram com entusiasmo esses objetivos políticos mais amplos; em outros, limitaram-se a enfatizar o objetivo mais restrito de representar seus contribuintes.

A Fast Food Forward, entidade trabalhista que procura organizar funcionários das cadeias de fast-food, liderou uma campanha bem-sucedida para aumentar o salário mínimo para quinze dólares por hora na cidade e no estado de Nova York, vitórias que, mais tarde, se estenderam a várias outras cidades e estados (Beaver, 2016). Desde 2011, a Fast Food Forward e seus aliados conseguiram aumentos salariais para 22 milhões de norte-americanos.

Outras alianças mobilizaram organizações de direitos civis, trabalhistas e de mulheres para aprovar leis estaduais e municipais de licenças por doença e licenças familiares (Sholar, 2016). Mais de 90% dos trabalhadores com baixos salários e de período parcial não têm acesso a licenças familiares remuneradas.[341] A Califórnia aprovou uma lei em 2002 após uma batalha intensa liderada pela Federação do Trabalho da Califórnia, a associação estadual de sindicatos, e muitas organizações estaduais e nacionais de mulheres. Após a vitória, Karen Nussbaum, trabalhadora e ativista de longa data da central sindical AFL-CIO, disse a uma repórter:

> Militantes podem ir a outros estados e argumentar que, se um estado tão preocupado com equilíbrio orçamentário como a Califórnia consegue fazer isso, outros estados também são capazes. A possibilidade de tirar um tempo quando a sua família realmente precisa de você é tão significativa que eu nunca achei mais fácil pedir às pessoas que ponderassem, dessem alguns telefonemas e deixassem isso pra lá. Mas a comunidade empresarial combateu muito, muito duramente esse tema.[342]

Ativistas do trabalho e dos direitos das mulheres atentaram ao conselho de Nussbaum, e em 2020 treze estados e a capital, Washington, promulgaram leis de licença familiar remunerada, proporcionando de quatro a doze semanas de afastamento pago. Um estudo na Califórnia apontou que, após a aprovação da lei, mais mulheres com filhos recém-nascidos tiraram licenças, especialmente aquelas com menor instrução, mães solo ou não brancas (Rossin-Slater, Ruhm & Waldfogel, 2013). Os homens também tiraram licenças adicionais, embora as ocorrências tenham sido menos expressivas.

Outras campanhas encorajaram procuradores-gerais do Estado a aumentar penas e sanções contra o roubo de salários, e as agências estaduais e federais a aplicar mais vigorosamente as leis de segurança e saúde no trabalho para proteger aqueles com baixos salários, traba-

---

341 "Leave Benefits: Access, Private Industry Workers" [Benefícios de licença: acesso, trabalhadores da indústria privada], United States Department of Labour & Bureau of Labor Statistics National Compensation Survey, mar. 2018.
342 JONES, Gregg. "Davis to Sign Bill Allowing Paid Family Leave" [Governador Gray Davis assina projeto de lei permitindo licença familiar remunerada], *Los Angeles Times*, 23 set. 2002.

lhadores atípicos e imigrantes (Meixell & Eisenbrey, 2014). Em Nova York e na Califórnia, condutores de Uber e Lyft se organizaram para exigir reconhecimento como trabalhadores, em vez da condição de contratados independentes, dando-lhes, assim, a proteção de leis de salário mínimo, remuneração de horas extras e seguro-desemprego.[343] Em 2019, a Califórnia aprovou uma lei desse tipo.

Dessa e de outras formas, os trabalhadores atípicos ganharam algumas das proteções que já salvaguardam empregos mais convencionais. Os principais sindicatos, centros de trabalhadores e outros grupos da sociedade civil se juntaram para aprovar leis e reforçar a aplicação da legislação — o que melhora, de forma tangível, a vida de milhões de pessoas. Atuando diretamente na arena política, essas mobilizações foram capazes de superar algumas das fragilidades dos sindicatos tradicionais e sugerir novas direções para expandir os direitos e o poder dos trabalhadores nas próximas décadas.

Muitas vezes, esses esforços desafiam os lucros e o controle empresarial. As empresas têm respondido a essas novas formas de organização dos trabalhadores de maneiras diversas. Uma resposta comum é fazer concessões. Após 2015, o Walmart aumentou várias vezes os salários dos funcionários. Uma série de fatores provavelmente contribuiu para essa decisão, incluindo a repercussão negativa nos meios de comunicação, a crescente atenção nacional à desigualdade econômica e a melhoria da economia, o que tornou mais difícil para o Walmart atrair trabalhadores com a oferta de baixos salários. A experiência sugere que, ao ligarem o ativismo e a conscientização pública às tendências econômicas mais profundas, os ativistas podem conquistar mais vitórias do que meramente por meio de uma das estratégias isolada.

Outra justificativa para as concessões empresariais é dissuadir ou atrasar mudanças mais transformadoras ou uma regulamentação governamental mais dura. Os primeiros aumentos salariais do Walmart para uma média de onze dólares por hora vieram depois

---

[343] CONGER, Kate & SCHEIBER, Noam. "California Bill Makes App-Based Companies Treat Workers as Employees" [Projeto de lei da Califórnia faz com que empresas baseadas em aplicativos tratem trabalhadores como funcionários], *The New York Times*, 11 set. 2019.

de uma onda de ativismo nacional que lutou por quinze dólares por hora. Mais tarde, foram aplicados com base na redução fiscal do presidente Trump, que cortou os impostos do Walmart em mais de um bilhão de dólares por ano, reorientando a atenção nacional para impostos injustos.[344] Ao aumentar os salários por conta própria, o Walmart preservou o próprio poder de conceder, reter ou reduzir os reajustes subsequentes. Em 2019, o CEO da rede endossou o aumento do salário mínimo federal de 7,25 dólares por hora, mas recomendou uma variação regional, mais uma vez limitando o impacto para os resultados da empresa.[345]

Dividir para conquistar é outra tática experimentada e comprovada que as empresas utilizam. A Uber financiou o próprio sindicato, o Independent Drivers Guild, para evitar que seus trabalhadores se associassem a motoristas liderados pela Aliança Nacional dos Taxistas, uma organização trabalhista que procurava unir todas as categorias.

As empresas também usam lobby e musculatura legal para contrariar os esforços dos trabalhadores ou do governo no sentido de melhorar as condições laborais. A preempção é uma estratégia legal que procura impedir uma esfera de governo de agir em uma arena alegadamente atribuída a outra esfera. Em 2019, os lobistas empresariais haviam persuadido 25 estados a promulgar estatutos que se colocavam acima das leis municipais de salário mínimo. Até 2019 doze cidades e condados em seis estados (Alabama, Iowa, Flórida, Kentucky, Missouri e Wisconsin) tinham aprovado leis municipais sobre o salário mínimo que depois foram invalidadas por lei estadual, prejudicando centenas de milhares de trabalhadores no processo, muitos dos quais enfrentando elevados níveis de pobreza. A estratégia de preempção foi liderada pelo Conselho Americano

---

344 FISHMAN, Charles. "The Real Reason for Walmart's Wage Hike. Was It Really the Tax Cut? And Should the Motivation behind Such Good News Even Matter?" [O real motivo para o aumento salarial do Walmart. Foi mesmo o corte de impostos? E a motivação por trás dessas boas novas deveria ter alguma relevância?], *Politico*, 12 jan. 2018.

345 MEYERSOHN, Nathaniel. "Walmart CEO: America's Minimum Wage Is 'Too Low'" [CEO do Walmart: salário mínimo nos Estados Unidos é "muito baixo"], *CNN Business*, 5 jun. 2019.

de Intercâmbio Legislativo, um poderoso grupo de pressão nacional favorável ao empresariado, apoiado pela Câmara de Comércio dos Estados Unidos e por grandes grupos corporativos de lobby (Huizar & Lathrop, 2019).

O crescimento da mão de obra mal remunerada e em empregos atípicos, o declínio das taxas de sindicalização e o aumento do poder político das empresas exigiram que os trabalhadores e suas organizações mudassem as estratégias de luta por melhores condições. Nas últimas décadas, os trabalhadores desenvolveram táticas promissoras para elevar os salários, aumentar os benefícios e criar novas formas de organização. Como sempre, os empregadores também modificam as próprias estratégias para proteger os resultados e sua capacidade de controlar, sem interferências, a força de trabalho. A maneira como a mão de obra e os empregadores gerem as dinâmicas de mudança nos próximos anos terá uma influência decisiva no bem-estar dos trabalhadores, de suas comunidades, da economia e da saúde do planeta.

6
O futuro da mobilidade
Uber e veículos autônomos ou transporte coletivo?

> O direito de viajar [...] ocupa uma posição fundamental na concepção da nossa União Federal.
> — William Brennan

A mobilidade constitui uma condição essencial para a liberdade e o bem-estar do ser humano. As pessoas se deslocam para visitar amigos e familiares, ir ao trabalho, consultar-se com médicos ou fazer exames, fazer refeições, frequentar a escola, desfrutar de lazer e fugir da violência, da discriminação e da pobreza. A forma como uma sociedade organiza o transporte molda as oportunidades para fruição da vida, da liberdade e da busca por felicidade.

No século XX, a indústria automobilística teve papel determinante na formação das opções de transporte e das condições do cotidiano nos países ricos. O crescimento da indústria automotiva trouxe inúmeros benefícios a centenas de milhões de estadunidenses. Permitiu que mais pessoas encontrassem trabalho, vivessem onde quisessem, tirassem férias, desfrutassem de alternativas alimentares e de cuidados médicos mais amplos e definissem novas identidades culturais como exploradores aventureiros, motoristas familiares ou rebeldes sem causa.

As escolhas da indústria automotiva também impuseram custos às pessoas nos Estados Unidos e em todo o mundo. No século XX, as colisões de veículos a motor causaram a morte de cerca de sessenta milhões de pessoas no planeta.[346] O crescente número de mortes e doenças devido à poluição atmosférica resulta, em parte, de produtos e práticas da indústria automotiva e de sua oposição a um controle mais rigoroso das emissões (Gardiner, 2019). Nos Estados Unidos, automóveis e caminhões respondem por 20% das emissões de carbono responsáveis pelo aquecimento global, o que os torna uma das principais causas das alterações climáticas induzidas pelo homem.[347] A suburbanização, o processo do século XX que levou à expansão urbana, a habitações e escolas mais segregadas e a uma vida familiar mais isolada, contou com os milhões de automóveis que a indústria produziu, com o seu apoio político ativo e com a pressão para políticas públicas centradas nos carros (Jackson, 1987).

Para a compreensão do papel do capitalismo moderno na configuração das opções de transporte e bem-estar neste século, considero três aspectos: os esforços de Uber, Lyft e outros aplicativos para assumir o mercados de transporte urbano coletivo; a esquiva da regulamentação e a cobertura de defeitos perigosos em veículos motorizados de General Motors (GM), Volkswagen, Takata e outras montadoras; e o envolvimento de empresas de tecnologia, automobilísticas e de aplicativos no desenvolvimento de veículos autônomos e políticas para reduzir seus riscos. Essas histórias ilustram como o capitalismo do século XXI influencia o sistema nacional de transportes e o impacto de suas escolhas na saúde individual, comunitária e planetária.

Empresas de transporte público e de carona

Em 2019, 82% dos 329 milhões de pessoas nos Estados Unidos viviam em áreas urbanas, e, em 2030, 60% da população mundial será urbana. A maneira como as pessoas se deslocam nas cidades

---

346 PESCE, Roberta. "Death in the 20th Century: The Infographic" [Morte no século XX: o infográfico"], Medcrunch, 2 abr. 2013.

347 "Car Emissions and Global Warming" [Emissões de automóveis e aquecimento global], Union of Concerned Scientists, 18 jul. 2014

moldará tanto a vida cotidiana da maioria da população quanto a arquitetura do sistema de transportes. Há várias décadas, a maior parte dos especialistas em saúde e planejamento urbano concorda que um sistema de transporte coletivo de passageiros acessível, amplamente disponível e eficiente — em ônibus, trens, balsas ou outros veículos, disponível para utilização pelo público em geral — oferece as melhores oportunidades para a saúde, a sustentabilidade e a equidade dos habitantes das cidades (Watkins, 2011).

O transporte coletivo reduz as mortes no trânsito, polui menos do que os automóveis particulares, ocupa menos espaço, custa menos, incentiva a atividade física e oferece outros benefícios sociais, econômicos e de saúde (Litman, 2010). Quando integrados com as oportunidades de transporte ativo — a pé e de bicicleta —, os sistemas de transporte coletivo também reduzem a obesidade e a incidência de doenças crônicas, além de melhorar a saúde mental (Pucher & Buehler, 2010). Ainda que a pandemia de covid-19 sublinhe os riscos de transmissão de doenças infecciosas no transporte coletivo superlotado, os benefícios globais para a saúde desse tipo de transporte *versus* o trânsito em automóveis individuais são claros.

As cidades são ecossistemas complexos, e é raro alcançar um consenso científico de que uma única intervenção — fortalecer o transporte de massa — ofereça benefícios múltiplos e relativamente poucas desvantagens. Apesar desse consenso, contudo, o progresso em fazer do transporte de massa a escolha-padrão tem sido lento. A oposição ao transporte coletivo por parte da indústria automobilística e seus aliados não é nova. Na primeira metade do século XX, a indústria promoveu o modelo e o desenvolvimento urbano e suburbano que desestimulavam o transporte de massa e o transporte ativo, se opôs a políticas fiscais ou ambientais que desencorajavam o uso de automóveis e exerceu pressão contra os gastos públicos em transportes coletivos (Doyle, 2000).

Mas, à medida que se acumulam provas sobre os benefícios do transporte coletivo para a saúde, o meio ambiente e a equidade, os esforços atuais de Uber, Lyft e afins para substituir o transporte coletivo são especialmente preocupantes. No processo de 2019 junto à Comissão de Valores Mobiliários, a Uber, antes de se tornar uma empresa de capital aberto, observa que, nos 63 países e nas setecentas cidades em que opera, as pessoas viajam mais de sete trilhões de quilômetros por ano em transporte coletivo, 37% de um mercado total anual superior a dezenove trilhões de quilômetros.[348] Com o capital que levantaria na oferta pública, a Uber pretendia "competir melhor com a propriedade e o uso de carros privados e com os transportes públicos".[349] O benefício de afastar os clientes das "opções de transporte público bem estabelecidas e de baixo custo", aponta a Uber, é que o valor total do mercado de transporte de massa nos países em que opera é de um trilhão de dólares por ano, o que constitui um alvo tentador para uma empresa que ainda não teve lucros e reportou prejuízo trimestral de cinco bilhões de dólares em 2019 e uma queda das receitas.[350] A resposta decepcionante à oferta pública da Uber em 2019 e a insistência dos investidores para que a empresa renda mais aumentam a pressão para encontrar novas fontes de lucro.

Enquanto o objetivo a longo prazo de Uber e Lyft é substituir o transporte coletivo pelo maior número possível de condutores, a curto prazo fazer acordos com sistemas de transporte público é outra forma de trazer novos fluxos de receita e atrair novos clientes. Desde 2015, a Uber já negociou mais de vinte acordos com sistemas de transporte em Denver, Dallas, Tampa-São Petersburgo e outros lugares. Para as cidades, a curto prazo — que é a forma como as eleições e os orçamentos encorajam os políticos a pensar — esses acordos oferecem uma maneira menos dispendiosa de viabilizar para os habitantes locomoção a lugares não servidos por transporte público do que construir novos metrôs ou linhas de trem ou comprar uma frota de ônibus.

Em Tampa-São Petersburgo e Dallas, por exemplo, a prefeitura subsidia o custo de uma viagem de Uber, utilizando impostos para bancar o trajeto entre o ponto de ônibus e o destino final do passagei-

---

348 "Form S-1 Registration Statement, Uber Technologies, Inc." [Formulário de registro, Uber Technologies, Inc.], Washington, United States Securities and Exchange Comission, 2019, p. 164.

349 *Idem*, p. 10.

350 CONGER, Kate. "Uber's Unsettling Ambitions" [Inquietantes ambições da Uber], *The New York Times*, 8 ago. 2019.

ro.³⁵¹ Em Denver, os clientes podem utilizar o aplicativo Uber para comprar o bilhete de transporte. A Uber não ganha dinheiro com a transação, mas se beneficia quando o cliente permanece no aplicativo para agendar uma viagem da estação de trem ao destino final.³⁵²

Em teoria, um sistema público de transporte de massa que incluísse vans e carros poderia substituir essas parcerias com Uber e Lyft, que têm seus próprios acordos — cinquenta até meados de 2020 — com sistemas de transporte urbano. Os governos que procuram expandir o transporte de massa, no entanto, enfrentam uma série de obstáculos. A maioria dos funcionários públicos é relutante em aumentar os impostos para financiar melhorias em matéria de trânsito. A expansão de linhas para áreas menos densamente povoadas pode ser onerosa, uma vez que as receitas são mais baixas. Utilizar o transporte coletivo para cobrir aquele "último quilômetro" entre o ponto de ônibus ou estação de trem e a casa do passageiro também é dispendioso e operacionalmente desafiador. Além disso, a maior parte dos sistemas de transporte coletivo tem dificuldade em atender pessoas com deficiência ou a crescente população idosa, que pode ter dificuldade de chegar ao locais de embarque ou de subir no ônibus.

Assim, Uber e Lyft, por acaso, têm as soluções que podem dar conta dessas dificuldades. Como disse o CEO Dara Khosrowshahi na conferência Brainstorm Tech 2018, organizada pela revista *Fortune*, a Uber quer se tornar a "Amazon do transporte". "Os carros são para nós o que os livros eram para a Amazon", comparou Khosrowshahi em uma conferência de tecnologia em 2018. A empresa já entrega refeições (Uber Eats), aluga bicicletas e scooters, fornece aplicativos de mapas (daCarta) e programas de treinamento por inteligência artificial (Mighty AI).

Qual seria então o problema se a Uber se tornasse o eixo dos transportes de uma cidade? Não seriam essas parcerias uma tripla vitória para clientes, governos e empresas? Quatro problemas comprometem essa interpretação otimista.

351 KIM, E. Tammy. "How Uber Sees Profit in Public Transit" [Como a Uber vê o lucro no transporte público], *The New York Times*, 3 jun. 2019.
352 CONGER, Kate, *op. cit.*

Primeiro, os acordos apresentam a Uber a novos clientes ideais, excluindo potencialmente esses passageiros tanto do transporte coletivo quanto dos sistemas de táxis tradicionais, deixando motoristas sem trabalho e reduzindo o apoio público ao transporte de massa. Tal como as *charter schools* privatizadas que desviam os melhores alunos (ou seja, cujos pais podem pagar) dos sistemas escolares públicos, as empresas de transporte enfraquecem os sistemas públicos que já estão subfinanciados.

Em segundo lugar, esses acordos podem tornar os governos dependentes da Uber, que, por sua vez, pode então aumentar os preços ou alterar os termos dos acordos conforme sua preferência. Em Innisfil, bairro periférico de Toronto, no Canadá, a Uber cobrou uma tarifa fixa reduzida de um dólar quando começou a substituir as linhas de ônibus tradicionais no transporte desses passageiros. Mas, quando o programa provou-se popular, a Uber subiu as tarifas fixas e reduziu os descontos para viagens múltiplas.[353] "Com os órgãos públicos, existe um protocolo de responsabilização, enquanto com as empresas privadas seu resultado final é o lucro", explicou Naomi Iwasaki, planejadora de transportes e ativista em Los Angeles. "Eles veem os usuários como clientes, e não como contribuintes."[354]

Em terceiro, esses acordos aumentam frequentemente a poluição atmosférica e outros impactos adversos. Embora as viagens por aplicativo possam reduzir o número de carros particulares rodando, à medida que os passageiros trocam ônibus e metrô por carros, contribuem para o aumento do congestionamento e da poluição. O efeito real, sugerem estudos, é o aumento de veículos na rua, não a redução. "Isso nos leva de volta a uma cidade onde há cada vez menos espaço para o transporte público", observa Jared Walker, consultor de transportes do estado do Oregon. "Pode fazer sentido aplicar essa estratégia (empresarial), mas pode ser uma estra-

---

[353] BLISS, Laura. "Uber Was Supposed to Be Our Public Transit" [Uber era para ser o nosso transporte público], *Bloomberg City Lab*, 29 abr. 2019.
[354] KIM, E. Tammy, *op. cit.*

tégia que destrói o planeta."[355] As viagens por aplicativo também podem levar a um aumento da quilometragem de trânsito percorrida como resultado dos "percursos mortos", com motoristas se deslocando em busca de corridas melhores. E mais carros na rua levam a mais emissões de carbono e outros gases de efeito estufa, contribuindo para as mudanças climáticas, uma ameaça existencial para as cidades e o planeta.

O crescimento dos aplicativos de transportes pode ainda significar um quarto problema: a redução da equidade na mobilidade urbana. Sistemas de transporte equitativos são acessíveis, trazem benefícios e permitem a plena participação de todos os setores da população (Bullard, 2003). Um estudo do economista Raj Chetty revelou que o isolamento geográfico — medido pelo tempo de deslocamento — influencia a capacidade das pessoas de vencer a pobreza (Chetty *et al.*, 2014). Quando famílias urbanas ou rurais de baixa renda não conseguem chegar às escolas, aos empregos ou aos cuidados médicos porque lhes falta um carro, sua capacidade de prosperar cai (DeGood & Schwartz, 2016). Quando Uber e Lyft evitam comunidades isoladas ou pobres, aumentam as tarifas e minam ou depreciam o transporte coletivo, elas contribuem para a desigualdade na mobilidade, impondo mais um obstáculo para aqueles que vivem na pobreza. Além disso, o crescimento da Uber ameaça o emprego de motoristas, cobradores e outras categorias ligadas ao transporte público, bem como o dos taxistas tradicionais, empurrando mais trabalhadores para a economia informal com baixos salários e sem benefícios.

Uber, Lyft e seus concorrentes já contribuíram para uma crise que atinge o transporte coletivo. Mesmo antes da pandemia, a quantidade de passageiros dos coletivos estava em declínio nos Estados Unidos. Se forem excluídos os consideráveis aumentos na utilização do transporte coletivo na área de Nova York, o número de passageiros nas cinquenta maiores cidades em nível nacional declinou 7% durante a última década (Mallett, 2018). O número

---

[355] MCFARLAND, Matt. "Uber Wants to Compete with Public Transit. These Experts Are Horrified" [Uber quer competir com transporte público. Estes especialistas estão em choque], *CNN Business*, 25 abr. 2019.

de passageiros anuais de 2017 foi o mais baixo desde 2005. Essas quedas tornam mais difícil para os sistemas arcar com os noventa bilhões de dólares em atraso de manutenção que um estudo do Departamento de Transportes relatou.[356] Em 2018, a Uber registrou cinco bilhões de viagens, e a Lyft, 619 milhões.[357] Um estudo de 2018 feito com usuários de transporte em Boston apontou que quase metade deles teria utilizado o transporte público se não houvesse transporte por aplicativo.[358]

Mesmo a cidade de Nova York, de certa forma o paradigma de uma cidade de trânsito amigável, passa por dificuldades em manter seu sistema de transporte de massa. Um governador avesso aos impostos não está disposto a pagar por melhorias necessárias nas infraestruturas, um presidente hostil à cidade reteve o financiamento federal para melhorias no trânsito, e as campanhas lobistas agressivas de Uber e Lyft procuram assegurar sua capacidade de obtenção de lucros. Dessa forma, a tríade capitalista de impostos baixos, privatização e desregulamentação tem o impacto cumulativo de comprometer a manutenção de um sistema de transporte público mais equitativo, mas rapidamente envelhecido.

E a covid-19 amplificou esses problemas, cortando o número de passageiros nos transportes coletivos e ressaltando os custos sociais de uma infraestrutura deteriorada, metrôs e ônibus lotados e manutenção e limpeza inadequadas.[359]

Em uma sociedade capitalista, se uma empresa é capaz de oferecer um serviço que somente algumas pessoas desejam, ela pode

---

[356] "2015 Status of the Nation's Highways, Bridges, and Transit: Conditions and Performance" [Status de rodovias, pontes e trânsito, 2005: condições e desempenho], US Department of Transportation, 2017.

[357] KIM, E. Tammy, *op. cit.*

[358] SPERLING, Daniel; BROWN, Austin; & D'AGOSTINO, Mollie. "How Ride-Hailing Could Improve Public Transportation Instead of Undercutting It" [Como a carona poderia melhorar o transporte público em vez de prejudicá-lo], *The Conversation*, 5 jul. 2018.

[359] TAN, Shelly *et al.* "Amid the Pandemic, Public Transit Is Highlighting Inequalities in Cities" [Em meio à pandemia, transporte público evidencia desigualdades nas cidades], *The Washington Post*, 15 maio 2020.

fazer isso mesmo que os custos para a sociedade sejam ainda desconhecidos ou que esteja ciente de que eles excedem o valor dos benefícios para apenas alguns clientes. Entregar a responsabilidade parcial ou total pelo planejamento do transporte para empresas como Uber e Lyft diminui qualquer pressão para criar um sistema de transporte público mais sustentável, equitativo e eficiente. Geralmente isso faz da rentabilidade e do aumento das receitas, em vez de comunidades mais habitáveis, o resultado final. E reforça a desigualdade ao acesso ao transporte, pelos vieses de classe e raça, que hoje caracteriza os sistemas de mobilidade urbana.

Nas cidades de todo o país, funcionários públicos vêm desenvolvendo parcerias comerciais com Uber e Lyft, mas também promulgando regulamentações para limitar sua autonomia e movendo processos. À medida que empresas de transporte privadas se consolidam, será que o poder desse conglomerado de transportes vai oprimir a capacidade das cidades de tornar o transporte urbano mais acessível, mais saudável, mais sustentável e menos oneroso? A forma como governos municipais e estaduais, representantes eleitos, ativistas e cidadãos vierem a interagir com as empresas de aplicativos de transporte na próxima década determinará o futuro da mobilidade urbana.

Evasão da indústria automobilística em relação à regulamentação e à cobertura de defeitos

Para o bem ou para o mal, a maioria dos norte-americanos ainda depende dos automóveis para a maior parte dos deslocamentos. Nos últimos anos, a combinação de globalização, financeirização e desregulamentação criou um mercado volátil para os veículos motorizados, o que levou a indústria a tomar decisões que puseram em maior risco os condutores, os passageiros, os pedestres e a saúde do planeta. Alguns exemplos mostram como se desdobra esse processo em algumas das maiores empresas automobilísticas do mundo.

General Motors. Em 2001, a General Motors detectou um defeito de ignição durante os testes de pré-produção do Saturn Ion, um modelo compacto vendido entre 2003 e 2007. O defeito provocava o desligamento involuntário do motor do carro e, como posteriormente descoberto, incapacitava o funcionamento dos airbags. Três anos mais tarde, a GM encontrou o mesmo problema no Chevrolet Cobalt, um subcompacto a ser lançado em 2005. A empresa rejeitou uma proposta para resolver o problema porque seria muito dispendioso e levaria muito tempo. Nesse mesmo ano, uma jovem de dezesseis anos residente de Maryland, Amber Marie Rose, morreu quando o Cobalt 2005 bateu contra uma árvore após o interruptor de ignição ter desligado o sistema elétrico do carro e os airbags não terem sido acionados.[360] A jovem desafortunada serviu de cobaia e mostrou a extensão das práticas arriscadas da montadora.

Durante os treze anos seguintes, a GM lutou para explicar suas ações e limitar os danos às vendas de automóveis, aos valores das indenizações e à sua reputação. O relatório interno conhecido como Relatório Valukas admitiu as falhas, o que resultou na demissão de quinze funcionários e em punição para outros cinco.

Em 2014, a empresa emitiu 78 recalls de 28 milhões de veículos, 12% dos quais relacionados a problemas com a chave de ignição. Até 2015, o defeito do sistema de ignição causou 124 mortes e 275 acidentes. Dois anos mais tarde, a GM pagou 120 milhões de dólares para saldar reivindicações de dezenas de estados, resolvendo uma parte de suas batalhas legais. No acordo, ela admitiu que "certos funcionários da GM e da General Motors Corporation sabiam, já em 2004, que a chave de ignição apresentava um defeito de segurança que podia causar o não acionamento do airbag".[361]

---

360 BASU, Tanya. "Timeline: A History of GM's Ignition Switch Defect" [Linha do tempo: um histórico de defeito da chave de ignição da GM], *NPR News*, 31 mar. 2014.
361 LAWRENCE, Eric D. "GM to Pay $120M in Multistate Defective Ignition Switch Settlement" [GM pagará 120 milhões de dólares em acordo por chave de ignição defeituosa em vários estados], *Detroit Free Press*, 19 out. 2017.

Em 2018, um juiz federal em Nova York aprovou uma moção apresentada pelos procuradores para arquivar o processo federal contra a GM, depois de determinar que ela havia cumprido os termos do acordo com o governo sobre o defeito da chave de ignição. O acordo incluía uma multa de novecentos milhões de dólares e três anos de fiscalização por parte do governo federal.[362] A GM continua a enfrentar — e a negociar — ações individuais e de classe em vários tribunais.

A empresa confiou à nova CEO, Mary Barra, que já era colaboradora interna, a apresentação de um pedido de desculpas e a procura por restaurar a credibilidade e a confiança dos consumidores. Barra se desculpou pública e copiosamente, visitou as famílias das vítimas e criou um fundo de indenização antes de a responsabilidade legal ter sido estabelecida. A revista *Fortune* creditou a Barra a mudança da cultura da GM, e o então procurador Preet Bharara observou que a cooperação dos executivos da GM tinha sido "algo extraordinário [...]. É a razão de estarmos nesse ponto após dezoito meses, em vez de quatro anos".[363]

Mas a resolução dos problemas da chave de ignição não satisfez a todos os envolvidos. A multa de novecentos milhões de dólares que a GM pagou como parte do acordo com o governo federal em 2015 representou menos de 6% de suas receitas para o ano, fazendo disso um ônus de negócio, e não um poderoso desencorajador de criminalidade futura (Dow & Ellis, 2019). Da mesma forma, o uso frequente, pelo Departamento de Justiça, de acordos de suspensão condicional em processos empresariais — mas não individuais — reduz o efeito preventivo das condenações criminais. Uma vez que esses acordos normalmente não exigem que os acusados admitam

---

362 DAALDER, Mark. "GM Fulfills Ignition Switch Scandal Terms, Feds Dismiss Case" [GM cumpre os termos do escândalo da chave de ignição; governo federal encerra caso], *Detroit Free Press*, 20 set. 2018.
363 COLVIN, Geoff. "How CEO Mary Barra Is Using the Ignition-Switch Scandal to Change GM's Culture" [Como CEO Mary Barra tem usado escândalo da chave de ignição para mudar a cultura da GM], *Fortune*, 18 set. 2015.

a prática de atos ilícitos, perde-se uma oportunidade de desnaturalizar os disfarces e os erros empresariais.

O fracasso da GM em corrigir um problema letal que havia identificado e a decisão de pedir ajuda federal (dinheiro dos contribuintes) em 2010 não levaram os executivos da empresa a mudar a mentalidade pró-negócios. Em 2018, a GM não pagou impostos, em parte devido à isenção fiscal e a despeito da ajuda federal de 2010. E, desde 2015, a empresa gastou dez bilhões de dólares em recompra de ações enquanto encerrava fábricas em Ohio e em outros lugares. Por fim, nenhum empregado da GM enfrentou acusações criminais pela negligência quanto à chave de ignição. Como afirmou Clarence Ditlow, do Centro de Segurança de Automóveis:

> A GM matou mais de cem pessoas ao inserir intencionalmente um interruptor de ignição defeituoso em mais de um milhão de veículos. No entanto, ninguém da GM foi preso, nem sequer acusado criminalmente de homicídio. Isso mostra uma falha na lei, e não uma fraqueza nos fatos. A GM matou consumidores inocentes. Pagou milhões de dólares aos lobistas para manter as sanções criminais fora da Lei de Segurança dos Veículos desde 1966. Agora, graças aos lobistas, os funcionários da GM saem impunes, enquanto os clientes estão a sete palmos sob a terra.[364]

Takata. Recalls massivos afetaram fornecedores de peças de automóveis, bem como montadoras. A Takata Corporation era uma empresa japonesa de peças para automóveis com unidades de produção em quatro continentes. Ganhara destaque no início dos anos 1990 ao conceber e vender um airbag mais barato do que os produzidos por empresas mais experientes.[365] Alguns anos mais tarde, quando a Takata ofereceu à General Motors um airbag muito mais

---

[364] "Critics Rip GM Deferred Prosecution Agreement in Engine Switch Case" [Críticos rasgam acordo de acusação deferido da GM no caso de troca de motor], *Corporate Crime Reporter*, 17 set. 2015.

[365] RADU, Sintia. "Takata Files for Bankruptcy Following Multiyear Air Bag Crisis" [Takata pede falência após anos de crise de airbag], *The Washington Post*, 26 jun. 2017.

barato e a GM pediu ao seu fornecedor habitual, a Autoliv, uma empresa global, para utilizar o mesmo design e igualar o preço, esta se recusou. "Não, não podemos fazer isso. Não vamos usar o mesmo design", asseverou o químico-chefe da Autoliv à GM.[366] A GM, então, migrou para a Takata, vendo uma oportunidade de cortar custos. À medida que a indústria automotiva se globalizou e se consolidou, os fabricantes de automóveis optaram por desenvolver cadeias de fornecimento que se baseavam em um único ou em poucos fabricantes de componentes-chave, permitindo negociar preços mais baixos e terceirizar conhecimentos especializados dispendiosos. Mas tal dependência de um único fornecedor também criou vulnerabilidades.

A Takata se transformou no fornecedor de airbags de dezenove fabricantes de automóveis em todo o mundo, incluindo BMW, Volkswagen, Mercedes-Benz, Ford, Chrysler e Honda. Airbags são projetados para inflar no momento de uma colisão, protegendo os passageiros no interior do veículo. A Takata utilizou um cartucho metálico cheio de pastilhas propulsoras para inflar seus airbags. Infelizmente, devido às diferenças de temperatura e umidade nas várias regiões dos mercados globais da Takata, em certos locais os airbags explodiam, atirando estilhaços nos condutores e nos passageiros.[367] No início de 2019, de acordo com a Administração Nacional de Segurança Rodoviária, a explosão tinha causado dezesseis mortes nos Estados Unidos e 24 mortes e trezentos feridos em todo o mundo. Cerca de dez milhões de airbags passaram por recall nos Estados Unidos em 2019, com cerca de setenta milhões a serem recolhidos até ao final de 2020, de longe a maior operação já registada.[368]

Em 2017, a Takata admitiu a culpa pela falsificação de dados de testes e relatórios entregues aos fabricantes de automóveis. Foi

366 TABUCHI, Hiroko. "The Quest to Save a Few Dollars per Airbag Led to a Deadly Crisis" [Tentativa de economizar poucos dólares por airbag levou a uma crise fatal], *The New York Times*, 27 ago. 2016.
367 KRISHER, Tom. "Automakers Recall 1.7 Million Cars with Fatal Airbags" [Fabricantes de automóveis recolhem 1,7 milhão de veículos com airbags fatais], *AP News*, 8 fev. 2019.
368 *Idem.*

multada em 25 milhões de dólares e obrigada a estabelecer fundos de restituição de 125 milhões de dólares para vítimas individuais e 850 milhões de dólares para danos causados a empresas de automóveis. A substituição dos airbags defeituosos foi um processo difícil, forçando a Administração Nacional de Segurança Rodoviária a criar um sistema de triagem que enviava esses dispositivos para as regiões geográficas com maior risco de explosão em decorrência de temperatura e umidade.[369]

Ainda naquele ano, a Takata pediu proteção por falência nos Estados Unidos e no Japão, vendendo seus ativos — e passivos — a uma empresa norte-americana, a Key Safety Systems. O presidente da Takata, Shigehisa Takada, explicou que, com a companhia perdendo valor, o pedido de proteção por falência era a única maneira de sobreviver.[370]

Volkswagen. A GM e a Takata escolheram opções de design mais baratas para resolver problemas técnicos e, mais tarde, descobriram que a escolha feita tinha criado inadvertidamente riscos de segurança, o que acabaria encoberto e se tornaria alvo de mentiras. A Volkswagen extrapolou uma fronteira ética adicional ao conceber deliberadamente um software para enganar os reguladores governamentais ao fazer com que suas emissões de óxidos de nitrogênio e de pequenas partículas parecessem cumprir as normas ambientais, quando, na realidade, não cumpriam. O programa, capaz de detectar o processo de inspeção, reduzia as emissões durante o teste e depois voltava ao processo normal de combustão. A Agência de Proteção Ambiental dos Estados Unidos descobriu que os veículos equipados com o dispositivo de fraude emitiam até quarenta vezes o limite legal de óxidos de nitrogênio.[371]

369 "Takata Airbag Recall: Everything You Need to Know" [Recall do airbag Takata: tudo o que você precisa saber], *Consumer Reports*, 29 mar. 2019.
370 RADU, Sintia, *op. cit.*
371 "Notice of Violation of the Clean Air Act to Volkswagen AG, Audi AG, and Volkswagen Group of America, Inc." [Aviso de violação da Lei do Ar Limpo], US Environmental Protection Agency, 18 set. 2015.

Embora a fraude da Volkswagen não fosse uma questão de segurança para o condutor, criou certamente problemas de saúde. Os automóveis, em especial os movidos a diesel, emitem dois poluentes nocivos: as partículas em suspensão e os óxidos de nitrogênio. As partículas inferiores a 2,5 micrômetros (cerca de 3% da espessura de um cabelo humano) têm dimensão suficiente para penetrar de maneira profunda nos pulmões, representando, portanto, riscos significativos para a saúde, enquanto os óxidos de nitrogênio demonstraram causar ou exacerbar doenças respiratórias e cardiovasculares, bem como mortes prematuras (Tang *et al.*, 2015; Chossière *et al.*, 2017).

Pesquisadores na Holanda estudaram o custo dos danos à saúde causados pela fraude das emissões, e concluíram:

> De 2009 a 2015, aproximadamente nove milhões de automóveis Volkswagen fraudulentos, vendidos na Europa e nos Estados Unidos, emitiram uma quantidade acumulada de 526 quilotoneladas de óxidos de nitrogênio a mais do que era legalmente permitido. Essas emissões fraudulentas estão associadas a 45 mil anos de expectativa de vida corrigidos por incapacidade (DALY, do inglês *disability-adjusted life years*) e um valor de vida perdida de pelo menos 39 bilhões de dólares, o que é aproximadamente 5,3 vezes superior aos 7,3 bilhões de dólares que o Grupo Volkswagen reservou para cobrir os custos mundiais relacionados com o escândalo das emissões de diesel. (Oldenkamp, Zelm & Huijbregts, 2016)

Boa parte desse ônus foi experimentada na Europa, que tinha mais veículos Volkswagen a diesel em circulação do que os Estados Unidos. Dois analistas do *New York Times* estimaram que o excedente de poluentes nos carros comercializados nos Estados Unidos entre 2008 e 2015 poderia causar 106 mortes — porém, eles não calcularam outros danos.[372]

---

[372] SANGER-KATZ, Margot & SCHWARTZ, John. "Assessing the Possible Health Effects from Volkswagen's Diesel Deception" [Avaliando os possíveis efeitos colaterais à saúde do fraudulento diesel da Volkswagen]. *The New York Times*, 29 set. 2015.

Vale ressaltar que a descoberta inicial dos dispositivos de fraude não veio das autoridades reguladoras governamentais na Alemanha ou nos Estados Unidos, mas de três estudantes de engenharia da Universidade da Virgínia Ocidental. Os três, dois da Índia e um da Suíça, estavam completando estágios no Centro de Motores e Emissões de Combustíveis Alternativos da universidade em 2013. Com uma pequena bolsa de uma organização internacional sem fins lucrativos, eles alugaram três veículos da Volkswagen e utilizaram o equipamento de teste móvel do centro para analisá-los em um laboratório de emissões e na rua. Perceberam resultados dramaticamente diferentes quando testaram as emissões dos carros nos dois ambientes. O relatório que fizeram sobre as conclusões obtidas foi o que alertou os regulamentadores governamentais para o problema.[373]

Uma epidemia de defeitos

As investigações de alguns jornalistas sobre os surtos de defeitos em automóveis atribuíram o problema à ganância das empresas automobilísticas ou de seus CEOs ou à cultura do "vale-tudo" nesses negócios. Mas tais explicações não esclarecem as causas dos problemas que surgiram em três continentes e se desdobraram nos anos pós--crise financeira de 2008. Para termos uma ideia das razões, precisamos examinar como se processaram as recentes mudanças no capitalismo na indústria automotiva.

Primeiro, uma indústria automobilística globalizada e uma concorrência crescente entre corporações gigantes instauram uma pressão intensa para abocanhar novos mercados e receitas. O aparecimento de montadoras globais bem-sucedidas na Europa, no Japão

[373] OEHMKE, Philipp. "The Three Students Who Uncovered 'Dieselgate'" [Os três estudantes que desvendaram o "Dieselgate"], *Der Spiegel*, 23 out. 2017.

e em outros lugares na década de 1970 e nos anos seguintes e os acordos comerciais internacionais das décadas de 1980 e 1990 criaram uma nova concorrência para o mercado global. Após a Segunda Guerra, os Estados Unidos dominaram o mercado automobilístico pelo mundo, em parte porque muitos norte-americanos tinham dinheiro para comprar automóveis. Mas, à medida que uma classe média alta despontou na Europa e em países de renda média, mais pessoas compraram carros nessas nações, abrindo novas oportunidades de venda.

Na virada deste século, as seis maiores empresas mundiais do setor automotivo representavam mais de dois terços das receitas da indústria, embora, em 2017, essas receitas tenham caído para pouco mais de um terço.[374] Em 2008, a GM foi superada pela Toyota Motor Corporation como a maior fabricante mundial de automóveis, perdendo a liderança que ostentava havia décadas. Em 2016, a Volks passou à frente da Toyota em número anual de automóveis produzidos, mas, no ano seguinte, a aliança Renault-Nissan-Mitsubishi assumiu a liderança. Empresas que perderam oportunidades de garantir um lugar na dança das cadeiras orquestrada por uma economia global volátil se viram sem ter onde sentar.

As recessões econômicas, as taxas de câmbio instáveis, a alteração das regras comerciais — todas características que definem o capitalismo do século XXI — dificultaram o planejamento a longo prazo. A chegada de veículos autônomos (tema que será discutido no próximo item deste capítulo) e o interesse crescente das empresas tecnológicas na indústria automobilística complicaram ainda mais o planejamento e a estabilidade. Optar por reconhecer e corrigir um defeito que poderia ou não acabar por ameaçar as vendas e os lucros era arriscado, mas o mesmo não acontecia com a antecipação da potencial responsabilidade. Esse clima de "estar ferrado se fizer" e "estar ferrado se não fizer" pode ter levado alguns exe-

---

[374] FICKLING, David. "The Auto Industry Is Overdue a Bout of Mega-Mergers" [Indústria automobilística sucumbe à onda de megafusões], *Bloomberg*, 1 abr. 2019.

cutivos do mercado automobilístico e seus funcionários a arriscar a estratégia do "não fazer", com consequências mortais.

Em segundo lugar, as mudanças e a volatilidade de procura dos consumidores dificultaram o planejamento a longo prazo. No final dos anos 1990, menos jovens e menos habitantes urbanos queriam conduzir ou possuir um carro. Os clientes norte-americanos prefeririam, nesta ordem, veículos utilitários esportivos (SUVs), depois sedans compactos e, por fim, SUVs e caminhonetes novamente, com algum breve interesse por carros híbridos e elétricos. Claro que a publicidade e as campanhas promocionais da indústria automotiva desempenharam um papel nessas escolhas, mas os compradores inconstantes de automóveis provocaram profunda ansiedade entre os executivos, os quais temiam que as escolhas de hoje pudessem não agradar aos clientes de amanhã. Sem pressão externa, investir dinheiro no conserto dos carros do ano passado em vez de satisfazer as exigências dos carros do futuro parecia arriscado.

Em terceiro, a desagregação das cadeias globais de produção se tornou cada vez mais complexa e ameaçou a autonomia das grandes empresas automotivas que, anteriormente, fabricavam a maioria das peças. No Salão do Automóvel de Detroit de 2016, Sergio Marchionne, o CEO da Fiat Chrysler, advertiu que a terceirização da produção de conjuntos elétricos ameaçava os fabricantes de automóveis a perder para os fornecedores o controle sobre os elementos constituintes dos veículos.[375] Os airbags explosivos da Takata ilustram os danos que as decisões dos fornecedores podem impor às montadoras.

Outra razão pela qual o número de automóveis com defeitos aumentou foi a mudança das abordagens regulatórias da Lei Nacional de Trânsito e Segurança Automotiva. Em 1966, impulsionado pelo ativismo contestador do consumo e defensor da saúde e do meio ambiente, e pela exposição no ano anterior do advogado

---

375 WRIGHT, Robert. "Fiat Chrysler Chief Executive Warns Sector of Electric Threat" [CEO da Fiat Chrysler alerta sobre ameaça elétrica], *Financial Times*, 11 jan. 2016.

Ralph Nader sobre a indústria de automóveis, *Unsafe at Any Speed* [Inseguro a qualquer velocidade], o Congresso aprovou por unanimidade, e o presidente Lyndon B. Johnson sancionou, uma lei para criar uma agência encarregada da segurança nas estradas.

A Administração Nacional de Segurança Rodoviária foi concebida para criar uma "engenharia utópica", na qual os automóveis seriam seguros independentemente de seus condutores. Como reflexo da fé pública e do Congresso na tecnologia, um participante nas audiências de segurança automobilística do Congresso perguntou: "Se podemos enviar um homem à Lua, por que não podemos conceber um automóvel seguro aqui na Terra?" (Mashaw & Harfst, 1990). Mas essa aspiração ambiciosa encontrou rapidamente oposição do sistema econômico e político, que surgia para desafiar os avanços de defesa do consumidor e de proteção da saúde conquistados pelos movimentos sociais da década de 1960.

Tal como Jerry Mashaw e David Harfst, acadêmicos jurídicos de Yale, descrevem em sua abrangente análise, a agência foi incapaz de cumprir a visão dos seus proponentes (Mashaw & Harfst, 2017, p. 167). Além disso, em 1974, o órgão enfrentava um significativo retrocesso em seus esforços para impor cintos de segurança, airbags e bloqueios de ignição. Os desafios partiram da indústria automotiva, dos tribunais e mesmo do Congresso que aprovara a nova lei. Entre 1966 e 1986, dezessete das regras de segurança da Administração foram contestadas em juízo, tendo doze dessas ações vindo de grupos industriais. A agência perdeu metade desses processos, decisões que enfraqueceram sua autoridade para impor regras e aumentaram o impacto que as evidências necessitariam para justificar uma ação reguladora.

Em 1981, o presidente Reagan alegou que a "regulamentação estranguladora", incluindo a de segurança, era a principal causa dos problemas econômicos da indústria automotiva e eliminou as regras previamente aprovadas, oferecendo medidas adicionais de flexibilização (Golden, 2000). O Congresso também não prestou grande apoio. Adotou a mentalidade de custo/benefício da administração Reagan e não conseguiu esclarecer legislativamente que tipo de prova era necessário para justificar regulamentações de segurança.

Ao longo das batalhas contra os reguladores, a indústria automotiva encontrou um poderoso aliado político, o deputado John Dingell, de Detroit, que via a representação da indústria automotiva como um serviço fundamental dos constituintes. Dois dos filhos de Dingell trabalharam para a indústria automobilística, e sua segunda esposa, Deborah Dingell, agora congressista, era uma lobista da General Motors.

Durante quase seis décadas, Dingell defendeu a indústria automotiva no Congresso. Lutou contra os airbags obrigatórios no fim da década de 1970, desempenhou um papel decisivo no fornecimento de financiamento federal para salvar a Chrysler e a GM após a crise financeira de 2008 e, em 2014, ajudou as montadoras a adiar uma proposta de lei que teria aumentado as multas máximas por adiamento de recalls para 250 milhões de dólares — contra os dezessete milhões anteriores.[376] Justificando a ação, ele disse: "Esta ainda é uma nação livre, na qual as pessoas compram o que querem e o governo não lhes diz o que podem comprar". Um grupo de defensores da segurança automobilística estimou que cem mil vidas poderiam ter sido salvas se todas as medidas de segurança a que Dingell se opôs tivessem entrado em vigor quando foram postas na mesa pela primeira vez.[377]

Sem surpresa, dada a oposição, a Administração Nacional de Segurança Rodoviária logo deixou de usar sua autoridade para exigir novas tecnologias. Entre 1987 e 2002, de acordo com Mashaw e Harfst, "a criação de regras significativas pela Administração atrofiou quase até a extinção" (Mashaw & Harfst, 2017, p. 182). As medidas aprovadas na era anterior continuaram a salvar vidas, mas a agência já não atuava como um cão de guarda independente autorizado

---

376 LAING, Keith. "How John Dingell Championed Auto Industry" [Como John Dingell patrocinou a indústria automobilística], *The Detroit News*, 8 fev. 2019.

377 ANDERSON, Jack & VAN ATTA, Dale. "Detroit's Roadblock on Auto Safety" [O obstáculo de Detroit para a segurança automotiva], *The Washington Post*, 5 dez. 1989.

a antecipar e prevenir novas ameaças. Em vez disso, o Congresso e a Administração criaram um novo sistema de corregulamentação que se concentrava em recalls de carros com defeito.

Nessa abordagem, a indústria automotiva desenvolveria novas tecnologias de segurança e as testaria através da venda a clientes de alto nível, limitando o risco financeiro ao utilizar um grupo reduzido de clientes dispostos a pagar mais pela segurança como cobaias para a nova tecnologia. Uma vez que a indústria automotiva demonstrasse capacidade de dominar tais tecnologias, o Congresso aprovaria novas leis que obrigariam sua instalação em muitos ou em todos os veículos. Exemplos de questões contempladas por essa abordagem incluem a melhoria da proteção contra impactos laterais, a prevenção do capotamento de carros e SUVs, a melhoria dos cintos de segurança para crianças e pessoas pequenas e a instalação de freios ABS.

Essas medidas ajudaram a levar os benefícios de proteção a uma população mais abrangente, contribuindo para uma distribuição mais equitativa dos benefícios das novas tecnologias. Mas, ao deixar a inovação para a indústria, a disposição governamental para corregulamentar permitiu aos próprios fabricantes de automóveis determinar quais medidas de segurança poderiam extrapolar os cálculos de custo/benefício, suspendendo a responsabilidade governamental de fazer da proteção da saúde um objetivo superior à proteção dos lucros.

Entre 1991 e 2005, o Congresso aprovou três diretivas gerais, ordenando à Administração que exigisse das empresas de automóveis o cumprimento de tais normas. As decisões judiciais desfavoráveis declinaram, em parte porque a intenção do Congresso era clara, em parte porque as regras só utilizavam tecnologias já desenvolvidas e testadas pela indústria.

A Administração também acenou à indústria opondo-se ao desenvolvimento de regulamentações novas e mais rigorosas e concentrando-se em sua autoridade de recall de automóveis com defeitos. Recalls exigiam um padrão de evidências mais simples do que as regulamentações e, em geral, suscitavam mais apoio do que críticas do público. Quem poderia ser contra o reparo de carros defeituosos? Em 2018, os fabricantes de automóveis nos Estados Unidos emitiram 914 recalls, atingindo 29 milhões de veículos, mais de 10% de todos os veículos registrados nos Estados Unidos nesse ano.[378] Entre 2011 e 2015, 147 milhões de veículos passaram por recall, 57% de todos os veículos registrados em 2015.

Os proprietários de automóveis defeituosos certamente esperam ser notificados se os veículos apresentarem defeitos e também que o defeito seja reparado com rapidez. Mas esperar para agir até que as pessoas sejam mortas ou feridas, como aconteceu com os recalls da chave de ignição deficiente da GM, deixa os consumidores entregues à própria sorte. De acordo com uma pesquisa do *Wall Street Journal*, em cerca de um a cada quatro grandes recalls desde 2015 menos da metade dos veículos recolhidos foi reparada em dezoito meses, deixando cerca de setenta milhões de carros não reparados em circulação.[379] Mais perturbador ainda é que não se sabe se os recalls protegem efetivamente vidas, uma vez que poucos estudos avaliam seu impacto em mortes e acidentes (McDonald, 2009, p. 12). Como observam Mashaw e Harfst, os recalls são "coercivos no que diz respeito às divulgações que os fabricantes devem fazer e nas medidas corretivas que devem tomar", mas atender a essas divulgações é inteiramente responsabilidade do consumidor (Mashaw & Harfst, 2017, p. 213).

Recalls reforçam a noção da responsabilidade individual pela segurança, o mantra de longa data da indústria, que afirma que a maioria dos ferimentos e mortes é culpa dos condutores, não dos fabricantes. Também limita a responsabilidade dos fabricantes em garantir que seus produtos sejam seguros antes de comercializá-los. Em suma, a Administração abandonou o papel de cão de guarda para se tornar "um fornecedor de informação sobre segurança do consumidor, um aplicador de garantias implícitas (recall de

---

378 MATTHEWS, Marianne. "Recalls Rise 13%, Affected Vehicles Fall in 2018" [Recalls aumentam 13%, veículos afetados em queda em 2018], *Automotive Fleet*, 8 abr. 2019.

379 FULLER, Andrea & ROBERTS, Adrienne. "Car Makers' Struggle with Recalls Leave More Risky Vehicles on the Road" [Luta de fabricantes de automóveis com recalls expõe veículos a mais riscos na estrada], *The Wall Street Journal*, 1 nov. 2018.

produtos), um codificador de práticas da indústria, um mediador de acordos voluntários e um promotor de diretrizes e boas práticas" (Mashaw & Harfst, 2017, p. 173). Nesse sentido, o órgão ilustra muito bem uma transformação comum das agências reguladoras no capitalismo do século XXI.

Entre 1966, ano em que a Lei Nacional de Trânsito e Segurança Automotiva foi aprovada, e 2018, mais de 2,2 milhões de pessoas nos Estados Unidos morreram em colisões de veículos motorizados. Desde 1990, houve mais de 79 milhões de pessoas feridas em colisões de automóveis. Num relatório de 2015, a Administração Nacional de Segurança Rodoviária estimou que, desde 1960, as tecnologias de segurança veicular, incluindo cintos de segurança, airbags, assentos de segurança para crianças e controle eletrônico de estabilidade, salvaram 613.501 vidas, cerca de 25% do total de mortes por acidentes automobilísticos no período.

Embora as mortes tenham diminuído consideravelmente até 2010, durante a última década estagnou em cerca de trinta mil a quarenta mil por ano, com aproximadamente setenta vezes mais lesões anuais do que mortes. Além disso, as mortes nos Estados Unidos representam mais do que o dobro das taxas de Suécia, Suíça e Reino Unido. Essas estatísticas denotam o sucesso da indústria automobilística e de seus aliados em conseguir que os estadunidenses dirijam mais, apesar do progresso limitado da nação na criação de um sistema regulador que torne a segurança dos automóveis uma prioridade.

Big Tech, montadoras, apps de transporte e os veículos autônomos

No século XIX, os cavalos dominavam o transporte individual, e trens e bondes faziam o deslocamento das pessoas dentro das cidades e entre elas; no século XX, esse papel foi tomado pelos automóveis. A maioria dos observadores concorda que, no século XXI, os veículos autônomos (VAs), ou carros sem condutor, passarão a ser a forma dominante de transporte humano. Os VAs têm o potencial de trazer benefícios para saúde, meio ambiente, equidade e economia para os usuários e a sociedade em geral, mas também representam graves riscos. Como os Estados Unidos e outras nações decidirão sobre a forma de equilibrar tais benefícios e riscos? Como as recentes mudanças no capitalismo influenciarão a maneira como custos e benefícios dos VAs são distribuídos, e como essa nova tecnologia será implantada e gerida?

Veículos autônomos são definidos como aqueles que podem tomar decisões independentemente da ação humana e em situações de incerteza (Taeihagh & Lim, 2019). Eles dependem de novas tecnologias, tais como inteligência artificial, sistemas de localização global, detectores de luz e sensores de alcance, imagens térmicas e infravermelhas e sistemas de comunicação veículo a veículo e veículo-infraestrutura. Todas essas tecnologias recolhem e analisam dados para informar as decisões de condução em tempo real.[380]

A Sociedade Internacional de Engenharia Automotiva define vários níveis de automação, desde a parcial, em que os condutores humanos podem optar pela utilização de ferramentas como o sistema de controle automático de navegação, até a automação total, em que o veículo tem pleno controle do conjunto das tarefas dinâmicas.[381] Atualmente, os planejadores de mobilidade não têm uma abordagem-padrão para testar e aprovar VAs. No entanto, a maioria dos observadores conclui que os VAs vão disseminar-se rapidamente pelas próximas décadas. Um analista prevê que até 2050 metade da frota mundial de veículos será autônoma, e até 2070 esse percentual sobe para mais de 90% (Litman, 2019). O Strategy Analytics,

---

[380] QUAIN, John R. "Autonomous Cars Are Still Learning to See" [Carros autônomos ainda estão aprendendo a ver], *The New York Times*, 27 set. 2019.

[381] "Taxonomy and Definitions for Terms Related to On-Road Motor Vehicle Automated Driving Systems, J3016_ 201401" [Taxonomia e definições para termos relacionados a sistemas de condução automatizada de veículos automotores], Society of Automotive Engineers International, 16 jan. 2014.

grupo de pesquisa empresarial, estima que a tecnologia de condução autônoma permitirá uma nova "economia dos passageiros" no valor de sete trilhões de dólares até 2050 (Lanctot *et al.*, 2017).

Como mariposas à luz, essas previsões atraíram uma vasta gama de corporações globais. O Google iniciou seu programa de VAs em 2009, e, até 2017, a Waymo, empresa de VAs do Google, tinha acumulado 4,8 milhões de quilômetros em seus carros autônomos em quatro estados do país. Todos os modelos Tesla já têm alguma capacidade de autocondução, e, em 2020, Audi, BMW, Mercedes-Benz e Nissan já tinham VAs no mercado. A GM vem formando uma parceria com a Lyft, e a Volvo com a Uber, para criar sistemas de táxis em VAs.[382] A IBM está criando sistemas de tecnologia de condução automatizada prontos para uso por empresas automotivas do mercado.[383]

Os VAs têm o potencial de trazer vários benefícios sociais significativos. Em primeiro lugar, poderiam reduzir o custo global por acidentes automobilísticos, que agora representa quase 1,25 milhão de mortes e vinte milhões a cinquenta milhões de feridos ou incapacitados por ano.[384] Com automatização do controle, algumas mortes atribuíveis à condução embriagada ou distraída, a problemas de visão ou a uma condução agressiva e arriscada poderiam ser evitadas.

Mas os especialistas discordam quanto à probabilidade de uma redução (Litman, 2019, p. 103-28). Com base na estatística amplamente citada de que 90% das mortes em automóveis são causadas por erro humano, alguns defensores de VAs afirmam que veículos totalmente autônomos poderiam reduzir as mortes em 90%. Isso, porém, ignora as importantes experiências com outras tecnologias. Softwares e hardwares complexos utilizados pelos VAs são passíveis de falhas a ponto de produzir resultados catastróficos, tal como

---

382 MULLER, Joan. "Look, Ma, No Steering Wheel or Pedals in GM's Robo-Taxi, Coming In 2019" [Olha, mãe, sem volante ou pedais no robô-táxi da GM, que chega em 2019], *Forbes*, 12 jan. 2018.
383 BRISCOE, Neil. "Self-Driving Cars: Is the Autonomous Dream Slipping Away from Us?" [Veículos autônomos: o sonho da autonomia está escapando de nós?], *The Irish Times*, 13 mar. 2019.
384 "Global Status Report on Road Safety 2018" [Relatório do status global de segurança rodoviária], Organização Mundial da Saúde, 2018.

demonstrado pelo número de mortes em experimentos na última década. Alguns condutores podem correr mais riscos, tais como não usar cinto de segurança, e alguns pedestres podem assumir que os VAs não os atingirão atravessando a rua com menos cuidado. A fim de conseguir escapar de congestionamentos e diminuir o tempo de viagem, será necessário permitir aos veículos operar a alta velocidade e viajar próximos uns dos outros em faixas de rodagem, aumentando o risco de acidentes graves (Litman, 2019, p. 103-28).

Os VAs podem também reduzir os congestionamentos e a poluição, incluindo gases tóxicos e nocivos e de efeito estufa. O nível de reduções dependerá da proporção de VAs que sejam elétricos em vez de movidos a combustíveis fósseis e dos serviços de táxi compartilhado em VAs que substituam o uso individual de automóveis. Alguns estudos concluem que, em dadas circunstâncias, os VAs são capazes de reduzir significativamente as milhas percorridas, as emissões e os gases de efeito estufa (GEE). Um estudo concluiu que os táxis VAs elétricos reduziriam as emissões de GEE por milha em mais de 90% em comparação com os veículos convencionais (Greenblatt & Shaheen, 2015). Um estudo de simulação concluiu que, se toda a frota de táxis da cidade de Nova York fosse composta de VAs elétricos, geraria 73% menos emissões de GEE e consumiria 58% menos energia do que uma frota automatizada não elétrica (Bauer, Greenblatt & Gerke, 2018). Alternativamente, custos mais baixos e tempos de viagem mais curtos poderiam aumentar a procura por esses veículos e levar ao aumento de milhas percorridas e à diminuição do uso de bicicletas e de transporte coletivo.

Os VAs têm o potencial de baixar os custos para os usuários, o governo e a sociedade como um todo. A expectativa é que os serviços de táxis VAs privados custem menos do que os táxis tradicionais e menos do que os veículos particulares. O transporte coletivo, no entanto, é muito menos dispendioso do que qualquer uma dessas opções (Litman, 2019).

O complexo industrial dos VAs, porém, abraçou um objetivo anterior da indústria automotiva para justificar as soluções que propõe para a mobilidade. Durante mais de um século, os especialistas em planejamento de transportes, influenciados pela indústria, têm tratado o fluxo ininterrupto de tráfego como o santo graal, em vez de procurar conceber sistemas de transporte que tornem a circulação mais fácil, mais segura e menos poluente. Um sistema de VAs centralizado e controlado por empresas pode, de fato, levar a um melhor fluxo de trânsito, mas não reduzir os ferimentos e as mortes de pedestres ou a poluição do ar e a invasão do espaço público pelo transporte. A resolução do problema tecnológico da melhoria do fluxo se encontra no poderio da indústria, e é provável que seja rentável. Tornar as comunidades mais saudáveis e habitáveis pode não ser rentável. A decisão de 2020 da Sidewalk Labs, uma filial do Google, de encerrar o seu projeto de "cidades inteligentes" de Toronto para redesenhar o centro da cidade, citando a turbulência econômica da pandemia de covid-19, é indicativa dessa hesitação.[385]

Os VAs podem ainda ter um impacto na equidade do transporte. Podem facilitar a mobilidade para a parcela de 30% da população que não dirige — adolescentes, idosos, pessoas com deficiência (Smith, 2012). As políticas das empresas e dos governos para os VAs poderiam fazer com que chegar ao trabalho e à escola, buscar comida e frequentar locais de cuidados médicos seja mais acessível e econômico.

Contudo, se os VAs forem fundamentalmente de propriedade e gestão privadas, os custos poderão aumentar e ter o efeito oposto, tornando a mobilidade menos acessível para grupos de baixa renda e residentes rurais. O crescimento dos VAs privados poderia diminuir o apoio estatal e o financiamento do transporte público coletivo, concentrando os danos nas populações de baixa renda que mais se beneficiam do transporte coletivo.

Na pior das hipóteses, o crescimento dos VAs poderia acelerar e exacerbar o apartheid dos transportes, em que os indivíduos mais ricos têm acesso a múltiplas opções de mobilidade seguras e confortáveis, enquanto os grupos menos favorecidos são forçados a utilizar modos de transporte inseguros, lotados e demorados (Wellman, 2014). As famílias mais pobres do país gastam até 40%

---

385 AUSTEN, Ian & WAKABAYASHI, Daisuke. "City of the Future in Toronto? Not Now, Google Sibling Says" [Cidade do futuro em Toronto? Agora não, diz irmão do Google], *The New York Times*, 8 maio 2020.

de seus rendimentos líquidos em transportes, em comparação com os 20% que o cidadão médio gasta. Além disso, despesas domésticas em transportes vêm aumentando muito mais rapidamente para pobres, negros e latinos do que para brancos e para a classe média como um todo (Wellman, 2014).

Os sistemas de transporte já existentes no Mississippi rural, na África do Sul urbana, na Cidade do México e em outros lugares evidenciam os custos humanos e econômicos dos sistemas de transporte injustos e segregados. Uma preocupação relacionada é que o acesso diferenciado aos VAs poderia contribuir para maiores suburbanização e expansão urbana (Smolnicki & Sołtys, 2016), tal como o apoio dos contribuintes e das políticas à indústria automotiva levou ao crescimento dos subúrbios racialmente segregados após a Segunda Guerra Mundial.

Finalmente, o crescimento dos VAs terá consequências em termos de empregos. Alguns novos postos ocupacionais serão criados para servir e manter VAs e suas infraestruturas, bem como produzir o software e o hardware necessários para controlá-los. Mas muitos empregos serão perdidos, inclusive nas indústrias automobilística e de transportes. Cerca de 3,8 milhões de trabalhadores operam veículos automotores, tais como caminhões ou táxis; os caminhoneiros são os mais vulneráveis à automação porque dirigem, sobretudo, em autoestradas, onde a navegação é mais fácil de automatizar do que na condução urbana.[386] A condução de caminhões é um dos poucos empregos nos quais os trabalhadores sem um diploma universitário ainda podem ganhar mais que o dobro do salário mínimo federal. Um relatório de 2017 da Goldman Sachs descobriu que, quando os VAs atingirem o pico de saturação, a perda de postos de trabalho dos motoristas pode chegar a trezentos mil por ano.[387]

---

[386] REINICKE, Carmen. "Autonomous Vehicles Won't Only Kill Jobs. They Will Create Them, Too" [Veículos autônomos não só matarão empregos. Eles também os criarão], *CNBC*, 11 ago. 2018.

[387] BALAKRISHNAN, Anita. "Self-Driving Cars Could Cost America's Professional Drivers Up to 25,000 Jobs a Month, Goldman Sachs Says" [Veículos autônomos podem custar empregos de até 25 mil motoristas

O que irá determinar quais dos potenciais benefícios e custos dos VAs serão efetivamente realizados e como serão repartidos entre os diferentes grupos populacionais? Hoje, decisores políticos e a sociedade não dispõem de elementos necessários para tomar decisões embasadas. Apesar do crescente volume de estudos acadêmicos, governamentais e empresariais sobre VAs, a maioria dos autores enfatiza a complexidade de estudo do impacto dos VAs e a incerteza e a variabilidade dos dados disponíveis (Cohen & Cavoli, 2019). Em geral, estudos encomendados por indústria e investidores enfatizam o impacto positivo dos VAs, enquanto aqueles encomendados por pesquisadores independentes realçam os possíveis riscos. A maneira como os decisores políticos utilizam tais dados e avaliam a validade das conclusões influenciará suas decisões.

As análises políticas das opções para VAs consideram o papel dos governos municipais, estaduais ou regionais e nacionais na regulação da segurança, sustentabilidade, preços e outros aspectos. No entanto, qualquer avaliação do papel da indústria na formação dessas decisões está ausente nessas análises.

O histórico das empresas privadas de transporte na defesa do bem-estar público suscita sérias preocupações. A indústria automotiva tem constantemente minimizado os problemas de segurança e de meio ambiente de seus produtos, encobrindo defeitos e usando seu poder político para derrubar, atrasar ou enfraquecer a regulamentação (Nader, 1965; Doyle, 2000; Bradsher, 2002). Empresas de tecnologia, como Google e Microsoft, também resistiram à regulamentação governamental, defenderam seus direitos de manter privados os dados que recolhem e usaram o controle concentrado dos meios de comunicação e de massas para enquadrar os debates políticos em termos favoráveis aos seus interesses.[388] Empresas como Uber e Lyft fizeram lobby para impedir que governos municipais as regulamentassem, deram contribuições de cam-

---

profissionais dos Estados Unidos, segundo estudo da Goldman Sachs], *CNBC*, 22 maio 2017.

[388] WHEELER, Tom. "The Tragedy of Tech Companies: Getting the Regulation They Want" [A tragédia das empresas de tecnologia: obtendo a regulamentação almejada], *Brookings TechTank*, 26 mar. 2019.

panha para influenciar os políticos e ameaçaram abandonar jurisdições que impunham regras indesejadas.[389]

As práticas anteriores dessas indústrias, o impacto das contribuições financeiras e das recentes proteções constitucionais adicionais para o discurso empresarial, assim como a relutância dos governos municipais e estaduais em regulamentar o transporte privado ou fazer novos investimentos no transporte público de massa, sugerem que as maiores empresas automotivas, além das *Big Techs* e das grandes empresas de transporte em rede, exercerão uma poderosa influência nas políticas de VAs nos próximos anos.

Os legisladores terão de adotar regras difíceis e tecnicamente complexas para equilibrar os benefícios individuais dos VAs — tempos de deslocamento mais curtos, custos mais baixos, acesso mais conveniente — com os seus potenciais benefícios públicos, tais como menos poluição, menos colisões e mais equidade no transporte. Em alguns casos, terão de ir em busca dos primeiros com a concretização dos segundos.

Como observam os pesquisadores britânicos de transportes Tom Cohen e Clemence Cavoli, o público e os políticos precisam decidir se devem regulamentar os VAs principalmente com aquilo a que chamam de "regulamentação antecipatória" ou com a abordagem mais tradicional do liberalismo, pela qual os mercados determinam a direção da política pública dos VAs (Cohen & Cavoli, 2019). A regulamentação antecipatória reconhece a incerteza, evita o determinismo tecnológico e valoriza o princípio da precaução, cada um dos quais podendo levar a conflitos com agentes empresariais.

Se as empresas que procuram captar alguns dos sete trilhões de dólares que a economia dos VAs deverá gerar até 2050 botarem suas garras poderosas na escala política para assegurar que os governantes aprovem apenas as soluções que aumentam receitas e lucros, a perspectiva de alcançar os potenciais benefícios sociais dos VAs parece frágil.

---

[389] JAMES, Owain. "Uber and Lyft Are Lobbying States to Prohibit Local Regulation" [Uber e Lyft fazem lobby para que estados proíbam regulamentação local], *Mobility Lab*, 24 jul. 2018.

O desafio enfrentado por aqueles que procuram alternativas ao futuro imposto pelas empresas em relação a veículos autônomos é o de reunir os muitos círculos eleitorais agora separados que pagarão os custos dessa abordagem. Os moradores urbanos que procuram uma mobilidade mais acessível e barata, os muitos trabalhadores agora dependentes do nosso sistema de transporte baseado em combustíveis fósseis, as centenas de milhões de pessoas doentes com a poluição atmosférica e desalojadas pelas mudanças climáticas, todos eles, e tantos outros, se beneficiarão do avanço dos sistemas de transporte centrados nas pessoas, e não no lucro.

Como o capitalismo moderno modificou o transporte

Conforme revelam os perfis de vários setores da indústria automotiva, as recentes mudanças no capitalismo precipitaram transformações no transporte, dado que impactaram a maneira como os indivíduos vivenciam outros pilares da saúde. A globalização da indústria automotiva e de suas cadeias de abastecimento reduziu a capacidade de os governos nacionais regulamentarem as emissões, a segurança e as condições de trabalho e aumentou o poder das montadoras multinacionais de influenciar as políticas comerciais, regulatórias e fiscais que favoreçam seus interesses (Rothstein, 2016). Como mostra a história das explosões dos airbags da Takata, a dependência da indústria automotiva global em relação a um único ou a poucos fornecedores de peças-chave deixa tanto empresas quanto condutores vulneráveis a defeitos que podem ter um impacto global.

Essas consequências adversas da globalização são causa e também consequência do imperativo de desregulamentação do capitalismo moderno. Nos Estados Unidos e na Europa, a indústria automobilística vêm ganhando maior participação na formação das políticas reguladoras, como vimos no caso da Administração Nacional de Segurança Rodoviária. Na União Europeia, a aplicação permissiva da lei deu à Volkswagen a oportunidade de fraudar os testes de emissões durante mais de uma década.[390]

O determinismo tecnológico, crença inspirada no capitalismo de que as novas tecnologias conduzem inevitavelmente à inovação, levou os governos de todo o mundo a apoiar as maiores corporações mundiais no desenvolvimento de VAs, perdendo a oportunidade de usar sua autoridade para assegurar que os VAs proporcionassem, e não prejudicassem, o bem-estar humano, a vida urbana e a qualidade do meio ambiente. O otimismo tecnológico, crença de que as novas tecnologias inevitavelmente contribuem para com a humanidade (Miller, 2016), justificou ainda mais a implantação dos VAs, além de permitir àquelas corporações que desenvolviam tecnologias de VAs mascarar sua busca movida por interesse próprio, quaisquer que fossem as consequências humanas das escolhas.

Para os membros da indústria automobilística, a presunção de que os VAs vão reduzir acidentes e mortes é uma questão de fé, uma ilustração do tecno-otimismo. Em um evento de imprensa em 2016, Elon Musk, CEO da Tesla, a fabricante de carros elétricos, advertiu os jornalistas reticentes quanto à condução de automóveis autônomos que, "se ao escrever algo que é negativo você efetivamente dissuadir os leitores de usar um veículo autônomo, você está matando pessoas".[391]

No entanto, pesquisadores que estudam VAs são céticos quanto à fé de Musk na tecnologia. "As pessoas da comunidade internacional de segurança rodoviária não se mostram incrivelmente entusiasmadas com veículos autônomos", diz Ben Welle, do Instituto Mundial de Recursos para Cidades Sustentáveis.[392] "Não sabemos se eles vão funcionar, ou quando vão funcionar. E, no entanto, sabemos o que podemos fazer: extrapolar a ideia de que temos de desenvolver um fluxo infinito de carros. E podemos fazer isso já." Por essa e outras

---

390 "Two Years after Dieselgate: Car Industry Still Drives Berlin and Brussels" [Dois anos após Dieselgate: a indústria automobilística ainda impulsiona Berlim e Bruxelas], Corporate Europe Observatory, 18 set. 2017.
391 BAKER, Peter C. "Collision Course: Why Are Cars Killing More and More Pedestrians?" [Percurso de colisões: por que os carros estão matando cada vez mais pedestres?], *The Guardian*, 3 out. 2019.
392 *Idem.*

vias, os líderes empresariais procuram substituir as evidências pela fé na tecnologia como critério para a tomada de decisões políticas.

Em discurso para executivos da indústria automotiva em 2011, Lawrence Burns, ex-chefe de pesquisa e desenvolvimento da GM e conselheiro de veículos autônomos do Google, procurou convencer sua audiência a acelerar o desenvolvimento dos VAs. "Está ao nosso alcance, e acredito que os consumidores vão adorar aquilo que traremos — e penso que haverá formas de ganhar realmente um bom dinheiro fazendo isso. [...] Por que estamos esperando?", indagava (Burns & Shulgan, 2018).

De fato, poucos anos mais tarde, a experiência já havia atenuado esse entusiasmo vertiginoso à medida que os VAs enfrentavam desafios tecnológicos e políticos. Mas, àquela altura, o tecno-otimismo tinha convencido tão bem Google, GM, Ford e Uber a investir em VAs que ficava assegurada a busca contínua do capital privado por esse caminho de crescimento e lucros. Essa determinação, ao que parece, foi motivada tanto pelo medo de que um concorrente global conseguisse resolver algum componente crítico da tecnologia de VAs quanto pela evidência de que tais veículos eram seguros, rentáveis ou mais sustentáveis do que as demais alternativas.

O impacto da mobilidade do século XXI na saúde

No final das duas primeiras décadas do século XXI, os sistemas de transporte estabelecidos e emergentes apoiados pelo capitalismo moderno apresentaram uma série de desafios à mobilidade, ao bem-estar, ao clima e à qualidade de vida tanto urbana quanto rural. Nos Estados Unidos e em outros países de alta renda, os deslocamentos contribuíram para mortes prematuras e lesões evitáveis, exacerbaram as diferenças raciais e de classe em termos de saúde e riqueza, tiraram tempo de atividades mais agradáveis e agravaram a crise climática. Em países de baixa e média rendas, as escolhas feitas pelas indústrias globais de transportes tiveram um impacto ainda maior, com encargos incidindo mais fortemente sobre aqueles que vivem na pobreza.

Outras formas de transporte também representam perigos para a saúde e o meio ambiente. É o caso do recente fracasso da Boeing e da Administração Federal de Aviação dos Estados Unidos em detectar, prevenir, remediar e divulgar ao público o que elas sabiam sobre os problemas de segurança nos aviões Boeing 737 Max.[393] Mas a dependência esmagadora dos veículos motorizados para transporte e comércio faz dos automóveis a ameaça mais significativa ao bem-estar.

Nos Estados Unidos, os acidentes rodoviários são a principal causa de morte nas primeiras três décadas de vida, com índice de 96 óbitos diários. Embora o número de mortes tenha diminuído nos últimos anos, os ferimentos relacionados a veículos motorizados enviam anualmente mais de 2,3 milhões de pessoas para a emergência hospitalar.[394] E as mortes de pedestres nos Estados Unidos aumentaram 41% desde 2008,[395] fato atribuído à proliferação de SUVs, uma inovação que trouxe enormes lucros à indústria automotiva, porém mais lesões e mortes de pedestres, passageiros e motoristas.

Os SUVs também ilustram o círculo vicioso do consumo capitalista. Nos anos 1990, os fabricantes de automóveis duplicaram o número de SUVs por serem mais rentáveis e, naquela altura, enfrentarem poucos concorrentes estrangeiros. As empresas automotivas norte-americanas gastaram bilhões de dólares na promoção de SUVs cada vez maiores, deturpando seu histórico de segurança e apelando, como disse um vendedor da Chrysler, ao "cérebro reptiliano" dos

---

[393] KITROEFF E, Natalie & GELLES, David. "As Boeing Scrutinizes 737 Max, New Safety Risks Come to Light" [Enquanto a Boeing examina o 737 Max, novos riscos de segurança vêm à tona], *The New York Times*, 6 jan. 2020.

[394] "CDC Winnable Battles Final Report" [Relatório de conquistas positivas do Centro de Controle de Doenças], US Department of Health and Human Services, 2016.

[395] "Pedestrian Traffic Fatalities by State: 2018 Preliminary Data" [Mortes de pedestres no trânsito por estado: dados preliminares de 2018], Governor's Highway Safety Association, 2019.

condutores que queriam experimentar (ainda que apenas na imaginação) a emoção de dirigir na estrada ou a confiança que sentem ao conseguir ultrapassar qualquer outro carro (Bradsher, 2002). A GM, a Ford e a Chrysler afirmaram, naquela altura, que, ao investir em SUVs, estavam apenas satisfazendo a demanda dos clientes, uma demanda que trabalharam arduamente para cultivar. Quando as vendas de automóveis diminuíram após a crise fiscal de 2008, os fabricantes continuaram a promover e a vender SUVs, oferecendo generosos empréstimos aos clientes e contribuindo, assim, para mais dívidas, poluição atmosférica e mortes causadas por veículos.[396]

Outra causa do aumento de lesões e mortes de pedestres é a condução distraída, consequência do sucesso da indústria tecnológica em tornar os telefones celulares onipresentes e aparentemente essenciais em todos os contextos. Desde 2010, o número de mortes de ciclistas, que vinha diminuindo, começou a aumentar e chegou a 25% em 2017.[397] As mortes e lesões causadas pelo trânsito custam aos Estados Unidos cerca de 44 bilhões de dólares todos os anos em despesas médicas e prejuízos no trabalho.

Sobreviventes de acidentes por veículos motorizados — e familiares dos mortos — experimentam uma qualidade de vida inferior e níveis de estresse e custos médicos mais elevados. Esses custos são desproporcionalmente arcados por aqueles com baixos rendimentos, pessoas negras e outras populações vulneráveis (Rissanen, Berg & Hasselberg, 2017). Para alguns, a experiência os motivou a formar coletivos e a se tornar ativistas pela segurança rodoviária.[398]

Globalmente, segundo a OMS, cerca de 1,35 milhão de pessoas morrem todos os anos em consequência de acidentes rodoviários,

---

[396] PREMACK, Rachel. "America's Obsession with Trucks and SUVs Is Helping Push Car-Loan Payments to a 10-Year High" [Obsessão americana por caminhões e SUVs vem ajudando a elevar pagamentos de empréstimos de automóveis em até dez anos], *Business Insider*, 17 mar. 2019.

[397] BAKER, Peter C., *op. cit.*

[398] ARIEFF, Allison. "Cars Are Death Machines. Self-Driving Tech Won't Change That" [Carros são máquinas mortais. Tecnologia de autopilotagem não mudará isso], *The New York Times*, 4 out. 2019.

a décima principal causa de morte em nível mundial. Para crianças e jovens adultos entre cinco e 29 anos, os acidentes rodoviários são a principal causa de morte. Em 2015, a Agenda 2030 para o Desenvolvimento Sustentável estabelecera o ambicioso objetivo de reduzir o número global de mortos e feridos em acidentes de trânsito em 50% até 2020, uma meta não atingida. Mais da metade de todas as mortes em acidentes rodoviários ocorre entre pedestres, ciclistas e motociclistas. Mais de 90% das mortes nas estradas do mundo ocorrem em países de baixa e média rendas, apesar de esses países possuírem apenas 60% dos veículos do mundo. Embora saibamos como reduzir esses danos — melhorar a segurança dos veículos, fazer cumprir as regras de trânsito e aumentar o transporte coletivo —, um relatório da OMS sobre segurança rodoviária de 2018 concluiu: "É necessária ação drástica para pôr em prática medidas que satisfaçam qualquer futura meta global que possa ser estabelecida para salvar vidas".

O impacto letal do transporte em veículos motorizados tampouco se limita aos mortos em colisões de carros e caminhões. Na verdade, a poluição atmosférica superou os acidentes como causa principal das mortes evitáveis relacionadas aos automóveis. No século XXI, os custos de saúde, econômicos e sociais da poluição atmosférica aumentaram dramaticamente, apesar de algumas melhorias no controle da poluição nas décadas anteriores. De acordo com a Comissão Lancet sobre Poluição e Saúde, a poluição atmosférica foi responsável por nove milhões de mortes prematuras em 2015, três vezes o número de mortes causadas por aids, tuberculose e malária combinadas, e quinze vezes o número de todas as guerras e outras formas de violência (Landrigan *et al.*, 2018). As perdas sociais e de produtividade em decorrência da poluição atmosférica são estimadas em 4,6 trilhões de dólares por ano, 6,2% dos resultados econômicos globais.

A queima de combustíveis fósseis é a principal causa da poluição atmosférica, sendo responsável por 85% das partículas em suspensão — a forma mais tóxica de poluição atmosférica — e por quase toda a poluição por óxidos de nitrogênio e enxofre. Setenta por cento das enfermidades causadas pela poluição são doenças não transmissíveis (crônicas), como as pulmonares e as cardíacas, e o câncer, as mais onerosas e pesadas para indivíduos, famílias e sistemas de saúde (Landrigan *et al.*, 2018). Pesquisas recentes sugerem que a poluição do ar também é capaz de perturbar a função endócrina, contribuir para a inflamação, aumentar a incidência de baixo peso em recém-nascidos e ter efeitos neurotóxicos sobre o desenvolvimento infantil — resultados assustadores que sugerem que seus efeitos nocivos podem ser mais graves do que os conhecidos e com tendência a se acirrar.

Muitas fontes, incluindo as centrais geradoras de energia e de aquecimento e as indústrias, contribuem para a poluição do ar, mas as emissões dos veículos a motor são uma causa primária. Segundo a Agência de Proteção Ambiental dos Estados Unidos (EPA, do inglês Environmental Protection Agency), em 2018 os veículos motorizados causaram 75% da poluição por monóxido de carbono no país, 61% de óxidos de nitrogênio e 20% de compostos orgânicos voláteis. Os veículos motorizados também jogam um caldeirão de toxinas no ar, tais como benzeno, formaldeído e partículas de diesel, compostos que podem causar câncer ou outros problemas de saúde e afetam o meio ambiente.

Em 2017, de acordo com a EPA, os transportes contribuíram com 29% das emissões de gases de efeito estufa produzidos pelo homem nos Estados Unidos — o maior entre os emissores de GEE. Automóveis e caminhões foram responsáveis por 82% da contribuição dos transportes. No relatório especial de 2019, o Painel Intergovernamental sobre Mudanças Climáticas advertiu:

> O adiamento da redução das emissões de GEE de todos os setores implica custos, incluindo a perda irreversível de funções e serviços do ecossistema terrestre necessários para alimentação, saúde, assentamentos habitáveis e produção, levando a impactos econômicos cada vez mais significativos em muitos países e diversas regiões do mundo.[399]

[399] "Climate Change and Land: An IPCC Special Report on Climate Change, Desertification, Land Degradation, Sustainable Land Management, Food Security, and Greenhouse Gas Fluxes in Terrestrial Ecosystems" [Mudança climática e Terra: relatório especial do IPCC

Felizmente, como a Comissão Lancet observou, múltiplas estratégias para reduzir a poluição atmosférica demonstraram ser eficazes e rentáveis, especialmente em países de alta renda. O relatório conclui que "o controle da poluição proporciona uma oportunidade extraordinária para melhorar a saúde do planeta. É uma batalha que pode ser vencida" (Landrigan *et al.*, 2018).

As atuais opções de transporte moldam o bem-estar humano de outras formas. Alguns urbanistas receiam que os VAs possam agravar a expansão urbana e a suburbanização, tornando mais fácil e mais barato sair das cidades, onde a habitação, a alimentação e outros pilares da saúde são frequentemente mais caros. Como observou um crítico da influência da indústria automotiva na qualidade de vida, o pior resultado da centralidade no automóvel do século xx talvez seja "a suposição de que são as pessoas que precisam sair do caminho dessas máquinas letais, não o inverso".[400]

A expansão urbana, definida como a difusão de características urbanas como construções densas ou muito altas e corredores comerciais em áreas menos desenvolvidas perto de uma cidade, e a suburbanização, definida como o deslocamento de populações de cidades centrais para arredores menos densos, têm sido associadas a efeitos adversos na saúde física e mental, na qualidade de vida e do meio ambiente (Frumkin, 2002). Em comparação com os residentes urbanos, aqueles que vivem nos subúrbios ou em lugares distantes dirigem mais, o que os põe em risco de colisões e de episódios de raiva no trânsito. Também utilizam mais energia para aquecer e refrigerar as casas, contribuindo para a poluição atmosférica e para mudanças climáticas. Os residentes suburbanos fazem menos atividade física, elevando o risco de doenças crônicas e problemas de saúde mental, e têm maiores riscos de isolamento social e suas consequências psicológicas. O desenvolvimento suburba-

sobre mudança climática, desertificação, degradação da Terra, gestão sustentável da Terra, segurança alimentar e fluxos de gases de efeito estufa em ecossistemas terrestres], resumo para formuladores de políticas, Painel Intergovernamental sobre Mudanças Climáticas, 2019.
400 ARIEFF, Allison, *op. cit.*

no também facilita a segregação habitacional, mantendo os custos sociais e de saúde da estratificação racial elevados.

É claro que muitas pessoas desfrutam dos benefícios da vida suburbana, tais como mais espaço, menos aglomeração e mais tempo ao ar livre. O ponto relevante para essa discussão é que os elementos particulares da suburbanização que foram influenciados pela indústria automotiva e seus aliados contribuíram significativamente para consequências nocivas em termos de saúde e meio ambiente.

À medida que comunidades e nações consideram suas alternativas de transporte e mobilidade, questões básicas que confrontam decisões sociais sobre outros pilares da saúde também se impõem ao setor. Quem decide e quem colhe os benefícios e os custos dessas decisões?

Qual será o futuro do transporte nos próximos anos? Sem mudanças políticas significativas, as empresas multinacionais que impulsionam e lucram com o setor dos transportes continuarão a desempenhar o papel principal na definição de políticas de transportes municipais, regionais, nacionais e globais. Assim, os esforços de Uber e Lyft para tomar o lugar do transporte público de massa; a preocupação limitada com a segurança e a honestidade que General Motors, Takata, Volkswagen e outras empresas demonstraram ao lidar com defeitos ou pressões competitivas; e as ações agressivas dos fabricantes de automóveis, das *Big Techs* e das empresas de redes de transporte para imprimir a rápida implantação dos VAs, à frente da segurança, do impacto ambiental ou da equidade, não fornecem motivos para otimismo.

Como em outros setores, porém, uma avaliação mais profunda e a longo prazo do impacto futuro do transporte no bem-estar e na saúde planetária requer uma análise das forças que resistem às influências corporativas e testam alternativas ao transporte impulsionado pelo mercado.

Resistência e alternativas

Desde o estabelecimento da indústria automotiva, algumas organizações sempre desafiaram suas práticas e seu direito de ser a força dominante na criação das opções de transporte do país. Nos anos 1920, os habitantes das cidades e os jornais locais protestavam frequentemente contra a chegada dos automóveis, descrevendo-os como perigos impostos pelas elites e mais uma ameaça à sobrevivência urbana (Norton, 2011, p. 21-46).

Em 1970, no primeiro Dia da Terra, estudantes universitários em Boston destruíram um carro a marretadas, chamando os automóveis de "assassinos de pessoas". Em Nova York, estudantes se manifestaram em frente à sede da GM, acusando a empresa de produzir um terço da poluição atmosférica do país (Doyle, 2000, p. 62).

Em 2002, a Rede Evangélica Ambiental, uma coalizão de grupos religiosos e ambientais, lançou uma campanha perguntando: "Será que Jesus conduziria um SUV?". Eles conclamavam Ford, GM e outras montadoras a deixar de produzir e comercializar SUVs perigosos, poluentes e beberrões de gasolina e pediam aos fiéis que dessem o exemplo recusando-se, por questão ética, a comprar veículos que pusessem em perigo a saúde do planeta.[401]

Hoje em dia, uma variedade de organizações não governamentais, alianças comunitárias e agências governamentais continua a combater o domínio do automóvel e a procurar opções mais saudáveis e mais sustentáveis para se deslocar. Examino algumas para avaliar o que elas conseguiram — e o que não conseguiram — e como a indústria automotiva tem respondido a suas críticas.

Centro para a Segurança Automotiva. Foi fundado em 1970 pela União de Consumidores e por Ralph Nader para servir como um grupo de segurança do consumidor que protege condutores. Alimentado

---

[401] VULLIAMY, Ed. "What Would Jesus Drive? A Disciple Carrier, of Course" [O que Jesus dirigiria? Um veículo discípulo, é claro], *The Guardian*, 24 nov. 2002.

pelos mesmos movimentos ambientais, de defesa do consumidor e de saúde e segurança que levaram à aprovação da Lei Nacional de Trânsito e Segurança Automotiva em 1966 e à criação da Agência de Proteção Ambiental dos Estados Unidos em 1970, o centro assumiu várias funções, incluindo proteger a Administração Nacional de Segurança Rodoviária e educar o público, os meios de comunicação e os legisladores sobre questões de segurança automotiva, de modo que esses círculos pudessem exercer pressão adicional sobre os fabricantes de automóveis para tornar os carros mais seguros, além de defender leis de segurança mais rígidas e com uma aplicação mais vigorosa. As múltiplas estratégias utilizadas, frequentemente em parceria com outros grupos, ampliaram seu impacto, alcançando sinergias para além do escopo de qualquer estratégia ou grupo único.

Ao criarem um grupo de interesse nacional, coordenado, relativamente coerente, multifacetado e multidisciplinar, o centro e seus parceiros foram capazes de forçar uma das indústrias mais poderosas do mundo a fazer concessões e a modificar as suas práticas mais prejudiciais. Foram também capazes de desafiar a narrativa da indústria de que a segurança sempre esteve em primeiro lugar e de que o conhecimento tecnológico era a melhor proteção para condutores, pedestres e meio ambiente.

Em cinquenta anos de história, o centro tem um impressionante currículo de realizações. Impulsionou o recall de dezenas de milhões de automóveis e peças defeituosas, incluindo produtos da GM, da Chrysler, da Ford, da Toyota, da Volkswagen, pneus Firestone e Takata; reforçou as leis de segurança rodoviária; protegeu as leis de segurança do consumidor e de segurança automotiva sob ataque da indústria e dos políticos que apoiou; lançou uma campanha de segurança climática para reforçar as normas de emissões automotivas e a eficiência de combustível, associando, assim, grupos de segurança automotiva e ambiental no esforço para reduzir o uso de combustíveis fósseis.

Clarence Ditlow, engenheiro e advogado, foi diretor do centro e iniciara a carreira como um dos Nader's Raiders [Corsários de Nader], jovens ativistas fervorosos que foram a Washington para trabalhar com Ralph Nader a fim de aprovar e, em seguida, monitorar as novas leis de proteção a consumidores, à saúde e ao meio ambiente. Até sua morte, em 2016, Ditlow e seus colegas processaram a indústria automotiva; testemunharam perante o Congresso e fizeram *advocacy*; e escreveram artigos opinativos, livros e relatórios. Como o *New York Times* observou, Ditlow liderou o centro com um orçamento inferior à metade do que a GM pagou por um único anúncio no Super Bowl. "Ele era o pesadelo da indústria automotiva malcomportada e o sonho dos motoristas com consciência de segurança", definiu Ralph Nader.[402]

O centro se especializou na utilização da Lei de Liberdade de Informação e nas "petições de defeitos", outra ferramenta do consumidor para forçar a Administração Nacional de Segurança Rodoviária a investigar uma falha e publicar as conclusões no Registro Federal. Também explorou as bases de dados públicas para vasculhar e divulgar problemas. Através de um pedido baseado na Lei de Liberdade de Informação, em 1978, Ditlow descobriu um memorando secreto que levantava questões sobre a segurança dos pneus radiais com cintas de aço Firestone 500. A divulgação das descobertas pelo centro levou a um recall de quinze milhões de pneus, embora somente depois de doze mortes. Jackie Gillan, outro especialista em segurança automotiva, qualificou Ditlow como "o Sherlock Holmes da segurança automotiva quando se tratava de investigar sistemas deficientes de veículos".

Ao utilizar novos direitos de obter informação corporativa, conquistados entre as décadas de 1960 e 1970, para investigar e divulgar problemas de segurança automotiva ao longo dos quarenta anos seguintes, o centro ajudou a preencher uma lacuna de regulamentação e a criar um sistema de responsabilização que outros grupos de vigilância corporativa poderiam emular quando os reguladores não tivessem a determinação ou os recursos necessários para cumprir seus mandatos.

---

402 MCFADDEN, Robert D. "Clarence M. Ditlow III, Auto Safety Crusader, Dies at 72" [Clarence M. Ditlow III, guerreiro da área de segurança automobilística, morre aos 72], *The New York Times*, 12 nov. 2016.

Depois de ter recolhido e analisado dados, o centro também desenvolveu novas formas de se comunicar com o público. Em 1993, organizou uma manifestação em frente à reunião anual de acionistas da GM em Oklahoma City para pressionar a empresa a fazer o recall de milhões do que denominou de "bombas sobre rodas" — caminhões com tanques de combustível que a Administração Nacional de Segurança Rodoviária relatou serem mais suscetíveis a explosão após colisões de impacto lateral do que outras marcas. A GM havia resistido ao pedido de recall.[403] Os boletins informativos da Administração aos seus quinze mil membros criaram uma rede nacional de defensores de segurança automotiva cientes de que podiam agir em níveis municipal, estadual e nacional.

Tanto a indústria automotiva quanto os legisladores criticam frequentemente o centro. A Administração o acusou de prejudicar as atividades de supervisão governamental e de trabalhar estreitamente com advogados de causas de responsabilização por danos de produtos, um grupo que Ditlow considerava ser um aliado útil. De maneira geral, o centro contribuiu para a conquista de bilhões de dólares em multas e acordos da indústria automotiva e para forçar o recall de dezenas de milhões de veículos. Ditlow minimizou as críticas inevitáveis das empresas. Questionado sobre as críticas que recebeu em 1991 sobre apontar defeitos nos veículos da Chrysler, Ditlow disse: "Eles fizeram os carros, nós fazemos o recall. Temos uma oferta permanente para suspender a nossa oposição quando eles pararem de fabricar carros ruins".[404]

Nos últimos anos, o centro se uniu à luta para regulamentar empresas como a Uber e também os VAs. Em carta pública de 2019 ao CEO da Uber, Dara Khosrowshahi, o centro pressionou a empresa a interromper a circulação de carros que haviam passa-

---

403 "Recall Advocates Plan Demonstration at G.M. Meeting" [Defensores do recall planejam manifestação em reunião da GM], *The New York Times*, 21 maio 1993.

404 LANGER, Emily. "Clarence Ditlow, Crusading Consumer Advocate for Auto Safety, Dies at 72" [Clarence Ditlow, advogado do consumidor na área de segurança automobilística, morre aos 72], *The Washington Post*, 11 nov. 2016.

do por recall, mas sem ter sido reparados. Jason Levine, atual diretor do centro, também escreveu um artigo opinativo sobre veículos autônomos criticando a Administração Nacional de Segurança Rodoviária por reduzir a regulamentação federal de segurança.[405]

Atualmente, o centro e grupos semelhantes desempenham papéis críticos na educação do público e dos legisladores; exercem pressões sobre fiscais, políticos e empresas para que se atentem à saúde, à segurança e ao meio ambiente; e utilizam métodos legais e legislativos para conceber soluções de problemas estabelecidos e emergentes.

A longo prazo, grupos como o centro lutam para encontrar o equilíbrio adequado entre ser mais um agente no complexo sistema regulador do capitalismo moderno e um catalisador para uma mudança mais transformadora. Por um lado, os cães de guarda da sociedade civil se arriscam a justificar o fraco *status quo* de regulamentação ao servir de pano de fundo para falhas e insuficiências legais. Se o centro já monitora a Administração, perguntam os legisladores, por que deveríamos gastar mais dinheiro dos contribuintes em escrutínio mais intensivo? Por outro, se grupos como o centro pressionarem por uma mudança mais radical, por exemplo, para retirar registros de empresas de automóveis que tenham mais de três grandes recalls no prazo de três anos (Grossman, 2015, p. 697), será que arriscariam a credibilidade e o impacto no controle regulatório de rotina? Um ponto forte do centro é a capacidade de agir tanto como parte do processo regulamentar, utilizando regras estabelecidas, quanto fora desse quadro, recorrendo a estratégias mais disruptivas e combativas.

Transporte urbano alternativo na cidade de Nova York. A organização de defesa Transportation Alternatives procura resgatar as ruas da cidade de Nova York dos automóveis e advogar por melhores condições de ciclismo, caminhada e transporte público para todos os nova-iorquinos. O grupo observa que ruas e calçadas constituem 80% do es-

---

405 LEVINE, Jason. "Counterpoint: Are Self-Driving Cars a Good Idea? Think Safety First" [Contraponto: veículos autônomos são uma boa ideia? Pense primeiro na segurança], *Illinois Business Journal*, 7 out. 2019.

paço público da cidade — mas atualmente a vida dos residentes se encontra poluída, congestionada e ameaçada pelo tráfego de carros e caminhões. Movida pela máxima de que o espaço público pertence ao povo da cidade, a Transportation Alternatives organiza manifestações para clamar por mais ciclovias e proteção para pedestres e ciclistas, analisa propostas de trânsito da cidade e do estado, participa de audiências legislativas e prepara relatórios e resumos de políticas.

Em 2019, a organização desempenhou um papel importante ao convencer a cidade de Nova York a fechar a Rua 14, importante via de Manhattan, ao tráfego de automóveis durante dezoito meses, deixando-a aberta apenas para ônibus, caminhões de entrega e veículos de emergência. Após a mudança, o tempo que os ônibus passaram a gastar para atravessar Manhattan pela Rua 14 caiu de trinta minutos para 21, um presente para os passageiros.[406]

Em resposta à pandemia de covid-19, a Transportation Alternatives encorajou uma "abordagem à construção de cidades que utilize soluções temporárias, acessíveis e fáceis de implementar, muitas vezes iniciando pequenas mudanças e levando a mudanças mais permanentes". Tomando os espaços públicos de volta dos automóveis e abrindo ruas para caminhadas e ciclismo, as zonas urbanas podem apoiar um novo tipo de vida pública e demonstrar os benefícios das cidades pós-automóvel.

Families for Safe Streets [Famílias pela segurança nas ruas] é uma organização de vítimas da violência do trânsito e de famílias cujos entes foram mortos ou ficaram gravemente feridos por condução agressiva ou imprudente e condições perigosas nas ruas de Nova York. Nasceu do trabalho da Transportation Alternatives e continua a receber apoio e orientação de seu patrocinador.

Em mensagem dirigida aos seguidores após duas importantes vitórias legislativas em nível estadual, líderes da Transportation Alternative explicaram como a persistente atuação começou a mudar a cultura automotiva nova-iorquina. "Na batalha para recuperar as ruas da cidade, a nossa lista de afazeres é sempre longa, mas apos-

---

[406] BELLAFANTE, Ginia. "Crosstown Street, Minus the Cars: A Start" [Rua principal, sem carros: um começo], *The New York Times*, 18 out. 2019.

tamos que todos esses pequenos avanços vão contribuir para uma transformação radical", escreveu um organizador. Depois de conquistarem uma legislação que exigia que a cidade instalasse câmeras de controle de velocidade em 750 zonas escolares, a Transportation Alternatives e outros ativistas convenceram o Legislativo estadual a aprovar um plano de tarifas de congestionamento que encorajaria os nova-iorquinos a utilizar o transporte coletivo em vez de carros para circular no centro da cidade. Em apenas algumas semanas de atividade legislativa, escreveram os ativistas, o futuro dos transportes na cidade deu um grande passo para se distanciar dos automóveis.[407] Mais tarde, foram também aprovadas regras municipais para a criação de ilhas para pedestres, ciclovias protegidas, temporização dos sinais de trânsito e calçadas mais largas.[408]

Duas décadas militando por alternativas à mobilidade em Nova York ajudaram a desafiar a noção de que não existe solução para uma cidade dominada pela cultura do automóvel. Em 2019, Corey Johnson, porta-voz da Câmara Municipal de Nova York, seguindo o caminho aberto pelos ativistas, introduziu a legislação destinada a "quebrar a cultura do carro", desenvolvendo políticas que priorizavam pedestres, ciclistas e transporte de massa em vez de automóveis particulares.[409] Johnson também apoiou o Fair Fares [Tarifas justas], um programa para subsidiar tarifas de transporte de massas para os nova-iorquinos de baixa renda, iniciativa que poderia reduzir o acesso não equitativo ao transporte público.

Johnson, que afirma nunca ter tido um carro e se locomove sempre de metrô, acredita em uma mudança radical na política da cidade e entende ser capaz de angariar apoio político desafiando a cul-

---

[407] CONNER, Marco & MCDERMOTT, Ellen. "A City Back in Gear" [Uma cidade novamente em marcha], *Medium*, 9 maio 2019.
[408] PLITT, Amy. "As Traffic Fatalities Rise in NYC, Safe Streets Advocates Demand Action" [Conforme aumentam fatalidades no trânsito de Nova York, ativistas exigem ação], *Curbed New York*, 7 maio 2019.
[409] BERMAN, Noah. "Corey Johnson Wants to 'Break the Car Culture' in New York City. What Does That Mean?" [Corey Johnson quer "quebrar a cultura do carro" em Nova York. O que isso significa?], *Gotham Gazette*, 1 jul. 2019.

tura do automóvel, que usufruiu de facilidades não contestadas concedidas pela maioria dos representantes eleitos, que consideravam os críticos do automóvel retrógrados. Embora líderes recentes da cidade, como os prefeitos Michael Bloomberg e Bill de Blasio, também tivessem defendido o transporte coletivo, geralmente propunham planos técnicos específicos para faixas dedicadas a ônibus, tarifas de congestionamento para desencorajar carros ou financiar reparos no metrô, em vez de apresentar uma crítica global e alternativa a um sistema de trânsito dominado por carros.

Muitas forças contribuíram para a ascendência da cultura do automóvel, mas nenhuma foi mais importante do que a própria indústria automobilística, desde sempre o maior anunciante do país e um dos grupos de pressão mais eficazes. Hoje, essa indústria enfrenta muitas forças disruptivas; por isso, assegurar uma participação no mercado de VAs ou conquistar novos mercados em países de renda média são prioridades empresariais mais importantes do que promover o uso do carro nas grandes cidades. Mas a persistência da cultura do automóvel em Nova York — uma cidade menos dependente dos carros do que Los Angeles, Phoenix ou Houston — testemunha o sucesso dos fabricantes na captação de ruas e mentes para os seus produtos e as longas sombras que esses produtos promovidos pelas empresas projetam, mesmo quando são substituídos por outros mais recentes.

As diversas organizações e indivíduos que procuram promover as caminhadas, o ciclismo e o transporte coletivo em substituição aos carros ainda não transformaram os espaços físicos e mentais que os automóveis ocupam em Nova York e em outras cidades. Os ativistas criaram, no entanto, uma abertura para outra visão da mobilidade urbana na qual os residentes, o governo e a sociedade civil têm uma voz na formação dos sistemas de transporte urbano. Eles começaram a desnaturalizar as mortes e os ferimentos evitáveis, a poluição e o congestionamento que os deslocamentos por automóveis impõem. Promoveram o objetivo de equidade, uma abordagem que desafia o apartheid dos transportes cujos sistemas separam as viagens de pessoas negras e pobres daquelas de pessoas com melhores condições de vida. Se essa alternativa será capaz de criar uma cultura que substitua a do automóvel e as paisagens dominadas pelos carros nos próximos anos, isso exigirá que os muitos grupos que agora militam, em sua maioria separadamente, em questões sobre segurança automotiva, design urbano, transporte coletivo, ciclismo e caminhada, poluição, mudanças climáticas e desigualdade no transporte forjem uma agenda comum e alianças políticas que possam desafiar aqueles que lucram com a manutenção da dependência automotiva.

California Air Resources Board. O California Air Resources Board [Conselho de recursos aéreos da Califórnia] (CARB) é a agência californiana encarregada, desde 1967, de proteger a população dos efeitos nocivos da poluição atmosférica e de desenvolver programas e ações para combater as alterações climáticas, um exemplo de agência governamental empenhada e capaz de exigir que a indústria automotiva atue em prol do interesse público. Juntamente com grupos da sociedade civil, as agências governamentais constituem a terceira vertente da plataforma necessária ao desenvolvimento de alternativas eficazes e sustentáveis ao transporte automotivo dominado pelas empresas.

Desde que o Conselho nasceu, antes da criação da Agência de Proteção Ambiental dos Estados Unidos, em 1970, encarregada de desenvolver e fazer cumprir as normas nacionais para o ar limpo, ele conquistou o direito de continuar a tarefa de fazer cumprir as normas mais rigorosas da Califórnia em matéria de poluição atmosférica. O Congresso prorrogou duas vezes esse direito, mas, em 2019, o presidente Trump revogou-o, desencadeando uma ação judicial de 22 procuradores-gerais estaduais que contestaram a decisão — um caso que, em 2020, ainda estava em andamento.

Em 2006, o Conselho ganhou nova autoridade por meio da Lei de Soluções de Aquecimento Global, que atribuiu ao CARB um papel-chave no planejamento do estado para cumprir seu objetivo de redução dos GEE até 2020, voltando aos mesmos patamares de 1990. Diferentemente de abordagens tecnocráticas mais limitadas para reduzir as alterações climáticas induzidas pelo homem, a Califórnia exigiu a consideração de múltiplas causas, incluindo fontes fixas como centrais elétricas, agricultura e transportes. Ao considerar os benefícios estendidos da redução dos GEE, tais como a diminuição de outros poluentes automotivos que agravam quadros de asma, o Conselho ajudou a ressaltar os benefícios sociais mais amplos da redução das emissões de carbono (Kaswan, 2019).

O órgão também foi incumbido de assegurar que todas as comunidades tivessem participação na definição de políticas relativas a mudanças climáticas. "É fundamental que as comunidades negras, de baixa renda, ou ambas recebam os benefícios de uma economia mais limpa em crescimento na Califórnia, incluindo seus benefícios ambientais e econômicos", proclamava seu plano de abrangência. Ainda nomeou um Comitê Consultivo de Justiça Ambiental, órgão criado por lei que organizou quase vinte reuniões comunitárias em toda a Califórnia para discutir a estratégia climática, tendo realizado dezenove reuniões próprias para fornecer recomendações sobre o plano.

Embora o Conselho nem sempre aceitasse as sugestões desse órgão consultivo, foi obrigado a ouvir as preocupações dos membros, e as reuniões da comunidade criaram círculos eleitorais capazes de acompanhar a implementação do plano e perseguir outras vias de defesa para alcançar seus objetivos. Alguns ambientalistas criticam o apoio do Conselho ao *cap and trade* [limite e comércio], uma estratégia baseada no mercado de carbono para reduzir as emissões. Argumentam que os fracos limites das emissões, a volatilidade dos preços das licenças de emissão e a atribuição demasiado generosa de licenças de emissão a entidades regulamentadas tornam o *cap and trade* menos eficaz, embora politicamente mais palatável para a indústria dos combustíveis fósseis do que, digamos, os impostos sobre as emissões de carbono.[410] Mais uma vez, porém, o CARB abriu espaço público para esses debates, permitindo a cientistas e defensores trazer provas aos legisladores e à população.

---

[410] ROBERTS, David. "California's Cap-and-Trade System May Be Too Weak to Do Its Job" [Sistema de *cap and trade* da Califórnia pode ser muito frágil para cumprir sua função], *Vox*, 13 dez. 2018.

Além disso, o Conselho avaliou o impacto das políticas da Califórnia sobre a justiça climática, o conceito de que nenhuma população deve suportar um fardo desproporcional das mudanças climáticas ou de suas soluções. As políticas que concediam descontos para automóveis elétricos ou para a instalação de aquecimento solar, por exemplo, beneficiavam frequentemente os ricos, deixando os pobres desprotegidos ou sem acesso a ferramentas de mitigação. A Califórnia também solicitou ao órgão que desenvolvesse um plano para estudar o impacto em várias populações das políticas climáticas propostas e para monitorar seu efeito real, especialmente em grupos de baixa renda e comunidades negras.

Em suas interações com a indústria automotiva, o Conselho oferece uma alternativa revigorante à abordagem mais passiva que muitas agências governamentais adotam nas relações com as corporações. Sim, os diretores se sentam à mesma mesa dos executivos da indústria automotiva para detectar interesses comuns. Mas, quando a indústria processou a Califórnia, em 2004, para reverter as leis sobre carros limpos, os advogados do Conselho levaram o caso à Suprema Corte dos Estados Unidos e ganharam em todas as frentes.[411] O órgão também cria vigorosas campanhas de comunicação para combater as deturpações da indústria e orienta os funcionários públicos sobre o papel da indústria automotiva na poluição do ar.

Desde que Trump procurou reduzir a regulamentação das emissões de automóveis em 2017, o CARB e a Califórnia têm lutado em duas frentes. Em 2019, Ford, Honda, BMW e Volkswagen assinaram um acordo com o estado para seguir voluntariamente seus padrões, em vez dos padrões mais baixos propostos por Trump.[412] Os executivos dessas empresas consideraram que era menos arriscado para os lucros cumprir padrões fixos nacionais ou internacionais que pudes-

---

411 BARNES, Robert & EILPERIN, Juliet. "High Court Faults EPA Inaction on Emissions" [Tribunal Superior culpa a inação da EPA sobre emissões], *The Washington Post*, 3 abr. 2007.

412 KASLER, Dale. "In Major Coup against Trump, Gov. Gavin Newsom Strikes Climate Change Deal with Carmakers" [Em grande investida contra Trump, governador Gavin Newsom faz acordo com montadoras sobre mudanças climáticas], *The Sacramento Bee*, 25 jul. 2019.

sem resistir ao escrutínio legal, e assim manter o apoio público, do que apostar na permanência dos retrocessos do presidente.

Para as empresas globais, as normas que variam de acordo com o local e o tempo são normalmente mais caras do que as regras estáveis, mesmo as mais rigorosas. "Acreditamos, como empresa, na proteção do meio ambiente, trazendo tecnologia inovadora para o mercado e protegendo o emprego dos norte-americanos", disse um porta-voz da Volkswagen sobre o acordo da Califórnia, talvez esperando que possa ajudar a reabilitar a imagem prejudicada pelo escândalo da fraude nas emissões de gases.

O governo do estado da Califórnia também desempenhou um papel de liderança na organização de uma aliança nacional para se opor ao enfraquecimento dos padrões conduzido por Trump. Vinte e quatro governadores, incluindo três republicanos, pressionaram o presidente a abandonar o plano, juntando-se a ambientalistas e sindicatos. "Padrões rigorosos para veículos protegem as nossas comunidades de poluição atmosférica desnecessária e de custos de combustível", observou o grupo de governadores, assinalando que os carros são "a maior fonte de poluição de carbono nos Estados Unidos".[413] Os cientistas do Conselho desempenharam um papel importante na síntese das provas científicas que respaldaram a posição dos governadores.

Em 2016, a Califórnia atingiu seu objetivo de 2020 de redução dos GEE, baixando os níveis para os mesmos patamares de 1990, um feito impressionante em uma época na qual muitos países e estados não alcançaram suas metas. O Conselho desempenhou um papel fundamental, mas as ameaças à continuidade do progresso são reais. Em 2017, as emissões de escapamento de veículos aumentaram quase 1%, talvez como consequência de uma economia em crescimento. Trinta e dois milhões de californianos respiram ozônio ou ar poluído todos os anos, e as emissões dos veículos são

---

413   TABUCHI, Hiroko. "24 Governors Call for Halt to Emissions Rollback" [24 governadores querem impedir a reversão de emissões], *The New York Times*, 10 jul. 2019.

responsáveis por 40% dos GEE e mais de 40% das emissões formadoras de névoa de fumaça.

A Califórnia tem ainda um longo caminho a percorrer para cumprir seus objetivos de saúde e os requisitos federais de qualidade do ar. A forma como o Conselho, o governo do estado da Califórnia e os ativistas da saúde e do meio ambiente que desempenharam papéis-chave na limpeza do ar californiano se sairão na batalha contínua com políticos como Trump, grupos empresariais contrários à regulamentação e a indústria automotiva e seus aliados dependerá da capacidade futura de mobilizar o apoio público para um ar limpo e uma ação firme para contrariar as atividades humanas e empresariais que conduzem a mudanças climáticas.

Durante o último século, a indústria automobilística aliou-se aos governos dos Estados Unidos e de outros países para conduzir políticas que encorajassem mais pessoas a comprar e a dirigir automóveis. Essa aliança foi criada com base na crença partilhada de que automóveis e caminhões promoveram o crescimento econômico, aumentaram a mobilidade e a liberdade e asseguraram lucros crescentes para a indústria automobilística. Ainda que a fiscalização governamental, frequentemente pressionada pelos ativistas, tenha procurado limitar o impacto adverso dos automóveis, somente as soluções que não comprometessem seriamente o crescimento econômico ou a rentabilidade da indústria puderam sobreviver no interior da estrutura política construída pelo capitalismo contemporâneo.

Hoje, as consequências dessa abordagem comprometem a saúde humana e planetária, bem como a qualidade de vida das cidades. Para evitar o agravamento dos danos provocados pelos automóveis, organizações como o Centro de Segurança Automotiva, alianças municipais e movimentos sociais que promovem o transporte coletivo e ruas seguras em detrimento da cultura do automóvel, além de reguladores governamentais inteligentes, precisarão criar novas alianças que consolidem de maneira sinérgica seus impactos (até hoje separados) para superar o poder e o controle da indústria automobilística e de seus parceiros interessados no crescimento a qualquer custo.

7
Relações sociais
Lucrando com as interações humanas

> Prever uma continuação para isso que está acontecendo [...] não é simplesmente um mau hábito como o da imprecisão ou do exagero. [...] É uma doença mental grave, e suas raízes residem em parte na covardia e em parte na adoração do poder, o que não é totalmente separável da covardia.
> — George Orwell (1968, p. 173-2)

A ascensão do GAFAM

Os gigantes corporativos Google, Amazon, Facebook, Apple e Microsoft, rotulados coletivamente como GAFAM, representam a face mais visível do capitalismo do século XXI. Em sua análise incisiva do que chama de capitalismo de vigilância, Shoshana Zuboff escreve que o GAFAM busca "uma nova fronteira de superávit comportamental na qual *dark data* acerca do seu mundo interno [das pessoas] — suas interações e seus motivos, significados e necessidades, preferências e desejos, humores e emoções, personalidade e disposição, sinceridade e falsidade — são mobilizados em prol de lucro para outros" (Zuboff, 2019, p. 255 [2021, p. 308]).

As interações sociais têm sido sempre uma base para o bem-estar humano. A maneira como os indivíduos se conectam uns aos outros em família, tribo ou comunidade; como encontram os bens e serviços de que necessitam; e como se envolvem com os demais para alcançar objetivos comuns determina suas perspectivas de saúde, doença e sucesso na vida. À medida que as pessoas satisfaziam suas necessidades mais básicas de alimentação, habitação e segurança, passavam a ser capazes de se dedicar às relações com outros indivíduos, o que se tornou importante para estabelecer o respeito próprio, a dignidade e a autonomia, pré-requisitos para o bem-estar psicológico.

Nos dois séculos anteriores, o capitalismo criou métodos engenhosos para extrair lucro do esforço dos trabalhadores e dos recursos naturais da terra. No século XXI, ele desenvolveu uma fonte adicional de receita — os dados comportamentais que as empresas recolhem do hardware e do consumo digital dos clientes. Fazer desses dados uma mercadoria de compra e venda alterou profundamente o modo como as pessoas vivem e interagem umas com as outras.

O GAFAM tomou o imperativo do capitalismo para expandir sua influência a um novo domínio. Ao recolher, monetizar e vender dados que rastreiam a consciência, a atenção e os comportamentos diários das pessoas, o GAFAM e seus concorrentes entre as *Big Techs* adquiriram novas ferramentas poderosas para documentar, influenciar e prever as decisões dos indivíduos. Cada vez mais, empresas de todos os setores utilizam esses recursos para configurar a maneira como as pessoas se ligam umas às outras, como interagem com o consumo e como participam na política, definindo, assim, uma extensão significativa do poder capitalista.

Na transição do capitalismo entre os séculos XX e XXI, muitas empresas transnacionais pretendiam tornar-se, como disse Naomi Klein, leves — empregando o menor número possível de trabalhadores, terceirizando as cadeias de fornecimento para reduzir a responsabilização e produzindo imagens em vez de coisas (Klein, 2017, p. 25-6). Nenhum setor ofereceu melhores oportunidades para realizar esses sonhos corporativos do que as gigantes de tecnologia. As receitas abundantes provenientes dos dados comportamentais permitiram a elas concretizar esse desejo. Neste capítulo, examino como o capitalismo moderno criou o solo no qual o GAFAM pôde crescer e explorar esse novo recurso e descrevo o impacto dessa mudança no bem-estar humano. Inspirado pela epígrafe de Orwell, questiono se considerar a ascensão dessas empresas como inevitável e suas consequências adversas como inescapáveis é simplesmente um mau hábito ou uma covardia intelectual e moral, além de um culto ao poder.

Quem são os membros do clube GAFAM e qual papel desempenham nos Estados Unidos e nas economias globais?

Google. Fundado em 1998, o Google foi o pioneiro no mapeamento da internet em busca de dados da experiência humana que pudesse transformar em mercadorias e na criação de negócios para comercializar esses produtos. No início, os serviços do Google eram gratuitos, atraindo, por exemplo, pessoas para o Gmail como sua conexão com um novo mundo. Uma lista de alguns dos empreendimentos empresariais que o Google (e, após 2015, sua empresa-mãe, a Alphabet) possui ou opera mostra sua penetração na vida cotidiana:

- Google Maps e Google Earth são plataformas de informação geográfica e cartográfica que permitem aos usuários traçar rotas e visualizar imagens tridimensionais de qualquer parte do planeta no telefone celular ou computador.
- O YouTube é uma plataforma de compartilhamento de vídeos que permite aos usuários carregar, visualizar, avaliar, compartilhar e comentar vídeos, bem como se inscrever nos canais de outros usuários. Mais de um bilhão de pessoas assistem a cinco bilhões de vídeos por dia.[414]
- Android é um sistema operacional móvel (SO), adquirido pelo Google em 2005 e concebido principalmente para dispositivos móveis com tela sensível ao toque. O Android tem sido o SO mais vendido em nível mundial para smartphones e tablets, com mais de dois bilhões de usuários ativos mensais em 2017.
- NEST é um distribuidor de produtos de inteligência doméstica que vende alto-falantes e telas inteligentes, dispositivos de streaming, termostatos, detectores de fumaça e sistemas de segurança, incluindo campainhas, câmeras e fechaduras inteligentes. Essas tecnologias permitem aos usuários controlar remotamente as funções domésticas.

---

414 "37 Mind Blowing YouTube Facts, Figures and Statistics — 2020" [37 fatos, dados e estatísticas incríveis sobre o YouTube], *MerchDope*, 26 fev. 2020.

- Sidewalk Labs é um "negócio de inovação urbana" que procura melhorar a infraestrutura urbana por meio de soluções tecnológicas e de ajuda às cidades na utilização de dados para resolver questões como transporte eficiente e uso de energia. A Sidewalk foi criada porque o cofundador do Google, Larry Page, queria uma cidade na qual a sua empresa pudesse fazer experimentações.[415]

Cada uma dessas empresas Google/Alphabet vende produtos aos clientes e também dados dos usuários para o marketing empresarial, que os utiliza para localizar e alcançar clientes potenciais, anunciar a eles e influenciar suas decisões. Com esses e outros negócios, o Google está atento a quase todos os domínios da experiência humana de uma parte substancial da população mundial.

Reconhecendo a autoridade da empresa, o ex-CEO do Google Eric Schmidt observa: "Quase nada, a não ser um vírus biológico, pode prosperar, tão rápida, eficiente ou agressivamente, como essas plataformas tecnológicas, e isso torna poderosas as pessoas que as constroem, controlam e utilizam" (Schmidt & Cohen, 2014, p. 10). Schmidt ainda celebra a falta de regulamentação significativa do respectivo território: "O mundo on-line não está verdadeiramente sujeito a leis mundanas [...], é o maior espaço não governado do mundo". Em 2019, a Google/Alphabet reportou receitas de 161 bilhões de dólares e 119 mil empregados.

Amazon. Sendo o maior e-commerce do mundo e agora o maior varejista mundial, a Amazon vende mais de 353 milhões de produtos. Sua assistente pessoal, a Alexa, ajuda os usuários a encontrar o que precisam na internet e no mundo real. A Amazon também vende computação em nuvem (via Amazon Web Services), streaming e inteligência artificial, fontes prováveis de receitas crescentes nas próximas décadas. Fundada como uma livraria on-line em 1994 por Jeff Bezos, a Amazon se expandiu rapidamente em várias direções.

---

[415] HAWKINS, Andrew J. "Sidewalk Labs Wants to Build a City-within-a-City" [Sidewalk Labs quer construir uma cidade dentro da cidade], *The Wall Street Journal*, 26 abr. 2016.

Algumas de suas subsidiárias são a Twitch, plataforma de transmissão de vídeo ao vivo; o IMDb, base de dados on-line com informação sobre filmes, TV e produções em streaming; a Whole Foods, cadeia de supermercados de luxo que a Amazon comprou em 2017; a Ring, empresa especializada em segurança doméstica; o Zappos, site líder mundial em calçados e vestuário; e o PillPack, Inc., firma de farmácias virtuais adquirida em 2018 para permitir à Amazon entrar no lucrativo negócio de prescrições on-line.[416]

De todos os consumidores on-line dos Estados Unidos, 92% deles, e perto de dois terços de todos os norte-americanos, dizem ter comprado algo da Amazon, que, de longe, é o maior varejista digital.[417] Em 2023, a projeção é que trezentos milhões de pessoas nos Estados Unidos sejam consumidores digitais — ante uma população total de 330 milhões de pessoas. Ao recolher dados sobre as escolhas dos consumidores dessas empresas e da Alexa, a Amazon ocupa um lugar privilegiado na casa de uma parte crescente da maioria dos lares norte-americanos. Ela utiliza esses conhecimentos para o próprio marketing e para vender a outros anunciantes. Embora a Amazon siga o caminho do Google e do Facebook nas vendas de anúncios digitais, a previsão é de um crescimento anual da ordem de 50% nos próximos anos. Isso faz da Alexa uma importante e crescente fonte de lucro a partir do que aprende sobre os clientes através de suas interações.[418] Em 2020, as receitas da Amazon foram de 322 bilhões de dólares, e, em julho de 2020,

---

[416] REIFF, N. "Top 7 Companies Owned by Amazon" [Sete principais empresas que pertencem à Amazon], *Investopedia*, 25 jun. 2019. [Ainda fazem parte do conglomerado empresarial de Jeff Besos a empresa aeroespacial Blue Origin, o serviço de streaming Amazon Prime Vídeo, os estúdios de cinema Amazon Studios e o jornal *The Washington Post*, entre outros — N.E.]

[417] "NPR Marist Poll Results June 2018: Digital Economy" [Pesquisa NPR Marist junho de 2018: economia digital], 2018.

[418] FRANKENFIELD, F. "How Amazon Makes Money: Cloud Services, Advertising and Retail Are Growing Fast" [Como a Amazon faz dinheiro: serviços na nuvem, publicidade e varejo crescem rapidamente], *Investopedia*, 3 jun. 2019.

a companhia declarou ter um milhão de empregados.[419] Tal como para outras *Big Techs*, a pandemia criou novas oportunidades de crescimento para os mercados digitais da Amazon.

Facebook. Principal plataforma de mídia social do mundo, o Facebook [rebatizado como Meta em 2021] surgiu em 2004, e a história de sua fundação em um dormitório de Harvard se espalhou por todo o mundo em obras como o filme *A Rede Social*, de David Fincher, e o livro *Bilionários por acaso*, de Ben Mezrich.

Tal como outros fundadores de *Big Techs*, Mark Zuckerberg apresentou o Facebook como um serviço transformador destinado a melhorar o mundo. Ele rejeitou a estratégia de cobrar dos usuários uma taxa pelo serviço, tal como as companhias telefônicas haviam feito no século anterior. "Nossa missão é conectar todas as pessoas do mundo. Ninguém faz isso através de um serviço pelo qual as pessoas precisam pagar", insistiu ele,[420] esquivando-se do fato de que os dados que o Facebook coletava dos usuários eram a fonte de suas receitas publicitárias, que, em 2019, por exemplo, foram de quase setenta bilhões de dólares, mais do que o quádruplo do arrecadado em 2015.[421] No fim daquele ano, a empresa empregava 44.942 pessoas.

Nos primeiros quinze anos, o Facebook comprou mais de setenta empresas, incluindo o Instagram, com mais de um bilhão de usuários [e o WhatsApp]. Essa aquisição transformou o crescimento da empresa de fraco para proeminente à medida que os adolescentes deixavam as mães como usuárias no Facebook e se mudavam para o Instagram, uma utilização brilhante do marketing direcionado.

---

419 SUMAGAYSAY, Levi. "Amazon Reaches 1 Million Workers Amid Pandemic Hiring Frenzy" [Amazon chega a um milhão de funcionários em meio ao frenesi pandêmico de contratações], *MarketWatch*, 30 jul. 2020.
420 GROSSMAN, Lev. "Inside Facebook's Plan to Wire the World" [Por dentro do plano do Facebook para conectar o mundo], *Time*, 15 dez. 2015.
421 "Facebook's Advertising Revenue Worldwide from 2009 to 2019" [Receita mundial de publicidade do Facebook de 2009 a 2019], Statista, 2019.

Apple. Fundada em 1976 por Steve Jobs e seus sócios, a Apple é uma empresa multinacional de tecnologia que projeta, desenvolve e vende produtos eletrônicos, softwares e serviços on-line. Ao contrário das três empresas GAFAM anteriormente descritas, a Apple comercializa produtos físicos — iPads, iPhones, computadores e relógios. Esses dispositivos permitem aos consumidores introduzir plataformas de mídia social em cada passo da rotina diária, assim como possibilita às empresas rastrear seus clientes. Tal como outras marcas, a Apple apresentou sua própria assistente pessoal, a Siri, cujo software de reconhecimento de voz foi originalmente pensado como um projeto de pesquisa financiado por contribuintes dos Estados Unidos.

Outras ramificações da Apple vendem os conteúdos criativos que os usuários podem consumir em seus aparelhos: a iTunes Store, a iOS App Store, a Apple Music e a Apple TV+. Tal como outras empresas do grupo de gigantes, a Apple coleta dados dessas interações para vender a anunciantes. Em 2020, esperava ganhar dois bilhões de dólares só com os anúncios da App Store.[422] Em termos de receita, é a maior empresa de tecnologia do mundo e se tornou, em 2018, a primeira companhia de capital aberto norte-americana a ser avaliada em mais de um trilhão de dólares.

Microsoft. A mais antiga da família GAFAM, a Microsoft foi fundada em 1975 por Bill Gates e Paul Allen. Ao longo dos anos, adquiriu os principais sites de rede, incluindo o LinkedIn, rede social empresarial e profissional; o Skype, serviço digital global de chat por vídeo; o Hotmail, serviço de webmail; e a GitHub, empresa de desenvolvimento de software e repositório de dados. Em 2019, a GitHub relatou 37 milhões de usuários e mais de cem milhões de centrais locais de armazenamento dos arquivos utilizados para guardar dados.[423]

---

422 FEINER, Lauren. "Apple's App Store Ads Could Be a $2 Billion Business by 2020" [Anúncios da App Store da Apple podem se transformar em negócio de dois bilhões de dólares em 2020], *CNBC*, 22 out. 2018.
423 JOHNSON, K. "GitHub Passes 100 Million Repositories" [GitHub passa de cem milhões de repositórios], *VentureBeat*, 8 nov. 2018. [A Microsoft também é dona do vídeogame Xbox — N.E.]

Pouco depois de se tornar o CEO da Microsoft, em 2014, Satya Nadella anunciou que a Microsoft também estava entrando no negócio de aquisição e venda de dados. Um relatório encomendado pela corporação concluiu que "as empresas que tiram proveito dos seus dados têm o potencial de angariar 1,6 trilhão de dólares em receitas a mais do que as empresas que não o fazem".[424] "A oportunidade que temos nesse novo mundo é encontrar uma maneira de catalisar esse imenso fluxo de dados a partir da computação onipresente e convertê-lo em combustível para a inteligência ambiental", escreveu Nadella, resumindo o novo modelo de negócios do GAFAM.[425]

Várias outras empresas grandes e conhecidas operam em escala mundial no universo que interconecta tecnologia e mídias sociais: IBM, Netflix, Oracle, Tumblr, Twitter e Reddit nos Estados Unidos, e Alibaba, Samsung, TikTok, Huawei, WeChat, HonHai (Foxconn) e Baidu Tieba na Coreia do Sul, em Taiwan e na China. Na última década, algumas empresas chinesas de tecnologia começaram a desafiar o domínio norte-americano no setor, mas será nos próximos anos que essa batalha se concretizará.

Concentro-me aqui nas cinco empresas do clube GAFAM devido à presença diária na vida de muitas pessoas, à influência política e econômica que exercem e ao crescente corpo de estudos sobre suas práticas e impacto social. Em conjunto, essas cinco companhias representam 13% da capitalização de mercado de todo o S&P 500, índice que mede o desempenho das ações de quinhentas grandes empresas cotadas nas bolsas de valores dos Estados Unidos.[426] Mais surpreendente ainda é que, em 2019, ano em que as empresas de tecnologia estiveram sob ataque no Congresso e nos meios de comunicação, o ganho de 40% no parâmetro de referên-

---

424 BORT, Julie. "Satya Nadella Just Launched Microsoft into a New $ 1.6 Trillion Market" [Satya Nadella acaba de lançar a Microsoft em novo mercado de 1,6 trilhão de dólares], *Business Insider*, 15 abr. 2014.
425 NADELLA, Satya. "A Data Culture for Everyone" [Uma cultura de dados para todos], 15 abr. 2014.
426 LEKKAS, Nicolas. "The Big Five Tech Companies and Their Big Five Acquisitions" [As cinco maiores empresas de tecnologia e suas cinco maiores aquisições], *GrowthRocks*, 18 ago. 2021.

cia da S&P para o setor de tecnologia ultrapassou o ganho de 25% no parâmetro de referência global.[427]

Além disso, o GAFAM e suas similares trabalham em estreita colaboração com cada um dos setores descritos nos capítulos anteriores. A Amazon é proprietária da Whole Foods e procura utilizar sua plataforma de entrega em domicílio para se transformar na líder desse segmento. Apple e Google vêm formando parcerias com o ramo de saúde e de pesquisa para recolher, analisar e, eventualmente, vender dados médicos que podem ser utilizados para desenvolver e comercializar novos tratamentos para câncer e outras doenças.[428] Escolas e empresas de testes educacionais de todos os níveis estabeleceram parcerias com Apple, Microsoft e Google para comprar e instalar hardwares e softwares para seus alunos, enviando dados para as empresas a fim de refinar a próxima geração de produtos e condicionar as crianças a depender desses recursos para a aprendizagem ao longo da vida. A Waymo, subsidiária do Google para veículos autônomos, fez uma parceria com a Jaguar para desenvolver um carro da marca totalmente autoconduzido, e a Apple se conectou com a Volkswagen para produzir uma van autônoma para funcionários, enquanto Uber e Facebook se juntaram para criar o Messenger, um app que permite aos usuários se inscrever na Uber e solicitar uma corrida com um só clique.

No romance *The Octopus* [O polvo], de 1901, Frank Norris descreveu a indústria ferroviária que surgia como um polvo predatório que pressionava agricultores, consumidores, pequenas empresas e trabalhadores para extrair lucros por toda a economia. "Cada Estado tem o seu próprio desgosto", escreveu Norris. "Se não é um conglomerado ferroviário, é um conglomerado do açúcar, ou um conglomerado do petróleo, ou um conglomerado industrial que explora o povo, porque o povo o permite. A indiferença do povo é a oportunidade do déspota" (Norris, 2010, p. 202).

---

427 PHILLIPS, Matt. "Giant Stocks Shrug Off Obstacles" [Gigantes da bolsa desviam dos obstáculos], *The New York Times*, 11 dez. 2019.
428 SINGER, N. "Apple Adds Its Muscle to Medicine" [Apple dá sua musculatura à medicina], *The New York Times*, 15 nov. 2019.

Atualmente, as empresas de tecnologia altamente concentradas se tornaram esse polvo, extraindo os próprios rendimentos ao possibilitar a corporações de todos os setores encontrar novas formas de lucrar por meio das inovações de *Big Data* e tecnologias digitais para monitorar, prever e influenciar seus clientes onde estejam.

Os benefícios e custos do GAFAM

Sem dúvida, o GAFAM e afins trouxeram benefícios significativos a bilhões de pessoas. Graças ao Google, qualquer pessoa com acesso à internet pode explorar o conhecimento acumulado do mundo e encontrar, em segundos, o que costumava levar anos ou vidas para aprender. Graças ao Facebook, famílias e amigos podem manter-se em contato pelo país ou pelo planeta, partilhando histórias, fotografias e notícias e fornecendo apoio emocional em momentos de necessidade. Graças à Apple, pais cujos filhos portam telefones podem localizá-los em qualquer lugar, consumidores podem encontrar e comprar o que desejam em segundos, e pacientes podem enviar informações aos médicos sem sair de casa. Graças ao Zoom, milhões de pessoas têm conseguido trabalhar em casa, reduzindo, assim, o risco de infecção por covid-19. É quase inconcebível que alguém abdique voluntariamente dessas vantagens do século XXI para voltar a um mundo desconectado.

Contudo, como demonstrei em relação a alimentos ultraprocessados, medicamentos de precisão e veículos autônomos, as novas tecnologias, por impressionantes que sejam, quando implementadas por corporações gigantescas para obter lucros, implicam também novos custos. Entrar no futuro sem considerar e caracterizar tais custos, pesando as alternativas e iniciando uma conversa em âmbito nacional sobre as opções, é arriscar o bem-estar e a felicidade de nossos filhos e netos.

Nos últimos anos, funcionários públicos, defensores dos consumidores e da privacidade e outros agentes têm contestado o entusiasmo quase universal pela conveniência e pelos benefícios dos produtos e práticas do GAFAM, com preocupações crescentes sobre seu impacto no tecido social e econômico do nosso país e do mundo. Ainda veremos, no entanto, se audiências governamentais, litígios, investigações dos meios de comunicação e novas propostas regulamentares e antimonopólio geradas por esse escrutínio conduzirão a mudanças significativas nas práticas dessas empresas ou no poder político.

Concentro-me aqui no amplo impacto adverso das práticas do GAFAM sobre a saúde, um fator-chave que contribui para os custos que essas empresas impõem à sociedade. Esses impactos podem ser classificados em várias categorias: bem-estar psicológico e saúde mental, consumo de produtos não saudáveis, impacto ambiental e privacidade. E, de acordo com um corpo crescente de pesquisas em saúde, a democracia, o envolvimento cívico e a equidade também são agora entendidos como influências fundamentais no bem-estar, talvez tornando as ameaças do GAFAM a esses valores seu maior custo (Wang, Mechkova & Andersson, 2019; Chandra *et al.*, 2016; Weinstein, Geller, Negussie & Baciu, 2017).

Bem-estar psicológico e saúde mental

Os fundamentos básicos do bem-estar psicológico influenciam a maneira como os indivíduos percebem a si próprios, como interagem com os outros e como participam das redes de relacionamento e comunidades que os definem. Hoje, ao bombardearem as pessoas com mensagens e imagens que influenciam tais resultados, plataformas de redes sociais como Facebook, Instagram, TikTok, Snapchat e Twitter se juntaram à família, às parcerias e à comunidade como elementos determinantes da saúde mental.

Em alguns casos, as redes sociais ajudam os usuários a encontrar amigos com afinidades em comum, extrapolar fronteiras e envolver-se mais plenamente no mundo. Por exemplo, as mensagens de

Instagram que dizem "Você é forte e bonito" para aqueles com problemas de autoimagem corporal podem, de acordo com um estudo, contrabalançar a depressão (Andalibi, Ozturk & Forte, 2017).

Mas um conjunto crescente de evidências também apresenta efeitos nocivos poderosos. Muitos especialistas receiam que o impacto adverso encubra os potenciais benefícios, à medida que as empresas multinacionais que controlam as redes sociais utilizam cada vez mais essas tecnologias de maneiras invasivas, concebidas para aumentar o lucro.

O isolamento social designa um estado psicológico no qual os indivíduos carecem de sentido de pertencimento, de envolvimento autêntico com outros e de relações satisfatórias (Nicholson, 2012). É um indicador tão veemente de morte precoce quanto riscos comprovados como fumo, obesidade ou hipertensão arterial (Pantell *et al.*, 2013) e pode levar a doenças por uma série de vias, incluindo ansiedade e estresse, que, por sua vez, levam a alterações imunológicas, hormonais ou inflamatórias nocivas. O isolamento pode também desencorajar a alimentação saudável, o sono de qualidade e a prática de exercícios e reduzir as relações pessoais, as quais proporcionam intimidade, apoio social e estímulo para a busca de cuidados de saúde, emprego ou assistência (House, 2001).

Mais de um quinto dos adultos nos Estados Unidos (22%) dizem sentir-se frequentemente ou sempre solitários, sem companhia, desprezados ou isolados dos outros. Muitos desses indivíduos afirmam que a solidão teve um impacto negativo em sua vida (DiJulio *et al.*, 2018). Do lado positivo, um estudo que sintetizou levantamentos sobre a solidão de uma amostra nacionalmente representativa de mais de 385 mil estudantes do ensino médio entre 1991 e 2012 encontrou diminuições nos relatos de solidão (Clark, Loxton & Tobin, 2015). No entanto, as conexões reais com outros indivíduos caíram no período, sugerindo que ter poucas relações sociais pode não ser percebido como solidão, tornando, de fato, o isolamento potencializado o novo normal.

Como as redes sociais influenciam a solidão? Com base em uma amostra nacional de jovens adultos entre 19 e 32 anos, pesquisadores examinaram as percepções de isolamento social dessa faixa etária com diferentes níveis de utilização das redes sociais (Primack *et al.*, 2017). Verificaram que os jovens com o período mais prolongado de uso — em média mais de duas horas por dia — apresentavam o dobro da probabilidade de relatar níveis elevados de isolamento social em comparação com aqueles com o período mais curto de uso, em média menos de trinta minutos diários.

Um estudo publicado em 2017 acompanhou o uso do Facebook de mais de cinco mil pessoas ao longo de três anos. A conclusão foi que o uso mais prolongado estava correlacionado a declínios de saúde física e mental e de satisfação com a vida (Shakya & Christakis, 2017). Os autores descobriram que as associações negativas do uso do Facebook eram tão grandes ou até maiores do que o impacto positivo das interações presenciais, sugerindo uma possível competição entre as relações off-line e on-line. Inversamente, outro estudo apontou que deixar de utilizar o Facebook durante uma semana já levava a um aumento da satisfação e a emoções mais positivas (Tromholt, 2016).

Uma conexão aparente entre o prolongado uso de redes sociais e o isolamento é o fenômeno conhecido como *fear of mission out* [medo de ficar de fora], ou FOMO. Um grupo de pesquisadores definiu o FOMO como "sentimentos de ansiedade que surgem da percepção da possibilidade de perder experiências gratificantes que outros estejam vivendo". O FOMO pode ser identificado como uma característica intrapessoal que leva as pessoas a se manterem atualizadas sobre o que os outros estão fazendo, entre outras formas, por meio de redes sociais. Esses pesquisadores encontraram associações entre o uso de plataformas, tais como Facebook e Snapchat, e períodos mais prolongados de utilizações problemáticas das redes sociais (Franchina *et al.*, 2018). O FOMO leva os internautas a uma ansiedade que é um beco sem saída: ficar fora delas pode significar perder a oportunidade de descobrir coisas divertidas que os amigos estão dizendo e fazendo; mas, ao passar tempo demais olhando apenas para a tela, a diversão real com esses amigos é perdida. Qualquer uma das escolhas, contudo, pode levar a novos lucros para as plataformas ou para os anunciantes, que procuram atrair jovens divertidos e adoráveis.

Assim como os criadores de cassinos, as empresas de redes sociais desenham as plataformas para capturar e manter a atenção, para encorajar a compulsão e desviar os usuários de outras atividades, inclusive das interações presenciais. A busca dos usuários do Facebook por mais "curtidas" e amigos os leva a passar cada vez mais tempo on-line, encorajando alguns a desenvolver o que pesquisadores chamam de "vício de Facebook", um risco significativo sobretudo para aqueles que procuram uma exposição perfeita diante do mundo (Rothchild, 2018).

Para outros, um comentário negativo sobre a aparência física ou sobre o conteúdo das postagens pode levar a uma diminuição da autoestima e ao afastamento das interações, tanto virtuais como cara a cara. Naturalmente, sempre há adolescentes sensíveis e propensos a se afastarem do mundo. A diferença das novas redes sociais é sua onipresença e o alcance em vastos segmentos da população, características concebidas por seus criadores para aumentar as receitas publicitárias e fazer com que sejam praticamente impossíveis de escapar.

Entre 2007 e 2018, de acordo com pesquisas de amostras representativas de jovens adultos matriculados na graduação, a prevalência de depressão e ansiedade duplicou, com a ansiedade aumentando 24% e a depressão 34%, índices espantosos (Duffy, Twenge & Joiner, 2019). Embora vários aspectos pareçam ter contribuído nesse sentido, incluindo a insegurança financeira e o aumento do endividamento universitário, o maior isolamento proporcionado pelo uso das redes sociais é um fator prevalente.

Vários estudos indicam que os jovens adultos que mais utilizam redes sociais têm taxas de depressão mais elevadas. A análise de uma amostra representativa de jovens adultos norte-americanos com idades entre 19 e 32 anos (universitários ou não) descobriu que aqueles com "uso problemático das redes sociais" — marcado por características de outros comportamentos viciantes, como modificação do humor, intolerância e distanciamento — eram significativamente mais propensos a relatar sintomas de depressão do que os usuários regulares (Shensa *et al.*, 2017). Os pesquisadores supõem que os compulsivos negligenciam aspectos mais construtivos da vida, internalizam experiências virtuais, envolvem-se em comparações excessivas com outros ou dormem pouco. Todos esses são caminhos possíveis para a depressão.

As plataformas das redes sociais também criam oportunidades de bullying, um fenômeno que tem atraído a atenção de legisladores, ativistas e profissionais da saúde mental. Crianças sempre intimidaram outras crianças, e pais sempre tentaram proteger os filhos. Mas o capitalismo moderno alterou fundamentalmente o contexto. Em primeiro lugar, permitiu a privatização da esfera pública digital, deixando para as grandes empresas, e não para famílias ou comunidades, o controle de como as crianças tratam umas às outras nesse novo espaço. Em segundo, as empresas acumularam o capital e a tecnologia para tornar seus dispositivos quase universalmente disponíveis. Agora é tão fácil partilhar mensagens de intimidação com um milhão ou um bilhão de pessoas quanto com a vítima pretendida. Em terceiro lugar, o surgimento do capitalismo de vigilância deu às empresas de redes sociais a capacidade de documentar, registrar e analisar cada ato de cyberbullying e vender o que se descobre a anunciantes, governos ou outras partes interessadas.

Ao contrário do bullying presencial, o digital costuma ser anônimo, com o conteúdo frequentemente visível para segmentos substanciais do mundo da vítima. Entre os problemas de saúde atribuídos ao cyberbullying, estão sintomas depressivos de moderados a graves, uso de substâncias, além de pensamentos e tentativas suicidas (Fisher, Gardella & Teurbe-Tolon, 2016). Os executivos do Facebook e do Twitter não criaram intencionalmente plataformas para promover o bullying. Mas características de design motivadas pelo lucro, tais como os botões "Curtir" e "Não curtir", comentários e cálculos de alcance e influência dos usuários, mantém sempre on-line aqueles "viciados" nessas mídias. Combinadas com a resistência ativa dessas empresas à regulamentação eficaz, essas tendências tornam inevitável a utilização das redes sociais para assediar e depreciar os outros.[429]

---

[429] "The Decade Tech Lost Its Way: An Oral History of the 2010s" [A década tecnológica perdeu o rumo: uma história oral dos anos 2010], *The New York Times*, 15 dez. 2019.

A conclusão é que, quer as redes sociais sejam fisiologicamente viciantes, como alguns pesquisadores postulam, quer sejam psicologicamente formadoras de hábito, a sua "aderência", como escreve o pesquisador britânico Mark Griffiths, é concebida, de forma intencional, para "fazer os usuários (muitos dos quais adolescentes) voltarem repetidamente", assim expondo cada um deles a um maior risco de depressão, ansiedade, isolamento, bullying e outras experiências negativas (Griffiths, 2018).

Apesar do senso comum de que millennials e jovens da geração Z (os nascidos entre meados dos anos 1990 e 2000) adoram as redes sociais, um estudo da Deloitte de 2019, com mais de 13.400 millennials em 42 países e territórios e mais de três mil jovens da geração Z em dez países, constatou que, para 55% deles, as redes sociais, no geral, fazem mais mal do que bem. Quase dois terços (64%) dos millennials disseram que seriam fisicamente mais saudáveis se reduzissem o tempo gasto nas redes sociais, e seis em cada dez disseram que isso os tornaria mais felizes.[430]

Consumo de produtos insalubres

As variantes do capitalismo tanto do século XX quanto do XXI dependeram, para sua sobrevivência, de um crescimento econômico contínuo impulsionado pelo consumo pessoal. Ele representa cerca de 70% do PIB dos Estados Unidos, contra 62% em 1960. Em 2018, as famílias norte-americanas gastaram 12,9 trilhões de dólares em bens e serviços.[431] Quando a economia fraqueja, como aconteceu

---

[430] "The Deloitte Global Millennial Survey 2019" [Pesquisa global sobre millennials 2019], 2019.

[431] AMADEO, Kimberly. "Personal Consumption Expenditures, Statistics, and Why It's Important: What Do Americans Really Spend Their Money On?" [Despesas pessoais, estatísticas e por que isso é importante: no que os norte-americanos realmente gastam seu dinheiro?], *The Balance*, 25 jun. 2019.

durante a Grande Recessão e desde 2020 com o início da pandemia, os decisores políticos e as empresas se empenham urgentemente em encorajar as famílias do país a gastar mais.

A contribuição do GAFAM para esse imperativo econômico tem sido a de tornar cada vez mais fácil o consumo. Um ou dois cliques levam mantimentos, roupas, eletrônicos, livros, álcool, tabaco ou remédios à porta de quase todas as casas. O marketing digital desses e de outros produtos permite aos vendedores encontrar o momento e o meio oportunos para fazer a abordagem e a venda. As empresas de tecnologia criam centenas de novos produtos, desde iPhones a assistentes pessoais como Alexa e Siri até dispositivos de segurança e proteção doméstica como o NEST, para estimular os clientes a gastar mais.

Em 2023, o mercado global do comércio eletrônico valerá cerca de 2,8 trilhões de dólares, um aumento de quase 60% em relação a 2018.[432] A China tem o maior comércio eletrônico da economia mundial, seguida pelos Estados Unidos. Nesse país, a Amazon tem a maior participação do setor. Nas próximas décadas, a expectativa é que pedidos de comida por aplicativo, as contínuas migrações para compras no varejo digital e o consumo de entretenimento por streaming contribuam para o crescimento permanente do e-commerce.

A economia digital e a expansão do comércio eletrônico oferecem aos consumidores alguns benefícios claros: mais escolhas, menos tempo, menos viagens necessárias para fazer compras e, em alguns casos, preços mais baixos. Mas facilitar a compra e gastar mais implica diversas consequências nocivas para a saúde individual e pública.

Primeiro, a economia digital facilita a compra e a venda de produtos nocivos, como tabaco, álcool, alimentos não saudáveis, armas de fogo e medicamentos e drogas ineficazes, inapropriados ou ilegais. Os mercados de comércio eletrônico facilitam a vendedores e compradores escapar da regulamentação, que, muitas vezes, ainda está centrada na economia não digital. À medida que autoridades eleitas e reguladores preenchem essas lacunas legais, as empresas procuram novas maneiras de escapar ou atrasar regras, limpar sua

---

[432] "Digital Economy 2019" [Economia digital 2019], Statista, 2019.

imagem — ou desenvolver práticas mais responsáveis que não comprometam os lucros.

De fato, produtores de tabaco e cigarros eletrônicos, alimentos e bebidas não saudáveis e álcool desenvolveram sofisticadas estratégias de marketing digital para atrair várias faixas de consumo. Adolescentes e jovens adultos, grandes consumidores desses produtos e alvos especialmente importantes, são candidatos promissores a se transformar em clientes vitalícios, dado que já não estão protegidos pela regulamentação que limita o marketing às crianças mais novas. As campanhas publicitárias digitais dessas empresas se espelham nas de Marlboro, Coca-Cola, McDonald's, Juul e Anheuser-Busch InBev, os quais são agora os verdadeiros modelos de saúde de crianças e jovens dos Estados Unidos.

Mas a capacidade desses fabricantes de produtos não saudáveis de chegar a centenas de milhões de jovens em todo o mundo depende das plataformas criadas por Amazon, Facebook e Google e dos dados comportamentais que essas empresas vendem para orientar as mensagens e incitar os clientes a comprar seus produtos.

Alguns exemplos ilustram o alcance e o impacto do marketing digital de produtos não saudáveis. Como os jovens passam menos tempo assistindo à televisão e mais tempo em outras telas, as empresas de alimentos têm migrado o marketing para esses novos meios de comunicação. Esses anúncios promovem quase exclusivamente produtos calóricos e pobres em nutrientes, tais como fast-food, bebidas açucaradas, doces e salgadinhos (Frazier & Harris, 2018), e os pesquisadores têm demonstrado que a visualização desses anúncios com maior constância leva ao aumento do consumo (Glickman, 2012; Harris & Fleming-Milici, 2019). Tal eficácia faz com que os fabricantes de alimentos gastem mais de treze bilhões de dólares por ano em todas as formas de marketing.[433]

---

[433] "Food Industry Self-Regulation after 10 Years: Progress and Opportunities to Improve Food Advertising to Children" [Autorregulamentação da indústria de alimentos após dez anos: avanços e oportunidades para melhorar a publicidade de alimentos para crianças], UConn Rudd Center for Food Policy & Obesity, 2017.

Adolescentes e jovens adultos formam um mercado promissor e rentável para essas empresas. Carol Kruse, executiva de marketing da Coca-Cola, explicou a uma revista especializada: "Estamos focados especialmente em um público adolescente ou jovem adulto. Eles estão sempre no celular e passam uma quantidade imensa de tempo na internet". Kruse observou que a pesquisa financiada pela Coca-Cola descobriu que, "sim, de fato, uma presença de publicidade digital pode criar uma conexão emocional e encorajar os consumidores a comprar mais dos nossos produtos".[434]

A partir do programa MyCokeRewards, a empresa inscreve os usuários (usando um código que vem na tampa da garrafa) em concursos e brindes, rastreando dados de cada visitante. Uma empresa de análise de consumidores explica que isso dá à Coca-Cola "montanhas de dados" que podem ser utilizados para personalizar o visual e o envio de mensagens para uma determinada rede, e-mails ou conteúdos para celular, ou para enviar uma oferta exclusiva. Em 2009, cerca de 285 mil consumidores do refrigerante introduziam em média sete códigos por segundo na página do MyCokeRewards. Adolescentes e jovens adultos têm as taxas mais elevadas de consumo de refrigerantes, e esses são o produto mais associado a aumentos globais de obesidade e diabetes (Imamura *et al.*, 2015).

Outras estratégias da indústria alimentícia para atingir crianças e jovens com anúncios digitais passam por criar ambientes imersivos que envolvem os jovens em narrativas relacionadas com os produtos; infiltrar redes de convivência para alistar os jovens, muitas vezes involuntariamente, como "embaixadores da marca" nas redes sociais; utilizar marketing baseado na localização e nos celulares para atingir clientes à medida que passam ou entram nos pontos de

---

[434] Kruise *apud* "The New Age of Food Marketing: How Companies Are Targeting and Luring Our Kids — and What Advocates Can Do about It" [A nova era do marketing de alimentos: como as empresas estão direcionando e atraindo nossos filhos — e o que os defensores podem fazer sobre isso], Center for Digital Democracy/ Public Health Law and Policy/ Berkeley Media Studies Group, out. 2011, p. 10.

venda; e estudar e desencadear reações inconscientes aos alimentos que vão aumentar o desejo e o consumo.[435]

Empresas de álcool e tabaco utilizam estratégias semelhantes nas redes sociais. A comercialização dos cigarros eletrônicos Juul aos jovens fornece um estudo de caso instrutivo. A publicidade digital enfatizava os sabores atraentes e o aspecto moderno dos produtos. O Juul foi chamado de "iPhone dos cigarros eletrônicos" por um avaliador entusiasmado (Cantrell *et al.*, 2017). A promoção digital e outras promoções de cigarros eletrônicos, incluindo o envolvimento de jovens embaixadores da marca que utilizaram as redes sociais para promovê-lo, contribuíram para um aumento da utilização por adolescentes e jovens adultos, um fator que amplificou o número de lesões pulmonares e mortes ligadas aos cigarros eletrônicos, relatadas pela primeira vez em 2019.[436]

Com base em um estudo das práticas de marketing do Juul entre 2015 e 2018, pesquisadores da Universidade Stanford concluíram:

> A imagem publicitária do Juul em seus primeiros seis meses no mercado foi claramente orientada para os jovens. Durante os dois anos e meio seguintes, ela foi mais silenciosa, mas a publicidade da empresa foi amplamente distribuída nos canais das redes sociais frequentados pela juventude, ampliada por extensões de *hashtag* e catalisada por influenciadores e afiliados remunerados. (Jackler *et al.*, 2019)

Quando as práticas de marketing do Juul foram atacadas no Congresso, nos meios de comunicação e na Justiça, seus executivos defenderam-se com indignação, insistindo que não faziam publicidade para os jovens e estavam determinados a oferecer apenas um produto que ajudasse os tabagistas a deixar de fumar, e não a viciar

---

435 "The New Age of Food Marketing", *op. cit.*

436 KNOWLES, Hannah & SUN, Lena H. "What We Know about the Mysterious Vaping-Linked Illness and Deaths" [O que sabemos sobre as misteriosas doenças e mortes relacionadas ao cigarro eletrônico], *The Washington Post*, 14 nov. 2019.

os jovens em nicotina.[437] A argumentação fazia recordar o Cartel de Medellín ou a Purdue Pharma [fabricante do OxyContin], batendo na tecla de que nunca desejaram que alguém fizesse mau uso de suas mercadorias. Notável ainda é que poucos analistas culparam o Facebook e outras plataformas de redes sociais por permitir que o Juul divulgasse seus produtos de forma tão onipresente.

A relevância das redes sociais na vida de milhões de pessoas e as conveniências que isso proporciona aos consumidores fazem com que o seu poder atual pareça inevitável, e o objetivo de limitar a exposição, quixotesco, na melhor das hipóteses. Porém não foi realizado nenhum referendo democrático sobre o que as pessoas realmente desejam das redes sociais. Será que os pais e as comunidades optariam por limitar a capacidade dos grandes conglomerados de alimentos, álcool e tabaco de estabelecer parcerias com as *Big Techs* para comercializar produtos associados a doenças evitáveis, mortes prematuras e aumento das desigualdades na saúde? Se perguntassem aos pais e aos consumidores se eles gostariam de acabar com o controle, agora mais dissimulado, dessa comercialização, com o propósito de melhor orientar e vender esses produtos, o que eles decidiriam? Por ora, o GAFAM e os fabricantes de produtos não saudáveis evitaram, majoritariamente, esses debates públicos, permanecendo confiantes de que seu poder e sua influência política são suficientes para derrubar tais medidas.

Poluição e consumo insustentável

Empresas de tecnologia e seus parceiros também minam o bem-estar ao contribuir para o aumento do consumo que impulsiona as alterações climáticas induzidas pelo homem, a poluição dos oceanos e do

---

[437] RICHTEL, Matt & KAPLAN, Sheila. "Investigators Ask if Vaping Ads Tried to Hook Teenagers for Life" [Investigadores questionam se publicidade do cigarro eletrônico tentou fisgar adolescentes para o resto da vida], *The New York Times*, 27 ago. 2018.

solo com plásticos, a destruição das florestas tropicais e uma ideologia que valoriza o consumo como um caminho para a identidade e a realização.[438]

Como Tatiana Schlossberg explica em *Inconspicuous Consumption* [Consumo imperceptível], o alcance do comércio eletrônico amplia cada um desses custos (Schlossberg, 2019, p. 9-63). Mais de dois terços dos norte-americanos já encomendaram algo on-line, representando cerca de 9% de todo o varejo nos Estados Unidos e a adição de cerca de 474 bilhões de dólares à economia a cada ano.[439] Em 2018, as vendas de comércio eletrônico em todo o mundo atingiram quase três trilhões de dólares, e, desde 2011, o percentual de compras on-line duplicou.[440] As quarentenas impostas para controlar a covid-19 aceleraram ainda mais essa mudança para o comércio eletrônico.

Além disso, o e-commerce gera resíduos em todas as fases. Embora a Amazon se esforce para oferecer embalagens menos poluentes, os 608 milhões de pacotes enviados todos os anos levam a mais florestas cortadas, maior utilização de energia e descarte de resíduos. Como as empresas competem por uma entrega mais rápida, acabam utilizando mais transporte aéreo, o que é mais poluente do que navios, ferrovias ou caminhões. Todos os dias, o comércio eletrônico põe cem mil aviões no ar; vinte milhões de encomendas para entrega; e 1,1 milhão de smartphones em transporte. Embora apenas 1% da carga global em termos de volume viaje em aviões, isso representa 35% do montante em dólares do comércio global. A Boeing estima que a proporção do comércio despachado por via aérea vai duplicar nas próximas duas décadas.[441]

---

438 *The Story of Stuff* [A história das coisas], curta-metragem de Annie Leonard, disponível no YouTube.
439 "Number of Digital Shoppers in the United States from 2016 to 2021 (in Millions)" [Número de compradores digitais nos Estados Unidos de 2016 a 2021 (em milhões, 2021)], Statista, 2021.
440 KROLL, Sonja. "Retail E-Commerce Sales Rising; Evergage Expands into Europe" [Vendas de e-commerce aumentam no varejo; Evergage se expande na Europa], *Retail Tech News*, 15 fev. 2018.
441 "Boeing Forecasts Air Cargo Traffic Will Double in 20 Years" [Boeing prevê que tráfego de carga aérea dobrará em vinte anos], 16 out. 2018.

Na imaginação popular, empresas como Amazon, Google e Facebook vivem na nuvem — o que as torna um modelo para indústrias limpas do século XXI. Na realidade, porém, as empresas de tecnologia dependem de hardware, software e de uma infraestrutura com presença física. Uma equipe de investigação do *Washington Post* descobriu que a indústria dependia de cadeias de fornecimento poluentes em todo o mundo. O cobalto é um metal utilizado na produção de baterias de íon-lítio para smartphones, notebooks e veículos elétricos. Sessenta por cento do fornecimento mundial de cobalto vem do Congo, onde cerca de cem mil mineiros, incluindo crianças, utilizam ferramentas manuais para extraí-lo de túneis subterrâneos. Mortes e ferimentos são comuns, e a exploração de minérios expõe as comunidades à poluição do ar e da água, associada a problemas de saúde.

Em resposta à investigação do *Washington Post*, a Apple afirmou que pretende aumentar o escrutínio de seus fornecedores de cobalto, essencialmente empresas sediadas na China.[442] Mas, como disse um analista dessa indústria ao *Washington Post*, a preocupação "vem à tona de vez em quando. E é recebida com gestos dramáticos — e então sai de cena novamente". O espírito desregulado do capitalismo moderno, elevado a novas alturas pela administração Trump, facilitou para as empresas de tecnologia não precisarem lidar com essa hesitação.

A grafita é um mineral utilizado para fazer baterias de íon-lítio. Em Guangxi, região autônoma da República Popular da China, fábricas produzem a matéria-prima que é vendida para Samsung, Panasonic e, até recentemente, Apple. Essas empresas promovem suas baterias como sendo a tecnologia limpa que vai reduzir o aquecimento global, mas, em Guangxi, poluem o ar e a água, danificam as colheitas e cobrem as casas e as superfícies com poeira cinzenta. Os aldeões disseram ao *Washington Post* que os esforços de limpeza não deram certo porque os funcionários locais são aliados dos executivos das empresas e valorizam mais o crescimento econômico do que a saúde.[443]

---

[442] FRANKEL, Todd D. "The Cobalt Pipeline" [O duto de cobalto], *The Washington Post*, 30 set. 2016.
[443] WHORISKEY, Peter. "In Your Phone, in Their Air" [No seu telefone, no ar deles], *The Washington Post*, 2 out. 2016.

O lítio, outro metal utilizado para produzir baterias, é extraído na Argentina e no Chile, no deserto do Atacama. As comunidades indígenas receiam que as minas venham a esgotar a água, que já é escassa. Uma placa pintada à mão em uma comunidade diz: "Nós não comemos pilhas. Eles levam a água, a vida desaparece". Panasonic, Tesla e Apple são algumas das empresas que compram lítio extraído no Atacama. Um porta-voz da Apple afirmou ao *Washington Post*: "A Apple está profundamente empenhada na extração responsável de materiais para os nossos produtos. Em breve, lançaremos avaliações *in loco* dos nossos principais produtores de lítio."[444] Assim como outras indústrias prejudiciais à saúde, as empresas de tecnologia aprenderam que prometer investigação e ação após a divulgação pública de práticas nocivas é menos dispendioso do que se antecipar e prevenir.

A criação de produtos com ciclos de vida curtos é outra estratégia para aumentar o consumo. No início do século XX, Alfred Sloan, um líder de longa data da General Motors, desenvolveu o conceito de obsolescência programada, a prática de desenhar um produto com um tempo de vida artificialmente limitado, de modo a torná-lo obsoleto, antiquado ou não mais funcional após um curto período (Bulow, 1986). Em contraste com Henry Ford, que construiu carros robustos e acessíveis para fomentar um mercado de massa para o seu Modelo T, Sloan construiu carros vistosos, que reforçam o status social para encorajar os consumidores a trocar de veículo depois de certo tempo. O historiador Daniel Boorstin explicou que Sloan

> [visava] aquilo que denominou de classe de mercado de massa. Ele viu que o futuro da economia norte-americana não estava apenas no fornecimento de máquinas para fazer coisas nunca antes feitas. Os norte-americanos estariam sempre dispostos a procurar uma máquina ligeiramente melhor, ligeiramente mais atraente e ligeiramente mais nova para fazer o que já estava sendo feito. A economia dos Estados

---

[444] FRANKEL, Todd D. & WHORISKEY, Peter. "Tossed Aside in the 'White Gold' Rush" [Deixado de lado na "corrida do ouro branco"], *The Washington Post*, 19 dez. 2016.

Unidos, então, teria de crescer *através da substituição de objetos ainda utilizáveis*. [...] Os norte-americanos subiriam a ladeira do consumo, abandonando o novo pelo mais novo. (Boorstin, 1974, p. 554)

Um século mais tarde, Zuckerberg, Cook, Bezos, Schmidt e outros CEOs da tecnologia estão seguindo com afinco o slogan de Sloan. As novas características dos iPhones 10, 11 e 12 são hoje equivalentes às mudanças do Cadillac nas décadas de 1950 e 1960. Seguindo o imperativo do crescimento capitalista, as empresas de tecnologia devem estar prontas para substituir cada novo dispositivo que vendem por um produto novo e mais apelativo antes que um concorrente apresente algo melhor ou mais barato.

Em entrevista ao *New York Times*, Philip W. Schiller, chefe de marketing da Apple, explicou que, depois do fenomenal sucesso na venda de iPods (quatrocentos milhões de unidades vendidas até o fim de 2019), para manter a sua fatia de mercado e aumentar os lucros a Apple concebeu um novo produto que tornaria os quatrocentos milhões de iPods obsoletos e levaria a maioria deles a ser descartada. A decisão criou novos empregos e promoveu o crescimento econômico, mas também aumentou a mineração de metais raros em áreas ambientalmente sensíveis, forçou mais crianças a trabalhar nessas minas perigosas, criou montanhas de resíduos e produziu mais carbono para transportar os novos iPhones aos milhões de clientes — e os antigos iPods ao depósito de lixo.[445]

A globalização, as tecnologias em rápida mudança, o marketing mais incisivo e o forte desejo de marcar o status social a partir do consumo e da fidelidade de marca facilitaram essa tarefa. Até 2016, o mundo gerou 44,7 milhões de toneladas métricas de resíduos eletrônicos (Baldé *et al.*, 2017). Todos os anos, globalmente, são postos em produção cerca de um bilhão de celulares e trezentos milhões de computadores. A Agência de Proteção Ambiental dos Estados Unidos estima que, no país, 152 milhões de celulares, 52 milhões de computadores e 36 milhões de monitores sejam des-

---

[445] "The Decade Tech Lost Its Way: An Oral History of the 2010s", *op. cit.*

cartados todos os anos, e menos de 20% de todo o lixo eletrônico é devidamente reciclado.[446]

Uma análise recente dos perigos para a saúde dos resíduos eletrônicos concluiu que a exposição contribui para a desregulação endócrina, anomalias de reprodução, anormalidades cerebrais e distúrbios na expressão genética, ameaças que podem desencadear futuras epidemias globais (Shah, Rasheed & Anjum, 2019). Outra análise relatou que a exposição ao lixo eletrônico estava ligada a mudanças na função tireoidiana, na expressão e na função celular, a resultados neonatais adversos, mudanças no temperamento e no comportamento, baixo rendimento cognitivo e diminuição da função pulmonar (Grant *et al.*, 2013). Crianças, especialmente as que trabalham em centros informais de reciclagem de lixo eletrônico, outros trabalhadores que lidam com esses resíduos, pessoas que vivem perto de instalações que facilitam a contaminação da água potável e as que vivem em países com sistemas regulatórios insuficientes se encontravam em maior risco.

Privacidade

Políticas e práticas de privacidade do setor da tecnologia têm criado uma onda de debates públicos. Políticos, jornalistas, ativistas da privacidade e até mesmo trabalhadores das empresas GAFAM manifestaram preocupações sobre a maneira como as corporações equilibram suas obrigações para com acionistas e o público.

Ao longo do século XX, a privacidade passou a ser considerada um fundamento essencial da saúde, bem como um direito humano básico com alguma proteção constitucional nos Estados Unidos. A privacidade se transformou no espaço no qual os indivíduos têm

---

[446] "Electronics Waste Management in the United States through 2009" [Gerenciamento de resíduos eletrônicos nos Estados Unidos até 2009], US Environmental Protection Agency, maio 2011.

autonomia para tomar decisões sobre sua vida, no qual podem alcançar a dignidade que vem com a autossuficiência e a independência e exercer o direito de serem deixados em paz (Davies, 2018, loc. 430). No passado, escreveu Tim Wu, "a privacidade era o padrão, as intromissões comerciais, a exceção" (Wu, 2016, p. 342).

Nas últimas décadas, porém, dois centros de poder, agindo por vezes separadamente, por vezes em conjunto, têm desafiado o direito à privacidade. As empresas, especialmente o GAFAM, desenvolveram novas tecnologias para invadir o espaço que antes era privado, coletando os dados mais íntimos a fim de vendê-los ao marketing empresarial. E, especialmente após os ataques do Onze de Setembro, os governos conceberam novas maneiras de controlar a comunicação e o comportamento que percebem como ameaça.

Alguns exemplos evidenciam certas maneiras pelas quais as empresas de tecnologia invadem a privacidade. O *Wall Street Journal* adverte que a corrida do 5G poderia "deixar a privacidade individual na poeira". As redes celulares da quinta geração são concebidas para ser mais rápidas, inteligentes e fáceis de manter do que as predecessoras.[447] Muitas pessoas veem o 5G como uma extensão natural e desejável do desenvolvimento da banda larga *wireless*, mas ele trará às empresas de tecnologia formas mais rápidas e invasivas de vender aos anunciantes e varejistas os nossos dados comportamentais, aumentando significativamente seu poder de observar e comercializar produtos e serviços a usuários em tempo real.

Fabricantes de medicamentos podem controlar quantos comprimidos os pacientes estão realmente tomando. Os varejistas podem utilizar a tecnologia 5G para rastrear os compradores, permitindo aos gerentes de loja saber quando um cliente está examinando um produto e utilizando software de reconhecimento facial para entregar instantaneamente mensagens de marketing personalizadas. Essas novas tecnologias permitirão aos varejistas tradicionais

---

[447] FITZGERALD, Drew. "5G Race Could Leave Personal Privacy in the Dust" [Corrida do 5G pode deixar privacidade na poeira], *The Wall Street Journal*, 12 nov. 2019.

competir com a Amazon na previsão e no estímulo de comportamento dos clientes.[448]

Em um estudo de 2013, pesquisadores da Universidade de Cambridge e da Microsoft analisaram as "curtidas" do Facebook de 58.466 norte-americanos. Utilizando esses dados, poderiam "prever com precisão uma gama de atributos pessoais altamente sensíveis, incluindo orientação sexual, gênero, etnia, visões religiosas e políticas, traços de personalidade, inteligência, felicidade, uso de substâncias viciantes, separação dos pais" (Kosinski, Stillwell & Graepel, 2013). Ao vender esses dados para marketing, o Facebook converte as informações pessoais dos usuários em um bem comercializável que será usado para atingir pessoas com mensagens publicitárias personalizadas. Por vezes, isso conduz a resultados macabros. Um homem com câncer de próstata que usava o Facebook para procurar informação sobre tratamentos, por exemplo, começou a receber anúncios de casas funerárias.[449]

Outras preocupações de privacidade surgem dos esforços de grandes empresas de tecnologia para abrir caminho a um mercado de 3,5 trilhões de dólares no setor de saúde dos Estados Unidos. O Projeto Nightingale é uma parceria entre o Google e a Ascension, uma rede católica de saúde que é o segundo maior plano de saúde do país. O projeto agregará dados que incluem resultados de exames laboratoriais, diagnósticos médicos e registros hospitalares em uma base de dados que fornecerá históricos completos de saúde com nomes de pacientes e datas.

Pelo menos 150 funcionários do Google têm acesso aos dados, embora nem os pacientes, nem os médicos tenham sido notificados. Os especialistas em privacidade disseram que o projeto não parecia violar o disposto na Lei de Portabilidade e Responsabilidade

---

448 FITZGERALD, Drew, *op. cit.*
449 WOOLLASTON, Victoria. "Facebook Slammed after Advertising Funeral Directors to a Cancer Patient: Promotions Appeared after Sufferer Goggled disease" [Facebook é criticado após publicidade de agentes funerários a paciente com câncer: promoções apareceram após vítima pesquisar informações sobre a doença no Google], *Daily Mail*, 11 mar. 2015.

dos Seguros de Saúde de 1996, a principal legislação de privacidade médica do país, por permitir a fornecedores médicos partilhar dados com parceiros comerciais sem informar aos pacientes, desde que a informação fosse utilizada "apenas para ajudar a entidade coberta a realizar suas funções de cuidados de saúde". Contudo, o Google também os tem utilizado para criar novos softwares, embasados em inteligência artificial e *machine learning* (aprendizagem automática de máquinas), para identificar as alterações sugeridas nos cuidados de saúde desses pacientes.[450]

As corporações defendem vigorosamente suas práticas de privacidade. "Se você faz algo e não quer que ninguém saiba, talvez devesse, antes de tudo, não fazer isso", sugeriu Eric Schmidt, então CEO do Google. Ao que Edward Snowden, o denunciante que vazara informações confidenciais, respondeu: "Argumentar que você não se preocupa com o direito à privacidade porque não tem nada a esconder não é diferente de dizer que você não se preocupa com a liberdade de expressão porque não tem nada a dizer" (Snowden, 2015).

Empresas de tecnologia afirmam que os clientes querem a publicidade direcionada que a vigilância propicia, porque assim podem ter escolhas mais embasadas. Mas, na prática, como observa o jornalista Michael Wolff, "se as pessoas podem evitar a publicidade, evitam. [...] Assim que descobrem como contorná-la, não voltam atrás".[451] Executivos de empresas de tecnologia argumentam que assistentes pessoais digitais, como Alexa e Siri, utilizam dados de vigilância para ajudar os clientes a negociar as complexidades da vida moderna. Para alguns usuários, porém, observa Tim Wu, esses serviços "parecem mais um *stalker* do que um manobrista, seguindo os usuários por toda a web" (Wu, 2016, p. 323).

Embora a privacidade seja um direito dos indivíduos, ela é também um bem coletivo. O defensor britânico da privacidade e aca-

---

450 COPELAND, Rob. "Google's 'Project Nightingale' Gathers Personal Health Data on Millions of Americans" [Projeto Nightingale do Google reúne dados pessoais de saúde de milhões de americanos], *The Wall Street Journal*, 11 nov. 2019.
451 WOLFF, Michael. "Ad Blockers Impair Digital Media" [Bloqueadores de anúncios prejudicam mídias digitais], *USA Today*, 13 set. 2015.

dêmico Simon Davies escreveu que "a sociedade fica melhor se os indivíduos elevarem seus níveis de privacidade" (Davies, 2018, loc. 1421). E Rikke Frank Jørgensen, do Instituto Dinamarquês para os Direitos Humanos, explica:

> Para mim, a questão foi sempre política — e sempre profundamente enraizada no poder. A privacidade, para mim, sempre teve a ver com o estabelecimento de limites ao poder — seja ele o poder estatal, seja comercial. É uma premissa determinante para uma sociedade livre e aberta — tanto em nível individual quanto social. (Davies, 2018, loc. 1492)

Na Europa, advogados e ativistas de direitos humanos insistiram que o direito à privacidade incluía o "direito de ser esquecido", o que significava o direito de remover das bases de dados digitais informações que não fossem verdadeiras, ou que fossem prejudiciais ou obsoletas. Quando o Google e um jornal se recusaram a excluir uma antiga história sobre dívidas comerciais, Mario Costeja, empresário espanhol, ingressou com uma ação judicial que acabou chegando ao Tribunal de Justiça da União Europeia. O tribunal decidiu que as empresas de pesquisa comercial, como o Google, que coletam informações pessoais com fins lucrativos, devem eliminar links para informações privadas quando solicitado, desde que fique comprovado que as informações já não são relevantes. Os juízes decidiram que o direito fundamental à privacidade é maior do que o interesse econômico da empresa comercial e, em algumas circunstâncias, do que o interesse público no acesso à informação. "Graças a essa decisão", disse Costeja, "existe agora o direito a ser esquecido incluído no Regulamento Geral de Proteção de Dados [da União Europeia], com regras comuns para 747 milhões de pessoas em toda a Europa".[452]

Amazon, Google e outras empresas anunciam regularmente novas iniciativas de privacidade, muitas vezes após suas violações de privacidade terem atraído a atenção. Mas, de algumas manei-

---

452 "The Decade Tech Lost Its Way: An Oral History of the 2010s", *op. cit.*

ras primordiais, o objetivo empresarial de inscrever mais usuários e fazê-los passar mais tempo on-line é antitético em relação ao objetivo de salvaguardar a privacidade. Na ausência de regulamentação, quando as empresas possuem dados sobre nosso comportamento, crenças e preferências, elas decidem quando e como utilizá-los.

Em última análise, a privacidade revela questões de poder. Quem tem o direito de estabelecer limites contra invasões corporativas e governamentais na vida cotidiana das pessoas? Em 2010, numa entrevista ao Washington Ideas Forum, Eric Schmidt, CEO do Google, observou que "a política do Google é chegar à linha do assustador, e não cruzá-la".[453] Ao permitir ao Google definir o que é assustador e traçar a própria linha-limite, nossa sociedade não consegue proteger o espaço privado de que as pessoas necessitam para criar vidas saudáveis, autônomas e dignas. Os Estados Unidos são a única nação desenvolvida que carece de regras abrangentes de proteção de dados.

Em 2011, a Comissão Federal de Comércio (FTC, do inglês Federal Trade Comission) negociou um decreto de consentimento que exigia que o Facebook tomasse várias medidas para garantir o cumprimento das promessas de dar aos consumidores um aviso claro e proeminente sobre o seu consentimento expresso antes que suas informações fossem partilhadas para além dos parâmetros de privacidade que a empresa estabeleceu.[454] Os reguladores poderiam ter agido com mais firmeza para proteger a privacidade àquela altura? Em entrevista ao *New York Times*, em 2019, David Vladeck, ex-diretor do Departamento de Proteção do Consumidor da Comissão Federal do Comércio, que impôs o decreto, disse:

---

453 THOMPSON, Derek. "Google's CEO: 'The Laws Are Written by Lobbyists'" [CEO do Google: "As leis são escritas por lobistas"], *The Atlantic*, 1 out. 2010.
454 "Facebook Settles FTC Charges That It Deceived Consumers by Failing to Keep Privacy Promises" [Facebook resolve acusações da FTC de que enganou os consumidores ao não cumprir promessas de privacidade], Federal Trade Comission, 29 nov. 2011.

Lamento não ter feito as coisas de forma diferente. Tivemos dificuldades [com o Facebook] com os relatórios de ambos os decretos de consentimento [de privacidade]. Isso pode ter sido uma falha da nossa imaginação. A ideia de auditorias de privacidade estava no ar, mas não havia modelos. [...] Fizemos o que foi possível, com avaliações semestrais de privacidade. Mas elas acabaram por ser totalmente insuficientes.[455]

Democracia

A democracia, um sistema político em que as pessoas têm voz na formação de sua própria vida, é tanto um fim em si mesmo quanto um meio para conquistar a vida, a liberdade, a felicidade e a saúde. Como o filósofo e economista Amartya Sen demonstrou, o governo democrático constrange as elites a tomar decisões prejudiciais e cria instituições e valores que protegem o bem-estar (Sen, 1999 [2018]). Outras evidências apontam que as consequências psicológicas de se sentir no controle da própria vida contribuem para uma saúde melhor. Várias medidas da democracia estão associadas a resultados de saúde, como expectativa de vida, mortalidade infantil e materna, suicídio, saúde autopercebida, felicidade, satisfação e bem-estar subjetivo (Wise & Sainsbury, 2007).

Uma análise do impacto das redes sociais na democracia feita por pesquisadores da rede Omidyar, uma "empresa de investimento filantrópica" criada pelo fundador do eBay, Pierre Omidyar, revela que a ascensão das redes sociais tem corroído os processos democráticos ao:

- agravar a polarização da sociedade civil através de câmaras de eco e filtros-bolha, termos utilizados para descrever os algoritmos que

[455] "The Decade Tech Lost Its Way: An Oral History of the 2010s", *op. cit.*

- asseguram que os usuários da internet apenas encontrem informações e opiniões que estejam em conformidade com (e reforcem) as próprias crenças;
- espalhar rapidamente a desinformação e a amplificação da onda populista e intolerante em todo o mundo;
- criar realidades paralelas, resultado de usuários sendo expostos unicamente a mensagens daqueles que concordam com suas crenças;
- permitir a agentes nocivos disseminar a desinformação e influenciar dissimuladamente a opinião pública, o que pode manipular eleitores e opiniões;
- capturar volumes sem precedentes de dados que podem ser utilizados para manipular o comportamento do usuário; e
- facilitar o discurso de ódio, a humilhação pública e a marginalização orientada de vozes dissidentes ou minoritárias (Deb, Donohue & Glaisyer, 2017).

Tais ameaças à democracia contribuíram para as tendências políticas mais perturbadoras das últimas décadas: a proliferação de governos autoritários e nacionalistas em todo o mundo, a decisão dos eleitores britânicos de sair da União Europeia e as crescentes marés de sentimentos racistas e xenófobos. Os acontecimentos, por sua vez, contribuíram para níveis mais elevados de ansiedade, isolamento social, raiva e polarização política, elementos determinantes da angústia psicológica.

Será que as redes sociais e as empresas de tecnologia causam essas ameaças à democracia? As próprias empresas sublinham que os movimentos sociais populistas e autoritários, a proliferação de outros pequenos e grandes canais de comunicação e a polarização política são riscos independentes para a democracia — e para os seus negócios. Afirmam que suas empresas são o auge da liberdade de expressão e da democracia. Em discurso de 2019 na Universidade Georgetown, Zuckerberg, do Facebook, afirmou:

Eu me concentrei na construção de serviços para fazer duas coisas: dar voz às pessoas e uni-las. Essas duas ideias simples — voz e inclusão — andam de mãos dadas. Vimos isso ao longo da história, mesmo que hoje não pareça assim. Sempre foi necessário que mais pessoas pudessem partilhar suas perspectivas para que uma sociedade mais inclusiva fosse construída. (Zuckerberg, 2019)

De maneira mais pragmática, os executivos do GAFAM também argumentam que quaisquer esforços para restringir ou regulamentar a indústria poderiam ceder terreno a empresas de tecnologia da China que crescem rapidamente[456] ou comprometer os direitos democráticos de suas próprias companhias.

Os críticos, no entanto, são céticos em relação a essas defesas. Em resposta ao discurso de Zuckerberg em Georgetown, Rashad Robinson, presidente da Color of Change [Cor da mudança], uma organização de justiça racial, disse:

Mark Zuckerberg deixou claro hoje que não só aposta num modelo de negócios que corrompe a nossa democracia, como também, fundamentalmente, não compreende como funcionam os direitos civis, a repressão de eleitores e o racismo neste país. Sob o pretexto de proteger a voz e a liberdade de expressão, o Facebook, como nas eleições anteriores, está dando a Trump e à direita um passe livre para espalhar mentiras, ódio e desinformação na plataforma.[457]

Tim Wu defende que, com um poder que "rivaliza ou excede o do governo eleito", as *Big Techs* são hoje a mais clara ameaça à democracia.[458] Como disse Wael Ghonim, executivo do Google em Dubai:

---

[456] OSNOS, Evan. "Can Mark Zuckerberg Fix Facebook before It Breaks Democracy?" [Mark Zuckerberg pode consertar o Facebook antes que destrua a democracia?], *The New Yorker*, 10 set. 2018.
[457] ZAKRZEWSKI, Cat. "The Technology 202: Mark Zuckerberg Says Facebook Is Taking a Long View on Free Speech as Critics Attack Companies' Policies" [Mark Zuckerberg diz que o Facebook tem tido ampla visão sobre a liberdade de expressão enquanto os críticos atacam as políticas das empresas], *The Washington Post*, 18 out. 2019.
[458] OSNOS, Evan, *op. cit.*

O sistema do Facebook é um sistema *mobocratic* [o controle político por uma massa descontrolada de pessoas] — se houver uma mobilização de pessoas [...], todos se organizando em torno de curtidas, esse conteúdo terá uma distribuição massiva. O editor se tornou um software idiota que se limita a otimizar tudo aquilo que vende anúncios.[459]

As práticas da empresa contribuem, direta e indiretamente, para as ameaças à democracia. Estudo do *BuzzFeed* sobre o impacto do Facebook nas eleições estadunidenses de 2016 revelou que as vinte histórias eleitorais falsas com maior desempenho em sites-fantasma e blogs hiperpartidários nos últimos dias da campanha naquele ano se saíram melhor do que as vinte notícias reais com maior desempenho no *New York Times*, no *Washington Post*, no *Huffington Post*, na *NBC News* e outros.[460] Esse resultado foi fruto de algoritmos otimizados para o conflito, ignorando as inverdades e visando aos indivíduos mais vulneráveis à manipulação.

Em seu discurso de 2019 em Georgetown, Mark Zuckerberg anunciou que o Facebook não iria analisar a veracidade dos anúncios. "Pessoas com poder para se expressar em escala são um novo tipo de força no mundo — um quinto poder ao lado das outras estruturas de poder da sociedade", proclamou. Apesar da confusão em torno do conceito de liberdade de expressão, disse ele, "a longa jornada para um maior progresso requer o confronto de ideias que nos desafiam. Estou aqui hoje porque acredito que devemos continuar a defender a liberdade de expressão".[461]

Em um memorando interno publicado pelo *New York Times* no início de 2020, Andrew Bosworth, chefe da divisão de realidade

---

[459] "The Decade Tech Lost Its Way: An Oral History of the 2010s", *op. cit.*

[460] SILVERMAN, Craig. "This Analysis Shows How Viral Fake Election News Stories Outperformed Real News on Facebook" [Essa análise evidencia como fake news eleitorais superaram notícias reais no Facebook], *BuzzFeed*, 16 nov. 2016.

[461] KANG, Cecilia & ISAAC, Mike. "Zuckerberg Says Facebook Won't Police Political Speech" [Zuckerberg diz que Facebook não policiará discurso político], *The New York Times*, 18 out. 2019.

virtual e aumentada do Facebook, escreveu que, embora manter as políticas atuais da empresa em vigor "possa muito bem conduzir" à reeleição de Trump, essa era a decisão correta.[462] Se a decisão do Facebook de não verificar seus anúncios foi baseada num compromisso de princípio de liberdade de expressão ou num desejo mais oportunista de ajudar a reeleger um presidente avesso à regulamentação ou a impostos mais elevados, políticas que beneficiam o resultado final do Facebook, como acusou o bilionário George Soros,[463] isso, em certo sentido, é irrelevante. Seja como for, uma das maiores empresas do país tinha o potencial de influenciar, sobretudo dissimuladamente, o resultado das eleições presidenciais de 2016 e 2020.

Empresas de tecnologia influenciam o processo democrático de outras formas. O analista tecnológico Kalev Leetaru, que escreve na *Forbes*, observa que o Twitter pode suspender ou banir qualquer usuário de sua plataforma por qualquer motivo, e os usuários não possuem nenhum recurso legal para recorrer.[464] A empresa também pode apagar qualquer post, sem direito a recurso legal. Assim, o Twitter controla quem pode falar com o presidente dos Estados Unidos e o que lhe é permitido dizer, um poder importante numa era em que esse meio é o canal público de comunicação preferido dos políticos.

Governos autoritários e movimentos antidemocráticos utilizaram as plataformas criadas por Facebook, Google e Twitter para alcançar seus objetivos comerciais de forma a deixar os defensores da democracia com duas opções desagradáveis. Eles podem atribuir o policiamento da plataforma às próprias empresas, assegurando que a rentabilidade será uma preocupação primordial. Ou podem entregar a regulamentação a governos muitas vezes controlados por elites

---

[462] ROOSE, Kevin; FRENKL, Sheera; & ISAAC, Mike. "Agonizing at Facebook over Trump" [Agonizando no Facebook por causa de Trump], *The New York Times*, 8 jan. 2020.

[463] LUTZ, Eric. "George Soros Suggests Facebook Is in Cahoots with Trump" [George Soros sugere que Facebook conspira com Trump], *Vanity Fair*, 24 jan. 2020.

[464] LEETARU, Kalev. "What Is Democracy When Twitter Decides Who Speaks to the President?" [O que é democracia quando o Twitter decide quem fala com o presidente?], *Forbes*, 25 abr. 2019.

autoritárias ou antidemocráticas. Até agora, um terceiro caminho — a supervisão pública das regras que encorajam todos os agentes a contestar ideias ruins com outras melhores, a fim de desencadear uma reflexão pública aberta — demonstrou ser algo muito improvável.

O GAFAM também influenciou a democracia ao transformar o ambiente dos principais meios de comunicação social. Ao capturarem receitas publicitárias de jornais e revistas, Facebook e Google privaram o jornalismo impresso de uma fonte primária de financiamento. Após o Google ter adquirido em 2009, por 750 milhões de dólares, a AdMob, uma startup de publicidade móvel digital, as receitas publicitárias do Google e do Facebook subiram para quase 135 bilhões de dólares por ano. Já as dos jornais caíram de cinquenta bilhões de dólares em 2005 para vinte bilhões de dólares em 2018. Entre 2001 e 2018, o número de repórteres trabalhando nas redações dos Estados Unidos caiu de quatrocentos mil para 185 mil.[465] Pequenas redações foram as mais duramente atingidas, privando os moradores de muitas comunidades da cobertura contínua das questões locais — poluição, educação, saúde —, que permitem uma participação mais bem informada dos cidadãos na formação das políticas que influenciam o bem-estar.

Enquanto alguns analistas consideram essas mudanças no controle da mídia como o funcionamento normal dos mercados em uma economia capitalista, críticos como Wu (2018) e Siva Vaidhyanathan (2018), estudiosos de mídia na Universidade da Virgínia, veem o domínio das plataformas de mídia social sobre a mídia tradicional como um custo do capitalismo do século XXI, consequência de leis antimonopólio frouxas, da falta de regulamentação da economia digital e da captação de novas tecnologias por poucas empresas poderosas.

As plataformas de redes sociais têm desempenhado um papel especialmente importante no envolvimento dos jovens na vida cívica e política. Danah Boyd, fundadora e presidente da Data & Society, organização que estuda as interseções entre tecnologia

---

[465] LYNN, Barry. "Google and Facebook Are Strangling the Free Press to Death. Democracy Is the Loser" [Google e Facebook estão estrangulando a imprensa livre até a morte. O derrotado é a democracia], *The Guardian*, 26 jul. 2018.

e sociedade, escreveu que as redes sociais se tornaram a "sociedade civil da cultura adolescente", um lugar no qual os jovens podem interagir livremente uns com os outros (Boyd, 2007, p. 3). Mas Kathryn Montgomery, que estuda o papel dos meios de comunicação na sociedade, observou que essa sociedade civil é supervisionada por corporações que reivindicam o direito de conceber suas infraestruturas de modo a maximizar lucros (Montgomery, 2015, p. 774). Assim, Facebook, Instagram, Twitter e outras plataformas promovem preferencialmente as oportunidades de envolvimento cívico que fornecem mais dados para vender aos anunciantes. Essas opções impulsionam mensagens polarizadoras, aquelas que rendem muitas "curtidas" e "não curtidas", e não as que encorajam a deliberação, a resolução de problemas ou a análise crítica.

Ao canalizarem as vias pelas quais os jovens se envolvem na ação cívica e política, as empresas de tecnologia podem influenciar o fluxo do rio que, tantas vezes, restaurou e refrescou a democracia norte-americana — o poder moral e a paixão da juventude mobilizada. O recente ativismo jovem acerca da violência policial contra negros e o racismo sistêmico, a política de imigração, a influência da indústria de armas, os direitos LGBTQIA+, a violência sexual e as alterações climáticas indicam o potencial contínuo dessa força. Esses movimentos têm utilizado eficazmente as redes sociais para organizar e fazer avançar suas causas. Mas, como alguns observadores notam, as redes sociais também abriram novas oportunidades de vigilância política e repressão, cooptação empresarial, sobrecarga de informação e ativismo e vitórias simbólicas em vez de substantivas (Lynch, 2011).

As redes sociais e as empresas de tecnologia têm uma profunda influência na equidade e na justiça, resultados que são tanto consequências quanto contribuições para uma democracia sustentável. O capital acumulado do GAFAM tem peso na questão de desigualdade de renda e riqueza. Ainda que a maioria das pessoas nos Estados Unidos tenha algum acesso a plataformas digitais, as estratificações crescentes na nossa sociedade trazem diferentes custos e benefícios aos usuários. O Facebook e a Amazon trazem mensagens distintas e comercializam diferentes bens e serviços a diferentes classes sociais. Quando o Facebook e a PepsiCo concentram em jovens negros e latinos a propaganda de refrigerantes, contribuem para índices mais elevados de diabetes e outras doenças relacionadas com a alimentação. Utilizando o marketing de vigilância de dados para atingir e estimular os hábitos de compra estabelecidos com precisão cada vez maior, as plataformas de redes sociais reforçam e exacerbam as desigualdades existentes.

As *Big Techs* também desempenham um papel cada vez mais poderoso na política municipal, utilizando dinheiro, conhecimento e poder no sentido de subjugar opiniões dominantes ou tradicionais orientadas pela ética. Em Seattle, por exemplo, a Câmara Municipal aprovou um imposto sobre as empresas locais em 2018, a fim de expandir os recursos para habitação a preços acessíveis. A Amazon e outras empresas se opuseram à medida, ameaçaram abandonar a cidade e contribuíram para o No Tax On Jobs [Zero impostos sobre empregos], uma comissão criada para realizar um referendo sobre a votação com o objetivo de revogar o imposto principal.[466] A Câmara logo reverteu a decisão e cancelou o novo tributo. Em Baltimore, a Amazon abriu novos depósitos, negociou contratos de aquisição com governos locais e estaduais e vendeu serviços de dados a médias e grandes empresas. Embora essas atividades tenham gerado crescimento econômico na cidade, também levaram ao fechamento de pequenos negócios, eliminaram empregos e exacerbaram a gentrificação que expulsa os residentes de baixa renda de seus bairros ou os faz se sentirem indesejados.[467] Em nenhum momento os residentes de Baltimore tiveram oportunidade de deliberar se a Amazon poderia ou não alterar a economia da cidade.

Como exemplo contrário, quando a Amazon e a cidade e o estado de Nova York negociaram um subsídio e benefícios fiscais de 2,6 bilhões de dólares para trazer a segunda sede da empresa para Nova York, uma aliança de cidadãos indignados, grupos ativistas e repre-

[466] SEMUELS, Alana. "How Amazon Helped Kill a Seattle Tax on Business" [Como a Amazon ajudou a acabar com um imposto comercial em Seattle], *The Atlantic*, 13 jun. 2018.
[467] SHANE, Scott. "Prime Mover: How Amazon Wove Itself into the Life of an American City" [Motor primário: como a Amazon se meteu na vida de uma cidade americana], *The New York Times*, 30 nov. 2019.

sentantes eleitos impôs que a cidade e o estado negociassem melhor, levando a Amazon a preferir procurar outro lugar.⁴⁶⁸ Depois que a pandemia reduziu as receitas comerciais em Nova York, no entanto, as empresas do GAFAM adquiriram novos escritórios, apostando que a cidade voltaria a ser um bom lugar para ganhar dinheiro.

Resistência e alternativas

Durante seus esforços para limitar o domínio de J. P. Morgan sobre os monopólios financeiros, ferroviários e de carvão, em 1902 o presidente Teddy Roosevelt declarou que "um homem de grande riqueza que não usa essa riqueza de maneira decente é, num sentido peculiar, uma ameaça à comunidade". Acrescentou que "os monopólios são criaturas do Estado, e o Estado tem não só o direito de controlá-los, como também o dever de fazê-lo sempre que surja essa necessidade" (Roosevelt, 2015, p. 64).

Nas décadas seguintes, primeiro Louis Brandeis, depois Felix Frankfurter, como juízes da Suprema Corte e o último também como conselheiro presidencial, fizeram da supervisão federal sobre a concentração empresarial e a regulamentação das práticas empresariais um pilar da política e da economia dos Estados Unidos.⁴⁶⁹ Em 1950, o senador do Tennessee Estes Kefauver, um crítico do controle exercido pelo monopólio empresarial, argumentou em apoio à legislação para reforçar a Lei Sherman Antimonopólio, de 1890:

> Penso que temos de decidir muito rapidamente em que tipo de país queremos viver. A tendência atual das grandes corporações para

---

468 GOLDENBERG, Sally & RUBINSTEIN, Dana. "With Amazon Deal Dashed, New York's Vast Tax Breaks Called into Question" [Traçado acordo da Amazon, amplas reduções fiscais em Nova York são postas em questão], *Politico*, 19 fev. 2019.
469 COOPER, Ryan. "The Return of the Trust-Busters" [A volta dos destruidores de confiança], *The Week*, 9 jan. 2018.

aumentar seu poder econômico é a antítese do desenvolvimento competitivo de mérito. [...] Através de fusões monopolistas, o povo está perdendo o poder de conduzir o próprio bem-estar econômico. Quando perde o poder de conduzir seu bem-estar econômico, ele perde também os meios para conduzir seu futuro político.[470]

Na década de 1970, no entanto, ativistas conservadores e acadêmicos jurídicos, liderados por Robert Bork (mais tarde, rejeitado pelos democratas como nomeado para a Suprema Corte), redefiniram com sucesso os objetivos da legislação antimonopólio para uma atenção mais restrita ao impacto da concentração apenas nos preços ao consumidor, e não no poder político e econômico das empresas (Vaheesan, 2018, p. 766). Durante as três décadas seguintes, o governo federal raramente aplicou ou atualizou suas leis antimonopólio, apesar da concentração acelerada de muitos setores empresariais.

No entanto, na corrida para as eleições presidenciais de 2020, o poder monopolista das empresas voltou a ser uma questão política, em parte devido aos apoiadores políticos dos senadores Bernie Sanders e Elizabeth Warren, assim como de outros reformistas. No centro desse debate estava o poder crescente de gigantes tecnológicos, como Google, Amazon e Facebook, para moldar a maneira como os indivíduos se conectam a seus pares, família, comércio e política, de forma a gerar receitas e lucro. A decisão de 2020 do Departamento de Justiça do presidente Trump, de processar o Google por manter ilegalmente monopólios através de práticas anticompetitivas e excludentes, demonstrou o apelo bipartidário de enfrentar os gigantes da tecnologia.

À medida que a resistência a esse controle do GAFAM se espalhou pelo país e pelo mundo e que ativistas, grupos da sociedade civil e funcionários públicos trabalharam para criar proteções con-

---

[470] "Federal Antitrust Enforcement and Its Impacts on Small Business: Hearing Before the Commitee on Small Business United States Senate" [Fiscalização federal antitruste e seus impactos nas pequenas empresas: audiência perante o comitê de pequenas empresas no Senado dos Estados Unidos], US Congress, Senate, Commitee on Small Business, 1984.

tra o poder da tecnologia, novos desafios à consolidação do monopólio surgem. Para explorar o potencial, os limites e as lições que podem ser extraídas desses acontecimentos, examino três conflitos sobre o papel e o poder das empresas de tecnologia.

A proteção das crianças

Mais de três quartos das crianças de oito a doze anos utilizam o YouTube, e muitas das quatro bilhões de visualizações do sucesso "Baby Shark", um dos favoritos entre o público de dois e três anos, vêm de espectadores ainda mais jovens do que isso (Rideout & Robb, 2019). Facebook, Instagram e TikTok também são populares entre os pequenos. A crescente exposição aos meios digitais — e, portanto, à publicidade digital — tem estimulado pais, psicólogos, profissionais de saúde, defensores da privacidade e alguns representantes eleitos a cobrar novos limites ao marketing para crianças. Esses defensores afirmam que, uma vez que crianças com menos de treze anos são frequentemente incapazes de distinguir os apelos publicitários de outros tipos de informação, é errado promover produtos, especialmente os que não são saudáveis, e extrair dados comportamentais das escolhas de visualização das crianças a fim de orientá-las para a propaganda.

Como ilustração do poder da publicidade digital para influenciar o comportamento empresarial, em 2019 a Kellogg's anunciou um novo cereal para crianças, o Baby Shark, cuja porção contém 150 calorias, 190 miligramas de sódio e quinze gramas de açúcar (40% das calorias).[471] Usando a popularidade da canção homônima, a Kellogg's esperava reverter o declínio nas vendas de cereais, con-

---

[471] NESTLE, Marion. "Annals of Marketing: A Sugary Cereal for Toddlers" [Anais de marketing: um cereal açucarado para crianças de um a três anos], *Food Politics*, 9 ago. 2019.

vencendo as crianças a insistir com mães e pais para que comprassem uma marca associada à canção e às imagens que elas adoravam.

Em setembro de 2019, a FTC, agência encarregada de proteger os consumidores dos Estados Unidos, anunciou um acordo com o Google (proprietário do YouTube) pelo qual concordava em pagar uma multa recorde de 170 milhões de dólares para arquivar a acusação de que havia colhido, intencional e ilegalmente, informações pessoais de crianças e as utilizado para lucrar com anúncios dirigidos a esse público.[472] O Google também concordou em criar um novo sistema que exige que os proprietários dos canais de vídeo identifiquem o conteúdo infantil que publicam e proíbe os anúncios dirigidos a vídeos identificados como infantis. A procuradora-geral de Nova York, Letitia James, cuja queixa à FTC desencadeou a ação, participou do estabelecimento do acordo. Ela observou que "essas empresas põem as crianças em risco e abusam do poder, razão pela qual estamos impondo grandes reformas às suas práticas e fazendo com que paguem um dos maiores acordos na história dos Estados Unidos em torno do tema da privacidade".[473]

A Lei de Proteção de Privacidade On-line para Crianças, aprovada em 1998, impede as empresas de coletar dados sobre crianças, tais como sua localização ou informações de contato, sem o consentimento prévio dos pais. Também impede as empresas de direcionar publicidade específica a públicos que sabidamente incluam crianças. Entretanto, a aplicação limitada e as tecnologias em rápida transformação reduziram a observância da lei.

A FTC atuou contra o YouTube em parte devido a uma coalizão de mais de vinte grupos de defesa — incluindo o Centro para a Democracia Digital, a Campanha por uma Infância Livre

---

[472] SINGER, Natasha & CONGER, Kate. "Google Is Fined $170 Million for Violating Children's Privacy on YouTube" [Google é multado em 170 milhões de dólares por violar privacidade de crianças no YouTube], *The New York Times*, 4 set. 2018.

[473] "AG JAMES: Google and YouTube to Pay Record Figure for Illegally Tracking and Collecting Personal Information from Children" [Google e YouTube pagam quantia recorde por rastreamento e coleta ilegal de informações pessoais de crianças], *Attorney General*, 4 set. 2019.

de Propaganda e a Mídia para o Senso Comum — que, em 2018, enviou à FTC uma queixa alegando que o Google violava rotineiramente a lei. Josh Golin, diretor-executivo da Campanha por uma Infância Livre de Propaganda, acusou o Google de "sugerir ativamente para anunciantes conteúdos para crianças com menos de treze anos", uma conduta ilegal.[474]

As organizações da sociedade civil consideraram o acordo inadequado. O senador Edward Markey, um democrata de Massachusetts, disse que "a FTC deixou o Google escapar com uma multa ínfima e um conjunto de novas exigências que ficam muito aquém do que é necessário para transformar o YouTube em um lugar seguro e saudável para as crianças". Jeffrey Chester, o diretor-executivo do Centro para a Democracia Digital, observou que "simplesmente exigir que o Google siga a lei é uma sanção sem sentido. É o equivalente a um policial parar alguém por excesso de velocidade, e então deixar a pessoa ir embora com uma mera advertência".[475]

Defensores dos direitos das crianças, da mídia e da privacidade, bem como políticos e acadêmicos que assumiram o objetivo de proteger o direito das crianças, obtiveram diversas conquistas. Atraíram a atenção da mídia e dos legisladores, elevaram a consciência pública sobre a questão e obrigaram muitos representantes eleitos a se pronunciarem sobre o assunto. Ganharam sanções significativas, embora insuficientes em sua própria opinião, contra Google e Facebook, e persuadiram alguns executivos da indústria a fazer concessões. Forçaram executivos a endossar os direitos das crianças à proteção — pelo menos em princípio — e a fazer algumas modificações em suas práticas.

Ao mesmo tempo, executivos de tecnologia vêm se mostrando cada vez mais preocupados com a capacidade de continuar a estabelecer regras próprias de vigilância comportamental. Em 2019, a FTC anunciou planos para, quatro anos antes do planejado, rever

---

[474] MAHESHWARI, Sapna. "YouTube Is Improperly Collecting Children's Data, Consumer Groups Say" [YouTube vem coletando dados de crianças indevidamente, afirmam grupos de consumidores], *The New York Times*, 9 abr. 2018.

[475] SINGER, Natasha & CONGER, Kate, *op. cit.*

a Lei de Proteção de Privacidade On-line para Crianças, citando novas preocupações sobre como os regulamentos devem ser aplicados ao setor de tecnologia da educação, aos dispositivos conectados por voz e às plataformas que hospedam mensagens de terceiros dirigidas a crianças. Um membro da comissão descreveu a revisão como "cuidar das crianças e dos dados" — como se, conforme observado pelo Centro para a Infância Livre de Propaganda, "proteger dados extraídos por marketing fosse tão importante quanto proteger as crianças".[476] Alguns defensores temiam que a indústria promovesse essa revisão antecipada a fim de enfraquecer as regras e abrir exceções.

Google e Facebook reagiram aos novos limites de vigilância do marketing para crianças transferindo a responsabilidade por violações aos "provedores de conteúdo", empresas que criam e publicam vídeos para crianças, embora fosse o GAFAM que controlasse as plataformas que distribuíam o conteúdo e extraíam os dados.

Youtubers, indivíduos e empresas que produzem vídeos para crianças solicitaram à FTC que esclarecesse e reconsiderasse os novos regulamentos. Uma petição que atraiu mais de 870 mil assinaturas alegava que os pedidos de "impedir anúncios personalizados no conteúdo dos criadores causará mais danos do que benefícios, especialmente para as crianças. O conteúdo familiar/amigável de qualidade diminuirá, enquanto o conteúdo mais adulto crescerá, e as crianças ainda estarão lá assistindo". Eles clamaram à FTC que suspendesse qualquer aplicação da lei até que a revisão estivesse completa. Ao deslocar para as pequenas empresas a defesa da publicidade para crianças, uma tática frequente da indústria, o GAFAM conseguiu se distanciar de suas práticas controversas.

---

[476] "Tell the FTC: Children Need More Privacy Protection, Not Less!" [Diga à FTC: as crianças precisam de mais proteção de privacidade, não menos], Campaign for a Commercial-free Childhood, 2019.

Mobilizando os trabalhadores da tecnologia

Um estereótipo comum retrata os trabalhadores da tecnologia como engenheiros bem remunerados, programadores nerds ou aspirantes a bilionários. Em todo o Vale do Silício e em outros centros importantes da indústria tecnológica, no entanto, começa a surgir uma realidade diferente na qual diversas coalizões de trabalhadores do setor vêm criando novas versões do ativismo trabalhista do século XXI. Vamos analisar alguns exemplos.

Mais de quatro mil trabalhadores do Google assinaram uma carta aberta pedindo à empresa que recusasse um contrato com o Pentágono que utilizaria inteligência artificial para analisar imagens de vídeo de drones em zonas de conflito. Um acordo como esse, disseram os trabalhadores, iria "danificar irreparavelmente a marca Google" e direcionar a empresa para "o negócio da guerra". Os signatários pediram ao CEO, Sundar Pichai, que "elaborasse, divulgasse e impusesse uma política clara declarando que nem o Google, nem seus contratados jamais construirão tecnologia de guerra". Outra petição de oposição ao trabalho militar que circulou pela Tech Workers Coalition, também um grupo de defesa trabalhista do Vale do Silício, declarou: "Muitos de nós, que assinamos esta petição, estamos diariamente diante de decisões éticas no design e no desenvolvimento da tecnologia. Não podemos ignorar a responsabilidade moral de nosso trabalho".[477] O Google anunciou posteriormente que não renovaria o contrato com o Pentágono.[478]

Mais de seiscentos trabalhadores em um centro de processamento da Amazon em Staten Island, na cidade de Nova York, assinaram uma petição protestando contra as condições laborais na instalação.

[477] CHEN, Michelle. "How Tech Workers Are Fighting Back against Collusion with ICE and the Department of Defense" [Como os trabalhadores da área de tecnologia estão lutando contra o conluio com ICE e o Departamento de Defesa], *The Nation*, 27 jun. 2018.

[478] PAULAS, Rick. "A New Kind of Labor Movement in Silicon Valley" [Um novo tipo de movimento trabalhista no Vale do Silício], *The Atlantic*, 4 de set. 2018.

Na Cyber Monday de 2019, logo na sequência do frenesi consumista da Black Friday, mais de cem trabalhadores da Amazon e seus apoiadores se reuniram do lado de fora das instalações para protestar contra as condições de trabalho, que, segundo eles, só pioravam à medida que se esforçavam para entregar os pacotes de Natal e [da festa judaica] Hanukkah. Os trabalhadores pediam mais folgas e melhores condições de transporte. Antes da ação, uma organização de defesa local, a Make the Road, havia divulgado um relatório baseado em documentos vazados da empresa e relatórios arquivados na Agência de Segurança e Saúde Ocupacional, que mostrava que as taxas de lesões na unidade de Staten Island eram três vezes superiores à média do setor.[479] "Ficou claro que a nossa segurança é uma preocupação secundária aos seus olhos, bem atrás da velocidade", apontava a petição. "Existem apenas planos frágeis para evitar mais dor, mais ferimentos e mais mortes à medida que entramos na época mais difícil do ano."[480]

Em 2019, três mil trabalhadores da Amazon em Seattle e muitos trabalhadores da tecnologia em outras 25 cidades e catorze países pararam o trabalho para alertar para o impacto ambiental da empresa, a primeira interrupção de jornada por funcionários em 25 anos de história da Amazon. Os trabalhadores exigiam que a Amazon reduzisse sua pegada de carbono, num movimento em apoio a uma greve climática internacional liderada por jovens.[481] Um ano antes, dezesseis funcionários da Amazon que possuíam ações da empresa haviam introduzido uma resolução de acionistas pedindo que a corporação preparasse um relatório informan-

---

479 MENEGUS, Bryan. "Amazon's Own Numbers Reveal Staggering Injury Rates at Staten Island Warehouse" [Números internos da Amazon indicam impressionantes taxas de lesões em seus depósitos em Staten Island], *Gizmodo*, 25 nov. 2019.
480 FICKENSCHER, Lisa. "Workers at Amazon's Staten Island Warehouse Hold Rally over High Injury Rates" [Funcionários do depósito da Amazon em Staten Island protestam contra altas taxas de lesões], *New York Post*, 25 nov. 2019.
481 GARCIA, Ahiza. "Amazon Workers Walk Out to Protest Climate Change Inaction" [Funcionários da Amazon protestam contra inércia em relação às mudanças climáticas], *CNN Business*, 20 set. 2019.

do quais eram as estratégias de redução de carbono da corporação. Essas ações tiveram um impacto imediato limitado, mas deixaram a empresa e a mídia em alerta de que o apoio dos trabalhadores às políticas nocivas da empresa não poderia ser dado como certo.

Contrariando os estereótipos, esses relatos indicam que os trabalhadores da tecnologia estão desenvolvendo sofisticadas campanhas globais para mudar as práticas comerciais das empresas, melhorar as condições laborais e impor novas responsabilidades sociais às corporações mais ricas do mundo. Seus esforços diferem da organização sindical tradicional de várias maneiras.

Primeiro, os trabalhadores da tecnologia e suas organizações procuram se estruturar entre vários setores de trabalho, status de emprego e hierarquias tradicionais de classe, raça e gênero. Segundo, abarcam uma variedade de condições de trabalho, entre elas remuneração, benefícios, discriminação sexual e racial, assédio sexual, direitos trabalhistas e de saúde e segurança. Terceiro, incluem uma série de questões sociais, políticas, ambientais e econômicas que o setor tecnológico enfrenta, desde mudanças climáticas até desigualdade, gentrificação, discriminação sexual e racial, invasões de privacidade e concentração de monopólios. Os perfis de três grupos que atuam nesse ambiente ilustram claramente essas diferenças em relação aos sindicatos tradicionais.

A Tech Workers Coalition [Coalizão dos trabalhadores da tecnologia] (TWC) foi criada em 2014 por meio de reuniões informais promovidas por um funcionário de refeitório que se tornou organizador líder, junto com um engenheiro. O objetivo ambicioso da iniciativa era reunir os trabalhadores da tecnologia para articular uma alternativa à visão do GAFAM sobre o setor, centrada nos próprios trabalhadores.[482] A TWC se identifica como uma "organização democraticamente estruturada, totalmente voluntária e liderada por trabalhadores", voltada a "ativismo, engajamento cívico e educa-

---

[482] WEIGEL, Mora. "Coders of the World, Unite: Can Silicon Valley Workers Curb the Power of Big Tech?" [Programadores do mundo, uni-vos: trabalhadores do Vale do Silício podem limitar poder das grandes tecnologias?], *The Guardian*, 31 out. 2017.

ção". O grupo trabalha "em solidariedade com outros movimentos existentes em prol da justiça social, dos direitos dos trabalhadores e da inclusão econômica". As campanhas da TWC foram fortalecidas por alianças com acadêmicos, articuladores comunitários, ativistas dos direitos dos imigrantes e grupos como a União Americana pelas Liberdades Civis (ACLU, do inglês American Civil Liberties Union). Os funcionários do setor também desempenharam um papel importante no apoio aos esforços de sindicalização dos outros trabalhadores da área: o pessoal de serviços gerais e manutenção nos campi do Vale do Silício, que luta para conseguir se sustentar apesar de trabalhar para algumas das empresas mais ricas do mundo.

Paige Panter, uma das organizadoras, entrou para a TWC em função de preocupações com a discriminação cívica e o preconceito que determina quem é contratado em quais empresas e para quais trabalhos. Em 2014, o Google divulgou pela primeira vez dados sobre a diversidade de sua força de trabalho, pois a falta de representatividade igualitária na tecnologia estava finalmente recebendo atenção. Panter ficou decepcionada com as injustiças que via.

Entre as vitórias da TWC, incluem-se: a ajuda aos trabalhadores hoteleiros para formar um sindicato em um hotel da rede Hyatt em Santa Clara, onde empresas de tecnologia sediavam conferências; um protesto na Palantir, uma empresa de análise de dados fundada por Peter Thiel, um bilionário amigo do presidente Trump, para evidenciar os programas agressivos de vigilância que a empresa vendeu para a Agência de Imigração e Alfândega; e apoio a uma campanha bem-sucedida para convencer o Departamento de Polícia de Orlando, Flórida, a abandonar a tecnologia de reconhecimento facial produzida pela Amazon. Esta última causou uma das dezenas de protestos de trabalhadores da tecnologia em reação ao estabelecimento de relações comerciais e contratos com as autoridades militares, policiais ou de imigração.

"Como muitos trabalhadores em diversas indústrias antes de nós", escreveu a TWC,

> nós também temos capacidade de nos organizar, de nos recusar a fazer o mal, de fazer exigências e lutar pelas coisas de que nossas comuni-

dades tanto precisam, e de vencer. [...] Não temos de ser cúmplices e não temos de ficar em silêncio. Fale com seus colegas de trabalho, cuidem uns dos outros e avisem ao chefe que a *tech won't build it*! [a tecnologia não vai fazer isso].

A Silicon Valley Rising, outra aliança de trabalhadores da tecnologia, lidera campanhas para criar novos modelos de bons empregos, empregadores responsáveis e moradias acessíveis na parte sul da baía de São Francisco, que é o centro da indústria tecnológica dos Estados Unidos. O grupo é uma coalizão de organizações trabalhistas, religiosas e comunitárias que inclui zeladores terceirizados, motoristas de ônibus, oficiais de segurança e trabalhadores de serviços de alimentação que atendem à indústria da tecnologia. Nos últimos anos, associou-se à Teamsters Union para organizar os funcionários na Uber, na Apple, no eBay, no Genentech, no PayPal e no Yahoo; apoiou campanhas para aumentar o salário mínimo em quatro cidades do Vale do Silício; e, com aliados, conquistou a aprovação de uma política de moradia acessível para todos os residentes na área coberta por transporte público.

Junto com um parceiro, a Silicon Valley Rising lançou uma iniciativa de contratação responsável para incentivar as empresas do Vale do Silício a adotar padrões que garantam que todos os prestadores de serviços ofereçam aos funcionários salários e benefícios dignos, horários justos, condições de trabalho seguras, participação nas decisões e oportunidades para o progresso profissional. Ao lançar campanhas que beneficiaram não apenas os trabalhadores da tecnologia, mas também os proprietários de imóveis e outros grupos, a Silicon Valley Rising chamou atenção de círculos sociais mais amplos, construindo forças para obter melhorias significativas.

A Athena, uma nova coalizão baseada na cidade de Nova York, mas com atuação nacional, se concentra em uma empresa: a Amazon. Ela procura reunir as muitas organizações que resistem à gigante, incluindo aquelas que se opõem à concentração monopolista, à vigilância digital e às más condições laborais. A Athena ajudou a apoiar a ação trabalhista no depósito da Amazon em Staten Island.

Para orientar futuras ações, a organização procura analisar êxitos e fracassos da Amazon em Seattle, onde a empresa tentou, sem sucesso, aparelhar a prefeitura para ganhar privilégios; em Nova York, onde uma aliança comunitária derrotou o esforço da Amazon para ganhar bilhões em concessões públicas a fim de construir uma nova sede no Queens; e em outros lugares. "Estamos aprendendo sobre aquilo que faz a Amazon recuar e procurando replicar isso o máximo possível", disse a diretora Dania Rajendra.[483]

Depois que a Amazon demitiu vários trabalhadores por protestarem contra proteção inadequada da covid-19 em seus depósitos, a Athena organizou uma carta ao CEO, Jeff Bezos, exigindo que "escute os trabalhadores, reintegre aqueles que foram demitidos e comece a proteger a saúde pública e a dos seus trabalhadores". Quase doze mil pessoas assinaram a carta.

A TWC, a Silicon Valley Rising, a Athena e outras alianças desse tipo enfrentam desafios enormes. Até agora, elas têm sido mais bem-sucedidas no lançamento de campanhas de curta duração do que na criação de organizações sustentáveis. Ao atuarem nas questões que o setor de tecnologia enfrenta, os grupos, às vezes, têm dificuldade em estabelecer prioridades e em utilizar, de maneira eficaz, seus limitados recursos. A maioria de suas atividades é liderada por voluntários, tornando difícil vencer batalhas em confrontos desiguais com os lobistas e as equipes de relações públicas das corporações mais ricas do mundo. Mas o que essas organizações têm demonstrado é que é possível conquistar amplo apoio público para uma visão moral alternativa do papel da indústria tecnológica, e que os milhões de pessoas prejudicadas pela indústria podem se juntar para exigir uma voz nessas decisões políticas e econômicas.

---

[483] STREITFELD, David. "The Amazon Behemoth and Its Would-Be David" [A gigante Amazon e seu possível Davi], *The New York Times*, 26 nov. 2019.

Defendendo a democracia

A crença de que as empresas de tecnologia se tornaram grandes demais e exercem muito poder econômico e político é o que motiva a maior parte dos numerosos esforços para resistir e buscar alternativas ao crescente controle que exercem sobre a vida cotidiana das pessoas. Ativistas, funcionários públicos, acadêmicos, advogados de direitos civis e reformadores empresariais identificaram dois problemas de alcance transversal: o poder crescente do GAFAM na arena política e as ameaças à privacidade dos usuários e à democracia. A causa subjacente desses problemas, argumentam esses críticos, é a concentração monopolista do setor. Como evidência, apontam o fato, observado por Tim Wu, de o Facebook, nos últimos anos, ter feito 67 aquisições sem contestação, a Amazon ter comprado 91 empresas e o Google ter absorvido outras 214 (Wu, 2018, p. 123).

Os perfis de algumas poucas organizações e indivíduos que estão construindo soluções para esses problemas ilustram as estratégias e táticas empregadas.

A Freedom from Facebook [Livres do Facebook], por exemplo, é uma coalizão que inclui os grupos Communication Workers of America, Content Creators Coalition, Democracy for America, Jewish Voice for Peace, MoveOn, Public Citizen e outros. O objetivo é "tornar o Facebook seguro para a nossa democracia, dispersando a sua concentração, dando a todos nós a liberdade de nos comunicar através de distintas redes e protegendo nossa privacidade".

Em 2018, a Freedom from Facebook apresentou uma queixa legal contra a Comissão Federal de Comércio para que investigasse a violação de cinco milhões de contas de usuários, pedindo o máximo de penalidades civis contra a empresa e exigindo que o Facebook desvinculasse o WhatsApp, o Instagram e o Messenger, três de suas subsidiárias.

Procuradores-gerais do Estado e outros servidores públicos também se juntaram aos debates sobre a proteção da privacidade e da democracia em relação às *Big Techs*. Na Califórnia, o procurador-geral do estado, Xavier Becerra, processou o Facebook por não responder a dezenas de solicitações de documentos, incluindo e-mails trocados entre Mark

Zuckerberg, Sheryl Sandberg e outros líderes da empresa. O procurador-geral de Massachusetts também vem pressionando o Facebook para divulgar mais informações, enquanto o de Nova York lidera um inquérito antimonopólio em múltiplos estados. A Califórnia também aprovou recentemente uma nova lei de privacidade que dará ao procurador-geral um papel na regulamentação da privacidade digital, um poder determinante na ausência de uma lei federal abrangente.[484]

Em nível federal, o senador Ron Wyden, do Oregon, introduziu a Lei Mind Your Own Business [Não se intrometa], que daria à FTC autoridade para multar empresas que administram mal os dados dos usuários, mas também para prender e multar seus líderes por violar a privacidade dos usuários e mentir sobre suas ações. Isso, ele espera, seria suficiente para assustar diretamente os executivos das *Big Techs* e forçá-los a levar a sério a privacidade dos usuários. O destino da lei no Congresso é incerto.[485] E, na campanha presidencial de 2020, Mark Zuckerberg e a senadora Elizabeth Warren debateram a desconcentração do Facebook. Esses intercâmbios forçaram outros candidatos à presidência a esclarecer suas posições sobre a luta contra a concentração monopolista.

Grupos de direitos humanos e civis também entraram na briga. Em seu discurso em Georgetown, Mark Zuckerberg relacionou os esforços do Facebook para defender a liberdade de expressão e a democracia com Frederick Douglass, Martin Luther King, Black Lives Matter e o movimento pelos direitos civis. Em resposta, a presidente do Fundo de Defesa Legal da Associação Nacional para o Progresso de Pessoas de Cor (NAACP), Sherrilyn Ifill, expressou que o Facebook "se recusou a reconhecer plenamente a ameaça de repressão e intimidação dos eleitores no país, especialmente dos usuários que a empresa chama de 'vozes autênticas' — políticos e candidatos a cargos públicos". Após dois anos de conversas entre a NAACP, outros grupos de direitos civis

---

484 KANG, Cecilia & MCCABE, David. "California Sues Facebook for Documents in Privacy Investigation" [Califórnia processa o Facebook por documentos em investigação de privacidade], *The New York Times*, 7 nov. 2019.

485 LASLO, Matt. "Should Tech CEOs Go to Jail over Data Misuse? Some Senators Say Yes" [CEOs da área de tecnologia deveriam ser presos por uso indevido de dados? Alguns senadores acham que sim], *Wired*, 30 out. 2019.

e o Facebook, e numerosos esforços para informar a corporação sobre a manipulação de eleitores no mundo real, Ifill escreveu, no *Washington Post*, estar "convencida de que o Facebook simplesmente se encontra despreparado para definir o que constitui manipulação de eleitores".[486]

Os custos impostos pelas *Big Techs*

Ao perturbarem os padrões anteriores de comportamento social, comércio e envolvimento cívico em nome de objetivos comerciais, as novas empresas de tecnologia mudaram fundamentalmente o modo como nossa sociedade fomenta a saúde. Mais do que qualquer outro setor, transformaram a maneira como o capitalismo molda a busca diária pelos pilares de bem-estar. Capacitados pela globalização, pela concentração monopolista, pelas novas tecnologias e por um espírito de desregulamentação, o GAFAM e outras empresas de tecnologia têm proporcionado benefícios atraentes a bilhões de pessoas. Eles criaram novas maneiras de se conectar com família e amigos, trouxeram a conveniência para os consumidores e disponibilizaram o conhecimento do mundo moderno na ponta dos dedos. Os custos, porém, têm sido altos. Eles incluem:

- uma carga crescente de depressão, ansiedade, estresse, solidão e bullying, especialmente entre crianças e jovens;
- maior acesso a produtos insalubres que agravam os mais intrincados problemas de saúde do mundo e uma capacidade crescente para que os comerciantes abordem populações vulneráveis e se esquivem das regulamentações sanitárias criadas no século passado;
- aumento do consumo individual, o que tornará mais difícil reduzir

---

[486] IFILL, Sherrilyn. "Mark Zuckerberg Doesn't Know His Civil Rights History" [Mark Zuckerberg não conhece sua história de direitos civis], *The Washington Post*, 17 out. 2018.

a poluição, as mudanças climáticas induzidas pelo homem e as grandes lacunas na saúde entre os pobres e os mais favorecidos;
- maiores ameaças à privacidade, à autonomia e à dignidade, geradas pela capacidade das empresas de tecnologia de extrair e vender dados sobre todos os aspectos da vida particular a outras empresas, que os utilizam para prever e moldar o consumo, o comportamento político e as crenças; e
- uma deterioração da democracia precipitada pelo crescente poder político, pela influência econômica da indústria tecnológica e pelo desenvolvimento de ferramentas que tornam possível atrair usuários e lucros, provocando ou agravando conflitos sociais e políticos.

Alguns poderiam escolher os benefícios da tecnologia a despeito desses problemas. Mas por que algumas poucas grandes corporações deveriam forçar centenas de milhões de pessoas a aceitar tais empresas como opções imperdíveis, selecionadas para garantir a rentabilidade contínua, em vez de usar processos democráticos para equilibrar melhor as necessidades públicas e privadas?

Claramente, muitas pessoas resistem e buscam alternativas. Embora até o momento a oposição ao GAFAM esteja dispersa, consistindo, sobretudo, em campanhas limitadas e parcialmente bem-sucedidas, o impacto cumulativo tem sido impressionante. A celebração pública irrestrita de empresas de tecnologia que caracterizou a primeira década de sua chegada evoluiu para uma visão mais analítica, que procura equilibrar melhor os custos e benefícios do GAFAM para a sociedade. A questão de uma ação governamental antimonopólio mais enérgica e maior supervisão regulatória voltou à agenda nacional. A saúde mental, as consequências cognitivas, ambientais e políticas do capitalismo de vigilância são agora objeto de intensa discussão interpessoal, familiar e política, um precursor para as mudanças nas normas sociais que regem seu papel.

Nas últimas duas décadas, algumas empresas procuraram reivindicar para si o direito de estabelecer as regras para o papel que a tecnologia desempenhará em nosso futuro e de insistir que o mundo que elas oferecem é inevitável e sem alternativas plausíveis. Nas próximas décadas, o sucesso dos crescentes desafios colocados a essa afirmação moldará tanto a saúde quanto a democracia.

Parte III
Conclusão

8
Transições do capitalismo do século XXI

> Ela está no horizonte. [...] Dou dois passos, ela se afasta dois passos. Ando dez passos, e o horizonte corre dez passos à frente. Não importa o quanto eu ande, nunca vou alcançá-la. Para que serve a utopia? Para isso: para fazer caminhar.
> — Eduardo Galeano, *As palavras andantes*

Na história moderna, os movimentos sociais têm sido uma força motriz para alterar as condições de vida que influenciam o bem-estar, a felicidade e a justiça social. Moldados pela mudança das forças econômicas e políticas globais e nacionais, e exigindo o direito de usar a ciência, a tecnologia e outras inovações para beneficiar pessoas em vez de gerar lucros, os movimentos trabalhistas, anticoloniais, de direitos civis, das mulheres, dos consumidores, LGBTQIA+, de direitos dos deficientes e de ativistas ambientais ganharam concessões de corporações e elites abastadas que levaram a uma vida melhor e mais saudável para milhões de pessoas e a um planeta mais equitativo e sustentável. No passado e agora, movimentos bem-sucedidos requerem três ingredientes: um diagnóstico compartilhado de problemas-chave, uma visão para um mundo diferente e estratégias para fazer a transição da realidade atual para o futuro almejado.

Nos capítulos anteriores, mostrei como as mudanças no capitalismo moderno corroeram seis pilares do bem-estar: alimentação, educação, saúde, trabalho, mobilidade e relações sociais. Sintetizando evidências de fontes diversas, descrevi como corporações e elites modificaram regras e princípios operacionais do capitalismo que haviam evoluído após a Segunda Guerra Mundial. Essas mudanças puseram em risco a saúde humana e ambiental, deterioraram a democracia e aumentaram a desigualdade. É claro que nem todos concordam com esse diagnóstico dos problemas atuais, porém, em várias nações, comunidades e classes sociais, muitos reconhecem que o mundo de hoje enfrenta ameaças existenciais à sobrevivência e que a modificação da dinâmica e do impacto do capitalismo do século XXI é o remédio essencial.

O objetivo deste capítulo é provocar uma conversa sobre a preocupação com o impacto dos altos custos do capitalismo do século XXI. Essas discussões podem ajudar quem anseia por mudanças a construir uma visão e identificar estratégias para criar alternativas realistas capazes de promover o bem-estar, um planeta habitável, uma distribuição mais equitativa das necessidades básicas e democracias mais sólidas, assim como podem permitir que as muitas forças transformadoras cheguem a um acordo sobre metas prioritárias e superem os conflitos que tantas vezes enfraqueceram os esforços recentes. E aqueles que estão prontos para trabalhar por um mundo novo encontram neste espaço algumas mensagens e argumentos para iniciar diálogos úteis entre seus pares, famílias e comunidades que ainda não acreditam que a mudança seja possível ou mesmo desejável.

Imaginar

"A imaginação é mais forte que o conhecimento", escreveu Albert Einstein. "O conhecimento é limitado, a imaginação percorre o mundo." Imagine, se puder, um mundo no qual o bem-estar das pessoas e do planeta seja a prioridade.

Imagine um sistema alimentar que torne os alimentos saudáveis, cultivados de maneira sustentável e produzidos por trabalhadores dignamente remunerados, disponíveis e acessíveis a todos.

Imagine escolas e universidades que forneçam a todos os alunos os conhecimentos e as habilidades de que necessitam para atingir seu pleno potencial e contribuir para com suas comunidades e o mundo, e usar a educação na busca por bem-estar e felicidade para si e para os outros.

Imagine um sistema de saúde acessível a todos, que faça da prevenção de doenças e da melhoria da qualidade de vida seus maiores objetivos e ofereça cuidados que permitam aos pacientes minimizar a carga das doenças que eles enfrentam e a dor e o sofrimento por elas impostos.

Imagine um emprego que pague aos trabalhadores o que precisam para uma vida decente; que garanta que o trabalho não adoeça nem prejudique os envolvidos; que contribua para um mundo melhor e mais sustentável; que ofereça caminhos para o progresso; e que permita que os trabalhadores se sindicalizem, cumpram suas funções e desfrutem da vida pessoal e familiar.

Imagine um sistema de transporte que facilite a circulação das pessoas em seus bairros e cidades; e que torne as ruas acolhedoras, o ar, seguro para respirar, e o planeta, apto para a vida.

Imagine, finalmente, uma maneira de se relacionar com as pessoas — família, amigos, colegas, empresas, comunidades e o mundo — que não exija o sacrifício da saúde mental, da autoconfiança, da privacidade, da dignidade, da paz cívica ou do acesso comercial aos detalhes mais íntimos de nossa vida.

Para muitos, essa visão de um mundo diferente pode parecer irremediavelmente ingênua, sonhos tolos de crianças idealistas não familiarizadas com as realidades do mundo atual, ou fantasias de velhos ativistas e acadêmicos que nunca se recuperaram dos anos 1960. Certamente, não parecem ser aspirações realistas de homens e mulheres que têm de sobreviver no mundo real da terceira década do século XXI. E não são metas alcançáveis pelas muitas pessoas que lutaram desde a crise financeira de 2008 para progredir em direção a um mundo mais justo e sustentável.

Mas consideremos como a humanidade enfrentou crises graves semelhantes nos últimos duzentos anos e, ainda assim, encontrou maneiras de avançar e fazer progressos. Em todo o mundo, centenas de milhões de pessoas estão insatisfeitas com o *status quo* e já trabalham na busca por alternativas. A riqueza e o conhecimento científico e tecnológico que a humanidade acumulou tornam cada uma das seis visões listadas acima relativamente viáveis nas próximas décadas. Por fim, as gerações atuais, especialmente os jovens, parecem estar tão determinadas e capazes de encontrar soluções para os problemas profundos que afligem o mundo atual quanto outras estiveram no passado. Esses poderosos ativos para um movimento global fazem do otimismo uma alternativa ao profundo pessimismo que permeia o mundo contemporâneo.

Três percepções de minhas muitas décadas como profissional e pesquisador de saúde pública e ativista me fazem otimista de que os humanos podem encontrar a vontade, as habilidades e a determinação para enfrentar os desafios atuais.

Primeiro, as melhorias na saúde pública, a justiça social e a democracia sempre foram impulsionadas pelos movimentos sociais e seus aliados. Por que isso deveria ser diferente agora?

Em segundo lugar, durante pelo menos os últimos trezentos anos o objetivo principal da maioria desses movimentos tem sido operar mudanças nos arranjos sociais e econômicos que distribuem riqueza e poder. Muitas melhorias na saúde, no meio ambiente, na justiça social e no acesso mais igualitário às necessidades básicas conquistadas no século passado foram resultado do sucesso desses movimentos. Muitos deles ainda ativos já estão criando a versão das gerações atuais para tal mobilização global.

Em terceiro lugar, a saúde e o bem-estar têm se mostrado consistentemente uma aspiração útil para reunir os muitos círculos eleitorais que se beneficiam com a mudança do *status quo*. Na era progressista, no New Deal e nos movimentos dos anos 1960, melhorar o bem-estar de várias populações serviu para motivar, unificar e satisfazer muitos participantes das reformas sociais.

E assim, para mudar o futuro da saúde neste século, para se afastar dos resultados sombrios descritos nos capítulos anteriores, os ativistas de hoje, cidadãos, eleitores, mães e pais, jovens, trabalhadores e vítimas de discriminação terão de fazer três coisas. Primeiro, reunir os muitos movimentos que agora trabalham por melhorias em um todo mais coeso e unificado. Segundo, articular estratégias e objetivos para fazer da mudança do capitalismo do século XXI a meta unificadora desse movimento emergente. Terceiro, aqueles que buscam a mudança devem encontrar temas e estruturas que os aproximem, e não que os dividam. Os direitos universais ao bem-estar e a uma vida digna são exemplos de temas aqui destacados.

Criando um movimento coeso

As muitas organizações e indivíduos que constituem os movimentos emergentes para um mundo mais saudável, mais igualitário e sustentável são os recursos mais valiosos para tal transformação. Analisar seus êxitos e fracassos, apoiar seus esforços para superar os obstáculos e sintetizar sua prática em orientações que possam inspirar aqueles que trabalham em outras questões e em diferentes lugares são tarefas urgentes para ativistas e acadêmicos.

Por que os movimentos sociais são o remédio preferencial prescrito para os males do capitalismo? Primeiro, eles têm um histórico de sucesso. No século XX, os movimentos sociais nos Estados Unidos trabalharam com reformadores no governo e na sociedade civil para fortalecer as regulamentações de segurança de alimentos e remédios, acabar com o trabalho infantil, melhorar a segurança dos trabalhadores, encurtar a jornada de trabalho, acabar com a segregação legal, expandir os direitos dos eleitores, cuidar da água e do ar e reduzir a discriminação e o acesso desigual aos recursos de saúde para negros, latinos, mulheres e outras populações. Cada uma dessas reformas contribuiu para trazer bem-estar e garantir acesso mais justo às necessidades básicas, para tornar os ambientes mais seguros e fomentar mais oportunidades de participação democrática.

Os movimentos também conectam os círculos eleitorais que trabalham em diferentes questões ou em diferentes lugares. O movimento de direitos civis começou no Sul, avançou para o Norte e se concentrou em educação, emprego, saúde e direitos dos eleitores. Líderes como Martin Luther King e Malcolm X relacionaram o esforço para acabar com o racismo nos Estados Unidos com a campanha global para encerrar o envolvimento norte-americano na Guerra do Vietnã. Em um mundo no qual a mídia e as exigências da vida diária separam questões, dividem grupos e isolam indivíduos, os movimentos sociais podem servir como uma força coesa, reunindo as ideias, os círculos eleitorais e os canais de comunicação que congregam as pessoas para alcançar objetivos comuns.

Compare o potencial dos movimentos sociais para transformar o sistema econômico e político atual com três alternativas frequentemente apresentadas. A cada um dos seis pilares da saúde enumerados neste livro, alguns atores sociais têm sugerido que a ciência e a tecnologia são capazes de resolver os problemas contemporâneos. Empresas de alimentos e de agricultura e os cientistas por elas apoiados afirmaram que a Revolução Verde poderia acabar com a fome mundial e reduzir as doenças relacionadas à alimentação. Enquanto algumas de suas descobertas contribuíram para esses objetivos, a consolidação dos avanços científicos da Revolução Verde nas mãos das empresas facilitou o aparecimento de alimentos ultraprocessados e o subsequente aumento de doenças relacionadas à dieta. Mais de cinquenta anos após o lançamento da Revolução Verde, a fome e a insegurança alimentar continuam sendo grandes problemas globais (Pingali, 2012).

Da mesma forma, mais de cinquenta anos após o presidente Nixon ter declarado guerra ao câncer, as mortes pela doença não diminuíram tanto quanto as mortes por outras causas, e muitas formas de câncer continuam a ter taxas de sobrevivência desanimadoras. A ciência e a tecnologia são ferramentas essenciais para melhorar a vida, mas, enquanto forem controladas por organizações que procuram usá-las em benefício próprio, seu impacto será limitado. Os movimentos sociais podem trazer as questões de poder e controle para o primeiro plano.

Outra solução sugerida com frequência para os problemas impostos pelo capitalismo é simplesmente oferecer mais educação. Educar no sentido de que os consumidores façam escolhas alimentares e de cuidados de saúde mais saudáveis; mães e pais façam escolhas melhores em termos de ensino; e os trabalhadores escolham melhores empregos e sigam com mais cuidado as regras de segurança — afirmam os defensores de "mais educação". Assim os problemas desses setores diminuiriam significativamente. Mas um conjunto crescente de evidências em saúde pública e em outras disciplinas indica que os benefícios da educação, por si sós, são geralmente modestos. Exigir que os educadores de saúde, por exemplo, peçam a cada fumante, consumidor de álcool ou de alimentos ultraprocessados para resistir aos apelos do marketing multibilionário criado para persuadir as pessoas a consumir esses produtos é, na melhor das hipóteses, uma tarefa de Sísifo. O conhecimento em si carece da capacidade de mudar as forças estruturais que sustentam ou encorajam escolhas insalubres — que é precisamente o que os movimentos sociais oferecem.

Uma terceira solução proposta é utilizar estratégias políticas tradicionais — legislação, ações judiciais, eleições — para alcançar mudanças. Seus defensores — a maioria dos políticos eleitos e muitos grupos empresariais e da sociedade civil — afirmam que essas estratégias experimentadas e testadas funcionam, ainda que lentamente, e são menos conflituosas do que as abordagens não convencionais ou contenciosas dos movimentos sociais. Naturalmente, a política tradicional deve desempenhar um papel, e tais estratégias contribuíram para os avanços na saúde, na preservação do meio ambiente e na democracia. Mas uma característica que define o capitalismo do século XXI é o quanto grandes corporações e instituições financeiras passaram a dominar a política e modificar as regras formais e informais que regem o jogo, de forma a inclinar o campo em seu benefício. Por isso, a política tradicional é menos relevante do que no passado — outra razão pela qual os movimentos sociais podem preencher uma lacuna importante.

A ciência, a educação e a política convencional darão contribuições essenciais aos esforços para modificar o capitalismo moderno, mas a história das últimas décadas mostra que, desconectadas da ação, falta a elas a capacidade de transformar um sistema político e econômico que tem se tornado cada vez mais resistente a mudanças. A política convencional, muitas vezes, aceita o *status quo* de poder compartilhado e enfatiza mudanças incrementais em vez das transformadoras. Em um sistema caracterizado por relações de poder assimétricas, seguir apenas as regras estabelecidas pelos detentores do poder pode resultar em fracassos na realização de reformas significativas.

Apesar de seu potencial para criarem formas organizacionais que desafiem o capitalismo moderno, os movimentos sociais contemporâneos encontram obstáculos significativos. Reformadores realistas têm de reconhecer essas fraquezas e, ao mesmo tempo, tentar superá-las. Com frequência, ativistas e seus movimentos trabalham protegidos em sua bolha. Tais espaços sociais delimitam as fronteiras que os ativistas estabelecem entre sua organização (questão, setor, comunidade ou movimento) e as outras que trabalham para diferentes causas e objetivos, embora, num contexto mais amplo, estejam todas conectadas. Por um lado, tais limites são necessários, já que ninguém pode trabalhar em muitas coisas ao mesmo tempo. Por outro, a bolha enfraquece o poder dos movimentos, duplica esforços e reduz a mobilização de apoio extra. No movimento por justiça alimentar, por exemplo, aqueles que procuram acabar com a fome e a insegurança alimentar, reduzir a obesidade e as doenças relacionadas à dieta, promover uma agricultura sustentável ou evitar o desperdício de alimentos trabalham, muitas vezes, separados uns dos outros ou mesmo com objetivos conflitantes.

No entanto, cada um desses objetivos requer a mudança do sistema corporativo dominante na alimentação e na agricultura. O foco nos objetivos separados de cada vertente, e não nos objetivos gerais em comum, tornou o movimento alimentar menos incisivo, com menor capacidade de ganhar concessões da aliança altamente organizada entre empresas de alimentos e de agricultura, e mais vulnerável à cooptação por grupos comerciais que oferecem algumas concessões ou um lugar na mesa política a uma parte dos movimentos.

E, com demasiada frequência, grupos que trabalham dentro ou entre setores dos movimentos enquadram suas escolhas como binárias em vez de entender cada uma como um contexto — uma decisão específica sobre um conjunto contínuo de opções. Os movimentos de reforma educacional devem se opor a todas as *charter schools* para combater a privatização dos serviços públicos ou exigir maior responsabilidade das escolas que já existem? Os ativistas da tecnologia devem trabalhar pela quebra de concentração de Facebook, Google e Microsoft ou optar por uma regulamentação mais enérgica de suas práticas? Ativistas frequentemente desperdiçam tempo e energia preciosos, caracterizando como oponentes aqueles que discordam de suas escolhas, em vez de, juntos, situarem suas decisões no contexto de uma estratégia compartilhada. Líderes empresariais sempre procurarão explorar essas diferenças para enfraquecer e conquistar a oposição. Ao desenvolverem princípios e fóruns para tais decisões, os ativistas podem mitigar os danos potenciais desses conflitos.

Esse problema é agravado pelo atual clima político e pela consequente falta de espaços seguros nos quais os ativistas que concordam em algumas questões, mas discordam em outras, possam ter um diálogo aberto. O objetivo é encontrar pontos em comum sempre que possível e concordar em discordar quando não for possível. Os excessos da cultura de exposição, exacerbados pelas mídias sociais e por polarização política, muitas vezes encorajam xingamentos e humilhações em vez de análises críticas. Como Naomi Klein aponta em *Não basta dizer não*, quando os ativistas dão um passo atrás em suas lutas diárias para analisar lições e elaborar estratégias entre movimentos e lugares, eles ganham novos e poderosos conhecimentos e solidariedades (Klein, 2017, p. 237-8).

As hierarquias de classe, raça e gênero permitem aos capitalistas modernos separar opositores que, unidos, poderiam representar uma ameaça muito mais poderosa ao *status quo*. Em *Como ser antirracista*, Ibram X. Kendi descreve as relações íntimas entre racismo e capitalismo — ele os denomina de gêmeos siameses — e a disposição de alguns ativistas de ambas as lutas para minimizar os custos do outro sistema de opressão se acreditarem que tais concessões lhes trarão vantagens táticas (Kendi, 2019, p. 151-65 [2020]). Da mesma forma, os preconceitos de classe, raça e gênero dentro dos movimentos impedem alianças mais poderosas contra as regras corporativas. Por exemplo, a dificuldade que o movimento alimentar majoritariamente branco e de classe média tem tido em atender às necessidades de agricultores negros e latinos e dos trabalhadores do setor de alimentos vem limitando a capacidade desse movimento de conquistar vitórias políticas sustentáveis.

Alguns estudiosos questionam se um único movimento coeso é necessário ou mesmo desejável. Em vez disso, propõem que os movimentos globais contemporâneos seriam mais bem entendidos como "um movimento de movimentos", uma rede ou aliança de muitos movimentos sociais que, às vezes, atuam juntos, às vezes, separados (Cox & Nilsen, 2007). Esse arranjo, eles argumentam, é mais propício a incorporar lutas específicas em um tempo e lugar determinados, reconhecendo simultaneamente as interligações globais. O Fórum Social Mundial, um encontro anual de ativistas de movimentos de todo o mundo, é uma representação física do movimento global de movimentos e uma oportunidade concreta para ativistas se encontrarem para trocar estratégias e planejar ações futuras (Patomäki & Teivainen, 2004).

Na prática, muitas mobilizações sociais que começam com uma única questão se expandem à medida que crescem. Em uma palestra sobre as lições dos movimentos da década de 1960, a poeta Audre Lorde observou: "Não existe luta por uma questão única porque não vivemos vidas com questões únicas" (Lorde, 2007, p. 138 [2019, loc. 2772]). Movimentos atuais como o Black Lives Matter e o #MeToo podem começar reunindo pessoas para responder a ameaças baseadas em raça ou gênero, mas depois confrontam os meios pelos quais essas questões estão enraizadas na economia política, na história, no poder e nas práticas corporativas, exigindo que expandam seu foco estratégico e busquem novos aliados.

A decisão dos atores de Hollywood atuantes no #MeToo de usar a premiação do Globo de Ouro 2018 para chamar a atenção da mídia para a forma como as trabalhadoras domésticas, do campo e de serviços alimentícios sofrem assédio sexual e discriminação é ilustrativa de tal expansão. Mais de trezentos atores arrecadaram quase vinte milhões de dólares para ajudar as trabalhadoras a cobrir os custos das despesas legais dos processos por assédio sexual e discriminação. Ai-jen Poo, diretora-executiva da Aliança Nacional das Trabalhadoras Domésticas, foi para a cerimônia como acompanhante da atriz Meryl Streep e explicou a uma repórter:

As trabalhadoras domésticas estão se apresentando como parte do movimento #MeToo para dizer que não estamos sozinhas como trabalhadoras domésticas, nem estamos sozinhas como mulheres que trabalham nesta economia. As mulheres em geral enfrentam esse desequilíbrio de poder, o que nos torna suscetíveis a assédio e abuso e limita nosso potencial econômico e humano.[487]

Fazer do capitalismo o alvo do movimento

Os problemas mais graves do mundo — mudanças climáticas, poluição ambiental, racismo, sexismo, desigualdade crescente, deterioração da saúde em muitas populações, ameaças à democracia — possuem diversas causas. E os movimentos sociais das últimas décadas tiveram vários objetivos — reverter mudanças climáticas induzidas pelo homem, acabar com a violência policial e o racismo, reduzir a fome e a insegurança alimentar, diminuir as crescentes disparidades de renda e riqueza nos Estados Unidos e no mundo, e assim por diante. Por que, então, a sugestão de que um alvo apropriado para resolver a cascata dos problemas mais graves de hoje seriam os arranjos sociais e econômicos que caracterizam o capitalismo moderno? E por que os tantos movimentos sociais que se esforçam para corrigir os erros do mundo deveriam fazer da mudança dessa forma de capitalismo um objetivo prioritário?

Como mostrado nos capítulos anteriores, as mudanças no capitalismo do século XXI aceleraram os danos a cada um dos seis pilares da saúde, os fundamentos do bem-estar. A resposta do mundo às mudanças climáticas evidencia os perigos de ignorar ou encobrir as crescentes ameaças ao bem-estar humano e planetário. Décadas de inércia e atraso tornaram uma tarefa mais difícil os desafios

---

[487] STITES, Jessica. "Beyond Hollywood: Domestic Workers Say #MeToo" [Além de Hollywood: milhares de trabalhadoras domésticas usam a hashtag #MeToo], *In These Times*, 19 fev. 2018.

de reverter as crises que as mudanças climáticas induzidas pelo homem têm imposto de forma maciça. Evidências sugerem que é imperativo agir agora para reduzir os danos crescentes que o capitalismo moderno inflige aos sistemas que utilizamos para alimentar, educar, fornecer cuidados médicos, empregar, transportar e estabelecer conexões entre as pessoas.

Quando múltiplos problemas têm uma causa comum, é mais racional e eficaz enfrentar essa causa do que assumir separadamente a diversidade de raízes díspares. Os pesquisadores do tabaco há muito compreenderam que outros fatores contribuíram para cânceres, doenças cardíacas, circulatórias e demais problemas de saúde agravados pela a exposição ao tabaco. Mas, diante do interesse de salvar o máximo de vidas, prevenir doenças e usar sabiamente recursos limitados, eles desenvolveram e lançaram uma campanha abrangente, integrada e global para reduzir a exposição à fumaça do cigarro e diminuir a influência da indústria tabagista. Foram necessários cinquenta anos para a obtenção de um impacto mensurável, mas agora sabemos que dezenas de milhões de vidas foram salvas e que uma carga inimaginável de sofrimento humano foi evitada por ações incisivas para limitar o trabalho dos lobistas da indústria.

Uma razão mais prática dá ainda mais força à decisão de se concentrar no capitalismo: o capitalismo é uma criação humana. Desde que as primeiras corporações foram criadas, no século XVII, o sistema tem evoluído continuamente. Hoje, embora o capitalismo global tenha características próprias, ele não é monolítico ou homogêneo, mas varia ao longo do tempo e do lugar. Cada variante tem arranjos diferentes para o que é público, o que é privado e quem decide o quê, e cada variante é forjada por interações locais e nacionais entre as forças sociais concorrentes.

Mesmo a revisão mais superficial da história mostra que mudanças nesses arranjos são possíveis e, de fato, inevitáveis. Nas décadas futuras, a máxima de Thatcher de que não há alternativa ao modelo atual do capitalismo parecerá tão antiquada quanto a afirmação dos primeiros cristãos de que sua visão de Deus era a única possível naquela época e para sempre.

Em minha opinião, embora alterar as características nocivas do capitalismo moderno seja a prioridade para melhorar o bem-estar global, outras influências sobre a saúde, tais como mudanças demográficas, choques culturais, urbanização e migração, também requerem atenção. Mas a globalização controlada pelas empresas, a financeirização, a desregulamentação, a concentração monopolista e a captura corporativa de novas tecnologias, características que definem o capitalismo do século XXI, são causas fundamentais de múltiplas e crescentes ameaças ao bem-estar. Essa uniformização justifica um forte enfoque sobre o sistema, que é a causa subjacente.

A recomendação de concentrar esforços na transformação do capitalismo moderno exige que os reformadores cheguem a um acordo sobre uma única alternativa clara? Penso que não, porque o que vem a seguir e a forma como chegar lá não serão decididos pela opção de ativistas, acadêmicos ou líderes políticos. Na verdade, as respostas serão encontradas na prática, ao longo de interações entre os muitos grupos sociais que sempre moldam essas decisões. Como escreveu o poeta espanhol Antonio Machado em 1913: "Viajante, não há estrada; a estrada é feita à medida que você avança" (Hamilton, 2017, p. 1).

Isso também não significa que todos os reformadores precisem prometer fidelidade ao fim do capitalismo conforme o conhecemos ou endossar uma ou outra marca do socialismo. Identificar alternativas claras ao capitalismo do século XXI, decidindo quais elementos reter ou abandonar, e determinar quais alternativas funcionam melhor e onde são as tarefas críticas para as próximas décadas. A prioridade de hoje, no entanto, é alinhar as muitas forças prejudicadas pelo sistema atual em um combate mais coordenado e eficiente contra essas ameaças.

Mais importante, a solução dessas questões não é uma condição prévia para agir agora mesmo. As mudanças climáticas, os empregos mal-remunerados, o acesso desigual à educação e o crescente número de casos de câncer são problemas que exigem ação imediata. Ao integrarem esforços para resolver os problemas que as pessoas enfrentam no dia a dia, com uma análise das realidades econômicas, sociais e políticas em transformação, aqueles que buscam um mundo diferente podem alcançar melhorias a curto prazo enquanto preparam o cenário para mudanças mais transformadoras no futuro. De fato, se as pessoas usam ou não determinado rótulo — reformador, anticapitalista, socialista democrático —, isso é, pelo menos a curto prazo, em grande medida irrelevante. O que importa é o apoio popular real para metas comuns alcançáveis.

Mesmo para profissionais de saúde e militantes cujo foco é melhorar a saúde, focar o capitalismo moderno ainda faz sentido. Duas estratégias alternativas propostas para melhorar a saúde — a medicina clínica e a mudança de comportamento e de estilo de vida — enfrentam restrições significativas. A medicina clínica procura desfazer os danos que a vida moderna impõe, uma tarefa que é, ao mesmo tempo, onerosa e, muitas vezes, de eficácia limitada. Abordar estilos de vida e de alimentação, tabagismo, consumo de álcool e outros comportamentos de risco certamente contribui para melhorar a saúde. Mas, se uma porção crescente de alimentos disponíveis em supermercados e mercearias não é saudável, se muitas cidades têm ar poluído em excesso para respirar, se diversos suprimentos públicos de água estão contaminados com antibióticos e substâncias tóxicas, se as empresas farmacêuticas promovem agressivamente medicamentos perigosos e se as condições de trabalho se tornam mais arriscadas, pedir aos indivíduos que assumam a responsabilidade primária pela saúde parece ser tanto antiético quanto ineficaz.

Crescentes evidências biomédicas e de saúde pública ressaltam os limites dessas duas estratégias, tornando uma opção convincente a ação adicional de abordar as causas subjacentes ao grande problema de saúde atual. Como tenho observado, os avanços na saúde pública do século passado não vieram principalmente das novas drogas ou da educação sobre alimentação saudável, mas dos movimentos sociais que melhoraram as condições de moradia e trabalho, tornaram a alimentação saudável mais disponível e se empenharam para acabar com a exclusão e a discriminação contra mulheres, negros, imigrantes e pessoas LGBTQIA+.

Usando a saúde e o bem-estar como tema unificador

O capitalismo moderno contribui para muitos dos problemas mundiais mais graves. A saúde precária é frequentemente consequência de um grupo de indivíduos ou organizações ricos e poderosos que optam por agir em benefício próprio, fazendo da saúde uma lente útil para identificar adversários, informar estratégias e mobilizar apoiadores. Por que a saúde e o conceito mais amplo de bem-estar são o foco central para essa análise do capitalismo? Para mim, tal ênfase oferece benefícios claros para aqueles que buscam conectar questões, populações e lugares. Quase todos desejam se sentir melhor agora e no futuro. Quase todos querem assegurar que familiares, amigos e outras pessoas queridas tenham o potencial para alcançar a melhor saúde possível. A maioria pensa na saúde todos os dias, nem que seja apenas com o objetivo de se sentir bem, evitar dores e riscos desnecessários e proteger aqueles com quem se preocupam.

Dessa forma, o bem-estar oferece um objetivo comum que pode aproximar as pessoas extrapolando fronteiras que, em outras circunstâncias, as separam. O bem-estar também serve para conectar os níveis pessoal e político, duas esferas de ação que as feministas dos anos 1960 e 1970 ensinaram que podem ser efetivamente ligadas para cultivar o ativismo sustentável.

Ao longo da história humana, as pessoas lutaram por uma vida melhor, condições mais dignas e acesso às necessidades básicas. Uma abordagem útil e interessante dessa busca tão antiga quanto moderna é o conceito de Bem Viver (*sumak kawsay*, em quéchua), o direito a uma boa vida articulado pelos povos indígenas na Bolívia e no Equador. Eduardo Gudynas, referência no assunto, explica: "Com o Bem Viver, o tema do bem-estar não é o indivíduo, mas o indivíduo no contexto social de sua comunidade e em uma situação ambiental única".[488] Bem Viver, um conceito incluído nas consti-

---

[488] BALCH, Oliver. "Buen Vivir: The Social Philosophy Inspiring Movements in South America" [Bem Viver: a filosofia social que inspira movimentos na América do Sul], *The Guardian*, 4 fev. 2013.

tuições boliviana e equatoriana, fornece uma alternativa à ideologia pró-crescimento, consumista e individualista, uma alternativa que poderia servir como um apelo para um movimento em prol de um bem-estar sustentável e igualitário (Gudynas, 2011).

Embora o bem-estar tenha o potencial de unificar para além das diferenças, o conceito também fornece uma ferramenta para analisar quem é responsável pelas condições de vida que prejudicam a saúde. O acesso restrito ao ensino superior, os desafios no transporte em bairros urbanos ou a comercialização direcionada de produtos insalubres — cada uma dessas experiências conecta a vida diária e os sentimentos de dificuldade e doença ao nosso sistema político e econômico.

Finalmente, a saúde pública é uma das disciplinas que fornecem evidências de que nossos arranjos sociais, políticos e econômicos são influências decisivas nos padrões de saúde e doença, tanto para as comunidades quanto para o planeta. Estudiosos e profissionais da saúde pública têm a obrigação moral e ética de usar conhecimentos para melhorar a saúde das populações e diminuir as desigualdades enraizadas na saúde que caracterizam o mundo contemporâneo.

A PRÁTICA COMO GUIA

Em certo sentido, tomar medidas para unificar e integrar os objetivos e as estratégias dos diversos movimentos ativos hoje, desenvolvendo um foco comum na mudança dos elementos prejudiciais do capitalismo moderno e fazendo do bem-estar aprimorado um objetivo central, parece uma recomendação simples — difícil na prática, é claro, mas conceitualmente simples.

Em outro, cada uma dessas medidas necessárias é uma tarefa complexa, experimentada por muitos com sucesso apenas parcial, que não pode ser vista como receita de bolo. O caminho a seguir, acredito, é fundamentar esforços futuros para alcançar esses três objetivos nas práticas atuais dos movimentos em busca de mudanças. Ativistas globais estão desenvolvendo e testando múltiplas ações, campanhas, formas organizacionais e estratégias, muitas das quais descritas nos capítulos anteriores, para modificar o capitalismo em pequenas e grandes proporções. Algumas dessas experiências passam no teste de possível implementação, outras têm algum impacto, e há ainda as que são replicáveis e sustentáveis em outros ambientes. Baseando a busca por novas soluções nesse robusto corpo de evidências objetivas, aqueles que procuram alternativas ao capitalismo contemporâneo podem encontrar ideias práticas, inovadoras, testadas em campo e ao longo do tempo, capazes de contribuir para o avanço de seus objetivos e para encontrar falhas que indiquem evitar certos caminhos.

Para ilustrar esse processo e encorajar outros ativistas e estudiosos a se juntarem a esse esforço, ofereço breves perfis de três corpos de prática que, acredito, oferecem perspectivas sobre os próximos passos. Neste capítulo, examino as contribuições dos movimentos que tornaram as corporações os alvos centrais. No próximo capítulo, também considero lições relevantes de outros poderosos movimentos recentes, tais como Black Lives Matter e #MeToo, que se concentram no racismo sistêmico e no sexismo que têm prejudicado a vida de tantas pessoas — e têm sido usados pelo capitalismo moderno para dividir potenciais oponentes.

O GREEN NEW DEAL

No início de 2019, após as eleições do ano anterior que deram ao Partido Democrata a maioria na Câmara dos Deputados dos Estados Unidos, Alexandria Ocasio-Cortez, deputada recém-eleita de Nova York, e Edward Markey, senador veterano de Massachusetts, apresentaram a Resolução 109 na Câmara e a Resolução 59 no Senado com um pacote de propostas que veio a ser conhecido como o Green New Deal [Novo acordo verde, o GND, na sigla em inglês].[489]

[489] GRANDONI, Dino & STEIN, Jeff. "The Energy 202: Ocasio-Cortez, Markey Unveil Green New Deal with Backing of Four Presidential Candidates" [Energia 202: Ocasio-Cortez e Markey divulgam Green New Deal com apoio de quatro candidatos à presidência], *The Washington Post*, 7 fev. 2019.

A ideia de um plano nacional ambicioso para reduzir as mudanças climáticas e, ao mesmo tempo, promover um desenvolvimento econômico mais igualitário e a criação de empregos teve origem no Reino Unido mais de uma década antes; nos anos seguintes, o Partido Verde dos Estados Unidos promoveu o GND em várias eleições estaduais e nacionais. Mas foi a proposta legislativa de 2019 que, após vários avisos alarmantes de órgãos científicos internacionais sobre a ameaça iminente de mudanças climáticas, crescimento econômico, saúde humana, agricultura e segurança nacional, gerou um intenso interesse da mídia, do público, dos responsáveis pela elaboração de políticas e das empresas. Quatro dos candidatos das primárias presidenciais do Partido Democrata de 2020 apoiaram o GND, garantindo que o tema atraísse mais atenção nas eleições nacionais. Ao atacar vigorosamente a proposta, o presidente Trump alimentou ainda mais interesse pela ideia.

Nas palavras de seus proponentes, o GND era "verde" no sentido de que seu

> objetivo é modernizar a economia de forma abrangente para que não tenhamos mais que envenenar nosso meio ambiente, subsidiar a infraestrutura decadente e submeter as comunidades pobres e da classe trabalhadora a todo tipo de poluição e degradação ambiental, simplesmente para produzir riqueza que beneficie uma pequena parcela dos norte-americanos.

Foi um novo acordo "no sentido de que funciona em uma escala que não se via no país desde o New Deal e das mobilizações da Segunda Guerra Mundial" (Gunn-Wright & Hockett, 2019).

A legislação em si é ampla e ambiciosa. Ela exige que o governo federal atue para:

- alcançar índice zero de emissões líquidas de gases de efeito estufa através de uma transição honesta e justa para todas as comunidades e trabalhadores;

- criar milhões de bons empregos com remuneração adequada para garantir prosperidade e segurança econômica para todas as pessoas dos Estados Unidos;
- investir na infraestrutura e na indústria dos Estados Unidos para enfrentar os desafios do século XXI de forma sustentável;
- garantir a todos os povos dos Estados Unidos, por gerações, a qualidade adequada do ar e da água, condições climáticas e comunitárias, alimentação saudável, acesso à natureza e um ambiente sustentável;
- promover a justiça e a equidade pela interrupção da atual, prevenção da futura e reparação da histórica opressão nas comunidades da linha de frente e vulneráveis.

Os apoiadores apreciaram a amplitude do escopo e dos objetivos, dizendo que tal abordagem convidava ao debate, à participação e à melhoria por parte de muitos círculos sociais. Os opositores, entretanto, criticaram o plano por ser vago, confuso e por não incluir estimativas de custos. Mas a proposta desencadeou com sucesso um debate sólido, ativismo local, estadual e nacional e a oposição feroz dos conservadores e das elites empresariais. Assim, o GND merece escrutínio por sua capacidade de unificar movimentos, expor os limites do capitalismo moderno e engajar novos apoiadores com um amplo foco no bem-estar, no desenvolvimento sustentável e na justiça social.

O GND oferece várias características que o tornam uma plataforma útil para alcançar esses três objetivos. Primeiro, reúne o que no passado foram, em sua maioria, movimentos separados, muitas vezes represados, para desacelerar as mudanças climáticas, regulamentar corporações, promover o desenvolvimento comunitário equitativo, expandir o treinamento profissional e perseguir outros objetivos. Ao apresentar um plano único contemplando todos esses pontos, o GND incentiva os apoiadores (e oponentes) a se perguntarem: como essas questões estão interligadas? Quais são suas causas comuns? O que podemos fazer juntos para alcançar esses resultados?

O GND abraça a ambiguidade estratégica — a arte de fazer uma reivindicação capaz de reduzir a oposição precipitada — de maneiras que podem ser úteis para lançar outras propostas transformadoras.

O GND é uma estratégia para o capitalismo se salvar ou uma estratégia para criar uma alternativa? Em apoio à primeira visão, os proponentes citam os benefícios trazidos para as empresas que produzem a tecnologia para energias eólica e solar, a indústria da construção que desenvolverá a infraestrutura do GND e melhorará a eficiência energética nos edifícios existentes, e as indústrias tecnológica e automobilística que produzirão carros elétricos e outros veículos autônomos.

Os defensores de um GND que desafie o capitalismo notam o papel preponderante do governo no estabelecimento das regras para os mercados, o investimento público necessário e o apelo à participação popular na tomada de decisões políticas que podem reduzir o impacto desigual das mudanças climáticas sobre os mais pobres e as pessoas negras. O avanço do GND no sentido de manter engajados ambos os lados desse debate permite um apoio político mais amplo e talvez menos oposição de ambos os lados.

Nas últimas duas décadas, as mudanças no capitalismo tiveram impactos diferentes sobre as populações urbanas e rurais e sobre as pessoas que vivem no Norte, no Sul e no Meio-Oeste dos Estados Unidos. As propostas do GND que tratam de agricultura e desenvolvimento rural, infraestrutura, distribuição de alimentos e treinamento profissional podem beneficiar cada um desses grupos, talvez ajudando a resolver as profundas polarizações urbanas e rurais e preparando o terreno para desbravar outros objetivos comuns que beneficiem as classes pobres e médias urbanas e rurais, e não só as elites abastadas. Identificar novas maneiras de encontrar pontos em comum entre grupos agora apartados por ideologia e cultura, mesmo quando compartilham interesses de longo prazo, é uma tarefa essencial para um movimento bem-sucedido.

O GND também convida à participação outros movimentos ainda não totalmente engajados no ativismo climático. Anthony Flaccavento, agricultor e ativista político da Virgínia Ocidental, identifica algumas das medidas do GND que beneficiariam agricultores e consumidores: investimentos em alimentos e infraestrutura agrícola local, apoio aos agricultores e à preservação da terra e maior acesso urbano a alimentos saudáveis com preços acessíveis, cultivados local e regionalmente.

Um Green New Deal não é a única coisa que poderíamos fazer para lidar com as emissões e as mudanças climáticas. E não é a única estratégia para criar empregos melhores, trazer prosperidade mais amplamente compartilhada e uma economia centrada nas pessoas. Mas é a única abordagem que conheço que faz ambas as coisas. Durante quarenta anos, a maioria dos norte-americanos vem perdendo terreno economicamente, mesmo com a economia tendo crescido seis vezes mais rápido do que nossa população. Durante esse mesmo período, essa mesma economia em decadência nos lançou no caminho de mudanças severas no clima e no meio ambiente. Se um GND oferece um roteiro para uma economia melhor e um ecossistema restaurado e sustentável, o que há de errado com isso? (Flaccavento, 2019)

Na cidade de Nova York, ativistas de justiça alimentar e de saúde, ambientalistas e pequenos agricultores propuseram colocar a questão dos alimentos no GND, tanto para conseguir novos adeptos quanto para trazer benefícios adicionais. Como as práticas de cultivo agrário que contribuem para as mudanças climáticas são as mais utilizadas pela indústria de ultraprocessados para formular produtos prejudiciais à saúde, a mudança dessas práticas terá um retorno para o clima e também para a saúde. Esses ativistas persuadiram com sucesso as autoridades eleitas da cidade e do estado de Nova York a desenvolver as próprias agendas do GND, uma forma de desencadear ações em outros níveis durante um período de resistência à ação climática em nível federal e ainda para desenvolver soluções locais que possam informar as autoridades nacionais em um clima político diferente.[490]

Em segundo lugar, os objetivos centrais do GND — reduzir as mudanças climáticas, promover um crescimento econômico mais igualitário e criar bons empregos — podem catalisar ações em níveis local, regional, nacional e até mesmo global. O GND fornece, assim, uma ferramenta para unificar e integrar o ativismo e a pres-

---

[490] DICKINSON, Maggie; FREUDENBERG, Nicholas & ILIEVA, Rositsa. "Put Food on the Green New Deal Menu" [Incluam comida no cardápio do Green New Deal], *City Limits*, 19 jul. 2019.

são dentro de uma região específica, mas também para além das fronteiras geográficas e políticas. É um plano prático para tornar o local global e vice-versa.

Alguns exemplos mostram a diversidade de organizações e causas que têm sido capazes de usar o GND para fazer tais ligações. O movimento Sunrise, que vem "construindo um exército de jovens para fazer das mudanças climáticas uma prioridade urgente em todo o território dos Estados Unidos", promoveu ocupações no Congresso para estimular uma ação mais rápida sobre a legislação do GND e organizou dezenas de centros locais para coordenar ações de defesa e educação nas comunidades por todo o país. Em setembro de 2019, o Sunrise participou da Greve Climática Global, o maior dia de ação pela justiça climática na história mundial. Mais de três milhões de pessoas escolheram a #StrikeWithUs [Entre em greve conosco] em mais de quatro mil eventos em 150 países.

Na Amazon, 8.703 trabalhadores assinaram uma carta aberta em 2019 direcionada ao CEO da empresa, Jeff Bezos, solicitando que defendesse "políticas locais, federais e internacionais que reduzam as emissões globais de carbono em linha com o relatório do IPCC" e retirasse contribuições de campanha para legisladores que retardam a ação sobre mudanças climáticas. O documento também exigiu que a Amazon divulgasse um plano abrangente para reduzir as próprias emissões de carbono e ajudar os funcionários a lidar com crises relacionadas ao clima. Ao chamarem a atenção da mídia e do público para o papel desempenhado pelas corporações no apoio ou na oposição a propostas de enfrentamento às mudanças climáticas, esses trabalhadores abriram outra frente para o ativismo do GND. Em 2020, a Amazon ameaçou demitir esses críticos, reforçando ainda mais a solidariedade e a determinação dos trabalhadores que queriam uma ação mais contundente sobre a questão climática por parte do empregador.[491]

---

[491] GREENE, Jay. "Amazon Threatens to Fire Critics Who Are Outspoken on Its Environmental Policies" [Amazon ameaça demitir críticos que falem abertamente sobre suas políticas ambientais], *The Washington Post*, 2 jan. 2020.

Em um terceiro exemplo de ativismo inspirado no GND, os nativos norte-americanos e outros povos indígenas também encontraram maneiras de usar a iniciativa climática para avançar suas longas lutas para proteger as terras e seus habitantes originários. A Rede Ambiental Indígena e a Honor the Earth [Honrar a Terra], uma organização sem fins lucrativos liderada por indígenas, ajudou a preparar a legislação. A resolução exige que as autoridades federais obtenham "o consentimento livre, prévio e informado dos povos indígenas para todas as decisões que afetam os povos indígenas e seus territórios tradicionais".[492]

A deputada do Novo México Debra Haaland, uma das primeiras mulheres nativas norte-americanas no Congresso a apoiar o GND, afirmou:

> As comunidades não brancas são desproporcionalmente afetadas pelas mudanças climáticas. É por isso que um dos aspectos mais importantes da entrega de um Green New Deal para os Estados Unidos é garantir que a transição para uma economia renovável seja equitativa e beneficie todas as comunidades. Garantir que as disposições do Green New Deal tenham uma linguagem que inclua a consulta dos indígenas é parte do respeito ao status que lhes é garantido por lei.

Ao reconhecer as preocupações específicas dos povos indígenas, o GND cria uma plataforma para o diálogo respeitoso acerca das melhores formas de proteger e respeitar essas comunidades.

Um movimento bem-sucedido para modificar o capitalismo precisará fazer propostas substanciais tanto para mudar as políticas que contribuem para o aquecimento global, para a má distribuição de renda e para o aumento do trabalho mal-remunerado, por exemplo, quanto para fortalecer a democracia. O GND mostra como combinar essas vertentes, incluindo propostas para "assembleias de pares", órgãos constituídos pelo governo para informar a implementação de

---

[492] FUNES, Yessenia. "The Green New Deal Includes a Powerful Pledge to Indigenous People" [Green New Deal adiciona promessa poderosa para povos indígenas], *Gizmodo*, 15 fev. 2019.

novas iniciativas (Rifkin, 2019, p. 233-4); para proteção dos direitos de organização dos trabalhadores; e o já descrito mandato para que os povos indígenas forneçam "consentimento livre, prévio e informado" a novos projetos.[493]

Ao estabelecer questões vinculadas à democracia na frente e no centro, o GND incentiva — e exige — que os ativistas considerem simultaneamente o que mudar e como mudar, evitando, assim, a tendência dos movimentos anteriores de se concentrar em uma ou outra coisa, arriscando perspectivas de crescimento sustentável e aumento de influência política.

Em outra frente, o GND fornece uma crítica explícita ao incrementalismo, um compromisso dominante que, com frequência, reduz o sucesso e desencoraja a participação dos descontentes, mesmo que possa ajudar a segurar os apoiadores mais moderados. Como observa Flaccavento, o GND permite que os ativistas

> ponham de lado o "incrementalismo". Sempre podemos ressuscitá-lo se, em algum momento no futuro, tivermos construído uma economia e uma política que realmente funcionem para as pessoas, as comunidades e a Terra. Se chegarmos a esse ponto, ainda haverá a necessidade de ajustar o sistema. Mas, neste momento, o ajuste não só é insuficiente como totalmente contraproducente. Ele alimenta o ressentimento que muitas pessoas sentem e ajuda a corroborar a crença de que estamos fora do alcance delas.

Outra contribuição do GND é a capacidade de ligar a vida pessoal dos participantes ao ativismo político, uma tarefa-chave para recrutar novos adeptos e sustentar seu engajamento. Para muitos ativistas do clima, a luta é intensamente pessoal. Varshini Prakash, diretora-executiva da Sunrise, fala sobre a devastação causada em 2019 pelas monções no sul da Índia, de onde vieram suas origens familiares, e sobre a ameaça à atual residência no leste de Boston, "um lugar que,

---

[493] FUNES, Yessenia, *op. cit.*

se não tomarmos medidas nas próximas décadas, deixará de existir e será perdido para os mares para sempre".[494]

Grupos como o Black Lives Matter ressaltam que as propostas do GND devem abordar o impacto racial díspar das mudanças climáticas. "Comunidades negras, pardas e de baixa renda carregam o peso da poluição e da degradação ambiental, acelerada pelas mudanças climáticas", observa a deputada Barbara Lee, uma das noventa apoiadoras da resolução do GND. "É por isso que abordar as mudanças climáticas não é apenas uma questão ambiental, mas também um imperativo para alcançar justiça racial e econômica."[495]

Para muitas pessoas — jovens preocupados com o futuro, pais receosos com a vida de filhos ou netos, pessoas que vivem em comunidades ameaçadas por enchentes, incêndios, tempestades, secas ou outras intempéries induzidas pelo clima —, as mudanças climáticas são uma fonte recorrente de ansiedade, depressão, medo ou estresse. Ao oferecer a essas e outras pessoas ações específicas que funcionem tanto para reduzir essa ameaça futura quanto para lidar com o sofrimento presente, o GND se torna uma intervenção, ao mesmo tempo, terapêutica e política: constrói comunidades de apoio interligadas e redes para a ação, bases para movimentos bem-sucedidos.

Embora o GND ofereça muitos benefícios àqueles que buscam soluções para as crises do capitalismo moderno, a proposta, por outro lado, apresenta sérias limitações. Sua ambiguidade, que em parte é uma força, é também uma fraqueza, arriscando a criação de um movimento que carece de estrutura intelectual e ideológica comum capaz de unificar os partidários e ajudar a reconciliar pontos de vista divergentes.

Alguns críticos apontam lacunas específicas. O GND não aborda explicitamente o uso da terra e a proteção das terras agrícolas. Entre 1992 e 2012, segundo um relatório do Fundo de Desenvolvimento Rural dos Estados Unidos, o desenvolvimento dos subúrbios devo-

---

[494] CARPENTER, Zoë. "The Political Power of the Green New Deal" [O poder político do Green New Deal], *The Nation*, 17 maio 2019.
[495] COLEMAN, Aaron Ross. "How Black Lives Matter to the Green New Deal" [Como vidas negras importam para o Green New Deal], *The Nation*, 14 mar. 2019.

rou cerca de doze milhões de hectares de terras agrícolas, incluindo quatro milhões e meio de hectares de terras agrícolas nobres.[496] Na ausência de um plano para reverter esse significativo agravante para o aumento das emissões de gases de efeito estufa, será mais difícil para o país cumprir as metas climáticas.

Nenhum plano climático pode abordar todos os fatores que contribuem para as emissões de carbono, mas encontrar maneiras de identificar e preencher as principais lacunas nas propostas políticas atuais será uma prioridade para os organizadores do GND. Tal avaliação é necessária tanto para alcançar as metas mais ambiciosas de mudanças climáticas dentro do tempo disponível quanto para obter o mais amplo apoio político possível.

Alguns críticos têm rejeitado a proposta do GND por ser politicamente irrealista, tecnologicamente impossível e financeiramente inacessível. Mas, como escreveu Michael Grunwald, do *Politico*, essas críticas podem estar deixando de enxergar a questão:

> O lançamento oficial [...] foi recebido com uma onda de ceticismo por parte de agências bem-intencionadas de checagem de fatos, agressores mal-intencionados do tema climático na internet e especialistas comprados e desesperados para aparecer, todos focados na impossibilidade logística e política de transformar a economia tão rapidamente quanto o Green New Deal prevê. E eles têm razão: os objetivos, de fato, parecem impossíveis de ser alcançados. Mas todos eles estão perdendo o ponto central. Com sua reação, eles ajudam os apoiadores do Green New Deal a reafirmar seu ponto, o de que as mudanças climáticas são uma emergência sem precedentes que requer ações não convencionais.[497]

---

496 TUMBER, Catherine. "Land without Bread: The Green New Deal Forsakes America's Countryside" [Terra sem pão: Green New Deal abandona zona rural americana], *Common Dreams*, 16 set. 2019.

497 GRUNWALD, Michael. "The Impossible Green Dream of Alexandria Ocasio-Cortez" [O sonho verde impossível de Alexandria Ocasio-Cortez], *Politico*, 7 fev. 2019.

A pandemia complicou as tarefas do GND. Por um lado, mostrou o potencial para declínios rápidos e dramáticos no uso de combustíveis fósseis. Se os líderes mundiais tivessem encontrado a vontade e a coragem de operar nas últimas duas décadas algumas das mudanças que a pandemia desencadeou em poucas semanas, as emissões de carbono teriam crescido mais lentamente e o mundo estaria mais longe de um ponto calamitoso. Por outro, as agendas políticas dominadas pela covid-19 afastaram as mudanças climáticas do foco e tornaram o objetivo corporativo de aumentar o crescimento econômico e o consumo a qualquer custo mais palatável para muita gente. Além disso, com o relaxamento das restrições da covid-19, as emissões de carbono aumentaram, confirmando a necessidade do compromisso político com um novo caminho.

O GND pode ou não sobreviver como uma agenda política viável, mas ele mostra o potencial de unificar questões, movimentos e correntes de envolvimento, a partir de alternativas abrangentes às maneiras usuais de pensar e fazer negócios.

Cooperativas de trabalhadores e a nova economia

Um movimento para criar alternativas ao capitalismo atual tem de desenvolver novas formas organizacionais, bem como ideias políticas convincentes. Uma dessas formas é a cooperativa de trabalhadores, introduzida pela primeira vez há mais de cem anos, mas que está despertando agora um interesse renovado como remédio para a deterioração das condições de trabalho desencadeada pelo capitalismo do século XXI. As cooperativas podem servir a múltiplos propósitos. Proporcionam locais de trabalho alternativos com melhores salários, melhores condições e melhores perspectivas de progresso para os trabalhadores mal-remunerados do que as das empresas tradicionais. São parte de uma economia emergente, mais democrática e igualitária, que pode competir com a economia do lucro. Servem como uma manifestação visível de um sistema que valoriza a dignidade, a comunidade e o bem-estar. Além disso, as cooperativas de trabalhadores se conectam a outros tipos de cooperativas — de produtores, de consumidores e de habitação, por exemplo. Isso poderia lançar as bases para uma nova economia que, com o tempo, seja capaz de desafiar o *status quo* capitalista. Os perfis de duas cooperativas de trabalhadores são representativos do potencial e das limitações dessa forma de organização.

A Cooperativa de Cuidadores Associados (CHCA, do inglês Cooperative Home Care Associates) foi fundada em 1985 no sul do Bronx, na cidade de Nova York, com a missão de fornecer cuidados de saúde domiciliares de qualidade, criando bons empregos. É a maior cooperativa de trabalhadores dos Estados Unidos. Em 2020, a CHCA empregava 2.100 trabalhadores domésticos, a maioria mulheres afro-americanas ou latinas, das quais cerca de metade também eram coproprietárias da cooperativa. Em uma comunidade com altas taxas de desemprego, a CHCA forneceu treinamento gratuito e garantiu ocupação de alta qualidade para centenas de mulheres por ano, apoiada pela crescente demanda por auxiliares bem treinadas na área de saúde domiciliar. As taxas de rotatividade são de cerca de 20% a 25% ao ano, drasticamente inferiores à média da indústria, que é de 66% (Kelly & Howard, 2019, loc. 1283). Uma maneira de a CHCA manter a alta taxa de retenção é assegurando que as trabalhadoras que permanecerem por três anos serão pagas por trabalhar trinta horas por semana, desde que não recusem nenhuma atribuição dada pelo cliente, uma vitória para uma agência que busca funcionárias estáveis e trabalhadoras que almejam horas de trabalho regulares e confiáveis (Schneider, 2010).

Quando Zaida Ramos ingressou na empresa, em 1997, ela criava sua filha com auxílio social público, saltando de um subemprego para outro. "Ganhava em uma semana o que minha família gastava em um dia", disse ela a uma jornalista.[498] Após dezessete anos como auxiliar de saúde domiciliar na cooperativa, Ramos pôde enviar

---

498 FLANDERS, Laura. "How America's Largest Worker Owned Co-Op Lifts People Out of Poverty" [Como a maior cooperativa dos Estados Unidos tira pessoas da pobreza], *Yes!*, 15 ago. 2014.

a filha para a faculdade, receber benefícios médicos e odontológicos completos, ganhar uma participação anual nos lucros e desfrutar de horários flexíveis e de um salário mais alto do que a média da assistência domiciliar. "Sou financeiramente independente. Pertenço a um sindicato e tenho uma chance de fazer a diferença."

Ao longo dos anos, a CHCA encontrou parceiros confiáveis e bem relacionados para ajudá-la a sobreviver, enfrentar crises e crescer. A sede local da SEIU, o poderoso sindicato de trabalhadores da área da saúde em Nova York, organizou os trabalhadores da assistência domiciliar da CHCA e, em seguida, criou um comitê conjunto de trabalho/gerência que ofereceu oportunidades adicionais para colaborar com administradores, gerentes e organizadores sindicais na melhoria das condições laborais. A CHCA e a SEIU também uniram forças para pressionar o Legislativo estadual a adotar taxas de reembolso mais justas para os serviços de assistência domiciliar. No início de 2019, quando a maior contratante da CHCA suspendeu as operações de seu plano de saúde, o Departamento de Saúde do estado de Nova York interveio para encontrar outros contratantes que pudessem colaborar para uma solução. Ele participou da negociação de um acordo que incluía novos contratantes mais estáveis e novos credores, ajudando a CHCA a resolver um problema de fluxo de caixa.

A CHCA ainda se insere em uma economia capitalista e enfrenta os maiores desafios dos orçamentos de austeridade da cidade e do estado resultantes das isenções fiscais para os ricos, de uma economia volátil, de mercados competitivos com menos influência política do que as enormes indústrias hospitalar, de cuidados domiciliares e de seguros. Mas, em um segmento caracterizado por trabalhadores isolados, salários baixos e horários instáveis, a CHCA, nas palavras de Marjorie Kelly e Ted Howard, dois estudiosos da economia democrática, fez de seu objetivo central "a criação de trabalho adequado e digno para mulheres negras, latinas e imigrantes de baixa renda" (Kelly & Howard, 2019, loc. 1251).

Mais amplamente, como escreveu Ronnie Galvin, um pastor negro e conselheiro da Democracy Collaborative, outra organização que apoia a democracia operária:

Em última análise, se não tivermos um movimento que esteja ferozmente centrado na realidade das mulheres negras que vivem e suportam essa interseção (de classe, raça e gênero), então mexeremos nas margens de um sistema que é implacável em sua busca de poder, sempre em evolução e sem medo de contra-atacar.

Apesar de tudo, quando esse foco na realidade dos mais marginalizados é mantido, escreve Galvin, "todos nós ganhamos".[499]

A Evergreen Collaborative opera três cooperativas de trabalhadores em Cleveland, Ohio, no condado de Cuyahoga, onde o número de empregos fabris caiu de 241.862 em 1978 para 128.450 em 2000, uma queda de 47%.[500] Uma cidade que perdeu tantos postos de trabalho aprecia o valor de qualquer negócio que crie vagas, e, quando esses empregos têm remuneração digna, são sustentáveis e contribuem para o bem-estar da comunidade, ganham um apoio ainda maior. Lançada em 2008 por uma coalizão de fundações, universidades e hospitais sediados em Cleveland, a Evergreen trabalha para gerar empregos com salários adequados em seis bairros de baixa renda na cidade.

A Evergreen Laundry é o único operador de lavanderia comercial em Cleveland. Depois de um ano de trabalho na lavanderia (que é de propriedade dos trabalhadores), os novos contratados são considerados pelos pares para entrada como membros da cooperativa. Se forem aceitos, o salário aumenta, eles contribuem com uma pequena parte desse reajuste para sua participação acionária e se tornam elegíveis para compartilhar os lucros. Em 2018, os coproprietários da cooperativa receberam bônus de até quatro mil dólares. Muitos dos trabalhadores têm histórico de prisão e dependência química; se for pego em um teste, o integrante passa por um

---

499 GALVIN, Ronnie. "Confronting Our Common Enemy: Elite White Male Supremacy" [Confrontando nosso inimigo comum: a supremacia masculina branca elitista], *Medium*, 14 fev. 2017.
500 CAUSEY, James E. "In Cleveland, Co-Op Model Finds Hope in Employers Rooted in the City" [Em Cleveland, modelo de cooperativa encontra esperança nos empregadores enraizados da cidade], *Milwaukee Journal Sentinel*, 27 abr. 2017.

período probatório até estar reabilitado; se for pego em um segundo teste, o contrato é rescindido.

A Evergreen também tem um programa de aquisição de casa própria que combina deduções na folha de pagamento e abatimentos no imposto predial para permitir que os trabalhadores possam comprar uma casa renovada em sua área, sem necessidade de valor de entrada. Um objetivo primordial do programa é elevar o índice de pessoas negras com casa própria em Cleveland, que, hoje, é equivalente a metade do de pessoas brancas.

Hospitais e outras instituições que contratam a lavanderia também obtêm benefícios. Nenhuma delas nem a própria cooperativa pensam em se mudar para outro estado ou país a fim de pagar salários mais baixos, menos impostos ou reduzir outros encargos; portanto, ambos podem contar um com o outro ao longo do tempo. Trabalhar com a cooperativa também estimula a boa vontade. O administrador-chefe dos Hospitais Universitários de Cleveland relatou: "Posso dizer que, em nossas reuniões anuais, esse é o único assunto entre as pessoas. Elas querem saber como as cooperativas estão indo e o que podem fazer para ajudar".[501] Agora a Evergreen tem ajudado outras cidades — incluindo New Haven, Milwaukee e Buffalo — a estabelecer serviços cooperativos de lavanderia.

A Green City Growers, o segundo negócio da Evergreen, cultiva alfaces e ervas em uma estufa hidropônica, a maior estufa de produção de alimentos em uma área urbana central dos Estados Unidos. A produção é vendida a mercearias, restaurantes, programas institucionais de alimentos e estabelecimentos de serviços de alimentação em todo o nordeste de Ohio. A estufa permite que a cooperativa cultive ao longo de todo o ano e entregue os produtos aos clientes dentro de 48 horas após a colheita.

Em 2018, a estufa substituiu as luzes de vapor de sódio, de alto consumo de energia, por 1.200 luzes LED de baixo consumo.[502] As hortaliças crescem sem uso de organismos geneticamente modi-

---

[501] CAUSEY, James E., *op. cit.*
[502] GUTH, Douglas J. "A Bright Future Ahead" [Um futuro brilhante pela frente]. *Produce Grower*, 22 jan. 2019.

ficados ou pesticidas e, como substituem os produtos cultivados na Califórnia ou no Arizona, reduzem a quilometragem percorrida até Cleveland, tudo como parte do compromisso da Evergreen com a sustentabilidade.

O terceiro negócio, a Evergreen Energy Solutions, produz sistemas de iluminação de LED de última geração, energia solar e outras soluções de eficiência energética para empresas, instituições e residências da área de Cleveland. Mostrando que as cooperativas de trabalhadores podem prosperar em vários setores, a Evergreen Energy Solutions ajuda fabricantes, grandes instituições, incorporadoras residenciais e outros a economizar energia — desde a instalação de painéis solares até a adequação de escritórios ou estacionamentos com iluminação de LED energeticamente eficiente. A empresa também faz a climatização de propriedades e oferece apoio a projetos de redução de emissões de chumbo.

Em todas as três empresas, o modelo da Evergreen é, primeiramente, criar vagas de empregos e, em seguida, encontrar e treinar pessoas para preenchê-las, uma abordagem diferente dos muitos programas de desenvolvimento da força de trabalho empresarial e governamental, que frequentemente treinam pessoas desempregadas ou subempregadas e depois as abandonam para conseguir sozinhas uma oportunidade, tarefa muitas vezes frustrante.

Em suma, as cooperativas de trabalhadores oferecem poderosos benefícios a um movimento dedicado a transformar o capitalismo moderno e representam múltiplos pontos de entrada e saída para outras modalidades de ativismo social. Atraem trabalhadores frustrados com a economia dos bicos, ativistas comunitários que procuram estabelecer novas oportunidades de trabalho mais humanas e "instituições-âncora", como universidades e hospitais, que querem contribuir com a comunidade partilhando mais benefícios econômicos, criando negócios que lhes permitam adquirir localmente os bens e serviços de que necessitam.

As cooperativas de trabalhadores também buscam parcerias com cooperativas de consumo, crédito, energia ou habitação para começar a criar economias locais alternativas; alianças com sindicatos, como a que existe entre a CHCA e a SEIU, capazes de abrir novas oportunidades para o movimento trabalhista; e parcerias com governos municipais, como nas cidades de Nova York, Milwaukee e Oakland, nas quais o financiamento público ajuda a apoiar a infraestrutura passível de fazer crescer as cooperativas.

O cooperativismo pode começar em nível local, nacional ou mesmo global, e depois se interligar ou alterar a escala, para mais ou para menos, conforme a necessidade. Juntas, essas conexões criam uma "economia solidária", definida pela economista política Jessica Gordon Nembhard como "um conjunto não hierárquico, não explorador e equitativo de relações e atividades econômicas voltadas para as bases" (Nembhard, 2016). Por exemplo, em 2012, a Mondragon International, uma das maiores cooperativas do mundo, sediada na região do País Basco, na Espanha, e com muitos projetos internacionais, se uniu à United Steelworkers [União dos metalúrgicos] e ao Ohio Center for Employee Ownership [Centro dos funcionários de Ohio] para criar um modelo de cooperativa sindical, e agora patrocina várias empresas cooperativas em Cincinnati e apoia outras operações cooperativas ao redor do mundo.[503]

As cooperativas de trabalhadores têm o potencial de enfrentar, direta e colaborativamente, o racismo e o sexismo que caracterizam a maioria dos locais de trabalho tradicionais. Ao assegurarem que todos tenham voz na tomada de decisões, trabalhadores negros, latinos e mulheres podem contribuir para o desenvolvimento de políticas e práticas que enfrentem a discriminação, ofereçam igualdade de oportunidades para promoções e aumentos salariais e criem ambientes solidários.

Embora o cooperativismo de trabalhadores e o de consumidores tenham evoluído em caminhos separados, compartilham objetivos e críticas sociais. Ninguém é somente um trabalhador ou um consumidor, e, na vida cotidiana, a maioria das pessoas muda de função regularmente. O que alguns estudiosos chamaram de cooperativismo de múltiplas partes interessadas pode ajudar as pessoas

---

503 PECK, Michael A. "Liberating Our Futures Together: Building the Cooperative Ecosystem in Cincinnati" [Liberando nosso futuro juntos: construindo o ecossistema cooperativista em Cincinnati], *1worker1vote. org*, 29 out. 2019.

a extrapolar essa separação. Cooperativas de trabalhadores-consumidores, por exemplo, carregam o potencial de vincular a produção e o consumo em uma única economia orientada para pessoas (Blasi, Freeman & Kruse, 2017).

As cooperativas de trabalhadores e outros modelos de associação também permitem respostas eficazes às dificuldades do mercado. A CHCA surgiu, em parte, em resposta ao fracasso das agências de cuidados domiciliares com fins lucrativos em atender às necessidades de mão de obra, já que mais pessoas idosas necessitavam de cuidados e as taxas de reembolso nos planos convencionais para esse tipo de atendimento variavam. Da mesma maneira, a oportunidade para a Evergreen Laundry foi o colapso do maior serviço de lavanderia com fins lucrativos de Cleveland, fazendo com que hospitais e outros clientes estivessem dispostos, e até mesmo desejosos, de financiar alternativas.

De um modo diferente, a incapacidade de empresas como Uber, Lyft e We Work em fornecer remuneração e benefícios dignos encoraja alguns trabalhadores a criar suas próprias cooperativas e assumir o trabalho em termos mais sustentáveis.

Outra vantagem é que o cooperativismo pode alimentar valores e ideologias que oferecem alternativas práticas ao capitalismo, que privilegia o individualismo, o lucro e os mercados. As cooperativas fomentam um sentido de comunidade nos trabalhadores, demandam a contribuição dessas pessoas nas decisões, apoiam a vida fora do trabalho, investem os excedentes em projetos comunitários e valorizam o desenvolvimento sustentável local em detrimento de maiores retornos de investimento. Dessa forma, demonstram uma maneira diferente de organizar vidas, economias e políticas — alternativas que as pessoas comuns podem experimentar, analisar e utilizar para orientar suas futuras escolhas pessoais e políticas.

Por fim, o cooperativismo permite e exige que seus participantes conectem a democracia econômica e política, abrindo portas para novas ideias e práticas que as interliguem. Cooperativas, escreve Maurie Cohen, pesquisadora de sustentabilidade, "evidenciam valores democráticos e relações sociais solidárias que serão essenciais para facilitar a inovação de um sistema de organização social ao longo das próximas décadas" (Cohen, 2017).

As cooperativas, evidentemente, não são uma panaceia para os males da sociedade. Assim como as empresas tradicionais, também podem ser vítimas dos caprichos do mercado. Sua heterogeneidade desafia qualquer impacto unificado sobre a economia ou sobre a construção do movimento; e sua escala atual, modesta, torna distante, na melhor das hipóteses, qualquer impacto significativo sobre as condições gerais de trabalho. Nembhard sugere: "Sendo realista, precisamos de vinte a trinta anos para desenvolver lentamente mais cooperativas, a partir de conversões e desenvolvimento da base ao topo, para fortalecer e ampliar a economia solidária" (Nembhard, 2016). Uma longa espera para aqueles que insistem que as mudanças climáticas requerem uma ação transformadora ainda nesta década.

Mas o que o cooperativismo, a operação conjunta de trabalhadores e a economia solidária oferecem é uma visão social e econômica coerente, uma presença poderosa no cenário e a capacidade de envolver pessoas de todos os setores da sociedade em atividades cotidianas que melhorem a condição atual e ofereçam esperança para o futuro.

Respostas à pandemia de covid-19

O surto de covid-19 apontou duramente quais são os limites do capitalismo do século XXI para resolver os problemas da humanidade. Os altos níveis de desigualdade, a incapacidade dos governos desregulamentados e privatizados e a recusa das corporações em valorizar a necessidade humana acima do lucro contribuíram para a rápida disseminação do vírus. Essas tendências também acirraram a distribuição desigual de doença, morte e insegurança econômica na pandemia.

No entanto, os holofotes iluminaram um outro lado da emergência sanitária. Mostraram que as comunidades e as nações podem se mobilizar rapidamente para mudar hábitos arraigados no enfrentamento a uma ameaça iminente. Que pessoas comuns podem reivindicar participação para atender às próprias necessidades e às dos outros e desafiar as falhas governamentais e corporativas. A pandemia desencadeou novas alianças transversais entre aqueles prejudicados pelo capitalismo e permitiu que algumas autoridades propusessem reformas mais transformadoras nas estruturas econômicas e políticas.

Três histórias ilustram alguns dos caminhos de resistência e criação de alternativas que a pandemia descortinou.

Ajuda mútua. A ajuda mútua diz respeito ao intercâmbio voluntário recíproco de recursos e serviços para o benefício conjunto dos indivíduos e organizações participantes. Não se trata de caridade nem de serviços controlados pelo governo. Dean Spade, um estudioso e praticante da ajuda mútua, escreve que "expandir as estratégias de ajuda mútua será a maneira mais eficaz de apoiar as populações vulneráveis, mobilizar uma resistência significativa e construir a infraestrutura necessária para os próximos desastres" (Spade, 2020).

Os esforços de ajuda mútua motivados pela pandemia denotam o potencial dessa estratégia para construir um movimento capaz de enfrentar as crises e desastres recorrentes que caracterizam o capitalismo moderno. Nas primeiras semanas, a pandemia sobrecarregou a rede de segurança e os programas de proteção social existentes. Os programas de assistência alimentar fecharam ou limitaram os serviços como resultado da falta de voluntários, do fornecimento irregular de alimentos ou de alta na demanda. Em dois meses, mais de vinte milhões de trabalhadores norte-americanos perderam seus empregos, e mesmo os programas de seguro-desemprego recém-criados não puderam apoiar todos aqueles que se tornaram elegíveis, muito menos os trabalhadores de baixos salários, informais e sem documentação excluídos da maioria desses programas assistenciais. Como resultado, milhões de trabalhadores perderam o seguro-saúde, temeram faltar com o pagamento do aluguel ou ser despejados, ou foram incapazes de manter o pagamento das dívidas.

Em todo o país, milhares de grupos se formaram para atender a essas necessidades prementes. No Colorado, bibliotecários montaram e distribuíram cestas básicas para pessoas mais velhas e para crianças que não recebiam mais refeições na escola. Em Seattle, um coletivo deu ajuda material e informativa aos "não documentados, LGBTQIA+, negros, indígenas, pessoas de cor, idosos e deficientes, pessoas que padecem com o peso desta crise".[504] Na cidade de Nova York, dezenas de grupos forneceram cuidados infantis, entregaram alimentos e remédios e prestaram assistência aos trabalhadores da saúde, do setor de alimentação e de outros serviços essenciais, bem como aos doentes. Ao contrário dos programas de caridade, os grupos de ajuda mútua não exigiam nenhum requisito de elegibilidade, nenhum formulário para preencher e nenhuma palestra moralista. Bastava pedir ajuda para ser assistido.

Em alguns lugares, grupos de ajuda mútua organizaram ou apoiaram greves relativas aos aluguéis. Em 1º de maio de 2020, dezenas de milhares de pessoas em todo o país participaram de uma greve dos aluguéis com o slogan *Can't Pay, Won't Pay* [Não posso pagar, não vou pagar]. Uma pesquisa nacional naquela semana havia apontado que quase um quarto dos norte-americanos não tinha certeza se conseguiria pagar o aluguel ou a hipoteca naquele início de mês.[505] Em Los Angeles, um proprietário despejou uma inquilina que havia acabado de ser diagnosticada com covid-19. Ele trocou as fechaduras do imóvel, desligou a energia e jogou os pertences dela na rua. Uma rápida mobilização dos membros do Sindicato dos Inquilinos de Los Angeles garantiu que ela retornasse ao apartamento e ficasse tranquila em quarentena. Durante anos, o Sindicato dos Inquilinos de Los Angeles mobilizou campanhas para reduzir os aumentos de aluguel e pressionar os proprietários a garantir os reparos necessários nos imóveis. Como disse um organizador, essas ações transformaram a "vulnerabilidade comparti-

---

504 TOLENTINO, Jia. "What Mutual Aid Can Do during a Pandemic" [O que a ajuda mútua pode fazer durante uma pandemia], *The New Yorker*, 18 maio 2020.
505 CRANLEY, Ellen. "POLL: 23% of Americans Who Owe a Rent or a Mortgage Payment on Friday Aren't Sure if They'll Have the Money for It" [Pesquisa: 23% dos americanos que devem um aluguel ou uma hipoteca com vencimento na sexta-feira não têm certeza se terão dinheiro para quitá-lo], *Business Insider*, 30 abr. 2020.

lhada em poder compartilhado",[506] uma boa descrição do potencial da ajuda mútua.

Integrando o ativismo de base com a ação legislativa. Os movimentos sociais nos Estados Unidos têm, muitas vezes, dificuldade em coordenar o ativismo de base, as mobilizações em massa que incluem confrontos ou desobediência civil e a defesa legislativa para novas leis ou alocações orçamentárias. Essas costumam ser vistas como estratégias conflitantes ou contraditórias, e os ativistas acreditam que precisam endossar uma ou outra. As respostas à pandemia mostraram, mais uma vez, os benefícios de trabalhar nos três domínios, uma lição ainda mais fortalecida pelo ativismo desencadeado pelo assassinato de George Floyd e por outras manifestações contra o racismo sistêmico.

Em resposta ao ativismo dos inquilinos nas greves pelos aluguéis, por exemplo, a deputada Ilhan Omar, uma democrata de Minnesota, introduziu a Lei de Cancelamento de Aluguéis e Hipotecas, que poderia chegar a proporcionar o perdão de dívidas. "Em 2008, tivemos a capacidade de resgatar Wall Street. Desta vez, precisamos resgatar o povo norte-americano, que está sofrendo", justificou.[507]

A pandemia também chamou a atenção para os custos da concentração monopolista das últimas duas décadas. À medida que os casos se espalhavam, todos os níveis de governo tiveram dificuldade em encontrar fornecedores de máscaras, respiradores e medicamentos essenciais. A especulação e a fixação de preços também fizeram com que os hospitais passassem por dificuldades para conseguir os suprimentos de que necessitavam. O crescimento contínuo de varejistas on-line, como a Amazon, e a onda de aquisições das *Big Techs* munidas de capital de reserva ameaçavam ainda mais a concorrência. Como resultado, a senadora Elizabeth Warren e a deputada Alexandria Ocasio-Cortez introduziram a Lei

---

[506] ROSENTHAL, Tracy Jeanne. "It's Time to Cancel the Rent" [Hora de cancelar o aluguel], *The Nation*, 29 maio 2020.
[507] AXEL-LUTE, Miriam. "Ilhan Omar Proposes Bill to Cancel Rent, Mortgage Payments During Pandemic" [Ilhan Omar propõe projeto de lei para cancelamento de pagamentos de aluguel e hipoteca durante a pandemia], *Shelterforce*, 17 abr. 2020.

Pandêmica de Antimonopólio para "impor uma moratória sobre fusões e aquisições de risco — e impedir que grandes corporações explorem a pandemia para se envolver em fusões prejudiciais".

Embora esses projetos tivessem poucas chances de aprovação pelo Senado ou pelo presidente republicano, estabeleceram novas questões na agenda nacional, introduziram ideias que poderiam ser discutidas nas eleições de 2020 e nas seguintes, forjaram novas alianças e reforçaram a noção de que o ativismo e a legislação progressista poderiam, juntos no tempo, levar a mudanças significativas na vida das populações desprotegidas.

Redefinindo o trabalho essencial. Os ataques do Onze de Setembro trouxeram um novo reconhecimento à bravura e à dedicação dos socorristas e trabalhadores de emergência que entraram em prédios em chamas e resgataram vítimas. Mas os defensores da subsequente invasão do Iraque logo procuraram converter esse respeito público em apoio militarista e patriótico à guerra.

A reapreciação do trabalho motivada pela covid-19 parece diferente. Em cidades e povoados de todo o país, pessoas se manifestavam todas as noites para aplaudir e agradecer aos profissionais de saúde que cuidavam dos pacientes. Rapidamente, os trabalhadores da saúde e outras categorias que mantiveram a comunidade funcionando — funcionários de supermercados e outros comércios do ramo alimentício, dos transportes públicos, professores, cuidadores domiciliares, carteiros e motoristas de caminhão — foram reconhecidos como trabalhadores essenciais para a sobrevivência coletiva. De repente, os homens dos fundos de investimento, as celebridades e os bilionários sempre contemplados pela mídia popular pareciam menos importantes. Como escreveu o reverendo William Barber, copresidente do Movimento dos Pobres, e Joe Kennedy III, o congressista de Massachusetts, transformar os trabalhadores de serviços em trabalhadores essenciais nos lembra, a todos nós, de que não podemos sobreviver sem eles.[508]

---

[508] BARBER, William & KENNEDY, Joe. "The Pandemic Changed Our Definition of 'Essential.' Will We Act on What We Learned?" [A pandemia

A pandemia também criou oportunidades para a organização dos trabalhadores. Quando ocorreu a proliferação do vírus em grandes grupos, como em um armazém da Amazon na Pensilvânia, entre coletores de maçãs em Washington e em uma fábrica de processamento de carne suína da Tyson Foods em Indiana, ficou claro que os empregadores precisavam fazer mais para proteger os funcionários. Sindicatos e organizações trabalhistas trouxeram essas questões para a mídia e para o Congresso.

A epidemia criou, assim, novos imperativos políticos. Muitos trabalhadores essenciais correm riscos de doença ou morte devido a serviços ou viagens a trabalho; portanto, há necessidade de manter os trabalhadores e suas famílias com saúde, com segurança financeira para o futuro, compensar trabalhadores pela exposição ao coronavírus e dar suporte ao trabalho contínuo dentro de indústrias essenciais.[509] Sobre este último ponto, alguns ativistas argumentaram que a pandemia oferecia uma oportunidade de ir além do adicional por insalubridade, assegurando que nenhum trabalhador deveria ser obrigado a atuar em condições desnecessariamente perigosas.

Outros grupos trabalhistas destacaram o quase desmantelamento do aparato federal de saúde e segurança ocupacional sob o comando do presidente Trump, iniciado pelo secretário do Trabalho Alexander Acosta e continuado pelo sucessor, Eugene Scalia. Em testemunho perante o Comitê Judiciário do Senado, Rebecca Dixon, diretora-executiva do Projeto Nacional de Direitos do Trabalho, disse aos senadores como os empregadores dos setores de alimentos, de cuidados domiciliares e outros ignoraram as recomendações do Centro de Controle e Prevenção de Doenças dos Estados Unidos relativas ao fornecimento de equipamentos de proteção individual e distanciamento social para evitar infecções, e como a Administração de Segurança e Saúde Ocupacional falhou em tomar medidas para proteger os trabalhadores. Em vez disso,

---

mudou nossa definição de "essencial". Agiremos de acordo com o que aprendemos?], *The Washington Post*, 27 abr. 2020.

[509] TOMER, Adie & KANE, Joseph W. "How to Protect Essential Workers during covid-19" [Como proteger os trabalhadores essenciais durante a pandemia da covid-19], *Brookings*, 31 mar. 2020.

a indústria pedia ao Congresso e ao presidente que eliminassem sua responsabilidade pelas infecções no local de trabalho.

O One Fair Wage [Um salário justo], organização dedicada a acabar com a prática de permitir salários mínimos mais baixos para trabalhadores de serviços de alimentação que recebem gorjetas, também avançou em sua causa durante a pandemia. Com base em vitórias anteriores que haviam estabelecido um salário mínimo de quinze dólares por hora em sete estados — Califórnia, Montana, Alasca, Washington, Nevada, Oregon e Minnesota —, o grupo insistiu que os pacotes federais e estaduais de auxílio ao desemprego criados em resposta à pandemia fossem baseados em um salário mínimo de quinze dólares por hora, sem aceitar um patamar mais baixo para categorias que recebem gorjetas. Também organizaram reuniões entre prefeituras e trabalhadores desempregados dos serviços de alimentação e criaram um fundo de auxílio que forneceu assistência direta a mais de cem mil pessoas nessa condição.

Na defesa da indenização adequada para o desemprego, Saru Jayaraman, presidente do One Fair Wage, também insistiu no avanço de uma agenda mais ampla — licença por doença e licença familiar remuneradas, condições de trabalho seguras e horários de trabalho justos. Em entrevista ao apresentador Jon Lovett, ela insistiu que a pandemia apresentou ao movimento dos trabalhadores do setor de alimentação a oportunidade e a necessidade de reimaginar como o trabalho nessa área especificamente deverá ser organizado e remunerado no futuro.

A recusa de voltar atrás também oferece uma oportunidade para sublinhar as características racistas e sexistas do trabalho de baixa remuneração e de serviços. A covid-19 não só atingiu muito mais duramente as pessoas negras, como o colapso econômico que desencadeou teve um impacto financeiro e social desproporcional sobre trabalhadores negros, latinos e mulheres em empregos de baixos salários. Ao fazerem dessas desigualdades um alvo de mudança, grupos trabalhistas, como o One Fair Wage, prepararam o cenário para a colaboração com Black Lives Matter, #MeToo e outras organizações dedicadas a acabar com a opressão sistêmica baseada em raça, gênero e suas interseções.

O capitalismo moderno produz trabalhadores precários, economias precárias e condições de vida precárias. Quando desastres naturais e não naturais empurram as pessoas que vivem nessas circunstâncias para a pobreza e a instabilidade, seu bem-estar se reduz ainda mais. Mobilizando e fortalecendo os laços entre as muitas comunidades prejudicadas pelo vírus, apoiando os mais prejudicados e comunicando as formas específicas pelas quais as elites corporativas dificultam o cenário e com as quais lucraram em função da pandemia, os movimentos por um mundo mais saudável podem mostrar que é possível responder a crises sem sacrificar os mais vulneráveis.

O Green New Deal, as cooperativas de trabalhadores e as respostas à covid-19 oferecem três fundamentos para a construção de um movimento que tem a missão, a visão e a capacidade, a longo prazo, de transformar o capitalismo do século XXI. Elas não são, naturalmente, as únicas práticas dignas de nota. Também descrevi, em cada capítulo, iniciativas mais setoriais ou de base local, organizações como a Via Campesina; a ampla coalizão de professores, pais, jovens e grupos de direitos civis lançada pelo Caucus of Rank and File Educators para resistir às corporações e retomar escolas em Chicago; e a Silicon Valley Rising, uma aliança que lidera campanhas para criar novos modelos de bons empregos, empregadores responsáveis e moradias acessíveis no Vale do Silício.

Cada um desses exemplos e muitos outros fornecem provas vivas de que existem duas, três, muitas alternativas ao capitalismo moderno desdobrando-se diante de nossos olhos. Mais do que qualquer texto acadêmico ou doutrina partidária, esses exemplos iluminam o caminho em direção a outros mundos, com ativistas, residentes e líderes elaborando juntos os detalhes e os passos futuros. Esses modelos transversais e testados em campo apontam maneiras de costurar os tantos retalhos isolados, pontuais e regionais do ativismo em uma única colcha. Tal colcha comunica o potencial para uma visão mais unificada de um mundo diferente que oferece tudo o que ela cobre e os objetivos, estratégias e táticas compartilhadas de todos que a costuraram.

Ao apresentarem essas ferramentas práticas a todos aqueles insatisfeitos com as maneiras como o capitalismo moderno piorou a vida cotidiana, confrontou a busca por dignidade com desrespeito, prejudicou o bem-estar e a privacidade individual e coletiva ou erodiu direitos democráticos, os criadores dessa colcha oferecem ao movimento dos movimentos um ponto de partida para identificar os próximos passos em direção a um mundo melhor.

9
De agora em diante
Como construir um movimento rumo a outro mundo

> A visão sem ação é apenas um sonho, ação sem visão, apenas um passatempo, mas a visão com ação pode mudar o mundo.
> — Joel Barker

Para aqueles que acreditam que a solução para os grandes problemas que a humanidade enfrenta hoje é mais ativismo e movimentos mais fortalecidos, muitos sinais promissores trazem esperança. Nos últimos anos, o ativismo motivado por mudanças políticas, econômicas e culturais tem borbulhado, criando novas oportunidades para a elaboração de um movimento mais coerente, integrado e poderoso.

As eleições nacionais de 2020, nos Estados Unidos, lançaram na política eleitoral, na construção de movimentos e na organização comunitária milhões de jovens, mulheres, trabalhadores, pessoas LGBTQIA+, ambientalistas, negros, latinos e imigrantes. Essas mobilizações instigam discussões e debates políticos para famílias, comunidades, locais de trabalho e escolas em todo o país. As crescentes ameaças de mudanças climáticas, os atentados policiais contra a vida dos negros, a discriminação renovada contra minorias sexuais e imigrantes, a violência armada e os tiroteios em massa e a violência sexual contra mulheres também provocaram manifestações coletivas, protestos e outras formas de ativismo. O ano de 2018 teve o maior número de trabalhadores paralisando seus serviços ou participando de greves desde a década de 1980 — quinhentos mil, contra cerca de 25 mil em 2017, de acordo com a Agência de Estatísticas do Trabalho.[510]

Em 2020, o fracasso do governo e das empresas em proteger as pessoas contra a pandemia, os assassinatos de George Floyd, Breonna Taylor, Rayshard Brooks e outros cometidos por policiais e o racismo sistêmico mais profundo que esses assassinatos evidenciaram levaram milhões de pessoas para o ativismo. A expansão contínua e a crescente sofisticação do #MeToo também trouxeram mais mulheres e alguns homens para a luta. Em meio aos conflitos havia uma corrente crescente de raiva e indignação, um sentimento de que já não é possível tolerar tudo isso. O impacto combinado desses eventos destruidores produziu uma determinação de não recuar e lutar por um mundo verdadeiramente diferente.

É claro que nem todo esse ativismo foi efetivo, nem todos os debates políticos mudaram as mentalidades, não surgiram consensos que definissem um caminho claro para o futuro, e certamente o futuro do capitalismo não foi a manchete na maioria desses conflitos. Mas somente um avestruz com a cabeça enterrada na areia poderia negar que milhões de pessoas estavam insatisfeitas com o *status quo* e dispostas a tomar medidas para melhorar as coisas para si e sua comunidade. E apenas os mais ardentes fundamentalistas do mercado poderiam deixar de notar que, por trás de grande parte da insatisfação, estavam as práticas do capitalismo do século XXI e suas raízes na desigualdade, no racismo e na destruição do planeta.

Neste capítulo, indago o que cidadãos comuns, ativistas de todas as áreas, profissionais de saúde e outros podem fazer amanhã e nas próximas décadas para efetivar um movimento social que crie alternativas para o mundo construído pelo capitalismo do século XXI. Meus pontos de partida são as premissas apresentadas no Capítulo 8: que o capitalismo moderno é a causa fundamental dos problemas mais graves do mundo, que somente um movimento social massivo terá a capacidade de realizar reformas viáveis e significativas, que os movimentos

---

510 RAIMONDE, Olivia. "The Number of Workers on Strike Hits the Highest since the 1980s" [Número de trabalhadores em greve é o maior desde os anos 1980], *CNBC*, 21 out. 2019.

e as campanhas existentes são os ingredientes básicos para qualquer receita de mudança e que o bem-estar humano e planetário constitui uma poderosa ideia mobilizadora para esse movimento.

Meu objetivo é suscitar conversas estratégicas entre aqueles que procuram avançar na transição da atual forma de capitalismo para um mundo menos prejudicial, mais saudável, mais feliz e mais sustentável. Discuto primeiro o que tal movimento poderia fazer, depois comento como poderia alcançar esses objetivos.

Uma nota de advertência: os leitores que esperam um projeto detalhado para a construção de um movimento bem-sucedido não encontrarão aqui essas especificações. Durante o século passado, muitos movimentos e organizações propuseram tais planos; alguns serviram para formar novas alianças ou esclarecer políticas, ou agendas políticas compartilhadas. Muitas vezes, porém, essas prescrições dividem setores em vez de unificar, se desatualizam rapidamente ou perdem oportunidades para um enquadramento mais amplo dos problemas ou soluções. Por esses motivos, e por acreditar que as direções estratégicas de um movimento para criar alternativas ao capitalismo moderno devem ser forjadas na prática, proponho não um plano, mas objetivos e abordagens amplos para um movimento mais forte e mais eficiente.

O que fazer

Seis objetivos específicos podem ancorar o desenvolvimento de um movimento mais coeso e integrado para modificar o capitalismo do século XXI. Cada um deles é baseado na prática descrita neste livro e testado em campo nos Estados Unidos e no mundo. Esses seis objetivos aqui sugeridos são tanto propostas substanciais para uma agenda inicial compartilhada quanto ilustrações destinadas a inspirar outros a aderir ou modificar essas ideias. A lista sugere objetivos que um movimento pode promover para a ação de governo, empresas e sociedade civil.

1. EXPANDIR O SETOR PÚBLICO

Para cada pilar do bem-estar, um setor público oferece alternativas aos mercados comerciais e compete com eles. Na educação e na saúde, por exemplo, um setor público robusto oferece serviços mais baratos, acessíveis e, às vezes, de boa qualidade para milhões de norte-americanos. Fortalecer e proteger esses serviços e resistir às incursões das empresas pode retardar a penetração do capitalismo moderno na vida cotidiana e competir com serviços privatizados, que são degradados pela exploração do lucro. Um amplo apoio público para um acesso aprimorado e mais equitativo a alimentos saudáveis, educação de alta qualidade e saúde eficiente e acessível dá às campanhas por essas reformas o potencial de mobilizar pessoas em todas as comunidades, classes e raças/etnias.

Na alimentação, os governos gastam bilhões de dólares por ano em benefícios públicos, tais como o Programa de Assistência Nutricional Suplementar (SNAP) e o WIC (do inglês Women, Infants & Children), um programa para grávidas, puérperas e seus filhos. Bilhões a mais são gastos em programas escolares e outras iniciativas institucionais públicas de alimentação. Mais dinheiro público é utilizado para subsídios agrícolas, geralmente para os maiores produtores industriais das plantações menos saudáveis: milho, açúcar e soja. Ao defender que os gastos públicos com alimentos têm de atingir objetivos públicos, como a redução da fome, o combate a doenças relacionadas à dieta alimentar e às emissões de carbono e gases de efeito estufa, os governos e os ativistas da alimentação podem insistir que os dólares dos impostos gastos com alimentos sejam usados para melhorar as escolhas alimentares dos contribuintes, em vez de beneficiar gigantescas empresas.

Na área da saúde, em 2018 sete sistemas hospitalares, com e sem fins lucrativos, e três fundações privadas anunciaram um ambicioso projeto para criar uma empresa de medicamentos genéricos sem fins lucrativos que poderia combater os altos preços do mercado e a escassez de alguns medicamentos enfrentada pelos pacientes. Chamado Civica Rx, o novo empreendimento buscou garantir um mercado preexistente para os medicamentos que a empresa sem fins lucrativos forneceria.[511] Foram comprados medicamentos de fabricantes europeus, alguns poucos ofertados nos hospitais dos Estados Unidos, com a promessa de que todos os hospitais pagariam os mesmos preços, sem descontos ou processos especiais para grandes clientes. Também foi feita uma parceria com empresas farmacêuticas europeias comerciais para a aquisição de medicamentos de oferta frequentemente escassa. Se a abordagem híbrida testada pela Civica Rx consiste em uma alternativa às grandes corporações farmacêuticas e se ela é escalável, isso é algo que ainda resta saber, mas tais modelos também podem ser viáveis em outros setores.

No transporte, a sociedade deve defender o transporte público de massa, em vez de viagens de Uber e Lyft, e insistir que os gastos financiados por impostos em transporte ou em pesquisa e desenvolvimento de veículos autônomos devem produzir benefícios públicos. Os ativistas ambientais, de saúde e de justiça social podem trazer luz para os muitos aportes públicos que hoje vão para as mãos de fornecedores privados de transporte, benefícios para os ricos que, muitas vezes, não favorecem a população.

No emprego, o setor público se tornou uma parte substancial da economia nacional e fornece um ponto de entrada viável para políticas que melhoram as condições de trabalho e remuneração. Exemplo disso é o papel de liderança que os governos estaduais e municipais têm desempenhado no avanço de um patamar mais alto para o salário mínimo e da aprovação de licença parental e licenças remuneradas por doenças. O setor público pode se tornar um defensor vigoroso, mostrando, pelo exemplo, como políticas salariais, tributárias e de emprego são capazes de levar a salários mais altos, melhores benefícios, condições laborais seguras, oportunidades de progresso, direitos de sindicalização e desenvolvimento econômico sustentável. O setor público pode dar o exemplo para a melhoria dos salários e das condições laborais dos profissionais tantas vezes prejudicados

---

511 LYFORD, Shelley. "A Civic Duty to Improve Access to Generic Pharmaceuticals" [Um dever cívico para melhorar o acesso a medicamentos genéricos], *Health Affairs Blog*, 26 set. 2019.

pelo capitalismo do século XXI: mulheres, pessoas negras, imigrantes recentes, jovens e pessoas com deficiência. Especialmente em mercados de trabalho limitados, essas políticas forçariam as empresas privadas a se equiparar ao setor público e também ajudariam a estimular a economia de uma maneira produtiva.

O ensino superior público gratuito ou altamente subsidiado garantirá que todo cidadão tenha a educação necessária para ter sucesso, bem como os benefícios sociais e de saúde que um diploma universitário confere ao longo da vida. Os fundos de pensão dos trabalhadores do setor público podem ser usados para impulsionar as empresas privadas na busca por práticas mais responsáveis de trabalho, meio ambiente, investimento e outras.

Por fim, nas indústrias de tecnologia, o setor público pode garantir o acesso às tecnologias digitais, criar alternativas públicas para os canais de comunicação privatizados e com fins lucrativos e encontrar novas maneiras de usar as tecnologias digitais para promover a democracia, proteger a privacidade e manter a responsabilidade dos governos.

Nessas e em outras áreas, somente o setor público tem o mandato e os recursos para que o bem-estar humano e planetário seja prioridade. Somente as iniciativas do setor público têm o potencial para superar as crescentes e iminentes ameaças que as mudanças climáticas e o aumento crescente das doenças crônicas representam para o país e o mundo. Somente o setor público pode fazer da redução da desigualdade um objetivo explícito. Somente um setor público robusto pode forçar as corporações a priorizar as necessidades das reais partes interessadas, e não a dos acionistas, sem que isso seja uma promessa vazia.

Por um lado, encolher o setor público e caracterizá-lo como um fracasso na solução dos problemas sociais tem sido, há muito tempo, princípio-chave tanto do capitalismo neoliberal quanto do atual movimento conservador. Mas, à medida que as falhas do capitalismo contemporâneo para atender às necessidades humanas se tornam mais evidentes, outro princípio igualmente central das crenças dos Estados Unidos se fortalece: o de que o dinheiro dos contribuintes deve beneficiar a população, e não os interesses privados, preparando o terreno para o que deve se tornar um debate central da próxima década. Ao promover a ideia de que um setor público forte ajuda quase todos os cidadãos, um movimento pode unificar a maioria das lutas mais categóricas, construir apoio para uma alternativa às soluções de mercado e oferecer uma assistência significativa àqueles mais prejudicados pelo capitalismo atual.

Para complicar esse objetivo aparentemente simples, os esforços para expandir o setor público também devem resistir vigorosamente à captura corporativa desse espaço e à corrupção que os interesses privados podem levar para dentro do governo. Andar nessa corda bamba põe um movimento em situação de risco a várias quedas, mas, como sempre, o equilíbrio adequado surgirá de uma análise concreta de como melhor apoiar o setor público em circunstâncias específicas.

2. FORTALECER A DEMOCRACIA

Os desenvolvimentos mais problemáticos do capitalismo do século XXI dependeram, em grande medida, do sucesso das corporações e das elites abastadas em mudar as regras da democracia para possibilitar a elas próprias avançar em seus interesses. Exemplos específicos incluem a decisão da Suprema Corte dos Estados Unidos quanto a financiamentos de campanha e liberdade de expressão, a redução da proteção dos direitos trabalhistas, um sistema tributário mais injusto e o crescente papel do lobby e das contribuições de campanha na formação de políticas estaduais e federais. O sucesso da aliança entre as corporações, os donos do dinheiro e os conservadores — financiados, em grande parte, por bilionários — na supressão do registro e da participação dos eleitores, na derrota da reforma do financiamento de campanhas, na captura dos tribunais federais e no apoio à desregulamentação e à privatização da educação, da saúde e dos transportes tem corroído ainda mais a democracia.

Democracias fortes facilitam para as maiorias obter mudanças nas políticas e nas alocações de riqueza e poder. Comunidades mais democráticas são capazes de envolver os cidadãos em atividades cívicas e apoiam a busca por dignidade, senso de significado e autonomia. Um movimento para transformar o capitalismo só pode ter sucesso se puder começar a reverter os recentes declínios da democracia. Com muita frequência, grupos que trabalham com saúde pública, meio ambiente, educação ou questões afins têm visto a proteção da democracia como uma luta alheia a eles. Os ativistas da democracia têm tido dificuldade em conectar suas pautas àquelas que defendem bem-estar, proteção do meio ambiente ou escolas melhores.

Como esses dois ramos do ativismo podem se alinhar? Os ativistas têm demonstrado alguns pontos de partida possíveis. Por exemplo, patrocinar campanhas educacionais para mostrar como gastos corporativos em eleições e contribuições de campanha levam a leis ou a políticas que enfraquecem a proteção da saúde pública, minam as escolas públicas bem-sucedidas, produzem mais poluição ou implicam perdas na saúde (Wiist, 2011). Outros têm defendido novas leis que exigem que as corporações divulguem o investimento realizado para influenciar a opinião pública em seus registros obrigatórios junto à Comissão de Valores Mobiliários. Também propuseram leis para exigir que os CEOs de empresas, fundações e outras operações de *dark money* que atuem com a publicidade política tenham seus nomes listados como patrocinadores. Apoiam atividades e campanhas eleitorais de procuradores-gerais estaduais progressistas que usam a lei para monitorar a interferência corporativa na democracia, muitas vezes por meio da isenção de impostos e do envolvimento das fundações corporativas na política (Rutkow & Teret, 2010).

Alguns ativistas propuseram uma 28ª emenda à Constituição dos Estados Unidos ou outras estratégias legislativas para estabelecer que as corporações não são pessoas e não têm os mesmos direitos políticos ou legais dos cidadãos. Outros sugeriram ressuscitar e expandir a agora finada Fairness Doctrine [Doutrina da equidade] para exigir que todos os meios de comunicação — rádio, TV e mídia digital — dediquem à sociedade civil e a grupos de defesa um tempo igual ao comprado pelas corporações e seus aliados, a fim educar a sociedade quanto às principais questões de política pública (Pickard, 2018).

Quando ativistas da saúde e da justiça social perguntarem "Como posso fortalecer a democracia para alcançar as reformas que busco?" e defensores da democracia perguntarem "Como posso conectar mais adequadamente nossos objetivos democráticos às campanhas para melhorar a vida das pessoas comuns?", então essas duas correntes essenciais de apoio à transformação do sistema político e econômico atual começarão a conjugar suas forças de mudança em algo mais poderoso do que o que mobilizariam por si sós.

Hoje, a maioria dessas reformas democráticas parece ser mera aspiração, um trabalho árduo para a prática atual. Há não muito tempo, no entanto, a segregação racial era legal nos Estados Unidos, e o casamento gay, ilegal. Há não muito tempo, as mulheres não podiam votar, e poucas pessoas desafiavam o encarceramento em massa como estratégia viável para prevenir o crime, ou questionavam a possibilidade de dar à polícia mais recursos, e não menos, para tornar as comunidades mais seguras. Essas realidades políticas mudaram durante décadas porque os movimentos se mobilizaram, as comunidades protestaram, e líderes políticos corajosos exigiram mudanças. Ao criarem uma fundamentação pública para fortalecer a democracia e melhorar a vida das pessoas, os ativistas podem preparar o cenário para as próximas reformas democráticas, não importando se elas levem um ano, uma década ou um século.

3. ENFRENTAR OS PAPÉIS QUE O RACISMO SISTÊMICO E O SEXISMO DESEMPENHAM NA DESIGUALDADE DE ACESSO À SAÚDE

Por conta de uma conjunção entre leis, cultura, economia e normas sociais, os afro-americanos e outras pessoas não brancas experimentam nos Estados Unidos taxas mais altas de morte prematura e de doenças evitáveis, estão submetidos a dietas piores, ambientes mais poluídos, habitações mais precárias, violência policial e condições de trabalho menos estáveis e seguras. Embora o racismo sistêmico tenha muitas raízes, ao longo da história as corporações se beneficiaram do racismo porque este lhes permite pagar salários mais baixos a pessoas negras, fazê-las trabalhar em empregos mais arriscados, vender-lhes mais produtos de qualidade duvidosa e distrair trabalhadores brancos da luta por melhores condições, encorajando-os, em vez disso, a brigar contra trabalhadores negros. Algumas corporações mudaram suas estratégias de contratação, de filantropia e de relações públicas para enfrentar o racismo, mas, muitas vezes, essas modificações serviram para modernizar ou sanear o racismo, e não para acabar com ele.

Empresas também se beneficiaram do pagamento de menores salários às mulheres, destinando a elas as funções menos importantes, sem fornecer apoio adequado à parentalidade, alvejando-as com marketing predatório e aproveitando que, enquanto homens estavam mais preocupados em discriminar as trabalhadoras, não faziam exigências por melhorias salariais aos empregadores.

Essas práticas racistas e sexistas — e suas interseções — são fundamentos essenciais tanto para o capitalismo primitivo quanto para o capitalismo moderno, adereços poderosos para a perpetuação e a evolução da opressão, além de obstáculos assustadores para a criação de sistemas sociais e econômicos alternativos.

Black Lives Matter e #MeToo, e outras organizações afins, têm mostrado que milhões de pessoas foram movidas para a ação política pelo ultraje e pela raiva que as estruturas racistas e sexistas provocam. Qualquer movimento que deseje mudar o mundo precisa ouvir e se conectar com as causas feminista e antirracista. O racismo e o sexismo contribuem para uma expectativa de vida mais curta e menos saudável e minam a dignidade e a autossuficiência; assim, alinhar aqueles que procuram acabar com esses sistemas de opressão aos que buscam alternativas ao capitalismo moderno promete mais sucesso para todos os envolvidos.

4. FOMENTAR A DISCUSSÃO NACIONAL SOBRE IMPOSTOS E REGULAMENTAÇÃO

Como resultado de seus êxitos recentes na modificação da democracia e da governança, as corporações e as elites abastadas alteraram drasticamente as regras sobre impostos e regulamentação de maneiras que prejudicaram o bem público. As corporações e os ricos pagam agora uma parcela menor de impostos sobre seus rendimentos do que em qualquer outro momento da história recente. Com a confirmação apressada da juíza Amy Coney Barrett para a Suprema Corte, em 2020, essa aliança amigável com empresas garantiu a continuidade do controle corporativo sobre o tribunal superior.

Da mesma forma, desde o início dos anos 1980, a desregulamentação, o desfinanciamento e a falta de aplicação rigorosa de proteções à saúde, ao meio ambiente e ao consumidor que haviam sido aprovadas nas décadas de 1960 e 1970 permitiram que as corporações pusessem em risco o bem-estar, o meio ambiente, as condições seguras de trabalho e a equidade, de novas e antigas maneiras (Cooper, 2009). A presidência de Trump fez da desregulamentação uma prioridade máxima. Ela nomeou representantes da indústria para liderar o desmantelamento das agências reguladoras, cortou o financiamento para a fiscalização e entregou a responsabilidade de escrever novas regulamentações para funcionários da indústria.

Pesquisas de opinião pública apontam que a maioria dos norte-americanos apoia a tributação justa, se opõe a políticas que isentem os ricos e as corporações de pagar uma parcela justa de impostos e apoia regulamentações que protejam o povo. De acordo com uma pesquisa do instituto Gallup, nos últimos quinze anos cerca de 70% do público acreditava que as corporações pagavam poucos impostos, mas as políticas recentes reduziram ainda mais os impostos corporativos — outro exemplo de representantes eleitos ignorando a opinião pública em favor dos interesses dos ricos.

Da mesma forma, uma pesquisa de 2019 do Pew Research Center sobre regulamentação revelou que 63% dos adultos dos Estados Unidos dizem que regulamentações ambientais mais rigorosas "valem a pena", enquanto apenas 30% entendem que "custam muitos empregos e prejudicam a economia". Dois anos antes, 59% das pessoas se diziam favoráveis. Assim, apesar do apoio popular para uma regulamentação mais sólida ter crescido, a administração Trump enfraqueceu significativamente essas regras.

Como um movimento pode capitalizar essas discrepâncias entre a opinião pública majoritária e a inação governamental para decretar políticas que favoreçam as grandes empresas? A Public Health Awakened, um grupo de ativismo em saúde pública, sugeriu algumas formas de mudar a discussão nacional sobre os impostos.

Eles convocam ativistas a falar com franqueza sobre a tributação, desafiando a narrativa elitista preponderante. Essa perspectiva alega que os norte-americanos vivem "em um mundo de escassez, onde não temos recursos suficientes para alcançar o que queremos, onde o governo é considerado corrupto ou ineficiente e onde a 'classe média' é usada como um código para proteger recursos para as comunidades brancas".[512]

A Public Health Awakened propõe que as campanhas de justiça social promovam uma contranarrativa que afirme que a política tributária deve ser uma declaração moral do que a nossa sociedade representa: justiça, igualdade de oportunidades e um futuro melhor para todos. Os impostos corporativos e os impostos sobre os ricos, observam, são muito mais baixos do que no passado recente, sugerindo que impostos mais justos restaurariam os valores estadunidenses. O grupo também convoca os ativistas a defender a opinião de que tributos combatem incêndios, melhoram a educação pública, protegem os alimentos e a água — em suma, permitem à população desfrutar do padrão de vida que alcançou e seguir melhorando.

Vários grupos de ativistas propuseram uma série de campanhas específicas para avançar essas ideias sobre impostos. Incluem-se chamadas para revogar o corte de impostos feito por Trump em 2017;[513] patrocinar referendos e iniciativas de votação sobre limites estaduais de gastos;[514] e decretar impostos sobre a riqueza, sobre herança, sobre transferência de ações e propriedades e sobre ganhos de capital que busquem reequilibrar a parcela de impostos pagos

---

[512] "Transforming the Narrative on Taxes" [Transformando a narrativa sobre impostos], Public Health Awakened, 2018.
[513] HENDRIE, Alex. "Democrats Want to Repeal Most Important Part of Trump's Tax Cuts" [Democratas querem revogar parte mais importante dos cortes de impostos de Trump], *Washington Examiner*, 15 fev. 2020.
[514] GREENHUT, Steven. "Unions Aiming to Repeal California's Property Tax Caps" [Sindicatos pretendem revogar limites de imposto sobre a propriedade na Califórnia], *Reason*, 6 set. 2019.

pelos ultrarricos (Saez & Zucman, 2019). Exigir que os poluidores, e não os contribuintes, contribuam para um fundo de limpeza é um incentivo para prevenir problemas, assim como fez originalmente o programa Superfundo da Agência de Proteção Ambiental, até que o financiamento foi transferido para a receita geral (Virjee, 2010). Outros sugeriram vincular fluxos de receita de impostos específicos oriundos dos ultrarricos para programas populares, tais como expansão dos cuidados infantis, universidade gratuita ou acesso ampliado a medicamentos prescritos. Os impostos que aumentam a equidade, como o Crédito do Imposto de Renda, poderiam ser expandidos para compensar outros impostos e políticas que exacerbam a inequidade (Williams, Waxman & Legendre, 2017).

As campanhas de justiça social, ambiental e de saúde pública também promoveram abordagens regulatórias que desafiam as iniciativas neoliberais de desregulamentação (Eisner, 2017). Por exemplo, alguns se opuseram à preempção, uma prática utilizada pelas empresas para aprovar leis que impedem uma instância de governo, geralmente estadual ou municipal, de aprovar leis mais rigorosas do que as de outra instância, normalmente federal. As indústrias de alimentos e agricultura, armamentícia, farmacêutica e automobilística, por exemplo, procuraram esse recurso para evitar que instâncias inferiores de governo preenchessem as lacunas nas regulamentações federais relativamente fracas que haviam obtido, uma estratégia que mina a democracia e expõe muitos estadunidenses a maiores riscos à saúde (Pomeranz & Pertschuk, 2017). Os êxitos da California Air Resources Board no fortalecimento da regulamentação da poluição do ar por automóveis, descritos no Capítulo 6, ilustram uma aliança bem-sucedida entre um governo estadual e ativistas locais para superar a oposição à indústria automobilística e, em alguns casos, ao governo federal.

O movimento pela justiça ambiental tem usado lei ambiental, lei de direitos civis e lei de direitos humanos em ambientes internacionais para insistir que as regulamentações de saúde e ambientais devem reduzir a disparidade de exposições ambientais e ocupacionais sobre pessoas de baixa renda e de comunidades não brancas, tornando a equidade um resultado esperado da regulamentação (Roelofs *et al.*, 2017, p. 23-40).

Cada uma dessas iniciativas fiscais e regulamentares, algumas já bem-sucedidas e outras ainda aspiracionais, tem objetivos específicos importantes, mas também contribui para uma conversa nacional que é maior do que a soma de suas partes. Desde a eleição de Ronald Reagan, em 1980, conservadores e corporações conduziram uma campanha vigorosa e bem financiada tanto para reduzir impostos e diminuir as regulamentações quanto para fazer com que esses movimentos parecessem ser de interesse público, bem como de seu próprio interesse financeiro. Desafiar esses mitos e apresentar evidências dos danos de orçamentos de austeridade inspirados por cortes de impostos e da deterioração da saúde pública desencadeada pela desregulamentação pode ajudar a criar o clima no qual o apoio público para uma tributação justa e uma regulamentação eficaz se traduza em prática governamental.

5. FOCO NAS METRÓPOLES

Qualquer movimento para transformar o capitalismo moderno deve representar os interesses das áreas rurais e urbanas e reconhecer as ameaças semelhantes e variáveis ao bem-estar, ao desenvolvimento econômico e à sustentabilidade nessas diferentes regiões. Para o próximo período, no entanto, as cidades maiores constituem um cenário especialmente promissor para a expansão de um movimento que desafie o capitalismo moderno.

Primeiro, nos Estados Unidos, assim como no mundo inteiro, a maioria das pessoas vive nas áreas urbanas. De acordo com as Nações Unidas, cerca de 55% da população mundial vive em cidades, com previsão de aumento para 68% nas próximas décadas. Nos Estados Unidos, cerca de 80% da população vive em áreas urbanas.

Em segundo lugar, corporações e outros negócios são mais ativos nas metrópoles, onde se localizam suas sedes, seus investidores, seus maiores mercados e seu marketing mais agressivo. Essa pegada urbana e o impacto visível das corporações na vida da cidade tornam as corporações facilmente acessíveis aos ativistas que atuam nesses centros. Uma manifestação visível disso foi a rápida e bem-sucedida mobilização de uma ampla fatia dos nova-iorquinos na oposição à demanda da Amazon em 2018 por mais de dois bilhões de dólares em cortes de impostos e subsídios para construir sua sede na cidade.[515]

Após a desistência, Alexandria Ocasio-Cortez, a deputada do distrito do Queens onde a Amazon havia planejado construir sua nova sede, explicou a oposição local: "Isso vai nos deslocar, e queremos um lugar à mesa. [...] E, quando conseguimos um lugar à mesa, a Amazon se limitou a dizer: 'Não vamos ceder nem um pouco'. Não deveríamos convidar gente prepotente para o nosso bairro".[516]

Em terceiro, tanto nos Estados Unidos quanto em todo o mundo, os governos municipais demonstraram que podem se unir para enfrentar, por exemplo, as indústrias de combustíveis fósseis, armamentista, farmacêutica e alimentícia, iniciando regulamentações mais rígidas e políticas públicas mais fortes e enfatizando a promoção da equidade, mais do que é feito em outros níveis de governo (Barber, 2013; Luangrath & Wen, 2018; Aust, 2019). Batalhas recentes por moradias populares,[517] pontos de venda alternativos de alimentos (Reynolds & Cohen, 2016) e educação pública[518] revelam o potencial de resistência urbana de baixo para cima e vice-versa.

Por último, as cidades têm densas redes de relacionamento e uma história de resistência às investidas corporativas, o que faz delas bases férteis para movimentos sociais cada vez mais fortes e embasa-

---

[515] GOODMAN, J. David. "Amazon Scraps New York Campus" [Amazon sucateia campus de Nova York], *The New York Times*, 15 fev. 2019.

[516] REEN, Dennis. "'We Shouldn't Be Inviting Bullies to Our Neighborhood': Alexandria Ocasio-Cortez Defends Her Criticism of Amazon HQ2 in Surprise Queens Appearance" ["Não deveríamos convidar gente prepotente para o nosso bairro": Alexandria Ocasio-Cortez defende sua crítica à segunda sede da Amazon em aparição surpresa no Queens], *Business Insider*, 20 mar. 2019.

[517] TOBIAS, Jimmy. "Meet the Rising New Housing Movement that Wants to Create Homes for All" [Conheça o movimento crescente de habitação que almeja criar casas para todos], *The Nation*, 24 maio 2018.

[518] BRYANT, Jeff. "'Privatization Is Going to Kill This City': How Progressives are Fighting the Plot to Gut Public Education" [A privatização vai matar esta cidade: como os progressistas lutam contra a conspiração para destruir a educação pública], *AlterNet*, 26 abr. 2019.

dos para desafiar os danos do capitalismo. Diversos movimentos de maior sucesso do século XX tiveram suas raízes nas cidades, muitas das quais têm gerações de ativistas que podem fornecer lições, liderança e inspiração para os movimentos emergentes. Por esses motivos, as cidades também são bons campos de teste para encontrar terreno comum e ações compartilhadas entre, por exemplo, movimentos por justiça alimentar, equidade educacional, saúde para todos e transporte público. A densidade populacional, as redes sobrepostas e as histórias de resistência facilitam essa integração dentro das áreas urbanas.

Cidades dependem de áreas rurais e menos desenvolvidas para alimentos, água e árvores, e as áreas não urbanas precisam das cidades para mercados, entretenimento, emprego e cultura. O capitalismo moderno, muitas vezes, dividiu essas populações e inspirou rivalidades. Um movimento bem-sucedido pode encontrar oportunidades para criar uma base em comum.

Outro modelo de ativismo urbano e parcerias com os governos municipais é o Pacto de Milão sobre Política de Alimentação Urbana, um acordo assinado por 209 cidades com mais de 450 milhões de habitantes de todo o mundo (Candel, 2020). Prefeitos, organizações comunitárias e ativistas em cidades ao redor dos Estados Unidos também trabalham juntos para acabar com a violência armada e construir comunidades mais seguras, apontando maneiras de influenciar as práticas da indústria de armas mesmo na ausência de apoio federal (Smith, 2020). Encontrar maneiras de conectar essas alianças de ativistas urbanos que agora estão, em sua maioria, separados em uma rede mais coesa capaz de desafiar o controle corporativo local, nacional e global será uma meta importante para o futuro.

No passado, as cidades serviram, com frequência, como locais para criar alternativas ao capitalismo desenfreado. Os três casos apresentados no Capítulo 8 — o Green New Deal, as cooperativas de trabalhadores e as respostas políticas à covid-19 — prosperam nas cidades, mas também revelam o potencial de reunir comunidades e ativistas urbanos, suburbanos e rurais. Ao cultivar o ativismo popular em espaços urbanos férteis, um movimento pode contribuir com novas maneiras de apoiar o ativismo em outros espaços.

6. TORNAR A CIÊNCIA E A TECNOLOGIA PROPRIEDADE PÚBLICA

Desenvolvimentos em ciência, tecnologia e engenharia — tanto do setor público quanto do privado — contribuíram para importantes avanços em saúde, nutrição, proteção ambiental, assim como para a criação de produtos mais convenientes que poupam mão de obra. Mas, em muitos casos, empresas e outras organizações do setor privado ganharam o controle dessas descobertas e as utilizaram para beneficiar os próprios interesses econômicos em detrimento do bem-estar público.

Por essa razão, um movimento bem-sucedido para melhorar a vida humana deve reconquistar o controle público do conhecimento científico e tecnológico. Deve também estabelecer restrições firmes ao potencial de usar novos conhecimentos para beneficiar um pequeno grupo em detrimento da humanidade ou do planeta.

Ativistas e cientistas iniciaram uma série de campanhas para tornar a ciência mais compreensível e acessível ao público. Alguns grupos buscaram maior proteção da propriedade intelectual pública e criticaram a proteção da propriedade intelectual privada que leva à retenção de bens ou serviços que melhorariam a vida daqueles incapazes de pagar os preços de mercado.

Por exemplo, grupos como Union for Affordable Cancer Treatment [Cooperação para o tratamento acessível do câncer], Médicos Sem Fronteiras, Medicines Patent Pool [Associação sobre patentes de medicamentos] e Knowledge Ecology International [Ecologia do conhecimento internacional] têm desafiado os direitos de propriedade intelectual das empresas farmacêuticas, lutando por licenças abertas, licenciamento compulsório ou negociações de preços, todas estratégias para tornar os medicamentos essenciais mais acessíveis.[519]

Em universidades e institutos de pesquisa, acadêmicos independentes propuseram — e, em alguns casos, foram aceitas — novas

---

[519] GREEN, Andrew. "Q&A: James Love on the Biggest Challenges in the Fight for Affordable Drugs" [Entrevista: James Love fala dos maiores desafios na luta por medicamentos a preços acessíveis], *Devex*, 4 nov. 2019.

regras para reduzir os conflitos de interesses entre financiadores corporativos e acadêmicos, tornando mais transparente o financiamento. À medida que as universidades se voltam cada vez mais para as corporações em busca de financiamentos, essas batalhas, por vezes penosas, exigirão que acadêmicos e administradores esclareçam se sua fidelidade é às corporações que os financiam ou à comunidade intelectual que espera a publicação completa dos resultados, a divulgação dos conflitos e a primazia do interesse público sobre os interesses privados (Marks, 2019).

Os que defendem traçar uma linha mais nítida entre a pesquisa que visa essencialmente aumentar os lucros e as investigações destinadas, sobretudo, a melhorar o mundo propuseram uma série de políticas para distinguir ambas as abordagens. Sugerem que as corporações (e aqueles que elas apoiam) e as revistas científicas divulguem o financiamento de pesquisa; reportem todos os resultados, negativos ou positivos; e penalizem indivíduos e instituições que violem essas regras ou façam afirmações científicas falsas ou enganosas (Rodwin, 2018; Saleh *et al.*, 2019).

Outra abordagem é fornecer apoio público de fontes estaduais ou federais para conduzir pesquisas aplicadas cujos temas tratem de ameaças à saúde, com o pressuposto de que o financiamento público reduz a probabilidade de que forças comerciais patrocinem estudos em benefício próprio (Krimsky, 2019). Estudos financiados pelo Estado sobre poluição do ar, sistemas alimentares regionais e transporte têm, às vezes, orientado os posicionamentos do setor público quanto a esses problemas.

Alguns também propuseram que, se as corporações quiserem financiar pesquisas sobre questões sociais, elas que ofereçam o dinheiro a um terceiro totalmente independente para administrar e supervisionar a pesquisa.[520] E, por fim, do lado da política, todas as partes envolvidas na definição de políticas públicas ou de lobby — representantes eleitos, grupos de defesa, lobistas, organizações profissionais e cientistas — deveriam ser obrigadas a revelar

---

[520] "Engagement with Industry Guidelines" [Manual de boas práticas para vínculos com a indústria], Charles Perkins Centre, 2016.

quaisquer contribuições corporativas ou honorários que aceitem ou palestras pagas que façam.

A capacidade de ativistas e reformadores de conquistar maior apoio para políticas que protegem os interesses públicos depende muito de seu sucesso em apresentar provas científicas confiáveis. Grupos industriais e consultores científicos contratados pela indústria tentam, com frequência, desacreditar qualquer evidência que interfira em seus objetivos comerciais, tornando a proteção da integridade científica um foco importante. Ao estabelecer princípios que reduzam conflitos de interesse e ao monitorar sua implementação, acadêmicos e militantes dedicados a diferentes questões e diferentes setores podem ajudar a criar uma cultura de responsabilização e integridade que desencoraje o mau uso da ciência.

Nem toda campanha ou organização de movimentos será capaz de incluir cada um desses objetivos em todo o seu trabalho. Mas muitos conseguirão semear tais ideias em sua organização e educação contínua e, assim, criar oportunidades mais amplas para discussão e debate público. À medida que tiverem sucesso, essas e outras noções voltadas para um sistema político e econômico mais saudável e sustentável estarão mais integradas ao discurso nacional e serão uma norma para que universidades e pesquisadores valorizem as necessidades humanas acima do lucro corporativo. Ao criar alternativas viáveis ao capitalismo do século XXI, esse movimento que vem despontando pode plantar as sementes para um mundo diferente.

Como fazer isso

Criar um movimento que tenha a visão, as habilidades e o poder de catalisar as mudanças no capitalismo do século XXI que ameacem o bem-estar e a sobrevivência da humanidade parece tanto impossível quanto inevitável. Impossível porque como poderiam vertentes fragmentadas, imperfeitas e contraditórias do ativismo se transformar em uma força capaz de desafiar com sucesso as instituições dominantes na Terra? Inevitável porque, ao longo da história, as pessoas nunca abandonaram os esforços para alcançar uma vida melhor e superar as ameaças à sobrevivência.

O êxito de qualquer movimento, contudo, dependerá tanto do sucesso diário em envolver mais pessoas, fortalecer as organizações e trazer benefícios materiais e emocionais aos participantes quanto das análises intelectuais ou das agendas políticas desses movimentos. Assim, qualquer mobilização popular pela mudança deve se perguntar não apenas o que fazer, mas também como envolver os participantes, tomar decisões e se comunicar com os outros.

Quais lições podem ser extraídas de uma revisão do "como se faz" das práticas de ativistas, organizações e movimentos que têm trabalhado para modificar nosso atual sistema capitalista? E que outros insights vêm de análises da atuação mais recente de movimentos sociais já consagrados? Por fim, quais lições aqueles que procuram mudar o capitalismo podem aprender com os movimentos conservadores, às vezes bem-sucedidos, pelo direito ao porte de armas, por restrição do voto, pelo encolhimento do Estado e por oposição ao aborto e aos direitos reprodutivos?

1. ESTABELECER O PROBLEMA, A VISÃO E AS ESTRATÉGIAS EM CAMINHOS QUE UNIFIQUEM SETORES E QUESTÕES

Um dos maiores obstáculos para movimentos efetivos de mudança social é a contínua separação por questão, setor e população. Tanto generalistas quanto especialistas têm seus papéis no ativismo, mas a definição de regras básicas para uma generalização eficiente pode ajudar a construir um movimento mais forte e coeso. O Green New Deal e as cooperativas de trabalhadores demonstram individualmente algumas formas concretas de ampliar seu apelo. Eles criam múltiplos pontos de entrada — por tema, localização, população e estratégia — em seu ativismo. Estruturam a questão de maneira ampla para convidar outros a participar. Atentam tanto à vida pessoal quanto à vida política de seus membros. O ponto de partida para a maioria dos ativistas do GND é o senso de urgência de que o mundo precisa agir pela redução do aquecimento global, mas eles entendem que, ao conceber soluções que criam empregos, tornam as cidades mais habitáveis, expandem o acesso a alimentos saudáveis, reduzem os efeitos do racismo sistêmico e ampliam a democracia, atraindo outros apoiadores.

Alguns estrategistas dos movimentos sociais enfatizam o enquadramento como uma tarefa que requer a escolha das palavras certas para engajar em vez de ofender os possíveis apoiadores. A questão, no entanto, vai muito mais fundo: como é possível alinhar e conciliar suas visões de mundo com aquelas de outras pessoas que podem concordar com seu diagnóstico, mas não com sua recomendação, ou aprovar alguns, mas não todos os seus objetivos? As habilidades necessárias envolvem ouvir melhor, procurar mais habilmente os pontos em comum e encontrar novas vias para fazer concessões enquanto ficam resguardados os valores fundamentais.

Em cada campanha, os organizadores podem se perguntar: "Como podemos descrever o problema de forma a conectar com a mais ampla amostra de pessoas? Como podemos envolver o maior número possível de participantes no desenvolvimento de soluções para o problema identificado? Como podemos alcançar resultados que tragam benefícios reais e tangíveis para uma variedade de participantes?".

Na prática, é claro, nem todos os círculos identificarão interesses compartilhados. Em alguns casos, parceiros potencialmente valiosos podem ter interesses conflitantes. Os trabalhadores da construção civil, por exemplo, podem apoiar alguns projetos de desenvolvimento de infraestrutura que prejudicam o clima, pois precisam de empregos e salário para sustentar a família. Suas preocupações devem ser abordadas. Alguns projetos do GND enfatizam explicitamente a necessidade de criar empregos alternativos e fornecer treinamento para os trabalhadores afetados. Outro viés é apelar para valores mais elevados: a necessidade de proteger o bem-estar de filhos e netos.

Uma opção mais pessimista é reconhecer que alguns grupos podem não estar prontos para se unir em alianças para reformas. Alguns mineiros de carvão, por exemplo, ainda esperam que seus empregos sejam salvos, apesar da crescente evidência de que isso não acontecerá e dos persistentes riscos que a mineração representa para si próprios, sua família, sua comunidade e a saúde do planeta. Nesses casos, a busca por outros parceiros pode ser a opção mais viável. Cabe notar, no entanto, que os mineiros de carvão que percebem a necessidade de mudança se tornam os militantes mais persuasivos.

2. FACILITAR A CONEXÃO ENTRE ATIVISMO PESSOAL E SOCIAL

Em uma reação compreensível ao individualismo celebrado na ideologia capitalista, muitos da esquerda política dos Estados Unidos descartam a resistência individual às intrusões capitalistas em favor da ação coletiva. Argumentam que tais atitudes individuais — reciclagem, veganismo, prática de ioga, limitação do tempo de tela, usar bicicleta em vez do carro — são medidas simbólicas que falham em confrontar as estruturas políticas e econômicas subjacentes. Eles também se preocupam com o fato de que essas respostas individuais possam se transformar em um substituto da ação por mudanças mais fundamentais.

Essa visão binária tem dois grandes problemas. Primeiro, as interações mais intensas e insatisfatórias das pessoas com o capitalismo acontecem na vida cotidiana, pessoal e íntima. É muito difícil conseguir alimentos saudáveis a preços acessíveis, pagar o financiamento universitário — e, ainda assim, conseguir progredir — ou obter tratamento de diabetes ou câncer para seus familiares e administrar as outras tarefas da vida diária. Se mais pessoas nos Estados Unidos vão aderir a um movimento para criar alternativas ao capitalismo do século XXI, serão suas experiências pessoais que as motivarão nesse sentido. Dizer que isso é irrelevante é sacrificar nosso ativo mais promissor. As respostas de ajuda mútua à covid-19, às mudanças climáticas e às crises econômicas oferecem o potencial de vincular a satisfação de necessidades imediatas com o enfrentamento de falhas sistêmicas.

Segundo, e intimamente relacionado, os movimentos mais bem-sucedidos do século passado — operário, de direitos civis, feminista e LGBTQIA+, assim como os direitos conservadores pró-armas, antiaborto e os movimentos nacionalistas brancos — entenderam que o pessoal é político, e o político é pessoal. Sim, esses movimentos tinham ideias e valores que atraíam participantes, mas a força e o sucesso vieram do fato de que proporcionam maneiras de os integrantes conectarem suas experiências diárias com a visão de um mundo diferente. Qualquer movimento de sucesso para mudar o sistema mais poderoso do planeta deve corresponder e superar as capacidades dos movimentos anteriores.

Como ativistas e organizadores podem fazer isso? Movimentos bem-sucedidos identificaram algumas abordagens que parecem ser eficientes no engajamento de novos apoiadores.

Proteger as crianças. Alistar mães, pais e famílias na defesa de seus filhos contra o marketing abusivo de alimentos e bebidas ultraprocessados e empresas de mídia social que permitem o cyberbullying ou usam a violência e a pornografia para gerar lucro tem ajudado alguns grupos a expandir os objetivos dos pais de proteger os próprios filhos para o de proteger todas as crianças na comunidade ou no país. Poucas organizações ou indivíduos estão dispostos a defender publicamente a exposição de crianças a riscos, tornando o ímpeto de protegê-las um tema unificador para campanhas públicas.

Apoiar àqueles que resistem a definir identidades pelo consumo. Após o Onze de Setembro, o presidente George W. Bush incentivou os estadunidenses a "ir às compras" e "ir à Disney" como parte do esforço para renovar a confiança na segurança das viagens aéreas. Na verdade, Bush apelava para a resiliência aos ataques externos, mas a normalidade que ele promoveu foi a de comprar mais, viajar mais e consumir mais, os mesmos hábitos que ameaçavam o meio ambiente global e ampliavam as desigualdades nacionais e internacionais.

Para muitos norte-americanos, reduzir o consumo pessoal tem sido uma forma de demonstrar compromisso com um mundo mais sustentável e igualitário. Andar de bicicleta, caminhar ou usar transporte coletivo em vez de dirigir; consertar em vez de descartar dispositivos digitais obsoletos ou quebrados; limitar o tempo de tela para si mesmo ou para as crianças; reciclar, garimpar roupas ou móveis que muitos descartam e aproveitar integralmente os alimentos — todos são caminhos para repensar como as pessoas se relacionam com o mundo. Resistir às identidades de marca que as corporações procuram impor ajuda as pessoas a recuperar sua autodefinição. Criar maneiras de se conectar com os outros, de relaxar e de se divertir que não dependam das corporações, do marketing e das marcas abre portas para pensar em viver de diferentes maneiras.

É claro que, por si sós, esses gestos não vão mudar o mundo. Mas tais atos de desacordo e autonomia servem como pontos de partida para mais ações coletivas, como exemplos e gatilhos para conversas e debates, abrindo assim caminhos para a transformação. Ao apoiar e encorajar as pessoas a fazer mudanças na vida pessoal, as organizações ativistas ajudam a criar uma cultura de autonomia e pensamento independente, um desafio crítico para a ideologia capitalista.

Criar espaços livres de influência corporativa. Embora as corporações reivindiquem um papel cada vez maior na vida cotidiana e na consciência das pessoas, também é verdade que a maioria dos norte-americanos ainda tem interações contínuas e significativas com organizações que são relativamente autônomas em relação à influência corporativa. Esses lugares podem se tornar locais de resistência à invasão capitalista. Alguns exemplos:

- Muitas escolas retiraram refrigerantes das máquinas de venda automática e das lanchonetes, e algumas pediram a pais e professores que não os bebessem dentro da escola. O objetivo não é encorajar a proibição de Coca-Cola e da Pepsi, mas fazer uma declaração de que as escolas devem ser voltadas à saúde, e não à criação de novos mercados, e que pais e professores podem dizer não e dar sentido a isso, rejeitando, assim, os esforços das empresas de refrigerantes em fazer com que os filhos se queixem até que os pais cedam.
- Bibliotecas, escolas e organizações para jovens criaram aulas e oficinas sobre alfabetização midiática que ensinam as crianças a analisar e resistir ao marketing corporativo.

- Clínicas e consultórios médicos têm recusado a entrada de agentes de vendas de empresas farmacêuticas, que procuram persuadir os médicos a prescrever seus produtos e os pacientes a pedir por eles (Evans *et al.*, 2011). Alguns também proibiram os fabricantes de fórmulas infantis de distribuir amostras e materiais "educativos" com alegações enganosas ou falsas sobre os benefícios de fórmulas para bebês ou crianças à saúde.
- Organizações de ajuda mútua têm trabalhado com organizações comunitárias locais para criar programas alimentares e cooperativas de cultivo de alimentos, fundos que concedem subsídios ou empréstimos de emergência e cooperativas de cuidados infantis — todas empresas não comerciais que ajudam as pessoas a lidar com a pandemia de covid-19 ou outras emergências.

Esses e outros atos similares abrem espaços em que pais, crianças, professores, profissionais de saúde e outras pessoas podem discutir influências corporativas sobre o bem-estar, desnaturalizar o marketing predatório, agir para recuperar o espaço público e readquirir alguma medida de autonomia. Isso pode conduzir a políticas públicas que apoiem mais espaços não comerciais — a proibição da propaganda de produtos não saudáveis em transportes públicos foi uma medida adotada em Londres em 2018;[521] limites à publicidade nas mídias sociais para crianças e jovens menores de treze ou dezoito anos;[522] ou exigências de que as estações públicas de rádio e televisão ofereçam tempo gratuito e igual para concorrentes de produtos não saudáveis, uma medida que contribuiu para reduzir o consumo de cigarro nos Estados Unidos entre o fim dos anos 1960 e o início dos 1970 (Warner, 1986). Conectando os esforços de mudança das instituições comunitárias com iniciativas destinadas a promulgar novas

---

[521] WATERSON, Jim. "Junk Food Ad Ban on London Transport to Take Effect in February" [Veto à publicidade de junk-food no transporte de Londres entra em vigor em fevereiro], *The Guardian*, 23 nov. 2018.
[522] BERGEN, Mark. "YouTube Plans to End Targeted Ads on Videos Aimed at Kids" [YouTube planeja acabar com anúncios em vídeo direcionados a crianças], *Bloomberg*, 20 ago. 2019.

políticas locais ou nacionais, cada uma dessas campanhas se torna mais forte do que qualquer uma delas isoladamente.

3. TRABALHAR A LONGO PRAZO

Por temperamento, muitos ativistas são impacientes; eles querem resultados. Mas, como observou o Moms Demand Action [Mães demandam ação], grupo que procura acabar com a violência armada e reduzir o papel dos fabricantes de armas na política desse setor, o ativismo para mudar o sistema econômico e político mais poderoso do planeta hoje deve ser visto como uma maratona, e não como uma corrida de cem metros rasos. Expectativas irrealistas por vitórias rápidas podem acabar diminuindo a participação e reduzindo as conquistas. Quais estratégias práticas movimentos e líderes têm usado para alimentar uma visão de longo prazo?

Alguns grupos criaram equipes de liderança multigeracionais para que pessoas da geração dos *boomers*, que experimentaram vitórias após vinte ou trinta anos de ativismo em ascensão, possam se engajar com a geração X e os millennials, que, às vezes, esperam por vitórias mais rápidas e irrealistas. Organizações criaram planos de ação que identificam marcadores de progresso a curto e longo prazos para permitir aos participantes avaliar periodicamente se estão se movendo na direção certa. Também estudaram lutas ou campanhas similares em outros momentos e lugares para desenvolver os cronogramas realistas necessários para alcançar diferentes níveis de mudança.

Uma abordagem distinta encoraja os ativistas a manter outros aspectos da vida pessoal. Organizações de ajuda mútua que surgiram com o início da pandemia produziram uma programação cultural on-line para encorajar as pessoas a enfrentar a quarentena e as perdas. Ativistas de longa data podem ressaltar a necessidade dessas práticas contando histórias de seu próprio esgotamento e de outras pessoas; nada é mais ineficiente do que perder a energia e a sabedoria de um participante experiente do movimento.

4. ENCONTRAR MANEIRAS DE FALAR SOBRE RAÇA, CLASSE E GÊNERO QUE RECONHEÇAM COMO ESSES SISTEMAS DE ESTRATIFICAÇÃO ENFRAQUECERAM OS MOVIMENTOS

Como observei anteriormente neste capítulo, o capitalismo depende há muito tempo da capacidade de usar raça, classe, gênero e outras características sociais para manter seus opositores divididos. Os movimentos bem-sucedidos superam esse obstáculo enfrentando diretamente o racismo e o sexismo sistêmicos, mas também desenvolvendo processos internos para contestar essas divisões.

Um ponto de partida é simplesmente falar sobre raça, classe e gênero dentro de campanhas e ações ativistas. Problemas não debatidos não podem ser superados; portanto, encontrar maneiras relativamente seguras de iniciar essas discussões é um ponto de partida evidente. Outro caminho é buscar organizações que trabalhem em questões relacionadas, mas enraizadas em comunidades de raça, classe ou gênero diferentes. Tais conversas podem ser dolorosas — ou prazerosas —, mas são necessárias para identificar pontos em comum, diferenças e objetivos compartilhados.

Muitas organizações contratam consultores para ministrar cursos e treinamentos para desmantelar o racismo e outros sistemas de estratificação, e algumas estabelecem grupos de trabalho internos para orientar os esforços institucionais a fim de desarticular as práticas que oprimem ou dividem as pessoas. Organizações enraizadas em comunidades indígenas ou comunidades não brancas precisarão decidir se e como é possível trabalhar melhor com organizações majoritariamente brancas e quais princípios e valores podem orientar a busca por uma base comum.

Explorar as interseções históricas entre capitalismo, racismo, sexismo e outras formas de opressão e os caminhos pelos quais esses sistemas de poder interagem para minar o bem-estar e a justiça social pode ser uma conversa útil, capaz de ajudar ativistas de diferentes origens a identificar quais experiências e necessidades são semelhantes ou diferentes, um passo importante no desenvolvimento de estratégias em comum.

É um desafio definir a linha que separa a exploração útil, embora dolorosa, das diferenças daquelas interações que só enfraquecem os integrantes que têm o potencial de trabalhar juntos. A ascensão paralela de movimentos para enfrentar o machismo e o racismo em todas as suas manifestações e da "cultura do cancelamento" — a prática de romper com pessoas que ofenderam sabidamente algum valor fundamental — tornou difícil para alguns movimentos progressistas encontrar o equilíbrio. Algumas organizações tomaram emprestadas estratégias do movimento de justiça restaurativa e desenvolveram diretrizes para a avaliação independente das reivindicações e dos contra-argumentos e também para conversas entre acusadores e acusados que consideram resoluções justas.

Em alguns casos, o objetivo comum de melhorar o bem-estar de todas as pessoas pode ser um ponto de partida para reconciliar diferentes perspectivas. No nível da população, os danos do capitalismo são desproporcionalmente distribuídos entre pessoas negras, mulheres e comunidades de baixa renda. No nível individual, no entanto, pessoas de todas as origens podem ser adversamente afetadas por desigualdade, mudanças climáticas, poluição e sistemas de saúde e educação inadequados. Até mesmo os netos de bilionários lutarão para sobreviver em um mundo com um clima cataclísmico, os filhos dos ricos agora batalham para entrar na faculdade ideal, e as celebridades globais têm de se preocupar com a covid-19 ou seus desdobramentos. Enfatizar a experiência compartilhada de viver juntos neste planeta pode ajudar algumas pessoas a ver as demais como aliadas no confronto com os perigos que o capitalismo contemporâneo impõe.

5. TORNAR O DESENVOLVIMENTO DE LIDERANÇAS UMA PRIORIDADE

Um movimento para modificar o capitalismo exigirá duas, três, muitas gerações de líderes. São necessários novos líderes oriundos das camadas mais prejudicadas da população, mais experientes na luta pela sobrevivência e mais conhecedores das estruturas e políticas específicas que prejudicam sua vida e sua comunidade. Isso inclui líderes de comunidades indígenas, negras, latinas, imigrantes e de baixa renda. Também inclui adolescentes e jovens, a força motriz de muitos movimentos sociais das últimas décadas, que trazem energia e paixão para as lutas. Abarca as mulheres, a população que, apesar de sustentar a parte mais desgastante do funcionamento da sociedade, experimenta mais da metade do fardo de sofrimento próprio do capitalismo moderno.

As mulheres provaram ser líderes eficientes, encontrando em sua educação de gênero a paciência, a ferocidade e as habilidades de comunicação necessárias para construir pontes. Esses e outros grupos também precisarão substituir as lideranças correntes que envelhecem ou se esgotam, sugerindo que as organizações de movimentos precisam do mesmo tipo de plano de sucessão que toda corporação desenvolve. As lideranças correntes precisam fazer do desenvolvimento de novos líderes uma prioridade, bem como aprender a deixar o caminho livre. Alguns líderes que estão despontando não precisam de "desenvolvimento", mas de espaço para experimentar novas ideias e práticas.

Como as organizações podem garantir o sucesso de gerações de lideranças? Uma maneira é criar espaços e plataformas seguras e não hierárquicas, nos quais líderes antigos, novos e emergentes possam trocar ideias, analisar práticas e compartilhar habilidades. Organizações maiores, filantropos progressistas e universidades podem criar programas de bolsas para líderes novos e emergentes, ambientes em que possam desenvolver as habilidades e os contatos sociais necessários para exercer essa função com o melhor preparo possível. Tanto os líderes quanto os participantes precisarão compreender melhor a dinâmica em transformação do capitalismo moderno e as habilidades para identificar oportunidades para campanhas e reformas bem-sucedidas. Organizações de movimentos, por vezes em parcerias equânimes com universidades, podem criar oficinas, grupos de leitura, programas acadêmicos formais e informais e outros fóruns capazes de fornecer essas habilidades.

6. DESAFIAR AS IDEIAS CAPITALISTAS

Enquanto o poder político das corporações e de seus aliados é imenso, seu domínio das ideias, da consciência e dos sentimentos do público pode ser um obstáculo ainda maior à criação de alternativas ao capitalismo do século XXI. Assim, um movimento que busque abrir caminhos para tais alternativas deve encontrar maneiras de substituir os princípios-chave da ideologia capitalista. Tais princípios problemáticos incluem as crenças de que as soluções individuais são sempre melhores que as coletivas, de que os problemas no capitalismo são resultado de algumas "maçãs podres", e não das regras do sistema, de que as soluções de mercado para os problemas sociais são sempre melhores que as de governo e de que não há alternativa realista para o atual estado de coisas. Enfraquecer o domínio dessas ideias é uma tarefa essencial para um movimento que almeja um mundo mais saudável e mais sustentável.

Outra estratégia é desnaturalizar a aceitação de práticas capitalistas que põem em risco a saúde e o meio ambiente. O movimento de controle do tabagismo, por exemplo, procurou "desnormalizar" — para tornar social e moralmente inaceitáveis — as práticas da indústria do tabaco de fazer propaganda para crianças e de mentir sobre as evidências dos efeitos prejudiciais dos cigarros à saúde (Mahood, 2004). Muitos dos êxitos políticos e culturais desse movimento decorreram dessas mudanças nas normas.

Desnaturalizar, por exemplo, a comercialização abusiva de ultraprocessados, a deturpação de resultados de pesquisas científicas sobre os danos do álcool, de medicamentos ou de carros defeituosos, ou a exploração de lucros durante uma pandemia, poderia impulsionar a legislação e o apoio público para leis e políticas mais eficazes capazes de acabar com essas práticas corporativas comuns.

No caso do tabaco, ações judiciais contra a indústria do cigarro obrigaram a liberação de documentos que mostravam que a indústria encobriu e reteve provas sobre os efeitos nocivos de seus produtos, ações que diminuíram ainda mais sua credibilidade como participantes na definição de políticas públicas. Envergonhar as vítimas da publicidade enganosa ou os indivíduos dos quais os ativistas discordam é inapropriado, mas envergonhar as organizações que lucram prejudicando terceiros a fim de encorajá-las a parar parece o ápice da responsabilidade cívica.

7. UTILIZAR ESTRATÉGIAS MÚLTIPLAS

Um tema consistente nos estudos do ativismo e nos relatos pessoais de ativistas é que múltiplas estratégias funcionam melhor do que estratégias únicas. Nas campanhas para reduzir o impacto nocivo à saúde da indústria do tabaco, pesquisas têm demonstrado que a combinação de impostos sobre cigarros, proibição de fumar em locais públicos e o acesso a tratamento e campanhas de mídia e de contramarketing reduzem a prevalência do tabagismo mais efetivamente do que qualquer dessas abordagens quando isolada.

Portanto, se a pergunta para os ativistas é se eles devem favorecer as mídias sociais ou a comunicação face a face, a resposta é "ambas". Estratégias de oposição ou de colaboração? Ambas. Exigências incrementais ou de transformação? Novamente, ambas. Nessas e em outras questões de estratégia, evitar escolhas binárias e explorar um conjunto contínuo de opções aumenta a probabilidade de sucesso. Nenhum grupo pode fazer tudo, mas desenvolver um portfólio de estratégias e implementá-las ao longo do tempo aumenta a pressão exercida sobre os oponentes. Distribuir algumas atividades e estratégias para parceiros apropriados amplia o escopo do ativismo sem sobrecarregar um único grupo.

No movimento dos direitos civis, parceiros improváveis, por vezes, trabalharam juntos para mobilizar diferentes forças e apelos. Martin Luther King diria aos presidentes e políticos: "Se vocês não lidarem comigo, terão de lidar com os radicais. Vocês escolhem". Ativistas do clima que clamam aos bancos e outras instituições financeiras pela retirada de investimentos das empresas de combustíveis fósseis podem dizer: "Tomem agora medidas para enfrentar as preocupações do público sobre seu impacto nas mudanças climáticas ou enfrentem a ira das crianças e dos políticos que elas vão eleger nos próximos anos e dos investidores cuja riqueza vocês poderão perder". Essas estratégias multifacetadas não exigem que uma vertente da reforma deprecie a outra, optando por potencializar seus respectivos apelos e pontos fortes.

8. ENCONTRAR MANEIRAS EFICIENTES DE INTERAGIR COM AS CORPORAÇÕES

Movimentos que procuram mudar a maneira como as corporações fazem negócios devem inevitavelmente interagir com estas e seus líderes. Nas últimas décadas, milhares de coalizões e alianças conduziram campanhas para modificar práticas corporativas prejudiciais, algumas delas descritas nos capítulos anteriores. O que aprendemos com os êxitos e os fracassos desses confrontos que pode orientar futuros esforços para convencer as corporações a fazer concessões ou trazer mudanças favoráveis à saúde?

Três diferentes estratégias merecem consideração: parcerias com empresas para atingir objetivos compartilhados (parcerias público-privadas), campanhas destinadas a pressionar as empresas a reduzir práticas nocivas (responsabilidade social corporativa ou responsabilização corporativa) e esforços para convencer o governo a limitar práticas corporativas prejudiciais (regulamentação). Embora muitas organizações ativistas utilizem as três estratégias, cada uma destas apresenta distintas vantagens e desvantagens.

Parcerias público-privadas. Os principais políticos e organizações da sociedade civil frequentemente incentivam os ativistas a trabalhar com corporações. Os argumentos podem ser convincentes: as corporações têm o conhecimento técnico, os recursos e o interesse próprio para resolver até mesmo os problemas que criaram. As corporações não são tão limitadas pela democracia e podem agir com mais rapidez, uma vantagem em se tratando de problemas que emergem em alta velocidade. A lógica-padrão para parcerias corporativas é, muitas vezes, a de que "não há alternativa". Nessa visão, as corporações e seus aliados são as entidades mais poderosas do mundo e assim se manterão no futuro próximo; portanto, seria irremediavelmente ingênuo imaginar soluções que não sejam endossadas por esses interesses. Essa visão estabelece tais parcerias como o caminho de menor resistência, uma opção atraente para contornar funcionários públicos e profissionais de saúde pública sobrecarregados e temerosos.

Duas considerações me fazem questionar esses argumentos. A primeira é que quase não há evidências empíricas de pesquisadores independentes de que as parcerias corporativas levem a reformas significativas. Revisões acadêmicas recentes sinalizam que as evidências apresentadas sobre os benefícios são frequentemente enganosas, escassas ou teriam ocorrido mesmo na ausência de parcerias (Marks, 2019; Hernández-Aguado & Zaragoza, 2016; Parker, Zaragoza & Hernández-Aguado, 2019). Muitos estudiosos que endossam parcerias relataram conflitos de interesses, tais como apoio financeiro de um dos parceiros corporativos (Marks, 2019; Hernández-Aguado & Zaragoza, 2016; Parker, Zaragoza & Hernández-Aguado, 2019). Outras avaliações identificam consequências involuntárias, como a cooptação de reformas mais significativas, o desgaste exagerado ou imerecido da credibilidade corporativa e o uso bem-sucedido dessas parcerias para desviar a conversa de uma regulamentação corporativa mais incisiva (Nestle, 2015).

Além disso, por razões compreensíveis, as parcerias, às vezes, se concentram em países relativamente ricos que oferecem uma chance razoável de sucesso, e não naqueles que são pobres (Buse & Waxman, 2001). Dessa forma, elas podem acentuar as desigualdades (Lee & Smith, 2019, p. 387).

Portanto, as parcerias corporativas parecem ser um caso baseado na fé. Seus proponentes acreditam que as corporações (e, por extensão, o capitalismo moderno) devem ser capazes de ajudar a resolver os problemas que criam, daí incitarem representantes da saúde pública e das corporações a trabalhar juntos para que isso aconteça. Eles deixam de lado a exigência de provas de que esse tipo de atuação tenha funcionado e ignoram a literatura que sugere que parcerias altamente assimétricas têm dificuldade em alcançar um consenso real.

Como observou Jeffrey Marks, filósofo e especialista em ética da saúde pública que estuda parcerias público-privadas: "Nós colocamos em perigo a saúde pública, assim como a integridade das agências de saúde pública, quando confundimos o bem comum e os fundamentos em comum. É hora de explorar novos paradigmas na saúde pública e talvez revisitar e rever alguns dos antigos" (Marks, 2019, p. 142). Em última análise, adverte Marks, a colaboração com os atores da indústria "pode ameaçar as funções centrais dos governos e dos órgãos intergovernamentais, prejudicar sua capacidade de promover o bem público, minar sua integridade e corroer a confiança pública" (Marks, 2019, p. 102).

Uma segunda preocupação, mais sutil, é que considerar as parcerias com corporações como uma escolha de sim ou não simplifica as questões mais complexas. Sob quais circunstâncias corporações, autoridades de saúde e ambientais e defensores da sociedade civil devem se sentar para negociar? Quais deveriam ser as regras básicas para tais negociações? Quem deve decidir quem fala com quem em relação a quê?

Alguns exemplos ilustram a expansão das possibilidades quando essas perguntas são feitas. Na Convenção-Quadro para o Controle do Tabaco, tratado internacional para limitar os danos do tabaco e da indústria do cigarro, a Seção 5.3 proíbe o envolvimento de representantes da indústria nas deliberações governamentais sobre políticas do tabaco (Bialous, 2019). A implementação tem sido variável, e o setor ainda usa litígios nacionais e outras estratégias para desafiar as políticas de controle (Steele *et al.*, 2016). Mas a Seção 5.3 fornece uma linha clara que governos, profissionais de saúde pública e militantes podem usar para chamar a atenção quanto à interferência da indústria nas políticas públicas.

Boyd Swinburn, pesquisador australiano que estuda o papel da indústria alimentícia na obesidade, usa o termo "interações público-privadas", em vez de parcerias, por entender que o último cria inevitáveis conflitos de interesses (Kjæret, Eide & Eide, 2014). Ele sugere a pesquisadores e defensores de saúde pública o estabelecimento de regras básicas para essas interações antes do primeiro encontro. Uma série de organizações tem sugerido diretrizes para tais reuniões (Cullerton *et al.*, 2019; Poli *et al.*, 2018; Mwatsama, 2018).

Nos Estados Unidos, a Sunshine Act, legislação aprovada como parte da Lei de Cuidados Acessíveis de 2010, exige a divulgação pública de pagamentos de fabricantes de produtos farmacêuticos, equipamentos médicos, insumos biológicos e suprimentos a médicos e hospitais para promover seus produtos. Um estudo do impacto da Sunshine Act nas prescrições de medicamentos antes e depois de sua implementação constatou que os pagamentos da indústria aos médicos diminuíram drasticamente após a implementação e que tais pagamentos tinham sido significativamente associados ao aumento dos custos de prescrição, à prescrição por marca e à prescrição de medicamentos de alto risco (Brunt, 2019).

Essas experiências sugerem que as interações entre os defensores das reformas corporativas e as corporações podem levar a reduções de práticas nocivas. Entretanto, as muitas alegações enganosas que os líderes empresariais fazem sobre tais parcerias, o fato de haver acesso assimétrico a recursos e influência política entre militantes e corporações e o potencial de cooptação exigem que aqueles que entram em tais acordos explicitem claramente seus objetivos. Esses acordos também precisam estabelecer regras básicas transparentes e monitoramento de impacto independente. Alguns militantes propuseram um *quid pro quo* [toma lá, dá cá] para concordar em conversar com corporações que se comprometam antecipadamente em acabar com quaisquer financiamentos de lobby e contribuições para campanhas destinadas a minar as proteções da saúde pública.

Campanhas corporativas. Uma segunda estratégia, as campanhas corporativas, foi desenvolvida por grupos da sociedade civil, saúde, meio ambiente e trabalho para pressionar as corporações a dar fim às práticas que os ativistas consideram prejudiciais (Freudenberg, 2005). As campanhas para forçar a Nestlé a acabar com a propaganda enganosa de sua linha de fórmulas infantis, para incentivar bancos e instituições financeiras a desinvestir em empresas de combustíveis fósseis e para pressionar o McDonald's a "aposentar" Ronald McDonald são exemplos de tais estratégias. Organizações como Save Our Walmart, Silicon Valley Rising e Tech Workers Coalition, descritas nos capítulos anteriores, mostram como entidades de trabalhadores podem reunir uma série de interessados que são prejudicados por uma empresa para desenvolver estratégias comuns que obriguem à mudança.

Outras campanhas corporativas miram os investidores para impulsionar mudanças. A lógica é que os investidores têm aquilo que a maioria das empresas mais almeja: capital. Isso dá a eles o poder de fazer exigências aos executivos corporativos como condição para aportar novos recursos ou manter os investimentos correntes. Além disso, persuadir os investidores a pôr seu dinheiro aqui em vez dali não desafia explicitamente as visões conservadoras sobre o papel do governo, da regulamentação e da responsabilidade individual. Essa abordagem pode, portanto, gerar menos oposição comercial na comparação com outras táticas.

Algumas campanhas para persuadir investidores a se dissociarem de indústrias nocivas têm sido muito bem-sucedidas. A Fossil Free se descreve como "um movimento global para acabar com a era dos combustíveis fósseis e construir um mundo de energia renovável para todos, conduzido pela comunidade". Nos últimos anos, apoiou campanhas que ajudaram a convencer 381 universidades a desinvestir de todos os fundos de empresas de combustíveis fósseis. No final de 2019, alegou que esses esforços tinham levado investidores responsáveis por onze trilhões de dólares a desinvestir em empresas de petróleo, carvão e gás que alimentam a crise climática.

Por fim, algumas campanhas são lançadas pelas próprias empresas para demonstrar responsabilidade e preocupação para com o público. Algumas misturam relações públicas e marketing. A Mixify, uma campanha publicitária lançada em 2015 pela Associação Americana de Bebidas (ABA, do inglês American Beverage Association), incentiva o equilíbrio no que você "come, bebe e faz". O "equilíbrio" é definido como "cruzar gatos com dragões"; fazer isso deixará você "se sentindo mais na moda do que o emoji da dançarina de vermelho".[523] Como observa a ativista de alimentos Anna Lappé, "a Mixify é ape-

---

[523] LAPPÉ, Anna. "The Soda Industry's Creepy Youth Campaign" [A tenebrosa campanha juvenil da indústria de refrigerantes], *Al Jazeera America*, 5 ago. 2015.

nas uma tática [da ABA] que vem sendo empregada para tentar resolver um problema fundamental de imagem" e apresentar um rosto responsável nas comunidades de baixa renda nas quais se concentra para comercializar bebidas açucaradas.

Legislação e litígio. Uma terceira estratégia é escolher instituições e processos governamentais — legislação, eleições ou litígio — para provocar mudanças nas práticas corporativas. As campanhas bem-sucedidas para exigir que mais empregadores paguem salário mínimo, ofereçam licença por doença e licença parental remunerada ou abandonem novos esforços de aquisição devido ao seu impacto sobre o monopólio são alguns exemplos dessa abordagem descritos nos capítulos anteriores.

Ao dominarem uma variedade de estratégias para interagir com corporações e analisarem quais funcionam melhor sob quais circunstâncias, as campanhas de ativismo podem evitar a tendência de bater sempre na mesma tecla, empregando repetidamente as mesmas estratégias, em especial quando elas não são as mais apropriadas.

9. IDENTIFICAR AS VULNERABILIDADES DAS CORPORAÇÕES

Em seus esforços para derrubar campanhas trabalhistas organizadas ou regulamentações e impostos, as empresas e seus aliados aprenderam que uma avaliação cuidadosa da vulnerabilidade de seus oponentes pode ajudá-los a alcançar os objetivos de forma mais efetiva e eficaz. Investidores experientes têm organizado escritórios de advocacia, empresas de relações públicas e de lobby, especialistas em comunicação e influenciadores digitais para ajudar as corporações a avançar em suas agendas. Os movimentos sociais precisam identificar aliados semelhantes que possam estudar seus oponentes e apresentar orientação estratégica para campanhas bem-sucedidas.

Os ativistas dos movimentos podem aprender com essa abordagem? Uma análise das evidências sobre as campanhas de mudança social destinadas a modificar as práticas corporativas sugere algumas estratégias que as organizações têm usado para ampliar seus próprios pontos fortes enquanto exploram as vulnerabilidades das empresas.

Muitas campanhas de sucesso descobriram que a identidade da marca de uma corporação é frequentemente seu calcanhar de aquiles corporativo, já que a marca é, muitas vezes, seu bem mais precioso. A campanha de 2010 da Corporate Accountability International (CAI) para aposentar o Ronald McDonald defendeu que a estratégia central do McDonald's de marketing agressivo de alimentos insalubres para crianças, simbolizada pelo palhaço, era inerentemente antiética e antissocial. O grupo solicitou à rede que abandonasse essa estratégia e seu símbolo. A campanha organizou pais e professores para acabar com os eventos do McDonald's nas escolas, mobilizou médicos para explicar as contraindicações de se alimentar com fast-food e enviou crianças para confrontar o CEO em uma reunião de acionistas.

Como resultado dessas e de outras atividades, a CAI informou que metade das unidades da lanchonete em hospitais encerrou atividades; e dezenas de milhares de pessoas, o segundo maior distrito escolar do país e o maior sindicato de professores dos Estados Unidos pediram ao McDonald's para acabar com o McTeacher's Nights. Além disso, a empresa cortou os gastos com o marketing do McLanche Feliz e lançou vários outros esforços caros, porém ineficazes, para aumentar as vendas e melhorar sua imagem. Em 2020, o McDonald's acabou efetivamente aposentando Ronald.

Em uma entrevista, Naomi Klein, autora de *Sem logo*, livro de 2000 que desafiou a forma como empresas de consumo como Starbucks e Nike usavam suas estratégias de marca, sublinhou o potencial dos ativistas para usar tais estratégias contra as empresas. "O lado negativo do marketing de relacionamento é que ele torna as empresas vulneráveis", disse Klein.

> Assim como as pessoas estão se tornando marcas, as marcas estão se tornando pessoas. A Nike é uma celebridade, e isso não é só por causa de Michael Jordan. A Nike usou Michael Jordan para chegar lá, mas agora é uma celebridade por conta própria. Isso significa que, quando

a Nike é pega usando mão de obra em condições insalubres, isso é uma notícia de celebridade. Todo mundo quer falar sobre o assunto.[524]

Outra lição das campanhas contra Nestlé, McDonald's, Purdue Pharma e Nike é o poder de usar argumentos morais. Lucrar com a promoção de fórmula infantil para mães cuja saúde e cuja sobrevivência futura de seus bebês seriam mais bem atendidas pelo leite materno, encorajar crianças a aborrecer os pais para comprar alimentos que as põem em risco de obesidade e diabetes, pagar médicos para prescrever OxyContin e outros analgésicos que acarretam dezenas de milhares de overdoses evitáveis e vender tênis Nike e outros equipamentos feitos por trabalhadores em condições insalubres — tudo isso é claramente errado.

Às vezes, os ativistas acreditam que vencerão as questões reunindo as evidências científicas mais convincentes, cujo poder esmagará os oponentes da ação que propõem. Mas os argumentos morais e éticos somados às evidências são quase sempre mais persuasivos do que as evidências isoladas e podem, às vezes, conquistar aliados que não tenham sido diretamente afetados por um problema.

Os ativistas de controle do tabagismo usam o termo "desnormalização" para descrever seus objetivos de tornar a promoção do tabaco, em particular para crianças e jovens, moralmente inaceitável, assim como ilegal (Mahood, 2004).

A forma como as campanhas escolhem seus alvos específicos oferece outra oportunidade para planejar campanhas mais eficientes. O McDonald's não foi a única empresa de alimentação a comercializar agressivamente ultraprocessados para crianças, mas sua visibilidade, sua posição como líder do setor e sua vulnerabilidade de marca levaram a Corporate Accountability International a concentrar sua campanha na estrela do mercado. Isso provavelmente aumentou a cobertura da mídia e permitiu à CAI alcançar mais pessoas e recrutar novos parceiros que poderiam ter sido menos atraídos por um alvo menor ou desconhecido.

[524] SITTENFELD, Curtis. "No-Brands-Land" [Terra de nenhuma marca], *Fast Company*, 31 ago. 2000.

Uma variação dessa abordagem é selecionar empresas-modelo como parceiras a fim de pressionar setores menos responsáveis da indústria. O Centro de Oportunidades para Trabalhadores de Restaurantes encontrou alguns poucos estabelecimentos dispostos a seguir práticas-modelo quanto a salários, benefícios e turnos. Esses restaurantes mostraram a outros do setor que era possível tanto ter lucro quanto tratar os trabalhadores com respeito. Pelo menos alguns proprietários descobriram que poderiam atrair clientes com seu compromisso com práticas exemplares.[525]

Algumas empresas e setores comerciais preferem uma única norma de regulamentação, em vez do caos de múltiplas normas ou regulamentações entre jurisdições e mercados. Parte do sucesso do California Air Resources Board em obter alguma cooperação das indústrias automobilísticas para seus rígidos padrões estaduais de emissões de carbono é que as montadoras acreditaram que era menos complicado produzir veículos que atendessem aos padrões mais rigorosos e caros da Califórnia do que produzir produtos diferentes para cada estado ou nação. O órgão público sabia como o mercado da Califórnia era grande, o que lhe permitia impor vantagem.[526]

Uma estratégia final que os ativistas podem usar para tirar proveito das vulnerabilidades corporativas é procurar por ondas que possam surfar com sucesso. Quando defensores de políticas mais duras para limitar a promoção de bebidas açucaradas já estavam prontos para implementar políticas como impostos, limitações no tamanho das porções e mudanças na informação sobre açúcar no rótulo das embalagens, as vendas desses produtos já haviam começado a cair. Pode ser que os primeiros esforços, fracassados, para adotar novas políticas tenham contribuído para as mudanças em normas e atitu-

---

[525] "Taking the High Road: A How-to Guide for Successful Restaurant Employers" [Pelo caminho certo: Um guia para empregadores do setor de restaurantes], Restaurant Opportunities Center United, 2012.

[526] BRYNER, Nicholas & HANKINS, Meredith. "Why California Gets to Write Its Own Auto Emissions Standards: 5 Questions Answered" [Por que a Califórnia passou a redigir seus próprios padrões de emissões automotivas: respostas a cinco questões], The Conversation, 6 abr. 2018.

des, mas reforçar uma tendência existente é quase sempre um ganho mais fácil do que reverter uma tendência crescente. Ao procurarem por tais ondas para surfar, os ativistas podem fazer com que suas campanhas sejam mais populares. Podem também usar os sucessos no sentido de angariar apoio a medidas políticas adicionais que sustentem e expandam essas mudanças.

Os movimentos operam em um reino simbólico, bem como na dura batalha da política diária. Como os Estados Unidos têm uma longa história de lutas bem-sucedidas para melhorar as condições de vida e controlar os excessos corporativos, o uso desses símbolos no ativismo contemporâneo pode emprestar parte de seu brilho. A greve dos trabalhadores da Flint, em 1936, a recusa de Rosa Parks em se mudar para a parte de trás do ônibus em 1955 (e o subsequente boicote aos ônibus em Montgomery) e as manifestações de rua em Seattle contra a reunião da Organização Mundial do Comércio em 1999 ilustram parte da história e do repertório tático diverso do ativismo norte-americano. O empréstimo de alguns desses símbolos ajuda os movimentos a se conectarem com as lutas anteriores, revela suas raízes profundas na história estadunidense e relaciona a geração atual de ativistas com as anteriores.

Podemos criar outro mundo?

Nós não escolhemos nascer na época em que o mundo precisa decidir o que se segue ao capitalismo moderno. Mas cá estamos, tendo de perguntar quais ferramentas, habilidades e valores são necessários para proteger a Terra. Na pior das hipóteses, esta geração testemunhará novos declínios que poderiam precipitar a extinção de um planeta habitável; na melhor, legará a nossos filhos, netos e à sua prole um mundo no qual poderão ser mais felizes, mais saudáveis e mais livres do que somos hoje.

Ao reconhecerem que a mudança leva tempo e que o progresso não é linear, os ativistas dos movimentos sociais e seus pares podem estabelecer metas realistas, resistir aos inevitáveis reveses e aprender a analisar as derrotas para dar base ao sucesso futuro.

Humildade e paciência também podem ajudar na escolha do que decidir, por quem e quando. Embora fosse certamente útil chegar a um consenso sobre a estrutura exata de um sistema social e econômico que nos traria um mundo mais saudável, essas não são decisões que podem ser tomadas por líderes, ativistas ou acadêmicos em nome dos outros. Os movimentos sociais são bem-sucedidos quando envolvem muitas pessoas para agir ao longo do tempo a fim de melhorar sua vida. Vitórias a curto prazo conduzem a êxitos de longo prazo quando aqueles que criaram as mudanças traçam, juntos, as ações que vão amplificar e acelerar as transformações. Essa abordagem fundamentada na prática aumenta a probabilidade de mudanças sustentáveis.

Um povo muito amedrontado, deprimido ou apático para resistir às organizações que estão piorando sua vida, ou para alterá-las, não consegue proteger o bem-estar de seus filhos e netos ou o planeta que os sustenta. Líderes muito tímidos, relutantes ou incapazes de avaliar custos, benefícios e alternativas a um sistema que beneficia os ricos à custa das demais pessoas não podem enfrentar com sucesso os desafios do século XXI. Mas cada geração lidou com desafios semelhantes. E sempre alguns indivíduos, organizações e movimentos encontraram maneiras de reunir seus companheiros, habitantes do mesmo planeta, para se articular na direção de uma vida com bem-estar e dignidade e de um futuro mais seguro para a humanidade.

Como os que nos precederam, necessitamos fazer escolhas. Podemos aceitar o dogma de que somente a forma atual do capitalismo é capaz de resolver os problemas do mundo e de que quaisquer custos que esse sistema imponha são aceitáveis, porque inevitáveis. Ou podemos, juntos, criar outro futuro.

Agradecimentos

Nenhuma disciplina, fonte, método de pesquisa ou ponto de vista isolados podem fornecer os conhecimentos necessários para assumir a tarefa de mapear o capitalismo moderno e seu impacto no bem-estar humano e planetário. Portanto, minha busca para compreender o futuro da saúde na era atual contou com muitos estudiosos, cientistas, ativistas, jornalistas, estudantes, amigos e outros informantes generosos.

Vários colegas foram gentis em ler um rascunho ou mais dos capítulos e me ofereceram conselhos construtivos. Entre eles se incluem Sherry Baron, Wendy Chavkin, Nevin Cohen, Lori Dorfman, Michelle Fine, Sasha Freudenberg Chavkin, David Himmelstein, Rositsa Ilieva, Jennifer Lacy-Nichols, Kelley Lee, Jerry Markowitz, Chris Palmedo, Jan Poppendieck, Barbara Reisman, Eric Scherzer, Gyorgy Scrinis, Emilia Vignola, Craig Willingham e Steffie Woolhandler. Seus comentários ajudaram a tornar este relato melhor e mais preciso.

Devo agradecimentos sobretudo a Jerry Markowitz, que leu todos os capítulos e com quem lecionei diversas vezes em um curso de pós-graduação em saúde pública e história sobre corporações, saúde e democracia na Universidade da Cidade de Nova York (CUNY). Os alunos desse curso também me ajudaram a aprofundar a compreensão de como as corporações exercem influência na saúde. Agradecimentos especiais aos estudantes do segundo semestre de 2020 que deram sugestões sobre capítulos e ideias contidos neste livro.

Juntamente com os supralistados, um grupo maior de estudiosos e ativistas, alguns dos quais também amigos, produziu um corpo de trabalho que construiu os alicerces deste livro. Entre eles se incluem Mary Bassett, Fran Baum, Fred Block, Sharon Friel, Sandro Galea,

Corinna Hawkes, Ibram X. Kendi, Naomi Klein, Nancy Krieger, Ron La Bonte, Carlos Monteiro, Marion Nestle, David Rosner, Arundhati Roy, David Sanders, Harriet Washington, David Williams, Timothy Wu, Shoshana Zuboff e muitos outros citados nas referências. Sou grato pela informação e pela inspiração que eles vêm fornecendo ao longo dos anos. Evidentemente, todos os erros de julgamento e de informação são de minha responsabilidade.

Embora o meu trabalho tenha se implementado principalmente nos Estados Unidos, nos últimos anos tive a oportunidade de participar de diversos encontros internacionais para aprender mais sobre as maneiras como as corporações e os mercados influenciam a saúde em outros lugares. A reunião em 2015 no Bellagio sobre avaliação do impacto das empresas transnacionais na saúde; os eventos sobre representações midiáticas das indústrias do álcool, do tabaco e de alimentos na reunião de 2015 da Associação Europeia de Saúde Pública, em Milão; as reuniões sobre a economia política da nutrição de saúde pública na Conferência Mundial de Nutrição da Cidade do Cabo, em 2016; as minhas reuniões e apresentações no El Poder del Consumidor, na Cidade do México, em 2017; a reunião da Organização Panamericana da Saúde sobre influências empresariais na promoção da saúde, em Brasília, em 2018; as discussões com o Movimento de Saúde Popular na reunião da Conferência do Prêmio Príncipe Mahidol de 2019, em Bancoc, Tailândia; e minha colaboração com Kelley Lee e outros para explorar os determinantes comerciais da saúde — todos são encontros nos quais fui apresentado a ativistas, profissionais e estudiosos que trabalham com esse mesmo tema em outros países. Esses encontros também me deram a oportunidade de receber comentários sobre os conceitos apresentados neste livro e de aprofundar a minha compreensão da dinâmica global do capitalismo do século XXI. Meus agradecimentos a todos os integrantes dessas reuniões.

Tive o privilégio de passar a maior parte da minha carreira acadêmica na CUNY, os últimos cinco anos na nossa Escola de Saúde Pública e Política de Saúde. A CUNY exemplifica o melhor do setor público no país — e os desafios contínuos que ele enfrenta. Vários líderes acadêmicos, entre eles Marilyn Auerbach, Ayman

El-Mohandes, Felo Matos-Rodriquez, Susan Klitzman, Vita Rabinowitz e Diana Romero, fizeram com que eu me sentisse acolhido na CUNY ao longo dos anos, defenderam as tradições da instituição de acesso estudantil, acessibilidade econômica, pensamento crítico e liberdade acadêmica e nos encorajaram a percorrer o caminho do ensino público.

Na Oxford University Press, tive o prazer de ter dois talentosos e empenhados editores — primeiro, Chad Zimmerman, depois, Sarah Humphreville. Meus profundos agradecimentos a cada um deles pela ajuda em levar este livro adiante e em torná-lo melhor. Agradeço ainda a Emma Hodgdon, Sarah Payne, Amy Whitmer e vários outros profissionais na Oxford que ajudaram a concretizar este livro. Um grande agradecimento também a Angela Baggetta, minha assessora de comunicação, que ajudou a divulgar o lançamento, tarefa essencial para alcançar os seus objetivos.

Este livro foi concluído durante a quarentena da pandemia, por isso sou especialmente grato aos meus colegas, amigos, à minha parceira, Wendy, e ao meu filho, Sasha, que agora e sempre me mantêm animado, empenhado e esperançoso quanto ao futuro.

Nova York, dezembro de 2020

Referências

ABRAMOVITZ, Mimi & ZELNICK, Jennifer. "Privatization in the Human Services: The Impact on the Front Lines and the Ground Floor". *In*: FINEMAN, Martha Albertson; ANDERSSON, Ulrika & MATTSON, Titti (orgs.). *Privatization, Vulnerability, and Social Responsibility*. Abingdon: Routledge, 2016, p. 190-208.

AFSHIN, Ashkan *et al.* "Health Effects of Dietary Risks in 195 Countries, 1990-2017: A Systematic Analysis for the Global Burden of Disease Study 2017", *The Lancet*, v. 393, n. 10.184, 2019, p. 1.958-72.

ALOISI, Antonio. "Commoditized Workers. Case Study Research on Labour Law Issues Arising from a Set of On-Demand/Gig Economy' Platforms", *Comparative Labor Law & Policy Journal*, v. 37, n. 3, 2016.

ALWAN, Ala (org.). "Global Status Report on Noncommunicable Diseases 2010", World Health Organization, 2011.

ANDALIBI, Nazanin; OZTURK, Pinar & FORTE, Andrea. "Sensitive Self-Disclosures, Responses, and Social Support on Instagram: The Case of #Depression", *Proceedings of the 2017 ACM Conference on Computer Supported Cooperative Work and Social Computing*, fev. 2017, p. 1.485-500.

ANDERSON, Laurie M. *et al.* "The Effectiveness of Early Childhood Development Programs: A Systematic Review", *American Journal of Preventive Medicine*, v. 24, n. 3, 2003, p. 32-46.

ANDRIAS, Kate. "Peril and Possibility: Strikes, Rights, and Legal Change in the Age of Trump", *Berkeley Journal of Employment and Labor Law*, v. 40, n. 1, 2019, p. 135-49.

ASKARI, Mohammadreza *et al.* "Ultra-Processed Food and the Risk of Overweight and Obesity: A Systematic Review and Meta-Analysis of Observational Studies", *International Journal of Obesity*, v. 44, n. 10, 2020, p. 2.080-91.

ASPROMOURGOS, Tony. "The Past and Future of Keynesian Economics: A Review Essay", *History of Economics Review*, v. 72, n. 1, 2019, p. 59-78.

AUST, Helmut Phillip. "The Shifting Role of Cities in the Global Climate Change Regime: From Paris to Pittsburgh and Back?", *Review of European, Comparative & International Environmental Law (RECIEL)*, v. 28, n. 1, 2019, p. 57-66.

AUTOR, David H. & DORN, David. "The Growth of Low-Skill Service Jobs and the Polarization of the US Labor Market", *American Economic Review*, v. 103, n. 5, 2013, p. 1.553-97.

AZAROFF, Lenore S. *et al.* "Barriers to Use of Workers' Compensation for Patient Care at Massachusetts Community Health Centers", *Health Services Research*, v. 48, 2013, p. 1.375-92.

BAIYERE, Abayomi; ISLAM, A. & MÄNTYMÄKI, Matti. "Duality of Work in Sharing Economy — Insights from Uber", XXV Americas Conference on Information Systems, Cancún, 2019.

BAKER, Bruce D. "Exploring the Consequences of Charter School Expansion in U.S. Cities", Economic Policy Institute, 30 nov. 2016.

BAKER, Phillip & FRIEL, Sharon. "Food Systems Transformations, Ultra-Processed Food Markets and the Nutrition Transition in Asia", *Global Health*, v. 12, n. 1, 2016.

BALDÉ, C. P. *et al.* "The Global E-Waste Monitor 2017: Quantities, Flows, and Resources", United Nations University (UNU), International Telecommunication Union (ITU) e International Solid Waste Association (ISWA), 2017.

BALL, Stephen J. *Global Education Inc.: New Policy Networks and the Neoliberal Imaginary*. Abingdon: Routledge, 2012.

BANERJEE, Dwaipayan & SARGENT, James. "Therapies Out of Reach: Anticancer Drugs and Global Trade Regimes", *Science, Technology and Society*, v. 23, n. 5, 2018, p. 371-87.

BARALDI, Larissa Galastri *et al.* "Consumption of Ultra-Processed Foods and Associated Sociodemographic Factors in the USA between 2007 and 2012: Evidence from a Nationally Representative Cross-Sectional Study", *BMJ Open*, v. 8, n. 3, 2018, p. e020574.

BARBER, Benjamin R. *If Mayors Ruled the World: Dysfunctional Nations, Rising Cities*. New Haven: Yale University Press, 2013.

BARLOW, Pepita *et al.* "Trade and Investment Agreements: Implications for Health Protection", *Journal of World Trade*, v. 51, n. 1, 2017, p. 159-82.

BASU, Pratyusha & SCHOLTEN, Bruce A. "Technological and Social Dimensions of the Green Revolution: Connecting Pasts and Futures", *International Journal of Agricultural Sustainability*, v. 10, n. 2, maio 2012, p. 109-16.

BAUER, Gordon S.; GREENBLATT, Jeffrey B. & GERKE, Brian F. "Cost, Energy, and Environmental Impact of Automated Electric Taxi Fleets in Manhattan", *Environmental Science & Technology*, v. 52, n. 8, 2018, p. 4.920-8.

BAUER, Ursula E. *et al.* "Prevention of Chronic Disease in the Twenty-First Century: Elimination of the Leading Preventable Causes of Premature Death and Disability in the USA", *The Lancet*, v. 384, n. 9.937, 5 jul. 2014, p. 45-52.

BAXI, Sangita M. *et al.* "A Multidisciplinary Review of the Policy, Intellectual Property Rights, and International Trade Environment for Access and Affordability to Essential Cancer Medications", *Globalization and Health*, v. 15, n. 57, 2019.

BEAVER, William. "Fast-Food Unionization", *Society*, v. 53, n. 5, 2016, p. 469-73.

BELL, David R. & LATTIN, James M. "Shopping Behavior and Consumer Preference for Store Price Format: Why 'Large Basket' Shoppers Prefer EDLP", *Marketing Science*, v. 17, n. 1, 1998, p. 66-88.

BEMEL, James E. *et al.* "The Impact of College Student Financial Health on Other Dimensions of Health", *American Journal of Health Promotion*, v. 30, n. 4, 2016, p. 224-30.

BENACH, J. *et al.* "Precarious Employment: Understanding an Emerging Social Determinant of Health", *Annual Review of Public Health*, v. 35, 2014, p. 229-53.

BENIOFF, Marc. "What Is Required from Corporate Leadership?", *World Economic Forum 2020*, Davos, 21 jan. 2020.

BERNAYS, Edward L. "The Engineering of Consent", *The Annals of the American Academy of Political and Social Science*, v. 250, n. 1, 1947, p. 113-20.

BERNHARDT, Annette *et al.* "Domestic Outsourcing in the United States: A Research Agenda to Assess Trends and Effects on Job Quality", Upjohn Institute, mar. 2016.

BEVERLY, Elizabeth A. *et al.* "Understanding the Meaning of Food in People with Type 2 Diabetes Living in Northern Appalachia", *Diabetes Spectrum*, v. 31, n. 1, 2018, p. 14-24.

BHAT, Saiuj *et al.* "A Systematic Review of the Sources of Dietary Salt around the World", *Advances in Nutrition*, v. 11, n. 3, 2020, p. 677-86.

BIALOUS, Stella Aguinaga. "Impact of Implementation of the WHO FCTC on the Tobacco Industry's Behaviour", *Tobacco Control*, v. 28, supl. 2, 2019, p. s94-6.

BISHOP-JOSEF, Sandra *et al.* "Want to Grow the Economy? Fix the Child Care Crisis", Council for Strong America, jan. 2019.

BLACKHALL, Leslie J. *et al.* "CARE Track for Advanced Cancer: Impact and Timing of an Outpatient Palliative Care Clinic", *Journal of Palliative Medicine*, v. 19, n. 1, 2016, p. 57-63.

BLASI, Joseph R.; FREEMAN, Richard B. & KRUSE, Douglas, L. "Evidence: What the US Research Shows about Worker Ownership". *In*: MICHIE, Jonathan; BLASI, Joseph & BORZAGA, Carlo (orgs.). *The Oxford Handbook of Mutual, Co-Operative, and Co-Owned Business*. Nova York: Oxford University Press, 2017, p. 211-27.

BLOCK, Fred L. *Capitalism: The Future of an Illusion*. Berkeley: University of California Press, 2018.

BOK, Derek. *Universities in the Marketplace: The Commercialization of Higher Education*. Princeton: Princeton University Press, 2004.

BOLDRIN, Michelle & LEVINE, David K. *Against Intellectual Monopoly*. Nova York: Cambridge University Press, 2008.

BONACICH, Edna & KHALEELAH, Hardie. "Wal-Mart and the Logistics Revolution". *In*: LICHTENSTEIN, Nelson (org.). *Wal-Mart: The Face of Twenty-First-Century Capitalism*. Nova York: New Press, 2006, p. 163-88.

BONANNO, Alessandro & GOETZ, Stephan J. "Food Store Density, Nutrition Education, Eating Habits and Obesity", *International Food and Agribusiness Management Review*, v. 15, n. 4, 2012, p. 1-26.

BONINGER, Faith; MOLNAR, Alex & SALDAÑA, Christopher. "Personalized Learning and the Digital Privatization of Curriculum and Teaching", National Educational Policy Center, 30 abr. 2019.

BOORSTIN, Daniel J. *The Americans: The Democratic Experience*. Nova York: Knopf Doubleday, 1974.

BOUVARD, Véronique *et al.* "Carcinogenicity of Consumption of Red and Processed Meat", *The Lancet Oncology*, v. 16, n. 16, 2015, p. 1.599-600.

BOWEN, Sarah; BRENTON, Joslyn & ELLIOTT, Sinikka. *Pressure Cooker: Why Home Cooking Won't Solve Our Problems and What We Can Do about It*. Nova York: Oxford University Press, 2019.

BOYD, Danah. "Why Youth (Heart) Social Network Sites: The Role of Networked Publics in Teenage Social Life". *In*: BUCKINGHAM, David (org.). *Youth, Identity, and Digital Media*. Cambridge: MIT Press, 2007.

BOYLE, Robert J. *et al.* "Hydrolysed Formula and Risk of Allergic or Autoimmune Disease: Systematic Review and Meta-Analysis", *The BMJ*, v. 352, 2016.

BRACHA, Anat & BURKE, Mary A. "Who Counts as Employed? Informal Work, Employment Status, and Labor Market Slack", *Research Department Working Papers*, n. 16-29, Federal Reserve Bank of Boston, dez. 2016.

BRADSHER, Keith. *High and Mighty SUVs: The World's Most Dangerous Vehicles and How They Got That Way*. Nova York: Public Affairs, 2002.

BRAITHWAITE, John & DRAHOS, Peter. *Global Business Regulation*. Cambridge: Cambridge University Press, 2000.

BRANDT, Allan M. *The Cigarette Century: The Rise, Fall, and Deadly Persistence of the Product That Defined America*. Nova York: Basic Books, 2009.

BRANDT, Eric J. *et al.* "Hospital Admissions for Myocardial Infarction and Stroke before and after the Trans-Fatty Acid Restrictions in New York", *JAMA Cardiology*, v. 2, n. 6, 2017, p. 627-34.

BRECHER, Jeremy; COSTELLO, Tim & SMITH, Brendan. *Globalization from Below: The Power of Solidarity*. Boston: South End Press, 2000.

BREDA, Joao; JEWELL, Jo & KELLER, Amélie. "The Importance of the World Health Organization Sugar Guidelines for Dental Health and Obesity Prevention", *Caries Research*, v. 53, n. 2, 2019, p. 149-52.

BRILL, Steven. *Tailspin: The People and Forces behind America's Fifty-Year Fall — and Those Fighting to Reverse It*. Nova York: Vintage, 2019.

BRODER, Samuel. "Progress and Challenges in the National Cancer Program". *In*: BRUGGE, Joan *et al.* (orgs.). *Origins of Human Cancer: A Comprehensive Review*. Plainview: Cold Spring Harbor Laboratory Press, 1991, p. 27-33.

BRONFENBRENNER, Kate. "No Holds Barred: The Intensification of Employer Opposition to Organizing", Economic Policy Institute, relatório 235, 20 maio 2009.

BRUNT, Christopher Scott. "Physician Characteristics, Industry Transfers, and Pharmaceutical Prescribing: Empirical Evidence from Medicare and the Physician Payment Sunshine Act", *Health Services Research*, v. 54, n. 3, 2019, p. 636-49.

BRYANT, Jake & SARAKATSANNIS, Jimmy. "Three More Reasons Why US Education Is Ready for Investment", McKinsey & Company, 30 nov. 2016.

BULLARD, Robert D. "Addressing Urban Transportation Equity in the United States", *Fordham Urban Law Journal*, v. 31, n. 5, 2003, p. 1.183.

BULOW, Jeremy. "An Economic Theory of Planned Obsolescence", *The Quarterly Journal of Economics*, v. 101, n. 4, 1986, p. 729-50.

BURNS, Lawrence D. & SHULGAN, Christopher. *Autonomy: The Quest to Build the Driverless Car — and How It Will Shape Our World*. Nova York: HarperCollins, 2018.

BURNS, Lawton R. & PAULY, Mark V. "Transformation of the Health Care Industry: Curb Your Enthusiasm?", *The Milbank Quarterly*, v. 96, n. 1, 2018, p. 57-109.

BURTLE, Adam & BEZRUCHKA, Stephen. "Population Health and Paid Parental Leave: What the United States Can Learn from Two Decades of Research", *MDPI Healthcare*, v. 4, n. 2, 2016, p. 30-46.

BUSE, Kent & WAXMAN, Amalia. "Public-Private Health Partnerships: A Strategy for WHO", *Bulletin of the World Health Organization*, v. 79, n. 8, 2001, p. 748-54.

BUSH, Vannevar. *Science the Endless Frontier*. Washington: United States Government Printing Office, 1945.

CALABRESE, Andrew. "Privatization of the Media". *In*: DONSBACH, Wolfgang (org.). *The International Encyclopedia of Communication*. Oxford: Blackwell Publishing, 2008.

CALLAHAN, David. *The Givers: Wealth, Power, and Philanthropy in a New Gilded Age*. Nova York: Vintage, 2017.

CANDEL, Jeroen J. L. "What's on the Menu? A Global Assessment of MUFPP Signatory Cities' Food Strategies", *Agroecology and Sustainable Food Systems*, v. 44, n. 7, 2020, p. 919-46.

CANTOR, David (org.). *Cancer in the Twentieth Century*. Baltimore: Johns Hopkins University Press, 2008.

CANTRELL, Jennifer *et al*. "Mobile Marketing: An Emerging Strategy to Promote Electronic Nicotine Delivery Systems", *Tobacco Control*, v. 26, n. e2, 2017, p. e1-3.

CASALINO, Lawrence P. *et al*. "Private Equity Acquisition of Physician Practices", *Annals of Internal Medicine*, v. 170, n. 2, 2019, p. 114-5.

CASE, Anne & DEATON, Angus. "Rising Morbidity and Mortality in Midlife among White Non-Hispanic Americans in the 21st Century", *Proceedings of the National Academy of Sciences*, v. 112, n. 49, 2015 p. 15.078-83.

CASE, Anne & DEATON, Angus. "Mortality and Morbidity in the 21st Century", *Brookings Papers on Economic Activity*, 23 mar. 2017, p. 397-476.

CASE, Anne & DEATON, Angus. *Deaths of Despair and the Future of American Capitalism*. Princeton: Princeton University Press, 2020.

CHANDRA, Anita *et al*. "Drivers of Health as a Shared Value: Mindset, Expectations, Sense of Community, and Civic Engagement", *Health Affairs*, v. 35, n. 11, 2016, p. 1.959-63.

CHEN, Martha Alter. "Rethinking the Informal Economy: Linkages with the Formal Economy and the Formal Regulatory Environment", *United Nations University, World Institute for Development Economics Research*, v. 10, 2005, p. 18-27.

CHETTY, Raj *et al*. "Where Is the Land of Opportunity? The Geography of Intergenerational Mobility in the United States", *The Quarterly Journal of Economics*, v. 129, n. 4, 2014, p. 1.553-623.

CHOREV, Nitsan. "On the Origins of Neoliberalism: Political Shifts and Analytical Challenges". *In*: LEICHT, Kevin T. & JENKINS, J. Craig (orgs.). *Handbook of Politics: State and Society in Global Perspective*. Nova York: Springer, 2010, p. 127-44.

CHOSSIÈRE, Guillaume P. *et al*. "Public Health Impacts of Excess NOx Emissions from Volkswagen Diesel Passenger Vehicles in Germany", *Environmental Research Letters*, v. 12, n. 3, 2017, p. 1-9.

CLARK, D. Matthew T.; LOXTON, Natalie J. & TOBIN, Stephanie J. "Declining Loneliness over Time: Evidence from American Colleges and High Schools", *Personality and Social Psychology Bulletin*, v. 41, n. 1, 2015, p. 78-89.

CLARK, Sarah E. *et al*. "Exporting Obesity: US Farm and Trade Policy and the Transformation of the Mexican Consumer Food Environment", *International Journal of Occupational and Environmental Health*, v. 18, n. 1, jan.-mar. 2012, p. 53-64.

CLONAN, Angie; ROBERTS, Katharine E. & HOLDSWORTH, Michelle. "Socioeconomic and Demographic Drivers of Red and Processed Meat Consumption: Implications for Health and Environmental Sustainability", *Proceedings of the Nutrition Society*, v. 75, n. 3, 2016, p. 367-73.

COHEN, Maurie J. "Workers — and Consumers — of the World Unite? Opportunities for Hybrid Cooperativism". *In*: MICHIE, Jonathan; BLASI, Joseph & BORZAGA, Carlo (org.). *The Oxford Handbook of Mutual, Co-Operative, and Co-Owned Business*. Nova York: Oxford University Press, 2017, p. 374-85.

COHEN, Tom & CAVOLI, Clémence. "Automated Vehicles: Exploring Possible Consequences of Government (Non) Intervention for Congestion and Accessibility", *Transport Reviews*, v. 39, n. 1, 2019, p. 129-51.

COHN, Jeffrey *et al*. "Community-Based Models of Care Delivery for People with Serious Illness", *National Academy of Medicine Perspectives*, 13 abr. 2017, p. 1-13.

COLEMAN, Michel P. "War on Cancer and the Influence of the Medical-Industrial Complex", *Journal of Cancer Policy*, v. 1, n. 3-4, 2013, p. e31-4.

COLLINS, Francis S. & VARMUS, Harold. "A New Initiative on Precision Medicine", *New England Journal of Medicine*, v. 372, n. 9, 2015, p. 793-5.

COOPER, Phillip J. *The War against Regulation: From Jimmy Carter to George W. Bush*. Lawrence: University Press of Kansas, 2009.

COOPER, Zack *et al*. "Politics, Hospital Behaviour and Health Care Spending", CEP Discussion Paper, n. 1.523, Centre for Economic Performance, dez. 2017.

COSTANZA, Robert *et al*. "Time to Leave GDP Behind", *Nature*, v. 505, n. 7.483, 2014, p. 283-5.

COX, Lawrence & NILSEN, Alf Gunvald. "Social Movements Research and the 'Movement of Movements': Studying Resistance to Neoliberal Globalization", *Sociology Compass*, v. 1, n. 2, 2007, p. 424-42.

CULLERTON, Katherine *et al*. "What Principles Should Guide Interactions between Population Health Researchers and the Food Industry? Systematic Scoping Review of Peer-Reviewed and Grey Literature", *Obesity Reviews*, v. 20, n. 8, 2019, p. 1.073-84.

DANZON, Patricia M.; EPSTEIN, Andrew & NICHOLSON, Sean. "Mergers and Acquisitions in the Pharmaceutical and Biotechnology Industries", National Bureau of Economic Research, relatório n. 10.536, jun. 2004.

DAVIDOFF, Amy J. *et al.* "Changes in Health Insurance Coverage Associated with the Affordable Care Act among Adults with and without a Cancer History: Population-Based National Estimates", *Medical Care*, v. 56, n. 3, 2018 p. 220-7.

DAVIES, Simon. *Privacy: A Personal Chronicle*. Electronic Privacy Information Center, 2018.

DEB, Anamitra; DONOHUE, Stacy & GLAISYER, Tom. "Is Social Media a Threat to Democracy?", *The Omidyar Group*, 2017.

DEGOOD, Kevin & SCHWARTZ, Andrew. "Can New Transportation Technologies Improve Equity and Access to Opportunity?", Center for American Progress, abr. 2016.

DELANCEY, John Oliver L. *et al.* "Recent Trends in Black-White Disparities in Cancer Mortality", *Cancer Epidemiology and Prevention Biomarkers*, v. 17, n. 11, 2008, p. 2.908-12.

DIAZ-GARELLI, Jose-Franck *et al.* "Lost in Translation: Diagnosis Records Show More Inaccuracies after Biopsy in Oncology Care EHRs", AMIA *Summits on Translational Science Proceedings*, maio 2019, p. 325-34.

DIJULIO, Bianca *et al.* "Loneliness and Social Isolation in the United States, the United Kingdom, and Japan: An International Survey", Kaiser Family Fund (KFF), 30 ago. 2018.

DIXON, Rebecca. "Examining Liability during the COVID-19 Pandemic: Hearing before the U.S. Senate", Committee on the Judiciary, National Employment Law Project (Nelp), 12 maio 2020.

DOBBS, Richard *et al.* "Playing to Win: The New Global Competition for Corporate Profits", McKinsey Global Institute, set. 2015.

DOLGIN, Elie. "Big Pharma Moves from 'Blockbusters' to 'Niche Busters'", *Nature Medicine*, v. 16, n. 8, 2010.

DONAHOE, Gerald. "Estimates of Medical Device Spending in the United States", *AdvaMed*, nov. 2018.

DOW, Steve B. & ELLIS, Nan S. "A New Look at Criminal Liability for Selling Dangerous Vehicles: Lessons from General Motors and Toyota", *Hastings Business Law Journal*, v. 15, n. 1, 2019, p. 1-53.

DOYLE, Jack. *Taken for a Ride: Detroit's Big Three and the Politics of Pollution*. Nova York: Four Walls Eight Windows, 2000.

DRAKE, Celeste. "Disparate Treatment for Property and Labor Rights in US Trade Agreements", *UCLA Journal of International Law and Foreign Affairs*, v. 22, 2018, p. 70.

DREWNOWSKI, Adam & REHM, Colin D. "Energy Intakes of US Children and Adults by Food Purchase Location and by Specific Food Source", *Nutrition Journal*, v. 12, 2013.

DUFFY, Mary E.; TWENGE, Jean M. & JOINER, Thomas E. "Trends in Mood and Anxiety Symptoms and Suicide-Related Outcomes among U.S. Undergraduates, 2007-2018: Evidence from Two National Surveys", *Journal of Adolescent Health*, v. 65, n. 5, 2019, p. 590-8.

DUFOUR, Fritz. "Protecting the U.S. Population's Health against Potential Economic Recessions and High Unemployment and the Endemic Inflation of Health Care Costs", *SSRN*, 15 dez. 2019.

DUTFIELD, Graham. *Intellectual Property Rights and the Life Science Industries: A Twentieth Century History*. Abingdon: Routledge, 2017.

EATON, Charlie *et al*. "The Financialization of US Higher Education", *Socio-Economic Review*, v. 14, n. 3, 2016, p. 507-35.

ECKS, Stefan. "Global Pharmaceutical Markets and Corporate Citizenship: The Case of Novartis' Anti-Cancer Drug Glivec", *BioSocieties*, v. 3, n. 2, 2008, p. 165-81.

EISENHOWER, Dwight. "Eisenhower's Farewell Address", 17 jan. 1961.

EISNER, Marc Allen. *Regulatory Politics in an Age of Polarization and Drift: Beyond Deregulation*. Abingdon: Routledge, 2017.

EVANS, David V. *et al*. "One Practice's Experiment in Refusing Detail Rep Visits", *Journal of Family Practice*, v. 60, n. 8, 2011, p. E1-6.

FABRICANT, Michael & BRIER, Stephen. *Austerity Blues: Fighting for the Soul of Public Higher Education*. Baltimore: Johns Hopkins University Press, 2016.

FARDET, Anthony. "Minimally Processed Foods Are More Satiating and Less Hyperglycemic than Ultraprocessed Foods: A Preliminary Study with 98 Ready-to-Eat Foods", *Food and Function*, v. 7, n. 5, 2016, p. 2.338-46.

FARRELL, Diana & GREIG, Fiona. "The Online Platform Economy: Has Growth Peaked?", J. P. Morgan Chase & Co., nov. 2016.

FINE, Janice. *Worker Centers: Organizing Communities at the Edge of the Dream*. Ithaca: Cornell University Press, 2006.

FIOLET, Thibaud *et al*. "Consumption of Ultra-Processed Foods and Cancer Risk: Results from NutriNet-Santé Prospective Cohort", *The BMJ*, v. 360, 2018, p. k322.

FISHER, Benjamin W.; GARDELLA, Joseph H. & TEURBE-TOLON, Abbie R. "Peer Cybervictimization among Adolescents and the Associated Internalizing and Externalizing Problems: A Meta-Analysis", *Journal of Youth and Adolescence*, v. 45, n. 9, 2016, p. 1.727-43.

FITZMAURICE, Christina *et al*. "Global, Regional, and National Cancer Incidence, Mortality, Years of Life Lost, Years Lived with Disability, and Disability-Adjusted Life-Years for 29 Cancer Groups, 1990 to 2016: A Systematic Analysis for the Global Burden of Disease Study", *JAMA Oncology*, v. 5, n. 12, 2019, p. 1.749-68.

FLACCAVENTO, Anthony. "The Green New Deal: A Compelling Idea That Challenges Both Parties", *Anthony Flaccavento Blog*, 28 fev. 2019.

FOROOHAR, Rana. *Makers e Takers: The Rise of Finance and the Fall of American Business*. Nova York: Crown Books, 2016.

FRANCHINA, Vittoria *et al*. "Fear of Missing Out as a Predictor of Problematic Social Media Use and Phubbing Behavior among Flemish Adolescents", *International Journal of Environmental Research and Public Health*, v. 15, n. 10, 2018, p. 2.319.

FRANCIS, Charles A. *et al*. "Agroecology: The Ecology of Food Systems", *Journal of Sustainable Agriculture*, v. 22, n. 3, 2003, p. 99-118.

FRANTZ, Courtney & FERNANDES, Sujatha. "Whose Movement Is It? Strategic Philanthropy and Worker Centers", *Critical Sociology*, v. 44, n. 4-5, 2018, p. 645-60.

FRASER, Alec *et al*. "Narratives of Promise, Narratives of Caution: A Review of the Literature on Social Impact Bonds", *Social Policy & Administration*, v. 52, n. 1, 2018, p. 4-28.

FRAZIER, Willie C. & HARRIS, Jennifer L. "Trends in Television Food Advertising to Young People: 2017 Update", UConn Rudd Center for Food Policy & Obesity, maio 2018.

FREUDENBERG, Nicholas. "Public Health Advocacy to Change Corporate Practices: Implications for Health Education Practice and Research", *Health Education & Behavior*, v. 32, n. 3, 2005, p. 298-319.

FREUDENBERG, Nicholas *et al*. "The Impact of New York City's 1975 Fiscal Crisis on the Tuberculosis, HIV, and Homicide Syndemic", *American Journal of Public Health*, v. 96, n. 3 2006, p. 424-34.

FREUDENBERG, Nicholas. "Healthy-Food Procurement: Using the Public Plate to Reduce Food Insecurity and Diet-Related Diseases", *The Lancet Diabetes & Endocrinology*, v. 4, n. 5, 2016, p. 383-4.

FREY, Carl Benedikt & OSBORNE, Michael A. "The Future of Employment: How Susceptible Are Jobs to Computerisation?", *Technological Forecasting and Social Change*, v. 114, 2017, p. 254-80.

FRIEL, Sharon; HATTERSLEY, Libby & TOWNSEND, Ruth. "Trade Policy and Public Health", *Annual Review of Public Health*, v. 36, mar. 2015, p. 325-44.

FRONE, Michael R. "Are Work Stressors Related to Employee Substance Use? The Importance of Temporal Context Assessments of Alcohol and Illicit Drug Use", *Journal of Applied Psychology*, v. 93, n. 1, 2008, p. 199-206.

FRUMKIN, Howard. "Urban Sprawl and Public Health", *Public Health Reports*, v. 117, 2002, p. 201-17.

FRY, Richard & PARKER, Kim. "Record Shares of Young Adults Have Finished Both High School and College", Pew Research Center, 5 nov. 2012.

FRYAR, Cheryl D. *et al*. "Fast Food Consumption among Adults in the United States, 2013-2016", *NCHS Data Brief*, n. 322, out. 2018, p. 1-8.

FULD, Joe. "Grassroots vs. Grasstops Advocacy", *The Campaign Workshop Blog*, 12 maio 2017.

FULTON, Brent D. "Health Care Market Concentration Trends in the United States from 2010 to 2016", *Health Affairs*, v. 36, n. 9, set. 2017, p. 1.530-8.

FUNK, Cary; KENNEDY, Brian & HEFFERON, Meg. "Public Perspectives on Food Risks", Pew Research Center, 19 nov. 2018.

GALBRAITH, John Kenneth. *The Age of Uncertainty*. Londres: Trafalgar Square, 1977. [Ed. bras.: *A era da incerteza*. Trad. F. R. Nickelsen Pellegrini. São Paulo/Brasília: Pioneira/Editora UnB, 1980].

GARCÍA, Emma & WEISS, Elaine. "Early Education Gaps by Social Class and Race Start U.S. Children Out on Unequal Footing: A Summary of the Major Findings in Inequalities at the Starting Gate", Economic Policy Institute, 17 jun. 2015.

GARDINER, Beth. *Choked: Life and Breath in the Age of Air Pollution*. Chicago: University of Chicago Press, 2019.

GARDNER, Matthew; ROQUE, Lorena; & WAMHOFF, Steve. *Corporate Tax Avoidance in the First Year of the Trump Tax Law*, Institute on Taxation and Economic Policy, dez. 2019.

GARDNER, Rebekah L. *et al.* "Physician Stress and Burnout: The Impact of Health Information Technology", *Journal of the American Medical Informatics Association*, v. 26, n. 2, 2018, p. 106-14.

GÄRLING, Tommy *et al.* "Emotional Well-Being Related to Time Pressure, Impediment to Goal Progress, and Stress-Related Symptoms", *Journal of Happiness Studies*, v. 17, n. 5, 2016, p. 1.789-99.

GEARHARDT, Ashley *et al.* "The Addiction Potential of Hyperpalatable Foods", *Current Drug Abuse Reviews*, v. 4, n. 3, set. 2011, p. 140-5.

GEIGER, A. W. & PARKER, Kim. "For Women's History Month, a Look at Gender Gains — and Gaps — in the U.S.", Pew Research Center, 15 mar. 2018.

GERTNER, Alex K.; ROTTER, Jason & SHAFER, Paul R. "Association between State Minimum Wages and Suicide Rates in the U.S.", *American Journal of Preventive Medicine*, v. 56, n. 5, 2019, p. 648-54.

GHANBARI, Lyda & MCCALL, Mike. "Current Employment Statistics Survey: 100 Years of Employment, Hours, and Earnings", *Monthly Labor Review, US Bureau of Labor Statistics*, ago. 2016.

GILLIGAN, Adrienne M. *et al.* "Death or Debt? National Estimates of Financial Toxicity in Persons with Newly-Diagnosed Cancer", *American Journal of Medicine*, v. 131, n. 10, 2018, p. 1.187-99.

GLICKMAN, Dan *et al.* (orgs.). *Accelerating Progress in Obesity Prevention: Solving the Weight of the Nation*. Washington: The National Academies Press, 2012.

GODFRAY, H. Charles *et al.* "Meat Consumption, Health, and the Environment", *Science*, v. 361, n. 6.399, 2018, p. eaam5324.

GOLDEN, Marissa Martino. *What Motivates Bureaucrats? Politics and Administration during the Reagan Years*. Nova York: Columbia University Press, 2000.

GOLDMAN, N.; GLEI, D. A. & WEINSTEIN, M. "Declining Mental Health among Disadvantaged Americans", National Academy of Sciences, 2018.

GOLDRICK-RAB, Sara. *Paying the Price: College Costs, Financial Aid, and the Betrayal of the American Dream*. Chicago: University of Chicago Press, 2016.

GOLLUST, Sarah E. & JACOBSON, Peter D. "Privatization of Public Services: Organizational Reform Efforts in Public Education and Public Health", *American Journal of Public Health*, v. 96, n. 10, 2006, p. 1.733-9.

GORDON, Robert J. *The Rise and Fall of American Growth*. Princeton: Princeton University Press, 2016.

GOSSETT, William apud *Planning, Regulation, and Competition: Automobile Industry — 1968, Hearings before Subcommittees of the Select Committee of Small Business United States Senate Ninetieth Congress Second Session*. Washington: U. S. Government Printing Office, 1968.

GRANHEIM, Sabrina Ionata *et al.* "Interference in Public Health Policy: Examples of How the Baby Food Industry Uses Tobacco Industry Tactics", *World Nutrition*, v. 8, n. 2, 2017, p. 288-310.

GRANT, Kristen *et al*. "Health Consequences of Exposure to E-Waste: A Systematic Review", *The Lancet Global Health*, v. 1, n. 6, 2013, p. e350-61.

GRANT, Roy *et al*. "Twenty-Five Years of Child and Family Homelessness: Where Are We Now?", *American Journal of Public Health*, v. 103, n. S2, 2013.

GREENBLATT, Jeffery B. & SHAHEEN, Susan. "Automated Vehicles, On-Demand Mobility, and Environmental Impacts", *Current Sustainable/Renewable Energy Reports*, v. 2, n. 3, 2015, p. 74-81.

GREENHOUSE, Steven. *Beaten Down, Worked Up: The Past, Present and Future of American Labor*. Nova York: Knopf, 2019.

GREER, Sophia *et al*. "Association of the Neighborhood Retail Food Environment with Sodium and Potassium Intake among US Adults", *Preventing Chronic Disease*, v. 11, 2014.

GRIFFITHS, Mark D. "Adolescent Social Networking: How Do Social Media Operators Facilitate Habitual Use?", *Education and Health*, v. 36, n. 3, 2018, p. 66-9.

GROSSMAN, Drew Isler. "Would a Corporate Death Penalty Be Cruel and Unusual Punishment?", *Cornell Journal of Law and Public Policy*, v. 25, n. 3, p. 697-722, 2015.

GUDYNAS, Eduardo. "Buen Vivir: Today's Tomorrow", *Development*, v. 54, n. 4, 2011, p. 441-7.

GUNN-WRIGHT, Rhiana & HOCKETT, Robert C. "The Green New Deal: Mobilizing for a Just, Prosperous, and Sustainable Economy", *New Consensus*, jan. 2019.

GUTHMAN, Julie. *Agrarian Dreams: The Paradox of Organic Farming in California*. Berkeley: University of California Press, 2014.

HAHN, Robert A. *et al*. "Early Childhood Education to Promote Health Equity: A Community Guide Systematic Review", *Journal of Public Health Management and Practice*, v. 22, n. 5, 2016, p. E1-8.

HAIVEN, Max. "Walmart, Financialization, and the Cultural Politics of Securitization", *Cultural Politics*, v. 9, n. 3, 2013, p. 239-62.

HALL, Jonathan V. & KRUEGER, Alan B. "An Analysis of the Labor Market for Uber's Driver-Partners in the United States", Princeton University Industrial Relations Section, relatório n. 587, nov. 2016.

HALL, Kevin D. *et al*. "Ultra-Processed Diets Cause Excess Calorie Intake and Weight Gain: An Inpatient Randomized Controlled Trial of Ad Libitum Food Intake", *Cell Metabolism*, v. 30, n. 1, 2019, p. 67-77.

HAMERSCHLAG, Kari. "Meat Eaters Guide to Climate Change + Health", Environmental Working Group, jul. 2011.

HAMILTON, Betty Kurtz. *Traveler, There Is No Road... The Way Is Made by Walking*. Iowa City: University of Iowa Press, 2017.

HANSEN-KUHN, Karen. "Bold Farm Plans in Mexico Offer a Ray of Hope in 2019", Institute for Agriculture and Trade Policy, 15 jan. 2019.

HARNACK, Lisa J. *et al*. "Sources of Sodium in US Adults from Three Geographic Regions", *Circulation*, v. 135, n. 19, 2017, p. 1.775-83.

HARRIS, Jennifer L. *et al*. "Nutrition and Marketing of Baby and Toddler Food and Drinks", UConn Rudd Center for Food Policy & Obesity, jan. 2017.

HARRIS, Jennifer L. *et al.* "Increasing Disparities in Unhealthy Food Advertising Targeted to Hispanic and Black Youth", *Rudd Report*, 2019.

HARRIS, Jennifer & FLEMING-MILICI, Frances. "Food Marketing to Adolescents and Young Adults: Skeptical but Still under the Influence". *In*: FOLKVORD, Frans (org.). *The Psychology of Food Marketing and Overeating*. Abingdon, Oxfordshire: Routledge, 2019, p. 25-43.

HARRISON, Jill Ann. "*Working for Respect: Community and Conflict at Walmart*, Adam Reich and Peter Bearman (Review)", *Social Forces*, v. 97, n. 4, 2019, p. e1-3.

HARTNEY, Christopher & GLESMANN, Caroline. "Prison Bed Profiteers: How Corporations Are Reshaping Criminal Justice in the U.S.", National Council on Crime & Delinquency (NCCD), maio 2012.

HARVEY, David. *A Brief History of Neoliberalism*. Oxford: Oxford University Press, 2007 [Ed. bras.: *O neoliberalismo: história e implicações*. Trad. Adail Ubirajara Sobral e Maria Stela Gonçalvez. São Paulo: Loyola, 2008].

HAUSMAN, Jerry & LEIBTAG, Ephraim. "Consumer Benefits from Increased Competition in Shopping Outlets: Measuring the Effect of Wal-Mart", *Journal of Applied Economics*, v. 22, n. 7, 2007, p. 1.157-77.

HAWKES, Corinna. "The Role of Foreign Direct Investment in the Nutrition Transition", *Public Health Nutrition*, v. 8, n. 4, 2005, p. 357-65.

HAY, S. I. *et al.* "Global, Regional, and National Disability-Adjusted Life-Years (DALYs) for 333 Diseases and Injuries and Healthy Life Expectancy (HALE) for 195 Countries and Territories, 1990-2016: A Systematic Analysis for the Global Burden of Disease Study 2016", *The Lancet*, v. 390, n. 10.100, 2017, p. 1.260-344.

HAZELL, Peter. "Green Revolution: Curse or Blessing?", *International Food Policy Research Institute*, 2002.

HELLER, Henry. *The Birth of Capitalism: A Twenty-First-Century Perspective*. Londres: Pluto Press; 2011.

HERMAN, Edward S. & CHOMSKY, Noam. *Manufacturing Consent: The Political Economy of the Mass Media*. Nova York: Pantheon Books, 1988 [Ed. bras.: *A manipulação do público*. Trad. Bazán Tecnologia e Linguística. São Paulo: Futura, 2003].

HERNÁNDEZ-AGUADO, Ildenfonso & ZARAGOZA, Gustavo A. "Support of Public--Private Partnerships in Health Promotion and Conflicts of Interest", *BMJ Open*, v. 6, n. 4, 2016, p. e009342.

HESS, David J. *Good Green Jobs in a Global Economy: Making and Keeping New Industries in the United States*. Cambridge: MIT Press, 2012.

HODGE, Graeme. *Privatization: An International Review of Performance*. Abingdon: Routledge, 2018.

HOFFMAN, Beatrix. "Health Care Reform and Social Movements in the United States", *American Journal of Public Health*, v. 98, supl. 9, 2008, p. S69-79.

HOHLE, Randolph. *Racism in the Neoliberal Era: A Meta History of Elite White Power*. Abingdon: Routledge, 2017.

HORNEBER, Markus *et al.* "How Many Cancer Patients Use Complementary and Alternative Medicine: A Systematic Review and Metaanalysis", *Integrative Cancer Therapies*, v. 11, n. 3, 2012, p. 187-203.

HORST, Megan; RAJ, Subhashni & BRINKLEY, Catherine. "Getting Outside the Supermarket Box: Alternatives to 'Food Deserts'", *Progressive Planning*, v. 207, 2016, p. 9-12.

HOULE, Jason N. & WARNER, Cody. "Into the Red and Back to the Nest? Student Debt, College Completion, and Returning to the Parental Home among Young Adults", *Sociology of Education*, v. 90, n. 1, 2017, p. 89-108.

HOUSE, J. S. "Social Isolation Kills, but How and Why?", *Psychosomatic Medicine*, v. 63, n. 2, 2001, p. 273-4.

HOWARD, David. H. *et al.* "Pricing in the Market for Anticancer Drugs", *Journal of Economic Perspectives*, v. 29, n. 1, 2015, p. 139-62.

HOWARD, Philip H. *Concentration and Power in the Food System: Who Controls What We Eat?* Nova Déli: Bloomsbury Publishing, 2016.

HUEPER, Wilhelm. "The Significance of Industrial Cancer in the Cancer Problem", *Occupational Medicine*, v. 2, 1946, p. 190-200.

HUIZAR, Laura & LATHROP, Yannet. "Fighting Wage Preemption: How Workers Have Lost Billions in Wages and How We Can Restore Local Democracy", National Employment Law Project, 3 jul. 2019.

HURSH, David. "Neo-Liberalism, Markets and Accountability: Transforming Education and Undermining Democracy in the United States and England", *Policy Futures in Education*, v. 3, n. 1, 2005, p. 3-15.

HVEEM, Helge. "Global Market Power". *In*: SHAW, Timothy M. (org.). *The Palgrave Handbook of Contemporary International Political Economy*. Londres: Palgrave Macmillan, 2019, p. 43-58.

HYLAND, Carly & LARIBI, Ouahiba. "Review of Take-Home Pesticide Exposure Pathway in Children Living in Agricultural Areas", *Environmental Research*, v. 156, 2017, p. 559-70.

IMAMURA, Fumiaki *et al.* "Consumption of Sugar Sweetened Beverages, Artificially Sweetened Beverages, and Fruit Juice and Incidence of Type 2 Diabetes: Systematic Review, Meta-Analysis, and Estimation of Population Attributable Fraction", *The BMJ*, v. 351, 2015, p. h3576.

ISLAMI, Farhad *et al.* "Proportion and Number of Cancer Cases and Deaths Attributable to Potentially Modifiable Factors in the United States", *CA: A Cancer Journal for Clinicians*, v. 68, n. 1, 2018, p. 31-54.

IVANDIC, Ivana *et al.* "A Systematic Review of Brief Mental Health and Well--Being Interventions in Organizational Settings", *Scandinavian Journal of Work, Environment & Health*, v. 43, n. 2, 2017, p. 99-108.

JACKSON, Kenneth T. *Crabgrass Frontier: The Suburbanization of the United States*. Nova York: Oxford University Press, 1987.

JACOBS, David. "Rising Income Inequality in the U.S. Was Fueled by Ronald Reagan's Attacks on Union Strength and Continued by Bill Clinton's Financial Deregulation", *LSE American Politics and Policy*, 12 ago. 2014.

JACOBS, Bruce L. *et al.* "Growth of High-Cost Intensity-Modulated Radiotherapy for Prostate Cancer Raises Concerns about Overuse", *Health Affairs*, v. 31, n. 4, 2012, p. 750-9.

JACOBSON, Nora. "Dignity and Health: A Review", *Social Science & Medicine*, v. 64, n. 2, 2007, p. 292-302.

JAFFEE, Elizabeth M. *et al*. "Future Cancer Research Priorities in the USA: A Lancet Oncology Commission", *The Lancet Oncology*, v. 18, n. 11, 2017, p. e653-e706.

JACKLER, Robert K. *et al*. "JUUL Advertising over Its First Three Years on the Market", *Working Paper*, Stanford Research into the Impact of Tobacco Advertising, Stanford University School of Medicine, 31 jan. 2019.

JAKOVLJEVIC, Mihajlo B. & MILOVANOVIC, Olivera. "Growing Burden of Non--Communicable Diseases in the Emerging Health Markets: The Case of BRICS", *Frontiers in Public Health*, v. 3, 2015, p. 65.

JASANI, Bonny *et al*. "Long Chain Polyunsaturated Fatty Acid Supplementation in Infants Born at Term", *Cochrane Database of Systematic Reviews*, v. 3, n. CD000376, 2017.

JELLIFFE, D. B. & JELLIFFE, E. F. "The Infant Food Industry and International Child Health", *International Journal of Health Services*, v. 7, n. 2, 1977, p. 249-54.

JESSOP, Bob. "Fordism and Post-Fordism: A Critical Reformulation". *In*: SCOTT, Allen J. & STORPER, Michael (orgs.). *Pathways to Industrialization and Regional Development*. Abingdon: Routledge, 2005, p. 54-74.

JOHNSON, Skyler B. *et al*. "Use of Alternative Medicine for Cancer and Its Impact on Survival", *JNCI: Journal of the National Cancer Institute*, v. 110, n. 1, 2018, p. 121-4.

JOYNER, Michael J.; PANETH, Nigel & IOANNIDIS, John P. A. "What Happens When Underperforming Big Ideas in Research Become Entrenched?", *JAMA*, v. 316, n. 13, 2016, p. 1.355-6.

JUUL, Filippa *et al*. "Ultraprocessed Food Consumption and Excess Weight among US Adults", *British Journal of Nutrition*, v. 120, 2018, p. 90-100.

KADANDALE, Sowmya; MARTEN, Robert; & SMITH, Richard. "The Palm Oil Industry and Noncommunicable Diseases", *Bulletin of the World Health Organization*, v. 97, n. 2, 2019, p. 118-28.

KAKUTANI, Michiko. *The Death of Truth: Notes on Falsehood in the Age of Trump*. Nova York: Tim Duggan Books, 2018 [Ed. bras.: *A morte da verdade: Notas sobre a mentira na era Trump*. Trad. André Czarnobai e Marcela Duarte. Rio de Janeiro: Intrínseca, 2018].

KALKUHL, Matthias; BRAUN, Joachim von & TORERO, Maximo. "Volatile and Extreme Food Prices, Food Security, and Policy: An Overview". *In*: KALKUHL, Matthias; BRAUN, Joachim von & TORERO, Maximo (orgs.). *Food Price Volatility and Its Implications for Food Security and Policy*. Nova York: Springer, 2016, p. 3-31.

KAMERMAN, Sheila B. & WALDFOGEL, Jane. "United States Country Note", *International Review of Leave Policies and Research*, 2013, p. 147-63.

KAPOOR, Ilan. "Billionaire Philanthropy: 'Decaf Capitalism'". *In*: HAY, Iain & BEAVERSTOCK, Jonathan V. (orgs.). *Handbook on Wealth and the Super-Rich*. Cheltenham: Edward Elgar Publishing, 2016, p. 113-31.

KARANIKOLOS, Marina *et al*. "Financial Crisis, Austerity, and Health in Europe", *The Lancet*, v. 381, n. 9.874, 2013, p. 1.323-31.

KASWAN, Alice. "California Climate Policies Serving Climate Justice", *Natural Resources & Environment*, v. 33, n. 4, 2019, p. 12-6.

KECKLUND, Göran & AXELSSON, John. "Health Consequences of Shift Work and Insufficient Sleep", *The BMJ*, v. 355, 2016, p. i5210.

KELLY, Marjorie & HOWARD, Ted. *The Making of a Democratic Economy: Building Prosperity for the Many, Not Just the Few*. São Francisco: Berrett-Koehler Publishers, 2019.

KEN, Ivy. "Profit in the Food Desert: Walmart Stakes Its Claim", *Theory in Action*, v. 7, n. 4, 2014, p. 13-32.

KENDI, Ibram X. *How to Be an Antiracist*. Nova York: One World, 2019. [Ed. bras.: *Como ser antirracista*. Trad. Edite Siegert. Rio de Janeiro: Alta Books, 2020.]

KEYNES, John Maynard. *The General Theory of Employment, Interest and Money*. Basingstoke: Palgrave Macmillan, 2007 (1936) [Ed. bras.: *Teoria geral do emprego, do juro e da moeda*. Trad. Manuel Resende. São Paulo: Saraiva, 2017].

KICKIRILLO, Vincent M. "Oncology on the Rise: Private Equity Investment in Cancer Care", *VMG Health*, 13 ago. 2019.

KIM, Ki-Hyun; KABIR, Ehsanul & JAHAN, Shamin Ara. "Exposure to Pesticides and the Associated Human Health Effects", *Science of the Total Environment*, v. 575, 2017, p. 525-35.

KJÆRET, Kristin; EIDE, Asbjørn & EIDE, Wenche Barth (orgs.). "Corporations in the Global Food System and Human Rights: Report of the Oslo Conference 11-12 September 2014", University of Oslo, Department of Nutrition e Norwegian Centre for Human Rights, 2014, p. 74.

KLEIN, Naomi. *The Shock Doctrine: The Rise of Disaster Capitalism*. Nova York: Allen Lane, 2007. [Ed. bras.: *A doutrina do choque: a ascensão do capitalismo de desastre*. Rio de Janeiro: Nova Fronteira, 2008.]

KLEIN, Naomi. *No Is Not Enough: Resisting Trump's Shock Politics and Winning the World We Need*. Chicago: Haymarket Books, 2017. [Ed. bras.: *Não basta dizer não: resistir à nova política de choque e conquistar o mundo do qual precisamos*. Trad. Vânia Cury. Rio de Janeiro: Bertrand Brasil, 2017.]

KOPLITZ, Shannon N. *et al*. "Public Health Impacts of the Severe Haze in Equatorial Asia in September-October 2015: Demonstration of a New Framework for Informing Fire Management Strategies to Reduce Downwind Smoke Exposure", *Environmental Research Letters*, v. 11, n. 9, 2016, p. 094023.

KOSINSKI, Michael; STILLWELL, David & GRAEPEL, Thore. "Private Traits and Attributes Are Predictable from Digital Records of Human Behavior", *Proceedings of the National Academy of Sciences of the United States*, v. 110, n. 15, 2013, p. 5.802-5.

KREBS-SMITH, Susan M.; REEDY, Jill & BOSIRE, Claire. "Healthfulness of the U.S. Food Supply: Little Improvement Despite Decades of Dietary Guidance", *American Journal of Preventive Medicine*, v. 38, n. 5, 2010, p. 472-7.

KRIMSKY, Sheldon. *Conflicts of Interest in Science: How Corporate-Funded Academic Research Can Threaten Public Health*. Nova York: Simon & Schuster, 2019.

KRIPPNER, Greta R. "The Financialization of the American Economy", *Socio-Economic Review*, v. 3, 2005, p. 173-208.

LABONTÉ, Ronald; RUCKERT, Arne; & SCHRAM, Ashley. "Trade, Investment and the Global Economy: Are We Entering a New Era for Health?", *Global Social Policy*, v. 18, n. 1, 2018, p. 28-44.

LAKE, Robert W. "The Subordination of Urban Policy in the Time of Financialization". *In*: DEFILIPPIS, James (org.). *Urban Policy in the Time of Obama*. Minneapolis: University of Minnesota Press, 2016.

LANCTOT, Roger *et al*. "Accelerating the Future: The Economic Impact of the Emerging Passenger Economy", *Strategy Analitics*, jun. 2017.

LANDRIGAN, Philip J. *et al*. "The Lancet Commission on Pollution and Health", *The Lancet*, v. 391, n. 10.119, 2018, p. 462-512.

LAVIGNE-ROBICHAUD, Mathilde *et al*. "Diet Quality Indices in Relation to Metabolic Syndrome in an Indigenous Cree (Eeyouch) Population in Northern Québec, Canada", *Public Health Nutrition*, v. 21, 2018, p. 172-80.

LAWRENCE, Elizabeth M.; ROGERS, Richard G.; & WADSWORTH, Tim. "Happiness and Longevity in the United States", *Social Science and Medicine*, v. 145, 2015, p. 115-9.

LAWSON, Max *et al*. "Time to Care: Unpaid and Underpaid Care Work and the Global Inequality Crisis", *Oxfam International*, 20 jan. 2020.

LEE, Kelley & SMITH, Julia. "The Role of the Business Sector in Global Health Politics". *In*: MCINNES, Colin; LEE, Kelley & YOUDE, Jeremy (orgs.). *The Oxford Handbook of Global Health Politics*. Oxford: Oxford University Press, 2019.

LERNER, Barron H. "Breast Cancer Activism: Past Lessons, Future Directions", *Nature Reviews Cancer*, v. 2, n. 3, 2002, p. 225-30.

LEVINE, Jason. "Letter to Dara Khosrowshahi", The Center for Auto Safety, 12 ago. 2019.

LI, Jie Jack. *Blockbuster Drugs: The Rise and Decline of the Pharmaceutical Industry*. Nova York: Oxford University Press, 2014.

LICHTENSTEIN, Nelson. *The Retail Revolution: How Wal-Mart Created a Brave New World of Business*. Nova York: Metropolitan Books, 2009.

LIGHT, Donald W. & WARBURTON, Rebecca. "Demythologizing the High Costs of Pharmaceutical Research", *BioSocieties*, v. 6, n. 1, 2011, p. 34-50.

LINDSEY, Brink & TELES, Steven M. *The Captured Economy: How the Powerful Enrich Themselves, Slow Down Growth, and Increase Inequality*. Nova York: Oxford University Press, 2017.

LIPMAN, Pauline. "Capitalizing on Crisis: Venture Philanthropy's Colonial Project to Remake Urban Education", *Critical Studies in Education*, v. 56, n. 2, 2015, p. 241-58.

LIPMAN, Pauline. "The Landscape of Education 'Reform' in Chicago: Neoliberalism Meets a Grassroots Movement", *Education Policy Analysis Archives*, v. 25, n. 54, 2017, p. 54.

LITMAN, Todd. "Evaluating Public Transportation Health Benefits", The American Public Transportation Association, 14 jun. 2010.

LITMAN, Todd. "Autonomous Vehicle Implementation Predictions: Implications for Transport Planning", Victoria Transport Policy Institute, 2019.

LIVENGOOD, Rebecca J. "Organizing for Structural Change: The Potential and Promise of Workers Centers", *Harvard Civil Rights-Civil Liberties Law Review*, v. 48, 2013, p. 325-56.

LORDE, Audre."Learning from the 60s". *In*: LORDE, Audre. *Sister Outsider: Essays and Speeches*. Berkeley: Crossing Press, 2007. [Ed. bras: *Irmã outsider: ensaios e conferências*. Trad. Stephanie Borges. São Paulo: Autêntica, 2019.]

LUANGRATH, Narintohn & WEN, Leana S. "The Role of US Mayors and Health Commissioners in Combatting Health Disparities", *American Journal of Public Health*, v. 108, n. 5, 2018, p. 588-9.

LUKES, Steven. *Power: A Radical View*. Londres: Palgrave Macmillan, 2005.

LYNCH, Marc. "After Egypt: The Limits and Promise of Online Challenges to the Authoritarian Arab State", *Perspectives on Politics*, v. 9, n. 2, 2011, p. 301-10.

MAALOUF, Joyce *et al*. "Sodium, Sugar, and Fat Content of Complementary Infant and Toddler Foods Sold in the United States, 2015", *The American Journal of Clinical Nutrition*, v. 105, n. 6, jun. 2017, p. 1.443-52.

MACCAGNAN, Anna *et al*. "Wellbeing and Society: Towards Quantification of the Co-Benefits of Wellbeing", *Social Indicators Research*, v. 141, 2019, p. 1-27.

MAGNUSON, Katherine A. & WALDFOGEL, Jane. "Early Childhood Care and Education: Effects on Ethnic and Racial Gaps in School Readiness", *Future Child*, v. 15, n. 1, 2005, p. 169-96.

MAHOOD, Garfield. "Tobacco Industry Denormalization: Telling the Truth about the Tobacco Industry's Role in the Tobacco Epidemic", Non-Smokers' Rights Association (RSRA), 24 abr. 2012, 2004, p. 4-17.

MALLETT, William J. "Trends in Public Transportation Ridership: Implications for Federal Policy", Congressional Research Service, 26 mar. 2018.

MANCINI, Annamaria *et al*. "Biological and Nutritional Properties of Palm Oil and Palmitic Acid: Effects on Health", *Molecules*, v. 20, n. 9, 2015, p. 17.339-61.

MANHEIM, Jarol. B. "The Emerging Role of Worker Centers in Union Organizing: An Update And Supplement", U.S. Chamber of Commerce, 6 dez. 2017.

MANYIKA, James *et al*. "Jobs Lost, Jobs Gained: What the Future of Work Will Mean for Jobs, Skills, and Wages". McKinsey Global Institute, 28 nov. 2017.

MARKS, Jonathan H. *The Perils of Partnership: Industry Influence, Institutional Integrity, and Public Health*. Nova York: Oxford University Press, 2019.

MARQUART, John; CHEN, Emerson Y. & PRASAD, Vinay. "Estimation of the Percentage of US Patients with Cancer who Benefit from Genome-Driven Oncology", *JAMA Oncology*, v. 4, n. 8, 2018, p. 1.093-8.

MARTIN, Isaac William. *The Permanent Tax Revolt: How the Property Tax Transformed American Politics*. Redwood City: Stanford University Press, 2008.

MASHAW, Jerry L. & HARFST, David L. *The Struggle for Auto Safety*. Cambridge: Harvard University Press, 1990.

MASHAW, Jerry L. & HARFST, David L. "From Command and Control to Collaboration and Deference: The Transformation of Auto Safety Regulation", *Yale Journal on Regulation*, v. 34, n. 1, 2017.

MAYER, Jane. *Dark Money: The Hidden History of the Billionaires behind the Rise of the Radical Right*. Nova York: Doubleday, 2016.

MCCLURE, Kevin. "Examining the 'Amenities Arms Race' in Higher Education: Shifting from Rhetoric to Research", *College Student Affairs Journal*, v. 37, n. 2, 2019, p. 128-42.

MCCOY, David; CHIGUDU, Simukai & TILLMANN, Taavi. "Framing the Tax and Health Nexus: A Neglected Aspect of Public Health Concern", *Health Economics, Policy and Law*, v. 12, n. 2, 2017, p. 179-94.

MCCRORY, Megan A. *et al*. "Fast-Food Offerings in the United States in 1986, 1991, and 2016 Show Large Increases in Food Variety, Portion Size, Dietary Energy, and Selected Micronutrients", *Journal of the Academy of Nutrition and Dietetics*, v. 119, n. 6, 2019, p. 923-33.

MCDONALD, Kevin M. "Do Auto Recalls Benefit the Public?", *Regulation*, v. 32, n. 2, 2009, p. 12-8.

MCGAHEY, Richard. "The Political Economy of Austerity in the United States", *Social Research*, v. 80, n. 3, 2013, p. 717-48.

MCHENRY, Kristen Abatsis. "Breast Cancer Activism in the United States and the Politics of Genes", *International Journal of Feminist Approaches to Bioethics*, v. 8, n. 1, 2015, p. 182-200.

MEDINA, L. & SCHNEIDER, F. "Shadow Economies around the World: New Results for 143 Countries Over 1996-2014", Departament of Economics, University of Linz, 2017.

MEHMET, Ozay. "Race to the Bottom: The Impact of Globalization on Labor Markets: A Review of Empirical and Theoretical Evidence". *In*: GHOSH, B. N. & GUVEN, Halil N. (orgs.). *Globalization and the Third World*. Londres: Palgrave Macmillan, 2006, p. 148-61.

MEIXELL, Brady & EISENBREY, Ross. "An Epidemic of Wage Theft Is Costing Workers Hundreds of Millions of Dollars a Year", Economic Policy Institute, 11 set. 2014.

MIALON, Mélissa; SÊRODIO, Paulo & SCAGLIUSI, Fernanda Baeza. "Criticism of the NOVA Classification: Who Are the Protagonists?", *World Nutrition*, v. 9, n. 3, 2018, p. 176-240.

MICHA, Renata *et al*. "Association between Dietary Factors and Mortality from Heart Disease, Stroke, and Type 2 Diabetes in the United States", *JAMA*, v. 317, n. 9 2017, p. 912-24.

MICHAELS, David. *Doubt Is Their Product: How Industry's Assault on Science Threatens Your Health*. Nova York: Oxford University Press, 2008.

MICHAELS, Jon D. *Constitutional Coup: Privatization's Threat to the American Republic*. Cambridge: Harvard University Press, 2017.

MILLER, Sebastian. "The Dangers of Techno-Optimism", *Berkeley Political Review*, 16 nov. 2017.

MODI, Parth K. *et al*. "Urologist Practice Structure and Spending for Prostate Cancer Care", *Urology*, v. 130, , 2019, p. 65-71.

MONTEIRO, Carlos A. *et al.* "Ultra-Processed Products Are Becoming Dominant in the Global Food System", *Obesity Reviews*, v. 14, n. S2 nov. 2013, p. 21-8.

MONTEIRO, Carlos A. *et al.* "Ultra-Processed Foods: What They Are and How to Identify Them", *Public Health Nutrition*, v. 22, n. 5, abr. 2019, p. 936-41.

MONTGOMERY, Kathrin C. "Youth and Surveillance in the Facebook Era: Policy Interventions and Social Implications", *Telecommunications Policy*, v. 39, n. 9, 2015, p. 771-86.

MOODIE, Rob *et al.* "Profits and Pandemics: Prevention of Harmful Effects of Tobacco, Alcohol, and Ultra-Processed Food and Drink Industries", *The Lancet*, v. 381, n. 9867, 23 fev. 2013, p. 670-9.

MOOLGAVKAR, Suresh H. *et al.* "Impact of Reduced Tobacco Smoking on Lung Cancer Mortality in the United States during 1975-2000", *Journal of the National Cancer Institute*, v. 104, n. 7, 2012, p. 541-8.

MORLEY, Georgina; IVES, Jonathan & BRADBURY-JONES, Caroline. "Moral Distress and Austerity: An Avoidable Ethical Challenge in Healthcare", *Health Care Analysis*, v. 27, n. 3, 2019, p. 185-201.

MOYNIHAN, Ray; HEATH, Iona & HENRY, David. "Selling Sickness: The Pharmaceutical Industry and Disease Mongering", *BMJ*, v. 324, n. 7.342, 2002, p. 886-91.

MUENNIG, Peter *et al.* "The Effect of an Early Education Program on Adult Health: The Carolina Abecedarian Project Randomized Controlled Trial", *American Journal of Public Health*, v. 101, n. 3, 2011, p. 512-6.

MUHAMAD, Nor Asiah *et al.* "Impact of Palm Oil versus Other Oils on Weight Changes: A Systematic Review", *Food and Nutrition Sciences*, v. 9, n. 7, 2018, p. 915-36.

MUÑOZ-QUEZADA, María Teresa *et al.* "Chronic Exposure to Organophosphate (OP) Pesticides and Neuropsychological Functioning in Farm Workers: A Review", *International Journal of Occupational and Environmental Health*, v. 22, n. 1, 2016, p. 68-79.

MUNTANER, C. *et al.* "Social Class, Assets, Organizational Control and the Prevalence of Common Groups of Psychiatric Disorders", *Social Science & Medicine*, v. 47, n. 12, 1998, p. 2.043-53.

MWATSAMA, Modi (org.). "Public Health and the Food and Drinks Industry: The Governance and Ethics of Interaction. Lessons from Research, Policy and Practice", UK Health Forum, 2018.

NADER, Ralph. *Unsafe at Any Speed: The Designed-in Dangers of the American Automobile*. Nova York: Grossman, 1965.

NASAW, David. *Schooled to Order: A Social History of Public Schooling in the United States*. Nova York: Oxford University Press, 1981.

NEGI, Nalini Junko *et al.* "'They Dumped Me Like Trash': The Social and Psychological Toll of Victimization on Latino Day Laborers' Lives", *American Journal of Community Psychology*, v. 65, n. 3-4, 2020, p. 369-80.

NELSON, David E. *et al*. "Long-Term Trends in Adolescent and Young Adult Smoking in the United States: Metapatterns and Implications", *American Journal of Public Health*, v. 98, n. 5, 2008, p. 905-15.

NEMBHARD, Jessica Gordon. "Building a Cooperative Solidarity Commonwealth", The Next System Project, 2016.

NESTLE, Marion. *Soda Politics: Taking on Big Soda (and Winning)*. Nova York: Oxford University Press, 2015.

NICHOLSON, Nicholas R. "A Review of Social Isolation: As Important but Underassessed Condition in Older Adults", *Journal of Primary Prevention*, v. 33, n. 2-3, 2012, p. 137-52.

NIGHTINGALE, Demetra Smith & WANDNER, Stephen A. "Informal and Nonstandard Employment in the United States: Implications for Low-Income Working Families", The Urban Institute, 15 ago. 2011.

NOBLE, David. *America by Design: Science, Technology, and the Rise of Corporate Capitalism*. Nova York: Oxford University Press, 1979.

NOBLE, David. *Forces of Production: A Social History of Industrial Automation*. Abingdon: Routledge, 2017.

NOLAN, Peter; SUTHERLAND, Dylan & ZHANG, Jin. "The Challenge of the Global Business Revolution", *Contributions to Political Economy*, v. 21, n. 1, 2002, p. 91-110.

NORTON, Peter D. *Fighting Traffic: The Dawn of the Motor Age in the American City*. Cambridge: MIT Press, 2011.

NORRIS, Frank. *The Octopus: A Story of California*. Nova York: Cocimo Classics, 2010 (1901).

OLDENKAMP, Rik; ZELM, Rosalie van; HUIJBREGTS, Mark A. "Valuing the Human Health Damage Caused by the Fraud of Volkswagen", *Environmental Pollution*, v. 212, 2016, p. 121-7.

OLSSON, Martin & TÅG, Joacim. "What Is the Cost of Privatization for Workers?", Research Institute of Industrial Economics (IFN), relatório 1.201, Estocolmo, 2018.

ORDOVAS, Jose M. *et al*. "Personalised Nutrition and Health", *The BMJ*, v. 361, 2018.

OREOPOULOS, Philip & PETRONIJEVIC, Uros. "Making College Worth It: A Review Research on the Returns to Higher Education", National Bureau of Economic Research, documento n. 19.053, 2013.

ORESKES, Naomi & CONWAY, Erik M. *Merchants of Doubt: How a Handful of Scientists Obscured the Truth on Issues from Tobacco Smoke to Global Warming*. Londres: Bloomsbury Press, 2011.

ORRANGE, Robert M. *The Corporate State: Technopoly, Privatization and Corporate Predation*. Abingdon: Routledge, 2020.

ORTEGA-ESPÉS, Delphine. "Agroecology: Innovating for Sustainable Agriculture & Food Systems", Friends of the Earth International, 2018.

ORWELL, George. *The Collected Essays, Journalism and Letters of George Orwell*, v. 4, *In Front of Your Nose, 1945-1950*. Nova York: Harcourt, Brace and World, 1968.

OSUCH, Janet R. *et al*. "A Historical Perspective on Breast Cancer Activism in the United States: From Education and Support to Partnership in Scientific Research", *Journal of Women's Health*, v. 21, n. 3, 2012, p. 355-62.

OTERO, Gerardo. *The Neoliberal Diet: Unhealthy Profits, Unhealthy People*. Austin: University of Texas Press, 2018.

OTERO, Gerardo *et al.* "The Neoliberal Diet and Inequality in the United States", *Social Science & Medicine*, v. 142, 2015, p. 47-55.

PACE, Noemi; SEAL, Andrew & COSTELLO, Anthony. "Food Commodity Derivatives: A New Cause of Malnutrition?", *The Lancet*, v. 371, n. 9.625, 17 maio 2018, p. 1.648-50.

PANDEY, Ambarish *et al.* "Smartphone Apps as a Source of Cancer Information: Changing Trends in Health Information-Seeking Behavior", *Journal of Cancer Education*, v. 28, n. 1, p. 138-42, 2013.

PANTELL, Matthew *et al.* "Social Isolation: A Predictor of Mortality Comparable to Traditional Clinical Risk Factors", *American Journal of Public Health*, v. 103, n. 11, 2013, p. 2.056-62.

PARKER, Lucy A.; ZARAGOZA, Gustavo A. & HERNÁNDEZ-AGUADO, Ildenfonso. "Promoting Population Health with Public-Private Partnerships: Where's the Evidence?", *BMC Public Health*, v. 19, n. 1, 2019, p. 1.438.

PATEL, Raj. *Stuffed and Starved: The Hidden Battle for the World Food System*. Nova York: HarperCollins, 2007.

PATOMÄKI, Heikki & TEIVAINEN, Telvo. "The World Social Forum: An Open Space or a Movement of Movements?", *Theory, Culture & Society*, v. 21, n. 6, 2004, p. 145-54.

PENDERS, Bart & NELIS, Annemiek P. "Credibility Engineering in the Food Industry: Linking Science, Regulation, and Marketing in a Corporate Context", *Science in Context*, v. 24, n. 4, dez. 2011, p. 487-515.

PENDERS, Bart; VERBAKEL, John M. A. & NELIS, Annemiek P. "The Social Study of Corporate Science: A Research Manifesto", *Bulletin of Science, Technology & Society*, v. 29, n. 6, 2009, p. 439-46.

PESCE, R. "Death in the 20th Century", *The Infographic*, 2 abr. 2013.

PETERSON, E. B. *et al.* "Cancer Patients' Use of the Internet for Cancer Information and Support". In: KISSANE, David W. *et al.* (orgs.). *Oxford Textbook of Communication in Oncology and Palliative Care*. 2. ed. Oxford: Oxford University Press, 2017, p. 51-5.

PHILLIPS, Richard; WAMHOFF, Steve; & SMITH, Dan. "Offshore Shell Games 2014: The Use of Offshore Tax Havens by Fortune 500 Companies", U.S. Pirg Education Fund e Citizens for Tax Justice, jun. 2014.

PHILLIPS-FEIN, Kim. *Invisible Hands: The Making of the Conservative Movement from the New Deal to Reagan*. Jacarta: Yayasan Obor, 2009.

PICKARD, Victor. "The Strange Life and Death of the Fairness Doctrine: Tracing the Decline of Positive Freedoms in American Policy Discourse", *International Journal of Communication*, v. 12, 2018, p. 3.434-53.

PINGALI, Prabhu L. "Green Revolution: Impacts, Limits, and the Path Ahead", *Proceedings of the National Academy of Sciences*, v. 109, n. 31, 2012, p. 12.302-8.

PINTO, Maya. "Workers in All 50 States Will Need $15 an Hour by 2024 to Afford the Basics", National Employment Law Project, 2017.

PITTOCK, Jane & CORBIN-THADDIES, Cassandra. "Personalized Learning: A Student-Centered Approach for Learning Success", *Medium*, 26 jun. 2017.

POLI, Andrea *et al*. "Research Interactions between Academia and Food Companies: How to Improve Transparency and Credibility of an Inevitable Liaison", *European Journal of Nutrition*, v. 57, n. 3, 2018, p. 1.269-73.

POLLOCK, Anne. "Transforming the Critique of Big Pharma", *BioSocieties*, v. 6, n. 1, 2011, p. 106-18.

POMERANZ, Jennifer L. & PERTSCHUK, Mark. "State Preemption: A Significant and Quiet Threat to Public Health in the United States", *American Journal of Public Health*, v. 107, n. 6, 2017, p. 900-2.

POMERANZ, Jennifer L.; ROMO-PALAFOX, Maria Jose & HARRIS, Jennifer L. "Toddler Drinks, Formulas, and Milks: Labeling Practices and Policy Implications", *Preventive Medicine*, v. 109, 2018, p. 11-6.

POPKIN, Barry M. "Nutrition, Agriculture and the Global Food System in Low and Middle Income Countries", *Food Policy*, v. 47, ago. 2014, p. 91-6.

POPKIN, Barry M.; BRAY, George A. & HU, Frank B. "The Role of High Sugar Foods and Sugar-Sweetened Beverages in Weight Gain and Obesity". *In*: GILL, Timothy (org.). *Managing and Preventing Obesity: Behavioral Factors and Dietary Interventions*. Amsterdã: Elsevier, 2014, p. 45-57.

POPKIN, Barry M. & HAWKES, Corinna. "Sweetening of the Global Diet, Particularly Beverages: Patterns, Trends, and Policy Responses", *The Lancet Diabetes & Endocrinology*, v. 4, n. 2, 2016, p. 174-86.

POTI, Jennifer M. *et al*. "Is the Degree of Food Processing and Convenience Linked with the Nutritional Quality of Foods Purchased by US Households?", *American Journal of Clinical Nutrition*, v. 101, n. 6, p. 1251-62, 2015.

POWELL, Walter W. & SNELLMAN, Kaisa. "The Knowledge Economy", *Annual Review of Sociology*, v. 30, 2004, p. 199-220.

POWELL JR., Lewis F. "Confidential Memo: Attack on American Free Enterprise System", 23 ago. 1971.

PRASAD, Monica. *Starving the Beast: Ronald Reagan and the Tax Cut Revolution*. Nova York: Russell Sage Foundation, 2018.

PRASAD, Vinay & MAILANKODY, Sham. "Research and Development Spending to Bring a Single Cancer Drug to Market and Revenues after Approval", *JAMA Internal Medicine*, v. 177, n. 11, 2017, p. 1.569-75.

PRATO, Stefano *et al*. "Policies that Strengthen the Nexus between Food, Health, Ecology, Livelihoods and Identities", *Spotlight on Sustainable Development*, 2018, p. 58-76.

PRIMACK, Brian A. *et al*. "Social Media Use and Perceived Social Isolation among Young Adults in the U.S.", *American Journal of Preventive Medicine*, v. 53, n. 1, 2017, p. 1-8.

PRINS, Seth J. *et al*. "Anxious? Depressed? You Might Be Suffering from Capitalism: Contradictory Class Locations and the Prevalence of Depression and Anxiety in the USA", *Sociology of Health & Illness*, v. 37, n. 8, 2015, p. 1.352-72.

PUCHER, John & BUEHLER, Ralph. "Walking and Cycling for Healthy Citie", *Built Environment*, v. 36, n. 4, 2010, p. 391-414.

RAVENELLE, Alexandrea J. *Hustle and Gig: Struggling and Surviving in the Gig Economy*. Berkeley: University of California Press, 2019.

RAVITCH, Diane. *The Death and Life of the Great American School System: How Testing and Choice Are Undermining Education*. Nova York: Basic Books, 2010.

RAVITCH, Diane. *Slaying Goliath: The Passionate Resistance to Privatization and the Fight to Save America's Schools*. Nova York: Knopf, 2020.

RAY, Julie. "Americans' Stress, Worry and Anger Intensified in 2018", Gallup, 25 abr. 2019.

RAYNES, Sylvain & RUTLEDGE, Ann. *The Analysis of Structured Securities: Precise Risk Measurement and Capital Allocation*. Oxford University Press on Demand, 2003.

RAZA, Azra. *The First Cell and the Human Costs of Pursuing Cancer to the Last*. Nova York: Basic Books, 2019.

REAGAN, Ronald. "The President's New Conference", The Ronald Reagan Presidential Foundation and Institute, 12 ago. 1986.

REARDON, Thomas *et al.* "The Rise of Supermarkets in Africa, Asia, and Latin America", *American Journal of Agricultural Economics*, v. 85, n. 5, 2003, p. 1.140-6.

REESE, Ashanté M. *Black Food Geographies: Race, Self-Reliance, and Food Access in Washington, D. C.* Chapel Hill: University of North Carolina Press, 2019.

REICH, Adam & BEARMAN, Peter. *Working for Respect: Community and Conflict at Walmart*. Nova York: Columbia University Press, 2018.

REYNOLDS, Kristin & COHEN, Nevin. *Beyond the Kale: Urban Agriculture and Social Justice Activism in New York City*. Athens: University of Georgia Press, 2016.

RHODES, Christopher J. "The Imperative for Regenerative Agriculture", *Science Progress*, v. 100, n. 1, 2017, p. 80-129.

RICHARDSON, Lisa C. *et al.* "Patterns and Trends in Age-Specific Black-White Differences in Breast Cancer Incidence and Mortality — United States, 1999-2014", *Morbidity and Mortality Weekly Report*, v. 65, n. 40, 2016, p. 1.093-8.

RIDEOUT, Vicky & ROBB, M. "The Common Sense Census: Media Use by Tweens and Teens, 2019", Common Sense Media, 2019.

RIFKIN, Jeremy. *The Green New Deal: Why the Fossil Fuel Civilization Will Collapse*. Nova York: St. Martin's Press, 2019.

RISSANEN, Ritva; BERG, Hans-Yngve & HASSELBERG, Marie. "Quality of Life Following Road Traffic Injury: A Systematic Literature Review", *Accident Analysis & Prevention*, v. 108, 2017, p. 308-20.

ROBERTS, C. *et al.* "Reducing Predatory Marketing of Unhealthy Foods & Beverages in New York City: Policy Options for Governments and Communities", CUNY Urban Food Policy Institute, 2019.

ROBINSON, Joan. *Economic Philosophy*. Chicago: Aldine, 2006.

RODGERS, Gerry. "Precarious Work in Western Europe: The State of the Debate". *In*: RODGERS, Gerry & RODGERS, Janine (orgs.). *Precarious Jobs in Labour Market Regulation: The Growth of Atypical Employment in Western Europe*. Bruxelas: International Institute for Labour Studies, Free University of Brussels, 1989.

RODWIN, Mark A. "Conflicts of Interest in Medicine: Should We Contract, Conserve, or Expand the Traditional Definition and Scope of Regulation?", *Journal of Health Care Law and Policy*, v. 21, n. 2, 2018, p. 157-87.

ROELOFS, C. et al. *Occupational and Environmental Health: Equity and Social Justice. Occupational and Environmental Health*. Oxford: Oxford University Press, 2017.

ROOSEVELT, Theodore. *A Compilation of the Messages and Speeches of Theodore Roosevelt, 1901-1905*, v. 1. Londres: Arkose Press, 2015.

ROSE, Gideon. "The Future of Capitalism", *Foreign Affairs*, jan./fev. 2020, p. 8.

ROSENBLAT, Alex. *Uberland: How Algorithms Are Rewriting the Rules of Work*. Berkeley: University of California Press, 2018.

ROSNER, David & MARKOWITZ, Gerald (orgs.). *Dying for Work: Workers' Safety and Health in Twentieth-Century America*. Bloomington: Indiana University Press, 1987.

ROSS, Martha & BATEMAN, Nicole. "Meet the Low-Wage Workforce", *Brookings Institution*, 7 nov. 2019.

ROSSIN-SLATER, Maya; RUHM, Christopher & WALDFOGEL, Jane. "The Effects of California's Paid Family Leave Program on Mothers' Leave-Taking and Subsequent Labor Market Outcomes", *Journal of Policy Analysis and Management*, v. 32, n. 2, 2013, p. 224-45.

ROTHCHILD, Nicholas. "Is Troublesome Facebook Use a Behavioral Addiction?", *American Journal of Medical Research*, v. 5, n. 1, 2018, p. 73-8.

ROTHMAN, Sheila M. et al. "Health Advocacy Organizations and the Pharmaceutical Industry: An Analysis of Disclosure Practices", *American Journal of Public Health*, v. 101, n. 4, 2011, p. 602-9.

ROTHSTEIN, Jeffrey S. *When Good Jobs Go Bad: Globalization, De-Unionization, and Declining Job Quality in the North American Auto Industry*. New Brunswick: Rutgers University Press, 2016.

RUBIN, Julia Sass; GOOD, Ryan M. & FINE, Michelle. "Parental Action and Neoliberal Education Reform: Crafting a Research Agenda", *Journal of Urban Affairs*, v. 42, n. 4, 2020, p. 492-510.

RUTKOW, Lainie & TERET, Stephen P. "Role of State Attorneys General in Health Policy", *JAMA*, v. 304, n. 12, 2010, p. 1.377-8.

RYAN, Howard. "Who Is Behind the Assault on Public Schools?", *Monthly Review*, v. 68, n. 11, 2017, p. 31-40.

SACKS, Gary; SWINBURN, Boyd & RAVUSSIN, Eric. "Combining Biological, Epidemiological, and Food Supply Data to Demonstrate That Increased Energy Intake Alone Virtually Explains the Obesity Epidemic", conferência internacional dos EUA sobre dieta e métodos de atividade, Washington, jun. 2009.

SAEZ, Emmanuel & ZUCMAN, Gabriel. "Progressive Wealth Taxation", *Brookings Papers on Economic Activity*, 5 set. 2019.

SALEH, Ramy R. et al. "Undisclosed Financial Conflicts of Interest among Authors of American Society of Clinical Oncology Clinical Practice Guidelines", *Cancer*, v. 125, n. 22, 2019, p. 4.069-75.

SANDERS, Liz. "2017 Food & Health Survey: Food Confusion", International Food Information Council Foundation, 13 set. 2017.

SAVAS, Emanuel S. *Privatization and Public-Private Partnerships*. Washington: CQ Press, 2000.

SCHLOSSBERG, Tatiana. *Inconspicuous Consumption, the Environmental Impact You Don't Know You Have*. Nova York: Grand Central Publishing, 2019.

SCHMIDT, Eric & COHEN, Jared. *The New Digital Age: Reshaping the Future of People, Nations and Business*. Londres: John Murray, 2013. [Ed. bras.: *A nova era digital: como será o futuro das pessoas, das nações e dos negócios*. Trad. Ana Beatriz Rodrigues e Rogério Durst. Rio de Janeiro: Intrínseca, 2013]

SCHMIDT, Eric & COHEN, Jared. *The New Digital Age: Transforming Nations, Businesses, and Our Lives*. Nova York: Vintage, 2014.

SCHNABEL, Laure *et al*. "Association between Ultra-Processed Food Consumption and Functional Gastrointestinal Disorders: Results from the French NutriNet-Santé Cohort", *American Journal of Gastroenterology*, v. 113, n. 8, 2018, p. 1.217-28.

SCHNALL, Peter; DOBSON, Marnie & LANDSBERGIS, Paul. "Globalization, Work, and Cardiovascular Disease", *International Journal of Health Services*, v. 46, n. 4, 2016, p. 656-92.

SCHNEIDER, Stu. "Cooperative Home Care Associates: Participation with 1600 Employees", Grassroots Economic Organizing, 20 abr. 2010.

SCHOCHET, Leila. "The Child Care Crisis Is Keeping Women Out of the Workforce", Center for American Progress, 28 mar. 2019.

SCHOCHET, Leila & MALIK, Rasheed. "2 Million Parents Forced to Make Career Sacrifices Due to Problems with Child Care", Center for American Progress, 13 set. 2017.

SCHULTE, Brigid & DURANA, Alieza. "The New America Care Report", *New America*, 28 set. 2016, p. 1-104.

SCHUMMERS, Laura *et al*. "Absolute Risks of Obstetric Outcomes Risks by Maternal Age at First Birth: A Population-Based Cohort", *Epidemiology*, v. 29, n. 3, 2018, p. 379-87.

SCHUPP, Justin L. "Cultivating Better Food Access? The Role of Farmers' Markets in the U.S. Local Food Movement", *Rural Sociology*, v. 82, n. 2, p. 318-48, 2017.

SCHWAB, Klaus. "Davos Manifesto 2020: The Universal Purpose of a Company in the Fourth Industrial Revolution, 2020", *World Economic Forum 2020*, 4 dez. 2019.

SCHWAB, Klaus & ZAHIDI, Saadia. "5 Trends in the Global Economy — and Their Implications for Economic Policymakers", World Economic Forum, 9 out. 2019.

SCRAPEHERO. "How Many Products Does Walmart Grocery Sell?", jul. 2018.

SCRINIS, Gyorgy & MONTEIRO, Carlos Augusto. "Ultraprocessed Foods and the Limits of Product Reformulation", *Public Health Nutrition*, v. 21, n. 1, 2018, p. 247-52.

SEN, Amartya. *Development as Freedom*. Nova York: Knopf, 1999. [Ed. bras.: *Desenvolvimento como liberdade*. Trad. Laura Teixeira Motta. São Paulo: Companhia das Letras, 2018.]

SHAH, N. A.; RASHEED, Y. & ANJUM, R. M. "Health Effects of E-Waste Pollution". *In*: HASHMI, Muhammad Zaffar & VARMA, Ajit (orgs.). *Electronic Waste*

Pollution: Environmental Occurrence and Treatment Technologies. Cham: Springer, 2019, p. 139-51.

SHAKYA, Holly B. & CHRISTAKIS, Nicholas A. "Association of Facebook Use with Compromised Well-Being: A Longitudinal Study", *American Journal of Epidemiology*, v. 185, n. 3, 2017, p. 203-11.

SHENSA, Ariel *et al.* "Problematic Social Media Use and Depressive Symptoms among U.S. Young Adults: A Nationally-Representative Study", *Social Science & Medicine*, v. 182, 2017, p. 150-7.

SHOLAR, Megan A. *Getting Paid While Taking Time: The Women's Movement and the Development of Paid Family Leave Policies in the United States*. Filadélfia: Temple University Press, 2016.

SIEGEL, Rebecca L. *et al.* "An Assessment of Progress in Cancer Control", *CA: A Cancer Journal for Clinicians*, v. 68, n. 5, 2018, p. 329-39.

SIEGEL, Rebecca L.; MILLER, Kimberly D. & JEMAL, Ahmedin. "Cancer Statistics, 2019", *CA: A Cancer Journal for Clinicians*, v. 69, n. 1, 2019, p. 7-34.

SIEGEL, Rebecca L.; MILLER, Kimberly D.; & JEMAL, Ahmedin "Cancer Statistics, 2020", *CA: A Cancer Journal for Clinicians*, v. 70, n. 1, 2020, p. 7-30.

SIN, Nancy L. & LYUBOMIRSKY, Sonja. "Enhancing Well-Being and Alleviating Depressive Symptoms with Positive Psychology Interventions: A Practice--Friendly Meta-Analysis", *Journal of Clinical Psychology*, v. 65, n. 5, 2009, p. 467-87.

SINGER, Kanakadurga & LUMENG, Carey N. "The Initiation of Metabolic Inflammation in Childhood Obesity", *Journal of Clinical Investigation*, v. 127, n. 1, 2017, p. 65-73.

SIQUEIRA, Carlos Eduardo *et al.* "Effects of Social, Economic, and Labor Policies on Occupational Health Disparities", *American Journal of Industrial Medicine*, v. 57, n. 5, 2014, p. 557-72.

SMEDT, Bert de. "Applications of (Cognitive) Neuroscience in Educational Research". *In*: NOBLIT, George (org.). *Oxford Handbook of Educational Research*. Nova York: Oxford University Press, 2018, p. 1-23.

SMITH, Aaron. "Gig Work, Online Selling and Home Sharing", Pew Research Center, 17 nov. 2016.

SMITH, Bryant Walker. "Managing Autonomous Transportation Demand", *Santa Clara Law Review*, v. 52, n. 4, 2012, p. 1.401.

SMITH, Christopher E. "Gun Policy: Politics and Pathways of Action", *Violence and Gender*, v. 7, n. 2, 2020, p. 40-6.

SMITH, Lindsey; NG, Shu Wen & POPKIN, Barry M. "Can a Food Retailer-Based Healthier Foods Initiative Improve the Nutrient Profile of US Packaged Food Purchases? A Case Study of Walmart, 2000-2013", *Health Affairs* (Project Hope), v. 34, n. 11, 2015, p. 1.869-76.

SMOLNICKI, Piotr Marek & SOŁTYS, Jacek. "Driverless Mobility", *Procedia Engineering*, v. 161, 2016, p. 2.184-90.

SNOWDEN, Edward. "Just Days Left to Kill Mass Surveillance under Section 215 of the Patriot Act", *Reddit*, 21 maio 2015.

SNYDER, Jeremy & CAULFIELD, Timothy. "Patients' Crowdfunding Campaigns for Alternative Cancer Treatments", *The Lancet Oncology*, v. 20, n. 1, 2019, p. 28-9.

SPADE, Dean. "Solidarity Not Charity", *Social Text*, v. 142, n. 38, 2020, p. 131-51.

SPOHRER, Jim & BANAVAR, Guruduth. "Cognition as a Service: An Industry Perspective", *AI Magazine*, v. 36, n. 4, 2015, p. 71-86.

SROUR, B. *et al.* "Consommation d'aliments ultra-transformés et risque de maladies cardiovasculaires dans la cohorte NutriNet-Santé", *Livre des abstracts, Journée Francophone de Nutrition*, Nice, 28-30 nov. 2018, p. 61.

STANDING, Guy. "The Precariat", *Contexts*, v. 13, n. 4, 2014, p. 10-2.

STEEGE, Andrea L. *et al.* "Examining Occupational Health and Safety Disparities Using National Data: A Cause for Continuing Concern", *American Journal of Industrial Medicine*, v. 57, n. 5, 2014, p. 527-38.

STEELE, Euridice Martínez *et al.* "Ultra-Processed Foods, Protein Leverage and Energy Intake in the USA", *Public Health Nutrition*, v. 21, n. 1, jan. 2018, p. 114-24.

STEELE, Sarah L. *et al.* "The Role of Public Law-Based Litigation in Tobacco Companies' Strategies in High-Income, FCTC Ratifying Countries, 2004-14", *Journal of Public Health*, v. 38, n. 3, 2016, p. 516-21.

STEIN, Jason & MARLEY, Patrick. *More Than They Bargained For: Scott Walker, Unions, and the Fight for Wisconsin*. Madison: University of Wisconsin Press, 2013.

STUCKLER, David & BASU, Sanjay. *The Body Economic: Why Austerity Kills*. Nova York: Basic Books, 2013.

STUCKLER, David *et al.* "Manufacturing Epidemics: The Role of Global Producers in Increased Consumption of Unhealthy Commodities Including Processed Foods, Alcohol, and Tobacco", *PLoS Medicine*, 26 jun. 2012.

SYBESMA, Feike. "What Is Required from Corporate Leadership?", *World Economic Forum 2020*, Davos, 21 jan. 2020.

TABB, William K. *The Long Default: New York City and the Urban Fiscal Crisis*. Nova York: NYU Press, 1982.

TAEIHAGH, Araz & LIM, Hazel Si Min. "Governing Autonomous Vehicles: Emerging Responses for Safety, Liability, Privacy, Cybersecurity, and Industry Risks", *Transport Reviews*, v. 39, n. 1, 2019, p. 103-28.

TAIEBAT, Morteza *et al.* "A Review on Energy, Environmental, and Sustainability Implications of Connected and Automated Vehicles", *Environmental Science & Technology*, v. 52, n. 20, p. 11449-65, 2018.

TAILLIE, Lindsey Smith; NG, Shu Wen & POPKIN, Barry M. "Packaged Food Purchases at Walmart and Other Food Retail Chains Changes in Nutritional Profile from 2000 to 2013", *American Journal of Preventive Medicine*, v. 50, n. 2, 2016, p. 171-9.

TANG, Longlong *et al.* "Development of Human Health Damage Factors for PM2.5 Based on a Global Chemical Transport Model", *International Journal of Life Cycle Assessment*, 2015, p. 1e11.

THOMASON, Sarah *et al.* "At the Wage Floor", Center for the Study of Child Care Employment (CSCCE), Center for Labor Research and Education (UC Berkeley) e COWS (UW-Madison), 22 maio 2018.

TIMMERMANN, Carsten & ANDERSON, Julie (orgs.). *Devices and Designs: Medical Technologies in Historical Perspective*. Londres: Palgrave Macmillan, 2006.

TOPETE, Liza *et al*. "Workers' Compensation and the Working Poor: Occupational Health Experience among Low Wage Workers in Federally Qualified Health Centers", *American Journal of Industrial Medicine*, v. 61, n. 3, 2018, p. 189-97.

TØRSLØV, Thomas R.; WIER, Ludvig S. & ZUCMAN, Gabriel. "The Missing Profits of Nations", National Bureau of Economic Research (NBER), relatório n. 2.470, jun. 2018.

TRAN, Molly & SOKAS, Rosemary K. "The Gig Economy and Contingent Work: An Occupational Health Assessment", *Journal of Occupational and Environmental Medicine*, v. 59, n. 4, 2017, p. e63-6.

TROMHOLT, Morten. "The Facebook Experiment: Quitting Facebook Leads to Higher Levels of Well-Being", *Cyberpsychology, Behavior, and Social Networking*, v. 19, n. 11, 2016, p. 661-6.

TSE, Allison E. & WARNER, Mildred E. "The Razor's Edge: Social Impact Bonds and the Financialization of Early Childhood Services", *Journal of Urban Affairs*, v. 42, n. 6, 2020, p. 816-32.

VAIDHYANATHAN, Siva. *Antisocial Media: How Facebook Disconnects Us and Undermines Democracy*. Nova York: Oxford University Press, 2018.

VAHEESAN, Sandeep. "Accommodating Capital and Policing Labor: Antitrust in the Two Gilded Ages", *Maryland Law Review*, v. 78, n. 4, 2018, p. 765-827.

VALENZUELA JR., Abel *et al*. "On the Corner: Day Labor in the United States", Center for the Study of Urban Poverty, University of California, Los Angeles, jan. 2006.

VALUKAS, Anton R. "Report to Board of Directors of General Motors Company Regarding Ignition Switch Recalls", *Jenner & Block*, 29 maio 2014.

VANDEVIJVERE, Stefanie *et al*. "Global Trends in Food and Drink Product Sales and Their Association with Adult Body Mass Index Trajectories", *Obesity Reviews*, v. 20, supl. 2, 2019, p. S10-9.

VARGAS, Susan. "'It's Not an Easy Conversation': Mental Health in the Workplace. What Role Should Safety Pros Play in Workers' Mental Well-Being?", *Safety and Health*, 23 set. 2018.

VEDAA, Østein *et al*. "Prospective Study of Predictors and Consequences of Insomnia: Personality, Lifestyle, Mental Health, and Work-Related Stressors", *Sleep Medicine*, v. 20, 2016, p. 51-8.

VERMEULEN, Sonja J.; CAMPBELL, Bruce M. & INGRAM, John S. I. "Climate Change and Food Systems", *Annual Review of Environment and Resources*, v. 37, nov. 2012, p. 195-222.

VIRJEE, Braunson. "Stimulating the Future of Superfund: Why the American Recovery and Reinvestment Act Calls for a Reinstatement of the Superfund Tax to Polluted Sites in Urban Environments", *Sustainable Development Law & Policy*, v. 11, n. 1, 2010, p. 12.

VOLPE, Richard; OKRENT, Abigail & LEIBTAG, Ephraim. "The Effect of Supercenter-Format Stores on the Healthfulness of Consumers' Grocery Purchases", *American Journal of Agricultural Economics*, v. 95, n. 3, 2013, p. 568-89.

VOS, Miriam B. *et al.* "NASPGHAN Clinical Practice Guideline for the Diagnosis and Treatment of Nonalcoholic Fatty Liver Disease in Children: Recommendations from the Expert Committee on NAFLD (ECON) and the North American Society of Pediatric Gastroenterology, Hepatology and Nutrition (NASPGHAN)", *Journal of Pediatric Gastroenterology and Nutrition*, v. 64, n. 2, 2017, p. 319-34.

VRINTEN, Charlotte *et al.* "What Do People Fear about Cancer? A Systematic Review and Meta-Synthesis of Cancer Fears in the General Population", *Psychooncology*, v. 26, n. 8, 2017, p. 1.070-9.

VV.AA. "The Price of Drugs for Chronic Myeloid Leukemia (CML) Is a Reflection of the Unsustainable Prices of Cancer Drugs: From the Perspective of a Large Group of CML Experts", *Blood*, v. 121, n. 22, 2013, p. 4.439-42.

WALSEMANN, Katrina M.; GEE, Gilbert C.; & GENTILE, Danielle. "Sick of Our Loans: Student Borrowing and the Mental Health of Young Adults in the United States", *Social Science & Medicine*, v. 124, 2015, p. 85-93.

WANG, Qianyi *et al.* "Impact of Nonoptimal Intakes of Saturated, Polyunsaturated, and Trans Fat on Global Burdens of Coronary Heart Disease", *JAMA*, v. 5, 2016.

WANG, Yi-Ting; MECHKOVA, Valeriya & ANDERSSON, Frida. "Does Democracy Enhance Health? New Empirical Evidence 1900-2012", *Political Research Quarterly*, v. 72, n. 3, 2019, p. 554-69.

WARNER, Keneth E. "Selling Health: A Media Campaign against Tobacco", *Journal of Public Health Policy*, v. 7, n. 4, 1986, p. 434-9.

WATKINS, S. "Urban Transportation and Human Health". *In*: NRIAGU, Jerome (org.). *Encyclopedia Of Environmental Health*. Amsterdã: Elsevier, 2011, p. 578-89.

WATSON, Daniel. "Fordism: A Review Essay", *Labor History*, v. 60, n. 2, 2018, p. 144-59.

WEAVER, Kathryn E. *et al.* "Forgoing Medical Care Because of Cost: Assessing Disparities in Healthcare Access among Cancer Survivors Living in the United States", *Cancer*, v. 116, n. 14, 2010, p. 3.493-504.

WEINSTEIN, James N.; GELLER, Amy; NEGUSSIE, Yamrot & BACIU, Alina (orgs.). *Communities in Action: Pathways to Health Equity*. Washington: National Academies Press, 2017.

WELLMAN, Gerald C. "Transportation Apartheid: The Role of Transportation Policy in Societal Inequality", *Public Works Management & Policy*, v. 19, n. 4, 2014, p. 334-9.

WEZEL, A. *et al.* "Agroecology as a Science, a Movement and a Practice: A Review", *Agronomy for Sustainable Development*, v. 29, n. 4, 2009, p. 503-15.

WHITE, Caroline. "Ranjit Chandra: How Reputation Bamboozled the Scientific Community", *The BMJ*, v. 351, 2015.

WIIST, William H. "Citizens United, Public Health, and Democracy: The Supreme Court Ruling, Its Implications, and Proposed Action", *American Journal of Public Health*, v, 101, n. 7, 2011, p. 1.172-9.

WIIST, William H. "Public Health and Corporate Avoidance of U.S. Federal Income Tax", *World Medical & Health Policy*, v. 10, n. 3, 2018, p. 272-300.

WILDE, Parke *et al*. "Legal Feasibility of US Government Policies to Reduce Cancer Risk by Reducing Intake of Processed Meat", *The Milbank Quarterly*, v. 97, n. 2, 2019, p. 420-48.

WILLETT, Walter *et al*. "Food in the Anthropocene: The EAT — Lancet Commission on Healthy Diets from Sustainable Food Systems", *The Lancet*, v. 393, n. 10.170, fev. 2019, p. 447-92.

WILLIAMS, C. & WINDEBANK, J. "The Growth of Urban Informal Economies". *In*: PADDISON, Ronan (org.). *Handbook of Urban Studies*. Londres: Sage Publications, 2001.

WILLIAMS, Erica; WAXMAN, Samantha & LEGENDRE, Julian. "States Can Adopt or Expand Earned Income Tax Credits to Build a Stronger Future Economy", Center on Budget and Policy Priorities, 2017.

WILLIAMSON, Ben. "Silicon Startup Schools: Technocracy, Algorithmic Imaginaries and Venture Philanthropy in Corporate Education Reform", *Critical Studies in Education*, v. 59, n. 2, 2018, p. 218-36.

WILSON, Bee. *The Way We Eat Now: How the Food Revolution Has Transformed Our Lives, Our Bodies, and Our World*. Londres: Hachette UK, 2019.

WILSON, Mark. "How to Close Down the Department of Labor", The Heritage Foundation, 19 out. 1995.

WINN, Aaron N.; KEATING, Nancy L. & DUSETZINA, Stacie B. "Factors Associated with Tyrosine Kinase Inhibitor Initiation and Adherence among Medicare Beneficiaries with Chronic Myeloid Leukemia", *Journal of Clinical Oncology*, v. 34, n. 36, 2016, p. 4.323-8.

WISE, Marilyn & SAINSBURY, Peter. "Democracy: The Forgotten Determinant of Mental Health", *Health Promotion Journal of Australia*, v. 18, n. 3, 2007, p. 177-83.

WOLF, Alison. *Does Education Matter? Myths about Education and Economic Growth*. Londres: Penguin, 2002.

WOODWORTH, James L. *et al*. "Online Charter School Study, 2015", Center for Research on Education Outcomes, 2015.

WRIGHT, Erik Olin. *Classes*. Brooklyn: Verso, 1985.

WRIGHT, Erik Olin. *How to Be an Anticapitalist in the Twenty-First Century*. Brooklyn: Verso Books, 2019. [Ed. bras.: *Como ser um anticapitalista no século XXI*. Trad. Fernando Cauduro Pureza. São Paulo: Boitempo, 2019].

WRIGLEY, Julia & DREBY, Joanna. "Fatalities and the Organization of Child Care in the United States, 1985-2003", *American Sociological Review*, v. 70, n. 5, 2005, p. 729-57.

WU, Tim. *The Attention Merchants: The Epic Scramble to Get Inside Our Heads*. Nova York: Knopf, 2016.

WU, Tim. *The Curse of Bigness: Antitrust in the New Gilded Age*. Nova York: Columbia Global Reports, 2018.

WU, Song *et al*. "Substantial Contribution of Extrinsic Risk Factors to Cancer Development", *Nature*, v. 529, n. 7.584, 2016, p. 43-7.

YEUNG, Bernice. *In a Day's Work: The Fight to End Sexual Violence against America's Most Vulnerable Workers*. Nova York: The New Press, 2020.

YILMAZER, Tansel; BABIARZ, Patryk & LIU, Fen. "The Impact of Diminished Housing Wealth on Health in the United States: Evidence from the Great Recession", *Social Science and Medicine*, v. 130, 2015, p. 234-41.

YOUNG, Kevin & SCHWARTZ, Michael. "Healthy, Wealthy, and Wise: How Corporate Power Shaped the Affordable Care Act", *New Labor Forum*, v. 23, n. 2, 2014, p. 30-40.

ZENG, Luxian *et al*. "Trends in Processed Meat, Unprocessed Red Meat, Poultry, and Fish Consumption in the United States, 1999-2016", *Journal of the Academy of Nutrition and Dietetics*, v. 119, n. 7, 2019, p. 1.085-98.

ZINÖCKER, Marit K. & LINDSETH, Inge A. "The Western Diet-Microbiome-Host Interaction and Its Role in Metabolic Disease", *Nutrients*, v. 10, n. 3, 2018, p. 365.

ZOBEL, Emilie *et al*. "Global Changes in Food Supply and the Obesity Epidemic", *Current Obesity Reports*, v. 5, n. 4, dez. 2016, p. 449-55.

ZUBOFF, Shoshana. *The Age of Surveillance Capitalism: The Fight for a Human Future at the New Frontier of Power*. Londres: Profile Books, 2019 [Ed. bras.: *A era do capitalismo de vigilância: A luta por um futuro humano na nova fronteira do poder*. Trad. George Schlesinger. Rio de Janeiro: Intrínseca, 2021].

ZUCKERBERG, Mark. "Mark Zuckerberg Stands for Voice and Free Expression", 17 out. 2019.

NICHOLAS FREUDENBERG é professor de saúde pública na Universidade da Cidade de Nova York, nos Estados Unidos, onde dirige o Instituto de Políticas de Alimentação Urbana, que desenvolve pesquisas e abordagens inovadoras para a redução da insegurança alimentar e nutricional e de doenças relacionadas à alimentação. Sua pesquisa analisa o impacto da alimentação e das políticas sociais nos ambientes urbanos e nas desigualdades em termos de saúde. Além de *A que custo?*, é autor de *Lethal but Legal. Corporations, Consumption and Protecting Public Health* (Oxford, 2014). Ao longo de quatro décadas, tem trabalhado no planejamento, na implementação e na avaliação de políticas e programas públicos voltados a melhorar as condições de vida na cidade de Nova York e em outros lugares.

A publicação deste livro
contou com o apoio da

© Elefante, 2022
© O Joio e O Trigo, 2022

Título original:
At what cost? Modern capitalism and the future of health
© Nicholas Freudenberg, 2021
Este livro foi publicado sob acordo com a Oxford University Press

Primeira edição, maio de 2022
Primeira reimpressão, julho de 2024
São Paulo, Brasil

Dados Internacionais de Catalogação na Publicação (CIP)
Angélica Ilacqua CRB-8/7057

Freudenberg, Nicholas
A que custo? O capitalismo (moderno) e o futuro da
   saúde / Nicholas Freudenberg; tradução de Juliana
   Leite Arantes. — São Paulo: Elefante, 2022.
   576 p.

Bibliografia
ISBN 978-65-87235-82-0

1. Ciências sociais 2. Capitalismo 3. Saúde pública
I. Título

22-1607   CDD 300

Índices para catálogo sistemático:
1. Ciências sociais

---

elefante

editoraelefante.com.br
contato@editoraelefante.com.br
fb.com/editoraelefante
@editoraelefante

o joio e o trigo

ojoioeotrigo.com.br
joio@ojoioeotrigo.com.br
fb.com/najoeira
@ojoioeotrigo

fontes Maison Neue e Signifier
papéis Cartão 250 g/m² & Ivory Slim 65 g/m²
impressão BMF Gráfica